文 / 白 / 对 / 照

资治通鉴

第十六册

〔宋〕司马光　　编撰

〔清〕康熙 乾隆　御批

〔清〕申涵煜　　点评

　　　萧祥剑　　主编

　　中华文化讲堂　译

团结出版社

目　录

资治通鉴卷第一百八十七　唐纪三

起屠维单阏正月,尽十月,不满一年。

【译文】起己卯(公元619年)正月,止十月,共十个月。

【题解】本卷记录了公元619年正月至十月的史事,共十个月,正当唐高祖武德二年。这一时期,全国割据格局发生巨变:唐高祖李渊平定河西,李轨败亡;王世充乘机称帝,不少部众投降唐王朝,罗士信、秦叔宝、程知节都投降唐朝,成为唐朝大将;窦建德在河北灭了宇文化及,势力达到极盛;江南杜伏威投降唐王室,荆襄萧铣仍是南方最大的割据势力

高祖神尧大圣光孝皇帝上之下

武德二年(己卯、公元六一九年)春,正月,壬寅,王世充悉取隋朝显官、名士为太尉府官属,杜淹、戴胄皆预焉。胄,安阳人也。隋将军王隆帅屯卫将军张镇周、都水少监苏世长等以山南兵始至东都。王世充专总朝政,事无大小,悉关太尉府;台省监署,莫不阒然。世充立三牌于府门外,一求文学才识堪济时务者,一求武勇智略能摧锋陷敌者,一求身有冤滞拥抑不申者。于是,上书陈事者日有数百,世充悉引见,躬自省览,殷勤慰谕,人人自喜,以为言听计从,然终无所施行。下至士卒厮养,世充皆以甘言悦之,而实无恩施。

【译文】武德二年（己卯，公元619年）春季，正月，壬寅日（初二），王世充将隋朝的显官、名士全都纳入太尉府官属，杜淹、戴胄都在其中。戴胄，是安阳人。隋朝将军王隆率领屯卫将军张镇周、都水少监苏世长等人把山南兵开到东都（洛阳）。王世充专揽朝政，无论大小事情，全要向太尉府禀告。台省监署，都清闲无事。王世充在府门外树立了三个牌子：一个寻求有文学才华，能济助时务的人；另一个寻求勇武有智谋，能冲锋陷阵的人；还有一个寻求身有冤情，压抑无法申诉的人。因此每天上书陈情的有几百人，王世充全都一一接见，亲自察看，殷勤地安慰劝说，人人都很高兴，认为王世充言听计从，可是终究全都没有施行。下至士兵伙夫，王世充都以好话取悦他们，但实际上毫无行动表现。

隋马军总管独孤武都为世充所亲任，其从弟司隶大夫机与虞部郎杨恭慎、前勃海郡主簿孙师孝、步兵总管刘孝元、李俭、崔孝仁谋召唐兵，使孝仁说武都曰："王公徒为儿女之态以悦下愚，而鄙隘贪忍，不顾亲旧，岂能成大业哉！图谶之文，应归李氏，人皆知之。唐起晋阳，奄有关内，兵不留行，英雄景附。且坦怀待物，举善责功，不念旧恶，据胜势以争天下，谁能敌之！吾属托身非所，坐待夷灭。今任管公兵近在新安，又吾之故人也，若遣间使召之，使夜造城下，吾曹共为内应，开门纳之，事无不集矣。"武都从之。事泄，世充皆杀之。恭慎，达之子也。

癸卯，命秦王世民出镇长春宫。

宇文化及攻魏州总管元宝藏，四旬不克。魏徵往说之，丁未，宝藏举州来降。

戊午，淮安王神通击宇文化及于魏县，化及不能抗，东走聊城。神通拔魏县，斩获二千余人，引兵追化及至聊城，围之。

【译文】隋朝马军总管独孤武都是王世充的亲信，他的堂弟司隶大夫独孤机和虞部郎杨恭慎、前渤海郡主簿孙师孝、步兵总管刘孝元、李俭、崔孝仁计划招引唐兵，派遣崔孝仁游说独孤武都说："王公只是施些小恩惠去讨好下愚之人，但他为人狭隘卑鄙、贪婪残暴，不眷顾亲戚故旧，哪里能够成就大事业呢？图谶的文字，显示天下应当归属李氏，这大家全都知晓。唐兴起于晋阳，拥有关内全部的土地，军队所至，没有不受到欢迎的，各路英雄纷纷景仰依附。并且唐坦诚待人，奖善求功，不念旧恶，据着胜利的威势来争夺天下，谁能对敌！我们投奔错了地方，只有坐等诛灭。现在任管公的军队靠近新安，又是我的老朋友，如若派遣密使召请他，让他趁夜领兵到城下，我们一同居内接应，开门接纳，事情没有不成功的。"独孤武都听从了。事情不慎泄露，王世充将他们全都斩杀。杨恭慎，是杨达的儿子。

癸卯日（初三），唐高祖李渊命令秦王李世民出镇长春宫。

宇文化及攻击魏州总管元宝藏，打了四十天不能获胜。魏徵前往规劝，丁未日（初七），元宝藏献出魏州来投降唐。

戊午日（十八日），淮安王李神通在魏县攻打宇文化及，宇文化及没有能力抵抗，向东逃奔聊城。李神通攻克魏县，斩杀俘虏二千多人，率军追击宇文化及到达聊城，在城外围攻。

【乾隆御批】口惠煦姁不过妇人之仁，虽一时人受其恩，久则底里毕露，其谁信之？且世充浅狭、猜忌，素为秦叔宝、程知节所窥。渐将解体，而妄冀以甘言更结，文其逆谋，此与新莽之谦恭何异耶？

【译文】说好听的话让人感到温暖，只不过是妇人之仁罢了，虽然一时之间人们会受他蒙蔽，时间一长就会原形毕露，谁还会相信他呢？况且王世充这个人心胸狭窄、喜好猜忌，早被秦叔宝、程知节等人所洞察。而在临近瓦解的时候，又妄想用好话来拉拢人，以掩饰他叛逆的阴谋，这和当年王莽的谦恭有什么不同呢？

甲子，以陈叔达为纳言。

丙寅，李密所置伊州刺史张善相来降。

朱粲有众二十万，剽掠汉、淮之间，迁徙无常，每破州县，食其积粟未尽，复他适，将去，悉焚其馀资；又不务稼穑，民馁死者如积。粲无可复掠，军中乏食，乃教士卒烹妇人、婴儿啖之，曰："肉之美者无过于人，但使他国有人，何忧于馁！"隋著作佐郎陆从典、通事舍人颜愍楚谪官在南阳，粲初引为宾客，其后无食，阖家皆为所啖。愍楚，之推之子也。又税诸城堡细弱以供军食，诸城堡相帅叛之。

淮安土豪杨士林、田瓒起兵攻粲，诸州皆应之。粲与战于淮源，大败，帅余众数千奔菊潭。士林家世蛮酋，隋末，士林为鹰扬府校尉，杀郡官而据其郡。既逐朱粲，己巳，帅汉东四郡遣使诣信州总管庐江王瑗请降，诏以为显州道行台。士林以瓒为长史。

【译文】甲子日（二十四日），唐任用陈叔达做纳言。

丙寅日（二十六日），李密任命的伊州刺史张善相前来投降唐。

朱粲拥有士众二十万人，在汉、淮之间剽掠劫夺，迁移不定，每攻破一个州县，没吃完储备的粟粮，又前往其他地方，离开前，放火焚毁余粮，但又不去耕种，因此饿死的百姓堆积如山。后来朱粲没有地方可以再掠取，军中缺少粮食，于是命士兵烹煮妇人、婴儿来吃，说："没有比人肉再好吃的食物了，只要他国有人，何必担心挨饿？"隋朝著作佐郎陆从典、通事舍人颜愍楚，被贬官任职南阳，朱粲起先请他们做宾客，后来没有东西可吃，将他们全家人都杀来吃。颜愍楚，是颜之推的儿子。又命令各个城堡交纳羸弱的人供给军队食用，各个城堡接连反叛。

淮安的土豪杨士林、田瓒兴兵攻击朱粲，各州全都响应。朱粲在淮源和他交战，朱粲大败，带领余众几千人逃往菊潭。杨士林家族世代是蛮酋，隋朝末年，杨士林担任鹰扬府校尉，杀掉郡官，占据郡地。既然赶走了朱粲，己巳日（二十九日），杨士林带领汉东四郡，派遣使者向信州总管庐江王李瑗请求投降，朝廷诏命派杨士林做显州道行台。杨士林任用田瓒做长史。

初，王世充既杀元、卢，虑人情未服，犹媚事皇泰主，礼甚谦敬。又请为刘太后假子，尊号曰圣感皇太后。既而渐骄横，尝赐食于禁中，还家大吐，疑遇毒，自是不复朝谒。皇泰主知其终不为臣，而力不能制，唯取内库彩物大造幡花；又出诸服玩，令僧散施贫乏以求福。世充使其党张绩、董濬守章善、显福二门，宫内杂物，毫厘不得出。是月，世充使人献印及剑。又言河水清，欲以耀众，为己符瑞云。

上遣金紫光禄大夫武功靳孝谟安集边郡，为梁师都所获。孝谟骂之极口，师都杀之。二月，诏追赐爵武昌县公，谥曰忠。

初定租、庸、调法，每丁租二石，绢二匹，绵三两；自兹以外，不得横有调敛。

丙戌，诏："诸宗姓居官者在同列之上，未仕者免其徭役；每州置宗师一人以摄总，别为团伍。"

【译文】起初，王世充已经杀了元文都、卢楚，担心人心不服，暂且谄事皇泰主，表面上非常谦虚尊敬。王世充又请求做刘太后的义子，尊称她为圣感皇太后。不久渐渐骄纵蛮横，有一次宫中赐给食物吃，王世充返家后大吐，怀疑中了毒，自此不再上朝请谒。皇泰主知晓他终究不甘愿为臣，但是没有力量制服他，只能取出内库各种绫罗锦绢大做佛幡上的装饰花，又拿出各种装饰玩物，让和尚散发给贫穷的人来求福祥。王世充命他的同党张绩、董浚把守章善、显福两处宫门，宫内各种物品，丝毫不能携出。这一个月，王世充派人献上印及剑。又传言黄河水澄清了，想要向大众夸耀是自己的符应祥瑞所致。

资治通鉴

唐高祖李渊派遣金紫光禄大夫武功人靳孝谟安抚边郡，被梁师都查获。靳孝谟用极不堪的话辱骂梁师都，梁师都杀了他。二月，唐高祖诏命追赐靳孝谟爵位为武昌县公，谥号是忠。

唐初步制定租、庸、调的税法，每丁每年缴纳粟二石、绢二匹、绵三两。除此以外不可以滥加赋敛。

丙戌日（十六日），唐高祖诏命说："皇室同族中做官的，官位在同级官员之上，没有做官的免除徭役。每州设置宗师一人作为摄统，另外组成团伍，不和庶民一起。"

张俟德至凉，李轨召其群臣廷议曰："唐天子，吾之从兄，今已正位京邑。一姓不可自争天下，吾欲去帝号，受其官爵，可乎？"曹珍曰："隋失其鹿，天下共逐之，称王称帝者，奚啻一人！唐帝关中，凉帝河右，固不相妨。且已为天子，奈何复自贬黜！必欲以小事大，请依萧察事魏故事。"轨从之。戊戌，轨遣其尚书左丞邓晓入见，奉书称"皇从弟大凉皇帝臣轨"而不受官爵。帝怒，拘晓不遣，始议兴师讨之。

初，隋炀帝自征吐谷浑，吐谷浑可汗伏允以数千骑奔党项，炀帝立其质子顺为主，使统馀众，不果入而还。会中国丧乱，伏允复还收其故地。上受禅，顺自江都还长安，上遣使与伏允连和，使击李轨，许以顺还之。伏允喜，起兵击轨，数遣使入贡请顺，上遣之。

【译文】 张俟德抵达凉州，李轨召请群臣举行廷议说："唐天子，是我的堂兄，而今已经在京师就位。同姓不可以相争天下，我想取消帝号，接受他的封爵，你们认为可以吗？"曹珍说："隋朝失其鹿，天下一同追逐，称王称帝的，何止一人？唐在关中称帝，凉在河右称帝，根本不互相妨害。而且您已经是天子，怎么能再自我贬退！必定要以小事大，请按照萧詧事魏的故事（萧詧自称梁帝，而称臣于周。事见一百六十五卷梁元帝承圣三年）。"李轨采纳他的建议。戊戌日（二十八日），李轨派遣他的尚书左丞邓晓入京谒见，上书自称"皇帝堂弟大凉皇帝臣轨"，却没有接受官爵。唐高祖发怒，抓捕邓晓不遣送他回凉，开始商量兴师讨伐李轨。

起初，隋炀帝亲自征讨吐谷浑，吐谷浑可汗伏允率领几千骑逃奔党项。隋炀帝立他做人质的儿子顺做主，让他统率余众，还没有到吐谷浑就折返。恰好遇到中原丧乱，伏允又回师收复他的故地。唐高祖接受禅位，顺自江都回返长安，唐高祖派遣使者给伏允联合，让他攻打李轨，并答应将顺送返吐谷浑。伏允听了很高兴，兴兵攻击李轨，同时多次派遣使者入贡请求将顺遣回，唐高祖将顺遣送给伏允可汗。

闰月，朱粲遣使请降，诏以粲为楚王，听自置官属，以便宜从事。

宇文化及以珍货诱海曲诸贼，贼帅王薄帅众从之，与共守聊城。

窦建德谓其群下曰："吾为隋民，隋为吾君；今宇文化及弑逆，乃吾仇也，吾不可以不讨！"乃引兵趣聊城。

淮安王神通攻聊城，化及粮尽，请降，神通不许。安抚副使崔世幹劝神通许之，神通曰："军士暴露日久，贼食尽计穷，克在旦暮，吾当攻取以示国威，且散其玉帛以劳战士；若受其降，将何以为军赏乎！"世幹曰："今建德方至，若化及未平，内外受敌，吾军必败。夫不攻而下之，为功甚易，奈何贪其玉帛而不受乎！"神通怒，囚世幹于军中。既而宇文士及自济北馈之，化及军稍振，遂复拒战。神通督兵攻之，贝州刺史赵君德攀堞先登，神通心害其功，收兵不战，君德大诟而下，遂不克。建德军且至，神通引兵退。

【译文】闰月，朱粲派遣使者前来要求投降，唐高祖诏命任用朱粲做楚王，听任他设置官署，从而便宜从事。

宇文化及拿珍宝财货引诱海曲的诸贼，贼帅王薄归顺他，和他共同防守聊城。

窦建德对他的僚属说："我是大隋的百姓，隋炀帝是我的君主，而今宇文化及弑君逆上，是我的仇敌，我不可以不讨伐他！"于是窦建德引兵前往聊城。

淮安王李神通进攻聊城，宇文化及粮食已经用尽，请求投降，李神通不应允。安抚副使崔世干劝说李神通答应，李神通说："军兵暴露风雨中已经辛苦很久了，贼匪粮尽计穷，短时间就可以战胜他，我应该攻克他来显示国威，并且散发他的玉帛来慰劳军兵，如果接受他的投降，将用什么去犒赏军队呢？"崔世干说："现在窦建德刚刚来到，如果宇文化及不平定，腹背受敌，我军必败。不进攻而能够让他投降，如此成功非常容易，如何贪得他的玉帛而不接受投降呢？"李神通发怒，将崔世干囚禁在军中。不久宇文士及自济北馈送粮食，宇文化及军队的士气稍振，于是再度抵抗。李神通督导军队进攻宇文化及的军队，贝州刺史赵君德攀墙先行登城，李神通心内嫉妒，收兵不战，赵君德大骂着下城来，因此不能攻克城池。窦建德军队将到，李神通率军后退。

建德与化及连战，大破之，化及复保聊城。建德纵兵四面急攻，王薄开门纳之。建德入城，生擒化及，先谒隋萧皇后，语皆称臣，素服哭炀帝尽哀；收传国玺及卤簿仪仗，抚存隋之百官，然后执逆党宇文智及、杨士览、元武达、许弘仁、孟景，集隋官而斩之，枭首军门之外。以槛车载化及并二子承基、承趾至襄国，斩之。化及且死，更无馀言，但云："不负夏王！"

建德每战胜克城，所得资财，悉以分将士，身无所取。又不噉肉，常食蔬，茹粟饭；妻曹氏，不衣纨绮，所役婢妾，才十许人。及破化及，得隋宫人千数，即时散遣之。以隋黄门侍郎裴矩为左仆射，掌选事，兵部侍郎崔君肃为侍中，少府令何稠为工部尚书，右司郎中柳调为左丞，虞世南为黄门侍郎，欧阳询为太常卿。询，纥之子也。自馀随才授职，委以政事。其不愿留，欲诣关中及东都者，亦听之，仍给资粮，以兵援之出境。隋骁果尚近万人，亦各纵遣，任其所之。又与王世充结好，遣使奉表于隋皇泰主，皇泰主封为夏王。建德起于群盗，虽建国，未有文物法度，裴矩为之定朝仪，制律令，建德甚悦，每从之谘访典礼。

【译文】窦建德和宇文化及连续交战，大败宇文化及的军队，宇文化及再度保守聊城。窦建德进兵，四面猛烈进攻，王薄打开城门迎接窦建德。窦建德进入聊城，活捉宇文化及，先谒见隋朝萧皇后，说话都自称臣，穿着白色丧服痛哭隋炀帝，十分悲哀的样子。并收拾隋朝传国印玺以及车驾仪仗等器物，安抚慰问隋朝百官，然后擒拿逆党宇文智及、杨士览、元武达、许弘仁、孟景，将他们在隋朝百官面前处死，砍下首级悬挂在军门之外。用囚车装载宇文化及和他的二子宇文承基、宇文承趾到襄国，处死他们。宇文化及临死时没有说什么，只说："不辜负夏王！"（夏王是窦建德的称号）

窦建德每次战胜攻克城池，得到的资财，全都分给将士，自己丝毫不取。又不吃肉，经常吃蔬菜和糙米饭。妻子曹氏，不穿细绢做的衣物，所用的婢妾，才十几人。等到打败宇文化及，俘得隋朝宫人数以千计，立刻遣散他们。任用隋朝黄门侍郎裴矩做左仆射，掌管选拔的事情，任用兵部侍郎崔君肃做侍中，少府令何稠做工部尚书，右司郎中柳调做左丞，虞世南做黄门侍郎，欧阳询做太常卿。欧阳询，是欧阳纥的儿子。其余的人依照才能授职，委以政事。有不愿意留下要前往关中及东都的人，也听任他自便，而且供给财用粮饷，派军护送他出境。隋朝骁果尚有近一万人，也全都加以遣散，听任他们自己走开。又和王世充结好，派遣使者上表给隋皇泰主，皇泰主加封他为夏王。窦建德自群盗中兴起，虽然建国，却没有礼乐典章条文、法律制度，裴矩替他制定朝仪、律令，窦建德非常高兴，经常向他请教典礼。

【乾隆御批】 胡寅责备建德，谓独夫已自绝于天下，何必又为发哀？其言未免深刻。盖建德人虽不学无术，然已能伸乱贼之诛志，概殊为磊落，以视反颜草窃者，顾当何如，昌黎所称淫辞助攻，良非无见。

【译文】 胡寅责备窦建德说，残暴无道、众叛亲离的隋炀帝已经自绝于天下，何必又为他举行哀悼仪式？他的话不免说得太苛刻。大概窦建德这个人虽然不学无术，可是还能伸张对乱贼的诛讨之意，也确实算得上光明磊落，拿他和那些反转面孔就背叛成盗贼的人相比，又当怎么样呢？正像韩昌黎所称的淫辞助攻之流，真不是没有见解。

甲辰，上考第群臣，以李纲、孙伏伽为第一。因置酒高会，谓裴寂等曰："隋氏以主骄臣谄亡天下，朕即位以来，每虚心求谏，然唯李纲差尽忠款，孙伏伽可谓诚直。馀人犹踵敝风，俛眉而已，岂朕所望哉！朕视卿如爱子，卿当视朕如慈父。有怀必尽，勿自隐也！"因命舍君臣之敬，极欢而罢。

遣前御史大夫段确使于朱粲。

【译文】 甲辰日(初四)，唐高祖考核群臣，以李纲、孙伏伽为第一，因而准备美酒宴客，对裴寂等人说："隋氏因君王骄纵，臣下谄媚，才失掉天下，朕即位以来，时常虚心要求大家进言建议，可是只有李纲稍微尽了忠心，孙伏伽可以算是诚直，其余的人仍旧存着旧有的坏风气，只听话不敢劝谏，这难道是朕所希望的？朕视卿等好像爱子，卿等应该视朕如慈父，有意见要讲出来，不必隐瞒！"因而唐高祖下令除去君臣之间的礼敬，尽欢而罢。

唐派遣前御史大夫段确出使前往朱粲的处所。

初，上为隋殿内少监，宇文士及为尚辇奉御，上与之善。士及从化及至黎阳，上手诏召之，士及潜遣家僮间道诣长安，又因使者献金环。化及至魏县，兵势日蹙，士及劝之归唐，化及不从，内史令封德彝说士及于济北征督军粮以观其变。化及称帝，立士及为蜀王。化及死，士及与德彝自济北来降。时士及妹为昭仪，由是授上仪同。上以封德彝隋室旧臣，而谄巧不忠，深诮责之，罢遣就舍。德彝以秘策干上，上悦，寻拜内史舍人，俄迁待郎。

甲寅，隋夷陵郡丞安陆许绍帅黔安、武陵、澧阳等诸郡来降。绍幼与帝同学；诏以绍为峡州刺史，赐爵安陆公。

【译文】 起初，唐高祖担任隋朝殿内少监，宇文士及担任尚辇奉御，唐高祖和宇文士及关系很好。宇文士及跟从宇文化及到黎阳，唐高祖手谕召请他，宇文士及暗中派遣家僮抄小路前往长安，又通过使者呈献金环，表示要回长安。宇文化及抵达魏县，军势日渐衰微，宇文士及劝说他归顺唐，宇文化及不听，内史令封德彝游说宇文士及在济北征督军粮，静待变化。宇文化及自称皇帝，封宇文士及做蜀王。宇文化及死后，宇文士及和封德彝从济北来投降唐。当时宇文士及的妹妹被封作昭仪，因此授予宇文士及上仪同的官职。唐高祖因为封德彝是隋室旧臣，谄媚阿谀不忠心，大加责备，并罢免他的官职，遣他就舍。封德彝拿秘策进献唐高祖，唐高祖很高兴，不久任命封德彝为内史舍人，没多久封德彝升作侍郎。

甲寅日（十四日），隋朝夷陵郡丞安陆人许绍率领黔安、武陵、澧阳等郡前来投降唐。许绍幼年和唐高祖是同学；唐高祖诏命任用许绍做峡州刺史，赐爵为安陆公。

丙辰，以徐世勣为黎州总管。

丁巳，骠骑将军张孝珉以劲卒百人袭王世充汜水城，入其郛，沉米船百五十艘。

己未，世充寇穀州。世充以秦叔宝为龙骧大将军，程知节为将军，待之皆厚。然二人疾世充多诈，知节谓叔宝曰："王公器度浅狭而多妄语，好为咒誓，此乃老巫妪耳，岂拨乱之主乎！"世充与唐兵战于九曲，叔宝、知节皆将兵在陈，与其徒数十骑，西驰百许步，下马拜世充曰："仆荷公殊礼，深思报效；公性猜忌，喜信谗言，非仆托身之所，今不能仰事，请从此辞。"遂跃马来降，世充不敢逼。上使事秦王世民，世民素闻其名，厚礼之，以叔宝为马军总管，知节为左三统军。时世充骁将又有骠骑武安李君羡、征南将军临邑田留安，亦恶世充之为人，帅众来降。世民引君羡置左右，以留安为右四统军。

王世充囚李育德之兄厚德于获嘉，厚德与其守将赵君颖逐殷州刺史段大师，以城来降。以厚德为殷州刺史。

【译文】丙辰日（十六日），唐高祖任用徐世勣做黎州总管。

丁巳日（十七日），骠骑将军张孝珉率领精卒百人在汜水城袭击王世充，攻入外城，击沉米船一百五十艘。

己未日（十九日），王世充侵犯谷州。王世充任用秦叔宝做龙骧大将军，程知节做将军，非常厚待他们。但二人讨厌王世充奸诈，程知节对秦叔宝说："王公器度浅薄而且讲话喜好咒誓，他好像老巫婆，哪里是个平乱的君王！"王世充和唐兵在九曲交战，秦叔宝、程知节都领兵在阵中，带领部下数十骑，向西奔驰百余步，下马叩拜王世充说："我们蒙受您特殊礼遇，很想报效，但您的性情猜忌，喜欢听信谗言，不是我们托身的地方，而今不能仰事您，请允许我们从此辞别。"于是二人跳上马背前来投降唐；王世充不敢逼迫。唐高祖让他们侍奉秦王李世民，李世民素来听闻他们的名声，厚待他们，任用秦叔宝做马军总管，任用程知节做左三统军。此时王世充的骁将中又有骠骑武安人李君羡、征南将军临邑人田留安，也讨厌王世充的为人，率领士众来投降唐。李世民将李君羡留置在身边，任用田留安做右四统军。

王世充将李育德的哥哥李厚德囚禁在获嘉，李厚德和看守他的将领赵君颖驱逐殷州刺史段大师，献出城池来投降唐。唐任用李厚德做殷州刺史。

窦建德陷邢州，执总管陈君宾。

上遣殿内监窦诞、右卫将军宇文歆助并州总管齐王元吉守晋阳。诞，抗之子也，尚帝女襄阳公主。元吉性骄侈，奴客婢妾数百人，好使之被甲，戏为攻战，前后死伤甚众，元吉亦尝被伤。其乳母陈善意苦谏，元吉醉，怒，命壮士殴杀之。性好田猎，载罔罟三十余车，尝言："我宁三日不食，不能一日不猎。"常与诞游猎，蹂践人禾稼。又纵左右夺民物，当衢射人，观其避箭。夜，开府门，宣淫他室。百姓愤怨，歆屡谏不纳，乃表言其状。壬戌，元吉坐免官。

癸亥，陕州刺史李育德攻下王世充河内堡聚三十一所。乙丑，世充遣其兄子君廓侵陕州，李育德击走之，斩首千馀级。李厚德归省亲疾，使李育德守获嘉，世充并兵攻之，丁卯，城陷，育德及弟三人皆战死。

【译文】窦建德攻克邢州，擒拿总管陈君宾。

唐高祖派遣殿内监窦诞、右卫将军宇文歆协助并州总管齐王李元吉防守晋阳。窦诞，是窦抗的儿子，娶了唐高祖的女儿襄阳公主做妻子。李元吉生性骄傲奢侈，奴客婢妾几百人，喜欢让他们披上铠甲玩攻战的游戏，前后死伤的人很多，李元吉也曾经被打伤。他的乳母陈善意苦苦进谏，李元吉喝醉了酒，听了发怒，下令壮士殴杀乳母。李元吉喜欢打猎，装载网罟三十车，曾经说："我宁可三日不吃饭，不能一日不打猎。"李元吉经常和窦诞游猎，蹂践百姓的农作物，又放纵亲信夺取百姓的财物。李元吉还当街射人，观看他们躲箭。夜晚，打开府门，奸淫别人的妻子。百姓都恨他。宇文歆多次劝谏不接纳，于是上表奏明李元吉的罪状。壬戌日（二十二日），李元吉因此被免去官职。

癸亥日（二十三日），陕州刺史李育德攻克王世充的河内堡垒三十一所。乙丑日（二十五日），王世充派遣他哥哥的儿子王君廓侵犯陕州，李育德赶走他，斩首一千余人。李厚德回去探望父母的病，让李育德防守获嘉，王世充会合军队进攻他。丁卯日（二十七日），城破，李育德及弟弟三人全都战死。

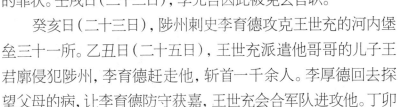

己巳，李公逸以雍丘来降，拜杞州总管，以其族弟善行为杞州刺史。

隋吏部侍郎杨恭仁，从宇文化及至河北；化及败，魏州总管元宝藏获之，己巳，送长安。上与之有旧，拜黄门侍郎，寻以为凉州总管。恭仁素习边事，晓羌、胡情伪，民夷悦服，自葱岭已东，并入朝贡。

突厥始毕可汗将其众渡河至夏州，梁师都发兵会之，以五百骑授刘武周，欲自句注入寇太原。会始毕卒，子什钵苾幼，未可立，立其弟俟利弗设为处罗可汗。处罗以什钵苾为尼步设，使居东偏，直幽州之北。先是，上遣右武侯将军高静奉币使于始毕，至丰州，闻始毕卒，敕纳于所在之库。突厥闻之，怒，欲入寇；丰州总管张长逊遣高静以币出塞为朝廷致赙，突厥乃还。

【译文】己巳日（二十九日），李公逸献出雍丘来投降唐，唐任命公逸做杞州总管，让他的族弟李善行担任杞州刺史。

隋朝吏部侍郎杨恭仁，跟从宇文化及来到河北。宇文化及兵败，魏州总管元宝藏生擒了他，己巳日（二十九日），将他送往长安。唐高祖和杨恭仁有老交情，任用他做黄门侍郎，不久任命他做凉州总管。杨恭仁平素熟悉边疆民俗，了解羌、胡的虚实，百姓对他心悦诚服，自葱岭以东，全都前来朝贡。

突厥始毕可汗带领他的士众渡河来到夏州，梁师都发兵和他会合，分五百骑给刘武周，要从句注进犯太原。恰好遇到始毕可汗逝世，儿子什钵苾年幼，不能继位，于是拥立他的弟弟俟利弗设为处罗可汗。处罗可汗任用什钵苾做尼步设，让他居住在东边，正在幽州的北面。起初，唐高祖派遣右武侯将军高静奉钱币出使突厥，到了丰州，听闻始毕可汗死亡，唐高祖诏命将钱币纳于当地的财库。突厥听闻这个消息，发怒，想要进犯；丰州总管张长逊派遣高静表示携带钱币出塞是朝廷送去助丧的财物，突厥才撤回军队。

三月，庚午，梁师都寇灵州，长史杨则击走之。

壬申，王世充寇穀州，刺史史万宝战，不利。

庚辰，隋北海通守郑虔符、文登令方惠整及东海、齐郡、东平、任城、平陆、寿张、须昌贼帅王薄等并以其地来降。

王世充之寇新安也，外示攻取，实召文武之附己者议受禅。李世英深以为不可，曰："四方所以奔驰归附东都者，以公能中兴隋室故也。今九州之地，未清其一，遽正位号，恐远人皆思叛去矣！"世充曰："公言是也！"长史韦节、杨续等曰："隋氏数穷，在理昭然，夫非常之事，固不可与常人议之。"太史令乐德融曰："昔岁长星出，乃除旧布新之征；今岁星在角、亢。亢，郑之分野。若不亟顺天道，恐王气衰息。"世充从之。外兵曹参军戴胄言于世充曰："君臣犹父子也，休戚同之，明公莫若竭忠徇国，则家国俱安矣。"世充诡辞称善而遣之，世充议受九锡，胄复固谏，世充怒，出为郑州长史，使与兄子行本镇虎牢。乃使段达等言于皇泰主，请加世充九锡。皇泰主曰："郑公近平李密，已拜太尉，自是以来，未有殊绩，俟天下稍平，议之未晚。"段达曰："太尉欲之。"皇泰主熟视达曰："任公！"辛巳，达等以皇泰主之诏命世充为相国，假黄钺，总百揆，进爵郑王，加九锡，郑国置丞相以下官。

【译文】三月，庚午日（初一），梁师都进犯灵州，长史杨则将他打跑。

壬申日（初三），王世充进犯榖州，刺史史万宝迎战失利。

庚辰日（十一日），隋朝北海通守郑虔符、文登县令方惠整以及东海、齐郡、东平、任城、平陆、寿张、须昌贼帅王薄等人全都献出他们的辖地来投降唐。

王世充进犯新安，表面上是攻取，实际上是召集依附自己的文武官员商量禅位的事。李世英坚决认为不可以，说："四方奔驰归顺东都的理由，是您能够中兴隋室。而今九州的地方，连一州都没有能够肃清，就忙于正位建号，担心远方的人都想反叛离去了！"王世充说："您的话非常对！"长史韦节、杨续等说："隋氏气数已尽，道理非常明白。非常之事，本来不可和常人商议。"太史令乐德融说："以前岁长星出现，是除旧布新的征兆，而今岁星在角、亢。亢，在郑的分野。如若不急于顺应天道，担心王气会衰亡。"王世充听从。外兵曹参军戴胄对王世充说："君臣好比父子，祸福相关。您不如尽忠报国，那么家国都能平安。"王世充假装说好并送走他。王世充商议接受九锡，戴胄再次坚决劝谏阻止，王世充发怒，调他出去担任郑州长史，让他和自己的侄儿王行本镇守虎牢。于是命令段达等人向皇泰主建议，请求加王世充九锡。皇泰主说："郑公最近讨平李密，已经任命为太尉，自此以后，没有特殊功勋，等天下稍为安定，再讨论这问题也不迟。"段达说："那是太尉想得到的。"皇泰主仔细盯着段达说："随你去做！"辛巳日（十二日），段达等人用皇泰主的诏书任命王世充做相国，假借黄钺，统领百官，晋爵郑王，加九锡，郑国设立丞相以下的官员。

初，宇文化及以隋大理卿郑善果为民部尚书，从至聊城，为化及督战，中流矢。窦建德克聊城，王琮获善果，责之曰："公名臣之家，隋室大臣，奈何为弑君之贼效命，苦战伤痍至此乎！"善果大惭，欲自杀，宋正本驰往救止之；建德复不为礼，乃奔相州，淮安王神通送之长安。庚午，善果至，上优礼之，拜左庶子、检校内史侍郎。

齐王元吉讽并州父老诣阙留己；甲申，复以元吉为并州总管。

戊子，淮南五州皆遣使来降。

辛卯，刘武周寇并州。

壬辰，营州总管邓暠击高开道，败之。

甲午，王世充遣其将高毗寇义州。

【译文】起初，宇文化及任用隋朝大理卿郑善果做民部尚书，跟从来到聊城，为宇文化及督导战事，被流矢射中。窦建德攻陷聊城，王琮俘获郑善果，责怪他说："您出身名臣世家，是隋室的大臣，怎么为那弑君的逆贼效力，如此苦战而受伤呢？"郑善果非常惭愧，要自杀，宋正本急忙前往阻止并救了他。窦建德不再以礼对他，于是他逃奔相州，淮安王李神通送他前往长安。庚午日，郑善果来到长安，唐高祖优礼相待，任用他做左庶子、检校内史侍郎。

齐王李元吉鼓动并州父老前往宫阙去慰留自己。甲申日

（十五日），唐高祖再派李元吉做并州总管。

戊子日（十九日），淮南五州都派遣使者前来投降唐。

辛卯日（二十二日），刘武周进犯并州。

壬辰日（二十三日），营州总管邓暠攻打高开道，击败了高开道。

甲午日（二十五日），王世充派遣他的将领高毗进犯义州。

东都道士桓法嗣献《孔子闭房记》于王世充，言"相国当代隋为天子"。世充大悦，以法嗣为谏议大夫。世充又罗取杂鸟，书帛系颈，自言符命而纵之。有得鸟来献者，亦拜官爵。于是，段达以皇泰主命，加世充殊礼。世充奉表三让，百官劝进，设位于都堂。纳言苏威年老，不任朝谒，世充以威隋氏重臣，欲以眩耀士民，每劝进，必冠威名。及受殊礼之日，扶威置百官之上，然后南面正坐受之。

夏，四月，刘武周引突厥之众，军于黄蛇岭，兵锋甚盛。齐王元吉使车骑将军张达以步卒百人尝寇；达辞以兵少不可往，元吉强遣之，至则俱没。达忿恨，庚子，引武周袭榆次，陷之。

散骑常侍段确，性嗜酒，奉诏慰劳朱粲于菊潭。辛丑，乘醉侮粲曰："闻卿好噉人，人作何味？"粲曰："噉醉人正如糟藏猪肉。"确怒，骂曰："狂贼入朝，为一头奴耳，复得噉人乎！"粲于座收确及从者数十人，悉烹之，以噉左右。遂屠菊潭，奔王世充，世充以为龙骧大将军。

【译文】东都道士桓法嗣呈献《孔子闭房记》给王世充，说相国应该接替隋氏做天子。王世充十分高兴，任用桓法嗣做谏议大夫。王世充又收取杂鸟，以帛写字自称符应天命，将帛系在鸟颈而后放鸟飞走。有俘获鸟来呈献的人，王世充也授给官爵。

于是段达以皇泰主的命令，加王世充殊礼，王世充上表再三谦让。百官劝进，设位于都堂。纳言苏威年老，不能入朝拜见，王世充认为苏威是隋朝的重臣，要用他来炫耀士民，每次劝进，必定将苏威的名字列在最前面。等到受殊礼的日子，扶着苏威坐在百官的上位，之后南面正坐接受拜见。

夏季，四月，刘武周率领突厥的士众，在黄蛇岭安营，兵威很盛。齐王李元吉派车骑将军张达率领步兵试着对抗敌寇。张达以兵少不能前往推辞，李元吉强迫他去，最终全军覆没。张达因而愤恨在心。庚子日（初二），张达招引刘武周的军队袭击榆次，攻克了榆次。

散骑常侍段确，嗜好饮酒，奉诏命在菊潭慰劳朱粲。辛丑日（初三），段确趁着酒醉侮辱朱粲说："听闻您喜欢吃人，人肉是什么味道？"朱粲说："吃醉人正好比吃酒糟猪肉。"段确怒骂说："狂贼入朝来，只是一个奴仆头目罢了，还能吃人吗？"朱粲在座中拘捕段确以及随从几十人，通通将他们烹煮，拿来给身边的人吃。于是在菊潭大肆屠杀，而后投奔依附王世充，王世充任命他做龙骧大将军。

【申涵煜评】威以隋室大臣，老而不死，既舞蹈以降贼，复冠名而劝进，廉耻扫地，丧尽生平。人到日暮途穷，光景不堪，乃尔必其心术原自不正，所及露出本色。

【译文】苏威作为隋朝大臣，老而不死，既然舞蹈以降贼，又再次冠名而劝进，全无廉耻，面子扫地，丧尽天良。人到老年走投无路，光景不堪，大概一定是因为他的心术原本不正，所以最后露出了本色。

王世充令长史韦节、杨续等及太常博士衡水孔颖达，造禅代仪，遣段达、云定兴等十余人入奏皇泰主曰："天命不常，郑王功德甚盛，愿陛下遵唐、虞之迹。"皇泰主敛膝据案，怒曰："天下，高祖之天下，若隋祚未亡，此言不应辄发；必天命已改，何烦禅让！公等或祖祢旧臣，或台鼎高位，既有斯言，朕复何望！"颜色凛冽，在廷者皆流汗。退朝，泣对太后。世充更使人谓之曰："今海内未宁，须立长君，俟四方安集，当复子明辟，必如前誓。"癸卯，世充称皇泰主命，禅位于郑。遣其兄世恽幽皇泰主于含凉殿，虽有三表陈让及敕书敦劝，皇泰主皆不知也。遣诸将引兵入清宫城，又遣术人以桃汤苇火祓除禁省。

隋将帅、郡县及贼帅前后继有降者，诏以王薄为齐州总管，伏德为济州总管，郑虔符为青州总管，綦公顺为淮州总管，王孝师为沧州总管。

【译文】王世充让长史韦节、杨续等以及太常博士衡水人孔颖达，制定禅代的仪式，派遣段达、云定兴等十余人入朝奏请皇泰主说："天命无常，而今郑王功德很盛，希望陛下遵奉唐尧、虞舜的做法！"皇泰主将脚弯起，把手据在案上，生气地说："天下，是高祖的天下，假如隋朝国祚未亡，这种话不应该随便讲；如若天命已经改了，何必烦劳禅让？你们中有的是朝廷老臣，有的高居宰辅之位，已然这样说，朕还有什么希望！"皇泰主面色严厉，在朝堂上的官员都紧张得流汗。退朝后皇泰主面对太后哭泣。王世充更派人对他说："而今海内还未平定，必须立年长的君主，等到四方安定统一，必当恢复您的君位，我一定践行去年七月时在宫禁中所发的誓言。"癸卯日（初五），王世充伪造皇泰主的命令，禅位给郑王，命他的哥哥王世恽将皇泰主幽禁在含凉殿，虽然这以前有王世充三次上表辞让以及皇泰主下诏书敦促劝进的事，但皇泰主全都不知情。王世充派遣诸将领军进入清宫城，又派遣有巫术的人用桃汤苇火洗除禁省的邪气。

隋氏的将帅、郡县以及贼帅接连不断前来投降，唐高祖诏令任命王薄担任齐州总管，伏德担任济州总管，郑虔符担任青州总管，綦公顺担任淮州总管，王孝师担任沧州总管。

甲辰，遣大理卿新乐郎楚之安抚山东，秘书监夏侯端安抚淮左。

乙巳，王世充备法驾入宫，即皇帝位。丙午，大赦，改元开明。

丁未，隋御卫将军陈稜以江都来降；以稜为扬州总管。

戊申，王世充立子玄应为太子，玄恕为汉王，余兄弟宗族十九人皆为王。奉皇泰主为潞国公。以苏威为太师，段达为司徒，云定兴为太尉，张仅为司空，杨续为纳言，韦节为内史，王隆为左仆射，韦霁为右仆射，齐王世恽为尚书令，杨汪为吏部尚书，杜淹为少吏部，郑颋为御史大夫。世恽，世充之兄也。又以国子助都吴人陆德明为汉王师，令玄恕就其家行束脩礼。德明耻之，故服巴豆散，卧称病，玄恕入跪床下，对之遗利，竟不与语。德明名朗，以字行。

【译文】甲辰日（初六），唐高祖派遣大理卿新乐郎楚之安抚山东，秘书监夏侯端安抚淮水以东各个州县。

乙巳日（初七），王世充备齐天子的车驾进入宫中，就帝位。丙午日（初八），王世充大赦天下，改年号为开明。

丁未日（初九），隋朝御卫将军陈稜献出江都前来投降；唐高祖任用陈稜做扬州总管。

戊申日（初十），王世充立儿子王玄应做太子，封王玄恕做汉王，其余兄弟宗族十九人都封王，封皇泰主为潞国公。王世充任用苏威做太师，段达做司徒，云定兴做太尉，张仅做司空，杨续做纳言，韦节做内史，王隆做左仆射，韦霁做右仆射，任用齐王王世恽做尚书令，杨汪做吏部尚书，杜淹做少吏部，郑颐做御史大夫。王世恽，是王世充的哥哥。王世充又任用国子助教吴人陆德明做汉王的老师，命令王玄恕前往他家行事师礼。陆德明认为王世充的行径可耻，吃了巴豆散，装病卧在床上，王玄恕入房跪在床下，陆德明对着他拉痢，始终不和他说话。陆德明，名朗，人们知晓他的字却不知道他的名。

世充于阙下及玄武门等数处皆设榻，坐无常所，亲受章表。或轻骑游历衢市，亦不清道，民但避路而已。世充按辔徐行，语之曰："昔时天子深居九重，在下事情无由闻彻。今世充非贪天位，但欲救恤时危，正如一州刺史，亲览庶务，当与士庶共评朝政，尚恐门有禁限，今于门外设坐听朝，宜各尽情。"又令西朝堂纳冤抑，东朝堂纳直谏。于是，献策上书者日有数百，条疏既烦，省览难遍，数日后，不复更出。

窦建德闻王世充自立，乃绝之，始建天子旌旗，出警入跸，下书称诏，追谥隋炀帝为闵帝。齐王暕之死也，有遗腹子政道，建德立以为郧公，然犹依倚突厥以壮其兵势。隋义成公主遣使迎萧皇后及南阳公主，建德遣千馀骑送之，又传宇文化及首以献义成公主。

丙辰，刘武周围并州，齐王元吉拒却之。戊午，诏太常卿李仲文将兵救并州。

【译文】王世充在阙下以及玄武门等数处设榻，没有固定的住所，亲自接受表章；有时轻骑途经街市，也不清道，只是让百姓避路而已。王世充抑辔慢行，对百姓说："从前天子深居九重的宫中，百姓有事情无法上达给天子知道。而今世充我并非贪恋天子之位，只是为了拯救现实的危难，就如一州的刺史，亲自过问政务，将和官吏百姓共同评议朝政，担心大家被门禁阻挡，如今又在宫门外设立听政的地方，各位都应当将了解的情况尽情表达出来。"王世充又命西朝堂受理冤情，东朝堂接受直言进谏。于是献策上书的一天有几百人，分类非常困难，又难以全部省视，几天以后，王世充不再走出宫门。

窦建德听闻王世充废了皇泰主而自立，于是和他断绝关系，开始设立天子的旗帜，出入都像天子一样清道警戒，发布的公文称诏，追谥隋炀帝为隋闵帝。齐王杨暕逝世时，有个遗腹子叫杨政道，窦建德拥立他做郧公，但仍旧依靠突厥来壮大兵势。隋朝义成公主派遣使者迎接萧皇后以及南阳公主，窦建德派遣千余骑护送她们，又传送宇文化及的首级呈献给义成公主。

丙辰日（十八日），刘武周围攻并州，齐王李元吉将他击退。戊午日（二十日），唐高祖诏命太常卿李仲文领兵救援并州。

王世充将军丘怀义居门下内省，召越王君度、汉王玄恕、将军郭士衡杂妓姜饮博，侍御史张蕴古弹之。世充大怒，令散手执君度、玄恕，批其耳数十；又命引入东上阁，杖之各四十。怀义、士衡不问。赏蕴古帛百段，迁太子舍人。君度，世充之兄子也。

世充每听朝，殷勤诲谕，言词重复，千端万绪，侍卫之人不胜倦弊，百司奏事，疲于听受。御史大夫苏良谏曰："陛下语太多而无领要，计云尔即可，何烦许辞也！"世充默然良久，亦不罪良，然性如是，终不能改也。

王世充数攻伊州，总管张善相拒之；粮尽，援兵不至，癸亥，城陷，善相骂世充极口而死。帝闻，叹曰："吾负善相，善相不负吾也！"赐其子爵襄城郡公。

【译文】 王世充的将军丘怀义在门下内省，召集越王王君度、汉王王玄恕、将军郭士衡和妓女婢妾一同饮酒赌博，侍御史张蕴古弹劾他们。王世充非常生气，命令散手仗卫士捉来王君度、王玄恕，打了他们几十个耳光；又命带入东上阁，各打几十大板。但没有追究丘怀义、郭士衡的过错。赏赐给张蕴古帛一百段，升迁为太子舍人。王君度，是王世充哥哥的儿子。

王世充每次听朝，都殷勤训谕，言语重复，千头万绪，令侍卫们疲惫不堪。各部门官吏上朝奏事，听话受命全都感到疲倦。御史大夫苏良进谏说："陛下话太多而没有要领，指出计策应当如何即可，何必讲许多不相干的话！"王世充沉默良久，也不怪罪苏良，但性格如此，始终改变不了。

王世充屡次攻打伊州，唐总管张善相抵抗他。粮食耗尽，援兵不到，癸亥日（二十五日），城被攻破，张善相狠狠地痛骂王世充一直到死。唐高祖听到，感叹说："我对不起张善相，张善相没对不起我！"赐给张善相的儿子襄城郡公的爵位。

五月，王世充陷义州，复寇西济州。遣右骁卫大将军刘弘基将兵救之。

李轨将安修仁兄兴贵，仕长安，表请说轨，谕以祸福。上曰："轨阻兵恃险，连结吐谷浑、突厥，吾兴兵击之，尚恐不克，岂口舌所能下乎！"兴贵曰："臣家在凉州，奕世豪望，为民夷所附；弟修仁为轨所信任，子弟在机近者以十数。臣往说之，轨听臣固善，若其不听，图之肘腋，易矣！"上乃遣之。

【译文】 五月，王世充攻克义州，再进犯西济州。唐高祖派右骁卫大将军刘弘基领兵救援。

李轨部将安修仁的兄长安兴贵，在长安为官，上表请求游说李轨，用祸福劝解他。唐高祖说："李轨依仗军威，勾结吐谷浑、突厥，我兴兵攻打他，都未必能够取胜，岂是用口舌就可以奏效的？"安兴贵说："臣的家在凉州，世代为豪门望族，各族百姓都来归附。我弟弟安修仁是李轨的亲信，有数十个子弟负责他的机要工作。臣前去游说，李轨能听固然好，如果他不听，我在他身边图谋他很容易！"唐高祖于是派他前去。

兴贵至武威，轨以为左右卫大将军。兴贵乘间说轨曰："凉地不过千里，土薄民贫。今唐起太原，取函秦，宰制中原，战必胜，攻必取，此殆天启，非人力也。不若举河西归之，则窦融之功复见于今日矣！"轨曰："吾据山河之固，彼虽强大，若我何？汝自唐来，为唐游说耳。"兴贵谢曰："臣闻富贵不归故乡，如衣绣夜行。臣阖门受陛下荣禄，安肯附唐！但欲效其愚虑，可否在陛下耳。"于是，退与修仁阴结诸胡起兵击轨，轨出战而败，婴城自守。兴贵徇曰："大唐遣我来诛李轨，敢助之者夷三族！"城中人争出就兴贵。轨计穷，与妻子登玉女台，置酒为别。庚辰，兴贵执之以闻，河西悉平。

【译文】 安兴贵抵达武威，李轨任用他做左右卫大将军。安兴贵趁机游说李轨说："凉州土地方圆不过千里，土地贫瘠百姓穷困。而今唐兴起于太原，攻下函秦，控制中原，战必胜，攻必取，这是得到天助，并非人力所能及。不如献出河西前去归附，那么窦融的功勋可以再现于今日了！"李轨说："我据守坚固的山河，唐虽然强大，拿我又能怎么样！你自唐来，要替唐做说客吗？"安兴贵谢罪说："我听闻富贵不回故乡，好像穿着锦绣衣服在夜晚行走。我全家蒙受陛下的高官厚禄,怎肯归附唐!只是想要呈上我的想法,是对还是错全在陛下决定。"于是退下和安修仁暗中结交诸胡起兵攻打李轨,李轨出战失利,绕城防守。安兴贵对大众说:"大唐派我前来诛杀李轨,胆敢帮助他的人,夷灭三族!"城中百姓争相出来归附安兴贵。李轨智竭计穷,和妻子儿女登上玉女台,准备酒食与妻子儿女道别。庚辰日(十三日),安兴贵捉住李轨并向唐高祖报告,于是河西全都平定。

邓晓在长安,舞蹈称庆,上曰:"汝为人使臣,闻国亡,不戚而喜,以求媚于朕。不忠于李轨,肯为朕用乎!"遂废之终身。

轨至长安,并其子弟皆伏诛。以安兴贵为右武侯大将军、上柱国、凉国公,赐帛万段,安修仁为左武侯大将军、申国公。

【译文】邓晓在长安听闻李轨被擒,兴奋得手舞足蹈,唐高祖说:"你做他人的使臣,听闻国家灭亡,不感到悲伤反而高兴,向朕表示谄媚,你不忠于李轨,会忠于朕吗?"于是罢免邓晓的官职,终身不任用他。

李轨被送往长安,和他的子弟一起被诛杀。唐高祖任用安兴贵做右武侯大将军、上柱国、凉国公,赏赐帛万段,任用安修仁做左武侯大将军、申国公。

【乾隆御批】邓晓舞蹈称庆,唐主以大义责之,是矣。然修仁为轨信任之臣,辄尔倒戈相向,其不忠孰甚焉?一则废之终身,一则爵以显位,赏罚之公安在?

【译文】邓晓手舞足蹈地道贺,唐主用大义责备他,是正确的。可是安修仁是李轨信任的大臣,突然之间就倒戈相向,他的不忠与邓晓相比谁更严重呢？一个被终身不予任用，另一个则以显位加封，赏罚的公正在哪里呢？

隋末，离石胡刘龙儿拥兵数万，自号刘王，以其子季真为太子；虎贲郎将梁德击斩龙儿。至是，季真与弟六儿复举兵为乱，引刘武周之众攻陷石州，杀刺史王俭。季真自称突利可汗，以六儿为拓定王。六儿遣使请降，诏以为岚州总管。

壬午，以秦王世民为左武侯大将军、使持节、凉、甘等九州诸军事、凉州总管，其太尉、尚书令、雍州牧、陕东道行台并如故。遣黄门侍郎杨恭仁安抚河西。

【译文】隋朝末年，离石胡（匈奴种）刘龙儿拥有几万军队，自称刘王，封他的儿子刘季真做太子。虎贲郎将梁德击杀刘龙儿。因此刘季真和弟弟刘六儿再举兵作乱，带领刘武周的军兵攻陷石州，杀死刺史王俭。刘季真自称突利可汗，任用刘六儿做拓定王。刘六儿派遣使者请求投降唐，唐高祖诏命任用他做岚州总管。

壬午日（十五日），唐高祖任用秦王李世民做左武侯大将军、使持节、凉甘等九州诸军事、凉州总管，原太尉、尚书令、雍州牧、陕东道行台等官职仍旧兼任。又派遣黄门侍郎杨恭仁安抚河西。

丙戌，刘武周陷平遥。

癸巳，梁州总管、山东道安抚副使陈政为麾下所杀，携其首奔王世充。政，茂之子也。

王世充以礼部尚书裴仁基、左辅大将军裴行俨有威名，忌之。仁基父子知之，亦不自安，乃与尚书左丞宇文儒童、儒童弟尚食直长温、散骑常侍崔德本谋杀世充及其党，复尊立皇泰主；事泄，皆夷三族。齐王世恽言于世充曰："儒童等谋反，正为皇泰主尚在故也，不如早除之。"世充从之，遣兄子唐王仁则及家奴梁百年鸩皇泰主。皇泰主曰："更为请太尉，以往者之言，未应至此。"百年欲为启陈，世恽不许；又请与太后辞决，亦不许。乃布度焚香礼佛："愿自今已往，不复生帝王家！"饮药，不能绝，以帛缢杀之。谥曰恭皇帝。世充以其兄楚王世伟为太保，齐王世恽为太傅，领尚书令。

【译文】丙戌日（十九日），刘武周攻克平遥。

癸巳日（二十六日），梁州总管、山东道安抚副使陈政被麾下杀掉，部下携带着他的首级投奔了王世充。陈政，是陈茂的儿子。

王世充因为礼部尚书裴仁基、左辅大将军裴行俨很有威望，所以猜忌他们。裴仁基父子得知后，也感到内心不安，于是和尚书左丞宇文儒童、宇文儒童的弟弟尚食直宇文长温、散骑常侍崔德本密谋杀死王世充及其余同党，再次尊立皇泰主。事情泄露，都被诛灭三族。齐王王世恽对王世充说："宇文儒童等人阴谋造反，只是因为皇泰主还在，不如趁早将他除掉。"王世充听从，派遣他哥哥的儿子唐王王仁则以及家奴梁百年请皇泰主饮鸩自杀。皇泰主说："替我回复太尉，按从前他说的话，不应当如此对待我。"梁百年要替他转告，王世恽不允许；皇泰主又请求和皇太后辞别，王世恽也不允许。于是皇泰主就地设席焚香拜佛说："但愿从今而后，不再出生在帝王家中！"皇泰主喝下毒药，没能气绝，王世恽再用帛缢杀他，追谥为恭皇帝。王世充任用他的哥哥楚王王世伟做太保，齐王王世恽做太傅，兼尚书令。

六月，庚子，窦建德陷沧州。

初，易州贼帅宋金刚，有众万余，与魏刀儿连结。刀儿为窦建德所灭，金刚救之，战败，帅众四千西奔刘武周，武周闻其善用兵，得之，甚喜，号曰宋王，委以军事，中分家赀以遗之。金刚亦深自结，出其故妻，纳武周之妹，因说武周图晋阳，南向争天下。武周以金刚为西南道大行台，使将兵二万寇并州。丁未，武周进逼介州，沙门道澄以佛幡绁之入城，遂陷介州；诏左武卫大将军姜宝谊、行军总管李仲文击之。武周将黄子英往来雀鼠谷，数以轻兵挑战，兵才接，子英阳不胜而走，如是再三，宝谊、仲文悉众逐之，伏兵发，唐兵大败，宝谊、仲文皆为所虏。既而俱逃归，上复使二人将兵击武周。

【译文】六月，庚子日（初三），窦建德攻克沧州。

起初，易州贼帅宋金刚，拥有一万多的军兵，和魏刀儿勾结。魏刀儿被窦建德消灭，宋金刚救援他，最终战败，宋金刚带领军兵四千人向西投奔刘武周。刘武周听说他善于用兵，得到他，感到特别高兴，称他为宋王，委托他掌管军事，分一半家财送给他。宋金刚内心十分感激，和他的发妻离异，娶了刘武周的妹妹为妻。因而游说刘武周图谋晋阳，向南争夺天下。刘武周任用宋金刚做西南道大行台，命他领军三万进犯并州。丁未日（初十），刘武周进兵逼近介州，和尚道澄用佛幡将他悬坠入城，因而刘武周攻克介州。唐高祖诏命左武卫大将军姜宝谊、行军总管李仲文攻打他。刘武周部将黄子英来往于雀鼠谷，屡次用小部队挑战，两军才一接触，黄子英假装失败逃走，几次三番这样，姜宝谊、李仲文出动全部兵力追逐他，对方伏兵出战，唐军大败，姜宝谊、李仲文都被俘虏，不久全都脱逃返回朝廷，唐高祖再派二人领军攻打刘武周。

己酉，突厥遣使来告始毕可汗之丧，上举哀于长乐门，废朝三日，诏百官就馆吊其使者。又遣内史舍人郑德挺吊处罗可汗，赙帛三万段。

上以刘武周入寇为忧，右仆射裴寂请自行。癸亥，以寂为晋州道行军总管，讨武周，听以便宜从事。

秋，七月，初置十二军，分关内诸府以隶焉，皆取天星为名，以车骑府统之。每军将、副各一人，取威名素重者为之，督以耕战之务。由是士马精强，所向无敌。

【译文】己酉日（十二日），突厥使者前来通报始毕可汗的丧讯，唐高祖在长乐门举行哀悼仪式，停止朝会三天，诏命百官前往突厥使者住所吊唁。又派遣内史舍人郑德挺慰问处罗可汗，赠送帛三万段。

唐高祖因为刘武周进犯而担忧，右仆射裴寂请求率兵抵拒。癸亥日（十六日），唐高祖任用裴寂做晋州道行军总管，征讨刘武周，听凭他便宜从事。

秋季，七月，唐初次设置十二军，关内诸府分别隶属于十二军，都取天星为名，由车骑府统辖。每军有将军、副将各一人，挑选平素有威望的人充任，督导耕战事务。从此唐朝兵马精锐强盛，所向无敌。

海岱贼帅徐圆朗以数州之地请降，拜兖州总管，封鲁国公。

王世充遣其将罗士信寇穀州，士信帅其众千馀人来降。先是，士信从李密击世充，兵败，为世充所得，世充厚礼之，与同寝食。既而得邴元真等，待之如士信，士信耻之。士信有骏马，世充兄子赵王道询欲之，不与，世充夺之以赐道询；士信怒，故来降。上闻其来，甚喜，遣使迎劳，赐帛五千段，廪食其所部，以士信为陕州道行军总管。世充左龙骧将军临泾席辩与同列杨虔安、李君义皆帅所部来降。

【译文】海岱贼头徐圆朗献出数州土地前来求降，唐高祖任用他做兖州总管，封为鲁国公。

王世充派遣他的将军罗士信进犯谷州，罗士信率领徒众千余人前来投降。起初，罗士信跟随李密攻打土世充，兵败，被王世充俘获，王世充厚礼待他，和他同寝同食。不久王世充得到邴元真等人，像对待罗士信一样厚待他们，罗士信认为这是耻辱。罗士信有匹骏马，王世充哥哥的儿子赵王王道询想要，罗士信不给，王世充夺取该匹骏马赏赐给王道询，罗士信发怒，所以来投降唐。唐高祖听说他来投降，十分高兴，派遣使者迎接慰劳，拿仓廪所储的粟粮供给他的军队，任用罗士信做陕州道行军总管。王世充左龙骧将军临泾人席辩和同列杨虔安、李君义全都带领部下前来投降唐。

丙子，王世充遣其将郭士衡寇穀州，刺史任瑰大破之，俘斩且尽。

甲申，行军总管刘弘基遣其将种如愿袭王世充河阳城，毁其河桥而还。

乙酉，西突厥统叶护可汗、高昌王麴伯雅各遣使入贡。

初，西突厥曷娑那可汗入朝于隋，隋人留之，国人立其叔父，号射匮可汗。射匮者，达头可汗之孙也，既立，拓地东至金山，西至海，遂与北突厥为敌，建庭于龟兹北三弥山。射匮卒，弟统叶护可汉立。统叶护勇而有谋，北并铁勒，控弦数十万，据乌孙故地，又移庭于石国北千泉；西域诸国皆臣之，叶护各遣吐屯监之，督其征赋。

辛卯，宋金刚寇浩州，浃旬而退。

【译文】丙子日（初十），王世充派遣他的将军郭士衡进犯谷州，刺史任瑰将他打得大败，郭士衡的军队几乎全被斩杀和俘虏。

甲申日（十八日），行军总管刘弘基派遣他的将军种如愿袭击王世充的河阳城，破坏他的河桥而后还师。

乙酉日（十九日），西突厥统叶护可汗、高昌王麴伯雅各自派遣使者前来唐朝纳贡。

起初，西突厥曷娑那可汗来大隋朝贡，隋朝留下了他，西突厥国人拥立他的叔父为可汗，号称射匮可汗。射匮是达头可汗的孙子。他即位之后，拓展疆土东到金山，西到西海，于是和北突厥为敌，在龟兹北面三弥山建立朝廷。射匮可汗逝世，他的儿子统叶护即位。统叶护勇猛有谋略，向北吞并铁勒，拥有几十万射手，占据乌孙原来的地域，又把宫廷迁移到石国北面的千泉。西域诸国全都向他称臣，统叶护分别派遣吐屯去监理各国，督促他们缴纳赋税。

辛卯日（二十五日），宋金刚进犯浩州，十天以后退军。

八月，丁酉，酅公薨，谥曰隋恭帝；无后，以族子行基嗣。

窦建德将兵十馀万趣洺州，淮安王神通帅诸军退保相州。己亥，建德兵至洺州城下。

丙午，将军秦武通军至洛阳，败王世充将葛彦璋。

丁未，窦建德陷洺州，总管袁子幹降之。乙卯，引兵趣相州，淮安王神通闻之，帅诸军就李世勣于黎阳。

梁师都与突厥合数千骑寇延州，行军总管段德操兵少不敌，闭壁不战，伺师都稍怠，九月，丙寅，遣副总管梁礼将兵击之。师都与礼战方酣，德操以轻骑多张旗帜，掩击其后，师都军溃；逐北二百馀里，破其魏州，虏男女二千馀口。德操，孝先之子也。

【译文】 八月，丁酉日（初一），鄘公去世，谥号为隋恭帝；恭帝没有后嗣，将同族的儿子杨行基当作嗣子。

窦建德率领十余万军队赶往洺州，淮安王李神通率领诸军退守相州。己亥日（初三），窦建德的军队抵达洺州城下。

丙午日（初十），唐将军秦武通的军队抵达洛阳，击败了王世充的将军葛彦璋。

丁未日（十一日），窦建德攻克洺州，唐总管袁子幹向他投降。乙卯日（十九日），窦建德领兵赶往相州，淮安王李神通听到消息，带领诸军前往黎阳投奔李世勣。

梁师都和突厥合兵数千骑进犯延州，唐行军总管段德操兵力少不能抵抗，关闭城门不出战。段德操窥知梁师都稍为懈怠，九月，丙寅日（初一），派副总管梁礼领兵攻击。梁师都和梁礼交战正剧烈，段德操用骑兵张设很多旗帜，从后方袭击，梁师都的军队失败。段德操追逐二百里，攻陷他的魏州，俘获男女二千余人。段德操，是段孝先的儿子。

萧铣遣其将杨道生寇峡州，刺史许绍击破之。铣又遣其将陈普环帅舟师上峡，规取巴、蜀。绍遣其子智仁及录事参军李弘节等追至西陵，大破之，擒普环。铣遣兵戍安蜀城及荆门城。

先是，上遣开府李靖诣夔州经略萧铣。靖至峡州，阻铣兵，久不得进。上怒其迟留，阴敕许绍斩之；绍惜其才，为之奏请，获免。

【译文】萧铣派遣他的将军杨道生进犯峡州，刺史许绍击败他。萧铣又派遣他的将军陈普环率领水军溯江而上进攻峡州，计划攻取巴蜀。许绍派遣他的儿子许智仁以及录事参军李弘节等追到西陵，大败陈普环的军队，逮捕陈普环。萧铣派军防守安蜀城以及荆门城。

在此之前，唐高祖派遣开府李靖前往夔州经略萧铣。李靖到达峡州，受到萧铣军队的阻挡，久久不能前进。唐高祖恼怒他迟缓稽留，暗中下令许绍斩杀他。许绍爱惜李靖的才能，向唐高祖求情，才得到赦免。

己巳，窦建德陷相州，杀刺史吕珉。

民部尚书鲁公刘文静，自以才略功勋在裴寂之右，而位居其下，意甚不平。每廷议，寂有所是，文静必非之，数侵侮寂，由是有隙。文静与弟通直散骑常侍文起饮，酒酣，怨望，拔刀击柱曰："会当斩裴寂首！"家数有妖，文起召巫于星下被发衔刀为厌胜。文静有妾无宠，使其兄上变告之。上以文静属吏，遣裴寂、萧瑀问状，文静曰："建义之初，忝为司马，计与长史位望略同。今寂为仆射，据甲第；臣官赏不异众人，东西征讨，老母留京师，风雨无所庇，实有觖望之心，因醉怨言，不能自保。"上谓群臣曰："观文静此言，反明白矣。"李纲、萧瑀皆明其不反，秦王世民为之固请曰："昔在晋阳，文静先定非常之策，始告寂知；及克京城，任遇悬隔，令文静觖望则有之，非敢谋反。"裴寂言于上曰："文静才略实冠时人，性复粗险，今天下未定，留之必贻后患。"上素亲寂，低回久之，卒用寂言。辛未，文静及文起坐死，籍没其家。

【译文】己巳日（初四），窦建德攻克相州，杀死刺史吕珉。

民部尚书鲁公刘文静,自以为才能功勋在裴寂之上,可是官位却比他小,感到十分不平。每次朝廷议政,裴寂认为对的,刘文静一定说不对,数次欺凌侮辱裴寂,因此二人有了嫌隙。刘文静和弟弟通直散骑常侍刘文起饮酒,酒喝到半醉,刘文静发牢骚,拔刀敲着柱子说:"我会砍下裴寂的头!"家中多次闹妖怪,刘文起叫来巫师在星夜披发衔刀捉妖。刘文静有个姜不受宠爱,于是让她的哥哥向唐高祖密告刘文静造反。唐高祖将刘文静交给司法官史,命裴寂、萧瑀侦察审问,刘文静说:"起义之初,我愧居司马,算起来和长史的地位大略相同。而今裴寂当上仆射,据有甲等宅第;我的功勋不比众人差,东征西讨,老母留在京师,连遮蔽风雨的地方都没有,内心确实有些不平,因而酒醉才禁不住发出怨言的。"唐高祖对群臣说:"听刘文静这话,分明想要造反。"李纲、萧瑀都说他没有造反,秦王李世民为他坚决辩护说:"以前在晋阳,是刘文静先定好非常之策,才告知裴寂的,等到攻取京城,却职位待遇悬殊,使刘文静心有怨恨是真的,他不敢谋反。"裴寂对唐高祖说:"刘文静的才能谋略在众人之上,性格又粗躁凶险,而今天下尚未平定,留下他必定贻留后患。"唐高祖一向喜欢裴寂,沉默思虑好久,终于采用裴寂的话。辛未日(初六),刘文静以及刘文起被判罪处死,没收他所有登记的家财。

【申涵煜评】 文静唱义旗使突厥,数有功于唐,乃未膺茅土之封,先罹诛夷之惨,寡恩极矣。裴寂本与一体,而谗言犹得入者,未免以私侍事,有偏昵处。

【译文】 刘文静举义旗出使突厥,几次有功于大唐。然而还没有得到爵位封地,就先遭受杀戮的悲惨,李渊对他的恩德可以说是少到极点。裴寂本来和他是一伙的，两人有了矛盾后，结果裴寂却进谗言劝李渊杀掉他，刘文静因此而被杀。大概是以私心侍事，有偏亲之处的缘由吧。

沈法兴既克毗陵，谓江、淮之南指摄可定，自称梁王，都毗陵，改元延康，置百官。性残忍，专尚威刑，将士小有过，即斩之，由是其下离怨。

时杜伏威据历阳，陈棱据江都，李子通据海陵，俱有窥江表之心。法兴军数败；会子通围棱于江都，棱送质求救于法兴及伏威，法兴使其子纶将兵数万与伏威共救之。伏威军清流，纶军扬子，相去数十里。子通纳言毛文深献策，募江南人诈为纶兵，夜袭伏威营，伏威怒，复遣兵袭纶。由是二人相疑，莫敢先进。子通得尽锐攻江都，克之，棱奔伏威。子通入江都，因纵击纶，大破之，伏威亦引去。子通即皇帝位，国号吴，改元明政。丹阳贼帅乐伯通帅众万馀降之，子通以为左仆射。

【译文】沈法兴已经攻陷毗陵，以为江、淮以南可以指挥平定，自称梁王，在毗陵建都，改年号为延康，设立百官。沈法兴性情残忍，专重威刑，将士有小的过失就处死他们，因而部下怨恨而有叛离的心意。

当时杜伏威占据历阳，陈棱占据江都，李子通占据海陵，都想图取江外。沈法兴的军队多次失败，恰好碰到李子通围攻陈棱于江都，陈棱送人质向沈法兴以及杜伏威求救，沈法兴派遣他的儿子沈纶率领数万兵和杜伏威一同救援陈棱。杜伏威驻军清流，沈纶驻军扬子，相距几十里。李子通的纳言毛文深献计，招募江南人装作沈纶的军兵，夜间袭击杜伏威军营，杜伏威发怒，也派军袭击沈纶。因而二人彼此怀疑，谁也不敢先进兵。

李子通于是集中全部精兵进攻江都，攻克江都，陈棱投奔杜伏威。李子通进入江都，于是集中兵力攻打沈纶，大败沈纶，杜伏威也引兵离去。李子通登皇帝位，国号吴，改年号为明政。丹阳贼头乐伯通率领士众一万多人向李子通投降，李子通任用他做左仆射。

杜伏威请降；丁丑，以伏威为淮南安抚大使、和州总管。

裴寂至介休，宋金刚据城拒之。寂军于度索原，营中饮涧水，金刚绝之，士卒渴乏。寂欲移营就水，金刚纵兵击之，寂军遂溃，失亡略尽，寂一日一夜驰至晋州。先是，刘武周屡遣兵攻西河，浩州刺史刘赡拒之；李仲文引兵就之，与共守西河。及裴寂败，自晋州以北城镇俱没，唯西河独存。姜宝谊复为金刚所虏，谋逃归，金刚杀之。裴寂上表谢罪，上慰谕之，复使镇抚河东。

【译文】杜伏威请求投降。丁丑日（十二日），唐任命杜伏威做淮南安抚大使、和州总管。

裴寂抵达介休，宋金刚据城抵抗。裴寂驻军在度索原，军中饮用山沟水，宋金刚断绝水源，士兵缺水饮用。裴寂要迁移军营靠近水地，宋金刚出兵攻击，裴寂军队溃败，逃走伤亡殆尽。裴寂一天一夜逃到晋州。起初，刘武周因为多次派兵攻打西河，唐浩州刺史刘赡加以抵抗，李仲文领兵赶往浩州，和刘赡一同防守西河。等到裴寂失败，自晋州以北各城镇都被刘武周攻陷，只有西河保全下来。姜宝谊又被宋金刚俘虏，计划逃跑，结果被杀死。裴寂上表谢罪，唐高祖安慰晓谕他，再次派遣他镇守安抚河东。

刘武周进逼并州，齐王元吉给其司马刘德威曰："卿以老弱守城，吾以强兵出战。"辛巳，元吉夜出兵，携其妻妾弃州奔还长安。元吉始去，武周兵已至城下，晋阳土豪薛深以城纳武周。上闻之，大怒，谓礼部尚书李纲曰："元吉幼弱，未习时事，故遣窦诞、宇文歆辅之。晋阳强兵数万，食支十年，兴王之基，一旦弃之。闻宇文歆首画此策，我当斩之！"纲曰："王年少骄逸，窦诞曾无规谏，又掩覆之，使士民愤怨，今日之败，诞之罪也。歆谏，王不悛，寻皆闻奏，乃忠臣也，岂可杀哉！"明日，上召纲入，升御座曰："我得公，遂无滥刑。元吉自为不善，非二人所能禁也。"并诞赦之。卫尉少卿刘政会在太原，为武周所虏，政会密遣人奉表论武周形势。

武周据太原，遣宋金刚攻晋州，拔之，虏右骁卫大将军刘弘基，弘基逃归。金刚进逼绛州，陷龙门。

【译文】刘武周进兵逼近并州，齐王李元吉欺骗他的司马刘德威说："您带领老弱残兵守城，我带领强兵出战。"辛巳日（十六日），李元吉夜间出兵，带着他的妻妾放弃城池逃回长安。李元吉刚一离去，刘武周的军队已经到达城下，晋阳土豪薛深将城献给刘武周。唐高祖听到消息，非常生气，对礼部尚书李纲说："元吉幼弱，没学时事，因此派遣窦诞、宇文歆辅助他。晋阳拥有数万强兵，经营十年，是王朝复兴的基础，竟然弃之于一旦。听闻这是宇文歆想出的计策，我应该处死他！"李纲说："齐王年少骄纵逸乐，窦诞不曾劝告阻止，反而又处处维护他，使得军兵百姓愤恨，今天的失利是窦诞的罪过。宇文歆劝谏，齐王不听，他便立即就来上奏朝廷，是个忠臣，哪里可以处死他？"第二天，唐高祖召来李纲，升上御座说："有您，我才不至于滥施刑罚。元吉自己不长进，不是他们二人阻止得了的。"连窦诞也被赦免罪过。卫尉少卿刘政会在太原，被刘武周俘虏了，刘政会暗中派人上表说明刘武周军队的情形。

刘武周据有太原，派遣宋金刚进攻晋州，攻克晋州，俘虏右骁卫大将军刘弘基，刘弘基寻机逃回。宋金刚进军逼近绛州，攻陷龙门。

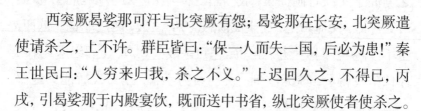

西突厥曷娑那可汗与北突厥有怨；曷娑那在长安，北突厥遣使请杀之，上不许。群臣皆曰："保一人而失一国，后必为患！"秦王世民曰："人穷来归我，杀之不义。"上迟回久之，不得已，丙戌，引曷娑那于内殿宴饮，既而送中书省，纵北突厥使者使杀之。

礼部尚书李纲领太子詹事，太子建成始甚礼之。久之，太子渐昵近小人，疾秦王世民功高，颇相猜忌；纲屡谏不听，乃乞骸骨。上骂之曰："卿为何潘仁长史，乃耻为朕尚书邪！且方使卿辅导建成，而固求去，何也？"纲顿首曰："潘仁，贼也，每欲妄杀人，臣谏之即止，为其长史，可以无愧。陛下创业明主，臣不才，所言如水投石，言于太子亦然，臣何敢久污天台，辱东朝乎！"上曰："知公直士，勉留辅吾儿。"戊子，以纲为太子少保，尚书、詹事如故。纲复上书谏太子饮酒无节，及信谗慝，疏骨肉；太子不怿，而所为如故。纲郁郁不得志，是岁，固称老病辞职，诏解尚书，仍为少保。

【译文】西突厥曷娑那可汗和北突厥有仇怨。曷娑那居住在长安，北突厥派遣使者来请求杀死他，唐高祖不允许。群臣都说："因为保护一个人却失去一个国家的友谊，一定有后患！"秦王李世民说："人在穷困时前来归顺，我们杀死他是不义的行为。"唐高祖沉思很久，不得已，丙戌日（二十一日），请曷娑那在内殿喝酒，不久送往中书省，任凭北突厥使者命人杀了他。

礼部尚书李纲兼领太子詹事，太子李建成开始十分礼待他。时间久了，太子渐渐宠信小人，讨厌秦王李世民的功劳高，心中颇为猜忌。李纲多次劝谏不听，于是请求退休。唐高祖骂他说："卿当过何潘仁的长史，竟然把当朕的尚书认为可耻吗？况且刚刚派卿辅导太子建成不久，你却坚决请求离去，为什么？"李纲叩头说："何潘仁是个盗贼，每次想要胡乱杀人，臣一劝谏他就停止，做他的长史，可以没有愧疚。陛下是创业的明君，臣不才，说话像在石头上泼水不被采纳，对太子说话也是如此，臣怎么敢久居尚书，玷污天台，侮辱东宫呢？"唐高祖说："我知晓您是个耿直之士，希望您尽力留下辅导我的儿子。"戊子日（二十三日），唐高祖任用李纲做太子少保、尚书，詹事职务照旧。李纲再次上书劝谏太子饮酒没有节制，以及听信谗言，疏远骨肉。太子不高兴，行为仍旧不改。李纲郁郁不得志，这一年，坚决以老病请求辞职，唐高祖诏命解除尚书职务，仍然任职少保。

淮安王神通使慰抚使张道源镇赵州。庚寅，窦建德陷赵州，执总管张志昂及道源。建德以二人及邢州刺史陈君宾不早下，欲杀之，国子祭酒凌敬谏曰："人臣各为其主用，彼坚守不下，乃忠臣也。今大王杀之，何以励群下乎！"建德怒曰："吾至城下，彼犹不降，力屈就擒，何可舍也！"敬曰："今大王使大将高士兴拒罗艺于易水，艺才至，士兴即降，大王之意以为何如？"建德乃悟，即命释之。

乙未，梁师都复寇延州，段德操击破之，斩首二千馀级，师都以百馀骑遁去。德操以功拜柱国，赐爵平原郡公。鄜州刺史鄜城壮公梁礼战没。

【译文】淮安王李神通派遣慰抚使张道源镇守赵州。庚寅日（二十五日），窦建德攻克赵州，抓捕总管张志昂及张道源。窦建德因为他们二人以及邢州刺史陈君宾不早投降，要处死他们，国子祭酒凌敬进谏说："人臣都效忠他们的主人，他们固守城池不投降，才是忠臣。而今大王杀死他们，怎样去劝勉百姓、部下呢！"窦建德生气地说："我来到城下他还不投降，无力抵抗了才被捉拿，怎么可以放过他？"凌敬说："而今大王派遣大将高士兴在易水抵抗罗艺，假如罗艺一到易水，高士兴就投降，大王以为如何？"窦建德这才醒悟，于是下命令释放他们。

乙未日（三十日），梁师都再次侵犯延州，段德操击败了他，杀了二千多人，梁师都率领百余骑兵逃去。段德操因建功被任命为柱国，赐爵平原郡公。唐鄜州刺史鄜城壮公梁礼战死。

冬，十月，己亥，就加凉州总管杨恭仁纳言；赐幽州总管燕公罗艺姓李氏，封燕郡王。

辛丑，李艺破窦建（衡）〔德〕于衡水。

癸卯，以左武侯大将军庞玉为梁州总管。时集州獠反，玉讨之，獠据险自守，军不得进，粮且尽。熟獠与反者皆邻里亲党，争言贼不可击，请玉还。玉扬言："秋谷将熟，百姓毋得收刈，一切供军，非平贼吾不返。"闻者大惧，曰："大军不去，吾曹皆将馁死。"其中壮士乃入贼营，与所亲潜谋，斩其渠帅而降，馀党皆散，玉追讨，悉平之。

【译文】冬季，十月，己亥日（初四），唐高祖升迁凉州总管杨恭仁为纳言；赐幽州总管燕公罗艺姓李，封为燕郡王。

辛丑日（初六），李艺在衡水击败窦建德。

癸卯日（初八），唐高祖任用左武侯大将军庞玉做梁州总管。此时集州獠人造反，庞玉领兵讨伐，獠人依恃险地固守，庞玉的军队不能前进，粮食将要用尽。熟獠和反叛的人都是邻居或者亲族，争相说贼人不可攻打，请求庞玉还军。庞玉声言说："秋谷即将成熟，百姓不可以收割，一切全都供给军用，不平定叛贼我不还师。"听说的人大为害怕地说："大军不离开，我们都将饿死。"其中的壮士于是进入贼营，和亲近的人暗地谋划，杀了他们的大帅前来投降，余党全都溃散逃跑，庞玉追击，全部讨平。

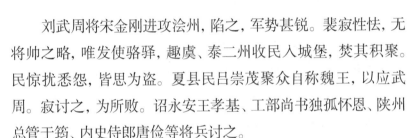

刘武周将宋金刚进攻浍州，陷之，军势甚锐。裴寂性怯，无将帅之略，唯发使骆驿，趣虞、泰二州收民入城堡，焚其积聚。民惊扰悉怨，皆思为盗。夏县民吕崇茂聚众自称魏王，以应武周。寂讨之，为所败。诏永安王孝基、工部尚书独孤怀恩、陕州总管于筠、内史侍郎唐俭等将兵讨之。

时王行本犹据蒲坂，未下，亦与武周相应，关中震骇。上出手敕曰："贼势如此，难与争锋，宜弃大河以东，谨守关西而已。"秦王世民上表曰："太原，王业所基，国之根本；河东殷实，京邑所资，若举而弃之，臣窃愤恨。愿假臣精兵三万，必冀平殄武周，克复汾、晋。"上于是悉发关中兵以益世民所统，使击武周。乙卯，幸华阴，至长春宫以送之。

【译文】 刘武周带领宋金刚攻打浍州，攻克之后，军势壮盛。裴寂生性胆小怯懦，没有将帅谋略，只有派遣使者接连不断上奏，催促虞、泰二州百姓进入城堡，焚毁他们的积蓄。百姓惊乱忧愁因而怨恨，全想去做盗贼。夏县的百姓吕崇茂聚集士众自称魏王，接应刘武周，裴寂讨伐他，被吕崇茂打败。唐高祖诏命永安王李孝基、工部尚书独孤怀恩、陕州总管于筠、内史侍郎唐俭等领军讨伐。

此时王行本尚据有蒲坂，还没有攻下，也和刘武周相呼应，关中人震动害怕。唐高祖出手谕说："贼兵的军势如此，很难和他争胜，应当放弃大河以东，谨慎严守关西。"秦王李世民上表说："太原是王业的基础，国家的根本；河东富庶，是京城的凭借，如果全部放弃，臣私下感到愤恨。希望借我三万精兵，一定消灭刘武周，收复汾、晋。"唐高祖于是动员所有关中的兵马充实李世民的军力，派他攻击刘武周。乙卯日（二十日），唐高祖来到华阴，到长春宫为李世民送行。

窦建德引兵趣卫州。建德每行军，常为三道，辎重、细弱居中央，步骑夹左右，相去二里许。建德以千骑前行，过黎阳三十里，李世勣遣骑将丘孝刚将二百骑侦之。孝刚骁勇，善马矟，与建德遇，遂击之，建德败走；右方兵救之，击斩孝刚。建德怒，还攻黎阳，克之，虏淮安王神通、李世勣父盖、魏徵及帝妹同安公主。唯李世勣以数百骑走渡河，数日，以其父故，还诣建德降。卫州闻黎阳陷，亦降。建德以李世勣为左骁卫将军，使守黎阳，常以其父盖自随为质。以魏徵为起居舍人。滑州刺史王轨奴杀轨，携其首诣建德降。建德曰："奴杀主大逆，吾何为受之！"立命斩奴，返其首于滑州。吏民感悦，即日请降。于是，其旁州县及徐圆朗等皆望风归附。己未，建德还洺州，筑万春宫，徙都之。置淮安王神通于下博，待以客礼。

【译文】窦建德率军急走卫州。窦建德每次行军，常分三路，辎重、细弱的人排在中间，骑兵、步兵左右夹护，相距约三里。窦建德率领千骑前行，离开黎阳三十里，李世勣派遣骑将丘孝刚带领三百骑随后侦察。丘孝刚骁勇，擅长骑马用长矛，和窦建德相遇，于是挥兵进攻，窦建德失败退走；右方兵过来救援，击杀了丘孝刚。窦建德发怒,还军进攻黎阳,攻陷黎阳,俘获淮安王李神通、李世勣的父亲徐盖、魏徵以及帝妹同安公主。只有李世勣率领数百骑逃走渡过黄河,过了数天,因为父亲的缘故,还兵向窦建德投降。卫州听闻黎阳被攻陷,也投降了。窦建德任用李世勣做左骁卫将军,派他镇守黎阳,常拿李世勣的父亲随从做人质。任用魏徵做起居舍人。滑州刺史王轨的奴仆杀了王轨,拿着王轨的首级向窦建德投降。窦建德说:"奴杀主,大逆不道,我怎么能接纳他?"立刻命人斩杀该奴,把王轨的首级送回滑州。因而官民感到高兴,当天请求投降。于是滑州邻近州县以及徐圆朗等人全都相随归附。己未日(二十四日),窦建德返回沼州,修建此处,迁都万春宫。把淮安王李神通安置在下博,依照待客的礼节款待他。

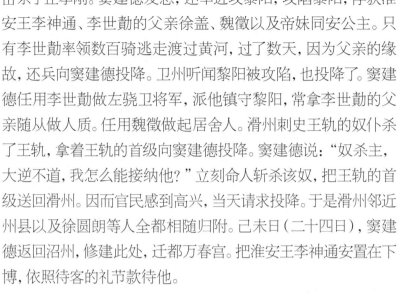

行军总管罗士信帅勇士夜入洛阳外郭,纵火焚清化里而还。壬戌,士信拔青城堡。

王世充自将兵徇地至滑台,临黎阳;尉氏城主时德叡、汴州刺史王要汉、亳州刺史丁叔则遣使降之。以德叡为尉州刺史。要汉,伯当之兄也。

【译文】行军总管罗士信率领勇士趁夜间攻入洛阳外城,放火焚毁清化里而后返回。壬戌日(二十七日),罗士信攻取青城堡。

王世充亲自带兵略地到滑台,逼近黎阳。尉氏城主时德睿、汴州刺史王要汉、亳州刺史丁叔则派遣使者向王世充投降。王世充任用时德睿做尉州刺史。王要汉,是王伯当的哥哥。

夏侯端至黎阳,李世勣发兵送之,自澶渊济河,传檄州县,东至于海，南至于淮，二十馀州，皆遣使来降。行至谯州，会汴、亳降于王世充，还路遂绝。端素得众心，所从二千人，虽粮尽不忍委去，端坐泽中，杀马以飨士，因歔欷谓曰："卿等乡里皆已从贼，特以共事之情，未能见委。我奉王命，不可从卿；卿有妻子，无宜效我。可斩吾首归贼，必获富贵。"众皆流涕曰："公于唐室非有亲属，直以忠义，志不图存。某等虽贱，心亦人也，宁肯害公以求利乎！"端曰："卿不忍见杀，吾当自刎。"众抱持之，乃复同进，潜行五日，馁死及为贼所击奔溃相失者太半，唯馀五十三人同走，采菅豆生食之。端持节未尝离身，屡遣从者散，自求生，众又不可。时河南之地皆入世充，唯杞州刺史李公逸为唐坚守，遣兵迎端，馆给之。世充遣使召端，解衣遗之，仍送除书，以端为淮南郡公、尚书少吏部。端对使者焚书毁衣，曰："夏侯端天子大使，岂受王世充官乎！汝欲吾往，唯可取吾首耳。"因解节旄怀之，置刃于竿，自山中西走，无复蹊径，冒践荆棘，昼夜兼行，得达宜阳，从者附崖溺水、为虎狼所食，又丧其半；其存者鬓发秃落，无复人状。端诣阙见上，但谢无功，初不自言艰苦，上复以为秘书监。

【译文】 夏侯端抵达黎阳，李世勣发兵送他，从澶渊渡河，传檄各州县，东边到大海，南面到淮河，二十多州，全都派遣使者来投降。夏侯端行到谯州，遇上汴、亳两州刺史投靠王世充，于是回去的道路被阻断。夏侯端平常深得民心，随从二千人，虽然粮食用尽也不忍弃他而去。夏侯端坐在泽中，杀马给军兵吃，因而感慨地说："你们乡里都已经归顺贼人，但因为共事的情义，不能背弃我。我接奉王命，不能跟从你们。你们有妻子儿女，不应当学我。可以砍下我的头去归顺贼人，必定可以得到富贵。"众人都流着泪说："公不是唐的亲属,只是为了忠义,一心牺牲。我们虽然鄙贱,同样是人,怎肯害公求利呢?"夏侯端说:"你们不忍心杀我,我当自杀。"众人抱着他,再一起前进,暗中走了五天,饿死以及被贼人击杀冲散的有大半,剩下五十二人一同走,采集野豆生食。夏侯端拿着节不曾离身,多次要遣散相随的人,让他们自求生路,众人又不肯答应。此时河南之地都归属王世充,只有杞州刺史李公逸替唐坚守城池,派军迎接夏侯端,让他居住在客馆,供给食粮。王世充派遣使者招降夏侯端,脱下身上穿的衣服送给夏侯端,又送上委任状,任用夏侯端做淮南郡公、尚书少吏部。夏侯端在来使面前焚毁委任状,毁坏衣服,说:"夏侯端是天子的使者,难道会接受王世充任命的官职吗?你要我去投降,只有取下我的头。"因而解下节旄放入怀中,将刀绑在竹竿上,从山中向西走,不见山路,冒险踩过荆棘,日夜赶路,抵达宜阳,跟随的人坠下山崖溺死水中,被虎狼吞食,又丧失一半。活下来的人鬖发秃落,不像人形。夏侯端到宫阙拜见唐高祖,只是推辞无功,始终不说自己如何艰苦,唐高祖再任命他做秘书监。

【申涵煜评】端艰难衔命,九死不回,焚贼除书,不为利动,可谓唐之苏武。然武受汉累世之恩,而端当唐革创之际,尤为难也。

【译文】夏侯端在艰难之时奉命,虽九死也不回,焚贼除书,不为利益所动,可以说是唐代的苏武。然而武接受汉朝世代的恩惠,而夏侯端所为处于唐朝革命草创之时,尤为难得。

郎楚之至山东,亦为窦建德所获,楚之不屈,竟得还。

王世充遣其从弟世辩以徐、亳之兵攻雍丘。李公逸遣使求救，上以隔贼境，不能救。公逸乃留其属李善行守雍丘，身帅轻骑入朝，至襄城，为世充伊州刺史张殷所获。世充谓曰："卿越郑臣唐，其说安在？"公逸曰："我于天下，唯知有唐，不知有郑。"世充怒，斩之。善行亦没。上以公逸子为襄邑公。

甲子，上祠华山。

【译文】郎楚之到山东，也被窦建德俘虏，郎楚之不屈服，最终生还。

王世充派遣他的堂弟王世辩率领徐、亳两州的军队进攻雍丘。李公逸派遣使者求救，唐高祖因为中间隔着贼境，不能出兵救援。李公逸于是留属下李善行固守雍丘，亲自率领轻骑前往朝廷，来到襄城，被王世充的伊州刺史张殷俘获，王世充对他说："你越过郑而臣服于唐，道理何在？"李公逸说："我对于天下，只知道有唐，不知道有郑。"王世充发怒，杀死了他。李善行也战死。唐高祖任用李公逸的儿子做襄邑公。

甲子日（二十九日），唐高祖祭祀华山。

资治通鉴卷第一百八十八　唐纪四

起屠维单阏十一月，尽重光大荒落二月，凡一年有奇。

【译文】起己卯（公元619年）十一月，止辛巳（公元621年）二月，共一年四个月

【题解】本卷记录了公元619年十一月至六二一年二月的史事，共一年零四个月，正当唐高祖武德二年至四年。这一时期是唐王室秦王李世民建功立业最得意之时，先是消灭了北方劲敌刘武周，沉重打击了梁师都，随后率领大军与王世充在东都激战，唐军大获全胜，河南各郡县大多向唐王朝投降。王世充向窦建德告急，请求援助，王、窦化敌为友，联合兵力对抗唐军。李世勣脱离窦建德，重归唐室怀抱。萧铣政权在唐军打击、内部叛离的情况下日益削弱。李子通割据江东。

高祖神尧大圣光孝皇帝中之上

武德二年（己卯，公元六一九年）十一月，己卯，刘武周寇浩州。

秦王世民引兵自龙门乘冰坚渡河，屯柏壁，与宋金刚相持。时河东州县，俘掠之馀，未有仓廪，人情恇扰，聚入城堡，征敛无所得，军中乏食。世民发教谕民，民闻世民为帅而来，莫不归附，自近及远，至者日多，然后渐收其粮，军食以充。乃休兵秣马，唯令偏裨乘间抄掠，大军坚壁不战，由是贼势日衰。

世民尝自帅轻骑觇敌，骑皆四散，世民独与一甲士登丘而寝。俄而贼兵四合，初不之觉，会有蛇逐鼠，触甲士之面，甲士惊寤，遂白世民，俱上马，驰百馀步，为贼所及，世民以大羽箭射殪其骁将，贼骑乃退。

【译文】 武德二年（己卯，公元619年）十一月，己卯日（十四日），刘武周进犯浩州。

秦王李世民趁河面结冰时率领军队从龙门渡过黄河，驻军柏壁，和宋金刚相持。此时，河东州县在劫掠之后，没有粮仓，人心恐惧扰动，大家聚进城堡，大军征敛不到东西，军中缺少粮食。李世民发布命令告知百姓，百姓听说李世民挂帅而来，没有不归附的，从近到远，来的人日益增加，然后征收他们的粮食，军粮因此充实。于是休整兵马，只令副将利用空闲抄掠，大军坚守营垒不出战，所以贼势日渐衰微。

李世民曾经亲自带领轻骑窥察敌情，骑兵向四面散开，李世民独自和一甲士登上丘阜睡觉。不久，贼兵自四方合拢而来，原本没有发觉，恰好有条蛇在追逐老鼠，碰到甲士的脸庞，甲士惊醒，才报告李世民，两人都骑上马，跑了百余步，被贼兵追上，李世民用大羽箭发射，一箭就射杀贼兵骁将，贼骑才退去。

李世勣欲归唐，恐祸及其父，谋于郭孝恪。孝恪曰："吾新事窦氏，动则见疑，宜先立效以取信，然后可图也。"世勣从之。袭王世充获嘉，破之，多所俘获，以献建德，建德由是亲之。

初，漳南人刘黑闼，少骁勇狡猾，与窦建德善，后为群盗，转事郝孝德、李密、王世充。世充以为骑将，每见世充所为，窃笑之。世充使黑闼守新乡，李世勣击虏之，献于建德。建德署为将军，赐爵汉东公，常使将奇兵东西掩袭，或潜入敌境觇视虚实，黑闼往往乘间奋击，克获而还。

【译文】李世勣想要归顺唐，担心灾祸牵连父亲，和郭孝恪商量。郭孝恪说："我刚侍奉窦建德不久，一有行动就会被怀疑，您应当先立功取得信任，然后才可以谋划归唐的事。"李世勣听从。李世勣在获嘉偷袭王世充，攻陷获嘉，俘获非常丰富，全都献给窦建德，窦建德因此亲近信任他。

起初，漳南人刘黑闼，从小骁勇，生性诡诈，和窦建德交好，后来做了盗匪，先后侍奉郝孝德、李密、王世充。王世充任用他做骑将，刘黑闼每次看到王世充的作为，经常嘲笑他。王世充派刘黑闼镇守新乡，李世勣攻打新乡，俘虏刘黑闼，将他献给窦建德。窦建德任用刘黑闼做将军，赐爵汉东公，经常派遣他率领奇兵东西偷袭，有时暗中进入敌人的境地窥探虚实，刘黑闼往往利用时机奋战，获胜后就返回。

十二月，庚申，上猎于华山。

于筠说永安王孝基急攻吕崇茂，独孤怀恩请先成攻具，然后进，孝基从之。崇茂求救于宋金刚，金刚遣其将善阳尉迟敬德、寻相将兵奄至夏县。孝基表里受敌，军遂大败，孝基、怀恩、筠、唐俭及行军总管刘世让皆为所虏。敬德名恭，以字行。

上征裴寂入朝，责其败军，下吏，既而释之，宠待弥厚。

尉迟敬德、相将还浍州，秦王世民遣兵部尚书殷开山、总管秦叔宝等邀之于美良川，大破之，斩首二千馀级。顷之，敬德、相潜引精骑援王行本于蒲坂，世民自将步骑三千从间道夜趋安邑，邀击，大破之，敬德、相仅以身免，悉俘其众，复归柏壁。

【译文】十二月，庚申日（二十五日），唐高祖李渊在华山打猎。

于筠劝说永安王李孝基抓紧攻打吕崇茂，独孤怀恩请求先造好攻战的器具，然后进兵，李孝基答应了他。吕崇茂向宋金刚求救，宋金刚派遣将军善阳人尉迟敬德、寻相率兵暗中来到夏县，李孝基内外受敌，于是军队大败，李孝基、独孤怀恩、于筠、唐俭及行军总管刘世让都被俘。尉迟敬德名恭，以字号闻名于世。

唐高祖李渊征召裴寂入朝，责备他战败，交给官吏治罪，不久就释放了他，对他更加礼遇。

尉迟敬德、寻相领兵返回浍州，秦王李世民派遣兵部尚书殷开山、总管秦叔宝等人在美良川截击，大败他们，砍下两千多首级。不久，尉迟敬德、寻相暗中率领精骑在蒲坂支援王行本，李世民亲自带领步骑三千从小路趁夜前往安邑，半路截击他们，大败敌军。尉迟敬德、寻相仅得以保命，李世民俘虏了他们的全部军队，又返回柏壁。

诸将咸请与宋金刚战，世民曰："金刚悬军深入，精兵猛将，咸聚于是，武周据太原，倚金刚为扞蔽。金刚军无蓄积，以虏掠为资，利在速战。我闭营养锐以挫其锋，分兵汾、隰，冲其心腹，彼粮尽计穷，自当遁走。当待此机，未宜速战。"

永安壮王孝基谋逃归，刘武周杀之。

李世勣复遣人说窦建德曰："曹、戴二州，户口完实，孟海公窃有其地，与郑人外合内离；若以大军临之，指期可取。既得海公，以临徐、兖，河南可不战而定也。"建德以为然，欲自将徇河南，先遣其行台曹旦等将兵五万济河，世勣引兵三千会之。

【译文】诸将全都请求和宋金刚交战，李世民说："宋金刚孤军深入，精兵猛将，都聚集在此地，刘武周占据太原，倚靠宋金刚为屏障。他们军中并无积蓄，用掳掠所得作为资藉，速战对他有利。我军闭营不战，养精蓄锐，可以挫折他的军威，分兵汾、隰二地，骚扰他的要害之地，敌人粮绝计尽，自然败逃。现在应当等待时机，不宜速战。"

永安壮王李孝基谋划逃归，刘武周杀死了他。

李世勣再次派人游说窦建德说："曹、戴二州，户口充实，孟海公窃据该地，和郑人（王世充国号郑）貌合神离，如果派遣大军前往，很快便可获胜。得到孟海公后，率军逼近徐、兖，河南不用作战就可以讨平。"窦建德认为正确，要亲自领兵攻占河南，先派遣他的行台曹旦等人领兵五万渡河，李世勣领兵三千和他会合。

武德三年（庚辰，公元六二〇年）春，正月，将军秦武通攻王行本于蒲坂。行本出战而败，粮尽援绝，欲突围走，无随之者，戊寅，开门出降。辛巳，上幸蒲州，斩行本。秦王世民轻骑谒上于蒲州。宋金刚围绛州。癸巳，上还长安。

李世勣谋俟窦建德至河南，掩袭其营，杀之，冀得其父并建德土地以归唐。会建德妻产，久之不至。

【译文】武德三年（庚辰，公元620年）春季，正月，将军秦武通在蒲坂攻打王行本。王行本出战失利，粮草用尽，支援断绝，想要突围逃跑，无人跟从。戊寅日（十四日），王行本打开城门投降。辛巳日（十七日），唐高祖李渊来到蒲州，斩杀王行本。秦王李世民轻骑在蒲州进谒唐高祖。宋金刚围攻绛州。癸巳日（二十九日），唐高祖返回长安。

李世勣计划等窦建德到了河南，偷袭他的军营，杀掉他，再救回自己的父亲，以窦建德的土地归附唐。却遇上窦建德妻子生产，窦建德久久不到河南来。

曹旦，建德之妻兄也，在河南，多所侵扰，诸贼羁属者皆怨之。贼帅魏郡李文相，号李商胡，聚众五千馀人，据孟津中潬；母霍氏，亦善骑射，自称霍总管。世勣结商胡为昆弟，入拜商胡之母。母泣谓世勣曰："窦氏无道，如何事之！"世勣曰："母无忧，不过一月，当杀之，相与归唐耳！"世勣辞去，母谓商胡曰："东海公许我共图此贼，事久变生，何必待其来，不如速决。"是夜，商胡召曹旦偏裨二十三人，饮之酒，尽杀之。旦别将高雅贤、阮君明尚在河北未济，商胡以巨舟四艘济河北之兵三百人，至中流，悉杀之。有兽医游水得免，至南岸，告曹旦，旦严警为备。商胡既举事，始遣人告李世勣。世勣与曹旦连营，郭孝恪劝世勣袭旦，世勣未决，闻旦已有备，遂与孝恪帅数十骑来奔。商胡复引精兵二千北袭阮君明，破之。高雅贤收众去，商胡追之，不及而还。

建德群臣请诛李盖，建德曰："世勣，唐臣，为我所虏，不忘本朝，乃忠臣也，其父何罪！"遂赦之。

甲午，世勣、孝恪至长安。曹旦遂取济州，复还洺州。

【译文】曹旦，是窦建德妻子的哥哥，在河南大肆侵略骚扰，归附的各路盗贼都怨恨他。贼将魏郡人李文相，号李商胡，聚集五千余人，占据孟津中城。母亲霍氏，也精于骑马射箭，自称霍总管。李世勣和李商胡结拜为兄弟，入拜李商胡的母亲。李商胡的母亲哭着对李世勣说："窦氏无道，怎么能够侍奉他？"李世勣说："母亲不必担忧，不过一个月，将他杀了，一同去归附唐！"李世勣辞别后，霍氏对李商胡说："东海公答应我共同除去此贼，但时间久了担心发生变化，何必等他来，不如迅速解决。"当晚，李商胡召请曹旦的副将二十三人，请他们喝酒，

资治通鉴

54

将他们全都杀死。曹旦的别将高雅贤、阮君明尚在河北还没有渡河，李商胡用四艘巨船载运河北兵士三百人渡河，到了中流，将他们全都杀掉。有个兽医能游水得以幸免，游到南岸，禀告曹旦，曹旦严警戒备。李商胡做完事情，才派人告诉李世勣。李世勣和曹旦连营，郭孝恪劝说李世勣袭击曹旦，李世勣还没有决定，听说曹旦已经有了准备，于是和郭孝恪率领数十骑投奔唐。李商胡再次率领两千精兵，向北袭击阮君明，击败阮军。高雅贤召集众人离去，李商胡追击，追不上而后返回。

窦建德的群臣请求杀掉李（徐）盖，窦建德说："李世勣本是唐臣，被我俘获，还不忘记唐，是个忠臣，他的父亲又有什么罪？"于是赦免了他。

甲午日（三十日），李世勣、郭孝恪到达长安。曹旦于是攻下济州，再返回沼州。

二月，庚子，上幸华阴。

刘武周遣兵寇潞州，陷长子、壶关。潞州刺史郭子武不能御，上以将军河东王行敏助之。行敏与子武不叶，或言子武将叛，行敏斩子武以徇。乙巳，武周复遣兵寇潞州，行敏击破之。

壬子，开州蛮酋冉肇则陷通州。

甲寅，遣将军桑显和等攻吕崇茂于夏县。

【译文】二月，庚子日（初六），唐高祖李渊到达华阴。

刘武周派军侵犯潞州，攻克长子、壶关。潞州刺史郭子武不能抵御，唐高祖李渊派遣将军河东王李行敏援助他。李行敏和郭子武不和，有人说郭子武将要反叛，李行敏斩杀郭子武来警示军中。乙巳日（十一日），刘武周再派兵侵犯潞州，李行敏击败他。

壬子日（十八日），开州蛮酋冉肇则攻克通州。

甲寅日（二十日），唐派遣将军桑显和等人在夏县攻打吕崇茂。

初，工部尚书独孤怀恩攻蒲坂，久不下，失亡多，上数以敕书诮让之，怀恩由是怨望。上尝戏谓怀恩曰："姑之子皆已为天子，次应至舅之子乎？"怀恩亦颇以此自负，或时扼腕曰："我家岂女独贵乎？"遂与麾下元君宝谋反。会怀恩、君宝与唐俭皆没于尉迟敬德，君宝谓俭曰："独孤尚书近谋大事，若能早决，岂有此辱哉！"及秦王世民败敬德于美良川，怀恩逃归，上复使之将兵攻蒲坂。君宝又谓俭曰："独孤尚书遂拔难得还，复在蒲坂，可谓王者不死！"俭恐怀恩遂成其谋，乃说尉迟敬德，请使刘世让还与唐连和，敬德从之，遂以怀恩反状闻。时王行本已降，怀恩入据其城，上方济河幸怀恩营，已登舟矣，世让适至。上大惊曰："吾得免，岂非天也！"乃使召怀恩，怀恩未知事露，轻舟来至；即执以属吏，分捕党与。甲寅，诛怀恩及其党。

【译文】起初，工部尚书独孤怀恩进攻蒲坂，很长时间没有攻克，逃走死亡的人非常多，唐高祖李渊多次下敕书责备他，独孤怀恩因此怀恨。唐高祖曾对独孤怀恩开玩笑说："你姑姑的儿子都已经是天子（隋炀帝），依次应当轮到舅舅的儿子吧？"独孤怀恩也颇以此自负，有时扼腕说："我们宗族中难道只有女的富贵吗？"于是和部下元君宝阴谋造反。遇上独孤怀恩、元君宝和唐俭都被尉迟敬德俘获，元君宝对唐俭说："独孤尚书最近密谋大事，如果能够及早决断，哪有这种耻辱呢！"等到秦王李世民在美良川打败尉迟敬德，独孤怀恩逃回，唐高祖再派他领兵攻打蒲坂。元君宝又对唐俭说："独孤尚书顺利脱难返回，又在蒲坂领兵，可说是王者不死！"唐俭担心独孤怀恩顺利完成计谋，于是劝说尉迟敬德，请他派刘世让回师与唐联合，尉迟敬德听从，于是将独孤怀恩造反的情形向上报告。此时王行本已投降，独孤怀恩入据该城，唐高祖李渊刚渡过黄河要到独孤怀恩军营，已经登上船，刘世让刚好到达。唐高祖李渊大惊说："我能幸免于难，难道不是天助！"于是派人召请独孤怀恩，独孤怀恩不知事情败露，轻舟过来，唐高祖命人将他逮捕交付官吏，分头抓捕同党。甲寅日（二十日），诛杀独孤怀恩及其同党。

【申涵煜评】 独孤氏三女皆为皇后，而怀恩独以叛诛。可见人家女子贵盛，便是男子不幸处，所以戚里之门，百不保一。

【译文】 独孤氏三个女儿都为皇后，而唯独独孤怀恩因反叛被杀。可见一户人家，女子兴盛，这是男子不幸之处，所以外戚之家，百家难有一家能得到保全的。

窦建德攻李商胡，杀之。建德洺州劝课农桑，境内无盗，商旅野宿。

突厥处罗可汗迎杨政道，立为隋王。中国士民在北者，处罗悉以配之，有众万人。置百官，皆依隋制，居于定襄。

三月，乙丑，刘武周遣其将张万岁寇浩州，李仲文击走之，俘斩数千人。

【译文】 窦建德攻击李商胡，杀了他。窦建德到洺州劝勉督导耕种蚕桑，境内没有盗贼，商旅敢在野外过夜。

突厥处罗可汗迎接杨政道，拥立他做隋王。在北方的中原官吏百姓，处罗可汗全部配给杨政道，拥有士众万人。杨政道设立百官，全都依照隋朝制度，居住在定襄郡。

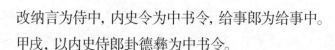

三月,乙丑日(初二),刘武周派遣部将张万岁进犯浩州,李仲文赶走了他,俘虏斩杀几千人。

改纳言为侍中,内史令为中书令,给事郎为给事中。

甲戌,以内史侍郎卦德彝为中书令。

王世充将帅、州县来降者,时月相继。世充乃峻其法,一人亡叛,举家无少长就戮,父子、兄弟、夫妇许相告而免之。又使五家为保,有举家亡者,四邻不觉,皆坐诛。杀人益多而亡者益甚,至于樵采之人,出入皆有限数;公私愁窘,人不聊生。又以宫城为大狱,意所忌者,并其家属收系宫中;诸将出讨,亦质其家属于宫中,禁止者常不减万口,馁死者日有数十。世充又以台省官为司、郑、管、原、伊、殷、梁、凑、嵩、谷、怀、德等十二州营田使,丞、郎得为此行者,喜若登仙。

【译文】唐改纳言为侍中,内史令为中书令,给事郎为给事中。

甲戌日(十一日),唐高祖李渊任用内史侍郎封德彝做中书令。

王世充的将帅、州县官吏前来归降的,每季每月络绎不绝。王世充于是加重法律,一人逃亡背叛,全家不分老少全都处死,父子、兄弟、夫妇告密就可以免罪。又让五家互相连保,有全家逃亡的,四邻不察觉,全都连坐受诛。但杀的人越多,逃亡得更加厉害,甚至砍柴采薪的人,出入都有一定的数目。因而公私愁苦困窘,人们没有东西可赖以生活。王世充又把宫城当作大牢狱,心内猜忌的,连其家属一同关进宫中。诸将出征,也把他们的家属留宫中当人质,监禁的经常不少于一万人,每天有几十人饿死。王世充又任命中央台省的官员做司、郑、管、原、伊、殷、梁、凑、嵩、谷、怀、德等十二州营田使,尚书左、右丞以及诸曹郎官能被委派这种职务的,全像升迁一样高兴。

甲申,行军副总管张伦败刘武周于浩州,俘斩千馀人。

西河公张纶、真乡公李仲文引兵临石州,刘季真惧而诈降。乙酉,以季真为石州总管,赐姓李氏,封彭山郡王。

蛮酋冉肇则寇信州,赵郡公孝恭与战,不利。李靖将兵八百,袭击,斩之,俘五千馀人;己丑,复开、通二州。孝恭又击萧铣东平王阇提,斩之。

夏,四月,丙申,上祠华山;壬寅,还长安。

置益州道行台,以益、利、会、鄘、泾、遂六总管隶焉。

刘武周数攻浩州,为李仲文所败。宋金刚军中食尽;丁未,金刚北走,秦王世民追之。

罗士信围慈涧,王世充使太子玄应拒之,士信刺玄应坠马,人救之,得免。

【译文】甲申日(二十一日),唐行军副总管张纶在浩州击败刘武周,俘虏斩杀一千多人。

西河公张纶、真乡公李仲文领兵逼近石州,刘季真害怕因而假装投降。乙酉日(二十二日),唐任用刘季真做石州总管,赐姓李,封为彭山郡王。

蛮酋冉肇则进犯信州,赵郡公李孝恭和他交战,战势失利。李靖率兵八百偷袭冉肇则,斩杀了他,俘虏五千余人。己丑日(二十六日),唐收复开、通二州。李孝恭又攻击萧铣手下的东平王萧阇提,斩杀了他。

夏季,四月,丙申日(初三),唐高祖李渊在华山祭祀;壬寅日(初九),唐高祖李渊返回长安。

唐设置益州道行台,将益、利、会、鄜、泾、遂六总管划归益州道行台管辖。

刘武周多次攻打浩州,被李仲文击败。宋金刚军中粮食已经用尽;丁未日(十四日),宋金刚向北逃走,秦王李世民领兵追击他。

罗士信围攻慈涧,王世充派遣太子王玄应前去救援,罗士信刺中王玄应,王玄应从马背坠下,幸而有人接应,才逃脱一死。

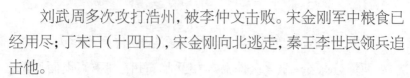

壬子,以显州道行台杨士林为行台尚书令。

甲寅,加秦王世民益州道行台尚书令。

秦王世民追及寻相于吕州,大破之,乘胜逐北,一昼夜行二百馀里,战数十合。至高壁岭,总管刘弘基执辔谏曰:"大王破贼,逐北至此,功亦足矣。深入不已,不爱身乎!且士卒饥疲,宜留壁于此,俟兵粮毕集,然后复进,未晚也。"世民曰:"金刚计穷而走,众心离沮;功难成而易败,机难得而易失,必乘此势取之。若更淹留,使之计立备成,不可复攻矣。吾竭忠徇国,岂顾身乎!"遂策马而进,将士不敢复言饥。追及金刚于雀鼠谷,一日八战,皆破之,俘斩数万人。夜,宿于雀鼠谷西原,世民不食二日,不解甲三日矣,军中止有一羊,世民与将士分而食之。丙辰,陕州总管于筠自金刚所逃来。世民引兵趣介休,金刚尚有众二万,戊午,出西门,背城布陈,南北七里。世民遣总管李世勣等与战,小却,为贼所乘,世民帅精骑击之,出其陈后,金刚大败,斩首三千级。金刚轻骑走,世民追之数十里,至张难堡。浩州行军总管樊伯通、张德政据堡自守,世民免胄示之,堡中喜噪且泣,左

60

右告以王不食，献浊酒、脱粟饭。

【译文】壬子日（十九日），唐任用显州道行台杨士林做行台尚书令。

甲寅日（二十一日），唐高祖加派秦王李世民做益州道行台尚书令。

秦王李世民在吕州追上寻相，将他打得大败，李世民乘胜追击，一昼夜行了二百多里，交战几十回合。抵达高壁岭，总管刘弘基拉住马缰绳进谏说："大王击败贼寇，追击逃敌到这里，功勋也够了，继续深入而不收兵，难道不爱惜生命吗？况且士兵饥饿疲倦，应当在此地扎营，等兵马粮草齐备，然后再进攻也不晚。"李世民说："宋金刚无计可施才逃亡，军心涣散；功劳难以建立，失败却很容易，机会难得却容易失去，一定要趁这个时机消灭他。如果长久滞留，让他想出计策，有了戒备，就不能再消灭他了。我为国尽忠，哪里敢顾惜自己的生命呢！"于是策马前进，将士也不敢再说饥饿。在雀鼠谷追到宋金刚，一天打了八仗，都获胜，俘虏斩杀几万人。夜晚，在雀鼠谷西边的平原宿营，李世民两天没吃东西，三天没脱下战甲，军中只有一只羊，李世民和将士分着吃。丙辰日（二十三日），唐陕州总管于筠从宋金刚那儿逃来。李世民领兵急往介休，宋金刚尚有军兵二万人，戊午日（二十五日），宋金刚从西门出兵，背着城布阵，南北长达七里。李世民派总管李世勣和他交战，稍稍退却，宋金刚趁机反扑，李世民率精骑从他背后攻击，宋金刚大败，被斩杀三千人。宋金刚轻骑逃走，李世民追击数十里，抵达张难堡。唐浩州行军总管樊伯通、张德政据堡坚守，李世民脱下头盔示意，堡中军兵见后欢呼雀跃，欢喜得流下眼泪，随从告知秦王几天没吃东西，堡中人献出浊酒、糙米饭。

尉迟敬德收馀众守介休，世民遣任城王道宗、宇文士及往谕之，敬德与寻相举介休及永安降。世民得敬德，甚喜，以为右一府统军，使将其旧众八千，与诸营相参。屈突通虑其变，骤以为言，世民不听。

刘武周闻金刚败，大惧，弃并州走突厥。金刚收其馀众，欲复战，众莫肯从，亦与百馀骑走突厥。

世民至晋阳，武周所署仆射杨伏念以城降。唐俭封府库以待世民，武周所得州县皆入于唐。

未几，金刚谋走上谷，突厥追获，腰斩之。岚州总管刘六儿从宋金刚在介休，秦王世民擒斩之。其兄季真，弃石州，奔刘武周将马邑高满政，满政杀之。

资治通鉴

【译文】尉迟敬德收集残兵坚守介休，李世民派遣任城王李道宗、宇文士及前去晓谕他，尉迟敬德和寻相献出介休及永安投降。李世民得到尉迟敬德非常欢喜，任用他做右一府统军，仍旧让他率领八千旧部，和各营相杂在一起。屈突通担心他叛变，很快将顾虑说出来，李世民没有听从。

刘武周听闻宋金刚失败，大为恐惧，放弃并州逃奔突厥。宋金刚收集余众，要再作战，众人不肯听从，也和百余骑逃往突厥。

李世民抵达晋阳，刘武周所任命的仆射杨伏念献城投降。唐俭封锁府库等候李世民，刘武周所得州县都并入唐。

不久，宋金刚计划逃回上谷，突厥追到并俘获他，将他腰斩。岚州总管刘六儿跟随宋金刚在介休，秦王李世民俘虏了他，将他斩杀。他的哥哥刘季真丢弃石州，投奔刘武周的部将马邑人高满政，高满政杀了他。

武周之南寇也，其内史令苑君璋谏曰："唐主举一州之众，直取长安，所向无敌，此乃天授，非人力也。晋阳以南，道路险隘，县军深入，无继于后，君进战不利，何以自还！不如北连突厥，南结唐朝，南面称孤，足为长策。"武周不听，留君璋守朔州。及败，泣谓君璋曰："不用君言，以至于此。"久之，武周谋亡归马邑，事泄，突厥杀之。突厥又以君璋为大行台，统其馀众，仍令郁射设督兵助镇。

庚申，怀州总管黄君汉击王世充太子玄应于西济州，大破之；熊州行军总管史万宝邀之于九曲，又破之。

辛酉，王世充陷邓州。

【译文】 刘武周向南进犯时，他的内史令苑君璋劝谏说："唐主凭借一州的士众，直攻长安，所向披靡，这是上天的授予，不是靠人力所能做到的。晋阳以南，道路艰险狭隘，没有后援深入敌境的孤军，如果进攻不能取胜，怎样退回！莫如北连突厥，南结唐朝，南面称王，才是长久之策。"刘武周不听，留下苑君璋坚守朔州。后来刘武周失败，对苑君璋哭泣着说："不采用你的意见，才落到如此地步。"过了很久，刘武周计划逃回马邑，事情泄露，突厥杀了他。突厥又任命苑君璋做大行台，统率刘武周的余众，仍旧命令郁射设督导军兵辅助镇守。

庚申日（二十七日），唐怀州总管黄君汉在西济州进攻王世充的太子王玄应，将他打得大败。唐熊州行军总管史万宝在九曲半路截击，又击败了他。

辛酉日（二十八日），王世充攻克邓州。

【乾隆御批】 太宗一见敬德即待以至诚，始令参列诸营，继且引入卧内，虽屈突通屡以为请，不稍游移，其推心置腹，足以感人肺腑，宜食报之速也。

【译文】唐太宗一见尉迟敬德就以至诚之心相待，开始让他指挥混编部队，接着又让他进入卧室，虽然屈突通多次提醒，但他没有丝毫的犹豫动摇，这种推心置腹的信任，足以感人肺腑，应该很快就得到报答了。

上闻并州平，大悦。壬戌，宴群臣，赐缯帛，使自入御府，尽力取之。复唐俭官爵，仍以为并州道安抚大使；所籍独孤怀恩田宅资财，悉以赐之。

世民留李仲文镇并州，刘武周数遣兵入寇，仲文辄击破之，下城堡百馀所。诏仲文检校并州总管。

五月，窦建德遣高士兴击李艺于幽州，不克，退军笼火城。艺袭击，大破之，斩首五千级。建德大将军王伏宝，勇略冠军中，诸将疾之，言其谋反，建德杀之，伏宝曰："大王奈何听谗言，自斩左右手乎！"

【译文】唐高祖听到并州已经平定，大为高兴。壬戌日（二十九日），唐高祖宴请群臣，赏赐群臣缯帛，让他们进入御府，能拿多少就拿多少。唐高祖恢复唐俭的官爵，仍旧任用他做并州道安抚大使，将登记的独孤怀恩的田宅资产，全部赏赐给他。

李世民留下李仲文镇守并州，刘武周多次派兵入侵，李仲文经常击败他，攻克城堡一百多所。唐高祖诏命李仲文担任检校并州总管。

五月，窦建德派遣高士兴在幽州进攻李艺，没有攻克，退军到笼火城。李艺袭击高士兴，将他打得大败，斩杀五千人。窦建德的大将军王伏宝，勇猛有谋略，为军中之冠，诸将嫉妒他，诬陷他造反，窦建德杀了他，死前王伏宝说："大王怎么听信谗言，自己砍掉自己的左右手呢？"

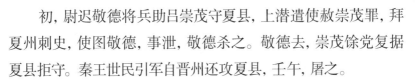

初，尉迟敬德将兵助吕崇茂守夏县，上潜遣使赦崇茂罪，拜夏州刺史，使图敬德，事泄，敬德杀之。敬德去，崇茂馀党复据夏县拒守。秦王世民引军自晋州还攻夏县，壬午，屠之。

辛卯，秦王世民至长安。

是月，突厥遣阿史那揭多献马千匹于王世充，且求婚；世充以宗女妻之，并与之互市。

六月，壬辰，诏以和州总管、东南道行台尚书令楚王杜伏威为使持节、总管江淮以南诸军事、扬州刺史、东南道行台尚书令、淮南道安抚使，进封吴王，赐姓李氏。以辅公祏为行台左仆射，封舒国公。

【译文】 起初，尉迟敬德领兵协助吕崇茂镇守夏县，唐高祖暗中派遣使者赦免吕崇茂的罪，任命他做夏州刺史，让他图取尉迟敬德，事情泄露，尉迟敬德杀了他。尉迟敬德离去后，吕崇茂的余党再次占据夏县坚守抵抗。秦王李世民领兵自晋州还攻夏县，壬午日（二十日），屠城。

辛卯日（二十九日），秦王李世民回到长安。

这一月，突厥派遣阿史那揭多向王世充进献一千匹马，而且请求和亲，王世充用同宗之女下嫁突厥，并和突厥通商贸易。

六月，壬辰日（初一），唐高祖李渊诏命任用和州总管、东南道行台尚书令楚王杜伏威为使持节、总管江淮以南诸军事、扬州刺史、东南道行台尚书令、淮南道安抚使，晋封为吴王，赐姓李。任命辅公祏做行台左仆射，封为舒国公。

丙午，立皇子元景为赵王，元昌为鲁王，元亨为酅王。

显州行台尚书令楚公杨士林，虽受唐官爵，而北结王世充，南通萧铣；诏庐江王瑗与安抚使李弘敏讨之。兵未行，长史田瓒为士林所忌，甲寅，瓒杀士林，降于世充，世充以瓒为显州总管。

秦王世民之讨刘武周也，突厥处罗可汗遣其弟步利设帅二千骑助唐。武周既败，是月，处罗至晋阳，总管李仲文不能制；又留伦特勒，使将数百人，云助仲文镇守，自石岭以北，皆留兵戍之而去。

上议击世充，世充闻之，选诸州镇骁勇皆集洛阳，置四镇将军，募人分守四城。秋，七月，壬戌，诏秦王世民督诸军击世充。陕东道行台屈突通二子在洛阳，上谓通曰："今欲使卿东征，如卿二子何？"通曰："臣昔为俘囚，分当就死，陛下释缚，加以恩礼。当是之时，臣心口相誓，期以更生馀年为陛下尽节，但恐不获死所耳。今得备先驱，二儿何足顾乎！"上叹曰："徇义之士，一至此乎！"

【译文】丙午日（十五日），唐立皇子李元景为赵王，李元昌为鲁王，李元亨为酅王。

显州行台尚书令楚公杨士林，虽然接受唐朝的官爵，却向北交结王世充，向南勾结萧铣，唐高祖诏命庐江王李瑗和安抚使李弘敏征讨杨士林。还没有出兵，长史田瓒被杨士林猜忌，甲寅日（二十三日），田瓒杀死杨士林，投降了王世充，王世充任用田瓒做显州总管。

秦王李世民讨伐刘武周的时候，突厥处罗可汗派遣别部首领、他的弟弟步利设率领两千骑兵协助唐朝。刘武周已经失败，这一月，处罗可汗到达晋阳，总管李仲文不能统治处罗，处罗又留下个叫伦特勒的可汗子弟，让他率领数百人，说是协助李仲文镇守，从石岭以北，都留下军兵戍守而后离去。

唐高祖李渊计议攻打王世充，王世充听到消息，选拔各个州镇的骁勇聚集到洛阳，设立四镇将军，招募人手分别驻守洛阳四城。秋季，七月，壬戌日（初一），唐高祖李渊诏命秦王李世民督导诸军攻打王世充。陕东道行台屈突通有两个儿子在洛阳，唐高祖对屈突通说："现在要派遣卿东征，卿如何处置你的两个儿子？"屈突通说："臣以前是阶下囚，理当处死，陛下不但开释，还恩礼对待。当此之时，我就在内心发誓，希望用余年为陛下尽节，只担心死不得其所。如今能够充当先锋，两个儿子不值得顾念！"唐高祖感叹说："真是一位舍生取义之士，竟然这样忠心！"

癸亥，突厥遣使潜诣王世充，潞州总管李袭誉邀击，败之，虏牛羊万计。

票骑大将军可朱浑定远告："并州总管李仲文与突厥通谋，欲俟洛阳兵交，引胡骑直入长安。"甲戌，命皇太子镇蒲坂以备之，又遣礼部尚书唐俭安抚并州，暂废并州总管府，征仲文入朝。

壬午，秦王世民至新安。王世充遣魏王弘烈镇襄阳，荆王行本镇虎牢，宋王泰镇怀州，齐王世恽检校南城，楚王世伟守宝城，太子玄应守东城，汉王玄恕守含嘉城，鲁王道徇守曜仪城，世充自将战兵，左辅大将军杨公卿帅左龙骧二十八府骑兵，右游击大将军郭善才帅内军二十八府步兵，左游击大将军跋野纲帅外军二十八府步兵，总三万人，以备唐。弘烈、行本，世伟之子；泰，世充之兄子也。

【译文】癸亥日（初二），突厥派遣使者暗通王世充，被潞州总管李袭誉在半路截击，击败突厥，俘获牛羊数以万计。

骠骑大将军可朱浑定远密告："并州总管李仲文和突厥通谋，要等洛阳交战时，引导胡骑直捣长安。"甲戌日（十三日），唐高祖李渊命令皇太子李建成镇守蒲坂来戒备李仲文，又派遣礼部尚书唐俭安抚并州，暂时废除并州总管府，征召李仲文入朝。

壬午日（二十一日），秦王李世民抵达新安。王世充派遣魏王王弘烈驻守襄阳，荆王王行本驻守虎牢，宋王王泰驻守怀州，齐王王世恽检校南城，楚王王世伟镇守宝城，太子王玄应镇守东城，汉王王玄恕镇守含嘉城，鲁王王道徇镇守曜仪城，王世充亲自统率作战部队，左辅大将军杨公卿率领左龙骧二十八府骑兵，右游击大将军郭善才率领内军二十八府步兵，左游击大将军跋野纲率领外军二十八府步兵，总计三万人来防备唐军。王弘烈、王行本，是楚王王世伟的儿子；王泰，是王世充兄长的儿子。

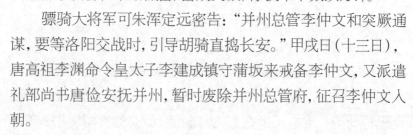

梁师都引突厥、稽胡兵入寇，行军总管段德操击破之，斩首千馀级。

罗士信将前锋围慈涧，王世充自将兵三万救之。己丑，秦王世民将轻骑前觇世充，猝与之遇，众寡不敌，道路险阨，为世充所围。世民左右驰射，皆应弦而毙，获其左建威将军燕琪，世充乃退。世民还营，埃尘覆面，军不复识，欲拒之，世民免胄自言，乃得入。旦日，帅步骑五万进军慈涧；世充拔慈涧之戍，归于洛阳。世民遣行军总管史万宝自宜阳南据龙门，将军刘德威自太行东围河内，上谷公王君廓自洛口断其饷道，怀州总管黄君汉自河阴攻回洛城；大军屯于北邙，连营以逼之。世充洧州长史繁水张公谨与刺史崔枢以州城来降。

【译文】 梁师都带领突厥、稽胡兵进犯，行军总管段德操打败了他，斩杀一千多人。

罗士信带领前军围攻慈涧，王世充亲自统兵三万救援。己丑日（二十八日），秦王李世民率领轻骑前去窥察敌情，突然和王世充相遇，敌众我寡不成比例，道路艰险困厄，于是被王世充围攻。李世民策马飞奔并左右开弓，敌人全都应弦而倒，直至俘获了王世充手下的左建威将军燕琪，王世充才退兵。李世民回营，满面尘埃，军兵都不认识，要抵拒他，李世民脱下头盔表明身份，才能够进入军营。次日早晨，李世民率步兵骑兵五万进兵慈涧。王世充取消慈涧的防守，撤回洛阳。李世民派遣行军总管史万宝从宜阳南方进据龙门，将军刘德威自太行东方围攻河内，上谷公王君廓从洛口阻断粮道，怀州总管黄君汉自河阴进攻回洛城，大军驻扎在北邙，连营逼迫。王世充的洧州长史繁水人张公谨和刺史崔枢献出州城前来投降唐。

八月，丁酉，南宁西爨蛮遣使入贡。初，隋末蛮酋爨玩反，诛，诸子没为官奴，弃其地。帝即位，以玩子弘达为昆州刺史，令持其父尸归葬；益州刺史段纶因遣使招谕其部落，皆来降。

己亥，窦建德共州县令唐纲杀刺史，以州来降。

邓州土豪执王世充所署刺史来降。

癸卯，梁师都石堡留守张举帅千馀人来降。

甲辰，黄君汉遣校尉张夜叉以舟师袭回洛城，克之，获其将达奚善定，断河阳南桥而还，降其堡聚二十馀。世充使太子玄应帅杨公卿等攻回洛，不克，乃筑月城于其西，留兵戍之。

【译文】 八月，丁酉日（初七），南宁西爨蛮派遣使者入贡。

起初,隋末蛮酋首领爨玩叛乱,被杀,他的儿子被投入官府为奴,丢失领地。唐高祖李渊登基,任用玩的儿子弘达做昆州刺史,命令他收拾父亲的尸首回去埋葬。益州刺史段纶因此派遣使者招谕他的部落,各个部落都来投降。

己亥日(初九),窦建德的共州县令唐纲杀死刺史,献出共州前来投降唐。

邓州豪门大族捉住王世充任命的刺史前来投降唐。

癸卯日(十三日),梁师都的石堡留守张举率领一千余人前来投降唐。

甲辰日(十四日),黄君汉派遣校尉张夜叉率领水军袭击回洛城,攻克回洛城,俘虏了他的将领达奚、善定,割断河阳南桥之后折返,又收复了郑二十多个城堡聚落。王世充派遣太子王玄应率领杨公卿等人攻打回洛,没有攻克,于是在回洛城西方修筑月城,留兵防守。

世充陈于青城宫,秦王世民亦置陈当之。世充隔水谓世民曰:"隋室倾覆,唐帝关中,郑帝河南,世充未尝西侵,王忽举兵东来,何也?"世民使宇文士及应之曰:"四海咸仰皇风,唯公独阻声教,为此而来!"世充曰:"相与息兵讲好,不亦善乎!"又应之曰:"奉诏取东都,不令讲好也!"至暮,各引兵还。

上遣使与窦建德连和,建德遣同安长公主随使者俱还。

乙卯,刘德威袭怀州,入其外郭,下其堡聚。

九月,庚午,梁师都将刘旻以华池来降,以为林州总管。

【译文】王世充在青城宫摆开军阵,秦王李世民也布阵抵挡。王世充隔水对李世民说:"隋室灭亡,唐帝兴于关中,郑帝兴于河南,王世充不曾向西入侵,大王忽然举兵东来,这是为什么？"李世民派遣宇文士及回应说："普天之下都仰望唐天子，唯独你阻止唐天子的声威和教化，我们为此而来。"王世充说："我们彼此息兵讲和，不是很好吗？"宇文士及又回答他说："我奉诏命攻取东都，没有让我们讲和。"到了傍晚，双方各自领兵回营。

唐高祖李渊派遣使者和窦建德联合，窦建德送同安长公主跟随使者一起返回京师。

乙卯日（二十五日），唐将军刘德威袭击怀州，攻入外城，攻陷外城的堡垒聚落。

九月，庚午日（初十），梁师都部将刘旻献出华池前来投降唐，唐任命他做林州总管。

癸酉，王世充显州总管田瓒以所部二十五州来降；自是襄阳声问与世充绝。

史万宝进军甘泉宫。丁丑，秦王世民遣右武卫将军王君廓攻轘辕，拔之。王世充遣其将魏隐等击君廓，君廓伪遁，设伏，大破之，遂东徇地，至管城而还。先是，王世充将郭士衡、许罗汉掠唐境，君廓以策击却之，诏劳之曰："卿以十三人破贼一万，自古以少制众，未之有也。"

世充尉州刺史时德叡帅所部杞、夏、陈、随、许、颍、尉七州来降。秦王世民以便宜命州县官并依世充所署，无所变易，改尉州为南汴州，于是河南州县相继来降。

【译文】癸酉日（十三日），王世充的显州总管田瓒献出属下二十五州前来投降唐，从此襄阳的音信和王世充断绝。

史万宝进兵甘泉宫。丁丑日（十七日），秦王李世民派遣右武卫将军王君廓进攻轘辕，攻克轘辕。王世充派遣部将魏隐等人攻打王君廓，王君廓假装败逃，设下埋伏，大败魏隐，于是向东攻占到管城而后回军。在此之前，王世充的部将郭士衡、许罗汉劫掠唐境，王君廓用计击退他们，唐高祖李渊下诏书慰劳他说："卿用十三人击败贼人一万，自古以来以少胜多，还没有这种先例。"

王世充的尉州刺史时德睿率领管辖的杞、夏、陈、随、许、颍、尉等七州来投降唐。秦王李世民便宜行事，命令县官依旧依照土世充所署任的，不做变更，改尉州为南汴州，于是河南郡县相继前来投降唐。

刘武周降将寻相等多叛去。诸将疑尉迟敬德，囚之军中。行台左仆射屈突通、尚书殷开山言于世民曰："敬德骁勇绝伦，今既囚之，心必怨望，留之恐为后患，不如遂杀之。"世民曰："不然。敬德若叛，岂在寻相之后邪！"遽命释之，引入卧内，赐之金，曰："丈夫意气相期，勿以小嫌介意，吾终不信谗言以害忠良，公宜体之。必欲去者，以此金相资，表一时共事之情也。"辛巳，世民以五百骑行战地，登魏宣武陵。王世充帅步骑万馀猝至，围之。单雄信引槊直趋世民，敬德跃马大呼，横刺雄信坠马，世充兵稍却，敬德翼世民出围。世民、敬德更帅骑兵还战，出入世充陈，往返无所碍。屈突通引大兵继至，世充兵大败，仅以身免。擒其冠军大将军陈智略，斩首千馀级，获排稍兵六千。世民谓敬德曰："公何相报之速也！"赐敬德金银一箧，自是宠遇日隆。

【译文】刘武周的降将寻相等人大多反叛离去。诸将猜疑尉迟敬德，将他囚禁军中，行台左仆射屈突通、尚书殷开山对李世民说："尉迟敬德骁勇无比，如今将他囚禁，一定心存怨恨，留下他恐怕会有后患，不如杀掉他。"李世民说："不然，尉迟

敬德倘若要反叛，哪会在寻相之后呢？"马上下令释放尉迟敬
德，请他进入内室，赏赐金子给他，说："大丈夫以意气相互期
勉，不要将小嫌疑放在胸中，我始终不相信谗言来杀害忠良，这
您应当知道的。必定要离开的话，就用这些金子来资助您，表示
我们有一度同事之情。"辛巳日（二十一日），李世民率领五百骑
巡视战地，登上魏宣武陵。王世充步骑万余突然来到，围攻李世
民。单雄信持长枪直冲李世民，尉迟敬德跃上马背大声呼喊，
横刺单雄信，单雄信从马背坠下，王世充的军队稍稍退却，尉迟
敬德翼助李世民突出重围。李世民、尉迟敬德再次率领骑兵回
战，出入王世充的行阵，往返无人能够阻碍。屈突通带领大军
相继来到，王世充军队大败，王世充只身逃脱。唐军擒拿其冠
军大将军陈智略，斩杀一千多人，俘虏执盾执矛的军兵六千人。
李世民对尉迟敬德说："怎么这么快就得到了您的回报！"李世
民赐给尉迟敬德一小竹箱金银，从此宠遇日益隆盛。

【乾隆御批】 屈突通始欲为隋效死，兹复矢报唐恩。正犹再
醮之妇，守节后夫，终觉腼颜，难言殉义耳。

【译文】 屈突通起初想为隋朝效死，这时又发誓要报答唐朝的
恩德。这正如一个再嫁的妇人，谈到守节，在后夫面前总觉得羞愧，可
是又难说以死殉义的事。

敬德善避槊，每单骑入敌陈中，敌丛槊刺之，终莫能伤，又
能夺敌槊返刺之。齐王元吉以善马槊自负，闻敬德之能，请各去
刃相与校胜负，敬德曰："敬德谨当去之，王勿去也。"既而元吉
刺之，终不能中。秦王世民问敬德曰："避槊与夺槊，孰难？"敬德
曰："夺槊难。"乃命敬德夺元吉槊。元吉操槊跃马，志在刺之，

敬德须臾三夺其矟；元吉虽面相叹异，内甚耻之。

叛胡陷岚州。

初，王世充以邴元真为滑州行台仆射。濮州刺史杜才幹，李密故将也，恨元真叛密，诈以其众降之。元真恃其官势，自往招慰，才幹出迎，延入就坐，执而数之曰：“汝本庸才，魏公置汝元僚，不建毫发之功，乃构滔天之祸，今来送死，是汝之分！”遂斩之，遣人赍其首至黎阳祭密墓。壬午，以濮州来降。

突厥莫贺咄设寇凉州，总管杨恭仁击之，为所败，掠男女数千人而去。

丙戌，以田瓒为显州总管，赐爵蔡国公。

【译文】尉迟敬德擅长闪避长矛，每次单骑冲入敌阵中，敌人用密集的长矛刺他，但始终无法伤他，他还能够夺取敌人的长矛而后反刺敌人。齐王李元吉颇以擅长骑马使用长矛自负，听说尉迟敬德的功夫，要求各人去除枪头相互较量胜负，尉迟敬德说：“尉迟敬德应当去掉枪头，大王不必去掉枪头。”不久李元吉用长矛刺他，始终无法刺中。秦王李世民问尉迟敬德说：“夺下长矛与躲避长矛，哪一个困难？”尉迟敬德说：“夺下长矛难。”李世民于是命尉迟敬德夺下李元吉的长矛。李元吉持长矛跃上马背，一心想刺中尉迟敬德，尉迟敬德须臾间三次夺取李元吉的长矛。李元吉虽然表面称赞，内心却不服。

叛胡攻克岚州。

起初，王世充任用邴元真做滑州行台仆射。濮州刺史杜才幹，是李密的老部下，恨邴元真反叛李密，假装率领他的部队投降。邴元真倚仗自己的官势，亲自前去欢迎抚慰，杜才幹出来迎接，请邴元真入座，然后命人逮捕他并责备说：“你原本是个庸才，魏公任用你做长史，你不仅没有建立丝毫的功勋，竟然还犯了滔天大罪，如今前来送死，那是你命该如此！"于是杀死了他，派人拿他的头到黎阳李密的墓前祭奠。壬午日（二十二日），杜才干献出濮州前来投降唐。

突厥莫贺咄设进犯凉州，总管杨恭仁进攻他，结果被突厥打败，莫贺咄设虏俘男女数千人后离去。

丙戌日（二十六日），唐高祖任用田瓒做显州总管，赐爵蔡国公。

冬，十月，甲午，王世充大将军张镇周来降。

甲辰，行军总管罗士信袭王世充硖石堡，拔之。士信又围千金堡，堡中人骂之。士信夜遣百馀人抱婴儿数十至堡下，使儿啼呼，诈云"从东都来归罗总管"。既而相谓曰："此千金堡也，吾属误矣。"即去。堡中以为士信已去，来者洛阳亡人，出兵追之。士信伏兵于道，伺其门开，突入，屠之。

窦建德之围幽州也，李艺告急于高开道，开道帅二千骑救之，建德兵引去，开道因艺遣使来降。戊申，以开道为蔚州总管，赐姓李氏，封北平郡王。开道有矢镞在颊，召医出之，医曰："镞深，不可出。"开道怒，斩之。别召一医，曰："出之恐痛。"又斩之。更召一医，医曰："可出。"乃凿骨，置楔其间，骨裂寸馀，竟出其镞；开道奏妓进膳不辍。

【译文】冬季，十月，甲午日（初五），王世充的大将军张镇周来投降唐。

甲辰日（十五日），行军总管罗士信在硖石堡袭击王世充，攻克硖石堡。罗士信又围攻千金堡，堡中的人咒骂他。罗士信趁夜晚派遣百多人抱着数十名婴儿来到堡下，让婴儿啼哭，假装说："我们从东都来投奔罗总管。"不久又互相说："这里是千金堡，我们走错了。"立即离去。堡中误以为罗士信已经离去，来的人是从洛阳逃亡来的，于是出兵追赶。罗士信在道中埋伏军队，一等打开堡门，突然冲入，在千金堡大肆屠杀。

窦建德围攻幽州，李艺向高开道求援，高开道率领两千骑兵救援，窦建德领兵离去，高开道通过李艺派遣使者前来投降唐。戊申日（十九日），唐高祖任用高开道做蔚州总管，赐姓李，封为北平郡王。有箭镞留在高开道的面颊，请医生取出，医生说："箭镞进入很深，不能取出。"高开道发怒，杀了医生。另请一位医生，医生说："取出恐怕很痛。"又杀掉医生。再请一位医生，医生说："可以取出。"于是凿开骨头，放楔子在中间，骨头裂开寸余，终于取出箭镞。高开道召来妓女奏歌并且进食不停。

窦建德帅众二十万复攻幽州。建德兵已攀堞，薛万均、薛万彻帅敢死士百人从地道出其背，掩击之，建德兵溃走，斩首千馀级。李艺兵乘胜薄其营，建德陈于营中，填堑而出，奋击，大破之，建德逐北。至其城下，攻之，不克而还。

李密之败也，杨庆归洛阳，复姓杨氏。及王世充称帝，庆复姓郭氏，世充以为管州总管，妻以兄女。秦王世民逼洛阳，庆潜遣人请降，世民遣总管李世勣将兵往据其城。庆欲与其妻偕来，妻曰："主上使妾侍巾栉者，欲结君之心也。今君既辜付托，徇利求全，妾将如君何！若至长安，则君家一婢耳，君何用为！愿送至洛阳，君之惠也。"庆不许。庆出，妻谓侍者曰："若唐遂胜郑，则吾家必灭；郑若胜唐，则吾夫必死。人生至此，何用生为！"遂自杀。庚戌，庆来降，复姓杨氏，拜上柱国、郇国公。

【译文】窦建德率领军兵二十万再次攻打幽州，窦建德的兵卒已经爬上城墙,薛万均、薛万彻率领敢死队百人从地道里走出,袭击敌军的背后,窦建德的军队失利逃走,被斩杀一千多人。李艺军队乘胜逼近窦建德的营地,窦建德在营中设阵,填平营外沟堑出兵,奋力猛攻,大败李艺。窦建德追逐败兵,抵达幽州城下,没有攻克,之后回师。

李密失败后,杨庆回归洛阳,恢复杨姓。等到王世充称帝后,杨庆又姓郭氏,王世充任用他做管州总管,将兄长的女儿嫁给他。秦王李世民逼近洛阳,杨庆暗中派人请求投降,李世民派遣总管李世勣领军前往占据杨庆的城池。杨庆要和妻子一同来降唐,他的妻子说:"主上让我侍候你,是要结交君心的。而今君已辜负所托,因利求全,我将怎么对待您呢!如果到了长安,那么我不过是您家里的一个婢女,对您又有什么用!请你将我送回洛阳,我将感激你的恩德。"杨庆没有答应。杨庆外出,他的妻子对侍者说:"假如唐胜郑败,那么我家必定灭亡;如果郑胜而唐败,那么我的丈夫一定要死。人生到这种地步,活着有什么用!"于是自杀。庚戌日(二十一日),杨庆来投降唐,恢复杨姓,唐高祖李渊任命他为上柱国、郇国公。

时世充太子玄应镇虎牢,军于宋、汴之间,闻之,引兵趣管城,李世勣击却之。使郭孝恪为书说荣州刺史魏陆,陆密请降。玄应遣大将军张志就陆征兵,丙辰,陆擒志等四将,举州来降。阳城令王雄帅诸堡来降,秦王世民使李世勣引兵应之,以雄为嵩州刺史,嵩南之路始通。魏陆使张志诈为玄应书,停其东道之兵,令其将张慈宝且还汴州,又密告汴州刺史王要汉使图慈宝,要汉斩慈宝以降。玄应闻诸州皆叛,大惧,奔还洛阳。诏以要汉为汴州总管,赐爵郧国公。

王弘烈据襄阳，上令金州总管府司马泾阳李大亮安抚樊、邓以图之。十一月，庚申，大亮攻樊城镇，拔之，斩其将国大安，下其城栅十四。

萧铣性褊狭，多猜忌。诸将恃功恣横，好专诛杀，铣患之，乃宣言罢兵营农，实欲夺诸将之权。大司马董景珍弟为将军，怨望，谋作乱；事泄，伏诛。景珍时镇长沙，铣下诏赦之，召还江陵。景珍惧，甲子，以长沙来降；诏峡州刺史许绍出兵应之。

【译文】 此时王世充的太子王玄应镇守虎牢，安营在宋、汴之间，听闻杨庆投降的消息，领兵急往管城，李世勣将他打退。让郭孝恪写信劝说荣州刺史魏陆，魏陆暗中请求投降。王玄应派遣大将军张志向魏陆征调兵马，丙辰日（二十七日），魏陆擒拿张志等四位将领，献出荣州来投降唐。阳城令王雄率领诸堡来投降唐，秦王李世民派李世勣领兵接应，任用王雄做嵩州刺史，嵩州南方的道路这才打通。魏陆让张志伪造王玄应的信，下令让王玄应的东路兵马停止前进，命令他的将领张慈宝暂且返回汴州，又秘密通知郑汴州刺史王要汉，让他收拾张慈宝，王要汉斩杀了张慈宝来投降唐。王玄应听到各个州郡全都反叛，大为恐惧，奔回洛阳。唐高祖诏命王要汉做汴州总管，赐爵郧国公。

王弘烈占据襄阳，唐高祖李渊命令金州总管府司马泾阳人李大亮安抚樊、邓来图取襄阳。十一月，庚申日（初一），李大亮攻打樊城镇，攻下城池，斩杀将领国大安，攻克十四个营寨。

萧铣心胸狭窄，对人颇多猜忌。诸将倚仗军功恣意蛮横，又好擅自杀人，萧铣为此担忧，于是宣布解散军队，经营农业，其实是要夺取诸将的兵权。大司马董景珍的弟弟担任将军，心中怨恨，阴谋叛乱，事情泄露，被杀。董景珍当时驻守长沙，萧铣下诏赦免董景珍,召他返回江陵。董景珍害怕,甲子日(初五),献出长沙来投降唐,唐诏命峡州刺史许绍出兵接应。

云州总管郭子和,先与突厥、梁师都相连结,既而袭师都宁朔城,克之。又诇得突厥衅隙,遣使以闻,为突厥候骑所获。处罗可汗大怒,囚其弟子升。子和自以孤危,请帅其民南徙,诏以延州故城处之。

张举、刘旻之降也,梁师都大惧,遣其尚书陆季览说突厥处罗可汗曰:"比者中原丧乱,分为数国,势均力弱,故皆北面归附突厥。今定杨可汗既亡,天下将悉为唐有。师都不辞灰灭,亦恐次及可汗。不若及其未定,南取中原,如魏道武所为,师都请为乡导。"处罗从之,谋使莫贺咄设入自原州,泥步设与师都入自延州,处罗入自并州,突利可汗与奚、霫、契丹、靺鞨入自幽州,会窦建德之师自滏口西入,会于晋、绛。莫贺咄者,处罗之弟咄苾也;突利者,始毕之子什钵苾也。

【译文】云州总管郭子和,先和突厥、梁师都互相联合,不久袭击梁师都的宁朔城,攻陷城池。又侦察得知突厥的空隙,派遣使者回去报告唐,被突厥巡逻的骑兵俘获。处罗可汗大为愤怒,拘禁他的弟弟郭子升。郭子和认为自己处境孤立危险,向唐请求率领民众南迁,唐诏命他们迁往延州故城。

张举、刘旻降唐,梁师都大为恐惧,派遣他的尚书陆季览游说突厥处罗可汗说:"最近中原动乱,分裂成数国,势均力弱,所以全都北向归顺突厥。而今定杨可汗刘武周已经灭亡,天下将全归唐所有。师都我躲不过覆亡,恐怕也会危及可汗,不如趁时局未定,如魏道武所做的,向南夺取中原,师都愿意做向导。"处罗可汗听从梁师都建议,计划派莫贺咄设从原州进兵,泥步设和梁师都自延州进兵，突利可汗和奚、霫、契丹、靺鞨从幽州进兵，遇到窦建德的军队从滏口西方进兵，在晋、绛会师。莫贺咄设，是处罗可汗的弟弟咄苾。突利可汗，是始毕可汗的儿子什钵苾。

处罗又欲取并州以居杨政道，其群臣多谏，处罗曰："我父失国，赖隋得立，此恩不可忘。"将出师而卒。义成公主以其子奥射设丑弱，废之，更立莫贺咄设，号颉利可汗。乙酉，颉利遣使告处罗之丧，上礼之如始毕之丧。

戊子，安抚大使李大亮取王世充汜、华二州。

是月，窦建德济河击孟海公。

初，王世充侵建德黎阳，建德袭破殷州以报之。自是二国交恶，信使不通。及唐兵逼洛阳，世充遣使求救于建德。建德中书侍郎刘彬说建德曰；"天下大乱，唐得关西，郑得河南，夏得河北，共成鼎足之势。今唐举兵临郑，自秋涉冬，唐兵日增，郑地日蹙，唐强郑弱，势必不支，郑亡，则夏不能独立矣。不如解仇除忿，发兵救之，夏击其外，郑攻其内，破唐必矣。唐师既退，徐观其变，若郑可取则取之，并二国之兵，乘唐师之老，天下可取也！"建德从之，遣使诣世充，许以赴援。又遣其礼部侍郎李大师等诣唐，请罢洛阳之兵，秦王世民留之，不答。

【译文】处罗可汗又要攻取并州来安置杨政道，群臣大多谏诤，处罗可汗说："我父亲失国，依赖大隋才能立国，这种恩惠不能忘记。"结果快要出兵时处罗可汗逝世了。义成公主因为儿子奥射设丑陋孱弱，将他废掉，改立莫贺咄设，号称颉利可汗。乙酉日（二十六日），颉利可汗派遣使者报告处罗可汗的丧讯，唐高祖像待始毕可汗的丧礼一样待处罗可汗。

戊子日（二十九日），唐安抚大使李大亮攻克王世充的沮、华二州。

这一月，窦建德渡河进攻孟海公。

起初，王世充侵犯窦建德的黎阳，窦建德攻破殷州来报复。自此两国关系恶化，信使不相往来。到了唐兵迫近洛阳，王世充派遣使者向窦建德求救。窦建德的中书侍郎刘彬游说窦建德说："天下动乱，唐得到关西，郑得到河南，夏得到河北，形成三足鼎立的局面。而今唐举兵攻郑，自秋历冬，唐兵日益增多，郑地逐渐削减，唐强郑弱，情势无法支持，郑亡，那么夏也不能独立了。不如化解仇怨去除愤恨，出兵救援，夏在外面进攻，郑在里面反攻，必定可将唐打败。唐师撤退之后，静观变化，如果郑可以攻取就攻取，合并两国的军队，趁唐师士气衰落，夺取天下不是难事！"窦建德听从了，派遣使者去回复王世充，答应派兵援助。又派遣礼部侍郎李大师等人前往唐，请求撤去洛阳的军队，秦王李世民将他们留下，不作答复。

【乾隆御批】 彬之划策虽与项羽击秦兵以存赵、孙权袭荆州以救魏意同，然揆建德之致败要，不得专委为救郑之咎。试问，建德即不救郑，而唐既破世充有不移兵向夏者哉？其争持亦不过稍迟岁月而已。故知天命人事原非可执一论也。

【译文】 刘彬的谋划策略虽然和项羽攻击秦兵救赵国、孙权袭击荆州救魏国的用意相同，然而分析窦建德导致失败的原因，不能只委过于救郑的过失。试着问一下，窦建德即使不救郑国，而唐军打败了王世充后能不调兵去打夏军吗？他们的争斗也不过稍微推迟些时日罢了。因此知道天命人事原本不是执一种说法就能论定的。

十二月，辛卯，王世充许、亳等十一州皆请降。

壬辰，燕郡王李艺又击窦建德军于笼火城，破之。

辛丑，王世充随州总管徐毅举州降。

癸卯，峡州刺史许绍攻萧铣荆门镇，拔之。绍所部与梁、郑邻接，二境得绍士卒，皆杀之，绍得二境士卒，皆资给遣之。敌人愧感，不复侵掠，境内以安。

萧铣遣其齐王张绣攻长沙，董景珍谓绣曰："'前年醢彭越，往年杀韩信'，卿不见之乎？何为相攻！"绣不应，进兵围之。景珍欲溃围走，为麾下所杀；铣以绣为尚书令。绣恃功骄横，铣又杀之。由是功臣诸将皆有离心，兵势益弱。

王世充遣其兄子代王琬、长孙安世诣窦建德报聘，且乞师。

突厥伦特勒在并州，大为民患，并州总管刘世让设策擒之。上闻之，甚喜。张道源从窦建德在河南，密遣人诣长安，请出兵攻洺州以震山东。丙午，诏世让为行军总管，使将兵出土门，趣洺州。

【译文】十二月，辛卯日（初三），王世充所属的许、亳等十一州全都请求投降唐。

壬辰日（初四），燕郡王李艺又在笼火城进攻窦建德，攻克笼火城。

辛丑日（十三日），王世充的随州总管徐毅献出随州来投降唐。

癸卯日（十五日），峡州刺史许绍进攻萧铣的荆门镇，攻克荆门镇。许绍管辖的地方和梁、郑两国邻近，两国俘获许绍的士卒，都杀死他们，而许绍俘获两国的士卒，都给予衣物再将他们送回去。敌人因而惭愧感动，不再侵略劫夺，境内所以安定。

萧铣派遣他的齐王张绣攻打长沙，董景珍对张绣说："'前年剁彭越为肉酱，去年杀死韩信'，你没读过这段历史吗？（引汉高祖杀功臣的故事做警告）为什么要相互攻打！"张绣不加理会，进兵包围长沙，董景珍要突围逃走，被部下杀死，萧铣任用张绣做尚书令。张绣倚仗军功骄慢专横，萧铣又将他杀掉。因而功臣诸将皆有背叛之心，兵势更加衰弱。

王世充派他哥哥的儿子代王王琬、长孙王安世到窦建德处访问，并且请求军队援助。

突厥伦特勒在并州，很成为百姓的祸患，并州总管刘世让设计将他生擒。唐高祖听到消息非常高兴。张道源跟随窦建德在河南，暗中派人来到长安，请求出兵进攻夏国都城，来震动山东地区。丙午日（十八日），唐诏命刘世让做行军总管，派他率兵出土门关，急往夏国都城洺州。

己酉，瓜州刺史贺拔行威执票骑将军达奚暠，举兵反。

是岁，李子通渡江攻沈法兴，取京口。法兴遣其仆射蒋元超拒之，战于庱亭，元超败死，法兴弃毗陵，奔吴郡。于是丹阳、毗陵等郡皆降于子通。子通以法兴府掾李百药为内史侍郎、国子祭酒。

杜伏威遣行台左仆射辅公祏将卒数千攻子通，以将军阚稜、王雄诞为之副。公祏渡江攻丹阳，克之，进屯溧水，子通帅众数万拒之。公祏简精甲千人，执长刀为前锋；又使千人蹑其后，曰："有退者即斩之。"自帅馀众，复居其后。子通为方陈而前，公祏前锋千人殊死战，公祏复张左右翼以击之，子通败走，公祏逐之，反为所败，还，闭壁不出。王雄诞曰："子通无壁垒，又狃于初胜，乘其无备击之，可破也。"公祏不从。雄诞以其私属数百人夜出击之，因风纵火，子通大败，降其卒数千人。子通食尽，弃江都，保京口，江西之地尽入于伏威，伏威徙居丹阳。

【译文】己酉日（二十一日），瓜州刺史贺拔行威捉住骠骑将军达奚暠，举兵反叛。

这一年，李子通渡江进攻沈法兴，攻克京口。沈法兴派他的仆射蒋元超领兵对抗，双方在庱亭交战，蒋元超战败而死，沈法兴放弃毗陵，逃往吴郡。于是丹阳、毗陵等郡全都投降李子通。李子通任用沈法兴的府掾李百药做内史侍郎、国子祭酒。

杜伏威派遣行台左仆射辅公祏率领军兵数千人进攻李子通，任用将军阚棱、王雄诞做副将。辅公祏渡江进攻丹阳，攻克后进兵在溧水安营，李子通率军兵数万抵拒。辅公祏挑选精兵千人，手执长刀做前锋，又命千人跟随在后面，说："有逃跑的人就斩杀他。" 辅公祏亲自率军殿后。李子通排方阵进兵，辅公祏的前锋千人拼死作战，辅公祏又派出左右军队攻击，李子通失败逃走，辅公祏追逐，反被击败，收兵回营，关闭营门不出战。王雄诞说："李子通没有营寨壁垒，又满足于小胜，趁他没有防备进攻，可以将他打败。" 辅公祏不听从。王雄诞率领他手下数百人趁夜出击，顺风放火，李子通大败，数千军兵投降。李子通粮草耗尽，放弃江都，退守京口，江西之地完全归属杜伏威，杜伏威迁居丹阳。

子通复东走太湖，收合亡散，得二万人，袭沈法兴于吴郡，大破之。法兴帅左右数百人弃城走，吴郡贼帅闻人遂安遣其将叶孝辩迎之，法兴中涂而悔，欲杀孝辩，更向会稽。孝辩觉之，法兴窘迫，赴江溺死。子通军势复振，帅其群臣徙都馀杭，尽收法兴之地，北自太湖，南至岭，东包会稽，西距宣城，皆有之。

广、新二州贼帅高法澄、沈宝彻杀隋官，据州，附于林士弘，汉阳太守冯盎击破之。既而宝彻兄子智臣复聚兵于新州，盎引兵击之。战始合，盎免胄大呼曰："尔识我乎？"贼多弃仗肉袒而拜，遂溃，擒宝彻、智臣等，岭外遂定。

窦建德行台尚书令恒山胡大恩请降。

【译文】李子通又向东逃往太湖，聚合逃散的军兵两万人，在吴郡偷袭沈法兴，大败沈法兴。沈法兴率领左右数百人放弃吴郡城逃跑，吴郡贼帅闻人遂安派遣将领叶孝辩迎接他，沈法兴中途后悔，要杀叶孝辩，改逃往会稽。被叶孝辩发觉，沈法兴处境窘迫，投江溺死。李子通军势复振，迁都馀杭，尽收沈法兴的辖地，北自太湖，南至五岭，东达会稽，西到宣城，都归李子通所有。

广、新二州贼帅高法澄、沈宝彻杀掉隋朝官员，占据二州，归顺林士弘，汉阳太守冯盎将他们击败。不久沈宝彻的侄儿沈智臣又在新州聚集兵马，冯盎领军攻打沈智臣。贼军刚刚聚合，冯盎脱下头盔大声喊道："你们认识我吗？"贼人大多数放下兵器，脱去上衣行礼，于是贼兵溃散，冯盎生擒沈宝彻、沈智臣等人，岭南地区于是得以安定。

窦建德的行台尚书令恒山人胡大恩请求投降唐。

武德四年（辛巳，公元六二一年）春，正月，癸酉，以大恩为代州总管，封定襄郡王，赐姓李氏。代州石岭之北，自刘武周之乱，寇盗充斥，大恩徙镇雁门，讨击，悉平之。

稽胡酋帅刘仚成部落数万，为边寇；辛巳，诏太子建成统诸军讨之。

王世充梁州总管程嘉会以所部来降。

杜伏威遣其将陈正通、徐绍宗帅精兵二千，来会秦王世民击王世充，甲申，攻梁，克之。

丙戌，黔州刺史田世康攻萧铣五州、四镇，皆克之。

秦王世民选精锐千馀骑，皆皂衣玄甲，分为左右队，使秦叔宝、程知节、尉迟敬德、翟长孙分将之。每战，世民亲被玄甲帅之为前锋，乘机进击，所向无不摧破，敌人畏之。行台仆射屈突通、赞皇公窦轨将兵按行营屯，猝与王世充遇，战不利。秦王世民帅玄甲救之，世充大败，获其骑将葛彦璋，俘斩六千馀人，世充遁归。

【译文】 武德四年（辛巳，公元621年）春季，正月，癸酉日（十五日），唐任用胡大恩做代州总管，封为定襄郡王，赐姓李。代州石岭以北，自从刘武周起兵，寇盗充斥，李大恩迁徙镇所到雁门，出兵征讨，平定所有贼寇。

稽胡酋帅刘仚成的部落数万人，在边境劫掠。辛巳日（二十三日），唐诏命太子李建成率领诸军征讨稽胡。

王世充的梁州总管程嘉会带领自己统率的军队来投降唐。

杜伏威派遣将领陈正通、徐绍宗率精兵二千，和秦王李世民会师，攻打王世充，甲申日（二十六日），进攻并拿下梁县。

丙戌日（二十八日），黔州刺史田世康进攻萧铣的五个州、四个镇，全都攻克。

秦王李世民挑选精锐千余骑，都穿着黑衣黑甲，分为左右队，让秦叔宝、程知节、尉迟敬德、翟长孙分别统领。每次作战，李世民都披上黑甲率领他们作为前锋，乘机进击，所向披靡，敌人十分畏惧。行台仆射屈突通、赞皇公窦轨领兵按例巡行营地，突然和王世充遭遇，交战失利。秦王世民带领玄甲兵援救，王世充大败，唐军俘虏王世充的骑将葛彦璋，斩杀俘虏共六千多人。王世充逃跑回城。

李靖说赵郡王孝恭以取萧铣十策，孝恭上之。二月，辛卯，改信州为夔州，以孝恭为总管，使大造舟舰，习水战。以孝恭未更军旅，以靖为行军总管，兼孝恭长史，委以军事。靖说孝恭悉召巴、蜀酋长子弟，量才授任，置之左右，外示引擢，实以为质。

王世充太子玄应将兵数千人，自虎牢运粮入洛阳，秦王世民遣将军李君羡邀击，大破之，玄应仅以身免。

世民使宇文士及奏请进围东都，上谓士及曰："归语尔王：今取洛阳，止欲息兵，克城之日，乘舆法物，图籍器械，非私家所须者，委汝收之；其馀子女玉帛，并以分赐将士。"

【译文】李靖向赵郡王李孝恭进献攻取萧铣的十条计策，李孝恭将它上奏给唐高祖李渊。二月，辛卯日（初三），唐改信州为夔州，任用李孝恭做总管，命他大造船舰，操习水战技术。因为李孝恭不懂军事，任用李靖做行军总管，兼任李孝恭的长史，将军事委托给李靖。李靖建议李孝恭召来全部巴、蜀酋长的子弟，量才授职，安置在身边，向外表示引用提拔，其实将他们当作人质。

王世充的太子王玄应领兵数千人，从虎牢运粮进入洛阳，秦王李世民派遣将军李君羡中途截击，大败他们，王玄应脱身而逃。

李世民派宇文士及回朝上奏请求进军东都，唐高祖李渊对宇文士及说："回去告诉你们秦王：这次攻取洛阳，不获全胜决不收兵，攻克东都之日，隋朝皇室乘坐的车驾、所用仪仗器物、地图户籍、礼乐之器、兵用之械，除去各人所必需的，委托你负责收集起来。其余男男女女玉器布帛，都用来赏赐将士。"

辛丑，世民移军青城宫，壁垒未立，王世充帅众二万自方诸门出，凭故马坊垣堑，临穀水以拒唐兵，诸将皆惧。世民以精骑陈于北邙，登魏宣武陵以望之，谓左右曰："贼势窘矣，悉众而出，徼幸一战，今日破之，后不敢复出矣！"命屈突通帅步卒五千渡水击之，戒通曰："兵交则纵烟。"烟作，世民引骑南下，身先士卒，与通合势力战。世民欲知世充陈厚薄，与精骑数十冲之，直出其背，众皆披靡，杀伤甚众。既而限以长堤，与诸骑相失，将军丘行恭独从世民，世充数骑追及之，世民马中流矢而毙。行恭回骑射追者，发无不中，追者不敢前。乃下马以授世民，行恭于马前步执长刀，距跃大呼，斩数人，突陈而出，得入大军。世充亦帅众殊死战，散而复合者数四，自辰至午，世充兵始退。世民纵兵乘之，直抵城下，俘斩七千人，遂围之。票骑将军段志玄与世充兵力战，深入，马倒，为世充兵所擒，两骑夹持其髻，将渡洛水，志玄踊身而奋，二人俱坠马，志玄驰归，追者数百骑，不敢逼。

【译文】辛丑日（十三日），李世民将军营转移到青城宫，还没有建立壁垒，王世充率领军兵两万人自方诸门出兵，凭借旧马坊的墙堑，靠近谷水抗拒唐兵，唐诸将全都惧怕。李世民率领精骑在北邙布阵，自己登上魏宣武陵眺望，对身边人说："贼势已经窘迫，倾巢而出，想侥幸一战而获胜，今日打败他，以后他就不敢再出战了！"他命令屈突通率领步兵五千渡水攻击，李世民告诫屈突通说："兵一交战就施放烟幕。"烟雾升起,李世民率领骑兵南下,身先士卒,和屈突通合军奋力作战。李世民想要知道王世充的阵容虚实,和几十名精锐骑兵冲过行阵,自行阵背后杀出,王世充的军兵都扑倒四散,死伤很多。不久被长堤阻挡,李世民和众骑兵走散,只有将军丘行恭跟从李世民,王世充的几名骑兵追杀而来,李世民的坐骑中了流矢而死。丘行恭掉转马头射击追逐者,箭无虚发,追兵不敢前进。于是他将自己的马让给李世民骑。丘行恭在马前执长刀步行,跳跃着大喊,斩杀数人,冲出敌阵,回到军中。王世充也率领兵众奋力作战,军队几次被打散又聚合,自辰时战到午时,王世充的军队才退去。李世民进兵追逐,直抵城下,俘获斩杀七千人,于是包围了洛阳。骠骑将军段志玄和王世充奋力作战,深入敌阵,马骑跌倒,被王世充的军兵擒住,两骑兵夹持他的发髻,准备渡洛水时,段志玄挺身用力跳起,把两名骑兵都坠下马来,段志玄奔驰回归,数百名骑兵在后面追赶,但不敢逼近。

初,票骑将军王怀文为唐军斥候,为世充所获,世充欲慰悦之,引置左右。壬寅,世充出右掖门,临洛水为陈,怀文忽引槊刺世充,世充衷甲,槊折不能入,左右猝出不意,皆愕眙不知所为。怀文走趣唐军,至寫口,追获,杀之。世充归,解去衷甲,祖示群臣曰:"怀文以槊刺我,卒不能伤,岂非天所命乎!"

先是御史大夫郑颋不乐仕世充,多称疾不预事,至是谓世充曰:"臣闻佛有金刚不坏身,陛下真是也。臣实多幸,得生佛世,愿弃官削发为沙门,服勤精进,以资陛下之神武。"世充曰:"国之大臣,声望素重,一旦入道,将骇物听。俟兵革休息,当从公志。"颋固请,不许。退谓其妻曰:"吾束发从官,志慕名节,不幸遭遇乱世，流离至此，侧身猜忌之朝，累足危亡之地，智力浅薄，无以自全，人生会当有死，早晚何殊？姑从吾所好，死亦无憾。"遂削发被僧服。世充闻之，大怒曰："尔以我为必败，欲苟免邪？不诛之，何以制众！"遂斩颐于市。颐言笑自若，观者壮之。

诏赠王怀文上柱国、朔州刺史。

【译文】起初，唐骠骑将军王怀文在军营中负责放哨侦察，被王世充俘虏，王世充想结交他，把他安置在身旁。壬寅日（十四日），王世充出兵右掖门，面临洛水摆开军阵，王怀文突然用长矛刺杀王世充，王世充身内穿着铁甲，长矛折断不能刺入，事发突然，王世充身边的人都惊愕地直瞪着眼睛望着，不知如何是好。王怀文奔往唐军，到了寫口，被追上俘虏，斩杀而死。王世充回到军中，脱下内甲，袒怀示群臣说："王怀文用槊刺我，终不能伤我，难道不是天命吗？"

起初，御史大夫郑颐不愿出任王世充的官职，屡次称病不参与国事，到此时对王世充说："我听闻佛有金刚不坏之身，陛下真是如此。我非常幸运，能够生在佛的世界，但愿除去官职削发为僧，勤勉修持佛法，持善乐道，以助陛下的神武。"王世充说："你是国家大臣，一向有声望、受尊重，一旦皈依佛门，将会惊骇世俗。等到战争结束，当听从你的心愿。"郑颐再三请求，王世充不允许。郑颐回家对妻子说："我幼年为官，立志追慕名节，不幸遭逢乱世，流离到此，身处这互相猜忌的朝廷，立足于危亡的国家，智慧力量浅薄，无能保全自身，但人总会死，只是早晚不同，姑且遂了我的心愿，死也无憾。"于是他削发穿上僧衣。王世充听到，大怒说："你认为我一定失败，想以此逃脱一死吗？不杀你，如何统率众人！"于是在市街处死郑颐。郑颐言笑自如，观看的人赞赏他勇壮。

唐诏命赠王怀文上柱国、朔州刺史。

并州安抚使唐俭密奏："真乡公李仲文与妖僧志觉有谋反语，又娶陶氏之女以应桃李之谣。谄事可汗，甚得其意，可汗许立为南面可汗。及在并州，赃贿狼藉。"上命裴寂、陈叔达、萧瑀杂鞫之。乙巳，仲文伏诛。

庚戌，王泰弃河阳走，其将赵复等以城来降。别将单雄信、裴孝达与总管王君廓相持于洛口，秦王世民帅步骑五千援之，至轘辕，雄信等遁去，君廓追败之。

壬子，延州总管段德操击刘仚成，破之，斩首千馀级。

乙卯，王世充怀州刺史陆善宗以城降。

【译文】并州安抚使唐俭密奏："真乡公李仲文和妖僧志觉有谋反的言论，又娶陶氏的女子来附应桃李的谣言。谄媚突厥可汗，深得可汗的欢心，可汗答应他立他做南面可汗，而且李仲文在并州贪赃枉法，声名狼藉。"唐高祖命裴寂、陈叔达、萧瑀一同审讯。乙巳日（十七日），李仲文被处死。

庚戌日（二十二日），王泰放弃河阳逃跑，他的将领赵复等人献出河阳来投降唐。王世充的副将单雄信、裴孝达和唐总管王君廓在洛口互相抗拒，秦王李世民率领步兵、骑兵五千救援，抵达轘辕，单雄信等人逃去，王君廓追逐击败了他。

壬子日（二十四日），唐延州总管段德操攻打刘仚成，击败他，斩首一千余人。

乙卯日（二七七日），王世充的怀州刺史陆善宗献城投降唐。

秦王世民围洛阳宫城，城中守御甚严，大砲飞石重五十斤，掷二百步，八弓弩箭如车辐，镞如巨斧，射五百步。世民四面攻之，昼夜不息，旬馀不克。城中欲翻城者凡十三辈，皆不果发而死。唐将士皆疲弊思归，总管刘弘基等请班师。世民曰："今大举而来，当一劳永逸。东方诸州已望风款服，唯洛阳孤城，势不能久，功在垂成，奈何弃之而去！"乃下令军中曰："洛阳未破，师必不还，敢言班师者斩！"众乃不敢复言。上闻之，亦密敕世民使还，世民表称洛阳必可克，又遣参谋军事封德彝入朝面论形势。德彝言于上曰："世充得地虽多，率皆羁属，号令所行，唯洛阳一城而已，智尽力穷，克在朝夕。今若旋师，贼势复振，更相连接，后必难图！"上乃从之。世民遗世充书，谕以祸福；世充不报。

资治通鉴

【译文】秦王李世民包围洛阳宫城，城中守御十分严密，大炮可以发射五十斤重的石头，可掷二百步远，有八个弓的弩，箭杆像车辐，箭镞像巨斧，可以射五百步远。李世民四面围攻，日夜不停，十多天不能攻克。城中先后有十三个人要翻墙投降唐，都没有来得及发动就被处死。唐军将士都疲惫思归，总管刘弘基等人请求班师回朝，李世民说："如今大兵前来，应该一举平定东都，可以一劳永逸。洛阳以东各州已望风归降，只剩洛阳一座孤城，形势不能持久，成功在即，怎么能放弃而回朝呢！"于是下令军中说，"洛阳不破，决不回军，谁敢说班师的话就杀了他！"众人不敢再说班师一事。唐高祖李渊听到战情，也暗中命李世民班师，李世民上表说明洛阳一定可以攻下，又派遣参谋军事封德彝回朝面陈当前形势。封德彝向唐高祖李渊禀奏说："王世充得到土地虽多，大多是略有联系的部属，他的号令，只能管辖洛阳一城，他已经智尽力穷，很快便可攻下。今天如果还师，他的力量就会重新振作起来，再加上各地互相联合，以后便难以图取了！"于是唐高祖李渊听从了李世民建议。李世民送信给王世充，申明祸福，王世充没有回信。

戊午，王世充郑州司兵沈悦遣使诣左武侯大将军李世勣请降。左卫将军王君廓夜引兵袭虎牢，悦为内应，遂拔之，获其荆王行本及长史戴胄。悦，君理之孙也。

窦建德克周桥，虏孟海公。

【译文】戊午日（三十日），王世充的郑州司兵沈悦派遣使者向左武侯大将军李世勣请求归降。左卫将军王君廓趁夜晚领兵偷袭虎牢，沈悦做内应，于是攻克虎牢，俘虏了郑国荆王王行本以及他的长史戴胄。沈悦，是沈君理的孙子。

窦建德攻克周桥，俘虏了孟海公。

【乾隆御批】兵薄严城，攻围不下，久且人生倦心，稍参疑沮之见，鲜有不隳于垂成者。太宗既申令军中以坚众志，虽密敕不敢曲从，遂尔执俘克捷有料敌之明，而复成于能断。非漫然徇将在外不受君命之说也。

【译文】大军面临戒备森严的城池，围攻不下，时间一长人们便心生倦意，稍微听到一些令人恐惧沮丧的见解，就会动摇军心，很少有不功败垂成的。唐太宗已经在军中号令以坚定大家的信心，虽然是秘密的旨令也不敢委曲顺从，取得胜利固有事先对敌人的明晰分析，而又和遇事果断分不开。这绝不是随意夸耀的"将在外，君命有所不受"的说法。

资治通鉴卷第一百八十九　唐纪五

起重光大荒落三月，尽十二月，不满一年。

【译文】起辛巳（公元621年）三月，止十二月，共十个月。

【题解】本卷记录了公元621年三月至十二月的史事，共十个月，正当唐高祖武德四年。这时期，唐朝秦王李世民盖世功高，他以少击众，击破窦建德和王世充联军，诛灭了窦建德、王世充这两个枭雄，河南、河北全部平定。唐军乘胜扩大战果，江南萧铣兵败降唐，唐将杜伏威平定淮南、江东，唐王室已基本统一了天下。可惜李世民和唐高祖李渊未能宽恕窦建德、萧铣、孟海公的部众，又收捕窦建德的部属过急，以致逼反刘黑闼、徐圆朗，于是战火又在河北、山东重新燃起。

高祖神尧大圣光孝皇帝中之中

武德四年（辛巳，公元六二一年）三月，庚申，以鞬鞨渠帅突地稽为燕州总管。

太子建成获稽胡千馀人，释其酋帅数十人，授以官爵，使还，招其馀党，刘仚成亦降。建成诈称增置州县，筑城邑，命降胡年二十以上皆集，以兵围而杀之，死者六千馀人。仚成觉变，亡奔梁师都。

行军总管刘世让攻窦建德黄州，拔之。洺州严备，世让不得进。会突厥将入寇，上召世让还。

窦建德所署普乐令平恩程名振来降，上遥除名振永宁令，使将兵徇河北。名振夜袭邺，俘其男女千馀人。去邺八十里，阅妇人乳有湩者，九十馀人，悉纵遣之，邺人感其仁，为之饭僧。

【译文】 武德四年（辛巳，公元621年）三月，庚申日（初二），唐任用靺鞨渠帅突地稽做燕州总管。

唐太子李建成俘获稽胡千余人，释放酋帅几十人，授予官爵，让他们回去召集余党，刘仚成也投降唐。李建成假装要增设州县，修筑城邑，命投降的年二十岁以上的胡人集合，用军队围杀他们，杀死六千余人，刘仚成察觉事变，出逃投奔梁师都。

唐行军总管刘世让攻击窦建德的黄州，攻陷黄州。洺州戒备森严，刘世让无法前进。遇上突厥将要进犯，唐高祖召还刘世让。

窦建德所任命的普乐令平恩人程名振前来投降唐，唐高祖遥任程名振为永宁令，让他率兵巡视河北。程名振趁夜晚偷袭邺县，俘获男女千余人。离开邺县八十里，检视出怀孕及在哺乳的妇女九十多人，全都释放遣还，邺县百姓感恩，为他设斋祈福。

突厥颉利可汗承父兄之资，士马雄盛，有凭陵中国之志。妻隋义成公主，公主从弟善经，避乱在突厥，与王世充使者王文素共说颉利曰："昔启民为兄弟所逼，脱身奔隋。赖文皇帝之力，有此土宇，子孙享之。今唐天子非文皇帝子孙，可汗宜奉杨政道以伐之，以报文皇帝之德。"颉利然之。上以中国未宁，待突厥甚厚，而颉利求请无厌，言辞骄慢。甲戌，突厥寇汾阴。

唐兵围洛阳，掘堑筑垒而守之。城中乏食，绢一匹直粟三升，布（一）〔十〕匹直盐一升，服饰珍玩，贱如土芥。民食草根木叶皆尽，相与澄取浮泥，投米屑作饼食之，皆病，身肿脚弱，死者相枕倚于道。皇泰主之迁民入宫城也，凡三万家，至、千家。虽贵为公卿，糠核不充，尚书郎以下，躬自负戴，往往馁死。

窦建德使其将范愿守曹州，悉发孟海公、徐圆朗之众，西救洛阳。至滑州，王世充行台仆射韩洪开门纳之。己卯，军于酸枣。

资治通鉴

【译文】突厥颉利可汗继承父兄的基业，军队兵马强盛，有恃强欺凌中国的想法。他娶了隋义成公主为妻，公主的堂弟杨善经，在突厥避乱，和王世充的使者王文素一同游说颉利可汗说："以前启民可汗被兄弟逼迫，脱身投奔隋氏，依赖隋文皇帝的大力帮助，才拥有这块疆土，子孙享受。而今唐天子不是隋文皇帝的子孙，可汗应当跟从杨政道对唐加以讨伐，来报答隋文皇帝的恩惠。"颉利可汗同意。唐高祖因为国家还没有安定，对待突厥非常优厚，可是颉利可汗贪婪不满足，言辞骄傲怠慢。甲戌日（十六日），突厥进犯汾阴。

唐兵围攻洛阳，挖掘沟堑修筑墙垒加以防守。城中缺少粮食，绢一匹价值粟三升，布十匹价值盐一升，服饰珍宝，都不再值钱，如同泥土草芥一般。百姓吃完草根树叶后，用水澄土，取漂浮在水面的细泥，掺杂米屑做饼充饥，都患了病，身体浮肿，腿脚软弱无力，死人相互枕藉于道路。皇泰主时迁徙百姓进入宫城，一共有三万家，到此时不足三千家。即使尊贵如公卿，糠核（麦糠中不破者为核）也不充足，尚书郎以下官员，亲自挑载东西，经常饿死。

窦建德派遣将领范愿镇守曹州，动员孟海公、徐圆朗的全部军兵，向西救援洛阳。抵达滑州，王世充的行台仆射韩洪开门迎接。己卯日（二十一日），窦建德在酸枣县驻军。

壬午，突厥寇石州，刺史王集击却之。

窦建德陷管州，杀刺史郭士安；又陷荥阳、阳翟等县，水陆并进，泛舟运粮，溯河西上。王世充之弟徐州行台世辩遣其将郭士衡将兵数千会之，合十馀万，号三十万，军于成皋之东原，筑宫板渚，遣使与王世充相闻。

【译文】壬午日（二十四日），突厥侵犯石州，刺史王集将他击退。

窦建德攻克管州，杀掉刺史郭士安，又攻克荥阳、阳翟等县城，水、陆并进，用船只运送军粮，逆河西上。王世充的弟弟徐州行台王世辩，派遣将领郭士衡领兵数千和他相会，一共十余万人，号称三十万，在成皋的东原扎营，在板渚修筑宫室，派遣使者和王世充互通消息。

先是，建德遗秦王世民书，请退军潼关，返郑侵地，复修前好。世民集将佐议之，皆请避其锋，郭孝恪曰："世充穷蹙，垂将面缚，建德远来助之，此天意欲两亡之也。宜据武牢之险以拒之，伺间而动，破之必矣！"记室薛收曰："世充保据东都，府库充实，所将之兵，皆江、淮精锐，即日之患，但乏粮食耳。以是之故，为我所持，求战不得，守则难久。建德亲帅大众，远来赴援，亦当极其精锐，致死于我。若纵之至此，两寇合从，转河北之粟以馈洛阳，则战争方始，偃兵无日，混一之期，殊未有涯也。今宜分兵守洛阳，深沟高垒，世充出兵，慎勿与战，大王亲帅骁锐，先据成皋，厉兵训士，以待其至，以逸待劳，决可克也。建德既破，世充自下，不过二旬，两主就缚矣！"世民善之。收，道衡之子也。萧瑀、屈突通、封德彝皆曰："吾兵疲老，世充凭守坚城，未易猝拔，建德席胜而来，锋锐气盛；吾腹背受敌，非完策也，不若退保新安，以承其弊。"世民曰："世充兵摧食尽，上下离心，不烦力攻，可以坐克。建德新破海公，将骄卒惰，吾据武牢，扼其咽喉。彼若冒险争锋，吾取之甚易。若狐疑不战，旬月之间，世充自溃。城破兵强，气势自倍，一举两克，在此行矣。若不速进，贼入武牢，诸城新附，必不能守；两贼并力，其势必强，何弊之承？吾计决矣！"通等又请解围据险以观其变，世民不许。中分麾下，使通等副齐王元吉围守东都，世民将骁勇三千五百人东趣武牢。时正昼出兵，历北邙，抵河阳，趋巩而去。王世充登城望见，莫之测也，竟不敢出。

【译文】 先前，窦建德送信给秦王李世民，请李世民退守潼关，归还侵占郑的土地，修复旧有的交情。李世民召集诸将商讨，诸将都请求闪避窦建德军队的锋芒，郭孝恪说："王世充处境困窘，很快就要被擒获，窦建德远来援救他，这是上天要灭亡他们两位。应当倚仗武牢的险要抵抗窦建德，等候机会出兵，必定可以将他打败！"记室薛收说："王世充据守东都，府库充盈，统率的军队，全是江、淮的精锐，目前的忧患，只是缺乏粮食罢了。因为这个，才被我军握持住，求战不能，坚守又难以持久。窦建德亲率大军，远来救援，也应该是精锐部队，拼命和我们死战。如果放纵窦建德到此地，两寇联合，转运河北的粮食馈送到洛阳，那么战争才刚开始，想要罢兵就没有时日，统一天下的日子，将遥遥无期。而今应当分兵守住洛阳，将沟堑挖深，将营垒筑高，王世充出兵，不和他作战，大王亲自率领勇锐，先据守成皋，训练士兵，等候窦建德到来，以安逸对待疲劳，一定可以战胜。窦建德已经失败，王世充自然可以攻取，不过二旬，两个贼首就可以被擒了！"李世民称赞这个谋略。薛收，是薛道衡的儿子。萧瑀、屈突通、封德彝全都说："我们的军队长久疲惫，王世充恃守坚固的城池，不容易马上攻下，窦建德乘胜而来，兵锋锐利气势强盛，我军腹背受敌，如果没有完备的计策，不如退守新安，来等待他们疲弊。"李世民说："王世充兵败食尽，君臣上下离心，不需并力攻打，可以轻易谋取。窦建德刚打败孟海公，将骄兵惰，我军据守武牢，控制其咽喉要地。他如果冒险争战，我军击败他很容易。倘若犹豫不战，旬月之间，王世充就会崩溃。攻破城池，我军气势自然倍增，一次举兵，两场胜仗，在此一举。如果不快速进兵，等贼兵进入武牢，各个城池都是新近归附的，一定不能久守。两贼军力联合，他们的兵势必然增强，又有什么疲弊可乘！我的计策已然决定了！"屈突通等人又请求解除围兵占据险要之地来静观变化，李世民没有答应。李世民将军队平均分为两部分，派遣屈突通等人做齐王李元吉的副将围守东都，自己带领骁勇三千五百人往东赶往武牢。在正午时出兵，途经北邙，到达河阳，急往巩县而去。王世充登城望见，不知道真实情况，始终不敢出兵。

癸未，世民入武牢；甲申，将骁骑五百，出武牢东二十馀里，觇建德之营。缘道分留从骑，使李世勣、程知节、秦叔宝分将之，伏于道旁，才馀四骑，与之偕进。世民谓尉迟敬德曰："吾执弓矢，公执槊相随，虽百万众若我何！"又曰："贼见我而还，上策也。"去建德营三里所，建德游兵遇之，以为斥候也。世民大呼曰："我秦王也。"引弓射之，毙其一将。建德军中大惊，出五六千骑逐之；从者咸失色，世民曰："汝弟前行，吾自与敬德为殿。"于是，按辔徐行，追骑将至，则引弓射之，辄毙一人。追者惧而止，止而复来，如是再三，每来必有毙者，世民前后射杀数人，敬德杀十许人，追者不敢复逼。世民逡巡稍却以诱之，入于伏内，世勣等奋击，大破之，斩首三百馀级，获其骁将殷秋、石瓒以归。乃为书报建德，谕以"赵魏之地，久为我有，为足下所侵夺。但以淮安见礼，公主得归，故相与坦怀释怨。世充顷与足下修好，已尝反覆，今亡在朝夕，更饰辞相诱，足下乃以三军之众，仰哺他人，千金之资，坐供外费，良非上策。今前茅相遇，彼遽崩摧，郊劳未通，能无怀愧！故抑止锋锐，冀闻择善；若不获命，恐虽悔难追。"

【译文】 癸未日（二十五日），李世民进入武牢。甲申日（二十六日），李世民率领勇骑五百，来到武牢东面二十余里，窥察窦建德的军营。沿途分别留置从骑，让李世勣、程知节、秦叔宝分别统领，埋伏道旁，剩下四骑和他一同前进。李世民对尉迟敬德说："我持弓矢，你持长矛随行，虽百万人能将我们怎么样！"又说，"贼人看到我就还师，才是上策。"距离窦建德军营约三里，窦建德的游兵遇到他们，认为是斥候。李世民大叫说："我就是秦王。"引弓射去，射死一位将领。窦建德的军中大为惊动，派出五六千骑兵追赶。从骑都惊惧面无人色，李世民说："你们只管放心前行，我和尉迟敬德来殿后。"于是执辔慢行，追赶的骑兵追近，李世民就引弓射去，每箭必定射死一人。追逐的骑兵害怕而停止前进，停一下又追上来，如此追追停停反复三次，每次追上来，一定有被射死的，李世民前后射杀数人，尉迟敬德杀了十几人，追击的骑兵不敢再逼近。李世民稍为退却来引诱他们，等追逐的骑兵进入埋伏区，李世勣等人并力攻打，将他们打得大败，斩首三百多人，俘虏他们的骁将殷秋、石瓒回师。于是，李世民写信给窦建德，告诉他："赵、魏之地，很早以前就是我们的，被你侵占了。只因为你礼待淮安王李神通，送回同安公主，所以双方以诚相待解除心结。王世充最近和你修好，但他反复无常，而今他早晚会灭亡，更用花言巧语来引诱你，你竟然率领三军之众，受制于人，将千金之资，浪费在外，实在不是上策。而今只是先头部队相遇，你们很快就失利，你的救援受阻，使命没有达成，能不惭愧？希望你择善而从，停止进兵，如果不听良言相劝，恐怕后悔莫及。"

立秦王世民之子泰为卫王。

夏，四月，己丑，丰州总管张长逊入朝。时言事者多云，长逊久居丰州，为突厥所厚，非国家之利。长逊闻之，请入朝，上许之。会太子建成北伐稽胡，长逊帅所部会之，因入朝，拜右武侯将军。益州行台左仆射窦轨帅巴、蜀兵来会秦王击王世充，以长逊检校益州行台右仆射。

己亥，突厥颉利可汗寇雁门，李大恩击走之。

壬寅，王世充骑将杨公卿、单雄信引兵出战，齐王元吉击之，不利，行军总管卢君谔战死。

【译文】唐高祖封秦王李世民的儿子李泰为卫王。

夏季，四月，己丑日（初二），丰州总管张长逊入朝。当时议论政事的人大多说，张长逊久居丰州，深受突厥厚待，对国家不是好事。张长逊听到消息，请求入朝，唐高祖答应了他。遇上太子李建成北征稽胡，张长逊率领部下和他会合，因此入朝，唐高祖任命他为右武侯将军。益州行台左仆射窦轨率领巴、蜀的军队来和秦王会师，攻打王世充。唐任命张长逊为检校益州行台右仆射。

己亥日（十二日），突厥颉利可汗进犯雁门，李大恩将他打跑。

壬寅日（十五日），王世充的骑将杨公卿、单雄信率军出战，齐王李元吉攻打他们，战势失利，唐行军总管卢君谔战死。

太子还长安。

王世充平州刺史周仲隐以城来降。

戊申，突厥寇并州。初，处罗可汗与刘武周相表里，寇并州；上遣太常卿郑元璹往谕以祸福，处罗不从。未几，处罗遇疾卒，国人疑元璹毒之，留不遣。上又遣汉阳公瑰赂颉利可汗以金帛，颉利欲令瑰拜，瑰不从，亦留之。又留左骁卫大将军长孙顺德。上怒，亦留其使者。瑰，孝恭之弟也。

甲寅，封皇子元方为周王，元礼为郑王，元嘉为宋王，元则为荆王，元茂为越王。

窦建德迫于武牢不得进，留屯累月，战数不利，将士思归。丁巳，秦王世民遣王君廓将轻骑千馀抄其粮运，又破之，获其大将军张青特。

【译文】唐太子李建成返回长安。

王世充的平州刺史周仲隐献出城池来投降唐。

戊申日（二十一日），突厥侵犯并州。起初，处罗可汗和刘武周互相联合，进犯并州，唐高祖派遣太常卿郑元璹前往晓谕祸福，但处罗可汗不听。不久，处罗可汗生病去世，国人怀疑郑元璹下毒，留置他不放他回国。唐高祖又派遣汉阳公李瑰拿金帛贿赂颉利可汗，颉利可汗让李瑰下拜，李瑰不从，也被扣留。后来又留下左骁卫大将军长孙顺德。唐高祖发怒，也留下突厥的使者。李瑰，是李孝恭的弟弟。

甲寅日（二十七日），唐高祖封皇子李元方为周王，李元礼为郑王，李元嘉为宋王，李元则为荆王，李元茂为越王。

窦建德在武牢被阻不能进兵，安营累月，作战多次失利，将士思归。丁巳日（三十日），秦王李世民派遣王君廓率领轻骑千余劫掠他的运粮队，又打败他们，俘虏了窦建德的大将军张青特。

凌敬言于建德曰："大王悉兵济河，攻取怀州、河阳，使重将守之，更鸣鼓建旗，逾太行，入上党，徇汾、晋，趣蒲津，如此有三利：一则蹈无人之境，取胜可以万全；二则拓地收众，形势益强；三则关中震骇，郑围自解。为今之策，无以易此。"建德将从之，而王世充遣使告急相继于道，王琬、长孙安世朝夕涕泣，请救洛阳，又阴以金玉啖建德诸将，以挠其谋。诸将皆曰："凌敬书生，安知战事，其言岂可用也！"建德乃谢敬曰："今众心甚锐，天赞我也，因之决战，必将大捷，不得从公言。"敬固争之，建德怒，令扶出。其妻曹氏谓建德曰："祭酒之言不可违也。今大王自滏口乘唐国之虚，连营渐进以取山北，又因突厥西抄关中，唐必还师自救，郑围何忧不解！若顿兵于此，老师费财，欲求成功，在于何日？"建德曰："此非女子所知！吾来救郑，郑今倒悬，亡在朝夕，吾乃舍之而去，是畏敌而弃信也，不可。"

【译文】凌敬向窦建德说："大王应率全军渡河，攻克怀州、河阳，派大将防守，之后击鼓树立旌旗，翻越太行山，进入上党，经营汾、晋，进逼蒲津，如此有三利：一是踏入无人之地，可以轻易取胜；二是开拓土地可以招募士众，形势更强；三是关中震动，郑围自然解除。为今之策，只能如此。"窦建德打算听从，可是王世充派遣使者络绎不绝前来求救，王琬、长孙安世早晚不停哭泣，请求救援洛阳，又暗中拿金玉收买窦建德的各位将领，来阻挠他采用凌敬的谋策。诸位将领都说："凌敬是个书生，怎么通晓战事，他的话哪里可以采用！"窦建德于是向凌敬辞谢说："现在众志成城，是上天助我，趁此决战，必定大获胜利，不能采纳你的建议。"凌敬坚持进谏，窦建德发怒，下令扶他出去。窦妻曹氏对窦建德说："祭酒（凌敬为窦建德国子祭酒）的话不可以反对。而今大王自滏口趁着唐国空虚，连营渐进攻取山北，又因为突厥向西劫掠关中，唐军一定回师自救，郑的围困何必担忧它不能解除！假如在此停兵，军队疲弊钱财消耗，要想成功，将在何日？"窦建德说："这不是你们女人能知晓的！我来救援郑，郑今日危急，早晚会灭亡，我竟然放弃它而离去，是害怕敌人而背弃信义，那不可以。"

谍者告曰："建德伺唐军刍尽，牧马于河北，将袭武牢。"五月，戊午，秦王世民北济河，南临广武，察敌形势，因留马千馀匹，牧于河渚以诱之，夕还武牢。己未，建德果悉众而至，自板渚出牛口置陈，北距大河，西薄汜水，南属鹊山，亘二十里，鼓行而进。诸将皆惧，世民将数骑升高丘以望之，谓诸将曰："贼起山东，未尝见大敌，今度险而嚣，是无纪律，逼城而陈，有轻我心；我按甲不出，彼勇气自衰，陈久卒饥，势将自退，追而击之，无不克者。与公等约，甫过日中，必破之矣！"建德意轻唐军，遣三百骑涉汜水，距唐营一里所止。遣使与世民相闻曰："请选锐士数百与之剧。"世民遣王君廓将长矟二百以应之，相与交战，乍进乍退，两无胜负，各引还。王琬乘隋炀帝骢马，铠仗甚鲜，迥出陈前以夸众。世民曰："彼所乘真良马也！"尉迟敬德请往取之，世民止之曰："岂可以一马丧猛士。"敬德不从，与高甑生、梁建方三骑直入其陈，擒琬，引其马以归，众无敢当者。世民使召河北马，待其至，乃出战。

【译文】间谍禀告说："窦建德探知唐军牧草已尽,在河北牧马,计划偷袭武牢。"五月,戊午日(初一),秦王李世民向北渡河,南抵广武,察看敌军形势,因而留下千余匹马,在河中沙洲牧马用来引诱窦建德,夜晚返回武牢。己未日(初二),窦建德果真全军而来,自板渚出牛口摆开军阵,北临黄河,西到汜水,南抵鹊山,绵延二十里,击鼓进军。诸将全都惧怕,李世民率领数骑登上高丘眺望,对诸将说:"贼人兴起在山东,不曾遇到大敌,而今渡越险阻反而喧哗,是没有纪律的表现,临近城池布阵,是轻视我们的军力。我军按兵不动,他们的勇气自然衰减,长时间摆阵军兵饥饿,情势上自会撤退,到那时追击,没有不获胜的,我和各位约定,一过中午,就可以击败他们!"窦建德内心轻视唐军,派遣三百骑兵渡过汜水,在距离唐军营一里的地方停止。窦建德派遣使者和李世民对话说:"请选拔精锐数百和我们游戏一下。"李世民派遣王君廓率领两百长矛队来对付他们,相互交战,忽进忽退,难分胜败,各自领兵回营。王琬骑着隋炀帝的骢马,铠甲兵器异常鲜丽,远立在阵前来向众军夸耀。李世民说:"他所骑的真是一匹良马!"尉迟敬德请求前去夺取那匹马,李世民阻止他说:"哪里可以因为一匹马牺牲勇士。"尉迟敬德不听,和高甑生、梁建方三骑直入敌阵,擒获王琬,牵着他的马急驰回营,窦建德的士卒没有敢抵挡的。李世民派人召集河北的马匹,等到马到了才出战。

建德列陈,自辰至午,士卒饥倦,皆坐列,又争饮水,逡巡欲退。世民命宇文士及将三百骑经建德陈西,驰而南上,戒之曰:"贼若不动,尔宜引归,动则引兵东出。"士及至陈前,陈果动,世民曰:"可击矣!"时河渚马亦至,乃命出战。世民帅轻骑先进，大军继之，东涉汜水，直薄其陈。建德群臣方朝谒，唐骑猝来，朝臣趋就建德，建德召骑兵使拒唐兵，骑兵阻朝臣不得过，建德挥朝臣令却，进退之间，唐兵已至，建德窘迫，退依东陂。窦抗引兵击之，战小不利。世民帅骑赴之，所向皆靡。淮阳王道玄挺身陷陈，直出其后，复突陈而归，再入再出，飞矢集其身如猬毛，勇气不衰，射人，皆应弦而仆。世民给以副马，使从己。于是，诸军大战，尘埃涨天。世民帅史大奈、程知节、秦叔宝、宇文歆等卷旆而入，出其陈后，张唐旗帜，建德将士顾见之，大溃；追奔三十里，斩首三千馀级。建德中槊，窜匿于牛口渚。车骑将军白士让、杨武威逐之，建德坠马，士让援槊欲刺之，建德曰："勿杀我，我夏王也，能富贵汝。"武威下擒之，载以从马，来见世民。世民让之曰："我自讨王世充，何预汝事，而来越境，犯我兵锋！"建德曰："今不自来，恐烦远取。"建德将士皆溃去，所俘获五万人，世民即日散遣之，使还乡里。

【译文】窦建德排列军阵，从早晨到中午，军兵饥饿疲倦，队伍都坐地上，又争相喝水，想退后不想前进。李世民命宇文士及率领三百骑经过窦建德队伍的西面，急驰南上，警戒宇文士及说："贼人如果没有异动，你要领军归营，一有行动就率军向东进发。"宇文士及到阵前，窦建德的队伍果然有异动，李世民说："可以进攻了！"此时河渚的马也来到，于是下令出战。李世民率领轻骑先行进兵，大军跟着前进，向东涉过汜水，直逼敌阵。窦建德群臣正在朝谒，唐军骑兵突然来到，朝臣跑向窦建德，窦建德召集骑兵抵拒唐兵，骑兵被朝臣挡住不能通过，窦建德指挥朝臣，让他们退却之时，唐兵已然来到，窦建德困窘急迫，退往东陂。窦抗率兵攻打，战事稍稍失利。李世民率领骑兵赶到，所向披靡。淮阳王李道玄挺身攻阵，直冲阵后，再突阵而出，杀入杀出，飞矢射在他身上多如猬毛，但他勇气不衰。他射敌人，敌人都中箭扑倒。李世民给他一匹副马，命他跟随自己。于是诸军大战，尘土满天飞扬。李世民率领史大奈、程知节、秦叔宝、宇文歆等卷着大旗冲入敌阵，冲出阵后，张开唐的旗帜，窦建德的将士看到旗帜，全都溃散；李世民率军追逐三十里，斩杀三千多人。窦建德被长矛刺中后逃窜，藏匿在牛口渚。车骑将军白士让、杨武威追击，窦建德坠下马来，白士让拿长矛要刺他，窦建德说："不要刺我，我是夏王，能让你富贵。"杨武威下马生擒他，载在跟从的马上，来见李世民。李世民责备窦建德说："我讨伐王世充，与你何干，你越界而来，冒犯我军的锋锐！"窦建德两腿发着抖说："今日若不自己前来，担心有劳你远去攻取。"窦建德的将士都溃散离去，俘虏五万人，李世民当天遣散他们，让他们归返乡里。

封德彝入贺，世民笑曰："不用公言，得有今日。智者千虑，不免一失乎！"德彝甚惭。

建德妻曹氏与左仆射齐善行将数百骑遁归洺州。

甲子，世充偃师、巩县皆降。

乙丑，以太子左庶子郑善果为山东道抚慰大使。

世充将王德仁弃故洛阳城而遁，亚将赵季卿以城降。秦王世民囚窦建德、王琬、长孙安世、郭士衡等至洛阳城下，以示世充。世充与建德语而泣，仍遣安世等入城言败状。世充召诸将议突围，南走襄阳，诸将皆曰："吾所恃者夏王，夏王今已为擒，虽得出，终必无成。"丙寅，世充素服帅其太子、群臣、二千馀人诣军门降。世民礼接之，世充俯伏流汗。世民曰："卿常以童子见处，今见童子，何恭之甚邪？"世充顿首谢罪。于是，部分诸军，先入洛阳，分守市肆，禁止侵掠，无敢犯者。

【译文】 封德彝前来祝贺战功，李世民笑着说："不采用你的话，才能有今天。聪明人考虑周密，也难免有一次失误吧！"封德彝很觉羞愧。

窦建德的妻子曹氏和左仆射齐善行率领数百骑逃回洺州。

甲子日（初七），王世充的偃师、巩县都投降唐。

乙丑日（初八），唐任用太子左庶子郑善果做山东道抚慰大使。

王世充的将军王德仁丢弃旧洛阳城逃走，副将赵季卿献出城池投降唐。秦王李世民用囚车装载窦建德、王琬、长孙安世、郭士衡等人到洛阳城下，来明示王世充。王世充和窦建德讲话后哭泣，又派长孙安世等入城说明失败的情形。王世充召集诸将商议突围，想向南逃往襄阳，诸将都说："我们依靠夏王，夏王如今已经被擒，虽然能够突围，终究必定不会成功。"丙寅日（初九），王世充穿着素服带领太子、群臣以及两千多人到军门投降。李世民以礼接待，王世充低头趴在地上满身流汗。李世民说："你曾经将我当童子看待，如今看到童子，为什么这样恭敬呢？"王世充叩头谢罪。于是李世民部署诸军，先进入洛阳城，分军把守市街，禁止抢劫，没人敢冒犯禁令。

丁卯，世民入宫城，命记室房玄龄先入中书、门下省，收隋图籍制诏，已为世充所毁，无所获。命萧瑀、窦轨等封府库，收其金帛，班赐将士。收世充之党罪尤大者段达、王隆、崔洪丹、薛德音、杨汪、孟孝义、单雄信、杨公卿、郭什柱、郭士衡、董叡、张童儿、王德仁、朱粲、郭善才等十馀人斩于洛水之上。初，李世勣与单雄信友善，誓同生死。及洛阳平，世勣言雄信骁健绝伦，请尽输己之官爵以赎之，世民不许。世勣固请不能得，涕泣而退。雄信曰："我固知汝不办事。"世勣曰："吾不惜馀生，与兄俱死；但既以此身许国，事无两遂。且吾死之后，谁复视兄之妻子乎？"乃割股肉以啖雄信，曰："使此肉随兄为土，庶几犹不负昔誓也！"士民疾朱粲残忍，竞投瓦砾击其尸，须臾如冢。囚韦节、杨续、长孙安世等十馀人送长安。士民无罪为世充所囚者，皆释之，所杀者祭而诔之。

【译文】 丁卯日（初十），李世民进入宫城，命令记室房玄龄先进入中书、门下省，接收隋朝的图籍制诏，但已经被王世充毁灭，没有收获。李世民命令萧瑀、窦轨等人查封府库，收拾金帛，赏赐将士。拘捕王世充的同党中罪大恶极的段达、王隆、崔洪丹、薛德音、杨汪、孟孝义、单雄信、杨公卿、郭什柱、郭士衡、董叡、张童儿、王德仁、朱粲、郭善才等十余人在洛水旁处死。起初，李世勣和单雄信友善，发誓同生共死。等到洛阳被平定，李世勣说单雄信骁勇无比，请求捐出自己的官爵替他赎罪，李世民没有答应。李世勣坚决请求没有结果，涕泣而退。单雄信说："我本来知晓你办不成此事。"李世勣说："我不爱惜余生，可以和兄长一同死，但既然以身许国，事情无法两全。况且我死之后，谁来照顾你的妻子儿女呢？"于是割下大腿肉给单雄信吃，说，"如果这块肉能够随兄变为粪土，勉强不辜负以前的誓言吧！"士人百姓痛恨朱粲残忍，争相用瓦砾投击他的尸体，一下子瓦砾堆积如同坟冢。李世民用囚车将韦节、杨续、长孙安世等十余人押往长安。无罪被王世充囚禁的士人百姓，全都释放，也为被王世充杀害的人举行哀祭。

初，秦王府属杜如晦叔父淹事王世充。淹素与如晦兄弟不协，谮如晦兄杀之，又囚其弟楚客，饿几死，楚客终无怨色。及洛阳平，淹当死，楚客涕泣请如晦救之，如晦不从。楚客曰："曩者叔已杀兄，今兄又杀叔，一门之内，自相残而尽，岂不痛哉！"欲自刭，如晦乃为之请于世民，淹得免死。

秦王世民坐阖闳门，苏威请见，称老病不能拜。世民遣人数之曰："公隋室宰相，危不能扶，使君弑国亡。见李密、王世充皆拜伏舞蹈。今既老病，无劳相见。"及至长安，又请见，不许。既老且贫，无复官爵，卒于家，年八十二。

秦王世民观隋宫殿，叹曰："逞侈心，穷人欲，无亡得乎！"命撤端门楼，焚乾阳殿，毁则天门及阙；废诸道场，城中僧尼，留有名德者各三十人，馀皆返初。

前真定令周法明，法尚之弟也，隋末结客，袭据黄梅，遣族子孝节攻蕲春，兄子绍则攻安陆，子绍德攻沔阳，皆拔之。庚午，以四郡来降。

资治通鉴

【译文】起初，秦王府属杜如晦的叔父杜淹在王世充的手下做事。杜淹一向和杜如晦兄弟不和，谮毁杜如晦的哥哥导致他被杀，又拘禁他的弟弟杜楚客，杜楚客几乎饿死，但杜楚客始终没有怨言。等到洛阳被平定，杜淹应当处死，杜楚客哭泣请求杜如晦救他，杜如晦不答应。杜楚客说："以前叔父已经杀大哥，如今二哥又要杀叔父，一个家族，自相残杀殆尽，难道不悲痛吗？"说完就要自杀，杜如晦这才替叔叔向李世民求情，杜淹才能够免死。

秦王李世民坐在阖闳门，苏威请见，声称年老有病无法叩拜。李世民派人责备他说："你是大隋的宰相，隋室危困不能挽救，使得国君被杀，国家灭亡，见李密、王世充全都叩拜舞蹈。

而今既然年老有病，不必劳驾前来见我。"等到了长安，苏威又请见，李世民不答应。苏威又老又贫，又没有官爵，死在家中，年八十二岁。

秦王李世民观看隋朝的宫殿，感慨地说："放纵奢侈之心，享尽人欲，哪里能够不灭亡呢！"下命拆除端门楼，焚毁乾阳殿，摧毁则天门及阙；废除诸道场，城里的僧尼，各留下有德望的三十人，其余都令他们还俗。

前真定县令周法明，是周法尚的兄弟，隋朝末年结交门客，袭击攻占黄梅，派遣族中晚辈周孝节进攻蕲春，哥哥的儿子周绍则进攻安陆，儿子周绍德进攻沔阳，全都攻克。庚午日（十三日），献出四郡前来投降唐。

壬申，齐善行以洺、相、魏等州来降。时建德馀众走至洺州，欲立建德养子为主，征兵以拒唐；又欲剽掠居民，还向海隅为盗。善行独以为不可，曰："隋末丧乱，故吾属相聚草野，苟求生耳。以夏王之英武，平定河朔，士马精强，一朝为擒，易如反掌，岂非天命有所属，非人力所能争邪！今丧败如此，守亦无成，逃亦不免；等为亡国，岂可复遗毒于民！不若委心请命于唐。必欲得缯帛者，当尽散府库之物，勿复残民也！"于是，运府库之帛数十万段，置万春宫东街，以散将卒，凡三昼夜乃毕。仍布兵守坊巷，得物者即出，无得更入人家。士卒散尽，然后与右仆射裴矩、行台曹旦，帅其百官奉建德妻曹氏及传国八玺并破宇文化及所得珍宝请降于唐。上以善行为秦王左二护军，仍厚赐之。

【译文】壬申日（十五日），齐善行献出洺、相、魏等州来投降唐。此时窦建德的余众逃到洺州，要扶立窦建德的养子为王，征兵来对抗唐；又要劫掠居民，还想到海边做强盗。齐善行独自认为不可行，说："隋末动乱，因而我们相聚草野，只为了苟且偷生。凭夏王的英武，讨平河朔，兵强马壮，一朝被擒，易如反掌，难道不是天命有归，不是人力所能争取的吗？而今如此丧亡失败，固守也不能成功，逃跑也不免死亡，同是亡国，怎么可以再留下祸患给百姓呢！不如违心向唐请命，必定要得到缯帛的人，应当散发府库的财物，不可再残害百姓！"于是齐善行运送府库的帛几十万段，放置在万春宫东街，散发给将士，三日三夜才发完。仍然派兵把守街巷，得到财物的人就令出城，不可以再进入百姓家中。士卒遣散完毕，齐善行和仆射裴矩、行台曹旦，率领百官，呈献窦建德的妻子曹氏以及传国八玺、击败宇文化及时得到的珍宝，向唐请求投降。唐高祖任用齐善行做秦王左二护军，并且赏赐他非常丰厚。

初，窦建德之诛宇文化及也，隋南阳公主有子曰禅师，建德虎贲郎将于士澄问之曰："化及大逆，兄弟之子皆当从坐，若不能舍禅师，当相为留之。"公主泣曰："虎贲既隋室贵臣，兹事何须见问！"建德竟杀之。公主寻请为尼。及建德败，公主将归长安，与宇文士及遇于洛阳，士及请与相见，公主不可。士及立于户外，请复为夫妇。公主曰："我与君仇家，今所以不手刃君者，但谋逆之日，察君不预知耳。"诃令速去。士及固请，公主怒曰："必欲就死，可相见也！"士及知不可屈，乃拜辞而去。

乙亥，以周法明为黄州总管。

戊寅，王世充徐州行台杞王世辩以徐、宋等三十八州诣河南道安抚大使任瓌请降；世充故地悉平。

窦建德博州刺史冯士羡复推淮安王神通为慰抚山东使，徇下三十馀州；建德之地悉平。

【译文】起初，窦建德诛杀宇文化及，隋南阳公主有个儿子名叫禅师，窦建德的虎贲郎将于士澄询问她说："宇文化及大逆不道，兄弟之子都应当跟着连坐，您如若不能舍弃禅师，应当为您留住他的性命。"公主哭泣着说："虎贲既然是隋室贵臣，此事何须询问我。"窦建德终于杀了禅师。不久公主请求做尼姑。等到窦建德失败，公主将要返回长安，和宇文士及在洛阳相遇，宇文士及请求和她相见，公主没有答应。宇文士及站立门外，再次请求结为夫妇。公主说："我和你是仇家，今天不亲手杀死你，是因为叛逆之时，察知你事先并不知情。"公主大声叫他快快离开。宇文士及坚决请求，公主发怒说："必定要想找死，可以见你。"宇文士及知道公主不能屈就，才辞别离去。

乙亥日（十八日），唐任用周法明做黄州总管。

戊寅日（二十一日），王世充的徐州行台杞王王世辩献出徐、宋等三十八州到河南道安抚大使任瑰那儿请求归降，王世充的旧有辖地全都被平定。

窦建德的博州刺史冯士羡再次推荐淮安王李神通做慰抚山东使，收复三十余州，窦建德的辖地全部被平定。

【乾隆御批】郑未灭而夏复来，设退避其锋，将两寇合从益难措手矣，非秦王英断，其不为盈廷筑室所败者几希。

又：胡寅以凌敬之策虽善，而汾晋、蒲坂非不战所能下，若延引日月世充破而建德仍不免于亡，此老生常谈耳。使建德是时果集兵向秦，如孙膑之直取大梁，未必不足以夺洛阳城下。诸军之气特为诸将所惑，一战被擒，所谓神昧当几，非天夺其魄者欤。

又：世充建德僭窃相同，而世充尚余篡弑之罪，乃一赦一诛，轻重倒置矣。

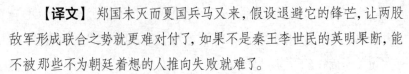

【译文】郑国未灭而夏国兵马又来，假设退避它的锋芒，让两股敌军形成联合之势就更难对付了，如果不是秦王李世民的英明果断，能不被那些不为朝廷着想的人推向失败就难了。

又：胡寅认为凌敬的策略虽好，但是汾晋、蒲坂不是不战就能拿下的，如果拖延时间，王世充失败了而窦建德仍免不了灭亡，这只不过是老生常谈罢了。假设窦建德那个时候果真集合兵力向秦王进击，如同孙膑直取大梁那样，未必就不能把洛阳城拿下。诸军的士气只是被那些将领迷惑了，只一次战斗就被捉拿，这就是所谓的神志不清吧，难道这不是上天要夺他的魂魄？

又：王世充和窦建德在窃取王位上的罪恶是一样的，而且王世充还多了篡位弑君这一条大罪，但对他们一个赦免一个诛杀，未免轻重倒置了。

【申涵煜评】主因宇文氏为国仇，自请为尼，与世及当面决绝，不肯重为夫妇，明于大义，以礼自处，是绝有血性女子。不得律以出嫁从夫之常例，觉苏威辈有汗颜矣。

【译文】南阳公主因为和宇文氏有灭国之仇，自己请求做了尼姑，和宇文士及当面决定断绝关系，不肯重为夫妇。可以说是明于大义，以礼自处，是极有血性的女子。不能够以出嫁从夫的常规来要求她。和她相比，苏威等辈该汗颜了。

己卯，代州总管李大恩击苑君璋，破之。

突厥寇边，长平靖王叔良督五将击之，叔良中流矢；师旋，六月，戊子，卒于道。

戊戌，孟海公馀党蒋善合以郓州，孟啖鬼以曹州来降。啖鬼，海公之从兄也。

庚子，营州人石世则执总管晋文衍，举州叛，奉靺鞨突地稽为主。

黄州总管周法明攻萧铣安州，拔之，获其总管马贵迁。

乙巳，以右骁卫将军盛彦师为宋州总管，安抚河南。

乙卯，海州贼帅臧君相以五州来降，拜海州总管。

【译文】己卯日（二十二日），唐代州总管李大恩进攻苑君璋，将他打败。

突厥进犯边疆，长平靖王李叔良统率五位将军攻打他，李叔良被流矢射中，撤回军队。六月，戊子日（初二），李叔良死在道中。

戊戌日（十二日），孟海公的余党蒋善合献出郓州，孟啖鬼献出曹州来投降唐。孟啖鬼，是孟海公的堂兄。

庚子日（十四日），营州人石世则拘捕总管晋文衍举州叛乱，奉靺鞨突地稽为主。

黄州总管周法明进攻萧铣的安州，攻克安州，俘虏总管马贵迁。

乙巳日（十九日），唐任用右骁卫将军盛彦师做宋州总管，安抚河南。

乙卯日（二十九日），海州贼帅臧君相献出五州来投降唐，唐任命他为海州总管。

秋，七月，庚申，王世充行台王弘烈、王泰、左仆射豆卢行褒、右仆射苏世长以襄州来降。上与行褒、世长皆有旧，先是，屡以书招之，行褒辄杀使者；既至长安，上诛行褒而责世长。世长曰："隋失其鹿，天下共逐之。陛下既得之矣，岂可复忿同猎之徒，问争肉之罪乎！"上笑而释之，以为谏议大夫。尝从校猎高陵，大获禽兽，上顾群臣曰："今日畋，乐乎？"世长对曰："陛下游猎，薄废万机，不满十旬，未足为乐！"上变色，既而笑曰："狂态复发邪？"对曰："于臣则狂，于陛下甚忠。"尝侍宴披香殿，酒酣，谓上曰："此殿炀帝之所为邪？"上曰："卿谏似直而实多诈，岂不知此殿朕所为，而谓之炀帝乎？"对曰："臣实不知，但见其华侈如倾宫、鹿台，非兴王之所为故也。若陛下为之，诚非所宜。臣昔侍陛下于武功，见所居宅仅庇风雨，当时亦以为足。今因隋之宫室，已极侈矣，而又增之，将何以矫其失乎？"上深然之。

【译文】秋季，七月，庚申日（初五），王世充的行台王弘烈、王泰、左仆射豆卢行褒、右仆射苏世长献出襄州来投降唐。唐高祖和豆卢行褒、苏世长都有旧交情，先前多次用书信召他们，豆卢行褒往往杀掉使者。他们到了长安后，唐高祖诛杀豆卢行褒并且责备苏世长。苏世长说："隋氏失其鹿，天下人一起逐鹿中原。陛下已经得到鹿，怎么可以再愤恨同时打猎的人，责备他们争肉的罪呢！"唐高祖笑着释放了他，任用他做谏议大夫。苏世长曾经跟从唐高祖在高陵田猎，猎获许多野兽，唐高祖看着群臣说："今日畋猎，非常快乐吧？"苏世长说："陛下游猎，荒废朝政，不到百日，国事就将危险，不足为乐！"唐高祖变了脸色，不久笑着说："狂态又复发了吗？"苏世长回答说："对于微臣来说是狂乱，对于陛下而言是尽忠。"苏世长曾经在披香殿陪唐高祖饮宴，酒喝到半醉，对唐高祖说："这个殿是隋炀帝修建的吗？"唐高祖说："你的谏言好像正直，其实包含欺诈，难道你不知道此殿是朕修建的，而说是隋炀帝建造的吗？"苏世长回答说："我确实不知道，只看见像倾宫、鹿台那样华丽奢侈，不是一个新兴的王朝所应该做的。倘若是陛下修建的，实在不适宜。臣以前在武功侍奉陛下，看见房屋仅能遮蔽风雨，那时也感到满足。如今使用隋朝的宫室，已经太奢侈了，而且又增建宫室，将用什么去矫正隋朝的过错？"唐高祖深表同意他的看法。

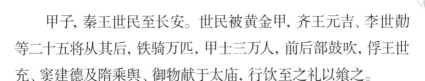

甲子，秦王世民至长安。世民被黄金甲，齐王元吉、李世勣等二十五将从其后，铁骑万匹，甲士三万人，前后部鼓吹，俘王世充、窦建德及隋乘舆、御物献于太庙，行饮至之礼以飨之。

乙丑，高句丽王建武遣使入贡。建武，元之弟也。

上见王世充而数之，世充曰："臣罪固当诛，然秦王许臣不死。"丙寅，诏赦世充为庶人，与兄弟子侄徙处蜀；斩窦建德于市。

丁卯，以天下略定，大赦。百姓给复一年。陕、鼎、函、虢、虞、芮六州，转输劳费，幽州管内，久隔寇戎，并给复二年。律、令、格、式，且用开皇旧制。赦令既下，而王、窦馀党尚有远徙者，治书侍御史孙伏伽上言："兵、食可去，信不可去，陛下已赦而复徙之，是自违本心，使臣民何所凭依！且世充尚蒙宽宥，况于馀党，所宜纵释。"上从之。

【译文】甲子日（初九），秦王李世民来到长安。李世民身披黄金甲，齐王李元吉、李世勣等二十五位部将跟从在后，铁骑万匹，前后击鼓吹角，将俘虏的王世充、窦建德以及隋朝皇帝坐的车舆、用的物品呈献到太庙，唐高祖在太庙宴请李世民以及有功的将军。

乙丑日（初十），高句丽王高建武派遣使者入贡。高建武，是高元的弟弟。

唐高祖见了王世充就责备他，王世充说："我的罪本来应该被处死，但秦王答应不让我死。"丙寅日（十一日），唐高祖诏命赦免王世充的死罪，贬为庶人，和兄弟子侄一起被迁居蜀地；在市街上处死窦建德。

丁卯日（十二日），因为天下大略平定，唐大赦天下，免征赋役一年。陕、鼎、函、虢、虞、芮六州，转运辛劳耗费钱财，幽州辖境之内，长久陷于战火，一并免征赋役两年。律、令、格、式，暂时采用开皇旧制。赦令已经颁布，而王世充、窦建德的余党还有被远迁的，治书侍御史孙伏伽上奏说："军队、粮食可以没有，信义不可以失去，陛下已经赦免罪责反而又迁徙他们，是自己违背赦免之意，让大臣百姓无所适从。王世充尚且蒙受宽宥，何况他的余党，应当释放他们。"唐高祖听从了。

【申涵煜评】 唐初群雄，夏王为最。其举动颇有君人之略，而兵威亦盛。乃从井救人，自为孤注，此中纯是天意。或曰：建德不宜杀大将王伏宝。夫唐不尝杀刘文静、刘世济乎，是安可以成败论也？

【译文】 唐朝初年的群雄，夏王窦建德是最厉害的。他的举止很有君主的韬略，而且军队的威势也最浩大。于是从井里救别人，为自己孤注一掷，这其中纯属天意吧。有人说：窦建德不应该杀死大将王伏宝。可唐王李渊不也杀了刘文静、刘世济吗，这一点怎么能以成败来评论呢？

王世充以防夫未备，置雍州廨舍。独孤机之子定州刺史修德帅兄弟至其所，矫称敕呼郑王；世充与兄世恽趋出，修德等杀之。诏免修德官。其馀兄弟子侄等，于道亦以谋反诛。

隋末钱币滥薄，至裁皮糊纸为之，民间不胜其弊。至是，初行开元通宝钱，径八分，重二铢四参，积十钱重一两，轻重大小最为折衷，远近便之。命给事中欧阳询撰其文并书，回环可读。

以屈突通为陕东道大行台右仆射，镇洛阳；以淮阳王道玄为洛州总管，李世勣父盖竟无恙而还，诏复其官爵。窦轨还益州。轨将兵征讨，或经旬月不解甲。性严酷，将佐有犯，无贵贱立斩之，鞭挞吏民，常流血满庭，所部重足屏息。

【译文】 王世充因为防监的役夫没有齐备，暂时留置在雍州廨舍。独孤机之子定州刺史独孤修德率领兄弟来到王世充的住所，假称诏命召呼郑王，王世充和兄长王世恽急急出来，独孤修德等人杀了他们。唐高祖诏命免除独孤修德的官爵。其余兄弟子侄等人，也因为谋反被诛杀在道旁。

隋末的钱币恶滥薄小，甚至裁剪皮革糊纸做成钱币，容易毁损，民间使用不便。这时，初次发行开元通宝钱，直径八分，重二铢四参，十枚钱币重一两，轻重大小最适宜，远近都感方便。唐高祖命令给事中欧阳询撰文并书写在钱上，其词回环可读。

唐高祖任用屈突通做陕东道大行台右仆射，驻守洛阳；任用淮阳王李道玄做洛州总管。李世勣的父亲李盖终于无恙而还，唐高祖诏命恢复他的官爵。窦轨返回益州。窦轨领兵征讨，有时一旬或者一月不脱去铠甲。他性情严酷，将佐违犯军纪，无论地位高低立即斩杀；鞭打官吏百姓，常常血流满庭，部下都害怕得不敢喘气。

癸酉，置钱监于洛、并、幽、益等诸州，秦王世民、齐王元吉赐三炉，裴寂赐一炉，听铸钱。自馀敢盗铸者，身死，家口配没。

河北既平，上以陈君宾为洺州刺史。将军秦武通等将兵屯洺州，欲使分镇东方诸州；又以郑善果等为慰抚大使，就洺州选补山东州县官。

【译文】 癸酉日（十八日），唐在洛、并、幽、益等州设立钱监，秦王李世民、齐王李元吉赐给三炉，裴寂赐给一炉，听凭他们铸钱。其余敢私自铸钱的人，判处死罪，家人发配或没入官府为奴。

河北已经平定，唐高祖任用陈君宾做洺州刺史。将军秦武通等人领兵屯驻洺州，想让他们分别镇守东方诸州。又任用郑善果等做慰抚大使，在洺州选补山东的州、县官吏。

窦建德之败也，其诸将多盗匿库物，及居闾里，暴横为民患，唐官吏以法绳之，或加捶挞，建德故将皆惊惧不安。高雅贤、王小胡家在洺州，欲窃其家以逃，官吏捕之，雅贤等亡命至贝州。会上征建德故将范愿、董康买、曹湛及雅贤等，于是愿等相谓曰：“王世充以洛阳降唐，其将相大臣段达、单雄信等皆夷灭；吾属至长安，必不免矣。吾属自十年以来，身经百战，当死久矣，今何惜馀生，不以之立事。且夏王得淮安王，遇以客礼，唐得夏王即杀之。吾属皆为夏王所厚，今不为之报仇，将无以见天下之士！”乃谋作乱，卜之，以刘氏为主吉，因相与之漳南，见建德故将刘雅，以其谋告之。雅曰：“天下适安定，吾将老于耕桑，不愿复起兵！”众怒，且恐泄其谋，遂杀之。故汉东公刘黑闼，时屏居漳南，诸将往诣之，告以其谋，黑闼欣然从之。黑闼方种蔬，即杀耕牛与之共饮食定计，聚众得百人。甲戌，袭漳南县据之。是时，诸道有事则置行台尚书省，无事则罢之。朝廷闻黑闼作乱，乃置山东道行台于洺州，魏、冀、定、沧并置总管府。丁丑，以淮安王神通为山东道行台右仆射。

【译文】窦建德败亡后，他的部将大多盗取藏匿公库之物，居住在乡间，横暴无理，成为百姓的患害，唐官吏依法处置，或者加以捶打，窦建德的旧部都惊慌不安。高雅贤、王小胡老家在洺州，想要暗中携带家眷逃亡，官吏搜捕他们，高雅贤等逃亡到贝州。遇到唐高祖征召窦建德的故将范愿、董康买、曹湛以及高雅贤等人，于是范愿等人商议说："王世充献出洛阳向唐投降，他的将相大臣段达、单雄信等人都被处死，我们到了长安，一定难免同样的下场。我们十年以来，身经百战，早就应该死了，今日何必爱惜余生，不如用它来立事。况且夏王俘获淮安王，用客礼相待，而唐俘获夏王就杀了他。我们都蒙受夏王的厚恩，如今不为他报仇，将无法见天下之士！"于是他们计划作乱，占卜显示，以刘氏为最吉利，因而一起到漳南见窦建德的故将刘雅，将计谋当面告诉他。刘雅说："天下刚刚安定，我打算将余生放在耕田养蚕之上，不愿再起事了！"众人发怒，又担心他泄露消息，于是将他杀了。从前的汉东公刘黑闼，当时摒绝人事定居在漳南，诸将前去造访他，面告计划，刘黑闼欣然听从。刘黑闼当时正在种蔬菜，立刻杀了耕牛和他们一同吃饭并制订计划，募集一百人。甲戌日（十九日），刘黑闼偷袭漳南县，占据该县。这时诸道有事的就设立行台尚书省，无事就罢除。朝廷听闻刘黑闼作乱，于是在洺州设立山东道行台，魏、冀、定、沧各州一并设立总管府。丁丑日（二十二日），唐高祖任用淮安王李神通做山东道行台右仆射。

辛巳，襄州道安抚使郭行方攻萧铣都州，拔之。

孟海公与窦建德同伏诛，戴州刺史孟啖鬼不自安，挟海公之子义以曹、戴二州反，以禹城令蒋善合为腹心；善合与其左右同谋斩之。

【译文】辛巳日（二十六日），唐襄州道安抚使郭行方攻击萧铣的都州，顺利攻克。

孟海公和窦建德同时被诛杀，戴州刺史孟啖鬼心内不安，于是挟持孟海公的儿子孟义率领曹、戴二州造反，将禹城令蒋善合当作心腹。蒋善合和孟啖鬼身边的人一同谋划斩杀了孟啖鬼。

八月，丙戌朔，日有食之。

丁亥，命太子安抚北边。

丁酉，刘黑闼陷鄃县，魏州刺史权威、贝州刺史戴元祥与战，皆败死，黑闼悉收其馀众及器械。窦建德旧党稍稍出归之，众至二千人，为坛于漳南，祭建德，告以举兵之意，自称大将军。诏发关中步骑二千，使将军秦武通、定州总管蓝田李玄通击之；又诏幽州总管李艺引兵会击黑闼。

癸卯，突厥寇代州，总管李大恩遣行军总管王孝基拒之，举军皆没。甲辰，进围崞县。乙巳，王孝基自突厥逃归，李大恩众少，据城自守，突厥不敢逼，月馀引去。

【译文】八月，丙戌朔日（初一），发生日食。

丁亥日（初二），唐命令太子安抚北部边疆。

丁酉日（十二日），刘黑闼攻克鄃县，魏州刺史权威、贝州刺史戴元祥和他交战，都战败而死，刘黑闼收编他们的全部余众，没收全部器械。窦建德的旧党有些也出来归附，士众聚集到两千人，在漳南设坛，祭告窦建德，表达举兵之意，自称大将军。唐高祖诏命调集关中步骑三千，派遣将军秦武通、定州总管蓝田人李玄通出兵攻打，又诏命幽州总管李艺领兵合击刘黑闼。

癸卯日（十八日），突厥进犯代州，总管李大恩派遣行军总管王孝基抵抗，全军覆没。甲辰日（十九日），突厥进兵围攻崞县。乙巳日（二十日），王孝基从突厥逃回，李大恩士兵少，据城自守，突厥不敢进逼，过了月余率军离去。

上以南方寇盗尚多，丙午，以左武侯将军张镇周为淮南道行军总管，大将军陈智略为岭南道行军总管，镇抚之。

丁未，刘黑闼陷历亭，执屯卫将军王行敏，使之拜，不可，遂杀之。

初，洛阳既平，徐圆朗请降，拜兖州总管，封鲁郡公。刘黑闼作乱，阴与圆朗通谋。上使葛公盛彦师安集河南，行至任城；辛亥，圆朗执彦师，举兵反。黑闼以圆朗为大行台元帅，兖、郓、陈、杞、伊、洛、曹、戴等八州豪右皆应之。圆朗厚礼彦师，使作书与其弟，令举虞城降。彦师为书曰："吾奉使无状，为贼所擒，为臣不忠，誓之以死；汝善侍老母，勿以吾为念。"圆朗初色动，而彦师自若。圆朗乃笑曰："盛将军有壮节，不可杀也。"待之如旧。

【译文】 唐高祖因为南方寇盗尚多，丙午日（二十一日），任用左武侯将军张镇周做淮南道行军总管，大将军陈智略做岭南道行军总管，前去坐镇安抚。

丁未日（二十二日），刘黑闼攻克历亭，拘捕屯卫将军王行敏，命他下拜，王行敏不拜，于是将他杀了。

起初，洛阳已经平定，徐圆朗请求归降，唐高祖任命他做兖州总管，封为鲁郡公。刘黑闼叛乱，暗中和徐圆朗通谋。唐高祖派遣葛公盛彦师平定河南，行军抵达任城；辛亥日（二十六日），徐圆朗逮捕盛彦师，起兵造反。刘黑闼任用徐圆朗做大行台元帅，兖、郓、陈、杞、伊、洛、曹、戴等八州豪杰全都响应。徐圆朗用厚礼对待盛彦师，让他写信给他的弟弟，以虞城前来归降。盛彦师写信说："我接受任命没有功勋，被贼人生擒，为臣不能不尽忠，立誓以死表明忠心。你要善待年老的母亲，不必替我操心。"徐圆朗起初发怒变色，可是盛彦师态度自如。徐圆朗才笑着说："盛将军有壮烈的节操，不能杀你。"仍旧善待他。

河南道安抚大使任瑰行至宋州，属圆朗反，副使柳濬劝瑰退保汴州，瑰笑曰："柳以何怯也！"圆朗又攻陷楚丘，引兵将围虞城，瑰遣部将崔枢、张公谨自鄢陵帅诸州豪右质子百馀人守虞城。濬曰："枢与公谨皆王世充将，诸州质子父兄皆反，恐必为变。"瑰不应。枢至虞城，分质子使与土人合队共守城。贼稍近，质子有叛者，枢斩其队帅。于是，诸队帅皆惧，各杀其质子，枢不禁，枭其首于门外，遣使白瑰。瑰阳怒曰："吾所以使与质子俱者，欲招其父兄耳，何罪而杀之！"退谓濬曰："吾固知崔枢能办此也。县人既杀质子，与贼深仇，吾何患乎！"贼攻虞城，果不克而去。

初，窦建德以鄱阳崔元逊为深州刺史，及刘黑闼反，元逊与其党数十人谋于野，伏甲士于车中，以禾覆其上，诈为农人，直入听事，自禾中呼噪而出，执刺史裴晞杀之，传首黑闼。

【译文】河南道安抚大使任瑰巡行来到宋州，刚好徐圆朗造反，副使柳濬劝说任瑰退守汴州，任瑰笑着说："柳公担心什么！"徐圆朗又攻克楚丘，率领兵将围攻虞城，任瑰派遣部将崔枢、张公谨从鄢陵率领诸豪强做人质的子弟百余人前来防守虞城。柳濬说："崔枢和张公谨都是王世充的部将，诸州质子的父兄都在造反，恐怕一定会背叛。"任瑰没有答腔。崔枢来到虞城，分开质子，让他们和土人合成一队一同防守城池。贼人稍微接近，质子有叛乱的，崔枢就处死他们的队帅。于是各队帅全都惧怕，各自杀死该队的质子，崔枢不加阻止，在门外砍下质子的头，派使者禀告任瑰。任瑰假装生气说："我派他们和质子合队的原因，是想招来他们的父兄，质子犯了什么罪，要将他们杀死！"退下来对柳濬说："我本来就知晓崔枢能办这种事。县人已经杀死质子，和贼人结下深仇，我还有什么可担忧的呢！"贼人进攻虞城，果然攻不下而离开。

起初，窦建德任用鄱阳人崔元逊做深州刺史，等到刘黑闼叛乱，崔元逊和同党几十人在野外谋划，在车中埋伏甲兵，将禾草覆盖在上面，装扮成农人，直入听事之堂，甲兵自禾草中呼叫而出，捕杀了刺史裴晞，将他的首级送给刘黑闼。

九月，乙卯，文登贼帅淳于难请降；置登州，以难为刺史。

突厥寇并州；遣左屯卫大将军窦琮等击之。戊午，突厥寇原州；遣行军总管尉迟敬德等击之。

辛酉，徐圆朗自称鲁王。

隋末，歙州贼帅汪华据黟、歙等五州，有众一万，自称吴王。甲子，遣使来降；拜歙州总管。

隋末，弋阳卢祖尚纠合壮士以卫乡里，部分严整，群盗畏之。及炀帝遇弑，乡人奉之为光州刺史；时年十九，奉表于皇泰主。及王世充自立，祖尚来降；丙子，以祖尚为光州总管。

己卯，诏括天下户口。

徐圆朗寇济州，治中吴伋论击走之。

癸未，诏以太常乐工皆前代因罪配没，子孙相承，多历年所，良可哀愍；宜并蠲除为民，且令执事，若仕宦入流，勿更追集。

【译文】 九月，乙卯日（初一），文登贼帅淳于难请求投降唐。唐因此设置登州，任用淳于难做刺史。

突厥进犯并州，唐派左屯卫大将军窦琮等人攻打他们。戊午日（初四），突厥侵犯原州，唐派行军总管尉迟敬德等人攻打他们。

辛酉日（初七），徐圆朗自封鲁王。

隋朝末年，歙州贼匪汪华占据黟、歙等五州，拥有士众一万人，自封吴王。甲子日（初十），汪华派遣使者来投降唐，唐任命他为歙州总管。

隋朝末年，弋阳卢祖尚募集壮士保卫乡里，处置严密，群盗畏惧。等到隋炀帝被弑，乡人尊他为光州刺史，当时年纪仅十九岁，上表给皇泰主。等到王世充自立，祖尚前来投降唐。丙子日（二十二日），唐任用祖尚做光州总管。

己卯日（二十五日），唐诏命调查统计天下户口。

徐圆朗进犯济州，治中（官名）吴伋论将他打跑。

癸未日（二十九日），唐诏命因为太常乐工都是前代获罪没入官府配充的，子孙承继，经历好多年代，实在可怜，应当免除为庶民，并且命令主管如果这些人仕宦已至流内官九品或者以上的，不再追召他们，让他们继续做乐工。

甲申，灵州总管杨师道击突厥，破之。师道，恭仁之弟也。

诏发巴、蜀兵，以赵郡王孝恭为荆湘道行军总管，李靖摄行军长史，统十二总管，自夔州顺流东下；以庐江王瑗为荆郢道行军元帅，出襄州道，黔州刺史田世康出辰州道，黄州总管周法明出夏口道，以击萧铣。是月，孝恭发夔州。时峡江方涨，诸将请俟水落进军，李靖曰："兵贵神速。今吾兵始集，铣尚未知，若乘江涨，倏忽抵其城下，掩其不备，此必有擒；不可失也！"孝恭从之。

【译文】甲申日（三十日），灵州总管杨师道攻打突厥，击败他们。杨师道，是杨恭仁的弟弟。

唐高祖诏命调动巴、蜀的军队，任命赵郡王李孝恭做荆湘道行军总管，李靖兼任行军长史，统领十二总管，从夔州顺流东下；任命庐江王李瑗做荆郢道行军元帅，从襄州道出兵，命黔州刺史田世康从辰州道出兵，黄州总管周法明从夏口道出兵，来攻击萧铣。当月，李孝恭自夔州出发。这时峡江正值水涨，诸将请求等候水势低落再进军，李靖说："用兵贵在神速。今日我军刚刚集合，萧铣还不知道，如果乘着江水涨高，突然抵达他的城下，掩袭不备，可以擒获他们，机会不可失去！"李孝恭听从了李靖的建议。

淮安王神通将关内兵至冀州，与李艺兵合。又发邢、洺、相、魏、恒、赵等州兵合五万馀人，与刘黑闼战于饶阳城南，布陈十馀里；黑闼众少，依堤单行而陈以当之。会风雪，神通乘风击之，既而风返，神通大败，士马军资失亡三分之二。李艺居西偏，击高雅贤，破之，逐奔数里，闻大军不利，退保藁城；黑闼就击之，艺亦败，薛万均、万彻皆为所虏，截发驱之。万均兄弟亡归，艺引兵归幽州。黑闼兵势大振。

【译文】 淮安王李神通带领关内兵来到冀州，和李艺合兵。又调动邢、洺、相、魏、恒、赵等地军队一共五万余人，和刘黑闼在饶阳城南交战，布阵十余里。刘黑闼士兵少，依堤单行布阵对抗李神通。碰上风云大作，李神通乘着风向进攻，不久风向掉转，李神通大败，兵马军资损失超过三分之二。李艺在西边，攻打高雅贤，击败他，追逐败军数里，听闻大军不利，退守藁城。刘黑闼就近攻打他，李艺也失利，薛万均、薛万彻都被生擒，刘黑闼截断他们头发后驱逐他们。薛万均兄弟逃归，李艺领军返回幽州。刘黑闼兵势大振。

上以秦王世民功大，前代官皆不足以称之，特置天策上将，位在王公上。冬，十月，以世民为天策上将，领司徒、陕东道大行台尚书令，增邑二万户，仍开天策府，置官属，以齐王元吉为司空。世民以海内浸平，乃开馆于宫西，延四方文学之士，出教以王府属杜如晦、记室房玄龄、虞世南、文学褚亮、姚思廉、主簿李玄道、参军蔡允恭、薛元敬、颜相时、谘议典签苏勖、天策府从事中郎于志宁、军谘祭酒苏世长、记室薛收、仓曹李守素、国子助教陆德明、孔颖达、信都盖文达、宋州总管府户曹许敬宗，并以本官兼文学馆学士，分为三番，更日直宿，供给珍膳，恩礼优厚。世民朝谒公事之暇，辄至馆中，引诸学士讨论文籍，或夜分乃寝。又使库直阎立本图像，褚亮为赞，号十八学士。士大夫得预其选者，时人谓之"登瀛洲"。允恭，大宝之弟子；元敬，收之从子；相时，师古之弟；立本，毗之子也。

【译文】唐高祖因为秦王李世民军功大，前代官阶都不足以称呼他，特别设立天策上将，位在王公之上。冬季，十月，唐高祖任用李世民做天策上将，兼任司徒、陕东道大行台尚书令，增加采邑两万户，开设天策府，设置官吏。唐高祖任用齐王李元吉做（天策府）司空。李世民因为海内逐渐平定，于是在宫城西面开馆，延请四方文学之士，命诸位王子进馆学习，让王府僚属杜如晦、记室房玄龄、虞世南、文学褚亮、姚思廉、主簿李玄道、参军蔡允恭、薛元敬、颜相时、谘议典签苏勖、天策府从事中郎于志宁、军谘祭酒苏世长、记室薛收、仓曹李守素、国子助教陆德明、孔颖达、信都盖文达、宋州总管府户曹许敬宗，一并以本官兼任文学馆学士，分为三班，轮班值宿，供给美食，给予非常礼遇。李世民朝参谒君处理公事之余，就来到馆中，和诸学士讨论文籍，有时直到半夜方才就寝。又命库直阎立本画像，褚亮作赞辞，称他们为"十八学士"。能参与选拔的士大夫，当时的人称作"登瀛洲"。蔡允恭，是蔡大宝弟弟的儿子；薛元敬是薛收的侄儿；颜相时，是颜师古的弟弟；阎立本，是阎毗的儿子。

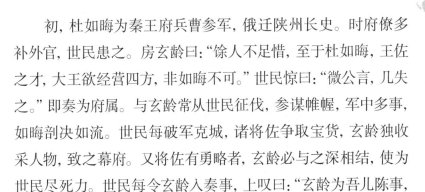

初，杜如晦为秦王府兵曹参军，俄迁陕州长史。时府僚多补外官，世民患之。房玄龄曰："馀人不足惜，至于杜如晦，王佐之才，大王欲经营四方，非如晦不可。"世民惊曰："微公言，几失之。"即奏为府属。与玄龄常从世民征伐，参谋帷幄，军中多事，如晦剖决如流。世民每破军克城，诸将佐争取宝货，玄龄独收采人物，致之幕府。又将佐有勇略者，玄龄必与之深相结，使为世民尽死力。世民每令玄龄入奏事，上叹曰："玄龄为吾儿陈事，虽隔千里，皆如面谈。"

李玄道尝事李密，为记室，密败，官属为王世充所虏，惧死，皆达曙不寐。独玄道起居自若，曰："死生有命，非忧可免！"众服其识量。

庚寅，刘黑闼陷瀛州，杀刺史卢士叡。观州人执刺史雷德备，以城降之。

【译文】起初，杜如晦担任秦王府兵曹参军，不久调任为陕州长史。当时府中僚属大多补任外官，李世民为此担忧。房玄龄说："其他人不可惜，可是杜如晦，是辅佐创建王业的人才，大王要经营四方，没有杜如晦不行。"李世民惊醒地说："没有你的提醒，差点失去他。"立刻奏请唐高祖请他继续做府属。杜如晦和房玄龄常跟从李世民征讨，在军与中参与谋划，军中许多事情，杜如晦剖析决断得畅快好像流水。李世民每次击败敌军攻克城池，诸将佐争着取拿珠宝货物，房玄龄独自挑选人物，进献到幕府。有勇略的将佐，房玄龄必定和他深相结交，让他为李世民尽死力。李世民每次命房玄龄入朝奏事，唐高祖感慨地说:"房玄龄为我的儿子陈述事情,虽然远隔千里,都有如面谈一样详细明晰。"

李玄道当过李密的记室,李密败亡,官属被王世充俘获,大家怕死,全都彻夜不眠,只有李玄道起居自如,说:"死生有命,不是担忧就可以避免的!"大家钦佩他的胆识。

庚寅日(初六),刘黑闼攻克瀛州,杀死刺史卢士叡。观州人拘捕刺史雷德备,献出城池投降刘黑闼。

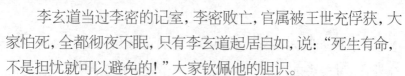

辛卯,萧铣鄂州刺史雷长颖以鲁山来降。

赵郡王孝恭帅战舰二千馀艘东下,萧铣以江水方涨,殊不为备;孝恭等拔其荆门、宜都二镇,进至夷陵。铣将文士弘将精兵数万屯清江,癸巳,孝恭击走之,获战舰三百馀艘,杀溺死者万计;追奔至百里洲,士弘收兵复战,又败之,进入北江。铣江州总管盖彦举以五州来降。

毛州刺史赵元恺,性严急,下不堪命。丁卯,州民董灯明等作乱,杀元恺以应刘黑闼。

【译文】辛卯日(初七),萧铣的鄂州刺史雷长颖献出鲁山来投降唐。

赵郡王李孝恭率领战舰两千多艘东下,萧铣因为江水刚刚上涨,丝毫不做戒备,李孝恭等攻陷荆门、宜都两镇,进兵抵达夷陵。萧铣的部将文士弘率领数万精兵驻扎在清江,癸巳日(初九),李孝恭将他打跑,得到战舰三百余艘,杀死以及溺死的人数以万计,追逐败兵到百里洲。文士弘收兵再战,又失利,李孝恭进入北江。萧铣的江州总管盖彦献出五州前来投降唐。

唐毛州刺史赵元恺,性情严厉急躁,部下不堪忍受。丁卯日(十月无此日),州民董灯明等人叛乱,杀了赵元恺来依附刘黑阋。

盛彦师自徐圆朗所逃归。王薄因说青、莱、密诸州，皆下之。

萧铣之罢兵营农也，才留宿卫数千人，闻唐兵至，文士弘败，大惧，仓猝征兵，皆在江、岭之外，道涂阻远，不能遽集，乃悉见兵出拒战。孝恭将击之，李靖止之曰："彼救败之师，策非素立，势不能久，不若且泊南岸，缓之一日，彼必分其兵，或留拒我，或归自守；兵分势弱，我乘其懈而击之，蔑不胜矣。今若急之，彼则并力死战，楚兵剽锐，未易当也。"孝恭不从，留靖守营，自帅锐师出战，果败走，趣南岸。铣众委舟收掠军资，人皆负重，靖见其众乱，纵兵奋击，大破之，乘胜直抵江陵，入其外郭。又攻水城，拔之，大获舟舰，李靖使孝恭尽散之江中。诸将皆曰："破敌所获，当藉其用，奈何弃以资敌？"靖曰："萧铣之地，南出岭表，东距洞庭。吾悬军深入，若攻城未拔，援兵四集，吾表里受敌，进退不获，虽有舟楫，将安用之？今弃舟舰，使塞江而下，援兵见之，必谓江陵已破，未敢轻进，往来觇伺，动淹旬月，吾取之必矣。"铣援兵见舟舰，果疑不进。其交州总管丘和、长史高士廉、司马杜之松等将朝江陵，闻铣败，悉诣孝恭降。

【译文】盛彦师自徐圆朗那儿逃回。王薄因而游说青、莱、密诸州，都攻取了城池。

萧铣罢除军队经营农业时，仅留下宿卫几千人，听说唐兵来到，文士弘失利，大为恐慌，急迫间征调军队，都在江南、岭南之外，路途遥远艰险，不能立刻聚集，于是率全部兵马出战。李孝恭打算攻打他，李靖阻拦他说："他们是救援失败的军队，不是早有计划的，形势上无法持久，不如暂时在马头岸休息，缓他一日，他一定分开兵力，有的留下对抗我军，有的回营驻守，军队分开势力衰减，我军趁他松懈时加以攻击，没有不获胜的。今日如果急速逼迫，他们会拼死作战，楚兵剽悍骁勇，不容易抵挡。"李孝恭不听，留下李靖守营，亲自带领精兵出战，结果果真战败逃走，急奔南岸。萧铣的士兵弃舟收拾掠夺军资，人人背负重物，李靖看见他们的兵众纷乱，出兵奋力进攻，将他们打得大败，乘胜直抵江陵，攻入他们的外城。又攻打并攻克水城，得到很多舟舰，李靖让李孝恭将舟舰散放江中。诸将全都说："打败敌人得到敌舰，应该好好利用，怎么能放弃来资助敌人？"李靖说："萧铣的属地，南达岭南之外，东到洞庭湖。我们孤军深入，如果攻城不下，他们援军从四方聚集，我军腹背受敌，进退不利，虽有舟舰，怎样使用？今日丢弃舟舰，让它充塞江面顺流而下，援兵看到，一定以为江陵已经被攻破，不敢贸然兴兵，往来窥视，要延迟旬月，我军一定可以攻取他们。"萧铣的援兵看到舟舰，果然怀疑不敢进军。交州总管丘和、长史高士廉、司马杜之松将要前往江陵，听说萧铣失败，全都向李孝恭投降。

孝恭勒兵围江陵，铣内外阻绝，问策于中书侍郎岑文本，文本劝铣降。铣乃谓群下曰："天不祚梁，不可复支矣。若必待力屈，则百姓蒙患，奈何以我一人之故陷百姓于涂炭乎！"乙巳，铣以太牢告于太庙，下令开门出降，守城者皆哭。铣帅群臣缌缞布帻诣军门，曰："当死者唯铣耳，百姓无罪，愿不杀掠。"孝恭入据其城，诸将欲大掠，岑文本说孝恭曰："江南之民，自隋末以来，困于虐政，重以群雄虎争，今之存者，皆锋镝之馀，跂踵延颈以望真主，是以萧氏君臣、江陵父老决计归命，庶几有所息肩。

今若纵兵俘掠，使士民失望，恐自此以南，无复向化之心矣！"孝恭称善，遽禁止之。诸将又言："梁之将帅与官军拒斗死者，其罪既深，请籍没其家，以赏将士。"李靖曰："王者之师，宜使义声先路。彼为其主斗死，乃忠臣也，岂可同叛逆之科籍其家乎！"于是，城中安堵，秋毫无犯。南方州县闻之，皆望风款附。铣降数日，援兵至者十馀万，闻江陵不守，皆释甲而降。

【译文】 李孝恭统兵围攻江陵，萧铣内外都被阻隔断绝，向中书侍郎岑文本请教计策，岑文本劝说萧铣投降。萧铣于是对群臣说："天不保佑大梁，无法再支持了。假如一定要等待无力抵抗而后屈服，那么百姓会蒙受灾祸，怎么能因为我一个人陷百姓于困苦呢！"乙巳日（二十一日），萧铣用太牢祭告太庙，下令打开城门投降，防守城池的士兵都哭了。萧铣带领群臣身穿麻衣头裹布巾抵达军门，说："应当死的人只有我萧铣，百姓没有罪过，希望不要滥杀劫夺。"李孝恭入城，诸将要大大地劫掠，岑文本对李孝恭说："江南的百姓，从隋末以来，在虐政下痛苦求生，再加上群雄如虎相争，今天还活着的，都是刀箭余生，他们举高足踮伸长脖子盼望真主到来，因此萧氏君臣、江陵父老决心归附唐，希望能够放下重担，得到休养生息。今天如若放纵军队大肆掠夺，让士人百姓失望，恐怕自此以后，没人甘愿归降了！"李孝恭赞同他的意见，很快下令禁止掠夺。诸将又说："梁的将帅和官军拒战而死的，罪过深重，请没收他们的家财以及家人，用来赏赐将士。"李靖说："王者之师，应当让义声先传闻到远方。他们替他的主人战死，是忠贞的表现，哪里可以和叛逆者一样没收他们的家财和家人呢！"于是城中安居乐业，秋毫无犯。南方州县听闻这个消息，都希望纳城归附。萧铣投降后数日，援兵来了十余万，听闻江陵失守，全都放下武器投降唐。

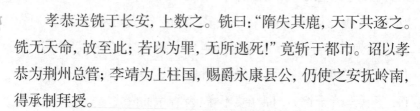

孝恭送铣于长安，上数之。铣曰："隋失其鹿，天下共逐之。铣无天命，故至此；若以为罪，无所逃死！"竟斩于都市。诏以孝恭为荆州总管；李靖为上柱国，赐爵永康县公，仍使之安抚岭南，得承制拜授。

先是，铣遣黄门侍郎江陵刘洎略地岭表，得五十馀城，未还而铣败，洎以所得城来降；除南康州都督府长史。

戊申，徐圆朗昌州治中刘善行以须昌来降。

【译文】李孝恭送萧铣到长安，唐高祖指责他，萧铣说："隋失其鹿，天下人一同追逐。萧铣没有天命，因而到此地步。假如以此为罪，也无法逃避。"终于在都市把他处死。唐诏命李孝恭为荆州总管；李靖为上柱国，赐爵永康县公，仍旧让他安抚岭南，可承制任命官吏。

先前，萧铣派遣黄门侍郎江陵人刘洎经营岭表，得到五十余城，没有还师而萧铣已然失败，刘洎献出获得的城邑来投降唐，唐任命他为南康州都督府长史。

戊申日（二十四日），徐圆朗的昌州治中刘善行献出须昌来投降唐。

庚戌，诏陕东道大行台尚书省自令、仆至郎中、主事，品秩皆与京师同，而员数差少，山东行台及总管府、诸州并隶焉。其益州、襄州、山东、淮南、河北等道令、仆以下，各降京师一等，员数又减焉。行台尚书令得承制补署。其秦王、齐王府官之外，各置左右六护军府，及左右亲事帐内府。

闰月，乙卯，上幸稷州；己未，幸武功旧墅；壬戌，猎于好時；乙丑，猎于九嵕；丁卯，猎于仲山；戊辰，猎于清水谷，遂幸三原；辛未，幸周氏陂；壬申，还长安。

【译文】庚戌日（二十六日），唐诏命陕东道大行台尚书省从令、仆至郎中、主事，品级爵秩都和京师相同，只是人员数目较少，山东行台以及总管府、诸州一并隶属其下。其余益州、襄州、山东、淮南、河北等道令、仆以下，品级爵秩都比京师降一等，人员数目也相应减少。行台尚书令可以承制补充署任。秦王、齐王府官之外，各自设置左右六护军府，以及左右亲事帐内府。

闰月，乙卯日（初二），唐高祖到达稷州；己未日（初六），唐高祖到达武功旧别墅；壬戌日（初九）唐高祖在好畤县打猎；乙丑日（十二日），唐高祖在九嵕山打猎；丁卯日（十四日），唐高祖在仲山打猎；戊辰日（十五日），唐高祖在清水谷打猎，顺道抵达三原县；辛未日（十八日），唐高祖到达周氏陂；壬申日（十九日）唐高祖返回长安。

十一月，甲申，上祀圜丘。

杜伏威使其将王雄诞击李子通，子通以精兵守独松岭。雄诞遣其裨将陈当将千馀人，乘高据险以逼之，多张旗帜，夜则缚炬火于树，布满山泽。子通惧，烧营走保杭州；雄诞追击之，又败之于城下。庚寅，子通穷蹙请降。伏威执子通并其左仆射乐伯通送长安；上释之。

先是，汪华据黟、歙，称王十馀年。雄诞还军击之，华拒之于新安洞口，甲兵甚锐。雄诞伏精兵于山谷，帅羸弱数千犯其陈，战才合，阳不胜，走还营；华进攻之，不能克，会日暮，引还，伏兵已据其洞口，华不得入，窘迫请降。

【译文】十一月，甲申日（初一），唐高祖在圜丘祭祀昊天上帝。

杜伏威派遣部将王雄诞攻打李子通,李子通率领精兵防守独松岭。王雄诞派遣部将陈当带领千余人,乘地势高险逼迫李子通,张挂许多旗帜,夜晚在树上绑着火炬,遍布山谷。李子通害怕,焚毁营垒逃跑到杭州去坚守,王雄诞追击他,又在杭州城下将他打败。庚寅日(初七),李子通在穷困之下请求归降。杜伏威逮捕李子通以及他的左仆射乐伯通送往长安,唐高祖开释了他们。

先前,汪华据有黟、歙两地,称王十几年,王雄诞调回军队攻打他,汪华在新安洞口抵抗,甲兵非常猛锐。王雄诞在山谷中埋伏精兵,自己带领瘦弱的兵士数千人攻阵,刚一交战,就假装失败,逃回营地,汪华进兵追击,不能获胜,恰好太阳西下,汪华引兵还营,此时伏兵已经占据洞口,汪华无法进入,在窘迫之下请求归降。

闻人遂安据昆山,无民属,伏威使雄诞击之。雄诞以昆山险隘,难以力胜,乃单骑造其城下,陈国威灵,示以祸福。遂安感悦,帅诸将出降。

于是,伏威尽有淮南、江东之地,南至岭,东距海。雄诞以功除歙州总管,赐爵宜春郡公。

壬辰,林州总管刘旻击刘仚成,大破之。仚成仅以身免,部落皆降。

李靖度岭,遣使分道招抚诸州,所至皆下。萧铣桂州总管李袭志帅所部诸州来降,赵郡王孝恭即以袭志为桂州总管,明年入朝。以李靖为岭南抚慰大使,检校桂州总管,引兵下九十六州,得户六十馀万。

【译文】 闻人遂安占据昆山，无所归属，杜伏威派遣王雄诞攻打他，王雄诞因为昆山艰险狭隘，难以用武力取胜，于是单骑来到他的城下，陈述唐国的威势，晓谕祸福的道理。闻人遂安感动心悦，带领诸将出城投降。

于是杜伏威拥有淮南、江东所有土地，南面到达五岭，东面到达大海。王雄诞因为军功被任命为歙州总管，赐爵宜春郡公。

壬辰日（初九），林州总管刘旻攻打刘仚成，大败他。刘仚成仅能脱身而逃，部落全都投降。

李靖翻过五岭，派遣使者分道招降安抚诸州，所到的地方全都投降。萧铣的桂州总管李袭志献出统辖的诸州来投降唐，赵郡王李孝恭立即任命李袭志做桂州总管，明年进入朝廷。任用李靖做岭南抚慰大使，摄理桂州总管，领兵攻克九十六州，得到六十余万户。

【乾隆御批】 唐于割据诸雄，擒则无赦。若薛仁杲、窦建德辈，其人固非能终为人下者。即铣之出降，情哀词迫，而迄难逃都市之戮。盖以绝人望，而靖乱源，势固不得不尔。所谓谋大事者不顾小信。即世充虽一时蒙贷，而终为独孤修德所戕，又安知非明以稽诛全秦王许以不死之言，而阴授其指于修德欤？

【译文】 唐朝对于这些割据一方的头领人物，擒住后无一赦免。像薛仁杲、窦建德等人，他们本来就不是肯屈居人下者。即使像萧铣这样出城投降，神情哀伤言词真切，而最后也难逃被斩于闹市的结果。这都是为了打消人们造反的念头，平定动乱的根源，形势所需不得不这样做。正所谓成大事者就顾不了小信。即使像王世充那样虽然一时受到宽恕，而最后还是被独孤修德所杀，怎么知道这不是表面上为了兑现秦王答应他不死的诺言，拖延他被诛戮的期限，而背地里却指使独孤修德杀了他呢？

资治通鉴

壬寅，刘黑闼陷定州，执总管李玄通，黑闼爱其才，欲以为大将，玄通不可。故吏有以酒肉馈之者，玄通曰："诸君哀吾幽辱，幸以酒肉来相开慰，当为诸君一醉。"酒酣，谓守者曰："吾能剑舞，愿假吾刀。"守者与之，玄通舞竟，太息曰："大丈夫受国厚恩，镇抚方面，不能保全所守，亦何面目视息世间哉！"即引刀自刺，溃腹而死。上闻，为之流涕，拜其子伏护为大将。

庚戌，杞人周文举杀刺史王文矩，以城应徐圆朗。

幽州大饥，高开道许以粟赈之。李艺遣老弱诣开道就食，开道皆厚遇之。艺喜，于是发民三千人，车数百乘，驴马千馀匹，往受粟。开道悉留之，告绝于艺。复称燕王，北连突厥，南与刘黑闼相结，引兵攻易州，不克，大掠而去。又遣其将谢稜诈降于艺，请兵授接，艺出兵应之。将至怀戎，稜袭击破之。开道与突厥连兵数入为寇，恒、定、幽、易咸被其患。

【译文】壬寅日（十九日），刘黑闼攻克定州，拘捕总管李玄通，刘黑闼爱惜他的才干，想要任用他做大将，李玄通不答应。有故吏拿酒肉来送给他，李玄通说："诸君可怜我被囚受辱，真幸运有你们拿酒肉来开导抚慰我，我应该为诸君酒醉一次。"酒喝到半醉，李玄通对防守的人说，"我会表演剑舞，希望借我一把刀。"防守者拿刀给他，李玄通舞剑完毕叹气说，"大丈夫蒙受国家的重恩，驻守安抚一方，而今不能保全防守的土地，有何面目活在世间呢！"李玄通就剖腹自杀了。唐高祖听说他的死讯，为他流泪，任用他的儿子李伏护做大将。

庚戌日（二十七日），杞州人周文举杀掉刺史王文矩，占据杞州城响应徐圆朗。

幽州发生大饥荒，高开道答应拿粟赈灾。李艺差遣老弱前往高开道那里就食，高开道都厚遇他们。李艺高兴，于是调动百姓三千人，车数百辆，驴马千余匹前往接受赈济，高开道将他们全部留下，派人告诉李艺和他绝交，再次自称燕王，北面勾结突厥，南面和刘黑闼结交，领兵攻打易州，没有攻克，大肆劫掠而后离去。又派遣部将谢棱诈降李艺，请求援兵接应，李艺出兵接应，将要到达怀戎，谢棱偷袭将他打败。高开道和突厥连兵数次入侵，恒、定、幽、易各州全都受到侵扰。

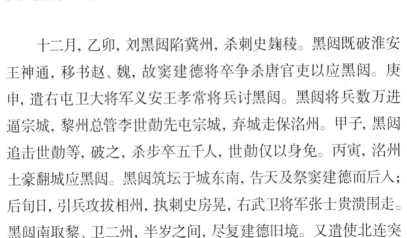

十二月，乙卯，刘黑闼陷冀州，杀刺史麴稜。黑闼既破淮安王神通，移书赵、魏，故窦建德将卒争杀唐官吏以应黑闼。庚申，遣右屯卫大将军义安王孝常将兵讨黑闼。黑闼将兵数万进逼宗城，黎州总管李世勣先屯宗城，弃城走保洺州。甲子，黑闼追击世勣等，破之，杀步卒五千人，世勣仅以身免。丙寅，洺州土豪翻城应黑闼。黑闼筑坛于城东南，告天及祭窦建德而后入；后旬日，引兵攻拔相州，执刺史房晃，右武卫将军张士贵溃围走。黑闼南取黎、卫二州，半岁之间，尽复建德旧境。又遣使北连突厥，颉利可汗遣俟斤宋邪那帅胡骑从之。右武卫将军秦武通、洺州刺史陈君宾、永宁令程名振皆自河北遁归长安。

丁卯，命秦王世民、齐王元吉讨黑闼。

昆弥遣使内附。昆弥，即汉之昆明也。巂州治中吉驻纬通南宁，至其国说之，遂来降。

己巳，刘黑闼陷邢州、赵州；庚午，陷魏州，杀总管潘道毅；辛未，陷莘州。

壬申，徙宋王元嘉为徐王。

【译文】 十二月，乙卯日（初三），刘黑闼攻克冀州，杀死刺史麹棱。刘黑闼击败淮安王李神通之后，送信给赵、魏，窦建德的旧将卒争相杀死唐官吏来响应刘黑闼。庚申日（初八），唐高祖派遣右屯卫大将军义安王李孝常领兵征讨刘黑闼。刘黑闼率领数万军队逼近宗城，黎州总管李世勣原先驻兵宗城，放弃城池逃到洺州防守。甲子日（十二日），刘黑闼追击李世勣等人，将他们打败，杀了他五千多步兵，李世勣仅能脱身而逃。丙寅日（十四日），洺州的土豪翻城来响应刘黑闼，刘黑闼在城东南筑坛祭告上天以及窦建德后入城。十日后，刘黑闼率兵攻克相州，擒住刺史房晃，右武卫将军张士贵突围逃走。刘黑闼向南攻取黎、卫二州，半年之间，完全收复窦建德的旧地。又派遣使者北连突厥，颉利可汗派遣俟斤宋邪那率领胡骑跟从。右武卫将军秦武通、洺州刺史陈君宾、永宁令程名振都自河北逃回长安。

丁卯日（十五日），唐高祖命令秦王李世民、齐王李元吉讨伐刘黑闼。

昆弥派遣使者前来归附。昆弥，就是汉时的昆明。巂州治中吉驻纬出使南宁，到他们国中游说，于是来投降唐。

己巳日（十七日），刘黑闼攻克邢州、赵州；庚午日（十八日），刘黑闼攻陷魏州，杀死总管潘道毅；辛未日（十九日），刘黑闼攻克莘州。

壬申日（二十日），唐迁宋王李元嘉为徐王。

资治通鉴卷第一百九十　唐纪六

起玄黓敦牂，尽阏逢涒滩五月，凡二年有奇。

【译文】 起壬午（公元622年）正月，止甲申（公元624年）五月，共两年五个月。

【题解】 本卷记录了公元622年至624年五月的史事，共两年又五个月，正当唐高祖武德五年至七年。此时期最大的历史事件是刘黑闼在河北起兵造反，影响广泛，引起全国动荡。当时窦建德败亡，王世充投降，南方杜伏威归服，萧铣被灭，全国基本平定。由于唐王室未处理好对窦建德、王世充部属的归降问题，逼之过急，刘黑闼于是在河北起兵造反，窦建德旧境全线响应，接着徐圆朗造反，杜伏威旧部辅公祐反叛，岭南各地响应，北方突厥侵扰，西北吐谷浑也推波助澜，于是全国又处在大战乱之中。主战场在河北，秦王李世民、太子李建成与齐王李元吉相继征讨，唐朝用了两年多时间，才又重新讨平叛乱。唐武德七年颁布律法，制定官吏制度和租庸调法，政治开始步入正轨。

高祖神尧大圣光孝皇帝中之下

武德五年（壬午，公元六二二年）春，正月，刘黑闼自称汉东王，改元天造，定都洺州。以范愿为左仆射，董康买为兵部尚书，高雅贤为右领军；征王琮为中书令，刘斌为中书侍郎；窦建德时文武悉复本位。其设法行政，悉师建德，而攻战勇决过之。

丙戌，同安贼帅殷恭邃以舒州来降。

丁亥，济州别驾刘伯通执刺史窦务本，以州附徐圆朗。

庚寅，东盐州治中王才艺杀刺史田华，以城应刘黑闼。

秦王世民军至获嘉，刘黑闼弃相州，退保洺州。丙申，世民复取相州，进军肥乡，列营洺水之上以逼之。

【译文】武德五年（壬午，公元622年）春季，正月，刘黑闼自封汉东王，改年号为天造，定都洺州。任用范愿做左仆射；董康买做兵部尚书；高雅贤做右领军；征召王琮做中书令；刘斌做中书侍郎；窦建德时的文武官员全都恢复本位。其立法行政，全都学习窦建德，而攻战的勇敢坚决超过窦建德。

丙戌日（初四），同安贼帅殷恭邃献出舒州来投降唐。

丁亥日（初五），济州别驾刘伯通拘捕刺史窦务本，献出济州归降徐圆朗。

庚寅日（初八），东盐州治中王才艺杀死刺史田华，以城池响应刘黑闼。

秦王李世民的军队到达获嘉，刘黑闼放弃相州，退守洺州。丙申日（十四日），李世民再次攻取相州，进军肥乡，在洺水附近安营来进逼刘黑闼。

萧铣既败，散兵多归林士弘，军势复振。

己酉，岭南俚帅杨世略以循、潮二州来降。

唐使者王义童下泉、睦、建三州。

幽州总管李艺将所部兵数万会秦王世民讨刘黑闼，黑闼闻之，留兵万人，使范愿守洺州，自将兵拒艺。夜，宿沙河，程名振载鼓六十具，于城西二里堤上急击之，城中地皆震动。范愿惊惧，驰告黑闼；黑闼遽还，遣其弟十善与行台张君立将兵一万击艺于鼓城。壬子，战于徐河，十善、君立大败，所失亡八千人。

洺水人李去惑据城来降，秦王世民遣彭公王君廓将千五百骑赴之，入城共守。二月，刘黑闼引兵还攻洺水，癸亥，行至列人，秦王世民使秦叔宝邀击破之。

【译文】萧铣败亡后，散亡的兵卒多数归属林士弘，林士弘军势因而复振。

己酉日（二十七日），岭南俚帅杨世略献出循、潮二州来投降唐。

唐朝使者王义童夺取泉、睦、建三州。

幽州总管李艺带领部下数万兵马与秦王李世民会师讨伐刘黑闼，刘黑闼听到消息，留下军兵一万人，让范愿防守洺州，亲自领军抵抗李艺。夜晚，在沙河县安营，程名振装载六十面鼓，在离城西二里的堤上快速敲击，城中地面都能感到震动。范愿惊惧，急告刘黑闼，刘黑闼立即迅速回师，派遣他的弟弟刘十善和行台张君立带领一万军队在鼓城攻打李艺。壬子日（三十日），双方在徐河交战，刘十善、张君立大败，损失八千人。

洺水人李去惑献出城池来投降唐，秦王李世民派遣彭公王君廓率领一千五百骑兵前往，入城一同防守。二月，刘黑闼领军还攻洺水，癸亥日（十一日），刘黑闼行军到列人，秦王李世民派遣秦叔宝截击，击败刘黑闼。

豫章贼帅张善安以虔、吉等五州来降，拜洪州总管。

戊辰，金乡人阳孝诚叛徐圆朗，以城来降。

己巳，秦王世民复取邢州。辛未，并州人冯伯让以城来降。

丙子，李艺取刘黑闼定、栾、廉、赵四州，获黑闼尚书刘希道，引兵与秦王世民会洺州。

刘黑闼攻洺水甚急。城四旁皆有水，广五十馀步，黑闼于城东北筑二甬道以攻之；世民三引兵救之，黑闼拒之，不得进。世民恐王君廓不能守，召诸将谋之，李世勣曰："若甬道达城下，城必不守。"行军总管郯勇公罗士信请代君廓守之。世民乃登城西南高冢，以旗招君廓，君廓帅其徒力战，溃围而出。士信帅左右二百人乘之入城，代君廓固守。黑闼昼夜急攻，会大雪，救兵不得往，凡八日，丁丑，城陷。黑闼素闻其勇，欲生之，士信词色不屈，乃杀之，时年二十。

【译文】 豫章贼帅张善安献出虔、吉等五州来投降唐，被任用为洪州总管。

戊辰日（十六日），金乡人阳孝诚背叛徐圆朗，献出城池来投降唐。

己巳日（十七日），秦王李世民再次攻取邢州。辛未日（十九日），并州人冯伯让献出城池来投降唐。

丙子日（二十四日），李艺攻取刘黑闼的定、栾、廉、赵四州，俘获刘黑闼的尚书刘希道，领军和秦王李世民在洺州会合。

刘黑闼进攻洺水非常猛烈。城的四边都有护城河，宽五十余步，刘黑闼在城的东北修筑两条甬道来方便进攻。李世民三次率兵救援，刘黑闼抵抗，不能进兵。李世民担心王君廓不能固守，召集诸将商讨，李世勣说："假如甬道直达城下，城池一定防守不住。"行军总管郯勇公罗士信请求接替王君廓防守。李世民于是登上城南的高坟，用旗子招王君廓，王君廓率领部下并力作战，突围出城；罗士信率领亲信两百人乘机入城，接替王君廓坚守。刘黑闼昼夜猛攻，遇上大雪，救兵无法前往，共坚守了八天，丁丑日（二十五日），城池被攻陷。刘黑闼一向听说罗士信英勇，想要给他一条生路，但罗士信言语脸色毫不屈服，才杀死他，死时罗士信仅二十岁。

戊寅，汴州总管王要汉攻徐圆朗杞州，拔之，获其将周文举。

庚辰，延州道行军总管段德操击梁师都石堡城，师都自将救之；德操与战，大破之，师都以十六骑遁去。上益其兵，使乘胜进攻夏州，克其东城，师都以数百人保西城。会突厥救至，诏德操引还。

辛巳，秦王世民拔洺水。三月，世民与李艺营于洺水之南，分兵屯水北。黑闼数挑战，世民坚壁不应，别遣奇兵绝其粮道。壬辰，黑闼以高雅贤为左仆射，军中高会。李世勣引兵逼其营，雅贤乘醉，单骑逐之，世勣部将潘毛刺之坠马；左右继至，扶归，未至营而卒。甲午，诸将复往逼其营，潘毛为王小胡所擒。黑闼运粮于冀、贝、沧、瀛诸州，水陆俱进，程名振以千馀人邀之，沉其舟，焚其车。

【译文】 戊寅日（二十六日），唐汴州总管王要汉攻击徐圆朗，攻陷杞州，俘虏他的部将周文举。

庚辰日（二十八日），唐延州道行军总管段德操，攻打梁师都的石堡城，梁师都亲自率兵救援；段德操和他交战，将他打得大败，梁师都率领十六骑逃遁而去。唐高祖增派兵马，命段德操乘胜进攻夏州，攻取东城，梁师都率领数百人保护西城。遇上突厥救兵到达，唐高祖诏命段德操领军返回。

辛巳日（二十九日），秦王李世民攻克洺水。三月，李世民和李艺在洺水之南安营，分兵驻扎在洺水之北。刘黑闼多次挑战，李世民坚守营壁不予理睬，另外派出奇兵隔断刘黑闼的粮道。壬辰日（十一日），刘黑闼任用高雅贤做左仆射，军中举行大宴会。李世勣领军逼近刘黑闼的军营，高雅贤乘醉单骑追逐，李世勣的部将潘毛将他刺坠马下，高雅贤的亲兵赶到，将他扶归，没回到营地就死去。甲午日（十三日），诸将再次前往挑战，潘毛被王小胡捉住。刘黑闼在冀、贝、沧、瀛诸州调运军粮，水陆并进，程名振率领千余人截击，击沉运粮船，焚毁运粮车。

宋州总管盛彦师帅齐州总管王薄攻须昌，征军粮于潭州；刺史李义满与薄有隙，闭仓不与。及须昌降，彦师收义满，系齐州狱，诏释之。使者未至，义满忧愤，死狱中。薄还，过潭州，戊戌夜，义满兄子武意执薄，杀之；彦师亦坐死。

上遣使赂突厥颉利可汗，且许结婚。颉利乃遣汉阳公瑰、郑元璹、长孙顺德等还，庚子，复遣使来修好，上亦遣其使者特勒热寒、阿史那德等还。并州总管刘世让屯雁门，颉利与高开道、苑君璋合众攻之，月馀，乃退。

甲辰，以隋交趾太守丘和为交州总管。和遣司马高士廉奉表请入朝，诏许之，遣其子师利迎之。

【译文】宋州总管盛彦师率领齐州总管王薄进攻须昌，在潭州征收军粮。刺史李义满和王薄有过节，封闭粮仓不给军粮。等到须昌投降，盛彦师收押李义满，关进齐州的牢狱，唐高祖诏命释放他。使者没有抵达，李义满忧愤交加死在狱中。王薄回来，途经潭州，戊戌日（十七日）夜里，李义满兄长的儿子李武意拘捕王薄，将他杀死。盛彦师也因此被判死罪。

唐高祖派遣使者贿赂突厥颉利可汗，并且答应联姻。颉利可汗于是遣送汉阳公李瑰、郑元璹、长孙顺德等人回唐。庚子日（十九日），颉利可汗又派遣使者来建立良好关系，唐高祖也遣

146

回突厥的使者特勒热寒、阿史那德等人。并州总管刘世让在雁门安营，颉利可汗和高开道、苑君璋合军攻打，进攻了一个多月，才退兵。

甲辰日（二十三日），唐高祖任用隋交趾太守丘和做交州总管，丘和派遣司马高士廉上表请求入朝，唐高祖诏命允许，派遣他的儿子丘师利去迎接他。

秦王世民与刘黑闼相持六十馀日。黑闼潜师袭李世勣营，世民引兵掩其后以救之，为黑闼所围。尉迟敬德帅壮士犯围而入，世民与略阳公道宗乘之得出。道宗，帝之从子也。世民度黑闼粮尽，必来决战，乃使人堰洺水上流，谓守吏曰："待我与贼战，乃决之。"丁未，黑闼帅步骑二万南度洺水，压唐营而陈。世民自将精骑击其骑兵，破之，乘胜蹂其步兵。黑闼帅众殊死战，自午至昏，战数合，黑闼势不能支。王小胡谓黑闼曰："智力尽矣，宜早亡去。"遂与黑闼先遁，馀众不知，犹格战。守吏决堰，洺水大至，深丈馀，黑闼众大溃，斩首万馀级，溺死数千人，黑闼与范愿等二百骑奔突厥，山东悉平。

高开道寇易州，杀刺史慕容孝幹。

夏，四月，己未，隋鸿胪卿宁长真以宁越、郁林之地请降于李靖，交、爱之道始通；以长真为钦州总管。

【译文】秦王李世民和刘黑闼相持六十多日。刘黑闼暗中派军偷袭李世勣的军营，李世民领兵掩袭其后来援救李世勣，被刘黑闼包围，尉迟敬德率领壮士冲围而入，李世民和略阳公李道宗乘机逃出包围。李道宗，是唐高祖的侄儿。李世民忖度刘黑闼的军粮将要用尽，一定来决一死战，于是派人在洺水上流筑堰堵塞水流，对守吏说："等我和贼交战，才可以决堤。"

丁未日（二十六日），刘黑闼率领步骑两万向南渡过洺水，紧挨唐营布阵，李世民亲自率领精骑进攻刘黑闼的骑兵，击败他们，乘胜攻击刘黑闼的步兵。刘黑闼率领士兵拼命作战，从中午直到黄昏，多次交战，刘黑闼军力不能支持。王小胡对刘黑闼说："智力已尽，应当趁早逃离。"于是和刘黑闼先行逃走，余众不知实情，仍在战斗。守吏挖开堤堰，洺水涌至，水深一丈多，刘黑闼的兵卒大多溃散，斩首万余人，溺水几千人，刘黑闼和范愿等二百骑逃往突厥，山东全部被平定。

高开道进入易州，杀死刺史慕容孝干。

夏季，四月，己未日（初八），隋鸿胪卿宁长真献出宁越、郁林之地请求投降李靖，交、爱二州的道路才开始畅通，唐任用宁长真做钦州总管。

以夔州总管赵郡王孝恭为荆州总管。

徐圆朗闻刘黑闼败，大惧，不知所出。河间人刘复礼说圆朗曰："有刘世彻者，其人才略不世出，名高东夏，且有非常之相，真帝王之器。将军若自立，恐终无成；若迎世彻而奉之，天下指挥可定。"圆朗然之，使复礼迎世彻于浚仪。或说圆朗曰："将军为人所惑，欲迎刘世彻而奉之，世彻若得志，将军岂有全地乎！仆不敢远引前古，将军独不见翟让之于李密乎？"圆朗复以为然。世彻至，已有众数千人，顿于城外，以待圆朗出迎；圆朗不出，使人召之。世彻知事变，欲亡走，恐不免，乃入谒；圆朗悉夺其兵，以为司马，使徇谯、杞二州。东人素闻其名，所向皆下，圆朗遂杀之。

秦王世民自河北引兵将击圆朗，会上召之，使驰传入朝，乃以兵属齐王元吉。庚申，世民至长安，上迎之于长乐。世民具陈取圆朗形势，上复遣之诣黎阳，会大军趋济阴。

【译文】唐高祖任用夔州总管赵郡王李孝恭做荆州总管。

徐圆朗听闻刘黑闼失败，大为恐惧，不知所措。河间人刘复礼游说徐圆朗说："有个叫刘世彻的人，才能出奇，名闻山东河北一带，并且有非常的相貌，真有帝王的器宇。将军如果自立，恐怕终不会成功；倘若迎接刘世彻尊奉他，天下指挥之间即可平定。"徐圆朗同意，派遣刘复礼到浚仪迎接刘世彻。有人游说徐圆朗说："将军被人迷惑，想要迎接刘世彻并且尊奉他，刘世彻如果得志，将军哪有安全的地方呢！我不敢远引古代的故事，将军独不见翟让和李密的故事吗？"（李密、翟让事始一百八十三卷隋大业十二年，终一百八十四卷义宁元年）徐圆朗也赞同这种看法。刘世彻到达，已拥有士兵几千人，停驻在城外，等待徐圆朗出来迎接，徐圆朗不出来，只派人召请他。刘世彻心知事情有变化，想要逃走，又担心性命难保，于是入城谒见。徐圆朗夺取他全部的军队，任用他做司马，派他攻取谯、杞州，山东人一向风闻他的名声，刘世彻所到之处，无不归附，徐圆朗于是杀了他。

秦王李世民从河北率军将要攻击徐圆朗，遇到唐高祖宣召他，命他乘传车急驰入朝，于是将他的军队交给齐王李元吉统领。庚申日（初九），李世民到达长安，唐高祖在长乐坂迎接。李世民详细禀告攻取徐圆朗的形势，唐高祖再次派遣他前往黎阳，会合大军急往济阴。

丁卯，废山东行台。

壬申，代州总管定襄王李大恩为突厥所杀。先是，大恩奏称突厥饥馑，马邑可取，诏殿内少监独孤晟将兵与大恩共击苑君璋，期以二月会马邑；失期不至，大恩不能独进，顿兵新城。颉利可汗遣数万骑与刘黑闼共围大恩，上遣右骁卫大将军李高迁救之。未至，大恩粮尽，夜遁，突厥邀之，众溃而死，上惜之。独孤晟坐减死徙边。

丙子，行台民部尚书史万宝攻徐圆朗陈州，拔之。

戊寅，广州贼帅邓文进、隋合浦太守宁宣、日南太守李暧并来降。

【译文】丁卯日（十六日），唐废除山东行台。

壬申日（二十一日），唐代州总管定襄王李大恩被突厥杀死。先前，李大恩上奏禀告突厥闹饥荒，马邑可以攻取，唐高祖诏命殿内少监独孤晟率军和李大恩一同攻击苑君璋，约定二月在马邑会师。独孤晟失约不到，李大恩不能独自进兵，于是屯兵新城。颉利可汗派遣数万骑兵和刘黑闼一同围攻李大恩，唐高祖派遣右骁卫大将军李高迁救援李大恩。援兵没有到达，李大恩粮食已经用尽，趁夜晚逃跑，突厥截击他，兵众溃散最终战死，唐高祖异常惋惜。独孤晟因此被判死罪，减刑发配边疆。

丙子日（二十五日），唐行台民部尚书史万宝进攻徐圆朗，攻克了陈州。

戊寅日（二十七日），广州贼帅邓文进、隋朝合浦太守宁宣、日南太守李暧都来投降唐。

五月，庚寅，瓜州士豪王幹斩贺拔行威以降，瓜州平。

突厥寇忻州，李高迁击破之。

六月，辛亥，刘黑闼引突厥寇山东，诏燕郡王李艺击之。

癸丑，吐谷浑寇洮、旭、叠三州，岷州总管李长卿击破之。

乙卯，遣淮安王神通击徐圆朗。

丁卯，刘黑闼引突厥寇定州。

秋，七月，甲申，为秦王世民营弘义宫，使居之。世民击徐圆朗，下十馀城，声震淮、泗，杜伏威惧，请入朝。世民以淮、济之间略定，使淮安王神通、行军总管任瑰、李世勣攻圆朗；乙酉，班师。

【译文】五月，庚寅日（初九），瓜州土豪王干斩杀贺拔行威前来投降唐，瓜州因此平定。

突厥侵犯忻州，李高迁击败他们。

六月，辛亥日（初一），刘黑闼引导突厥进犯山东，唐高祖诏命燕郡王李艺出兵攻打刘黑闼。

癸丑日（初三），吐谷浑进犯洮、旭、叠三州，岷州总管李长卿将他们打败。

乙卯日（初五），唐高祖派遣淮安王李神通攻打徐圆朗。

丁卯日（十七日），刘黑闼引领突厥进犯定州。

秋季，七月，甲申日（初五），唐为秦王李世民营建弘义宫，让他居住。李世民进攻徐圆朗，攻克十多座城池，声威震动淮、泗等地方，杜伏威恐惧，请求入朝。李世民因为淮、济之间稍稍安定，派遣淮安王李神通、行军总管任瑰、李世勣进攻徐圆朗。乙酉日（初六），李世民调回军队。

丁亥，杜伏威入朝，延升御榻，拜太子太保，仍兼行台尚书令，留长安，位在齐王元吉上，以宠异之。以阚棱为左领军将军。

李子通谓乐伯通曰："伏威既来，江东未定，我往收旧兵，可以立大功。"遂相与亡至蓝田关，为吏所获，俱伏诛。

刘黑闼至定州，其故将曹湛、董康买亡命在鲜虞，复聚兵应之。甲午，以淮阳王道玄为河北道行军总管以讨之。

丙申，迁州人邓士政执刺史李敬昂以反。

丁酉，隋汉阳太守冯盎承李靖檄，帅所部来降，以其地为高、罗、春、白、崖、儋、林、振八州，以盎为高州总管，封耿国公。先是，或说盎曰："唐始定中原，未能及远，公所领二十馀州地，已广于赵佗，宜自称南越王。"盎曰："吾家居此五世矣，为牧伯者不出吾门，富贵极矣，常惧不克负荷，为先人羞，敢效赵佗自王一方乎！"遂来降。于是岭南悉平。

资治通鉴

【译文】丁亥日（初八），杜伏威入朝，唐高祖接见他，让他坐在龙床上，任命他为太子太保，仍然兼任行台尚书令，居留长安，官位在齐王李元吉之上，以示优宠他。任用阚棱做左领军将军。

李子通对乐伯通说："杜伏威已然投降，江东还没有稳定，我前去收拾旧兵，可以立下大功。"于是一起逃往蓝田关，被守吏俘获，二人伏罪被杀。

刘黑闼到达定州，他的旧部将曹湛、董康买亡命逃到鲜虞，此时再次聚集军队响应他。甲午日（十五日），唐高祖任用淮阳王李道玄做河北道行军总管来讨伐刘黑闼。

丙申日（十七日），迁州人邓士政抓捕刺史李敬昂而后反叛。

丁酉日（十八日），隋朝汉阳太守冯盎接奉李靖的檄文，带领部下前来投降，唐将他的属地分为高、罗、春、白、崖、儋、林、振八州，任用冯盎做高州总管，封为耿国公。先前，有人游说冯盎说："唐刚刚平定中原，军力不能抵达远方，你统领二十州土地比赵佗还要广大，应当自称南越王。"冯盎说："我的家族居住此地有五代了，担任州牧、方伯的人无不出自我的家门，我已经够富贵了，时常担心不能承担，让祖先蒙羞，怎么敢效法赵佗自立为王拥有一方呢！"于是前来投降唐。岭南由此全部被平定。

八月，辛亥，以洺、荆、交、并、幽五州为大总管府。

改葬隋炀帝于扬州雷塘。

甲戌，吐谷浑寇岷州，败总管李长卿。诏益州行台右仆射窦轨、渭州刺史且洛生救之。

乙卯，突厥颉利可汗寇边，遣左武卫将军段德操、云州总管李子和将兵拒之。子和本姓郭，以讨刘黑闼有功，赐姓。丙辰，颉利十五万骑入雁门，己未，寇并州，别遣兵寇原州；庚申，命太子出幽州道，秦王世民出秦州道以御之。李子和趋云中，掩击可汗，段德操趋夏州，邀其归路。

辛酉，上谓群臣曰："突厥入寇而复求和，和与战孰利？"太常卿郑元璹曰："战则怨深，不如和利。"中书令封德彝曰："突厥恃犬羊之众，有轻中国之意，若不战而和，示之以弱，明年将复来。臣愚以为不如击之，既胜而后与和，则恩威兼著矣！"上从之。

【译文】八月，辛亥日（初二），唐在洺、荆、交、并、幽五州设立大总管府。

唐将隋炀帝改葬到扬州雷塘。

甲戌日（二十五日），吐谷浑进犯岷州，打败唐总管李长卿。唐高祖诏命益州行台右仆射窦轨、渭州刺史且洛生前去救援。

乙卯日（初六），突厥颉利可汗进犯边地，唐高祖派遣左武卫将军段德操、云州总管李子和领军抵拒。李子和本姓郭，因为征讨刘黑闼有军功，赐姓李。丙辰日（初七），颉利可汗率领十五万骑兵进入雁门，己未日（初十），侵犯并州，另外派军进犯原州。庚申日（十一日），唐高祖命令太子出幽州道，秦王李世民出秦州道抵御。李子和急往云中，袭击颉利可汗，段德操急往夏州，截断颉利可汗的归路。

辛酉日（十二日），唐高祖对群臣说："突厥进犯而又求和，和谈和作战哪样有利？"太常卿郑元璹说："打仗结怨更深，不如和谈有利。"中书令封德彝说："突厥倚仗犬羊众多，轻视中国，如果不作战而和他们谈判，显示我们力弱，明年他将会再来进犯。我认为不如攻打他，等打胜之后与他和谈，那就可以恩威并施了！"唐高祖听从了。

己巳，并州大总管襄邑王神符破突厥于汾东；汾州刺史萧颚破突厥，斩首五千馀级。

吐谷浑陷洮州，遣武州刺史贺拔亮御之。

丙子，突厥寇廉州；戊寅，陷大震关。上遣郑元璹诣颉利。是时，突厥精骑数十万，自介休至晋州，数百里间，填溢山谷。元璹见颉利，责以负约，与相辨诘，颉利颇惭。元璹因说颉利曰："唐与突厥，风俗不同，突厥虽得唐地，不能居也。今虏掠所得，皆入国人，于可汗何有？不如旋师，复修和亲，可无跋涉之劳，坐受金币，又皆入可汗府库，孰与弃昆弟积年之欢，而结子孙无穷之怨乎！"颉利悦，引兵还。元璹自义宁以来，五使突厥，几死者数焉。

【译文】己巳日（二十日），唐并州大总管襄邑王李神符在汾东击败突厥；汾州刺史萧颚击败突厥，斩首五千余人。

吐谷浑攻克洮州，唐派遣武州刺史贺拔亮抵御他们。

丙子日（二十七日），突厥进犯廉州；戊寅日（二十九日），突厥攻克大震关。唐高祖派遣郑元璹前去拜见颉利可汗。此时，突厥精骑几十万，从介休到晋州，几百里之间，充满山谷。郑元璹见了颉利可汗，责备他背弃约定，和他相互辨别诘问，颉利可汗颇有惭意。郑元璹因而游说颉利可汗说："唐和突厥，风俗不同，突厥虽然攻取唐国土地，但不能久居。而今掳掠得到之物，都归属国人，可汗得到了什么？不如退兵，再修好关系相互结亲，可免除跋涉之苦，不费力气接受金币，又都纳入可汗的府库，这比放弃兄弟累世的欢好，而结下子孙无穷的仇恨好多了！”颉利可汗认同，率军返回。郑元璹从义宁以来，五次出使突厥，好几次濒临死亡的边缘。

九月，癸巳，交州刺史权士通、弘州总管宇文歆、灵州总管杨师道击突厥于三观山，破之。乙未，太子班师。丙申，宇文歆邀突厥于崇岗镇，大破之，斩首千馀级。壬寅，定州总管双士洛等击突厥于恒山之南，丙午，领军将军安兴贵击突厥于甘州，皆破之。

刘黑闼陷瀛州，杀刺史马匡武。盐州人马君德以城叛附黑闼。高开道寇蠡州。

冬，十月，己酉，诏齐王元吉讨刘黑闼于山东。壬子，以元吉为领军大将军、并州大总管。癸丑，贝州刺史许善护与黑闼弟十善战于鄃县，善护全军皆没。甲寅，右武侯将军桑显和击黑闼于晏城，破之。观州刺史刘会以城叛附黑闼。

【译文】 九月，癸巳日（十五日），唐交州刺史权士通、弘州总管宇文歆、灵州总管杨师道在三观山攻打突厥，击败突厥。乙未日（十七日），唐太子调回军队。丙申日（十八日），宇文歆在崇岗镇截击突厥，将突厥打得大败，斩首一千余人。壬寅日（二十四日），定州总管双士洛在恒山的南面攻打突厥；丙午日（二十八日），领军将军安兴贵在甘州攻打突厥，都击败了突厥。

刘黑闼攻克瀛州，杀死刺史马匡武。盐州人马君德背叛献城归附刘黑闼。高开道进犯蠡州。

冬季，十月，己酉日（初一），唐高祖诏命齐王李元吉在山东讨伐刘黑闼。壬子日（初四），唐高祖任用李元吉做领军大将军、并州大总管。癸丑日（初五），唐贝州刺史许善护和刘黑闼的弟弟刘十善在鄃县交战，许善护全军覆没。甲寅日（初六），唐右武侯将军桑显和在晏城攻打刘黑闼，击败刘黑闼。观州刺史刘会背叛，献城归附刘黑闼。

契丹寇北平。

甲子，以秦王世民领左、右十二卫大将军。

乙丑，行军总管淮阳壮王道玄与刘黑闼战于下博，军败，为黑闼所杀。时道玄将兵三万，与副将史万宝不协；道玄帅轻骑先出犯陈，使万宝将大军继之。万宝拥兵不进，谓所亲曰："我奉手敕云，淮阳小儿，军事皆委老夫。今王轻脱妄进，若与之俱，必同败没，不如以王饵贼，王败，贼必争进，我坚陈以待之，破之必矣。"由是道玄独进败没。万宝勒兵将战，士卒皆无斗志，军遂大溃，万宝逃归。道玄数从秦王世民征伐，死时年十九，世民深惜之，谓人曰："道玄常从吾征伐，见吾深入贼陈，心慕效之，以至于此。"为之流涕。世民自起兵以来，前后数十战，常身先士卒，轻骑深入，虽屡危殆而未尝为矢刃所伤。

【译文】契丹进犯北平。

甲子日（十六日），唐高祖命秦王李世民兼任左、右十二卫大将军。

乙丑日（十七日），唐行军总管淮阳壮王李道玄和刘黑闼在下博交战，作战失利，被刘黑闼杀死。当时李道玄领兵三万，和副将史万宝不和。李道玄率领轻骑先出兵冲阵，派遣史万宝率领大军跟进。史万宝据兵不进，对亲近的人说："我奉陛下手谕说，淮阳王年轻，军事全都委托老夫。而今王爷轻躁佻脱，轻率进兵，如果和他同进，一定同时败亡，不如用王爷引诱贼人，王爷若失败，贼人一定争相进攻，我坚固阵容，必定击败他们。"因此李道玄独自进军而败亡。史万宝统率兵卒打算作战，但士卒都没有斗志，于是军队大败，史万宝逃回。李道玄多次跟随秦王李世民征伐，死时仅十九岁，李世民很替他惋惜，对人说："李道玄经常跟从我征伐，看到我深入贼阵，内心很想效法，才会有这个下场。"所以为他流泪。李世民自起兵以来，前后数十战，经常担任士卒的先锋，轻骑深入，虽然多次遇险但不曾被矢刃所伤。

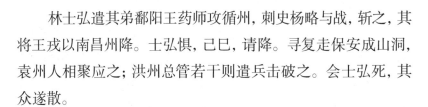

林士弘遣其弟鄱阳王药师攻循州，刺史杨略与战，斩之，其将王戎以南昌州降。士弘惧，己巳，请降。寻复走保安成山洞，袁州人相聚应之；洪州总管若干则遣兵击破之。会士弘死，其众遂散。

淮阳王道玄之败也，山东震骇，洺州总管庐江王瑗弃城西走，州县皆叛附于刘黑闼，旬日间，黑闼尽复故地，乙亥，进据洺州。十一月，庚辰，沧州刺史程大买为黑闼所迫，弃城走。齐王元吉畏黑闼兵强，不敢进。

【译文】林士弘派遣他的弟弟鄱阳王林药师进攻循州，刺史杨略和他作战，斩杀了他，他的将领王戎献出南昌州投降唐。林士弘惧怕，己巳日（二十一日），请求投降唐。不久林士弘再逃往安成山洞坚守，袁州的百姓互相聚集响应他。洪州总管若干则派军击败他。遇上林士弘去世，他的部众因而溃散。

淮阳王李道玄失利后，山东震动惊惧，唐洺州总管庐江王李瑗丢弃城池向西逃跑，州县都背叛归附刘黑闼，十日之内，刘黑闼完全收复故地，乙亥日（二十七日），刘黑闼进兵占据洺州。十一月，庚辰日（初三），唐沧州刺史程大买被刘黑闼所迫，弃城逃跑。齐王李元吉害怕刘黑闼兵势强盛，不敢进军。

上之起兵晋阳也，皆秦王世民之谋，上谓世民曰："若事成，则天下皆汝所致，当以汝为太子。"世民拜且辞。及为唐王，将佐亦请以世民为世子，上将立之，世民固辞而止。太子建成，性宽简，喜酒色游畋；齐王元吉，多过失；皆无宠于上。世民功名日盛，上常有意以代建成，建成内不自安，乃与元吉协谋，共倾世民，各引树党友。

上晚年多内宠，小王且二十人，其母竞交结诸长子以自固。建成与元吉曲意事诸妃嫔，谄谀赂遗，无所不至，以求媚于上。或言蒸于张婕妤、尹德妃，宫禁深秘，莫能明也。是时，东宫、诸王公、妃主之家及后宫亲戚横长安中，寿人田宅，恣为非法，有司不敢诘。世民居承乾殿，元吉居武德殿后院，与上台、东宫昼夜通行，无复禁限。太子、二王出入上台，皆乘马、携弓刀杂物，相遇如家人礼。太子令、秦、齐王教与诏敕并行，有司莫知所从，唯据得之先后为定。世民独不奉事诸妃嫔，诸妃嫔争誉建成、元吉而短世民。

【译文】唐高祖在晋阳起兵时，全是秦王李世民的计划，唐高祖对李世民说："如果事情成功，那么我拥有天下都因你的功劳，应该让你做太子。"李世民拜辞。等到李渊做了唐王，将佐也请求唐高祖让李世民做世子，唐高祖打算立李世民为太子，李世民坚辞才作罢。太子李建成，性情宽宏简易，爱好酒色、游猎；齐王李元吉，有很多过失，都得不到唐高祖的宠爱。

李世民功名日渐增高，唐高祖常常有意让他代替李建成，李建成内心不安，于是和李元吉合谋，要一同倾覆李世民，各自招人组织朋党。

　　唐高祖晚年多宠爱宫人，小王子将近二十人，他们的母亲争相结交各位年长皇子来巩固自己的地位。李建成和李元吉委曲心意侍奉诸位妃嫔，阿谀谄媚贿赂，无处不到，请求她们向唐高祖献媚。有人说他们和张婕妤、尹德妃通奸，宫禁森严，无法求证。此时，东宫、诸位王公、妃主之家以及后宫亲戚在长安横行，夺取百姓的田地房宅，肆意违法，司法官吏不敢诘问。李世民住在承乾殿，李元吉住在武德殿后院，和上台、东宫日夜通行，没有阻隔限制。太子、二王出入上台，都乘马、携带弓刀杂物，相遇时依照家人之礼相待。太子的命令与秦王、齐王的命令和诏敕同行，官吏不知道听从哪一边，只能根据收到命令的先后为准绳。只有李世民不侍奉诸位妃嫔，诸位妃嫔争相夸赞李建成、李元吉而批评李世民。

　　世民平洛阳，上使贵妃等数人诣洛阳选阅隋宫人及收府库珍物。贵妃等私从世民求宝货及为其亲属求官，世民曰："宝货皆已籍奏，官当授贤才有功者。"皆不许，由是益怨。世民以淮安王神通有功，给田数十顷。张婕妤之父因婕妤求之于上，上手敕赐之，神通以教给在先，不与。婕妤诉于上曰："敕赐妾父田，秦王夺之以与神通。"上遂发怒，责世民曰："我手敕不如汝教邪！"它日，谓左仆射裴寂曰："此儿久典兵在外，为书生所教，非复昔日子也。"尹德妃父阿鼠骄横，秦王府属杜如晦过其门，阿鼠家童数人曳如晦坠马，殴之，折一指，曰："汝何人，敢过我门而不下马！"阿鼠恐世民诉于上，先使德妃奏云："秦王左右陵暴妾家。"

上复怒责世民曰:"我妃嫔家犹为汝左右所陵,况小民乎!"世民深自辩析,上终不信。

【译文】 李世民讨平洛阳,唐高祖派遣贵妃等数人前往洛阳去检视挑选隋朝宫人以及收入府库的珍玩宝物。贵妃等私下向李世民求取宝货以及替亲属谋求官职,李世民说:"宝货全都已经登记,也已经上奏,官职应该颁给贤才有功的人。"全都没有答应,因而贵妃们更加怨恨他。李世民因为淮安王李神通有功劳,颁给田地几十顷。张婕妤的父亲通过张婕妤向唐高祖请求,唐高祖亲手书写诏敕将田地赐给他,李神通因为秦王颁授在先,不肯退让。张婕妤向唐高祖禀告说:"陛下赏赐妾父的田地,秦王却将田地颁给李神通。"唐高祖于是发怒,责问李世民说:"我的手敕比不上你的命令有效吗?"他日,唐高祖对左仆射裴寂说:"这个孩子长久在外掌兵,听了书生的教诲,不再像从前那个样子。"尹德妃的父亲阿鼠骄纵横行,秦王府属杜如晦路过他的家门,阿鼠的几位家童将杜如晦拉拽下马,殴打杜如晦,还折断他一根手指,说:"你是什么人!竟敢途经我家门口而不下马?"阿鼠担心李世民向唐高祖禀告,先让尹德妃上奏说:"秦王的手下欺凌侵犯妾家。"唐高祖再次发怒,责骂李世民说:"我妃嫔的家人尚且被你的手下凌辱,何况普通百姓呢!"李世民极力为自己分辩,唐高祖始终不相信。

世民每侍宴宫中,对诸妃嫔,思太穆皇后早终,不得见上有天下,或歔欷流涕,上顾之不乐。诸妃嫔因密共谮世民曰:"海内幸无事,陛下春秋高,唯宜相娱乐,而秦王每独涕泣,正是憎疾妾等,陛下万岁后,妾母子必不为秦王所容,无子遗矣!"因相与泣,且曰:"皇太子仁孝,陛下以妾母子属之,必能保全。"上为之怆然。由是无易太子意，待世民浸疏，而建成、元吉日亲矣。

太子中允王珪、洗马魏徵说太子曰："秦王功盖天下，中外归心；殿下但以年长位居东宫，无大功以镇服海内。今刘黑闼散亡之馀，众不满万，资粮匮乏，以大军临之，势如拉朽，殿下宜自击之以取功名，因结纳山东豪杰，庶可自安。"太子乃请行于上，上许之。珪，頍之兄子也。甲申，诏太子建成将兵讨黑闼，其陕东道大行台及山东道行军元帅、河南、河北诸州并受建成处分，得以便宜从事。

【译文】李世民每次侍宴宫中，对着诸位妃嫔，思念太穆皇后早逝，不能亲见唐高祖统有天下，有时叹息流泪，唐高祖看他这个样子心中不快。诸位妃嫔因而暗中一同向唐高祖谗诬李世民说："幸好天下无事，陛下年事已高，应当互相娱乐，然而秦王每次独自流泪哭泣，正是憎恶痛恨妾妃等人，陛下百年之后，秦王一定容不下妾妃母子的，那时就没有孑然见遗的人了！"所以相互哭泣，并且说，"皇太子为人仁孝，陛下将妾妃母子托付他，必定能够保全性命。"唐高祖替她们悲伤。因而没有了更换太子的心意，对待李世民日益疏淡，而对李建成、李元吉就日渐亲近了。

太子中允王珪、洗马魏徵规劝太子说："秦王功劳冠绝天下，中外拥戴；殿下只因年长位列东宫，没有大功来镇压人心让海内归服。而今刘黑闼逃亡后的余众，兵马不满一万，资粮缺少，用大军逼迫他们，势如摧枯拉朽，殿下应当亲自攻打他们来获取功名，趁机结交山东的豪杰，庶可稳固自己的位子。"太子于是向唐高祖请求出兵，唐高祖答应了他。王珪，是王頍兄长的儿子。甲申日（初七），唐高祖诏命太子李建成领军征讨刘黑闼，唐陕东道大行台以及山东道行军元帅、河南、河北诸州一并接受李建成的节制，可以依据事情的便利适宜，先行处置，然后再上奏。

乙酉，封宗室略阳公道宗等十八人为郡王。道宗，道玄从父弟也，为灵州总管，梁师都遣弟洛儿引突厥数万围之，道宗乘间出击，大破之。突厥与师都连结，遣其郁射设入居故五原，道宗逐出之，斥地千馀里。上以道宗武干如魏任城王彰，乃立为任城郡王。

丙申，上幸宜州。

己亥，齐王元吉遣兵击刘十善于魏州，破之。

癸卯，上校猎于富平。

刘黑闼拥兵而南，自相州以北州县皆附之，唯魏州总管田留安勒兵拒守。黑闼攻之，不下，引兵南拔元城，复还攻之。

十二月，庚戌，立宗室孝友等八人为郡王。孝友，神通之子也。

【译文】乙酉日（初八），唐高祖封宗室略阳公李道宗等十八人为郡王。李道宗，是李道玄的堂弟，担任灵州总管，梁师都派遣弟弟梁洛儿率领数万突厥兵马围攻他，李道宗乘机出兵进攻，将他打得大败。突厥和梁师都相结交，派遣其郁射设入驻旧五原县，李道宗将他驱逐出境，开拓土地一千余里。唐高祖因为李道宗英武能干好像魏朝任城王曹彰，于是封他为任城郡王。

丙申日（十九日），唐高祖临幸宜州。

己亥日（二十二日），齐王李元吉派兵在魏州攻打刘十善，击败了他。

癸卯日（二十六日），唐高祖在富平县校兵田猎。

资治通鉴

刘黑闼领兵南下，从相州以北的州县都依附他，只有魏州总管田留安领军抗拒坚守。刘黑闼攻打他，没有攻克，领兵向南攻克元城再还军进攻魏州。

十二月，庚戌日（初三），唐高祖封宗室李孝友等八人做郡王。李孝友，是李神通的儿子。

丙辰，上校猎于华池。

戊午，刘黑闼陷恒州，杀刺史王公政。

庚申，车驾至长安。

癸亥，幽州大总管李艺复廉、定二州。

甲子，田留安击刘黑闼，破之，获其莘州刺史孟柱，降将卒六千人。是时，山东豪杰多杀长吏以应黑闼，上下相猜，人益离怨；留安待吏民独坦然无疑，白事者无问亲疏，皆听直入卧内，每谓吏民曰："吾与尔曹俱为国御贼，固宜同心协力，必欲弃顺从逆者，但自斩吾首去。"吏民皆相戒曰："田公推至诚以待人，当共竭死力报之，必不可负。"有苑竹林者，本黑闼之党，潜有异志。留安知之，不发其事，引置左右，委以管钥；竹林感激，遂更归心，卒收其用。以功进封道国公。

【译文】丙辰日（初九），唐高祖在华池校兵田猎。

戊午日（十一日），刘黑闼攻克恒州，杀死刺史王公政。

庚申日（十三日），唐高祖的车驾抵达长安。

癸亥日（十六日），唐幽州大总管李艺收复廉、定二州。

甲子日（十七日），田留安攻打刘黑闼，击败他，俘虏他的莘州刺史孟柱，投降的将军士兵有六千人。当时，山东豪杰多杀死长吏来响应刘黑闼，上下猜疑，人们更有离析怨恨的心思。田留安对待官吏百姓特别坦诚毫无疑心，来禀告事情的人不论亲疏，全听任他直接进入卧室。经常对官吏百姓说："我和你们一同为国抵御贼人，本来应当同心协力，必定要放弃正道跟随叛逆的人，只管斩下我的头离开。"官吏百姓都互相劝诫说："田公以至诚待人，我们应该共同尽死力报答，一定不可以背弃他。"有一位叫苑竹林的人，本是刘黑闼的同党，怀有异心。田留安知道，没有举发他，请他来安置在自己身边，将管钥委托他，苑竹林感动，于是改变心意，诚心归附，最终获得重用。因功劳大晋封为道国公。

资治通鉴

乙丑，并州刺史成仁重击范愿，破之。

刘黑闼攻魏州未下，太子建成、齐王元吉大军至昌乐，黑闼引兵拒之，再陈，皆不战而罢。魏徵言于太子曰："前破黑闼，其将帅皆悬名处死，妻子系虏；故齐王之来，虽有诏书赦其党与之罪，皆莫之信。今宜悉解其囚俘，慰谕遣之，则可坐视其离散矣！"太子从之。黑闼食尽，众多亡，或缚其渠帅以降。黑闼恐城中兵出，与大军表里击之，遂夜遁。至馆陶，永济桥未成，不得度。壬申，太子、齐王以大军至，黑闼使王小胡背水而陈，自视作桥成，即过桥西，众遂大溃，舍仗来降。大军度桥追黑闼，度者才千馀骑，桥坏，由是黑闼得与数百骑亡去。

上以隋末战士多没于高丽，是岁，赐高丽王建武书，使悉遣还；亦使州县索高丽人在中土者，遣归其国。建武奉诏，遣还中国民前后以万数。

【译文】乙丑日（十八日），并州刺史成仁重进攻范愿，击败范愿。

刘黑闼久攻魏州不下，太子李建成、齐王李元吉的大军抵达昌乐，刘黑闼领兵抵拒，两次布阵，都不交战而罢兵。魏徵对太子说："从前打败刘黑闼，他的将帅都被悬挂示众，处以死刑，妻子儿女被系缚囚虏；因此齐王到来，虽有诏书赦免刘黑闼同党的罪行，却无法取信他们。今日应当全部释放囚俘，抚慰晓谕之后遣归他们，就可以坐视刘黑闼党羽的离散了！"太子听从了。刘黑闼粮食用尽，士卒大多逃亡，有的缚系他们的魁帅前来投降。刘黑闼担心城中军队出城和大军内外夹击他，于是趁夜逃跑。到了馆陶，永济桥没有造成，无法渡河。壬申日（二十五日），太子、齐王的大军来到，刘黑闼派遣王小胡背水布阵，亲自监视建桥完成，就过桥到桥西，军兵因而大溃散，放弃兵仗前来投降。大军渡桥追杀刘黑闼，才渡过千余骑，桥就断了，所以刘黑闼能和数百骑逃走。

唐高祖因隋末战士多死在高丽，这一年，赐书给高丽王建武，命他遣还所有活着的人，也让州县搜查住在中土的高丽人，遣返归国。建武接到诏书，遣还中国百姓前后有好几万人。

武德六年（癸未，公元六二三年）春，正月，己卯，刘黑闼所署饶州刺史诸葛德威执黑闼，举城降。时太子遣骑将刘弘基追黑闼，黑闼为官军所迫，奔走不得休息，至饶阳，从者才百馀人，馁甚。德威出迎，延黑闼入城，黑闼不可；德威涕泣固请，黑闼乃从之。至城旁市中憩止，德威馈之食；食未毕，德威勒兵执之，送诣太子，并其弟十善斩于洺州。黑闼临刑叹曰："我幸在家锄菜，为高雅贤罪所误至此！"

壬午，歙州人王摩沙举兵，自称元帅，改元进通；遣票骑将军卫彦讨之。

【译文】武德六年（癸未，公元623年）春季，正月，己卯日（初三），刘黑闼的部署饶州刺史诸葛德威绑缚刘黑闼，献城投降。当时太子派遣骑将刘弘基追杀刘黑闼,刘黑闼被官军追逼,奔走无法休息,逃到饶阳,跟从者才剩下一百余人,十分饥饿疲倦。诸葛德威出城迎接,请刘黑闼入城,刘黑闼不肯,诸葛德威哭泣着坚决请求,刘黑闼才听从他。来到城旁的市中休息,诸葛德威送他食物,还没有吃完,诸葛德威领兵拘捕他,送去给太子,结果刘黑闼跟他弟弟刘十善被斩杀在洺州。刘黑闼临刑时感慨地说:"我原本在家乡好好地种菜,被高雅贤这些人误了才走到这个地步!"

壬午日(初六),嶲州人王摩沙起兵,自封元帅,改年号为进通。唐派遣骠骑将军卫彦讨伐他。

资治通鉴

庚子,以吴王杜伏威为太保。

二月,庚戌,上幸骊山温汤;甲寅,还宫。

平阳昭公主薨。戊午,葬公主。诏加前后部鼓吹、班剑四十人,武贲甲卒。太常奏:"礼,妇人无鼓吹。"上曰:"鼓吹,军乐也。公主亲执金鼓,兴义兵以辅成大业,岂与常妇人比乎!"

丙寅,徐圆朗穷蹙,与数骑弃城走,为野人所杀,其地悉平。

林邑王梵志遣使入贡。初,隋人破林邑,分其地为三郡。及中原丧乱,林邑复国,至是始入贡。

幽州总管李艺请入朝;庚午,以艺为左翊卫大将军。

废参旗等十二军。

【译文】庚子日(二十四日),唐高祖任用吴王杜伏威做太保。

二月,庚戌日(初四),唐高祖临幸骊山温泉;甲寅日(初八),唐高祖返回皇宫。

平阳昭公主去世。戊午日(十二日),埋葬公主,唐高祖诏命增加出殡队伍以及前后乐队,持剑成列的虎贲甲卒四十人。太常奏说:"按照葬礼,妇人不能用鼓吹。"唐高祖说:"鼓吹,是军乐。公主亲持金鼓,发动义兵来辅成建国大业,难道能够和平常的妇女相比吗?"

丙寅日(二十日),徐圆朗急迫困窘,和数骑放弃城池逃跑,被野人所杀,其他地方全部平定。

林邑王梵志派遣使者入贡。起初,隋人击败林邑,分割他们的土地为三郡。等到中原动乱,林邑复国,到此时方才入贡。

唐幽州总管李艺请求入朝。庚午日(二十四日),唐高祖任用李艺做左翊卫大将军。

唐废除参旗等十二军。

三月,癸未,高开道掠文安、鲁城,票骑将军平善政邀击破之。

庚子,梁师都将贺遂、索同以所部十二州来降。

乙巳,前洪州总管张善安反,遣舒州总管张镇周等击之。

夏,四月,吐谷浑寇芳州,刺史房当树奔松州。

张善安陷孙州,执总管王戎而去。

乙丑,鄜州道行军总管段德操击梁师都,至夏州,俘其民畜而还。

丙寅,吐谷浑寇洮、岷二州。

丁卯,南州刺史庞孝恭、南越州民宁道明、高州首领冯暄俱反,陷南越州,进攻姜州;合州刺史宁纯引兵救之。

壬申,立皇子元轨为蜀王、凤为豳王、元庆为汉王。

癸酉,以裴寂为左仆射,萧瑀为右仆射,杨恭仁为吏部尚书兼中书令,封德彝为中书令。

【译文】三月，癸未日（初七），高开道劫掠文安、鲁城，唐骠骑将军平善政出兵截击，击败高开道。

庚子日（二十四日），梁师都的部将贺遂、索同献出辖下十二州前来投降唐。

乙巳日（二十九日），前洪州总管张善安叛乱，唐派遣舒州总管张镇周等人攻击他。

夏季，四月，吐谷浑进犯芳州，刺史房当树逃往松州。

张善安攻克孙州，抓捕总管王戎离去。

乙丑日（二十日），唐鄜州道行军总管段德操攻打梁师都，到达夏州，俘获他的百姓牲畜而后回师。

丙寅日（二十一日），吐谷浑进犯洮、岷二州。

丁卯日（二十二日），南州刺史庞孝恭、南越州民宁道明、高州首领冯暄全都反叛，攻克南越州，进攻姜州；唐合州史宁纯率领军兵前来救援。

壬申日（二十七日），唐高祖封皇子李元轨为蜀王、李凤为豳王、李元庆为汉王。

癸酉日（二十八日），唐高祖任用裴寂做左仆射，萧瑀做右仆射，杨恭仁做吏部尚书兼中书令，封德彝做中书令。

五月，庚辰，遣岐州刺史柴绍救岷州。

庚寅，吐谷浑及党项寇河州，刺史卢士良击破之。

丙申，梁师都将辛獠儿引突厥寇林州。

戊戌，苑君彰将高满政寇代州，票骑将军李宝言击走之。

癸卯，高开道引奚骑寇幽州，长史王诜击破之。刘黑闼之叛也，突地稽引兵助唐，徙其部落于幽州之昌平城；高开道引突厥寇幽州，突地稽将兵邀击，破之。

【译文】　五月，庚辰日（初五），唐派遣岐州刺史柴绍援救岷州。

庚寅日（十五日），吐谷浑以及党项进犯河州，刺史卢士良将他们打败。

丙申日（二十一日），梁师都的部将辛獠儿引导突厥侵犯林州。

戊戌日（二十三日），苑君彰的部将高满政进犯代州，骠骑将军林宝言将他打跑。

癸卯日（二十八日），高开道带领奚骑进犯幽州，长史王诜击败他。刘黑闼叛乱时，突地稽领兵帮助唐朝，将部落迁到幽州昌平城。高开道引导突厥进犯幽州，突地稽领兵截击，将他打败。

六月，戊午，高满政以马邑来降。先是，前并州总管刘世让除广州总管，将之官，上问以备边之策，世让对曰："突厥比数为寇，良以马邑为之中顿故也。请以勇将戍崞城，多贮金帛，募有降者厚赏之，数出骑兵掠其城下，蹂其禾稼，败其生业，不出岁馀，彼无所食，必降矣。"上然其计，曰："非公，谁为勇将！"即命世让戍崞城，马邑病之。是时，马邑人多不愿属突厥，上复遣人招谕苑君璋。高满政说君璋尽杀突厥戍兵降唐，君璋不从。满政因众心所欲，夜袭君璋，君璋觉之，亡奔突厥，满政杀君璋之子及突厥戍兵二百人而降。

壬戌，梁师都以突厥寇匡州。

【译文】　六月，戊午日（十四日），高满政献出马邑来投降唐。先前，前并州总管刘世让被任命为广州总管，将要上任，唐高祖询问他防备边疆的政策，刘世让回答说："突厥近来多次入侵,那是因为有马邑可以作为他们中途停驻休息之地。请派遣勇将戍守崞城,多储蓄布帛金银,招募投降的人就丰厚地赏赐他们,并且多次派出骑兵掠夺马邑城的周围,蹂躏他们的农作物,败坏他们的产业,不需超过一年,敌方没有粮食,必定投降。"唐高祖赞同他的计划,说:"不是你,有谁是勇将!"立即命令刘世让戍守崞城,马邑人将他当作忧患。当时,马邑人大多不愿意归属突厥,唐高祖再派人招诱晓谕苑君璋。高满政规劝苑君璋杀尽突厥守兵向唐投降,苑君璋没有听从。高满政因为有众人的支持,趁夜袭击苑君璋,苑君璋发觉,逃奔突厥,高满政杀了苑君璋的儿子以及二百个突厥的守兵而后投降唐。

壬戌日(十八日),梁师都率领突厥兵进犯匡州。

丁卯,苑君璋与突厥吐屯设寇马邑,高满政与战,破之。以满政为朔州总管,封荣国公。

瓜州总管贺若怀广按部至沙州,值州人张护、李通反,怀广以数百人保子城;凉州总管杨恭仁遣兵救之,为护等所败。

癸酉,柴绍与吐谷浑战,为其所围,虏乘高射之,矢下如雨。绍遣人弹胡琵琶,二女子对舞。虏怪之,驻弓矢相与聚观,绍察其无备,潜遣精骑出虏陈后,击之,虏众大溃。

秋,七月,丙子,苑君璋以突厥寇马邑,右武侯大将军李高迁及高满政御之,战于腊河谷,破之。

张护、李通杀贺若怀广,立汝州别驾窦伏明为主,进逼瓜州;长史赵孝伦击却之。

【译文】丁卯日(二十三日),苑君璋和突厥吐屯设进犯马邑,高满政和他交战,将他打败。唐高祖任用高满政做朔州总管,封荣国公。

唐瓜州总管贺若怀广巡视州中来到沙州,恰好遇上州人张护、李通造反,贺若怀广率领数百人保护内城。唐凉州总管杨恭仁派兵救援,被张护等人击败。

癸酉日(二十九日),柴绍和吐谷浑作战,被敌军围攻,敌人凭高射箭,箭矢好像雨点般落下。柴绍命人弹奏胡琵琶,两个女子对舞。敌人觉得奇怪,停止射箭相互聚集观看,柴绍察知敌人没有防备,暗中派遣精骑突出敌人阵后进攻,敌军大败,向四面逃散。

秋季,七月,丙子日(初二),苑君璋率领突厥兵进犯马邑,唐右武侯大将军李高迁以及高满政领军抵抗,在腊河谷交战,击败突厥兵。

张护、李通杀死贺若怀广,拥立汝州别驾窦伏明为首领,进逼瓜州,被瓜州长史赵孝伦击退。

高开道掠赤岸镇及灵寿、九门、行唐三县而去。

丁丑,岗州刺史冯士翙据新会反,广州总管刘感讨降之,使复其位。

辛巳,高开道所部弘阳、统汉二镇来降。

癸未,突厥寇原州;乙酉,寇朔州。李高迁为虏所败,行军总管尉迟敬德将兵救之。己亥,遣太子将兵屯北边,秦王世民屯并州,以备突厥。八月,甲辰,突厥寇真州,又寇马邑。

【译文】高开道劫掠赤岸镇以及灵寿、九门、行唐三县而后离去。

丁丑日(初三),岗州刺史冯士翙占据新会反叛,唐广州总管刘感讨伐他,冯士翙投降,刘感恢复了他原有的官位。

辛巳日(初七),高开道率管辖的弘阳、统汉二镇前来投降

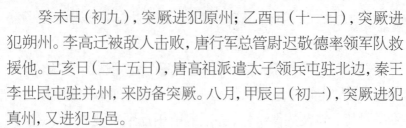

唐。

　　癸未日（初九），突厥进犯原州；乙酉日（十一日），突厥进犯朔州。李高迁被敌人击败，唐行军总管尉迟敬德率领军队救援他。己亥日（二十五日），唐高祖派遣太子领兵屯驻北边，秦王李世民屯驻并州，来防备突厥。八月，甲辰日（初一），突厥进犯真州，又进犯马邑。

　　壬子，淮南道行台仆射辅公祏反。初，杜伏威与公祏相友善，公祏年长，伏威兄事之，军中谓之伯父，畏敬与伏威等。伏威浸忌之，乃署其养子阚棱为左将军，王雄诞为右将军，潜夺其兵权。公祏知之，怏怏不平，与其故人左游仙阳为学道辟谷以自晦。及伏威入朝，留公祏守丹杨，令雄诞典兵为之副，阴谓雄诞曰：“吾至长安，苟不失职，勿令公祏为变。”伏威既行，左游仙说公祏谋反；而雄诞握兵，公祏不得发。乃诈称得伏威书，疑雄诞有贰心，雄诞闻之不悦，称疾不视事；公祏因夺其兵，使其党西门君仪谕以反计。雄诞始寤而悔之，曰：“今天下方平定，吴王又在京师，大唐兵威，所向无敌，奈何无故自求族灭乎！雄诞有死而已，不敢闻命。今从公为逆，不过延百日之命耳，大丈夫安能爱斯须之死，而自陷于不义乎！”公祏知不可屈，缢杀之。雄诞善抚士卒，得其死力，又约束严整，每破城邑，秋毫无犯。死之日，江南军中及民间皆为之流涕。公祏又诈称伏威不得还江南，贻书令其起兵，大修铠仗，运粮储。寻称帝于丹杨，国号宋，修陈故宫室而居之。署置百官，以左游仙为兵部尚书、东南道大使、越州总管，与张善安连兵，以善安为西南道大行台。

　　【译文】壬子日（初九），唐淮南道行台仆射辅公祏反叛。

起初，杜伏威和辅公祏相互友善，辅公祏年纪较大，杜伏威待他如兄长，军中称辅公祏为伯父，像敬重杜伏威一般敬畏他。杜伏威日渐猜忌他，于是安排他的养子阚棱做左将军，王雄诞做右将军，暗中夺取辅公祏的兵权。辅公祏了解后，内心怏怏不乐，和他的故友左游仙假装学习道术、不食谷粒来掩饰自己。等到杜伏威入朝，留下辅公祏防守丹杨，命令王雄诞掌管兵权做他的副将，暗中对王雄诞说："我到了长安，假如没有失去职位，就不要让辅公祏叛乱。"杜伏威走了以后，左游仙游说辅公祏造反，但是王雄诞掌握兵权，辅公祏无法动手。于是欺骗王雄诞说接到杜伏威的信，信中怀疑王雄诞有二心，王雄诞听了不高兴，称病不到衙门办事，辅公祏趁机夺取他的兵权，派遣他的同党西门君仪告诉王雄诞造反的计划。王雄诞才醒悟并感到后悔，说："现在天下刚刚平定，吴王（杜伏威封吴王）又在京师长安，大唐军队的威力，所向披靡，怎么可以无缘无故自取灭族的灾祸呢！我王雄诞只有死，不敢听从命令。如今跟随你造反，不过延长百日的性命罢了，大丈夫怎能吝惜短暂的生命而自陷于不义呢！"辅公祏知道不能让他屈服，于是将他吊死。王雄诞善于安抚士兵，士兵为他拼死效力，且纪律严明，每次攻克城邑，秋毫无犯，他死的那一天，江南士兵以及百姓都为他流泪。辅公祏又欺骗说杜伏威不能返回江南，寄信来命他起兵，大量修治铠甲兵器，运送储备粮食、军备。不久在丹杨称帝，国号宋，修复陈国旧有的宫室居住，设立百官，任用左游仙做兵部尚书、东南道大使、越州总管，和张善安联合，任用张善安做西南道大行台。

己未，突厥寇原州。

乙丑，诏襄州道行台仆射赵郡王孝恭以舟师趣江州，岭南道大使李靖以交、广、泉、桂之众趣宣州，怀州总管黄君汉出谯、亳，齐州总管李世勣出淮、泗，以讨辅公祏。孝恭将发，与诸将宴集，命取水，忽变为血，在坐皆失色，孝恭举止自若，曰："此乃公祏授首之征也！"饮而尽之，众皆悦服。

丙寅，吐谷浑内附。

辛未，突厥陷原州之善和镇；癸酉，又寇渭州。

高开道以奚侵幽州，州兵击却之。

【译文】己未日（十六日），突厥进犯原州。

乙丑日（二十二日），唐高祖诏命襄州道行台仆射赵郡王李孝恭率领水军急往江州，岭南道大使李靖率领交、广、泉、桂的军兵急往宣州，怀州总管黄君汉取道谯、亳两地出兵，齐州总管李世勣取道淮、泗出兵来征讨辅公祏。李孝恭将要出发，和诸将举行宴会，命人取水来，水突然变成血，在座的人都惊慌失色，李孝恭举止自如，说："这乃是辅公祏献出首级的征兆！"一口喝下去，众人都心悦诚服。

丙寅日（二十三日），吐谷浑前来归降。

辛未日（二十八日），突厥攻克原州的善和镇；癸酉日（三十日），又进犯渭州。

高开道率领奚兵侵略幽州，州兵将他打退。

九月，丙子，太子班师。

戊子，辅公祏遣其将徐绍宗寇海州，陈政通寇寿阳。

邛州獠反，遣沛公郑元璹讨之。

庚寅，突厥寇幽州。

壬辰，诏以秦王世民为江州道行军元帅。

乙未，窦伏明以沙州降。

高昌王麴伯雅卒，子文泰立。

丙申，渝州人张大智反，刺史薛敬仁弃城走。

壬寅，高开道引突厥二万骑寇幽州。

突厥恶弘农公刘世让为己患，遣其臣曹般陁来，言世让与可汗通谋，欲为乱，上信之。冬，十月，丙午，杀世让，籍没其家。

秦王世民犹在并州，己未，诏世民引军还。

【译文】九月，丙子日（初三），唐太子调回军队。

戊子日（十五日），辅公祏派遣他的将领徐绍宗进犯海州，陈政通进犯寿阳。

邛州獠造反，唐高祖派遣沛公郑元璹讨伐他。

庚寅日（十七日），突厥进犯幽州。

壬辰日（十九日），唐高祖诏命任用秦王李世民做江州道行军元帅。

乙未日（二十二日），窦伏明献出沙州投降唐。

高昌王麴伯雅去世，他的儿子文泰继位为王。

丙申日（二十三日），渝州人张大智造反，刺史薛敬仁弃城逃跑。

壬寅日（二十九日），高开道率领突厥两万骑进犯幽州。

突厥痛恨弘农公刘世让成为自己的患害，派遣臣下曹般陁来唐，说刘世让和突厥可汗通谋，想要叛乱，唐高祖相信了。冬季，十月，丙午日（初四），杀死刘世让，没收他的家产。

秦王李世民还在并州，己未日（十七日），唐高祖诏命李世民领军返回京师。

上幸华阴。

张大智侵涪州，刺史田世康等讨之，大智以众降。

初，上遣右武侯大将军李高迁助朔州总管高满政守马邑，苑君璋引突厥万馀骑至城下，满政击破之。颉利可汗怒，大发兵攻马邑。高迁惧，帅所部二千人斩关宵遁，虏邀之，失亡者半。颉利自帅众攻城，满政出兵御之，或一日战十馀合。上命行军总管刘世让救之，至松子岭，不敢进，还保崞城。会颉利遣使求婚，上曰："释马邑之围，乃可议婚。"颉利欲解兵，义成公主固请攻之。颉利以高开道善为攻具，召开道，与之攻马邑甚急。颉利诱满政使降，满政骂之。粮且尽，救兵未至，满政欲溃围走朔州，右虞候杜士远以虏兵盛，恐不免，壬戌，杀满政降于突厥，苑君璋复杀城中豪杰与满政同谋者三十馀人。上以满政子玄积为上柱国，袭爵。丁卯，突厥复请和亲，以马邑归唐；上以将军秦武通为朔州总管。

【译文】唐高祖临幸华阴。

张大智进犯涪州，刺史田世康等人出兵讨伐，张大智率众投降。

起初，唐高祖派遣右武侯大将军李高迁协助朔州总管高满政防守马邑，苑君璋率领突厥万余骑攻到城下，高满政将他们击败。颉利可汗发怒，调动大军进攻马邑。李高迁害怕，率领部下两千人斩开城门趁夜逃跑，突厥人截击他，散失逃跑的兵卒有一半。颉利可汗亲自率领士兵攻城，高满政出兵抵御，有时一天交战十几回合。唐高祖命令行军总管刘世让派兵救援，到达松子岭，不敢进兵，调回军队防守崞城。遇上颉利可汗派遣使者求婚，唐高祖说："解除马邑的包围，才可商议婚事。"颉利可汗要撤走围兵，义成公主坚决请求攻城。颉利可汗因为高开道精于制作攻城武器，召来高开道，和他一起猛烈攻打马邑。颉利可汗招诱高满政投降，高满政大骂颉利。马邑城中军粮将要用尽，救兵还没有到达，高满政想要突围逃往朔州，右虞候杜士远因为敌军强盛，担心难免失败被杀，壬戌日（二十日），杜士远杀死高满政投降突厥，苑君璋又杀死城中豪杰和与高满政同谋的三十多人。唐高祖任用高满政的儿子高玄积做上柱国，承袭父亲的爵位。丁卯日（二十五日），突厥再次请求和谈结亲，将马邑归返唐国，唐高祖任用将军秦武通做朔州总管。

突厥数为边患，并州大总管府长史窦静表请于太原置屯田以省馈运；议者以为烦扰，不许。静切论不已，敕征静入朝，使与裴寂、萧瑀、封德彝相论难于上前，寂等不能屈，乃从静议，岁收谷数千斛，上善之，命检校并州大总管。静，抗之子也。十一月，辛巳，秦王世民复请增置屯田于并州之境，从之。

黄州总管周法明将兵击辅公祏，张善安据夏口，拒之。法明屯荆口镇，壬午，法明登战舰饮酒，善安遣刺客数人诈乘鱼艒而至，见者不以为虞，遂杀法明而去。

甲申，舒州总管张镇周等击辅公祏将陈当世于猷州之黄沙，大破之。

丁亥，上校猎于华阴。己丑，迎劳秦王世民于忠武顿。

【译文】突厥多次侵略边境，唐并州大总管府长史窦静上表请求在太原驻扎军队从事垦殖，来节省转运费用，参议的人认为太过麻烦，没有答应。窦静极力地陈述此事，唐高祖诏敕征召窦静入朝，让他和裴寂、萧瑀、封德彝在自己面前辩论诘难，裴寂等人的说法不能让人信服，于是采纳窦静的意见，每年收获谷数千斛，唐高祖非常赞赏他，任命他为检校并州大总管。窦静，是窦抗的儿子。十一月，辛巳日（初九），秦王李世民再次请求在并州境内增设屯田军队，唐高祖答应了。

唐黄州总管周法明领军攻打辅公祏，张善安占据夏口，出兵抵拒。周法明屯兵在荆口镇，壬午日（初十），周法明登上战船饮酒，张善安派遣几名刺客假装渔民乘渔船而来，看到的人毫不在意，最终杀了周法明而后离去。

甲申日（十二日），唐舒州总管张镇周等在猷州的黄沙进攻辅公祏的部将陈当世，将他打得大败。

丁亥日（十五日），唐高祖在华阴围猎。己丑日（十七日），唐高祖在忠武顿迎接慰劳秦王李世民。

十二月，癸卯，安抚使李大亮诱张善安，执之。大亮击善安于洪州，与善安隔水而陈，遥相与语。大亮谕以祸福，善安曰："善安初无反心，正为将士所误；欲降，又恐不免。"大亮曰："张总管有降心，则与我一家耳。"因单骑渡水入其陈，与善安执手共语，示无猜间。善安大悦，遂许之降。既而善安将数十骑诣大亮营，大亮止其骑于门外，引善安入，与语，久之，善安辞去，大亮命武士执之，从骑皆走。善安营中闻之，大怒，悉众而来，将攻大亮。大亮使人谕之曰："吾不留总管。总管赤心归国，谓我曰：'若还营，恐将士或有异同，为其所制。'故自留不去耳，卿辈何怒于我！"其党复大骂曰："张总管卖我以自媚于人。"遂皆溃去。大亮追击，多所虏获。送善安于长安，善安自称不与辅公祏交通，上赦其罪，善遇之；及公祏败，得所与往还书，乃杀之。

甲寅，车驾至长安。

己巳，突厥寇定州，州兵击走之。

庚申，白简、白狗羌并遣使入贡。

【译文】十二月，癸卯日（初二），唐安抚使李大亮诱骗张善安，将他逮捕。李大亮在洪州攻打张善安，和张善安隔水布阵，遥相对话。李大亮拿祸福规劝他，张善安说："我当初没有反叛的心意，是被将士所逼迫的，想要投降又担心免不了死罪。"李大亮说："张总管有投降的心意，就和我是一家人了。"李大亮因而单骑渡水进入张善安的阵地，和张善安握手谈话，表示没有猜疑。张善安大为高兴，于是答应投降。不久张善安带领数十骑前往李大亮军营，李大亮阻止从骑进入营门，请张善安入营，和他说话。过了很久，张善安辞别，李大亮命令武士拘捕他，从骑全都逃走。张善安的军中听到这个消息，非常生气，出动全军而来，将要攻打李大亮。李大亮派人告诉他们说："我没有留住总管。总管诚心归顺，他对我说：'假如返回军营，担心将士有不同的意见，会被他们牵制。'因而自愿留下不回去的，你们为什么对我生气？"张善安的同党又大骂说："张总管出卖我们来讨好别人。"于是军兵全都溃散离去。李大亮派军追击，俘获很多。解送张善安到长安，张善安说没有和辅公祏来往，唐高祖赦免他的罪，善待他，等到辅公祏失败，查到他和辅公祏往来的书信，才将他杀死。

甲寅日（十三日），唐高祖车驾到达长安。

己巳日（二十八日），突厥进犯定州，州兵赶走他们。

庚申日（十九日），白简、白狗羌同时派遣使节入贡。

武德七年(甲申，公元六二四年)春，正月，依周、齐旧制，每州置大中正一人，掌知州内人物，品量望第，以本州门望高者领之，无品秩。

壬午，赵郡王孝恭击辅公祏别将于枞阳，破之。

庚寅，邹州人邓同颖杀刺史李士衡反。

丙申，以白狗等羌地置维、恭二州。

二月，辛丑，辅公祏遣兵围猷州，刺史左难当婴城自守。安抚使李大亮引兵击公祏，破之。赵郡王孝恭攻公祏鹊头镇，拔之。

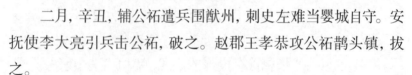

【译文】 武德七年（甲申，公元624年）春季，正月，唐按照周、齐旧有制度，每州设立大中正一人，掌管了解州中的人物，品评衡量家族的门第等级，由本州门第声望最高的人担任，没有品级俸禄。

壬午日（十一日），唐赵郡王李孝恭在枞阳进攻辅公祏的副将，击败他。

庚寅日（十九日），邹州人邓同颖杀死刺史李士衡造反。

丙申日（二十五日），唐在白狗等羌族地区设置维、恭二州。

二月，辛丑日（初一），辅公祏派军围攻猷州，刺史左难当绕城池坚守。唐安抚使李大亮率军攻击辅公祏，击败辅公祏。赵郡王李孝恭进攻辅公祏的鹊头镇，攻克了鹊头镇。

丁未，高丽王建武遣使来请班历。遣使册建武为辽东郡王、高丽王；以百济王夫馀璋为带方郡王，新罗王金真平为乐浪郡王。

始州獠反，遣行台仆射窦轨讨之。

己酉，诏："诸州有明一经以上未仕者，咸以名闻；州县及乡皆置学。"

壬子，行军副总管权文诞破辅公祏之党于猷州，拔其枚洄等四镇。

丁巳，上幸国子学，释奠；诏诸王公子弟各就学。

戊午，改大总管为大都督府。

【译文】丁未日（初七），高丽王建武派遣使者来请求颁赐历法。唐派遣使者册封建武做辽东郡王、高丽王。册封百济王夫馀璋做带方郡王，新罗王金真平做乐浪郡王。

始州獠造反，唐派遣行台仆射窦轨讨伐。

己酉日（初九），唐颁布诏令："各州有通晓一种以上经书而没有出仕的人，都将其姓名上报奏闻。州县及乡都设置学校。"

壬子日（十二日），唐行军副总管权文诞在猷州击败辅公祏的同党，攻陷枚洄等四镇。

丁巳日（十七日），唐高祖驾临国子监，举行释奠之礼。唐高祖诏命诸位王公子弟各依年龄分别入学。

戊午日（十八日），唐改大总管为大都督府。

己未，高开道将张金树杀开道来降。开道见天下皆定，欲降，自以数反覆，不敢；且恃突厥之众，遂无降意。其将卒皆山东人，思乡里，咸有离心。开道选勇敢士数百，谓之假子，常直閤内，使金树领之。故刘黑闼将张君立亡在开道所，与金树密谋取开道。金树遣其党数人入閤内，与假子游戏，向夕，潜断其弓弦，藏刀槊于床下，合瞑，抱之趋出，金树师其党大噪，攻开道閤，假子将御之，而弓弦皆绝，刀槊已失，争出降；君立亦举火于外与相应，内外惶扰。开道知不免，乃擐甲持兵坐堂上，与妻妾奏乐酣饮，众惮其勇，不敢逼。天且明，开道缢妻妾及诸子，乃自杀。金树陈兵，悉收假子斩之，并杀君立，死者五百馀人。遣使来降，诏以其地置妫州。壬戌，以金树为北燕州都督。

戊辰，洋、集二州獠反，陷隆州晋城。

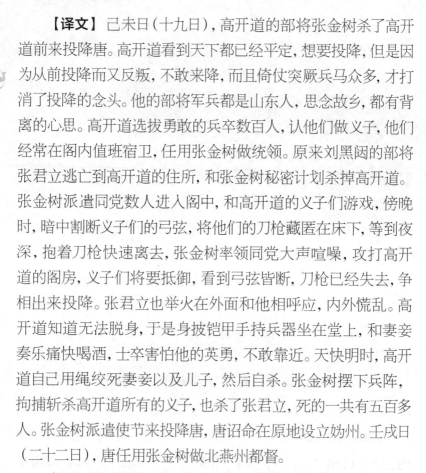

【译文】己未日（十九日），高开道的部将张金树杀了高开道前来投降唐。高开道看到天下都已经平定，想要投降，但是因为从前投降而又反叛，不敢来降，而且倚仗突厥兵马众多，才打消了投降的念头。他的部将军兵都是山东人，思念故乡，都有背离的心思。高开道选拔勇敢的兵卒数百人，认他们做义子，他们经常在阁内值班宿卫，任用张金树做统领。原来刘黑闼的部将张君立逃亡到高开道的住所，和张金树秘密计划杀掉高开道。张金树派遣同党数人进入阁中，和高开道的义子们游戏，傍晚时，暗中割断义子们的弓弦，将他们的刀枪藏匿在床下，等到夜深，抱着刀枪快速离去，张金树率领同党大声喧噪，攻打高开道的阁房，义子们将要抵御，看到弓弦皆断，刀枪已经失去，争相出来投降。张君立也举火在外面和他相呼应，内外慌乱。高开道知道无法脱身，于是身披铠甲手持兵器坐在堂上，和妻妾奏乐痛快喝酒，士卒害怕他的英勇，不敢靠近。天快明时，高开道自己用绳绞死妻妾以及儿子，然后自杀。张金树摆下兵阵，拘捕斩杀高开道所有的义子，也杀了张君立，死的一共有五百多人。张金树派遣使节来投降唐，唐诏命在原地设立妫州。壬戌日（二十二日），唐任用张金树做北燕州都督。

戊辰日（二十八日），洋、集二州獠造反，攻陷隆州晋城。

是月，太保吴王杜伏威薨。辅公祏之反也，诈称伏威之命以绐其众。及公祏平，赵郡王孝恭不知其诈，以状闻；诏追除伏威名，籍没其妻子。及太宗即位，知其冤，赦之，复其官爵。

三月，初定令，以太尉、司徒、司空为三公，次尚书、门下、中书、秘书、殿中、内侍为六省，次御史台，次太常至太府为九寺，次将作监，次国子学，次天策上将府，次左、右卫至左、右领卫为十四卫；东宫置三师、三少、詹事及两坊、三寺、十率府；王、公置府佐、国官，公主置邑司，并为京职事官。州、县、镇、戍为外职事官。自开府议同三司至将仕郎二十八阶，为文散官；票骑大将军至陪戎副尉三十一阶，为武散官；上柱国至武骑尉十二等，为勋官。

丙戌，赵郡王孝恭破辅公祏于芜湖，拔梁山等三镇。辛卯，安抚使任瑰拔扬子城，广陵城主龙龛降。

【译文】当月，太保吴王杜伏威去世。辅公祏造反的时候，诈称杜伏威的命令来欺骗士卒。等到平定辅公祏，赵郡王李孝恭不知辅公祏的欺诈，上奏向唐高祖报告，唐高祖诏命追除杜伏威的爵名，没收他的妻子儿女，作为官府奴婢。等到太宗即位，知道杜伏威被冤屈，赦免他的罪，恢复了他的官爵。

三月，唐初次定令，以太尉、司徒、司空为三公，其次是尚书、门下、中书、秘书、殿中、内侍六个省，其次是御史台，其次是太常至太府九寺，其次是将作监，其次是国子学，其次是天策上将府，其次是左、右卫至左、右领卫等十四卫。东宫设置三师、三少、詹事以及两坊、三寺、十率府。王、公设置府佐、国官。公主设置邑司，以上部门官员均为京城职事官。州、县、镇、戍的官员为京外职事官。从开府仪同三司至将仕郎，共二十八阶，为文散官。骠骑大将军至陪戎副尉共三十一阶，为武散官。上柱国至武骑尉共十二等，为勋官。

丙戌日（十六日），赵郡王李孝恭在芜湖击败辅公祏，攻陷梁山等三镇。辛卯日（二十一日），唐安抚使任瑰攻克扬子城，广陵城城主龙龛投降唐。

丁酉，突厥寇原州。

戊戌，赵郡王孝恭克丹杨。

先是，辅公祏遣其将冯慧亮、陈当世将舟师三万屯博望山，陈正通、徐绍宗将步骑二万屯青林山，仍于梁山连铁锁以断江路，筑却月城，延袤十馀里，又结垒江西以拒官军。孝恭与李靖帅舟师次舒州，李世勣帅步卒一万渡淮，拔寿阳，次硖石。慧亮等坚壁不战，孝恭遣奇兵绝其粮道，慧亮等军乏食，夜，遣兵薄孝恭营，孝恭安卧不动。孝恭集诸将议军事，皆曰："慧亮等拥强兵，据水陆之险，攻之不可猝拔，不如直指丹杨，掩其巢穴。丹杨既溃，慧亮等自降矣！"孝恭将从其议，李靖曰："公祏精兵虽在此水陆二军，然后自将亦为不少，今博望诸栅尚不能拔，公祏保据石头，岂易取哉！进攻丹杨，旬月不下，慧亮等蹑吾后，腹背受敌，此危道也。慧亮、正通皆百战馀贼，其心非不欲战，正以公祏立计使之持重，欲以老我师耳。我今攻其城以挑之，一举可破也！"孝恭然之，使羸兵先攻贼垒而勒精兵结陈以待之。攻垒者不胜而走，贼出兵追之，行数里，遇大军，与战，大破之。阚棱免胄谓贼众曰："汝曹不识我邪？何敢来与我战！"贼众多棱故部曲，皆无斗志，或有拜者，由是遂败。孝恭、靖乘胜逐北，转战百馀里，博山、青林两戍皆溃，慧亮、正通等遁归，杀伤及溺死者万馀人。李靖兵先至丹杨，公祏大惧，拥兵数万，弃城东走，欲就左游仙于会稽，李世勣追之。公祏至句容，从兵能属者才五百人，夜，宿常州，其将吴骚等谋执之。公祏觉之，弃妻子，独将腹心数十人，斩关走。至武康，为野人所攻，西门君仪战死。执公祏，送丹杨枭首，分捕馀党，悉诛之，江南皆平。

【译文】丁酉日（二十七日），突厥进犯原州。

戊戌日（二十八日），赵郡王李孝恭攻陷丹杨。

起初，辅公祏派遣部将冯慧亮、陈当世带领三万水军驻扎博望山，陈正通、徐绍宗带领步骑两万驻扎青林山，并在梁山连接铁锁来断绝江路，修筑却月城，绵延周长十几里，又在长江西面联结堡垒来抗拒唐军。李孝恭和李靖统率水军驻扎在舒州，李世勣率领步兵一万渡过淮水，攻克寿阳，驻扎在硖石。冯慧亮等坚守营壁不出战，李孝恭派遣奇兵断绝他们的粮道，冯慧亮等军队缺少粮食，趁着夜晚，派军迫近李孝恭的军营，李孝恭固守不出兵。李孝恭召集诸将商讨军事，都说："冯慧亮等人拥有强兵，据守水陆的险要之地，进攻他无法很快攻下，不如进兵直取丹杨，掩袭他们的巢穴，丹杨一被攻破，冯慧亮等人自然投降！"李孝恭将要听从他们的建议，李靖说："辅公祏的精兵虽然在这水、陆二军，但他亲自统领的也不少，如今博望的各个营垒尚且不能攻取，辅公祏据守石头，难道是容易攻取的吗？进攻丹杨，一旬乃至一月攻不下，冯慧亮追踪掩袭我军后方，我军腹背受敌，这是一条危险的道路。冯慧亮、陈正通都是身经百战的贼寇，他们并非不想出战，只是因为辅公祏的计划中让他们不要轻举妄动，想要以此疲劳我们的军队罢了。我们现在攻城并且向他们挑战，一举可以攻破！"李孝恭认同李靖的看法，派遣羸弱的兵卒先进攻贼营，而自己则指挥精兵布好阵势等待贼军。进攻营垒的人无法取胜逃回，贼人出兵追赶，前行几里，遇上唐朝大军，唐军和他们交战，大败贼军。阚棱摘下头盔对贼众说："你们不认识我吗？凭什么敢来和我作战！"贼人多数是阚棱的旧部下，大家没有斗志，有的人立即叩拜，因此贼军失败。李孝恭、李靖乘胜追赶败兵，辗转交战百余里，博山、青林两地的防守全都崩溃，冯慧亮、陈正通等人逃回，被杀伤以及溺死的士卒有一万多人。李靖的军队先到丹杨，辅公祏大为恐惧，领兵数万，弃城向东逃跑，想要前往会稽归附左游仙，李世勣追逐他。辅公祐逃到句容县，跟随的兵卒能够作战的才五百人，当夜，辅公祐住宿在常州，部将吴骚等人计划要拘捕他。被辅公祐发觉，抛弃妻子儿女，独自带领心腹数十人，砍开城门逃走。逃到武康，遭到农民攻击，西门君仪战死，辅公祐被生擒，送往丹杨砍头，唐军分别拘捕余党，全部处死，江南全部平定。

己亥，以孝恭为东南道行台右仆射，李靖为兵部尚书。顷之，废行台，以孝恭为扬州大都督，靖为府长史。上深美靖功，曰："靖，萧、辅之膏肓也。"

阚棱功多，颇自矜伐。公祐诬棱与己通谋。会赵郡王孝恭籍没贼党田宅，棱及杜伏威、王雄诞田宅在贼境者，孝恭并籍没之；棱自诉理，忤孝恭，孝恭怒，以谋反诛之。

夏，四月，庚子朔，赦天下。是日，颁新律令，比开皇旧制增新格五十三条。

【译文】己亥日（二十九日），唐高祖任用李孝恭做东南道行台右仆射，李靖做兵部尚书。不久，唐废除行台，唐高祖任用李孝恭做扬州大都督，李靖做府长史。唐高祖大大地赞美李靖的功劳，说道："李靖是萧铣、辅公祐的克星。"

阚棱功劳大，很有骄傲的表现。辅公祐诬陷阚棱和自己私通谋反。恰好遇上赵郡王李孝恭没收贼党的房宅田产，阚棱以及杜伏威、王雄诞在贼境的田宅，李孝恭也一并没收。阚棱自己申诉说明，违逆了李孝恭，李孝恭发怒，用谋反的罪名将他处死。

夏季，四月，庚子朔日（初一），唐高祖大赦天下。当天颁布新的律令，比隋朝开皇旧制增加新律令五十三条。

初定均田租、庸、调法：丁、中之民，给田一顷，笃疾减什之六，寡妻妾减七；皆以什之二为世业，八为口分。每丁岁入租粟二石。调随土地所宜，绫、绢、絁、布，岁役二旬；不役则收其佣，日三尺；有事而加役者，旬有五日，免其调；三旬，租、调俱免。水旱虫霜为灾，什损四以上免租，损六以上免调，损七已上课役俱免。凡民赀业分九等。百户为里，五里为乡，四家为邻，四邻为保。在城邑者为坊，田野者为村。食禄之家，无得与民争利；工商杂类，无预士伍。男女始生为黄，四岁为小，十六为中，二十为丁，六十为老。岁造计帐，三年造户籍。

【译文】唐初次制定均田租、庸、调的办法：每位丁男、中男，给一顷田，有严重疾病的减去十分之六，寡妇减去十分之七，所有授田都以十分之二作为永世的田产，十分之八收入官家，再分给别人。每丁每年缴纳官家的田租为粟米二石。调按照乡村的物产情况，分别缴纳绫、绢、絁各二丈，布加五分之一，缴纳绫、绢、絁的，兼调绵三两，输布的加麻三斤。每位男丁每年要服役二十天，不服役的就收取佣值，每日纳绢三尺；有事而增加劳役的，服役十五日，免除应交的调；服役三十天的，租、调都免除。如果遇到水旱虫霜灾害，十分损失四分以上的免除租，损失六分以上的免除调，损失七分以上的租调以及劳役，全都蠲免。百姓的资业分为上中下，各有三等，一共九等。一百户为一里，五里为一乡，四家为一邻，四邻为一保。在城邑的居住区为坊，在田野的居住区为村。官吏之家，有国家俸禄，不能和百姓争利；工商杂类人等，不能加入士人阶层。刚出生的男孩为黄口，四岁以上为小口，十六岁以上为中口，二十岁以上为男丁，六十岁以上为老年。每年编造关于人口田赋数目情况的簿册，三年编造一次户籍。

【乾隆御批】 均田盖仿井田遗意,然每丁各给一顷,生齿繁衍时,地将何出?且岁造计帐,予夺纷更,徒滋扰耳,宜乎?法创不久,寻即废格也。

【译文】 均田制大体上是仿照古代井田制的旧制,但是每个成丁各分给一顷田地,人口增加以后要分的土地将从哪里出呢?并且每年要造计账,按照增减多少不断进行更易修改,徒增麻烦罢了,适合吗?所以均田制在创立不久就被束之高阁,废止不用了。

丁未,党项寇松州。

庚申,通事舍人李凤起击万州反獠,平之。

五月,辛未,突厥寇朔州。

甲戌,羌与吐谷浑同寇松州。遣益州行台左仆射窦轨自翼州道,扶州刺史蒋善合自芳州道击之。

丙戌,作仁智宫于宜君。

丁亥,窦轨破反獠于方山,俘二万馀口。

【译文】丁未日(初八),党项进犯松州。

庚申日(二十一日),通事舍人李凤起进攻万州造反的獠人,最终平定万州。

五月,辛未日(初二),突厥进犯朔州。

甲戌日(初五),羌和吐谷浑一同侵犯松州,唐高祖派遣益州行台左仆射窦轨从翼州道,扶州刺史蒋善合从芳州道出兵攻打他们。

丙戌日(十七日),唐在宜君修建仁智宫。

丁亥日(十八日),窦轨在方山击败造反的獠人,俘获两万余人。

资治通鉴卷第一百九十一　唐纪七

起阏逢涒滩六月，尽柔兆阉茂八月，凡二年有奇。

【译文】起甲申（公元624年）六月，止丙戌（公元626年）八月，共两年两个月。

【题解】本卷记录了公元624年六月至626年八月的史事，共两年又两个月，正当唐高祖武德七年至九年。此时期，唐王朝已统一全国，只有北方突厥不断侵扰边疆，连续两次大规模入侵，秦王李世民大智大勇，与颉利可汗结盟立约，使突厥退兵。群雄已灭，唐统治阶层争权矛盾日益激化，太子李建成与齐王李元吉合谋陷害秦王李世民，由于李世民功高震主，唐高祖李渊倒向太子一边，形势逼迫李世民于唐高祖武德九年（公元六二六年），六月四日发动玄武门之变，诛杀太子李建成和齐王李元吉，武力夺权。李世民先是进位为太子，之后逼迫唐高祖退位为太上皇，李世民自己即皇帝位，完成了政变夺权，史称唐太宗。

高祖神尧大圣光孝皇帝下之上

武德七年（甲申，公元六二四年）六月，辛丑，上幸仁智宫避暑。

辛亥，泷州、扶州獠作乱，遣南尹州都督李光度等击平之。

丙辰，吐谷浑寇扶州，刺史蒋善合击走之。

壬戌，庆州都督杨文幹反。

初，齐王元吉劝太子建成除秦王世民，曰："当为兄手刃之！"世民从上幸元吉第，元吉伏护军宇文宝于寝内，欲刺世民；建成性颇仁厚，遽止之。元吉愠曰："为兄计耳，于我何有！"

建成擅募长安及四方骁勇二千馀人为东宫卫士，分屯左、右长林，号长林兵。又密使右虞候率可达志从燕王李艺发幽州突骑三百，置宫东诸坊，欲以补东宫长上，为人所告。上召建成责之，流可达志于巂州。

【译文】 武德七年（甲申，公元624年）六月，辛丑日（初三），唐高祖驾临仁智宫避暑。

辛亥日（二十三日），泷州、扶州的獠人叛乱，唐高祖派遣南尹州都督李光度等人去进攻并且平定他们。

丙辰日（十八日），吐谷浑进犯扶州，刺史蒋善合将他们赶走。

壬戌日（二十四日），庆州都督杨文干反叛朝廷。

起初，齐王李元吉规劝太子李建成除掉秦王李世民，说："我应该替哥哥亲自杀掉他！"李世民跟随唐高祖来到李元吉的住宅，李元吉将侍卫宇文宝埋伏在卧室之内，想要刺杀李世民，但李建成性情非常仁厚，很快阻止李元吉。李元吉生气地说："那只是替哥哥打算，对我有什么好处！"

李建成擅自募集长安以及四方骁勇两千多人担任东宫卫士，分别屯驻在左、右长林，号称长林兵。李建成又暗中命右虞候率可达志，从燕王李艺那里调来幽州能够冲锋陷阵的精锐骑兵三百人，布置于东宫的各个街坊，想要用他们来补充东宫长值宿卫。后来被人检举，唐高祖召来李建成责备一番，将可达志流放到巂州。

杨文干尝宿卫东宫，建成与之亲厚，私使募壮士送长安。
上将幸仁智宫，命建成居守，世民、元吉皆从。建成使元吉就图
世民，曰："安危之计，决在今岁。"又使郎将尔朱焕、校尉桥公
山以甲遗文干。二人至幽州，上变，告太子使文干举兵，使表里
相应；又有宁州人杜凤举亦诣宫言状。上怒，托他事，手诏召建
成，令诣行在。建成惧，不敢赴。太子舍人徐师謩劝之据城举
兵；詹事主簿赵弘智劝之贬损车服，屏从者，诣上谢罪，建成乃
诣仁智宫。未至六十里，悉留其官属于毛鸿宾堡，以十馀骑往见
上，叩头谢罪，奋身自掷，几至于绝。上怒不解，是夜，置之幕
下，饲以麦饭，使殿中监陈福防守，遣司农卿宇文颖驰召文干。
颖至庆州，以情告之，文干遂举兵反。上遣左武卫将军钱九陇与
灵州都督杨师道击之。

【译文】 杨文干曾经在东宫担任警卫，李建成和他关系亲
厚，私下让他招募壮士送往长安。唐高祖驾临仁智宫，命令李
建成居住防守，李世民、李元吉都随从。李建成让李元吉就便
图谋李世民，说："安危之计，决定在今年。"李建成又派遣郎
将尔朱焕、校尉桥公山将铠甲送给杨文干。二人来到幽州，上
报发生变故，告发太子命杨文干举兵，让他与自己内外相应。又
有宁州人杜凤举也到宫中申明谋反的情状。唐高祖发怒，假托
其他事情，手诏召请李建成，命令他来到行宫。李建成害怕，不
敢前去。太子舍人徐师蓄劝说他据城举兵；詹事主簿赵弘智劝
说他贬抑减损车服，摒除跟从的人，到唐高祖那儿谢罪，李建
成于是前往仁智宫。还没有走到六十里，将官属全部留在毛鸿
宾堡，率领十余骑前往谒见唐高祖，见了唐高祖，叩头谢罪，把
身子猛然用力撞了出去，差一点气绝。唐高祖怒气未消，当晚将
李建成安置在幕下，拿麦饭给他吃，命殿中监陈福看守，派司农

卿宇文颖急召杨文干。宇文颖到达庆州，将实情告诉杨文干，杨文干于是兴兵造反。唐高祖派左武卫将军钱九陇和灵州都督杨师道攻打他。

甲子，上召秦王世民谋之，世民曰："文干竖子，敢为狂逆，计府僚已应擒戮；若不尔，正应遣一将讨之耳。"上曰："不然。文干事连建成，恐应之者众。汝宜自行，还，立汝为太子。吾不能效隋文帝自诛其子，当封建成为蜀王。蜀兵脆弱，它日苟能事汝，汝宜全之；不能事汝，汝取之易耳！"

上以仁智宫在山中，恐盗兵猝发，夜，帅宿卫南出山外，行数十里，东宫官属将卒继至者，皆令三十人为队，分兵围守之。明日，复还仁智宫。

世民既行，元吉与妃嫔更迭为建成请，封德彝复为之营解于外，上意遂变，复遣建成还京师居守。惟责以兄弟不睦，归罪于太子中允王珪、左卫率韦挺、天策兵曹参军杜淹，并流于巂州。挺，冲之子也。初，洛阳既平，杜淹久不得调，欲求事建成。房玄龄以淹多狡数，恐其教导建成，益为世民不利，乃言于世民，引入天策府。

【译文】甲子日（二十六日），唐高祖召请秦王李世民谋划商议，李世民说："杨文干这小子，竟敢叛逆，用州府官吏已经足以擒获杀戮他，若不然，正应当派一个将领去讨伐他。"唐高祖说："不然。杨文干的事情牵连到李建成，恐怕响应的人众多。你应当亲自去征讨，返京后，立你为太子。我不能仿效隋文帝诛杀儿子，我当封李建成为蜀王。蜀兵脆弱，将来如果能顺从你，你应当保全他；不服从你，你攻取他也容易！"

唐高祖因为仁智宫在山中，担心盗匪突然发动，夜晚，率领

资治通鉴

192

宿卫南出山外，行军几十里，东宫官属将卒相继赶到，唐高祖命令他们三十人为一队，分派兵卒围守着他们。第二天再次返回仁智宫。

李世民已经出发，李元吉和妃嫔们轮流为李建成请命，封德彝再替他们在外面游说，唐高祖心意才转变，再次派李建成返京师居住防守。不过责怪他兄弟不和睦，归罪给太子中允王珪、左卫率韦挺、天策兵曹参军杜淹，将他们一齐流放到巂州。韦挺是韦冲的儿子。起初，洛阳已经平定，杜淹长久不能升迁，请求侍奉李建成。房玄龄认为杜淹为人诡诈，担心他教唆李建成，越发对李世民不利，于是告诉李世民，将他引入天策府。

突厥寇代州之武周城，州兵击破之。

秋，七月，己巳，苑君璋以突厥寇朔州，总管秦武通击却之。

杨文干袭陷宁州，驱掠吏民出据百家堡。秦王世民军至宁州，其党皆溃。癸酉，文干为其麾下所杀，传首京师。获宇文颖，诛之。

丁丑，梁师都行台白伏愿来降。

戊寅，突厥寇原州；遣宁州刺史鹿大师救之，又遣杨师道趋大木根山，邀其归路。庚辰，突厥寇陇州；遣护军尉迟敬德击之。

吐谷浑寇岷州。辛巳，吐谷浑、党项寇松州。

癸未，突厥寇阴盘。

甲申，扶州刺史蒋善合击吐谷浑于松州赤磨镇，破之。

己丑，突厥吐利设与苑君璋寇并州。

【译文】突厥进犯代州的武周城，州兵击败他们。

秋季，七月，己巳日（初一），苑君璋率领突厥兵进犯朔州，总管秦武通击退他们。

杨文干攻克宁州，驱赶劫掠官吏百姓出城，占据百家堡。秦王李世民的军队到达宁州，杨文干同党全都溃亡。癸酉日（初五），杨文干被部下杀死，将首级用传车送到京师。俘获宇文颖，将他诛杀。

丁丑日（初九），梁师都的行台白伏愿前来投降唐。

戊寅日（初十），突厥进犯原州，唐高祖派遣宁州刺史鹿大师出兵救援，又派遣杨师道前往大木根山截断他们的归路。庚辰日（十二日），突厥进犯陇州，唐高祖派遣护军尉迟敬德攻击他们。

吐谷浑进犯岷州。辛巳日（十三日），吐谷浑、党项进犯松州。

癸未日（十五日），突厥进犯阴盘。

甲申日（十六日），唐扶州刺史蒋善合在松州赤磨镇进攻吐谷浑，将他们击败。

己丑日（二十一日），突厥吐利设和苑君璋进犯并州。

【乾隆御批】 高祖无卓识，泥古而立建成。即当，有以处世民。及至文干通谋事发，已许废建成而立世民矣。顾乃外惑佞臣，内牵嬖妾，濡忍酿祸，谁执其咎哉？

【译文】 唐高祖没有远见卓识，拘泥古代的成规不知变通，而把李建成立为太子。即使这样做了，也该给李世民有个交代。到了杨文干合谋事发，唐高祖本已答应废掉李建成而立李世民为太子了，却又因外受奸佞迷惑，内受嬖幸妃嫔的牵掣，几乎酿成大祸。谁来承担这个责任呢？

甲子，车驾还京师。

或说上曰:"突厥所以屡寇关中者,以子女玉帛皆在长安故也。若焚长安而不都,则胡寇自息矣。"上以为然,遣中书侍郎宇文士及逾南山至樊、邓,行可居之地,将徒都之。太子建成、齐王元吉、裴寂皆赞成其策,萧瑀等虽知其不可而不敢谏。秦王世民谏曰:"戎狄为患,自古有之。陛下以圣武龙兴,光宅中夏,精兵百万,所征无敌,奈何以胡寇扰边,遽迁都以避之,贻四海之羞,为百世之笑乎!彼霍去病汉廷一将,犹志灭匈奴;况臣忝备藩维,愿假数年之期,请系颉利之颈,致之阙下。若其不效,迁都未晚。"上曰:"善。"建成曰:"昔樊哙欲以十万众横行匈奴中,秦王之言得无似之!"世民曰:"形势各异,用兵不同,樊哙小竖,何足道乎!不出十年,必定漠北,非敢虚言也!"上乃止。建成与妃嫔因共谮世民曰:"突厥虽屡为边患,得赂则退。秦王外托御寇之名,内欲总兵权,成其篡夺之谋耳!"

【译文】甲子日(七月无此日),唐高祖的车驾返回京师。

有人游说唐高祖说:"突厥多次侵犯关中的原因,是子女玉帛都在长安。如果焚毁长安而不在这里设都,那么胡寇自然平息。"唐高祖认为很对,派遣中书侍郎宇文士及翻过南山到樊、邓,巡视可以建都的地方,打算迁都到那儿。太子李建成、齐王李元吉、裴寂都赞成这个政策,萧瑀等人虽然知晓这个政策不行却不敢谏言。秦王世民进谏说:"戎狄成为祸患,自古已有。陛下凭借圣明英武,创建新的王朝,统辖着中原的领土,拥有百万精兵,到处讨伐并无敌手,怎么能够因为胡寇扰乱边地,就轻易迁都来躲避他,这样做将使天下人瞧不起,被后世的人讥笑!那霍去病只不过是汉朝一个将军,尚且立志消灭匈奴;何况臣忝为藩屏,希望给我几年时间,让我系着颉利的脖颈,牵着他来到阙下。假如无效,再迁都也不晚。"唐高祖说:"很好。"李建成说："以前樊哙想率领十万大军横行匈奴国中，秦王的话和他的讲法不是很像吗？"李世民说："形势各异，用兵不同，樊哙那个小子，不值得谈论！不超过十年，必定可以平定漠北，我不敢讲空话！"唐高祖于是停止大家的讨论，不再迁都。李建成和妃嫔因而一同谮毁李世民说："突厥虽然多次侵犯边境，但得到贿款就会退兵。秦王表面上假托抵御胡寇的名义，实际上想要总揽兵权，实现他篡夺王位的计谋罢了！"

　　上校猎城南，太子、秦、齐王皆从，上命三子驰射角胜。建成有胡马，肥壮而喜蹶，以授世民曰："此马甚骏，能超数丈涧。弟善骑，试乘之。"世民乘以逐鹿，马蹶，世民跃立于数步之外，马起，复乘之，如是者三，顾谓宇文士及曰："彼欲以此见杀，死生有命，庸何伤乎！"建成闻之，因令妃嫔谮之于上曰："秦王自言，我有天命，方为天下主，岂有浪死！"上大怒，先召建成、元吉，然后召世民入，责之曰："天子自有天命，非智力可求；汝求之一何急邪！"世民免冠顿首，请下法司案验。上怒不解，会有司奏突厥入寇，上乃改容劳勉世民，命之冠带，与谋突厥。闰月，己未，诏世民、元吉将兵出豳州以御，突厥，上饯之于兰池。上每有寇盗，辄命世民讨之，事平之后，猜嫌益甚。

　　【译文】唐高祖在城南围猎，太子、秦王、齐王全都跟从，唐高祖命令三个儿子骑快马射靶比较胜负。李建成有匹胡马，肥壮并且喜好尥蹶子，牵来给李世民说："这匹马很雄壮，能够跳越数丈宽的沟涧，弟弟非常善于骑术，可以试着骑乘它。"李世民乘着这匹马去追逐鹿，马跌倒，李世民跳跃而起立在数步之外，等到马站起，再骑上马背，如此这样前后有三次，回头对宇文士及说："他要用这匹马杀死我，但是死生有命，难道能够伤害我吗?”李建成听到这话,因而命令妃嫔对唐高祖进谗言说:“秦王自己说自己有天命,应当成为天下主,岂有滥死的道理!”唐高祖大怒,先召李建成、李元吉,然后召李世民进入,责备他说:“天子自有天命,非智力能够求得。你为什么这么急呢!”李世民脱冠叩头,请求交给法司调查。唐高祖怒气未消,遇上有司报告突厥进犯,唐高祖于是改变怒容慰劳勉励李世民,命令他戴冠系带,和他谋划攻取突厥的事情。闰月,己未日(二十一日),唐高祖诏命李世民、李元吉带兵出豳州抵御突厥,唐高祖在兰池为他们设宴饯行。每次国内有盗寇,唐高祖就命令李世民带兵去讨伐,但是军事平定之后,猜忌更深。

初,隋末,京兆韦仁寿为蜀郡司法书佐,所论囚至市,犹西向为仁寿礼佛然后死。唐兴,爨弘达帅西南夷内附,朝廷遣使抚之,类皆贪纵,远民患之,有叛者。仁寿时为嶲州都督长史,上闻其名,命检校南宁州都督,寄治越嶲,使之岁一至其地慰抚之。仁寿性宽厚,有识度,既受命,将兵五百人至西洱河,周历数千里,蛮、夷豪帅皆望风归附,来见仁寿。仁寿承制置七州、十五县,各以其豪帅为刺史、县令,法令清肃,蛮、夷悦服。将还,豪帅皆曰:“天子遣公都督南宁,何为遽去?”仁寿以城池未立为辞。蛮、夷即相帅为仁寿筑城,立廨舍,旬日而就。仁寿乃曰:“吾受诏但令巡抚,不敢擅留。”蛮、夷号泣送之,因各遣子弟入贡。壬戌,仁寿还朝,上大悦,命仁寿徙镇南宁,以兵戍之。

苑君璋引突厥寇朔州。

【译文】起初,隋末京兆韦仁寿担任蜀郡司法书佐,囚犯被判死刑押到市街接受斩决,还面向西方为韦仁寿祈福然后接受处斩。唐朝兴起,爨弘达率领西南夷归顺唐,朝廷派遣使者安抚他们，使者大都贪婪横暴，边境百姓厌恶他们，时常有反叛的人。韦仁寿当时担任巂州都督长史，唐高祖听到他的威名，任命他摄代南宁州都督，治所寄置在越巂，让他每年一次前往该地安抚慰问。韦仁寿性情宽厚，有见识器度，接受命令后，领兵五百人到西洱河，四处巡视数千里，蛮夷豪右渠帅全都望风归顺，前来谒见韦仁寿。韦仁寿承袭旧制设置七个州、十五个县，各自委派其豪右渠帅担任刺史、县令，法令清明严肃，蛮、夷都心悦诚服。将要返回京师时，豪帅们都说：“天子委派您都督南宁，为什么急于离去？”韦仁寿拿城池没有建立作为说辞。蛮、夷立即相率为韦仁寿修筑城池，建造署廨的屋舍，十日就完工。韦仁寿于是说：“我受诏命只是负责巡视抚慰，不敢擅自久留。”蛮、夷哭泣着送别他，各自派遣子弟入贡。壬戌日（二十四日），韦仁寿返回朝廷，唐高祖大为高兴，将韦仁寿调迁镇守南宁，率兵戍守该地区。

苑君璋引导突厥军队进犯朔州。

八月，戊辰，突厥寇原州。

己巳，吐谷浑寇鄯州。

壬申，突厥寇忻州，丙子，寇并州；京师戒严。戊寅，寇绥州，刺史刘大俱击却之。

【译文】八月，戊辰日（初一），突厥进犯原州。

己巳日（初二），吐谷浑进犯鄯州。

壬申日（初五），突厥进犯忻州，丙子日（初九），突厥进犯并州，京师长安实施戒严。戊寅日（十一日），突厥进犯绥州，刺史刘大俱将他们打退。

是时，颉利、突利二可汗举国入寇，连营南上，秦王世民引兵拒之。会关中久雨，粮运阻绝，士卒疲于征役，器械顿弊，朝廷及军中咸以为忧。世民与虏遇于幽州，勒兵将战。己卯，可汗帅万馀骑奄至城西，陈于五陇阪，将士震恐。世民谓元吉曰："今虏骑凭陵，不可示之以怯，当与之一战，汝能与我俱乎？"元吉惧曰："虏形势如此，奈何轻出，万一失利，悔可及乎！"世民曰："汝不敢出，吾当独往，汝留此观之。"世民乃帅骑驰诣虏陈，告之曰："国家与可汗和亲，何为负约，深入我地！我秦王也，可汗能斗，独出与我斗；若以众来，我直以此百骑相当耳。"颉利不之测，笑而不应。世民又前，遣骑告突利曰："尔往与我盟，有急相救；今乃引兵相攻，何无香火之情也！"突利亦不应。世民又前，将渡沟水，颉利见世民轻出，又闻香火之言，疑突利与世民有谋，乃遣止世民曰："王不须渡，我无它意，更欲与王申固盟约耳。"乃引兵稍却。是后霖雨益甚，世民谓诸将曰："虏所恃者弓矢耳，今积雨弥时，筋胶俱解，弓不可用，彼如飞鸟之折翼；吾屋居火食，刀槊犀利，以逸制劳，此而不乘，将复何待！"乃潜师夜出，冒雨而进，突厥大惊。世民又遣说突利以利害，突利悦，听命。颉利欲战，突利不可，乃遣突利与其夹毕特勒阿史那思摩来见世民，请和亲，世民许之。思摩，颉利之从叔也。突利因自托于世民，请结为兄弟；世民亦以恩意抚之，与盟而去。

【译文】当时，颉利、突利二位可汗调动全国军队进犯，连营南下，秦王李世民领兵抵拒。碰上关中长久下雨，粮食运输阻隔断绝，士兵疲于征战徭役，器械钝破，朝廷以及军中都将此当作忧虑。李世民和敌人在幽州遭遇，整兵再战。己卯日（十二日），可汗率领万馀骑突至城西，在五陇阪摆开军阵，将士震动害怕。李世民对李元吉说："今日敌骑倚仗山陵，我军不可表现出怯懦，应该和他做一次决战，你能和我并肩作战吗？"李元吉害怕说："敌人拥有如此有利的形势，怎么可以轻易出兵，万一失利，后悔还来得及吗？"李世民说："你不敢出兵，我当独自前去，你留在这里观战。"李世民于是率领骑兵急往敌阵，告诉他们说："国家已与可汗和亲，为什么背约，侵犯我国土地？我是秦王，可汗能战斗的，单独出来与我战斗，如果派众军前来，我也只凭此百骑抵挡。"颉利可汗无法猜测李世民的用意，微笑而不回应。李世民又进前，派遣骑兵告诉突利可汗说："你从前和我是同盟，有急事相互救援。而今竟然领兵讨伐我，为什么没有香火之情呢？"突利可汗也不回应。李世民又进前，将要渡过沟水，颉利可汗看李世民轻骑而出，又听到香火之言，疑心突利可汗和李世民有过计谋，于是派人阻止李世民说："秦王不必渡水过来，我没有别的意思，只是和秦王重申坚固盟约罢了。"于是率领军队稍为退却。此后雨下得更大，李世民对各位将领说："敌人倚仗的是弓箭，而今下雨多时，弓弦胶液全都融解松弛，弓箭已经不能用，他们好像飞鸟断了翅膀，而我们住在房屋里，吃着熟食，刀矛仍旧犀利，用轻松来对抗疲劳，如果不趁此良机，还要更待何时！"于是趁着夜晚出兵，冒雨进攻，突厥大吃一惊。李世民又派人游说突利，晓以利害，突利可汗心中高兴，愿意听从命令。颉利可汗要出战，突利可汗不赞同，于是派遣突利可汗和他的夹毕特勒（突厥的重官）阿史那思摩来谒见李世民，请求和亲，李世民应允。思摩，是颉利可汗的叔叔。突利可汗因而自愿归顺李世民，请求结为兄弟，李世民也用恩意安抚他，突利可汗和李世民结盟而后离去。

庚寅，岐州刺史柴绍破突厥于杜阳谷。

壬申，突厥阿史那思摩入见，上引升御榻，慰劳之。思摩貌类胡，不类突厥，故处罗疑其非阿史那种，历处罗、颉利世，常为夹毕特勒，终不得典兵为设。既入朝，赐爵和顺王。

丁酉，遣左仆射裴寂使于突厥。

九月，癸卯，日南人姜子路反，交州都督王志远击破之。

癸卯，突厥寇绥州，都督刘大俱击破之，获特勒三人。

冬，十月，己巳，突厥寇甘州。

辛未，上校猎于鄠之南山；癸酉，幸终南。

吐谷浑及羌人寇叠州，陷合川。

丙子，上幸楼观，谒老子祠；癸未，以太牢祭隋文帝陵。十一月，丁卯，上幸龙跃宫；庚午，还宫。

太子詹事裴矩权检校侍中。

【译文】庚寅日（二十三日），唐岐州刺史柴绍在杜阳谷击败突厥。

壬申日（初五），突厥阿史那思摩入朝谒见唐高祖，唐高祖请他登上天子坐的床，慰劳他。思摩相貌像胡人，不像突厥人，因而处罗可汗怀疑他不是阿史那种，所以他虽历经处罗、颉利两朝，一直担任夹毕特勒，却始终不能掌握兵权。思摩来到朝廷，唐高祖赐爵和顺王。

丁酉日（三十日），唐高祖派遣左仆射裴寂出使突厥。

九月，癸卯日（初六），日南人姜子路叛乱，唐交州都督王志远将他打败。

癸卯日（初六），突厥进犯绥州，都督刘大俱击败他们，俘虏三位特勒。

冬，十月，己巳日（初三），突厥进犯甘州。

辛未日（初五），唐高祖在鄠县南山围猎；辛酉日（初七），唐高祖驾临终南。

吐谷浑及羌人进犯叠州，攻克合川。

丙子日（初十），唐高祖临幸楼观，谒见老子祠。癸未日（十七日），唐高祖用太牢祭祀隋文帝的陵墓。十一月，丁卯日（十一月无此日），唐高祖驾临龙跃宫；庚午日（十一月无此日），唐高祖返回皇宫。

太子詹事裴矩暂时代理侍中。

武德八年（乙酉，公元六二五年）春，正月，丙辰，以寿州都督张镇周为舒州都督。镇周以舒州本其乡里，到州，就故宅多市酒肴，召亲戚故人，与之酺宴，散发箕距，如为布衣时，凡十日。既而分赠金帛，泣与之别，曰：“今日张镇周犹得与故人欢饮，明日之后，则舒州都督治百姓耳，君民礼隔，不复得为交游。”自是亲戚故人犯法，一无所纵，境内肃然。

丁巳，遣右武卫将军段德操徇夏州地。

吐谷浑寇叠州。

是月，突厥、吐谷浑各请互市，诏皆许之。先是，中国丧乱，民乏耕牛，至是资于戎狄，杂畜被野。

【译文】武德八年（乙酉，公元625年）春季，正月，丙辰日（二十一日），唐高祖任用寿州都督张镇周做舒州都督。张镇周因为舒州原是他的故乡，回到舒州，就在故居买了许多酒菜，宴请亲戚和老朋友，与他们畅饮，散发箕坐，一点没有官僚气，就像平民一样，前后一共十天。不久分别赠送他们黄金布帛，哭着和他们道别，说：“今日张镇周尚能和老朋友欢饮，明日之后，就以舒州都督的身份治理你们，官民之间的礼数不同，不能再像朋友一般交往。"从此亲戚和老朋友犯法也毫不纵容,舒州境内都特别恭敬他。

丁巳日(二十二日),唐高祖派遣右武卫将军段德操伺机攻取夏州地区。

吐谷浑进犯叠州。

这一月,突厥、吐谷浑各自请求和唐互通贸易,唐高祖诏命全部应允。先前,中国动乱,百姓缺乏耕牛,到这时购买戎狄的牛马,各种牲畜遍布郊野。

夏,四月,乙亥,党项寇渭州。

甲申,上幸鄠县,校猎于甘谷,营太和宫于终南山;丙戌,还宫。

西突厥统叶护可汗遣使请婚,上谓裴矩曰:"西突厥道远,缓急不能相助,今求婚,何如?"对曰:"今北寇方强,为国家今日计,且当远交而近攻,臣谓宜许其婚以威颉利;俟数年之后,中国完实,足抗北夷,然后徐思其宜。"上从之。遣高平王道立至其国,统叶护大喜。道立,上之从子也。

初,上以天下大定,罢十二军。既而突厥为寇不已,辛亥,复置十二军,以太常卿窦诞等为将军,简练士马,议大举击突厥。

甲寅,凉州胡睦伽陀引突厥袭都督府,入子城;长史刘君杰击破之。

【译文】夏季,四月,乙亥日(十二日),党项进犯渭州。

甲申日(二十一日),唐高祖驾临鄠县,在甘谷围猎,在终南山修建太和宫。丙戌日(二十三日),唐高祖返回皇宫。

西突厥统叶护可汗(突厥大臣叫叶护,西突厥可汗从叶护成为可汗,因号统叶护可汗)派遣使者请求联姻,唐高祖对裴矩说："西突厥距离中原很远，一有急事不能相互帮助，今日来求婚，怎么办才好？" 裴矩回答说："而今北狄正强盛，为国家今日的情势考虑，应该远交而近攻，我认为应当答应他们结亲的请求，用来威吓颉利。等几年之后，中国充实，足以抵抗北夷，然后再徐徐考虑应对的办法。"唐高祖听从。派遣高平王李道立到西突厥国境，统叶护可汗大喜。李道立，是唐高祖的侄儿。

起初，唐高祖因为天下大抵已经平定，解散十二军。不久突厥进犯不止，辛亥日（四月无此日），唐高祖再恢复设置十二军，任用太常卿窦诞等做将军，选拔操练兵马，商议出动大军进攻突厥。

甲寅日（四月无此日），凉州胡睦伽陀引导突厥进攻都督府，攻入内城，长史刘君杰将他们击败。

六月，甲子，上幸太和宫。

丙子，遣燕郡王李艺屯华亭县及弹筝硖，水部郎中姜行本断石岭道以备突厥。

丙戌，颉利可汗寇灵州。丁亥，以右卫大将军张瑾为行军总管以御之，以中书侍郎温彦博为长史。先是，上与突厥书用敌国礼，秋，七月，甲辰，上谓侍臣曰："突厥贪婪无厌，朕将征之，自今勿复为书，皆用诏敕。"

丙午，车驾还宫。

己酉，突厥颉利可汗寇相州。

睦伽陀攻武兴。

丙辰，代州都督蔺暮与突厥战于新城，不利；复命行军总管张瑾屯石岭，李高迁趋大谷以御之。丁巳，命秦王出屯蒲州以备突厥。

【译文】六月,甲子日(初二),唐高祖驾临太和宫。

丙子日(十四日),唐高祖派遣燕郡王李艺驻兵在华亭县及弹筝峡,水部郎中姜行本断绝石岭道来防备突厥。

丙戌日(二十四日),颉利可汗进犯灵州。丁亥日(二十五日),唐高祖任用右卫大将军张瑾做行军总管来抵御突厥,任用中书侍郎温彦博做长史。先前,唐高祖和突厥的书信用两国平等之礼,秋季,七月,甲辰日(十二日),唐高祖对侍臣说:"突厥贪婪成性,朕打算派兵讨伐,自今以后不再用书信,都使用诏敕。"

丙午日(十四日),唐高祖车驾返回皇宫。

己酉日(十七日),突厥颉利可汗带兵进犯相州。

睦伽陀攻打武兴。

丙辰日(二十四日),唐代州都督蔺謩和突厥在新城作战,战事失利;唐高祖再命令行军总管张瑾驻军石岭,李高迁急往大谷来抵御突厥。丁巳日(二十五日),唐高祖命令秦王出兵驻扎蒲州来防备突厥。

八月,壬戌,突厥逾石岭,寇并州;癸亥,寇灵州;丁卯,寇潞、沁、韩三州。

左武侯大将军安修仁击睦伽陀于且渠川,破之。

诏安州大都督李靖出潞州道,行军总客任瑰屯太行,以御突厥。颉利可汗将兵十馀万大掠朔州。壬申,并州道行军总管张瑾与突厥战于太谷,全军皆没,瑾脱身奔李靖。行军长史温彦博为虏所执,虏以彦博职在机近,问以国家兵粮虚实,彦博不对,虏迁之阴山。庚辰,突厥寇灵武。甲申,灵州都督任城王道宗击破之。丙戌,突厥寇绥州。丁亥,颉利可汗遣使请和而退。

九月，癸巳，突厥没贺咄设陷并州一县。丙申，代州都督
蔺謩击破之。

【译文】八月，壬戌日（初一），突厥翻越石岭，进犯并州；
癸亥日（初二），突厥进犯灵州；丁卯日（初六），突厥进犯潞、
沁、韩三州。

唐左武侯大将军安修仁在且渠川攻打睦伽陀，将其击败。

唐高祖诏命安州大都督李靖出兵潞州道，行军总管任瑰
屯兵太行，来抵御突厥。颉利可汗带领十余万大军劫掠朔州。
壬申日（十一日），唐并州道行军总管张瑾和突厥在太谷交战，
全军覆没，张瑾脱身投奔李靖。行军长史温彦博被突厥人捕
获，突厥因温彦博位居中书侍郎是掌管机要的官员，向他询问
唐朝兵粮的虚实，温彦博不回答，突厥将他押到阴山。庚辰日
（十九日），突厥侵犯灵州。甲申日（二十三日），唐灵州都督任
城王李道宗击败突厥。丙戌日（二十五），突厥侵犯绥州。丁亥日
（二十六日），颉利可汗派遣使者请求和谈而后退兵。

九月，癸巳日（初二），突厥没贺咄设攻克并州一县，丙申日
（初五），唐代州都督蔺謩击败他们。

癸卯，初令太府检校诸州权量。

丙午，右领军将军王君廓破突厥于幽州，俘斩二千馀人。

突厥寇蔺州。

冬，十月，壬申，吐谷浑寇叠州，遣扶州刺史蒋善合救之。

戊寅，突厥寇鄯州，遣霍公柴绍救之。

十一月，辛卯朔，上幸宜州。

权检校侍中裴矩罢判黄门侍郎。

【译文】癸卯日（十二日），唐初次命令太府检核校量各州

度量衡轻重大小。

丙午日（十五日），唐右领军将军王君廓在幽州击败突厥，俘虏斩杀两千多人。

突厥进犯蔺州。

冬季，十月，壬申日（十一日），吐谷浑进犯叠州，唐高祖派扶州刺史蒋善合出兵救援。

戊寅日（十七日），突厥进犯鄯州，唐高祖派遣霍公柴绍出兵救援。

十一月，辛卯朔日（初一），唐高祖驾临宜州。

暂时代理侍中的裴矩兼任黄门侍郎。

戊戌，突厥寇彭州。

庚子，以天策司马宇文士及权检校侍中。

辛丑，徙蜀王元轨为吴王，汉王元庆为陈王。

癸卯，加秦王世民中书令，齐王元吉侍中。

丙午，吐谷浑寇岷州。

戊申，眉州山獠反。

十二月，辛酉，上还至京师。

庚辰，上校猎于鸣犊泉；辛巳，还宫。

以襄邑王神符检校扬州大都督。始自丹杨徙州府及居民于江北。

【译文】戊戌日（初八），突厥进犯彭州。

庚子日（初十），唐高祖命天策司马宇文士及暂时代理侍中。

辛丑日（十一日），唐高祖升迁蜀王李元轨做吴王，汉王李元庆做陈王。

癸卯日（十三日），唐高祖增加中书令的官职给秦王李世民，增加侍郎的官职给齐王李元吉。

丙午日（十六日），吐谷浑进犯岷州。

戊申日（十八日），眉州山獠反叛。

十二月，辛酉日（初一），唐高祖返驾至京师。

庚辰日（二十日），唐高祖在鸣犊泉围猎；辛巳日（二十一日），唐高祖返回皇宫。

唐高祖命襄邑王李神符摄代扬州大都督。开始从丹杨迁徙州府以及居民到长江以北。

武德九年（丙戌，公元六二六年）春，正月，己亥，诏太常少卿祖孝孙等更定雅乐。

甲寅，以左仆射裴寂为司空，日遣员外郎一个更直其第。

二月，庚申，以齐王元吉为司徒。

丙子，初令州县祀社稷，又令士民里闬相从立社。各申祈报，用洽乡党之欢。戊寅，上祀社稷。

丁亥，突厥寇原州，遣折威将军杨毛击之。

三月，庚寅，上幸昆明池；壬辰，还宫。

癸巳，吐谷浑、党项寇岷州。

戊戌，益州道行台尚书郭行方击眉州叛獠，破之。

【译文】 武德九年（丙戌，公元626年）春季，正月，己亥日（初十），唐高祖诏命太常少卿祖孝孙等改定雅乐。

甲寅日（二十五日），唐高祖任用左仆射裴寂做司空，每天派遣一名员外郎在他的住宅轮值侍奉。

二月，庚申日（初一），唐高祖任用齐王李元吉做司徒。

丙子日（十七日），唐初次下令州县祭祀社稷，又命令士民里闾相率建立社神之庙，各自表达祈求和报答之情（春夏祈而秋冬报）来融洽乡党的情谊。戊寅日（十九日），唐高祖祭祀社稷。

丁亥日（二十八日），突厥进犯原州，唐高祖派遣折威将军杨毛出兵攻打突厥。

三月，庚寅日（初二），唐高祖临幸昆明池；壬辰日（初四），唐高祖返回皇宫。

癸巳日（初五），吐谷浑、党项进犯岷州。

戊戌日（初十），唐益州道行台尚书郭行方攻打眉州的叛獠，击败叛獠。

壬寅，梁师都寇边，陷静难镇。

丙午，上幸周氏陂。

辛亥，突厥寇灵州。

乙卯，车驾还宫。

癸丑，南海公欧阳胤奉使在突厥，帅其徒五十人谋掩袭可汗牙帐；事泄，突厥囚之。

丁巳，突厥寇凉州，都督长乐王幼良击走之。

戊午，郭行方击叛獠于洪、雅二州，大破之，俘男女五千口。

夏，四月，丁卯，突厥寇朔州；庚午，寇原州；癸酉，寇泾州。戊寅，安州大都督李靖与突厥颉利可汗战于灵州之硖石，自旦至申，突厥乃退。

【译文】壬寅日（十四日），梁师都进犯边境，攻克静难镇。

丙午日（十八日），唐高祖驾临周氏陂。

辛亥日（二十三日），突厥进犯灵州。

乙卯日（二十七日），唐高祖车驾返宫。

癸丑日（二十五日），唐南海公欧阳胤奉命出使突厥，率领他的部属五十人计划偷袭可汗建牙旗的大帐（突厥的王庭）。事情败露，突厥拘捕欧阳胤。

丁巳日（二十九日），突厥进犯凉州，唐都督长乐王李幼良将他们打跑。

戊午日（三十日），郭行方在洪、雅二州攻打叛獠，大败叛獠，俘获男女五千人。

夏季，四月，丁卯日（初九），突厥进犯朔州；庚午日（十二日），突厥进犯原州；癸酉日（十五日），突厥进犯泾州。戊寅日（二十日），唐安州大都督李靖和突厥颉利可汗在灵州的硖石交战，从天刚亮一直打到下午申时，突厥才退走。

太史令傅奕上疏请除佛法曰：“佛在西域，言妖路远；汉译胡书，恣其假托。使不忠不孝削发而揖君亲，游手游食易服以逃租赋。伪启三涂，谬张六道，恐愒愚夫，诈欺庸品。乃追忏既往之罪，虚规将来之福；布施万钱，希万倍之报，持斋一日，冀百日之粮。遂使愚迷，妄求功德，不惮科禁，轻犯宪章；有造为恶逆，身坠刑网，方乃狱中礼佛，规免其罪。且生死寿夭，由于自然；刑德威福，关之人主，贫富贵贱，功业所招；而愚僧矫诈，皆云由佛。窃人主之权，擅造化之力，其为害政，良可悲矣！降自羲、农，至于有汉，皆无佛法，君明臣忠，祚长年久。汉明帝始立胡神，西域桑门自传其法。西晋以上，国有严科，不许中国之人辄行髡发之事。泊于苻、石，羌、胡乱华，主庸臣佞，政虐祚短，梁武、齐襄，足为明镜。今天下僧尼，数盈十万，剪刻缯彩，装束泥人，竞为厌魅，迷惑万姓。请令匹配，即成十成馀户，产育男女，十年长养，一纪教训，可以足兵。四海免蚕食之殃，百姓知威福所在，则妖惑之风自革，淳朴之化还兴。窃见齐朝章仇子佗表言：'僧尼徒众，糜损国家，寺塔奢侈，虚费金帛。'为诸僧附会宰相，对朝谗毁，诸尼依托妃、主，潜行谤讟，子佗竟被囚执，刑于都市。及周武平齐，制封其墓。臣虽不敏，窃慕其踪。"

【译文】 太史令傅奕上疏，请求废除佛法，他说："佛在西方盛行，言论怪异，路途遥远，汉人翻译胡书，任意附会。使不忠不孝的人剃除头发躲避惩罚，对君王、双亲仅作揖而不下拜，游手好闲，游食四方而不从事生产，改易服装来逃避田赋租税。欺骗百姓说有火涂（地狱道猛火所烧之处）、血涂（畜生道相互啖食之处）、刀涂（饿鬼道被刀剑等逼迫之处），人们作恶一定堕此三涂，荒谬地设立天道、人道、阿修罗道、畜生道、饿鬼道、地狱道等众生轮回的六个道途，来恐吓愚蠢的百姓，欺诈平常的人。于是追悔以往的罪过，妄求未来的幸福。施舍一万钱，却希望得到一万倍的回报；茹素一天，却希望得到百日的粮食。因此使得愚蠢迷惑的人，妄求功德，不惧法律，轻易触犯法律；有些作恶多端的人，身触法网后，才在狱中念佛，希望免除罪过。况且人的生死，寿命的长短，由于自然；施行赏罚，权在人主；贫富贵贱，因为功德，但是愚僧假托欺诈，都说由佛来决定。盗取人主的权力，专擅天地的神威，他们妨害政事，实在可悲！从伏羲、神农以来，直到汉朝，都没有佛法，君主贤明，臣子效忠，国祚久长。汉明帝开始奉立胡神，西域僧众自传其法。西晋以上，国家有严格的法令，不允许中国人随意断发。等到苻坚、石勒，羌人、胡族乱华，主上昏聩，臣下奸佞，施政暴虐，国祚短暂，梁武帝饿死在台城，齐文襄被膳奴弑杀，已经足够当作鉴戒。而今天下的和尚、尼姑，人数超过十万人，裁剪丝绸，装饰佛像，竞相为厌咒魅术，迷惑百姓。请下令僧尼结婚，就可以成立十万多户，生儿育女，十年养育，十二年教训，兵源就可以足够。天下免除被敌人蚕食之祸，百姓知晓赏罚所在，那么妖言惑众的风气自然革除，淳厚质朴的教化能够复兴。我看到北齐章仇子佗的表说：'和尚尼姑人数众多，靡费损耗国家的粮米，寺塔修建奢侈，浪费国家的金钱。'因为和尚们攀附宰相，对朝廷恣意诋毁，尼姑们依附妃嫔、公主，暗中进行诽谤，子佗竟被囚禁，斩杀于都市。北周武帝讨平北齐，下诏封土修饰他的坟墓。我虽然不才，内心却非常仰慕他的作为。"

上诏百官议其事，唯太仆卿张道源称奕言合理。萧瑀曰："佛，圣人也，而奕非之；非圣人者无法，当治其罪。"奕曰："人之大伦，莫如君父。佛以世嫡而叛其父，以匹夫而抗天子。萧瑀不生于空桑，乃遵无父之教。非孝者无亲，瑀之谓矣！"瑀不能对，但合手曰："地狱之设，正为是人！"

上亦恶沙门、道士苟避征徭，不守戒律，皆如奕言。又寺观邻接廛邸，混杂屠沽。辛巳，下诏命有司沙汰天下僧、尼、道士、女冠，其精勤练行者，迁居大寺观，给其衣食，无令阙乏。庸猥粗秽者，悉令罢道，勒还乡里。京师留寺三所，观二所，诸州各留一所，馀皆罢之。

傅奕性谨密，既职在占候，杜绝交游，所奏灾异，悉焚其稿，人无知者。

癸未，突厥寇西会州。

【译文】唐高祖诏命百官商讨此事，只有太仆卿张道源称赞傅奕的说法有道理。萧瑀说："佛是圣人，但傅奕却非议他；非议圣人是目无法纪，应当治他的罪。"傅奕说："人的大伦，莫如君父。佛是长子却背叛父亲，是普通人却对抗天子。萧瑀没有生活在荒野之中，竟然遵从无父的教化。《孝经》中说，抨击孝道就是无父，萧瑀正是此种人。"萧瑀无法回答，只是拍手说："设置地狱，正为这种人。"

唐高祖也讨厌和尚、道士假借佛道逃避赋税徭役，不遵守法律，这些都和傅奕所说的一样。又寺观邻近市场邸舍，混杂在屠肆酒店。辛巳日（二十三日），唐高祖下诏说："命令主管官员挑选天下僧、尼、道士、女冠中精勤修行的，迁往大寺观，供给衣食，不让他们空阙困乏。凡是猥琐粗俗污秽的，全部令他们停止修道，勒令返回乡里。京师留下寺三所、观二所，各州寺、观各留一所，其余全部罢除。"

傅奕性情谨慎周密，主管占验候望，和人断绝交游，所上奏灾异情形，全部稿件，全都焚毁，没人知晓内容。

癸未日（二十五日），突厥进犯西会州。

五月，戊子，虞州胡成郎等杀长史，叛归梁师都；都督刘旻追斩之。

壬辰，党项寇廓州。

戊戌，突厥寇秦州。

壬寅，越州人卢南反，杀刺史宁道明。

丙午，吐谷浑、党项寇河州。

突厥寇兰州。

丙辰，遣平道将军柴绍将兵击胡。

【译文】五月，戊子日（初一），庆州胡成郎等人杀掉长史，反叛依附梁师都。都督刘旻追杀他们。

壬辰日（初五），党项进犯廓州。

戊戌日（十一日），突厥进犯秦州。

壬寅日（十五日），越州人卢南造反，杀死刺史宁道明。

丙午日（十九日），吐谷浑、党项进犯河州。

突厥进犯兰州。

丙辰日（二十九日），唐高祖派遣平道将军柴绍领兵攻打胡人。

六月，丁巳，太白经天。

秦王世民既与太子建成、齐王元吉有隙，以洛阳形胜之地，恐一朝有变，欲出保之，乃以行台工部尚书温大雅镇洛阳，遣秦府车骑将军荥阳张亮将左右王保等千馀人之洛阳，阴结纳山东豪杰以俟变，多出金帛，恣其所用。元吉告亮谋不轨，下吏考验；亮终无言，乃释之，使还洛阳。

【译文】六月，丁巳日（初一），太白星经天运行。

秦王李世民已经和太子李建成、齐王李元吉有隔阂，因为洛阳是形胜之地，担心一旦发生变故，要出兵驻守该地，于是命行台工部尚书温大雅镇守洛阳，派遣秦府车骑将军荥阳人张亮带领左右王保等千余人前往洛阳，暗中结交山东豪杰来等待变故发生，取出许多金帛，任凭他们花用。李元吉上奏张亮阴谋不法，唐高祖将他下狱拷打审问，张亮始终不说，唐高祖才释放了他，让他返回洛阳。

建成夜召世民饮酒而鸩之，世民暴心痛，吐血数升，淮安王神通扶之还西宫。上幸西宫，问世民疾，敕建成曰："秦王素不能饮，自今无得复夜饮。"因谓世民曰："首建大谋，削平海内，皆汝之功。吾欲立汝为嗣，汝固辞；且建成年长，为嗣日久，吾不忍夺也。观汝兄弟似不相容，同处京邑，必有纷竞，当遣汝还行台,居洛阳,自陕以东皆王之。仍命汝建天子旌旗,如汉梁孝王故事。"世民涕泣,辞以不欲远离膝下,上曰:"天下一家,东、西两都,道路甚迩。吾思汝即往,毋烦悲也。"将行,建成、元吉相与谋曰:"秦王若至洛阳,有土地甲兵,不可复制;不如留之长安,则一匹夫耳,取之易矣。"乃密令数人上封事,言"秦王左右闻往洛阳,无不喜跃,观其志趣,恐不复来。"又遣近幸之臣以利害说上。上意遂移,事复中止。

【译文】 李建成夜晚召请李世民来饮酒,暗中下毒,李世民忽然心痛,吐血数升,淮安王李神通扶着他返回西宫。唐高祖来到西宫,探视李世民的疾病,敕令李建成说:"秦王一向不能饮酒,自今以后不能再夜间饮酒。"因而对李世民说,"当初建立大计,之后平定海内,都是你的功劳。我想要立你为继承人,你坚决推辞;再说建成年纪大,做继承人的时日久了,我不忍心削夺他的地位。看到你们兄弟之间好似无法相容,同时住在京城,一定有纠纷争执,当派你前往陕东道大行台,驻守洛阳,自陕以东都由你管辖。仍旧命你建立天子的旌旗,如同汉梁孝王的做法(事见《汉景帝纪》)。"李世民痛哭,以不愿远离膝下推辞,唐高祖说:"天下是一家,东、西两个都城,相距很近,我想念你就去看你,不必伤心。"李世民将要出发,李建成、李元吉相互商量说:"秦王如果到了洛阳,拥有土地甲兵,无法再控制他,不如留他住在长安,他势单力孤,那只是一个匹夫罢了,要算计他就容易了。"于是暗中命数人密奏唐高祖,言"秦王的亲信听到前往洛阳,没有不欢喜跳跃的,看他们的志向,恐怕不再返回"。又派遣亲近宠幸的臣子用利害游说唐高祖,唐高祖心意才改变,再次打消了派李世民到洛阳的打算。

建成、元吉与后宫日夜谮诉世民于上，上信之，将罪世民。陈叔达谏曰："秦王有大功于天下，不可黜也。且性刚烈，若加挫抑，恐不胜忧愤，或有不测之疾，陛下悔之何及！"上乃止。元吉密请杀秦王，上曰："彼有定天下之功，罪状未著，何以为辞！"元吉曰："秦王初平东都，顾望不还，散钱帛以树私恩，又违敕命，非反而何！但应速杀，何患无辞！"上不应。

秦府僚属皆忧惧不知所出。行台考功郎中房玄龄谓比部郎中长孙无忌曰："今嫌隙已成，一旦祸机窃发，岂惟府朝涂地，乃实社稷之忧；莫若劝王行周公之事以安家国。存亡之机，间不容发，正在今日！"无忌曰："吾怀此久矣，不敢发口；今吾子所言，正合吾心，谨当白之。"乃入言世民。世民召玄龄谋之，玄龄曰："大王功盖天地，当承大业；今日忧危，乃天赞也，愿大王勿疑！"乃与府属杜如晦共劝世民诛建成、元吉。

【译文】李建成、李元吉和后宫（尹德妃与张婕妤等）日夜向唐高祖谮毁李世民，唐高祖听信他们的话，打算加罪给李世民。陈叔达谏言说："秦王对国家有大功，不能罢黜他。况且他生性刚强暴烈，如果一再对他挫折压抑，担心他不能忍受忧伤愤恨，或许会因重病而死，陛下悔之晚矣！"唐高祖才停止加罪李世民。李元吉暗中请求杀死秦王，唐高祖说："他有平定天下的功勋，罪状不明显，要用什么做借口？"李元吉说："秦王当初平定东都，迁延观望不返回长安，散布钱财来树立私恩，又违反敕令，不是反叛是什么？应当赶快杀他，何必担心找不到借口！"唐高祖没有答应。

秦府的僚属全都忧虑恐惧不知如何是好。行台考功郎中房玄龄对比部郎中长孙无忌说："而今嫌疑衅隙已成，一旦祸端暗中发生，岂止是秦王府血流满地，实在是国家的忧患，不如规劝秦王效仿周公诛管、蔡之事，来安定社稷。存亡的机运，异常紧急，决定正在今日！"长孙无忌说："我心里早有此意，只是不敢说出。如今你说的，正合我意，我应该好好地和秦王谈一谈。"于是进府告诉李世民。李世民召来房玄龄商量，房玄龄说："大王的功勋盖过天地，应该继承帝业。今天的危局，是上天给你的机会，希望大王不要犹豫。"于是与府属杜如晦一同规劝李世民诛杀李建成、李元吉。

建成、元吉以秦府多骁将，欲诱之使为己用，密以金银器一车赠左二副护军尉迟敬德，并以书招之曰："愿迁长者之眷，以敦布衣之交。"敬德辞曰："敬德，蓬户瓮牖之人，遭隋末乱离，久沦逆地，罪不容诛。秦王赐以更生之恩，今又策名藩邸，唯当杀身以为报；于殿下无功，不敢谬当重赐。若私交殿下，乃是贰心，徇利忘忠，殿下亦何所用！"建成怒，遂与之绝。敬德以告世民，世民曰："公心如山岳，虽积金至斗，知公不移。相遗但受，何所嫌也！且得以知其阴计，岂非良策！不然，祸将及公。"既而元吉使壮士夜刺敬德，敬德知之，洞开重门，安卧不动，刺客屡至其庭，终不敢入。元吉乃谮敬德于上，下诏狱讯治，将杀之，世民固请，得免。又谮左一马军总管程知节，出为康州刺史。知节谓世民曰："大王股肱羽翼尽矣，身何能久！知节以死不去，愿早决计。"又以金帛诱右二护军段志玄，志玄不从。建成谓元吉曰："秦府智略之士，可惮者独房玄龄、杜如晦耳。"皆谮之于上而逐之。

【译文】李建成、李元吉因秦府有许多骁勇的部将，想要以利来招诱他们为自己效力，暗中将一车金银器赠送左二副护军尉迟敬德，并写书信招诱他说："希望能得到您的屈驾眷顾，以便加深我们的贫贱之交。"尉迟敬德推辞说："敬德，原本是用蓬荜做户牖，用瓮嵌墙间做窗牖的贫民，遇到隋末战乱不息，长久侍奉刘武周，罪大恶极，死有余辜。秦王赐给我再生的恩典，现在我又在秦府做事，应该以死效命报答。我对殿下无功可言，不敢凭空接受殿下重赏。倘若我私下结交殿下，就是对秦王怀有二心，贪利忘忠，这样的人，殿下要他有什么用！"李建成大怒，于是和他绝交。尉迟敬德将这件事报告李世民，李世民说："您的忠心像山岳一般牢固，即使他赠送给您的金子堆积得顶住了北斗星，我知道您也不会动移。他赠送你东西，你就接受，有什么值得猜疑！况且又能够知晓他的阴谋，难道不是一个良策！否则，灾祸将会降临到您身上。"不久李元吉派遣壮士趁夜刺杀尉迟敬德，尉迟敬德知道，打开府中各道门，安卧不动，刺客多次来到他的庭前，始终不敢进入。李元吉于是向唐高祖谮毁尉迟敬德，下诏审讯，将要诛杀他，李世民坚决为他求情，终获免罪。李元吉又谮毁左一马军总管程知节，唐高祖派程知节出去做康州刺史。程知节对李世民说："大王的得力部下已经走光了，生命怎能长久保全！知节冒死不离去，希望趁早定下大计。"李建成又用金帛引诱右二护军段志玄，段志玄不听从。李建成对李元吉说："秦府中有智慧谋略的，可怕的只有房玄龄、杜如晦罢了。"李建成两人向唐高祖谮毁他们，终于将他们驱逐出去。

世民腹心唯长孙无忌尚在府中，与其舅雍州治中高士廉、左侯车骑将军三水侯君集及尉迟敬德等，日夜劝世民诛建成、元吉。世民犹豫未决，问于灵州大都督李靖，靖辞；问于行军总管李世勣，世勣辞；世民由是重二人。

【译文】李世民的心腹只有长孙无忌还在府中，和他的舅父雍州治中高士廉、左侯车骑将军三水人侯君集以及尉迟敬德等人，日夜游说李世民诛杀李建成、李元吉。李世民迟疑不决，向灵州大都督李靖请教，李靖推辞，又向行军总管李世勣请教，李世勣也推辞，李世民因此尊重他们两人。

会突厥郁射设将数万骑屯河南，入塞，围乌城，建成荐元吉代世民督诸军北征；上从之，命元吉督右武卫大将军李艺、天纪将军张瑾等救乌城。元吉请尉迟敬德、程知节、段志玄及秦府右三统军秦叔宝等与之偕行，简阅秦王帐下精锐之士以益元吉军。率更丞王晊密告世民曰："太子语齐王：'今汝得秦王骁将精兵，拥数万之众，吾与秦王饯汝于昆明池，使壮士拉杀之于幕下，奏云暴卒，主上宜无不信。吾当使人进说，令授吾国事。敬德等既入汝手，宜悉坑之，孰敢不服！'"世民以晊言告长孙无忌等，无忌等劝世民先事图之。世民叹曰："骨肉相残，古今大恶。吾诚知祸在朝夕，欲俟其发，然后以义讨之，不亦可乎！"敬德曰："人情谁不爱其死！今众人以死奉王，乃天授也。祸机垂发，而王犹晏然不以为忧，大王纵自轻，如社稷宗庙何！大王不用敬德之言，敬德将窜身草泽，不能留居大王左右，交手受戮也！"无忌曰："不从敬德之言，事今败矣。敬德等必不为王有，无忌亦当相随而去，不能复事大王矣！"世民曰："吾所言亦未可全弃，公更图之。"敬德曰："王今处事有疑，非智也；临难不决，非勇也。且大王素所畜养勇士八百馀人，在外者今已入宫，擐甲执兵，事势已成，大王安得已乎！"

【译文】恰逢突厥郁射设带领数万骑屯兵在黄河以南，入塞，围攻乌城，李建成推荐李元吉接替李世民统率诸军北征，唐高祖听从他的建议，命令李元吉督导右武卫大将军李艺、天纪将军张瑾等人救援乌城。李元吉请尉迟敬德、程知节、段志玄以及秦府右三统军秦叔宝等和他同行，挑选秦王帐下精锐的士兵来增强自己的军力。率更丞王晊暗中告诉李世民说："太子告诉齐王说：'而今你得到秦王的勇将精兵，拥有数万部属，我和秦王在昆明池替你饯行，派壮士将秦王杀死在幕下，上奏说是突然暴毙，皇上应当会不相信。我当派人进宫游说，要皇上将国事交给我。尉迟敬德等人既然归属你统领，应当全部坑杀他们，谁敢不服从！'"李世民把王晊的话告诉长孙无忌等人，长孙无忌等人劝李世民当在事发之前图谋他们。李世民说："兄弟互相残杀，是古今的大恶。我知晓灾祸早晚会发生，想要等待他们发动，然后以道义为理由讨伐他们，不也可以吗？"尉迟敬德说："谁人不爱惜性命！而今众人为秦王效死，是上天授给的成功的机会。祸患将要发生，但是大王还安坐府中不以为忧虑，大王纵然看轻自己的性命，对宗庙社稷怎么交代！大王不听敬德的话，敬德将亡命江湖，不会留在大王的身边，坐等被缚接受杀戮！"长孙无忌说："不听敬德的话，事情将会失败。敬德等人一定不被大王使用，无忌也当随他而去，不能再侍奉大王您了！"李世民说："我的话也不可完全抛弃，您再考虑一下。"尉迟敬德说："大王现在处理事情迟疑不决，是不聪明；面临危难而不加解决，是不勇敢。况且大王平素蓄养勇士八百多人，在外的人如今已经进入宫中，穿盔甲执兵器，情势已经形成，大王怎么能停止呢！"

世民访之府僚，皆曰："齐王凶戾，终不肯事其兄。比闻护军薛实尝谓齐王曰：'大王之名，合之成"唐"字，大王终主唐祀。'

齐王喜曰:'但除秦王,取东宫如反掌耳。'彼与太子谋乱未成,已有取太子之心。乱心无厌,何所不为!若使二人得志,恐天下非复唐有。以大王之贤,取二人如拾地芥耳,奈何徇匹夫之节,忘社稷之计乎!"世民犹未决,众曰:"大王以舜为何如人?"曰:"圣人也。"众曰:"使舜浚井不出,则为井中之泥;涂廪不下,则为廪上之灰,安能泽被天下,法施后世乎!是以小杖则受,大杖则走,盖所存者大故也。"世民命卜之,幕僚张公谨自外来见之,取龟投地,曰:"卜以决疑;今事在不疑,尚何卜乎!卜而不吉,庸得已乎!"于是定计。

【译文】李世民向府僚请教,都说:"齐王为人凶狠暴虐,始终不肯忠心侍奉您。近日听闻护军薛实曾对齐王说:'大王之名,合在一起是一个"唐"字,大王终会主持唐的国祭。'齐王高兴地说:'只要除掉秦王,攻取东宫如反掌一样容易。'他和太子谋乱尚未成功,已经有取代太子之心。乱心不足,有什么不敢为!如果让李建成、李元吉二人得志,担心天下不再属于唐所有。凭大王的贤能,攻取他二人有如拾取地上的草芥一样容易,怎么可以追求匹夫的节操,忘了社稷的安危呢!"李世民迟疑不决,众人说:"大王认为舜是什么样的人?"秦王说:"圣人。"众人说:"假使舜浚井被掩埋而不想法出来,就会成为井中的泥土;涂刷廪仓时被火焚烧,而不想法下来,就会成为廪上的灰尘,怎么能将恩泽普施天下,法则行于后世呢!之所以小杖就接受,大杖就逃走,是因为所图谋的是大事呀。"李世民命人占卜,适逢幕僚张公谨从外地来拜见他,拿起龟壳投掷在地上,说:"占卜是用来解决疑惑的,而今事情没有疑问,还占卜什么!占卜结果如果不吉利,难道能停止吗?"于是决定了计策。

世民令无忌密召房玄龄等，曰："敕旨不听复事王；今若私谒，必坐死，不敢奉教。"世民怒，谓敬德曰："玄龄、如晦岂叛我邪！"取所佩刀授敬德曰："公往观之，若无来心，可断其首以来。"敬德往，与无忌共谕之曰："王已决计，公宜速入共谋之。吾属四人，不可群行道中。"乃令玄龄、如晦著道士服，与无忌俱入，敬德自它道亦至。

己未，太白复经天。傅奕密奏："太白见秦分，秦王当有天下。"上以其状授世民。于是，世民密奏建成、元吉淫乱后宫，且曰："臣于兄弟无丝毫负，今欲杀臣，似为世充、建德报仇。臣今枉死，永违君亲，魂归地下，实耻见诸贼！"上省之，愕然，报曰："明当鞫问，汝宜早参。"

庚申，世民帅长孙无忌等入，伏兵于玄武门。张婕妤窃知世民表意，驰语建成。建成召元吉谋之，元吉曰："宜勒宫府兵，托疾不朝，以观形势。"建成曰："兵备已严，当与弟入参，自问消息。"乃俱入，趣玄武门。上时已召裴寂、萧瑀、陈叔达等，欲按其事。

【译文】李世民命令长孙无忌暗中召请房玄龄等人，他们说："不听敕旨再次侍奉秦王。如今若私下谒见，必定坐罪而死，不敢听从命令！"李世民生气，对尉迟敬德说："房玄龄、杜如晦难道背叛我吗？"取下佩刀授给尉迟敬德说："您前去看一看，他们如果不肯来，可以将他们的头砍来。"尉迟敬德前往，和长孙无忌一同告诉他们说："秦王已经决定大计，你们应当急速入府共同商议。我们四个人，不可以同行在道路当中。"于是教房玄龄、杜如晦穿着道士服，和长孙无忌一同进入秦府，尉迟敬德也从别的道路来到秦府。

　　己未日（初三），太白星再次划过天空。傅奕密奏说："太白星出现在秦封地的分野，秦王应当拥有天下。"唐高祖将情形告知李世民。于是李世民密奏李建成、李元吉淫乱后宫，并且说："我对于兄弟并没有亏欠，而今要杀死我，好像要为王世充、窦建德报仇。臣今日冤枉而死，永远离开君亲，魂归地府，实在耻见这些贼人！"唐高祖看完奏章，表情惊愕，批复说："明日鞫问，你应当早来朝参。"

　　庚申日（初四），李世民带领长孙无忌等人入朝，在玄武门埋伏军队。张婕妤暗中得知李世民奏表的内容，急速告诉李建成。李建成召李元吉商议，李元吉说："应当率领东宫、齐王府的军兵，托病不上朝，来观看情势。"李建成说："兵防已经具备，应当和你入朝参拜，亲自询问消息。"于是一同入朝，急往玄武门。唐高祖这时已召来裴寂、萧瑀、陈叔达等人，要询问考核李建成他们做的事。

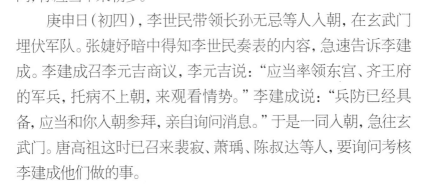

　　建成、元吉至临湖殿，觉变，即跋马东归宫府。世民从而呼之，元吉张弓射世民，再三不彀，世民射建成，杀之。尉迟敬德将七十骑继至，左右射元吉坠马。世民马逸入林下，为木枝所絓，坠不能起。元吉遽至，夺弓将扼之，敬德跃马叱之。元吉步欲趣武德殿，敬德追射，杀之。翊卫车骑将军冯翊冯立闻建成死，叹曰："岂有生受其恩而死逃其难乎！"乃与副护军薛万彻、屈哐直府左车骑万年谢叔方帅东宫、齐府精兵二千驰趣玄武门。张公谨多力，独闭关以拒之，不得入。云麾将军敬君弘掌宿卫兵，屯玄武门，挺身出战，所亲止之曰："事未可知，且徐观变，俟兵集，成列而战，未晚也。"君弘不从，与中郎将吕世衡大呼而进，皆死之。君弘，显俊之曾孙也。守门兵与万彻等力战良久，万彻鼓噪欲攻秦府，将士大惧；尉迟敬德持建成、元吉首示之，宫府兵遂溃，万彻与数十骑亡入终南山。冯立既杀敬君弘，谓其徒曰："亦足以少报太子矣！"遂解兵，逃于野。

【译文】李建成、李元吉到了临湖殿，察觉事情有变化，立刻掉回马头向东急驰返归宫府。李世民在后面呼叫他们，李元吉开弓要射杀李世民，一而再，再而三，没有将弓接开，李世民发箭射杀了李建成。尉迟敬德带领七十骑赶到，身边近侍骑射李元吉，李元吉坠下马来。李世民坐骑受惊奔入树林，被树枝挂住，坠倒不能站起。李元吉很快跑到，夺取了弓想要用力扼杀李世民，尉迟敬德跃马而来大声叱喝。李元吉想要逃往武德殿，尉迟敬德追射，杀了李元吉。翊卫车骑将军冯翊、冯立听到李建成死了，感叹说："哪有活着时受人恩惠，人死了却逃跑避难呢！"于是和副护军薛万彻、屈咥直府左车骑万年人谢叔方带领东宫、齐府精兵两千驰往玄武门。张公谨力大，独自闭关来抗拒，军队无法进入。云麾将军敬君弘执掌宿卫兵，驻兵玄武门，挺身出战，亲近的人阻止他说："事情还未见分晓，暂且静观变化，等军兵会集，布好军阵而后再战也不晚。"敬君弘不听，和中郎将吕世衡大声呼叫向前猛冲，两人都被杀死。敬君弘，是敬显俊的曾孙。守门的军兵和薛万彻等力战很久，薛万彻击鼓喧嚣要进攻秦府，将士大为惊惧。尉迟敬德拿李建成、李元吉的首级出示，东宫、齐府军兵于是溃散。薛万彻和数十骑逃入终南山。冯立已经杀了敬君弘，对他的部属说："这也足以稍微报答太子了！"于是解散军队，逃往郊野。

上方泛舟海池，世民使尉迟敬德入宿卫，敬德擐甲持矛，直至上所。上大惊，问曰："今日乱者谁邪？卿来此何为？"对曰："秦王以太子、齐王作乱，举兵诛之，恐惊动陛下，遣臣宿卫。"上谓裴寂等曰："不图今日乃见此事，当如之何？"萧瑀、陈叔达曰："建成、元吉本不预义谋，又无功于天下，疾秦王功高望重，共为奸谋。今秦王已讨而诛之，秦王功盖宇宙，率土归心，陛下若处以元良，委之国务，无复事矣。"上曰："善！此吾之夙心也。"时宿卫及秦府兵与二宫左右战犹未已，敬德请降手敕，令诸军并受秦王处分，上从之。天策府司马宇文士及自东上阁门出宣敕，众然后定。上又使黄门侍郎裴矩至东宫晓谕诸将卒，皆罢散。上乃召世民，抚之曰："近日以来，几有投杼之惑。"世民跪而吮上乳，号恸久之。

【译文】唐高祖正乘船浮游海池，李世民派遣尉迟敬德进入宿卫，尉迟敬德披甲持矛，直到唐高祖的面前。唐高祖大惊，责问说："今天谁在作乱，你来这里干什么？"尉迟敬德回答说："秦王因为太子、齐王叛乱，率兵诛杀他们，担心惊动陛下，派臣来宿卫。"唐高祖对裴寂等人说："没料到今日竟然发生这样的事，应该如何处置？"萧瑀、陈叔达说："李建成、李元吉本来没有参加起义的谋划，又对国家没有功劳，忌妒秦王功高望重，一同计划作奸。如今秦王已经讨伐诛杀他们，秦王功盖宇宙，天下归心，陛下如果封他为太子，将国事委托他，就不会再有事了！"唐高祖说："很好！这是我很早就有的想法。"当时宿卫以及秦府军兵和二宫的近卫作战还没有停止，尉迟敬德请求颁下手敕，命令诸军全都接受秦王的节制，唐高祖听从了他。天策府司马宇文士及从东上阁门出来宣读手敕，于是徒众安定下来。唐高祖又派黄门侍郎裴矩来到东宫晓谕诸将卒，将卒全都溃散。唐高祖于是召来李世民，安抚他说："近日以来，差点被谗言所误。"李世民跪着伏在唐高祖胸前，大哭了很久。

建成子安陆王承道、河东王承德、武安王承训、汝南王承明、巨鹿王承义，元吉子梁郡王承业、渔阳王承鸾、普安王承奖、江夏王承裕、义阳王承度，皆坐诛，仍绝属籍。

初，建成许元吉以正位之后，立为太弟，故元吉为之尽死。诸将欲尽诛建成、元吉左右百馀人，籍没其家，尉迟敬德固争曰："罪在二凶，既伏其诛；若及支党，非所以求安也！"乃止。是日，下诏赦天下。凶逆之罪，止于建成、元吉，自馀党与，一无所问。其僧、尼、道士、女冠并宜仍旧。国家庶事，皆取秦王处分。

辛酉，冯立、谢叔方皆自出；薛万彻亡匿，世民屡使谕之，乃出。世民曰："此皆忠于所事，义士也。"释之。

癸亥，立世民为皇太子。又诏："自今军国庶事，无大小悉委太子处决，然后闻奏。"

【译文】李建成的儿子安陆王李承道、河东王李承德、武安王李承训、汝南王李承明、巨鹿王李承义，李元吉的儿子梁郡王李承业、渔阳王李承鸾、普安王李承奖、江夏王李承裕、义阳王李承度都牵连被杀，还在宗室的名册上除去他们的名字。

起初，李建成许诺李元吉在登位之后，立他做太弟，因此李元吉为他效死力。诸将要杀尽李建成、李元吉的近侍百余人，没收他们的家财，尉迟敬德坚持争辩说："罪在两个元凶，他们既然已经被杀而死，如果波及余党，不是谋求安定的做法！"于是才停止追究。当天，唐高祖下诏说："赦免天下凶逆的罪，罪过只是李建成、李元吉干的，其余参与的人，全不追问。其他僧、尼、道士、女冠全都依照原先颁布的诏令处置。国家众事，都由秦王处理。"

辛酉日（初五），冯立、谢叔方都自动投案。薛万彻逃亡躲藏，李世民多次派人晓谕劝解他，才出来投案。李世民说："这些人都忠于他们的主人，是义士。"于是免除他们的罪。

癸亥日（初七），唐高祖立李世民做皇太子。又诏命："从今以后，军国众事，无论大小全都委托太子处理决定，然后上奏。"

◆臣光曰：立嫡以长，礼之正也。然高祖所以有天下，皆太宗之功；隐太子以庸劣居其右，地嫌势逼，必不相容。向使高祖有文王之明，隐太子有泰伯之贤，太宗有子臧之节，则乱何自而生矣！既不能然，太宗始欲俟其先发，然后应之，如此，则事非获已，犹为愈也。既而为群下所迫，遂至蹀血禁门，推刃同气，贻讥千古，惜哉！夫创业垂统之君，子孙之所仪刑也，彼中、明、肃、代之传继，得非有所指拟以为口实乎！◆

資治通鑑卷第一百九十一　唐紀七

【译文】◆臣司马光说：将嫡长子立为太子，是礼制的正常法则。然而唐高祖能拥有天下，都是唐太宗的功劳；隐太子庸碌鄙劣位居上位，所处地位易生猜嫌，所拥有的权力相互威胁，兄弟二人必然不能相容。假如唐高祖有周文王的远见，隐太子有泰伯让国的贤达，唐太宗有子臧辞国的节操，那么内乱怎会发生！既然不能如此，唐太宗这才要等李建成、李元吉首先发难，然后对付他们，如此，唐太宗也是出于不得已，尚且算是做得比较好了。不久唐太宗被各位下属逼迫，以致在宫门杀人流血，手刃同胞，贻笑千古，真是太可惜了！一般说来，创立大业，传给后世的君主，是子孙后代学习的典范，后来中宗、肃宗之季，玄宗、代宗的帝位传承，都要事先动兵清除内难，难道不是有榜样可以效仿作为借口吗？◆

【康熙御批】　秦王既有创业之功，亦饶守成之略。唐高祖审度神器所归，自当早定大计，顾乃优游不决，坐致惨祸，诚不得辞其责。若秦王英明特达，为有唐之令主，其于建成、元吉，岂无委蛇善全之道？必致骨肉相残，取讥后世？固其谋之未臧，匪独遭逢不幸也。

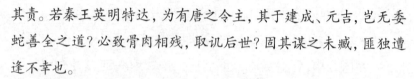

【译文】 秦王李世民既然有创业的功劳，也有丰富的守成策略。唐高祖审定神器所归，自当要早定大计，然而他却犹豫不决，导致玄武门的惨祸，实在不能推卸其责。如果秦王李世民足够智慧的话，作为唐代的一代明君，他对于李建成、李元吉，难道没有应对的保全之策？一定要骨肉相残，让后世人讥笑吗？实在是他的谋略不够完善，不单单只是遭遇不幸而已。

【乾隆御批】 司马光以太宗欲俟其先发，然后应之为犹愈，是不知太宗此言姑为漫听漫应之意耳。然使建成嗣位，则唐室不久而亡，当与隋同辙。太宗立而延唐家三百年之基，此评古者所以亟为太宗讳也。至玄武门之失德，虽具炙毂之辩，又安能为之讳哉？

【译文】 司马光认为唐太宗想等他们先发动然后再进行反击，这个说法还算说得过去，这是不知道太宗的话只是随意听听又随意说说的意思罢了。然而如果让李建成继位，那么唐王朝用不了多久就会灭亡，应和隋朝如出一辙。太宗即位而奠定了唐代延续三百年的基业，这就是一些史评家极力为太宗避忌的原因了。至于玄武门失德的行为，虽然具有像淳于髡那样口才流利、语言风趣的辩才，又怎能为他避忌呢？

【申涵煜评】 玄武门之祸虽酿成于高祖，亦由各府僚佐贪功生事，不知劝及敦让大义，但纷纷云先发，云早除事，安得不起？唯李靖、李绩辞不与谋，大有识力，王魏房杜诸人不及也，然靖是诚，绩是猾，又微不同。

【译文】 玄武门之祸虽然酿成在唐高祖李渊，也是由于各府僚佐贪功生事，不知道劝说兄弟之间敦让的意义，只知道纷纷说先发制人，早点除事，怎么能生事变？只有李靖、李绩推辞而不参与谋划，真是大有见识，王珪、魏徵、房玄龄、杜如晦等人不能与之相比，然而李靖是出自至诚，李绩则是狡猾，两人又略微有些不同。

【申涵煜评】骨肉相残，古今大祸，太宗何尝不知。若以为不得已应之，弯弓射兄，已绝人理，擐甲惊父，又失子道，况于戮十王孙，纳元吉妇，岂皆不得已乎？大节一亏，百美莫赎，予以为太宗是第一假人。

【译文】骨肉相残，是古往今来的大灾祸，唐太宗又何尝不知道。如果认为他是不得已而应之，拉弓射死兄长，已经灭绝人伦之理，穿甲惊到父亲，又失去了为子之道，何况还杀了十几个王孙，收纳李元吉的妃子，难道这些都是不得已吗？一个人大节一亏，有再多优点也无法掩盖，我认为唐太宗是第一假人。

戊辰，以宇文士及为太子詹事，长孙无忌、杜如晦为左庶子，高士廉、房玄龄为右庶子，尉迟敬德为左卫率，程知节为右卫率，虞世南为中舍人，褚亮为舍人，姚思廉为洗马。悉以齐王国司金帛什器赐敬德。

初，洗马魏徵常劝太子建成早除秦王，及建成败，世民召征谓曰："汝何为离间我兄弟！"众为之危惧，征举止自若，对曰："先太子早从征言，必无今日之祸。"世民素重其才，改容礼之，引为詹事主簿。亦召王珪、韦挺于巂州，皆以为谏议大夫。

【译文】戊辰日（十二日），朝廷任命宇文士及担任太子詹事，长孙无忌、杜如晦担任左庶子，高士廉、房玄龄担任右庶子，尉迟敬德担任左卫率，程知节担任右卫率，虞世南担任中舍人，褚亮担任舍人，姚思廉担任洗马。还将齐王国司所藏的金帛什器全部赏给尉迟敬德。

起初，洗马魏徵经常劝说太子李建成趁早除掉秦王，等到李建成失败，李世民召魏徵询问说："你为什么挑拨我们兄弟关系呢？"众人替他担惊害怕，魏徵举止自若，回答说："先太子早听我魏徵的话，一定没有今日的灾祸。"李世民平日看重他的才能，便改变了态度，对他以礼相待，请他担任詹事主簿。李世民还将王珪、韦挺从巂州召回，让他们担任谏议大夫。

【乾隆御批】 魏徵之对，正如陈琳之对操，所谓矢在弦上，不得不发。虽云各忠其主，然岂得谓之善处人骨肉之间者哉？

【译文】 魏徵的应对，正像陈琳应对曹操一样，正所谓箭在弦上，不得不发。虽说是各为其主，但是岂能说他是善于处理人家骨肉之间关系的人呢？

世民命纵禁苑鹰犬，罢四方贡献，听百官各陈治道，政令简肃，中外大悦。

以屈突通为陕东大行台左仆射，镇洛阳。

益州行台仆射窦轨与行台尚书韦云起、郭行方不协。云起弟庆俭及宗族多事太子建成，建成死，轨诬云起与建成同反，收斩之。行方惧，逃奔京师，轨追之，不及。

吐谷浑寇岷州。

突厥寇陇州；辛未，寇渭州。遣右卫大将军柴绍击之。

废益州大行台，置大都督府。

壬申，上以手诏赐裴寂等曰："朕当加尊号为太上皇。"

辛巳，幽州大都督庐江王瑗反，右领军将军王君廓杀之，传首。

【译文】 李世民下令将禁苑的鹰犬放生，取消四方进贡的规定，广泛听取百官各自陈述治理国家的意见，行政措施和法令简易严肃，朝廷内外大为欢悦。

朝廷任命屈突通担任陕东道行台左仆射，镇守洛阳。

益州行台仆射窦轨和行台尚书韦云起、郭行方不和。韦云起的弟弟韦庆俭以及宗族大多侍奉太子李建成，李建成死后，窦轨诬陷韦云起和李建成一同造反，将他收押斩杀。郭行方害怕，逃往京师，窦轨追他，结果没追上。

吐谷浑进犯岷州。

突厥进犯陇州；辛未日（十五日），进犯渭州。朝廷派遣右卫大将军柴绍攻击他们。

朝廷废除益州大行台，设置益州大都督府。

壬申日（十六日），唐高祖将亲笔诏书赐给裴寂等人说：“朕应该加尊号为太上皇。”

辛巳日（二十五日），幽州大都督庐江王李瑗反叛朝廷，右领军将军王君廓杀了他，将首级送往京师。

【乾隆御批】 玄武门之事，昔人聚讼纷纷，惟我圣祖御批断以高祖不能早定大计，优游致祸。太宗不能委蛇善全，骨肉相残。固由其谋之未臧，匪独所遭之不幸，为万世不刊定论。《书》曰：一人元良，万邦以贞。高祖既不早见，及此。《传》曰：行一不义，圣人不为。太宗亦岂能无深疚斯言也哉？

【译文】 对于玄武门之变，从前的人聚在一起议论纷纷，不能决定哪种意见是正确的。只有我皇祖的御批准确地断定是由于唐高祖不能早定大计，犹豫不决而导致的祸端。又由于唐太宗不能委曲求全，造成骨肉相残。原本是因他计划不够完善，不只由于处境不利而造成的。这是万世也不能改变的论断。《尚书》中说：天子一个人有大善，那么

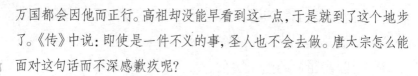

万国都会因他而正行。高祖却没能早看到这一点，于是就到了这个地步了。《传》中说：即使是一件不义的事，圣人也不会去做。唐太宗怎么能面对这句话而不深感歉疚呢？

初，上以瑗懦怯非将帅才，使君廓佐之。君廓故群盗，勇悍险诈，瑗推心倚伏之，许为昏姻。太子建成谋害秦王，密与瑗相结。建成死，诏遣通事舍人崔敦礼驰驿召瑗。瑗心不自安，谋于君廓。君廓欲取瑗以为功，乃说曰："大王若入，必无全理。今拥兵为数万，奈何受单使之召，自投网罟乎！"因相与泣。瑗曰："我今以命托公，举事决矣。"乃劫敦礼，问以京师机事；敦礼不屈，瑗因之，发驿征兵，且召燕州刺史王诜赴蓟，与之计事。兵曹参军王利涉说瑗曰："王君廓反覆，不可委以机柄，宜早除去，以王诜代之。"瑗不能决。君廓知之，往见诜，诜方沐，握发而出，君廓手斩之，持其首告众曰："李瑗与王诜同反，囚执敕使，擅自征兵。今诜已诛，独有李瑗，无能为也。汝宁随瑗族灭乎，欲从我以取富贵乎？"众皆曰："愿从公讨贼。"君廓乃帅其麾下千馀人，逾西城而入，瑗不之觉；君廓入狱出敦礼，瑗始知之，遽帅左右数百人被甲而出，遇君廓于门外。君廓谓瑗众曰："李瑗为逆，汝何为随之入汤火乎！"众皆弃兵而溃。唯瑗独存，骂君廓曰："小人卖我，行自及矣！"遂执瑗，缢之。壬午，以王君廓为左领军大将军兼幽州都督，以瑗家口赐之。敦礼，仲方之孙也。

乙酉，罢天策府。

【译文】起初，唐高祖因李瑗懦怯不是将帅之才，派遣王君廓辅佐他。王君廓过去是盗寇，勇猛奸诈，李瑗推心置腹地仰仗他，结为儿女亲家。太子李建成想谋害秦王，暗中和李瑗交结。李建成死后，诏命通事舍人崔敦礼乘着驿站的车马前去征召李瑗。李瑗内心恐慌，和王君廓商量。王君廓打算捉拿李瑗，借此建立功勋，于是说："大王如果入朝，肯定没有保全的道理。如今您拥兵数万，怎么能够因为一个使者的召唤，就去自投罗网呢！"因而和他一同哭泣。李瑗说："我今日将生命托付给您，决定举事了。"于是劫持崔敦礼，询问他京师的机密要事，崔敦礼不屈从，李瑗囚禁他。李瑗通过驿站传书调集兵力，并且召请燕州刺史王诜前往蓟州，和他商计大事。兵曹参军王利涉规劝李瑗说："王君廓反复无常，不可让他执掌兵权，应当及早除去他，让王诜来接替。"李瑗没能做出决定。王君廓知晓此事，去见王诜，王诜正在洗头发，手握着头发就出来，王君廓亲手斩杀他，拿着他的头颅告诉众人说："李瑗和王诜共同造反，囚禁皇帝的使者，擅自征调兵马。现在王诜已经被我杀了，只剩一个李瑗，不能有所作为。你们是宁愿追随李瑗灭族呢，还是要追随我取得富贵呢？"众人都说："愿意跟随你讨伐叛贼。"王君廓于是率领部下千余人，翻越西城进入城内，李瑗没发觉。王君廓进入监狱放出崔敦礼，李瑗才知晓，急率亲信数百人披上战甲出来，在门外遇到王君廓。王君廓对李瑗的部属说："李瑗叛逆朝廷，你们为什么跟随他赴汤蹈火呢？"李瑗的部属都放弃兵器溃散。只剩下李瑗，骂王君廓说："你这个小人出卖我，将会遭到报应的！"于是王君廓拘捕李瑗，缢死了他。壬午日（二十六日），朝廷任命王君廓担任左领军大将军兼幽州都督，将李瑗全家人口赐给王君廓。崔敦礼，是崔仲方的孙子。

乙酉日（二十九日），朝廷撤除天策府。

秋，七月，己丑，柴绍破突厥于秦州，斩特勒一人，士卒首千馀级。

以秦府护军秦叔宝为左卫大将军，又以程知节为右武卫大将军，尉迟敬德为右武侯大将军。

壬辰，以高士廉为侍中，房玄龄为中书令，萧瑀为左仆射，长孙无忌为吏部尚书，杜如晦为兵部尚书。癸巳，以宇文士及为中书令，封德彝为右仆射；又以前天策府兵曹参军杜淹为御史大夫，中书舍人颜师古、刘林甫为中书侍郎，左卫副率侯君集为左卫将军，左虞候段志玄为骁卫将军，副护军薛万彻为右领军将军，右内副率张公谨为右武侯将军，右监门率长孙安业为右监门将军，右内副率李客师为领左右军将军。安业，无忌之兄；客师，靖之弟也。

【译文】秋季，七月，己丑日（初三），柴绍在秦州击败突厥，斩杀特勒一人，士卒一千余人。

朝廷任命秦府护军秦叔宝担任左卫大将军，又任命程知节担任右武卫大将军，尉迟敬德担任右武侯大将军。

壬辰日（初六），朝廷任命高士廉担任侍中，房玄龄担任中书令，萧瑀担任左仆射，长孙无忌担任吏部尚书，杜如晦担任兵部尚书。癸巳日（初七），朝廷任命宇文士及担任中书令，封德彝担任右仆射；又任命前天策府兵曹参军杜淹担任御史大夫，中书舍人颜师古、刘林甫担任中书侍郎，左卫副率侯君集担任左卫将军，左虞候段志玄担任骁卫将军，副护军薛万彻担任右领军将军，右内副率张公谨担任右武侯将军，右监门率长孙安业担任右监门将军，右内副率李客师担任领左右军将军。长孙安业，是长孙无忌的哥哥；李客师，是李靖的弟弟。

太子建成、齐王元吉之党散亡在民间，虽更赦令，犹不自安，

资治通鉴

234

徼幸者争告捕以邀赏。谏议大夫王珪以启太子。丙子，太子下令：
"六月四日已前事连东宫及齐王，十七日前连李瑗者，并不得相告
言，违者反坐。"

　　丁酉，遣谏议大夫魏徵宣慰山东，听以便宜从事。徵至磁
州，遇州县锢送前太子千牛李志安、齐王护军李师行诣京师，徵
曰："吾受命之日，前宫、齐府左右皆赦不问；今复送师行等，则谁
不自疑！虽遣使者，人谁信之！吾不可以顾身嫌，不为国虑。且既
蒙国士之遇，敢不以国士报之乎！"遂皆解纵之。太子闻之，甚喜。

　　右卫率府铠曹参军唐临出为万泉丞，县有系囚十许人，会春
雨，临纵之，使归耕种，皆如期而返。临，令则之弟子也。

　　【译文】太子李建成、齐王李元吉的党羽流亡逃散到民
间，虽然有宽赦的命令，仍然感到内心不安，怕获利的人争相告
发捕拿他们，以此邀功请赏。谏议大夫王珪将此事启告太子李
世民。丙子日（七月无此日），太子李世民下令说："六月四日以
前牵连东宫以及齐王事情的人，十七日以前牵连李瑗事情的人，
都不能相互告发，违反的人以诬告罪受罚。"

　　丁酉日（十一日），朝廷派遣谏议大夫魏徵安抚山东，允许
他见机行事。魏徵来到磁州，遇到州县用槛车押送加上刑具的
前太子千牛李志安、齐王护军李师行前往京城，魏徵说："我奉
命出使的时候，对原来东宫、齐府的属官全都赦免不予追究。如
今再押送李师行等人，那么有谁不生疑心！虽然派遣使者，有谁
相信！我不可以只顾及自己会受到猜疑，不替国家考虑。况且
我既然蒙受国士的礼遇，怎敢不拿国士的行为来报答太子呢！"
于是全都释放了他们。太子李世民听到消息，十分高兴。

　　右卫率府铠曹参军唐临被外放为万泉丞，县内有在押的囚
犯十多人，适逢春雨降临，唐临便将他们放走，让他们归家从事

耕种，他们全都按规定日期返回狱中。唐临，是唐令则弟弟的儿子。

八月，丙辰，突厥遣使请和。

壬戌，吐谷浑遣使请和。

癸亥，诏传位于太子。太子固辞，不许。甲子，太宗即皇帝位于东宫显德殿，赦天下；关内及蒲、芮、虞、泰、陕、鼎六州免租调二年，自馀给复一年。

癸未，诏以"宫女众多，幽闭可愍，宜简出之，各归亲戚，任其适人。"

初，稽胡酋长刘仚成帅众降梁师都，师都信谗杀之，由是所部猜惧，多来降者。师都浸衰弱，乃朝于突厥，为之画策，劝令入寇。于是，颉利、突利二可汗合兵十馀万骑寇泾州，进至武功，京师戒严。

【译文】八月，丙辰日（初一），突厥派遣使者请求和解。

壬戌日（初七），吐谷浑派遣使者请求和解。

癸亥日（初八），唐高祖依制传位给太子李世民，太子李世民坚决推辞，唐高祖不答应。甲子日（初九），唐太宗在东宫显德殿登上皇帝位，大赦天下。关内地区以及蒲州、芮州、虞州、泰州、陕州、鼎州六州免征两年租调，其他各州免除赋役一年。

癸未日（二十八日），唐太宗诏命"宫女众多，长久身处深宫，实在可怜，应当经过挑选，外放出宫，让她们各自回到父母身边，听凭她们嫁人"。

起初，稽胡酋长刘仚成率领部属投降梁师都，梁师都听信谗言，杀了他，因此部下猜疑畏惧，很多人来投降唐。梁师都日益衰弱，于是向突厥称臣，为突厥谋划，劝突厥进犯中原。于是颉利、突利两位可汗合兵十余万进犯泾州，进兵来到武功，京城下令戒严。

丙子，立妃长孙氏为皇后。后少好读书，造次必循礼法。上为秦王，与太子建成、齐王元吉有隙，后奉事高祖，承顺妃嫔，弥缝其阙，甚有内助。及正位中宫，务崇节俭，服御取给而已。上深重之，尝与之议赏罚，后辞曰："'牝鸡之晨，唯家之索'，妾妇人，安敢豫闻政事！"固问之，终不对。

【译文】 丙子日（二十一日），唐太宗立妃子长孙氏做皇后。皇后年少时喜欢读书，就是在仓促间也必定遵循礼法，唐太宗做秦王时，和太子李建成、齐王李元吉有嫌隙，皇后侍奉唐高祖，顺从唐高祖的妃嫔，弥补秦王的过失，给秦王带来很大帮助。等到长孙氏被立为皇后，事事务求节俭，车马衣服等物品只求够用罢了。唐太宗很尊重她，曾经和她商议赏罚的事情，长孙皇后推辞说："'母鸡司晨，导致家道衰尽'，我是一个妇人，怎么敢参与政事！"唐太宗坚持问她，长孙皇后始终没有回答。

【乾隆御批】 长孙后读书循理，恭顺节俭，固足为贤，而辞议政一节识见卓越，视汉明德尤远过之。然以太宗英明岂不知牝鸡之意，何必与后议赏罚哉？

【译文】 长孙皇后知书达理，恭顺节俭，确实是一位贤后，尤其她在推辞议政这一点上见识卓越，远远超过汉代明德马皇后。然而以唐太宗这样英明的皇帝，难道会不知道牝鸡的用意，何必与皇后讨论赏罚的问题呢？

己卯，突厥进寇高陵。辛巳，泾州道行军总管尉迟敬德与突厥战于泾阳，大破之，获其俟斤阿史德乌没啜，斩首千馀级。

　　癸未，颉利可汗进至渭水便桥之北，遣其腹心执失思力入见，以观虚实。思力盛称"颉利、突利二可汗将兵百万，今至矣。"上让之曰："吾与汝可汗面结和亲，赠遗金帛，前后无算。汝可汗自负盟约，引兵深入，于我无愧？汝虽戎狄，亦有人心，何得全忘大恩，自夸强盛？我今先斩汝矣！"思力惧而请命。萧瑀、封德彝请礼遣之。上曰："我今遣还，虏谓我畏之，愈肆凭陵。"乃囚思力于门下省。

　　【译文】 己卯日（二十四日），突厥出兵侵犯高陵。辛巳日（二十六日），泾州道行军总管尉迟敬德和突厥在泾阳交战，大败突厥，俘获突厥俟斤（官名）阿史德乌没啜，斩杀一千多人。

　　癸未日（二十八日），颉利可汗进兵来到渭水便桥北面，派遣他的心腹执失思力入朝谒见，来窥伺虚实。执失思力大肆鼓吹说："颉利与突利两位可汗率兵百万，今天要抵达京师了。"唐太宗指责他说："我和你们可汗当面约定讲和通好，赠送黄金布帛之多，前后无法计算。你们可汗自己违背盟约，率军深入中原，对我们不觉得惭愧吗？你虽是戎狄，也有一颗人心，怎么能够完全忘记大恩，自夸兵马强盛？我今天先杀了你！" 执失思力害怕请求饶命。萧瑀、封德彝请求按照礼节将他遣回。唐太宗说，"我今天将他遣还，敌人认为我害怕他们，就会更加肆意欺凌了。"于是将执失思力囚禁在门下省。

　　上自出玄武门，与高士廉、房玄龄等立骑径诣渭水上，与颉利隔水而语，责以负约。突厥大惊，皆下马罗拜。俄而诸军继至，旌甲蔽野，颉利见执失思力不返，而上挺身轻出，军容甚盛，有惧色。上麾诸军使却而布陈，独留与颉利语。萧瑀以上轻敌，叩马固谏，上曰："吾筹之已熟，非卿所知。突厥所以敢倾国而来，直抵郊甸者，以我国内有难，朕新即位，谓我不能抗御故也。我若示之心弱，闭门拒守，虏必放兵大掠，不可复制。故朕轻骑独出，示若轻之；又震曜军容，使之必战；出虏不意，使之失图。虏入我地既深，必有惧心，故与战则克，与和则固矣。制服突厥，在此一举，卿第观之！"是日，颉利来请和，诏许之。上即日还宫。乙酉，又幸城西，斩白马，与颉利盟于便桥之上。突厥引兵退。

【译文】唐太宗亲出玄武门，和高士廉、房玄龄等六骑直奔渭水旁，和颉利可汗隔水对话，责备他违反盟约。突厥大惊，都下马罗列而拜。不久诸军相继开到，旌旗盔甲遮蔽原野，颉利可汗眼见执失思力没有返回，而唐太宗挺身轻易出马，军容强盛，不禁面有惧色。太宗用旗指挥诸军退却而布好军阵，独自留下和颉利可汗讲话。萧瑀因为唐太宗轻敌，拦住马头坚决谏止，唐太宗说："我早就周密地谋划好了，你不知道我的用意。突厥敢出动全国军队前来，直达京城郊外的原因，是认为我们国家内部有内乱，我又刚刚即位，以为我军不能抵抗他们。我如果向他们示弱，关闭城门抵抗防守，敌一定放纵兵卒大肆劫掠，让我们难以遏制。所以我轻骑独出，显示轻视他们，又向他们大肆炫耀军队的阵容，让他们知道必有一战，出敌不意，使他们失望。敌人进入我们领地很深，必有戒心，因此和他们作战就会胜利，和他们和谈就稳固。要制服突厥，在此一举。你只需观看就是。"当天，颉利可汗来请求和解，唐太宗下诏允答应了他。唐太宗当天返回皇宫。乙酉日（三十日），唐太宗又临幸城西，斩杀白马，和颉利可汗在便桥之上结盟。突厥领兵退去。

萧瑀请于上曰："突厥未和之时，诸将争战，陛下不许，臣等亦以为疑，既而虏自退，其策安在?”上曰:“吾观突厥之众虽多而不整，君臣之志惟贿是求，当其请和之时，可汗独在水西，达官皆来谒我，我若醉而缚之，因袭击其众，势如拉朽。“又命长孙无忌、李靖伏兵于幽州以待之，虏若奔归，仗兵邀其前，大军蹑其后，覆之如反掌耳。所以不战者，吾即位日浅，国家未安，百姓未富，且当静以抚之。一与虏战，所损甚多；虏结怨既深，惧而修备，则吾未可以得志矣。故卷甲韬戈，啗以金帛，彼既得所欲，理当自退，志意骄惰，不复设备，然后养威伺衅，一举可灭也。将欲取之，必固与之，此之谓矣。卿知之乎?”瑀再拜曰:“非所及也。”

【译文】萧瑀请教唐太宗说:“突厥没有讲和之时，诸将争相求战，陛下不答应，我们也非常疑惑，不久敌人自动退去，其中奥妙何在? ”唐太宗说:“我观察突厥的军兵虽多但没有纪律，君臣都想要得到财物，当他们求和时，可汗独自在渭水西面，突厥的大官都来谒见我，我如果灌醉他们而加以系缚，趁机袭击他们的兵众，形势上有如摧枯拉朽一般容易。“又命令长孙无忌、李靖在幽州埋伏军队等待他们，敌人如果逃归，伏兵截击在前，大军追击在后，消灭敌人像反掌一般容易。不和敌人交战的理由，是我即位不久，国家还没有安定，百姓还没有富足，目前应该休养生息来安抚他们。一旦和敌人作战，损失很多。和突厥结怨很深，他们畏惧而有所准备，那我们就不能如意行事了。因此隐藏武力，以金帛诱惑他们，他们得到所要的，理当自己退兵，意志骄纵怠惰，不再预设防备，然后我们储养武力，一举可以消灭他们。《老子》说:‘打算对他有所索取，一定先给予他。’就是这个道理。你知晓了吧! ”萧瑀再拜说:“这不是我能预先知晓的。”

资治通鉴卷第一百九十二　唐纪八

起柔兆阉茂九月，尽著雍困敦七月，凡二年。

【译文】 起丙戌（公元626年）九月，止戊子（公元628年）七月，共一年十个月。

【题解】 本卷记录了公元626年九月至628年七月的史事，共两年，正当武德九年至贞观二年，是唐太宗即位的前两年。唐太宗李世民刚刚即位就励精图治，贞观时期的治国方略，具体包括五个要点：第一，知人善任。魏徵、张玄素、张蕴古、傅奕等，都不是秦王府的旧人，但唐太宗都委以重任。第二，纳谏改过。如采纳戴胄的谏言，不枉法杀人；采纳长孙无忌、魏徵的谏言，不轻启干戈，避免了北征突厥、南伐岭南的战争，结果突厥、冯氏都归附唐朝。第三，慎狱刑，重民生。唐太宗鼓励大臣执法宽平，以流放代替肉刑，判决死刑要大臣审察，天下无冤狱。又减轻赋税，赈济灾荒，反对奢侈浪费等。第四，宽待大臣，却不护短皇亲。特别是宽容直言进谏的大臣，往往破格提升。第五，右文讲武，居安思危。通过这一系列措施，贞观政治很快步入正轨。

高祖神尧大圣光孝皇帝下之下

武德九年（丙戌，公元六二六年）九月，突厥颉利献马三千匹，羊万口；上不受，但诏归所掠中国户口，徵温彦博还朝。

丁未,上引诸卫将卒习射于显德殿庭,谕之曰:"戎狄侵盗,自古有之,患在边境少安,则人主逸游忘战,是以寇来莫之能御。今朕不使汝曹穿池筑苑,专习弓矢,居闲无事,则为汝师,突厥入寇,则为汝将,庶几中国之民可以少安乎!"于是,日引数百人教射于殿庭,上亲临试,中多者赏以弓、刀、帛,其将帅亦加上考。群臣多谏曰:"于律,以兵刃至御在所者绞。今使卑碎之人张弓挟矢于轩陛之侧,陛下亲在其间,万一有狂夫窃发,出于不意,非所以重社稷也。"韩州刺史封同人诈乘驿马入朝切谏。上皆不听,曰:"王者视四海如一家,封域之内,皆朕赤子,朕一一推心置其腹中,奈何宿卫之士亦加猜忌乎!"由是人思自励,数年之间,悉为精锐。

【译文】武德九年(丙戌,公元626年)九月,突厥颉利可汗进献马三千匹,羊一万头。唐太宗没有接受,只是诏命放回所掳掠的中国的百姓,征召温彦博返回朝廷。

丁未日(二十二日),唐太宗带领诸卫将卒在显德殿庭院练习射术,告诉他们说:"自古以来就有周边的戎狄等族的侵扰,值得忧虑的是边境稍为安定,君主就淫逸游乐而忘记战事,因而一旦贼寇来犯不能抵抗。现在我不让你们凿池塘筑宫苑,而专门练习射箭技术,闲居无事时,我就当你们的老师,一旦突厥入侵,我就做你们的将领,这样差不多中原的百姓可以稍为安定吧!"于是每天带领数百人在宫殿庭院里教他们射箭,唐太宗亲临验试,射中多的士兵赏赐给弓、刀、布、帛,他们的将帅考核成绩时列为上等。许多群臣劝谏说:"依照大唐律令,携带兵器到皇帝住处要处以绞刑。现在您让这些卑微的人张弓挟矢在殿宇之侧,陛下身处其中,万一有一个狂夫恣意妄为,就会出现意外事故,这不是重视社稷的做法。"韩州刺史封同人假称有事，乘驿马入朝苦苦进谏。唐太宗均听不进去，他说："真正的君主视四海如一家，大唐辖境之内，都是朕的忠实臣民，朕一一推心置腹对待他们，为什么对宿卫之士还要加以猜忌呢！"从此每人自我勉励，几年之间，全都成为精锐之士。

上尝言："吾自少经略四方，颇知用兵之要，每观敌陈，则知其强弱，常以吾弱当其强，强当其弱。彼乘吾弱，逐奔不过数十百步，吾乘其弱，必出其陈后反击之，无不溃败，所以取胜，多在此也！"

【译文】唐太宗说："我自年少时南征北战，东征西讨，颇知用兵的要点，每次观察敌人的军阵，就知道它的强弱，常常用我的弱旅抵挡他们的强兵，用强兵攻打他们的弱旅。敌军追逐我方弱旅，不过数十百步，我军攻其弱旅，必定突至其阵后加以反击，如此敌军无不溃败奔逃，取胜的原因，大多在此。"

【乾隆御批】古者郊庙有事，则举大射。王所自射则有虎侯。后世积习燕安，不独昧于诘戎，抑且甘于蔑礼。太宗手定隋乱，初政即引卫卒习射，可谓深知体要。群臣哓哓无识甚矣。又：强当其弱，凡临敌制胜者皆知之。至我弱彼强，听其乘，而以强反击其弱，实发前人所未发，非精于用兵者不能。历观古来名将，每以少胜多，率视此为窾要。太宗英勇天授，阅历复多，故能举以示人耳。

【译文】古时候举行郊祭和庙祭时，要行大射礼。在这种仪式中，国王亲自射击的靶子叫虎侯。后世的人养成了耽于逸乐的积习，不仅不明军事，而且还轻视礼仪。唐太宗亲自平定隋乱后，刚开始执政就带领禁卫军练习射击，可以说深知治国纲要。那些大臣们喋喋不休，真是太没见识了。又：以强兵去抵挡敌人的弱势兵力，凡是面对敌军取得胜利的人都知道这个道理。至于在我弱敌强的情况下，听任对方乘势进攻而用强兵出击敌军后方去攻打他的弱势兵力，这是首次发表了前人所没发表过的理论，不是精于用兵之道的人是无法提出的。纵观自古以来的名将，每次以少胜多，大都把这看作取胜的重点。唐太宗有天赐的英勇，丰富的阅历，所以能把这个道理提出来给人们罢了。

资治通鉴

己酉，上面定勋臣长孙无忌等爵邑，命陈叔达于殿下唱名示之，且曰："朕叙卿等勋赏或未当，宜各自言。"于是，诸将争功，纷纭不已。淮安王神通曰："臣举兵关西，首应义旗，今房玄龄，杜如晦等专弄刀笔，功居臣上，臣窃不服。"上曰："义旗初起，叔父虽首唱举兵，盖亦自营脱祸。及窦建德吞噬山东，叔父全军覆没；刘黑闼再合馀烬，叔父望风奔北。玄龄等运筹帷幄，坐安社稷，论功行赏，固宜居叔父之先。叔父，国之至亲，朕诚无所爱，但不可以私恩滥与勋臣同赏耳！"诸将乃相谓曰："陛下至公，虽淮安王尚无所私，吾侪何敢不安其分。"遂皆悦服。房玄龄尝言："秦府旧人未迁官者，皆嗟怨曰：'吾属奉事左右，几何年矣，今除官，返出前宫、齐府人之后。'"上曰："王者至公无私，故能服天下之心。朕与卿辈日所衣食，皆取诸民者也。故设官分职，以为民也，当择贤才而用之，岂以新旧为先后哉！必也新而贤，旧而不肖，安可舍新而取旧乎！今不论其贤不肖而直言嗟怨，岂为政之体乎！"

【译文】己酉日（二十四日），唐太宗和群臣当面议定勋臣长孙无忌等人的爵位封邑，命令陈叔达在宫殿下高呼其名宣布，唐太宗说："我评定各位的勋赏有不当的，可以各自讲出来。"于是各位将领纷纷争功，议论不止。淮安王李神通说："臣在关西举兵，首先响应义旗，现在房玄龄、杜如晦等人不过是刀笔吏，功劳在我之上，臣私下很不服气。"唐太宗说："义旗初举之时，叔父虽然首先倡导起兵，大概也是自求免祸。等到窦建德吞并山东，叔父全军覆没。刘黑闼再聚合剩余的兵卒，叔父望风而逃。房玄龄等运筹于帷幄之中，坐而能让社稷安定，论功行赏，本来应当在叔父之前。叔父是我的至亲，朕实在不是吝惜奖赏，但不可以将私恩等同于功臣罢了！"各位将领于是都说："陛下最公正，虽是淮安王尚且不徇私情，我们凭什么敢不安分。"于是大家都心悦诚服。房玄龄曾经说："秦府的旧人没有升官的，都嗟叹怨恨说：'我们伺候服侍陛下，多少年了，今日授予官职，反而位子在前东宫、齐府人的后面。'"唐太宗说："王者公正无私，因而能让天下人心服口服。我和你们每天的衣食，都取自百姓，所以要设官分职，就是为了百姓，应该选用贤才，哪里能依照新旧关系的先后来安排呢！如果新人贤能，故旧不才，怎么可以舍新而取旧呢！现在你们不论其贤与不肖而直说嗟叹怨恨，难道是为政之道吗？"

诏："民间不得妄立妖祠。自非卜筮正术，其馀杂占，悉从禁绝。"

上于弘文殿聚四部书二十馀万卷，置弘文馆于殿侧，精选天下文学之士虞世南、褚亮、姚思廉、欧阳询、蔡允恭、萧德言等，以本官兼学士，令更日宿直，听朝之隙，引入内殿，讲论前言往行，商榷政事，或至夜分乃罢。又取三品已上子孙充弘文馆学生。

【译文】唐太宗诏命："民间不可私自设立妖祠。除非正当的卜筮术，其余杂滥占卜，全都禁止断绝。"

唐太宗聚集经、史、子、集四部书共二十余万卷藏在弘文殿，并在殿旁设置弘文馆，遴选天下文学之士虞世南、褚亮、姚思廉、欧阳询、蔡允恭、萧德言等人，以原职兼任弘文馆学士，让他们隔日入宿值班，唐太宗听朝的余暇，将他们请入内殿，讲论先哲言行，商量当朝大政，有时到半夜时分才停止。又选取三品以上官员的子孙充任弘文馆的学生。

冬，十月，丙辰朔，日有食之。

诏追封故太子建成为息王，谥曰隐；齐王元吉为海陵王，谥曰剌，以礼改葬。葬日，上哭之于宜秋门，甚哀。魏徵、王珪表请陪送至墓所，上许之，命宫府旧僚皆送葬。

癸亥，立皇子中山王承乾为太子，生八年矣。

庚辰，初定功臣实封有差。

初，萧瑀荐封德彝于上皇，上皇以为中书令。及上即位，瑀为左仆射，德彝为右仆射。议事已定，德彝数反之于上前，由是有隙。时房玄龄、杜如晦新用事，皆疏瑀而亲德彝，瑀不能平，遂上封事论之，辞指寥落，由是忤旨。会瑀与陈叔达忿争于上前，庚辰，瑀、叔达皆坐不敬，免官。

【译文】冬季，十月，丙辰朔日（初一），出现日食。

唐太宗下诏追封故太子李建成为息王，谥号为隐。齐王李元吉为海陵王，谥号为剌，以皇家葬礼重新安葬。埋葬那天，唐太宗在宜秋门痛哭，十分哀伤。魏徵、王珪上表请求陪送灵车到墓地，唐太宗答应了，命令东宫、齐王府的旧僚属都参加送葬。

癸亥日（初八），唐太宗立皇子中山王李承乾做太子，当时年仅八岁。

庚辰日（二十五日），唐朝初次制定功臣食邑封户的等级差别。

起初，萧瑀向唐高祖推荐封德彝，唐高祖任命他做中书令。等到唐太宗登位，萧瑀做左仆射，封德彝做右仆射。两人商议之事已经决定，但封德彝多次在唐太宗面前改变讲好的议定内容，因此二人产生嫌隙。当时房玄龄、杜如晦新上任，都疏远萧瑀而亲近封德彝，萧瑀心中怨愤不平，于是上密封的奏章理论，辞意枯涩不畅，因此触犯圣意。适逢萧瑀和陈叔达在唐太宗面前含怒争辩，庚辰日（二十五日），萧瑀、陈叔达都因不敬获罪，被免去官职。

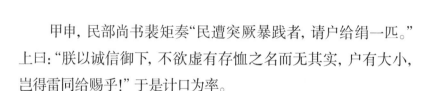

甲申，民部尚书裴矩奏"民遭突厥暴践者，请户给绢一匹。"上曰："朕以诚信御下，不欲虚有存恤之名而无其实，户有大小，岂得雷同给赐乎!"于是计口为率。

初，上皇欲强宗室以镇天下，故皇再从、三从弟及兄弟之下，虽童孺皆为王，王者数十人。上从容问群臣："遍封宗子，于天下利乎?"封德彝对曰："前世唯皇子及兄弟乃为王，自馀非有大功，无为王者。上皇敦睦九族，大封宗室，自两汉以来未有如今之多者。爵命既崇，多给力役，恐非示天下以至公也。"上曰："然。朕为天子，所以养百姓也，岂可劳百姓以养己之宗族乎!"十一月，庚寅，降宗室郡王皆为县公，惟有功者数人不降。

【译文】甲申日（二十九日），民部尚书裴矩上奏："遭到突厥残暴蹂践的百姓，请求每户给绢一匹。"唐太宗说："我用诚信治理百姓，不要虚有存问抚恤百姓的名声而没有实在的东西，每户中人数多少不同，怎么能够给予相同的赏赐呢!"于是按口数计算赏赐的数量。

起初，唐高祖要加强皇室宗族的力量来镇守天下，所以和皇帝同曾祖、同高祖的远房堂兄弟，以及他们的儿子，即使年在童孺也都封作王，封宗室为郡王的有数十人。为此，唐太宗从容问群臣说："遍封皇族子弟为王，对天下有利吗？"封德彝回答说："前世只有皇帝的儿子及兄弟才封做王，其余如果没有大功，没有封作王的。太上皇亲善厚待皇亲国戚，大肆分封宗室，从东、西两汉以来没有像今天这般多。封给爵位既高，又多供给劳力仆役，恐怕不是向天下人显示大公无私的做法！"唐太宗说："对。我做天子，就是为了养护百姓的，怎么可以劳动百姓来养护自己的宗族呢？"十一月，庚寅日（初五），将宗室郡王降格为县公，只有功勋卓著的几个人没有降级。

丙午，上与群臣论止盗。或请重法以禁之，上哂之曰："民之所以为盗者，由赋繁役重，官吏贪求，饥寒切身，故不暇顾廉耻耳。朕当去奢省费，轻徭薄赋，选用廉吏，使民衣食有余，则自不为盗，安用重法邪！"自是数年之后，海内升平，路不拾遗，外户不闭，商旅野宿焉。

上又尝谓侍臣曰："君依于国，国依于民。刻民以奉君，犹割肉以充腹，腹饱而身毙，君富而国亡。故人君之患，不自外来，常由身出。夫欲盛则费广，费广则赋重，赋重则民愁，民愁则国危，国危则君丧矣。朕常以此思之，故不敢纵欲也。"

十二月，己巳，益州大都督窦轨奏称獠反，请发兵讨之。上曰："獠依阻山林，时出鼠窃，乃其常俗；牧守苟能抚以恩信，自然帅服，安可轻动干戈，渔猎其民，比之禽兽，岂为民父母之意邪！"竟不许。

【译文】丙午日（二十一日），唐太宗和群臣讨论防止盗贼。有人请求用重法来禁止，唐太宗微笑说："百姓当盗贼，是由于赋役繁重，官吏贪婪，饥寒切身，所以没时间去顾及廉耻了。朕当除去奢侈，省俭费用，轻徭役，薄赋税，选用廉洁的官吏，让百姓衣食有余，那么百姓自然不做盗贼，何须用重法呢！"自此几年之后，海内治平，百姓在道路上不拾遗失之物，夜间不需关门闭户，商贾行旅敢在野外过夜。

唐太宗又曾对侍臣说："君主依靠国家，国家依靠百姓。刻薄百姓来侍奉君王，好像割肉来填腹，腹饱然而身体死掉，君王富足但国家灭亡。因此人君的祸患，不从外面来，常由自身发生。凡事要铺张那么费用就多，费用多赋敛就加重，赋敛加重百姓就忧愁，百姓忧愁国家就危险，国家危险君王就丧亡。朕经常这样反省，所以不敢放纵欲望。"

十二月，己巳日（十五日），益州大都督窦轨奏称獠人反叛，请求调动军队征讨。唐太宗说："獠人凭依山林，将它作为险阻，时常如老鼠一样出来偷窃，这是他们的习俗。州牧郡守如果能够用恩信安抚，自然相继归顺，怎么可以轻动干戈，捕捉他们的百姓，好像捕捉禽兽，这哪里是为民父母的做法呢！"始终不允许出兵。

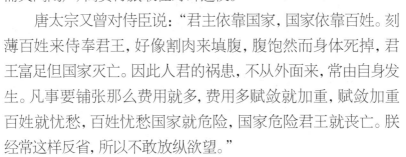

上谓裴寂曰："比多上书言事者，朕皆粘之屋壁，得出入省览，每思治道，或深夜方寝。公辈亦当恪勤职业，副朕此意。"

上厉精求治，数引魏徵入卧内，访以得失；征知无不言，上皆欣然嘉纳。上遣使点兵，封德彝奏："中男虽未十八，其躯干壮大者，亦可并点。"上从之。敕出，魏徵固执以为不可，不肯署敕，至于数四。上怒，召而让之曰："中男壮大者，乃奸民诈妄以避征役，取之何害，而卿固执至此！"对曰："夫兵在御之得其道，不在众多。陛下取其壮健，以道御之，足以无敌于天下，何必多取细

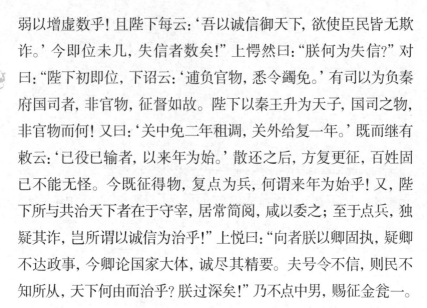

弱以增虚数乎! 且陛下每云: '吾以诚信御天下, 欲使臣民皆无欺诈。'今即位未几, 失信者数矣!"上愕然曰:"朕何为失信?"对曰:"陛下初即位, 下诏云: '逋负官物, 悉令蠲免。'有司以为负秦府国司者, 非官物, 征督如故。陛下以秦王升为天子, 国司之物, 非官物而何! 又曰: '关中免二年租调, 关外给复一年。'既而继有敕云: '已役已输者, 以来年为始。'散还之后, 方复更征, 百姓固已不能无怪。今既征得物, 复点为兵, 何谓来年为始乎! 又, 陛下所与共治天下者在于守宰, 居常简阅, 咸以委之; 至于点兵, 独疑其诈, 岂所谓以诚信为治乎!"上悦曰:"向者朕以卿固执, 疑卿不达政事, 今卿论国家大体, 诚尽其精要。夫号令不信, 则民不知所从, 天下何由而治乎? 朕过深矣!"乃不点中男, 赐征金瓮一。

【译文】唐太宗对裴寂说:"最近许多上书论事的奏章, 朕都粘在屋内壁上, 可以出入省视观览, 每每思考为政的道理, 有时到深夜方才入睡, 你们也应当恪尽职守, 符合朕的心意。"

唐太宗振起精神谋求治理, 多次请魏徵进入内室, 询问朝政得失; 魏徵知无不言, 唐太宗都高兴地嘉勉采纳。唐太宗派遣使者点召兵卒, 封德彝上奏说:"中男虽未满十八岁, 但其身体壮大的, 也可一并点召。"唐太宗采纳他的建议, 诏令发出, 魏徵坚持认为不可实行, 不肯连署敕令, 前后四次。唐太宗发怒, 召他来责备说:"中男身体壮大的, 现在已经不止十六岁, 大多在十七八岁, 不过是奸民瞒报岁数, 来逃避征役罢了, 点召他们有什么妨害, 可是你却如此固执己见!"魏徵回答说:"军队在运用得法, 不在人数众多。陛下点召壮健, 依道使用, 足可天下无敌, 何必多招细弱来增添虚数呢! 况且陛下常说: '我用诚信统御天下, 要使臣民都没有欺诈。'现在即位不久, 已经多次失信于民了!"唐太宗惊愕着说:"朕什么事情失信?"魏徵回答说：“陛下起初即位，下诏说：‘久欠官家之物，全部令其免除。’主管官吏认为拖欠秦府国司的，不属于官家之物，仍旧征收索取。陛下由秦王升为天子，秦府国司的财物，不是官家之物又是什么？又说，‘关中地区免除两年租调，关外地区免赋役一年。’不久又有敕令说，‘已服役已纳税的人，以下一年开始免除。’如果已经退还纳税物之后而又重新征回，这样百姓不能没有责怪之意。现在既征收租调，又点召兵丁，还谈什么从下一年开始免除呢！另外和陛下共治天下的人都是地方官，日常公务，都委托他们办理；至于点召兵卒，特别怀疑他们使诈，难道这就是你说的以诚信为治国之道吗？”唐太宗高兴地说：“从前朕认为你固执己见，怀疑你不通达政务，现在听你谈论国家大事，真能讲清其中的精要。朝廷政令不讲信用，则百姓不知所从，天下如何治理呢！朕的过失很深啊！”于是不点召中男，赏赐魏徵一瓮黄金。

上闻景州录事参军张玄素名，召见，问以政道，对曰：“隋主好自专庶务，不任群臣；群臣恐惧，唯知禀受奉行而已，莫之敢违。以一人之智决天下之务，借使得失相半，乖谬已多，下谀上蔽，不亡何待！陛下诚能谨择群臣而分任以事，高拱穆清而考其成败以施刑赏，何忧不治！又，臣观隋末乱离，其欲争天下者不过十馀人而已，其馀皆保乡党、全妻子，以待有道而归之耳。乃知百姓好乱者亦鲜，但人主不能安之耳。”上善其言，擢为侍御史。

前幽州记室直中书省张蕴古上《大宝箴》，其略曰：“圣人受命，拯溺亨屯，故以一人治天下，不以天下奉一人。”又曰：“壮九重于内，所居不过容膝；彼昏不知，瑶其台而琼其室。罗八珍于前，所食不过适口；惟狂罔念，丘其糟而池其酒。”又曰：“勿没没而闇，勿察察而明，虽冕旒蔽目而视于未形，虽黈纩塞耳而听于无声。"上嘉之，赐以束帛，除大理丞。

【译文】唐太宗听说景州录事参军张玄素的名声，召见他，询问他为政之道，张玄素回答说："隋朝皇帝喜好亲自处理各种政务，不信用群臣。群臣内心恐惧，只知道接受诏令奉命行事罢了，不敢违抗。凭一人的智慧决定天下的事务，即使得失各半，乖谬已然很多了，何况处在下位的臣子谄谀，处在上位的君王被蒙蔽，只有灭亡一途！陛下如果真能慎选群臣而分别委任事务，自己高居拱手，肃穆清静，而考核群臣的得失成败，施行赏罚，何必担忧政治不好！还有，臣看隋末动乱分离，其中想要夺取天下的不过十余人，其余都是护卫乡里、保护妻儿，等待有道人君而后依附。由此知道百姓喜好作乱的人很少，只是人主不能安抚他们罢了。"唐太宗称赞他的言论，擢升他担任侍御史。

前幽州记室直中书省张蕴古献上《大宝箴》，其中大略说："圣人蒙受天命，来拯救黎民于水火，解救时世的危难，因此以一人来治理天下，不以天下专奉一人。"又说，"在内庭建筑壮丽的宫室，但实际居住的不过容膝之地；那昏昧无知的君王，用瑶玉砌室，拿琼玉筑室。宴席上罗列八珍，其实吃的不过是合乎胃口的食物。他们却不加思考，曲糟堆成丘山而酒浆充盈池沼。"又说，"不要无声无息、糊里糊涂，也不要苛察小事，自以为精明，应当虽在冠前加旒来遮眼，却能看出事情的先机，虽以如丸的黄绵悬垂在冠的两边，来充塞两耳，却能听到没说出的声音。"唐太宗嘉勉他，赏赐他束帛，任命他担任大理丞。

上召傅奕，赐之食，谓曰："汝前所奏，几为吾祸。然凡有天变，卿宜尽言皆如此，勿以前事为惩也。"上尝谓奕曰："佛之为教，玄妙可师，卿何独不悟其理?"对曰："佛乃胡中桀黠，诳耀彼土。中国邪僻之人，取庄、老玄谈，饰以妖幻之语，用欺愚俗。无益于民，有害于国，臣非不悟，鄙不学也。"上颇然之。

上患吏多受赇，密使左右试赂之。有司门令史受绢一匹，上欲杀之，民部尚书裴矩谏曰："为吏受赂，罪诚当死；但陛下使人遗之而受，乃陷人于法也，恐非所谓'道之以德，齐之以礼。'"上悦，召文武五品已上告之曰："裴矩能当官力争，不为面从，每事皆然，何忧不治！"

【译文】唐太宗召见傅奕，赏赐他宴食，对他说："你从前的奏章，差一点害我遭殃。不过今后凡有天变，你应当都一如既往，言无不尽，不要心有余悸，总记着过去的事。"唐太宗曾对傅奕说："佛的教理，道理玄妙可以师法，你为什么独不通晓其中道理？"傅奕回答说："佛是胡族中狡诈的人，在他们的国境欺诳炫耀。中国一些邪异的人，选取老、庄玄谈理论，将妖异诡幻的言语加以文饰，用来欺骗愚昧的民众，这既对百姓无益，更对国家有害，我并不是不晓悟，是看它鄙陋不想学。"唐太宗很赞同他的话。

唐太宗忧虑很多官吏枉法受赂，暗中派亲信试着贿赂他们。有司门令史接受一匹绢，唐太宗要杀他，民部尚书裴矩进谏说："为吏收受贿赂，犯罪真该处斩，但陛下派人送他而后他才接受的，乃是陷害人犯法，恐怕不是孔子说的'用道德去引导，用礼去治理'的古训。"唐太宗很高兴，召文武五品以上的官员，告诉他们说："裴矩能为官力争，不在朕面前事事依从，假如每件事都如此，还忧虑国家治理不好吗？"

◆臣光曰：古人有言：君明臣直。裴矩佞于隋而忠于唐，非其性之有变也；君恶闻其过，则忠化为佞，君乐闻直言，则佞化

为忠。是知君者表也，臣者景也，表动则景随矣。◆

是岁，进皇子长沙郡王恪为汉王，宜阳郡王祐为楚王。

新罗、百济、高丽三国有宿仇，迭相攻击；上遣国子助教朱子奢往谕指，三国皆上表谢罪。

【译文】◆臣司马光说：古人说过，君主贤明则臣下敢于直言。裴矩在隋朝是位佞臣，在唐朝却是忠臣，不是他的品性有变化。君主讨厌听到自身的过错，那么大臣的忠诚就变成谄佞；君主喜欢听到直言，那么谄佞又变成忠诚。由此可知君主如同测时的仪表，大臣好像日影，仪表移动那么日影跟随移动。◆

这一年，唐太宗晋封皇子长沙郡王李恪为汉王、宜阳郡王李祐为楚王。

新罗、百济、高丽三国有旧仇，相互攻击。唐太宗派遣国子助教朱子奢前往晓谕天子的意旨，三国都上表谢罪。

太宗文武大圣大广孝皇帝上之上

贞观元年（丁亥，公元六二七年）春，正月，乙酉，改元。

丁亥，上宴群臣，奏《秦王破陈乐》，上曰："朕昔受委专征，民间遂有此曲，虽非文德之雍容，然功业由兹而成，不敢忘本。"封德彝曰："陛下以神武平海内，岂文德之足比。"上曰："戡乱以武，守成以文，文武之用，各随其时。卿谓文不及武，斯言过矣！"德彝顿首谢。

己亥，制："自今中书、门下及三品以上入阁议事，皆命谏官随之，有失辄谏。"

上命吏部尚书长孙无忌等与学士、法官更议定律令，宽绞刑五十条为断右趾，上犹嫌其惨，曰："肉刑废已久，宜有以易之。"蜀王法曹参军裴弘献请改为加役流，流三千里，居作三年；诏从之。

【译文】 贞观元年（丁亥，公元627年）春季，正月，乙酉日（初一），唐太宗改年号为贞观。

丁亥日（初三），唐太宗宴请群臣，演奏《秦王破陈乐》，唐太宗说："朕从前受命征伐，民间才有此曲，虽然不具备文德之乐的温文尔雅，然而建国的功业由此而成就，所以始终不敢忘本。"封德彝说："陛下凭神武平定海内，岂是文德能比。"唐太宗说："平乱建国凭借武力，治理国家却依赖文才，文武的妙用，各随时势的变化而有不同。你说文不如武，这话错了！"封德彝叩头谢罪。

己亥日（十五日），唐太宗下令："自今日开始，中书、门下以及三品以上官员入阁商议政事，都命令谏官跟进，有过失就进谏。"

唐太宗命令吏部尚书长孙无忌等人和学士、法官重新商议制定法律条文，宽减绞刑五十条为斩断右趾，唐太宗尚嫌其惨苦，说："肉刑废弃已经很久，应当用别的办法来代替。"蜀王法曹参军裴弘献奏请改作加服劳役的流放，流徙三千里，在流徙处劳作三年，唐太宗下诏采纳了他的意见。

上以兵部郎中戴胄忠清公直，擢为大理少卿。上以选人多诈冒资荫，敕令自首，不首者死。未几，有诈冒事觉者，上欲杀之。胄奏："据法应流。"上怒曰："卿欲守法而使朕失信乎？"对曰："敕者出于一时之喜怒，法者国家所以布大信于天下也。陛下忿选人之多诈，故欲杀之，而既知其不可，复断之以法，此乃忍小忿而存大信也。"上曰："卿能执法，朕复何忧！"胄前后犯颜执法，言如涌泉，上皆从之，天下无冤狱。

上令封德彝举贤，久无所举。上诘之，对曰："非不尽心，但于今未有奇才耳！"上曰："君子用人如器，各取所长，古之致治者，岂借才于异代乎？正患己不能知，安可诬一世之人！"德彝惭而退。

【译文】 唐太宗因兵部郎中戴胄为人尽忠清廉公正，擢升他为大理少卿。唐太宗因为许多候选官员大多诈伪冒充资历门荫，敕令他们自首，不自首的人处以死刑。不久，有人因诈伪冒充的事被发觉，唐太宗要杀掉他。戴胄奏说："依法应当处流徙。"唐高祖发怒说："你要遵守法令而让朕失信天下吗？"戴胄回答说："敕令出于君主一时的喜怒，法律是国家用来布信于天下的。陛下气愤候选官员大多诈伪，所以要杀掉他们，但是现在已经知道这样做不合适，再按照法律裁断，这是忍一时小忿而保全大的信用的做法。"唐太宗说："你能如此执法，朕还有何忧虑！"戴胄前后多次冒犯君上而执行法律，奏对时滔滔不绝，唐太宗都听从他的意见，国内再没有冤狱。

唐太宗命令封德彝举荐贤才，很长时间没有推举人才。唐太宗诘问他，封德彝回答说："我并不是不用心，只是目前没有奇才罢了！"唐太宗说："君子用人如用器具，各取他们的长处，古代平治天下的君主，难道是从别的时代借用人才吗？正应当怪自己不能识别人才，怎么可以诬罔一世全无人才！"封德彝惭愧而退去。

御史大夫杜淹奏"诸司文案恐有稽失，请令御史就司检校。"上以问封德彝，对曰："设官分职，各有所司。果有愆违，御史自应纠举；若遍历诸司，搜括疵颣，太为烦碎。"淹默然。上问淹：

"何故不复论执?"对曰:"天下之务,当尽至公,善则从之。德彝所言,真得大体,臣诚心服,不敢遂非。"上悦曰:"公等各能如是,朕复何忧!"

右骁卫大将军长孙顺德受人馈绢,事觉,上曰:"顺德果能有益国家,朕与之共有府库耳,何至贪冒如是乎!"犹惜其有功,不之罪,但于殿庭赐绢数十匹。大理少卿胡演曰:"顺德枉法受财,罪不可赦,奈何复赐之绢?"上曰:"彼有人性,得绢之辱,甚于受刑;如不知愧,一禽兽耳,杀之何益!"

辛丑,天节将军燕郡王李艺据泾州反。

【译文】御史大夫杜淹上奏说:"各部门的文书案卷恐怕有稽迟违失,请求命令御史到各部门检核考校。"唐太宗征求封德彝的意见,封德彝回答说:"设官定职,各有分工。如果真有错失,御史自己应当纠举弹劾;若一一检校各位官吏,寻找毛病,太过烦扰琐碎。"杜淹沉默不语。唐太宗问杜淹:"为什么不再论辩坚持?"杜淹回答说:"天下的事务,应该做到公正,美就听从,封德彝说的,真得大体,臣确实心服,不敢批评。"唐太宗高兴地说:"你们都能合理行事,我又有什么忧虑!"

右骁卫大将军长孙顺德收受别人赠送的绢帛,事情被发觉,唐太宗说:"长孙顺德真能有益国家,朕和他共用府库的财物,为什么做出贪冒的事呢!"唐太宗怜惜他有功,不责怪他犯罪,特意在殿庭赏赐他数十匹绢。大理少卿胡演说:"长孙顺德犯法收受财贿,其罪不可赦,为什么再赏赐他绢呢?"唐太宗说:"他有人性的话,得到绢的羞辱,超过受刑;如果不知羞愧,只是一只禽兽罢了,杀了他有什么助益!"

辛丑日(十七日),天节将军燕郡王李艺占据泾州造反。

【乾隆御批】 赐绢以愧贪，墨其事与汉文一辙，盖太宗特欲保全顺德用是解嘲耳。以为一时权宜则可，以为尚德缓刑则不可。

【译文】 赐给丝绢来让贪污受贿的人感到羞愧，这件事和汉文帝的做法如出一辙，大概唐太宗有意要保全长孙顺德，用这个办法来解嘲罢了。把这种方法当成一时的权宜之计还可以，当成是崇尚德政、放宽刑罚就不对了。

艺之初入朝也，恃功骄倨，秦王左右至其营，艺无故殴之。上皇怒，收艺系狱，既而释之。上即位，艺内不自安。曹州妖巫李五戒谓艺曰：“王贵色已发！”劝之反。艺乃诈称奉密敕，勒兵入朝。遂引兵至豳州，豳州治中赵慈皓驰出谒之，艺入据豳州。诏吏部尚书长孙无忌等为行军总管以讨之。赵慈皓闻官军将至，密与统军杨岌图之，事泄，艺囚慈皓。岌在城外觉变，勒兵攻之，艺众溃，弃妻子，将奔突厥。至乌氏，左右斩之，传首长安。弟寿，为利州都督，亦坐诛。

初，隋末丧乱，豪桀并起，拥众据地，自相雄长；唐兴，相帅来归，上皇为之割置州县以宠禄之，由是州县之数，倍于开皇、大业之间。上以民少吏多，思革其弊；二月，命大加并省，因山川形便，分为十道：一曰关内，二曰河南，三曰河东，四曰河北，五曰山南，六曰陇右，七曰淮南，八曰江南，九曰剑南，十曰岭南。

【译文】 李艺当初入朝，恃功骄纵，秦王的亲信到他的营地，李艺无故殴打他们。唐高祖发怒，将李艺收押到监狱，不久释放他。唐太宗即位，李艺心内不安。曹州妖巫李五戒对李艺说：“大王富贵的颜色已经显现！”劝他造反。李艺于是假说奉密敕,领兵进入朝廷。李艺带兵到豳州。豳州治中赵慈皓驰马出城拜见他,李艺入据豳州。唐太宗诏命吏部尚书长孙无忌等担任行军总管进行征讨。赵慈皓听说官军将要来到,暗中和统军杨岌图谋李艺,事情泄露,李艺囚禁赵慈皓。杨岌在城外发觉事情有变,率军攻打,李艺的部属溃败,抛弃妻儿,想要投奔突厥。跑到乌氏,身边的人斩杀他,用传车将首级送到长安。他的弟弟李寿,担任利州都督,也受牵连被诛杀。

当初隋朝末年天下大乱,豪杰并起,统率部属,称雄一方。唐兴起以后,相继来归顺,唐高祖为他们分别设置州县来作为他们的食邑,因而州县的数目,大大超过隋朝开皇、大业之时。唐太宗因为百姓少官吏多,很想革除这个弊端。二月,唐太宗命令大加并合减省州县,依照山川的形势,将全国分作十道:一关内,二河南,三河东,四河北,五山南,六陇右,七淮南,八江南,九剑南,十岭南。

【康熙御批】 水变为血事本不经,且安知非诸将心存畏怯设此诡谋,以沮讨逆之师邪?孝恭处以静镇,一举而公祏授首,深得见怪不怪之道,彼在坐失色者能无内惭?

【译文】 水变为血的事原本就是无稽之谈,但又怎么知道不是众位将领心存畏怯而故意设计的诡计,以此阻挠出兵讨伐逆军呢?李孝恭能镇静以对,一举斩下了辅公祏的头,是深知见怪不怪,其怪自败的道理,那些在座大惊失色的人能不感到内心惭愧吗?

三月,癸巳,皇后帅内外命妇亲蚕。

闰月,癸丑朔,日有食之。

壬申,上谓太子少师萧瑀曰:“朕少好弓矢,得良弓十数,自

259

谓无以加，近以示弓工，乃曰'皆非良材'。朕问其故，工曰：'木心不直，则脉理皆邪，弓虽劲而发矢不直。'朕始寤向者辨之未精也。朕以弓矢定四方，识之犹未能尽，况天下之务，其能遍知乎!"乃命京官五品以上更宿中书内省，数延见，问以民间疾苦政事得失。

凉州都督长乐王幼良，性粗暴，左右百馀人，皆无赖子弟，侵暴百姓；又与羌、胡互市。或告幼良有异志，上遣中书令宇文士及驰驿代之，并按其事。左右惧，谋劫幼良入北虏，又欲杀士及据有河西。复有告其谋者，夏，四月，癸巳，赐幼良死。

【译文】三月，癸巳日（初十），皇后率领后宫妃嫔以及宫外命妇亲自养蚕。

闰月，癸丑朔日（初一），出现日食。

壬申日（二十日），唐太宗对太子少师萧瑀说："朕年少喜好弓矢，得到十几张良弓，自以为没有再好的弓，近日将它拿来给弓匠看，他竟然说：'都不是良弓。'朕询问他理由，弓匠说：'木心不直，就脉理歪邪，弓虽强劲但是发箭不直。'朕才察觉从前辨识不精。朕用良弓平定四方，认识还无法详尽，何况天下的事务，怎么能够样样精通呢！"于是命令任职京师的五品以上的官员，轮流住宿中书内省，唐太宗多次延引召见他们，询问民间的疾苦和政事的得失。

凉州都督长乐王李幼良，性情粗暴，身边一百多人，都是无赖子弟，欺凌暴虐百姓；又和羌、胡相互贸易。有人告发李幼良怀有异心，唐太宗派遣中书令宇文士及乘驿车前去接替他，并考按他的罪状。李幼良身边的人恐惧，计划劫持李幼良进入突厥，又要杀死宇文士及，占据河西。又有人告发他们的阴谋，夏季，四月，癸巳日（十二日），朝廷赐李幼良自尽。

【乾隆御批】 太宗因弓工辨论弓材，悟及政理，深得絜矩之道。夫天下情变万状，岂能一一曲尽其致。或狃于所习而忽不加察者，盖不少矣。向阅《养正图》，曾采其事题诸屏朏，于引伸触类之义，盖深有取焉。

【译文】 唐太宗因为制弓工匠对弓材的一番论说，悟到处理政事的道理，深得推己及人之道。天下的事情千变万化，怎么能每一个都清楚透彻？因为习以为常被忽略而没有认真省察的，也不在少数。先前阅读《养正图》，曾将其中一些事题在屏风之上，也是希望通过延展，在触类旁通之义上能深有所得。

五月，苑君璋帅众来降。初，君璋引突厥陷马邑，杀高满政，退保恒安。其众皆中国人，多弃君璋来降。君璋惧，亦降，请捍北边以赎罪，上皇许之。君璋请约契，上皇遣门人元普赐之金券。颉利可汗复遣人招之，君璋犹豫未决，恒安人郭子威说君璋以"恒安地险城坚，突厥方强，且当倚之以观变，未可束手于人。"君璋乃执元普送突厥，复与之合，数与突厥入寇。至是，见颉利政乱，知其不足恃，遂帅众来降。上以君璋为隰州都督、芮国公。

有上书请去佞臣者，上问："佞臣为谁？"对曰："臣居草泽，不能的知其人，愿陛下与群臣言，或阳怒以试之，彼执理不屈者，直臣也，畏威顺旨者，佞臣也。"上曰："君，源也；臣，流也；浊其源而求其流之清，不可得矣。君自为诈，何以责臣下之直乎！朕方以至诚治天下，见前世帝王好以权谲小数接其臣下者，常窃耻之。卿策虽善，朕不取也。"

【译文】　五月，苑君璋率领部属前来投降。起初，苑君璋引领突厥攻陷马邑，杀死高满政，退守恒安。他的部属都是中原人，大多背弃苑君璋前来投降。苑君璋惧怕，也投降，请求捍卫北部边疆用来赎罪，唐高祖答应了他。苑君璋请求订立契约，唐高祖派雁门人元普赐给他金券。颉利可汗再次派人招诱他，苑君璋犹豫不决，恒安人郭子威规劝苑君璋："恒安地方险要，城池坚固，突厥正强盛，应当倚靠他们来观伺变化，不可束手听命于人。"苑君璋于是拘捕元普送到突厥，再次和突厥会师，多次和突厥进犯中原。到此时，眼见颉利可汗朝政混乱，知道他不足以依恃，于是率领部属前来投降。唐太宗任苑君璋为隰州都督、芮国公。

　　有人上书请求除去佞臣，唐太宗问："谁是佞臣？"回答说："臣居住在草野，不能明确知道其人，希望陛下和群臣谈论，有时假装发怒试探他们，据理力争的人，是忠臣；畏威顺旨的人，是佞臣。"唐太宗说："君主，是泉源；臣子，是水流。弄浊了泉源反而要求水流清澈，是不可能的。君王自己弄虚作假，怎么能够要求臣下正直呢！朕正以至诚治理天下，看到前世帝王喜爱用权变谲诈的小技巧对待臣下，我常私自认为他们可耻。卿的计策虽好，朕不能采用。"

　　六月，辛巳，右仆射密明公封德彝薨。

　　壬辰，复以太子少师萧瑀为左仆射。

　　戊申，上与侍臣论周、秦修短，萧瑀对曰："纣为不道，武王征之。周及六国无罪，始皇灭之。得天下虽同，失人心则异。"上曰："公知其一，未知其二。周得天下，增修仁义；秦得天下，益尚诈力；此修短之所以殊也。盖取之或可以逆得，守之不可以不顺故也。"瑀谢不及。

山东大旱，诏所在赈恤，无出今年租赋。

秋，七月，壬子，以吏部尚书长孙无忌为右仆射。无忌与上为布衣交，加以外戚，有佐命功，上委以腹心，其礼遇群臣莫及，欲用为宰相者数矣。文德皇后固请曰："妾备位椒房，家之贵宠极矣，诚不愿兄弟复执国政。吕、霍、上官，可为切骨之戒，幸陛下矜察！"上不听，卒用之。

【译文】六月，辛巳日（初一），唐右仆射密明公封德彝去世。

壬辰日（十二日），唐太宗再次任用太子少师萧瑀为左仆射。

戊申日（二十八日），唐太宗和侍臣谈论周、秦的长短，萧瑀回答说："纣行为不道，武王讨伐他。周以及六国无罪，秦始皇灭亡他们。得到天下的结果虽然相同，人心的归向却不同。"唐太宗说："你只知其一，不知其二。周得到天下，更加修行仁义；秦得到天下，更讲究诈伪残暴，这是他们长短的分别所在。大概夺取天下有时可以逆仁义用诈力得到，保有天下则不可以不顺从仁义的缘故。"萧瑀谢罪，自认识见不及唐太宗。

山东发生大旱灾，唐太宗诏命所在官吏赈济抚恤，百姓不必缴纳今年的租赋。

秋季，七月，壬子日（初二），唐太宗任用吏部尚书长孙无忌担任右仆射。长孙无忌和唐太宗是贫贱之交，又是皇后的兄长，有辅佐诛杀李建成、李元吉的功劳，唐太宗视他为心腹，他所受到的礼遇，群臣都比不上，多次要任用他做宰相。文德皇后坚决请求说："妾位居椒房，家人极受恩宠，诚心不愿兄弟再执掌朝政。汉代的吕、霍、上官，可做刻骨铭心的鉴戒，希望陛下矜怜明察!"唐太宗没有听从,最终任用长孙无忌做宰相。

【康熙御批】赈恤以惠民,固朝廷之德意,惟虑奉行未善,泽不下究尔。独蠲其租赋,则比户均沾,为爱民之实政。

【译文】通过救济来善待百姓,当然是朝廷的恩德和善意,令人忧虑的是实施起来不够完善,恩泽不能真正降临到百姓头上。唯独只有免除田租赋税,则家家户户都得利益,是爱护百姓的实政。

初,突厥性淳厚,政令质略。颉利可汗得华人赵德言,委用之。德言专其威福,多变更旧俗,政令烦苛,国人始不悦。颉利又好信任诸胡而疏突厥,胡人贪冒,多反覆,兵革岁动;会大雪,深数尺,杂畜多死,连年饥馑,民皆冻馁。颉利用度不给,重敛诸部,由是内外离怨,诸部多叛,兵浸弱。言事者多请击之,上以问萧瑀、长孙无忌曰:"颉利君臣昏虐,危亡可必。今击之,则新与之盟;不击,恐失机会;如何而可?"瑀请击之。无忌对曰:"虏不犯塞而弃信劳民,非王者之师也。"上乃止。

上问公卿以享国久长之策,萧瑀言:"三代封建而久长,秦孤立而速亡。"上以为然,于是始有封建之议。

黄门侍郎王珪有密奏,附侍中高士廉,寝而不言。上闻之,八月,戊戌,出士廉为安州大都督。

【译文】起初,突厥人性情敦厚纯朴,政治法令质朴简约。颉利可汗得到中原人赵德言,任用他。赵德言专权,作威作福,变更很多旧有习俗,政令烦琐刻薄,国人才不高兴。颉利可汗又喜欢信任诸胡而疏远突厥人,胡人大多贪心冒险,反复无常,战争年年兴起。遇上下大雪,雪深数尺,各种牲畜大多死亡,连年出现饥荒，百姓都挨冻受饿。颉利可汗用度不能供给，对各部落加重赋敛，因而内外携离怨恨，各个部落很多背叛，国力渐弱。唐朝商议政事的人大多请求出兵进攻突厥，唐太宗询问萧瑀、长孙无忌说："颉利可汗君臣昏庸暴虐，必定灭亡。现在攻击他，而后和他们结盟；不出兵，担心失去机会。怎么办才好？"萧瑀请求出兵攻打。长孙无忌却回答说："敌人不进犯边塞，我们反而背弃信约、烦劳士民，不是王者之师。"唐太宗才停止出兵。

唐太宗询问公卿怎样能享国久长的政策，萧瑀说："夏、商、周分封诸侯因而享国久长；秦不分封诸侯因而迅速灭亡。"唐太宗认为说得对，于是才有分封诸侯的动议。

黄门侍郎王珪有密奏上报，交给侍中高士廉转呈，高士廉搁置起来而没有上奏。唐太宗听说此事，八月，戊戌日（十九日），调派高士廉出去做安州大都督。

九月，庚戌朔，日有食之。

辛酉，中书令宇文士及罢为殿中监，御史大夫杜淹参豫朝政。它官参豫政事自此始。

淹荐刑部员外郎邸怀道，上问其行能，对曰："炀帝将幸江都，召百官问行留之计，怀道为吏部主事，独言不可。臣亲见之。"上曰："卿称怀道为是，何为自不正谏？"对曰："臣尔日不居重任，又知谏不从，徒死无益。"上曰："卿知炀帝不可谏，何为立其朝？既立其朝，何得不谏？卿仕隋，容可云位卑；后仕王世充，尊显矣，何得亦不谏？"对曰："臣于世充非不谏，但不从耳。"上曰："世充若贤而纳谏，不应亡国；若暴而拒谏，卿何得免祸？"淹不能对。上曰："今日可谓尊任矣，可以谏未？"对曰："愿尽死。"

上笑。

【译文】九月，庚戌朔日（初一），出现日食。

辛酉日（十二日），中书令宇文士及解除旧职，被任命为殿中监。御史大夫杜淹参与朝政。宰相以外官员参与政事从此开始。

杜淹举荐刑部员外郎邸怀道，唐太宗询问他的品行能力，杜淹回答说："隋炀帝将临幸江都，召来百官询问行留之计，邸怀道担任吏部主事，独说不可以。这事是臣亲眼看到的。"唐太宗说："你称赞邸怀道做得对，为什么自己不直谏呢？"杜淹回答说："臣当时没有担任要职，又知晓进谏也不听从，白白牺牲并无益处。"唐太宗说："你知道隋炀帝不可以劝谏，为什么在他的朝廷做事？既然已经在他的朝廷任职，怎么能够不谏言呢？你在隋为官，或许可以说地位低；后来归顺王世充，地位非常尊崇，为什么也不谏言？"杜淹回答说："臣对于王世充并非没有进谏，只是他不听罢了。"唐太宗说："王世充如若贤能而采纳你的谏言，不应当亡国；如若暴虐而拒绝你的谏言，你凭什么能够免去灾祸？"杜淹无法回答。唐太宗说："今日给你的爵位非常尊崇了，可以谏言了吧？"杜淹回答说："愿意效死。"唐太宗微笑。

辛未，幽州都督王君廓谋叛，道死。

君廓在州，骄纵多不法，征入朝。长史李玄道，房玄龄从甥也，凭君廓附书，君廓私发之，不识草书，疑其告己罪，行至渭南，杀驿吏而逃；将奔突厥，为野人所杀。

岭南酋长冯盎、谈殿等迭相攻击，久未入朝，诸州奏称盎反，前后以十数；上命将军蔺謩等发江、岭数十州兵讨之。魏徵谏曰："中国初定，岭南瘴疠险远，不可以宿大兵。且盎反状未

266

成，未宜动众。"上曰："告者道路不绝，何云反状未成？"对曰："盗若反，必分兵据险，攻掠州县。今告者已数年，而兵不出境，此不反明矣。诸州既疑其反，陛下又不遣使镇抚，彼畏死，故不敢入朝。若遣信臣示以至诚，彼喜于免祸，可不烦兵而服。"上乃罢兵。冬，十月，乙酉，遣员外散骑侍郎李公掩持节慰谕之，盎遣其子智戴随使者入朝。上曰："魏徵令我发一介之使，而岭表遂安，胜十万之师，不可不赏。"赐征绢五百匹。

【译文】辛未日（二十二日），唐幽州都督王君廓阴谋反叛，死在道中。

王君廓在州中，骄横放纵，多行不法，被征召进入朝廷。长史李玄道，是房玄龄的外甥，托王君廓带信。王君廓私自打开信封，因为不认识草书，怀疑他告发自己的罪状，走到渭南县，杀死驿吏之后逃亡，打算投奔突厥，被当地百姓杀死。

岭南酋长冯盎、谈殿等人相互攻击，很长时间没有入朝参拜，各州上奏说冯盎造反，前后几十次；唐太宗命令将军蔺謩等人调动江、岭数十州军队讨伐他。魏徵进谏说："中原刚刚平定，岭南之地多瘴疠，危险而且遥远，不可以屯驻大军。况且冯盎造反的情状还不清楚，不应该发动兵众。"唐太宗说："告发的人络绎不绝，为什么说造反的情状还不清楚？"魏徵回答说："冯盎如果造反，必然分兵占据险要之地，攻打劫掠州县。现在告发他已有数年，但是他的军队没有离开属地，这就是没有造反的情状。各州已怀疑他造反，陛下又不派遣使者前往镇守安抚，他怕死，因此不敢入朝来。倘若派使臣表示至诚治天下，他高兴免除灾祸，可以不需劳动军队而让他顺服。"唐太宗于是罢兵。冬季，十月，乙酉日（初六），唐太宗派员外散骑侍郎李公掩持旌节前往抚慰晓谕，冯盎派遣他的儿子冯智戴跟随使者入朝。唐太宗说:"魏徵要我派出一个使者,于是岭表安定,真胜过十万大军,不可不赏。"赏赐魏徵五百匹绢。

十二月,壬午,左仆射萧瑀坐事免。

戊申,利州都督义安王李孝常等谋反,伏诛。孝常因入朝,留京师,与右武卫将军刘德裕及其甥统军元弘善、监门将军长孙安业互说符命,谋以宿卫兵作乱。安业,皇后之异母兄也,嗜酒无赖;父晟卒,弟无忌及后并幼,安业斥还舅氏。及上即位,后不以旧怨为意,恩礼甚厚。及反事觉,后涕泣为之固请曰:"安业罪诚当万死。然不慈于妾,天下知之;今真以极刑,人必谓妾所为,恐亦为圣朝之累。"由是得减死,流巂州。

【译文】十二月,壬午日(初四),左仆射萧瑀因事获罪,被免除官职。

戊申日(三十日),利州都督义安王李孝常等人阴谋反叛,受诛杀而死。李孝常因事入朝,留在京师,和右武卫将军刘德裕以及他的外甥统军元弘善、监门将军长孙安业相互谈说符篆命数,商量带领宿卫兵作乱。长孙安业,是皇后异母的哥哥,好酒,品行不端。父亲长孙晟死后,弟弟长孙无忌以及皇后年纪尚幼小,长孙安业斥逐他们迁居到舅舅家中。等到唐太宗就帝位,皇后不计旧怨,十分礼遇他。等到造反事被发觉,皇后哭着为他坚决求情说:"长孙安业犯罪真当万死,然而他待妾不好,天下人都知晓;现在处以极刑,人们一定说是妾做的,恐怕也是圣朝的疵累。"因此长孙安业得以免除死刑,流放巂州。

或告右丞魏徵私其亲戚,上使御史大夫温彦博按之,无状。彦博言于上曰:"徵不存形迹,远避嫌疑,心虽无私,亦有可责。"

上令彦博让征，且曰："自今宜存形迹。"它日，征入见，言于上曰："臣闻君臣同体，宜相与尽诚；若上下但存形迹，则国之兴丧尚未可知，臣不敢奉诏。"上瞿然曰："吾已悔之。"征再拜曰："臣幸得奉事陛下，愿使臣为良臣，勿为忠臣。"上曰："忠、良有以异乎？"对曰："稷、契、皋陶，君臣协心，俱享尊荣，所谓良臣。龙逄、比干，面折廷争，身诛国亡，所谓忠臣。"上悦，赐绢五百匹。

上神采英毅，群臣进见者，皆失举措；上知之，每见人奏事，必假以辞色，冀闻规谏。尝谓公卿曰："人欲自见其形，必资明镜；君欲自知其过，必待忠臣。苟其君愎谏自贤，其臣阿谀顺旨，君既失国，臣岂能独全！如虞世基等谄事炀帝以保富贵，炀帝既弑，世基等亦诛。公辈宜用此为戒，事有得失，无惜尽言！"

或上言秦府旧兵，宜尽除武职，追入宿卫。上谓之曰："朕以天下为家，惟贤是与，岂旧兵之外皆无可信者乎！汝之此意，非所以广朕德于天下也。"

【译文】有人检举右丞魏徵偏私他的亲戚，唐太宗派遣御史大夫温彦博查办，并没有这件事。温彦博对唐太宗说："魏徵不留存行迹，来避免嫌疑，虽然没有私心，也有可责备的地方。"唐太宗要温彦博责备魏徵，而且说："从今以后应当留存形迹。"他日，魏徵入朝，对唐太宗说："我听说君臣是同体，应当相互至诚相待，如果上下都留存形迹，那么国家的兴亡就难以明了了。我不敢遵从诏命。"唐太宗惊骇地说："我对这事已经后悔。"魏徵再拜说："我有幸能够侍奉陛下，但愿让我做个良臣，不做忠臣。"唐太宗说："忠臣与良臣有差别吗？"魏徵回答说："稷、契、皋陶，他们君臣一心，共享荣华富贵，是我说的良臣；龙逄、比干，当面指责君主的不是，结果被诛杀，接着国家也灭亡，是我说的忠臣。"唐太宗高兴，赏赐他绢五百匹。

唐太宗的精神风采英俊刚毅，进见的群臣，都因为害怕而举措失常。唐太宗也明白，每次见人奏事，一定表现出温和的脸色，希望得到大臣的规劝谏诤。唐太宗曾对公卿说："人要看清自己的形态，一定要借助明镜；君王要知晓自己的过失，一定要借助忠臣。倘若君王任性不听取谏言，自以为是，臣子就会阿谀逢迎，最终君王失国，臣子难道能独自保全性命！像虞世基等人以谄谀侍奉隋炀帝而保有富贵，隋炀帝被弑，虞世基等人同样被诛杀。你们应以此作为警戒，事情有得失，不要吝惜，要能够畅所欲言！"

有人对唐太宗说秦府的旧兵，应当全部任命做武官，追加升级调入皇宫宿卫。唐太宗对他说："朕以天下为家，唯才是举，难道除旧兵之外都没有可相信的人吗？你这个意思，不能将朕的恩德扩大到天下。"

【乾隆御批】 太宗实有视天下为一家之度，故旧人不必迁官而宿卫不须旧卒，以见王者无私。其规模宏远，深得政要。虽以房乔之贤且未能窥测万一，他无论矣。

【译文】 唐太宗确实有把天下看成一家的度量，所以旧朝的官员不一定要变迁官职，在宫禁中值宿、担任警卫的人也不一定是以前跟随过他的士卒，以此可见皇帝的无私之处，他的气度博大宏远，深得为政要领。虽以房玄龄的贤能，尚不能窥测到万分之一，其他人就更不必说了。

【申涵煜评】 上谓魏徵曰：自今宜存形迹。呜呼。此言出而世道不古矣。圣贤教人之道曰一日诚而已，若夫假仁假义，欺己欺人，皆形迹之谓也。此术可以逢世，不可以信心。太宗殆自用已熟，故复举以示征欤？

【译文】 唐太宗对魏徵说：从现在起应该保存形迹。呜呼。这句话一出而世道不古了。圣贤教人之道只是一个诚而已，如果假仁假义，欺骗自己欺骗他人，都是形迹之说。这种方法只可以逢世，不能用来信心。大概是太宗自己使用已熟，所以又拿来展示给魏徵吧？

上谓公卿曰："昔禹凿山治水而民无谤讟者，与人同利故也。秦始皇营宫室而民怨叛者，病人以利己故也。夫靡丽珍奇，固人之所欲，若纵之不已，则危亡立至。朕欲营一殿，材用已具，鉴秦而止。王公已下，宜体朕此意。"由是二十年间，风俗素朴，衣无锦绣，公私富给。

上谓黄门侍郎王珪曰："国家本置中书、门下以相检察，中书诏敕或有差失，则门下当行驳正。人心所见，互有不同，苟论难往来，务求至当，舍己从人，亦复何伤！比来或护己之短，遂成怨隙，或苟避私怨，知非不正，顺一人颜情，为兆民之深患，此乃亡国之政也。炀帝之世，内外庶官，务相顺从，当是之时，皆自谓有智，祸不及身。及天下大乱，家国两亡，虽其间万一有得免者，亦为时论所贬，终古不磨。卿曹各当徇公忘私，勿雷同也！"

【译文】 唐太宗对公卿说："以前夏禹开山治水而百姓没有谤毁痛怨，那是与百姓利益相同的缘故。秦始皇营建宫室而百姓怨恨反叛，那是损害百姓来为自己谋利的缘故。华靡美丽珍贵奇异的物品，本是人们想要的，如若放纵不止，那么危亡立即到来。朕想要修造一座宫殿，材料费用已经齐备，看到秦的灭亡就停止不再建造。王公以下，应当体会朕的心意。"因此二十年间，风俗俭朴，不穿锦绣的衣服，公私富裕充足。

唐太宗对黄门侍郎王珪说："国家本来设置中书、门下两省，用来相互检核考察，中书省起草诏敕如果有差失，那么门下省应当驳议纠正。人的见解，各有不同，如果往来辩论，必求其准确恰当，舍弃己见，从善如流，又有什么不好呢！近来有人袒护自己的短处，于是造成仇怨嫌隙，有人为了避免私怨，知道别人做错了也不加驳正，顺从顾及那个人的颜色情面，而造成万民的大患，这正是亡国的政治。隋炀帝的时代，内外众官，一团和气，那个时候，大家都认为自己聪明，灾祸不会殃及自身。等到天下大乱，家与国一起灭亡，虽然其间有幸免的人，也要被时论针砭，恶名永远不能磨灭。卿辈应该顺公忘私，不要犯同样的错误。"

上谓侍臣曰："吾闻西域贾胡得美珠，剖身以藏之，有诸？"侍臣曰："有之。"上曰："人皆知彼之爱珠而不爱其身也；吏受赇抵法，与帝王徇奢欲而亡国者，何以异于彼胡之可笑邪！"魏徵曰："昔鲁哀公谓孔子曰：'人有好忘者，徙宅而忘其妻。'孔子曰：'又有甚者，桀、纣乃忘其身。'亦犹是也。"上曰："然。朕与公辈宜戮力相辅，庶免为人所笑也！"

青州有谋反者，州县逮捕支党，收系满狱，诏殿中侍御史安喜崔仁师覆按之。仁师至，悉脱去杻械，与饮食汤沐，宽慰之，止坐其魁首十馀人，馀皆释之。还报，敕使将往决之。大理少卿孙伏伽谓仁师曰："足下平反者多，人情谁不贪生，恐见徒侣得免，未肯甘心，深为足下忧之。"仁师曰："凡治狱当以平恕为本，岂可自规免罪，知其冤而不为伸邪！万一阙短，误有所纵，以一身易十囚之死，亦所愿也。"伏伽惭而退。及敕使至，更讯诸囚，皆曰："崔公平恕，事无枉滥，请速就死。"无一人异辞者。

【译文】唐太宗对侍臣说："我听闻西域有个胡贾得到美珠，剖开肌肉来藏那美珠，有这件事吗？"侍臣说："有。"唐太宗说："人们都知道去笑那人爱珠却不爱惜身体，官吏受贿犯法和帝王因为奢侈纵欲而亡国的，与那胡贾的可笑有什么分别！"魏徵说："以前鲁哀公对孔子说：'有个健忘的人，搬家时却忘了带走妻子。'孔子说：'有比这更严重的，桀、纣竟然连自己都给忘了。'也是如此。"唐太宗说："对。朕和你们应当努力互相辅助，才可以免除被人讥笑。"

青州有人阴谋造反，州县逮捕他的同党，被关押的人挤满监狱，唐太宗诏命殿中侍御史安喜人崔仁师再审讯他们。崔仁师到了青州，全部解除他们的刑械，供给饮水以及热水沐浴，宽慰他们，只把罪魁十余人判罪，其余全都释放。将审理结果回报朝廷，唐太宗派人前去斩决罪犯。大理少卿孙伏伽对崔仁师说："你平反了很多人，谁人不求生，担心这些首犯眼见同伙能够免罪，不肯心甘情愿，我很为你忧虑。"崔仁师说："审理刑案应当以公平仁恕为原则，难道可以自图免罪，知道有人受冤而不替他伸冤吗？万一判断不准，错放人犯，用一命换十个囚犯的生命，我也愿意。"孙伏伽感到惭愧而退去。等到唐太宗的敕使到了，再行讯问各个囚犯，都说："崔公公平仁恕，断案没有冤枉，请求赶快处死我们。"没有一个人有不同的说法。

【乾隆御批】镜诚悬而物来毕照，初不必豫存妍媸之见，而万象自无遁形，人君临下亦犹是也。太宗不肯设诈待人，比之浊其源而求流清，实至当不易之论。然未久而密使赂人，致有裴矩之谏，不宜矛盾否？此岂纪载者失实耶？

【译文】把真诚的明镜高悬，所有事物前来都会照出全貌，不必事先就对它存有美丑的看法，万物在镜前都无法隐藏自己的形迹。即便君临天下也是如此。唐太宗不肯以欺诈的手段来对待别人，把它比作让源头变混浊却想要清澈的河流，实在是恰当到不可改变的论断。但是不久之后却暗中派左右的人去贿赂官员，以至得到裴矩的进谏，岂不前后矛盾吗？难道记载的史官有失真实吗？

上好骑射，孙伏伽谏，以为："天子居则九门，行则警跸，非欲苟自尊严，乃为社稷生民之计也。陛下好自走马射的以娱悦近臣，此乃少年为诸王时所为，非今日天子事业也。既非所以安养圣躬，又非所以仪刑后世，臣窃为陛下不取。"上悦。未几，以伏伽为谏议大夫。

隋世选人，十一月集，至春而罢，人患其期促。至是，吏部侍郎观城刘林甫奏四时听选，随阙注拟，人以为便。

唐初，士大夫以乱离之后，不乐仕进，官员不充。省符下诸州差人赴选，州府及诏使多以赤牒补官。至是尽省之，勒赴省选，集者七千馀人，林甫随才铨叙，各得其所，时人称之。诏以关中米贵，始分人于洛州选。

【译文】唐太宗喜好骑马射箭，孙伏伽进谏，认为："天子居住要有九重门，出行则要警戒开道，阻止行人通行，这不是为了表示自己的尊严，而是为社稷苍生打算的。陛下喜好跑马射箭以便让亲近的臣子高兴，这是年轻时当亲王的作为，不是今天当天子应当做的事。既不能用来安养皇上的身体，又不能做后代的典范，臣私自认为陛下不应当如此。"唐太宗十分高兴。不久，任用孙伏伽做谏议大夫。

隋代选拔官员，每年十一月候选者聚集到京师，到次年春天结束，人们苦于期限过短。这时候，吏部侍郎观城人刘林甫上奏请求四季都可选官，根据空缺随时补充，人们都认为方便。

唐朝初年，士大夫经过丧乱流离之后，不愿意做官，官员人数不足。尚书省下令，命各州派人应选，州府以及皇帝的特使多用赤色文牒直接委任官吏。到这时全部废止，勒令他们赴尚书省考选，聚集有七千多人，刘林甫量才录用，各得其所，当时人都称赞他。唐太宗下诏因为关中米价昂贵，分一部分人到洛阳参加考选。

上谓房玄龄曰："官在得人，不在员多。"命玄龄并省，留文武总六百四十三员。

隋秘书监晋陵刘子翼，有学行，性刚直，朋友有过，常面责。李百药常称："刘四虽复骂人，人终不恨。"是岁，有诏征之，辞以母老，不至。

郇令裴仁轨私役门夫，上怒，欲斩之。殿中侍御史长安李乾祐谏曰："法者，陛下所与天下共也，非陛下所独有也。今仁轨坐轻罪而抵极刑，臣恐人无所措手足。"上悦，免仁轨死，以乾祐为侍御史。

上尝语及关中、山东人，意有同异。殿中侍御史义丰张行成跪奏曰："天子以四海为家，不当有东西之异；恐示人以隘。"上善其言，厚赐之。自是每有大政，常使预议。

【译文】唐太宗对房玄龄说："用官在得到人才，不在人多。"命令房玄龄并合裁省人数，留任文武官员一共六百四十三人。

隋朝秘书监晋陵人刘子翼，有学识德行，性情刚强正直，朋友有过错，经常当面指责。李百药常常称赞他："刘四（子翼排行第四，唐人多以第行相呼）虽然总是骂人，被骂的人却始终不怀恨。"这一年，有诏令征召他入朝，刘子翼以母亲年老辞谢，没有到任。

郿县县令裴仁轨动用官家役夫做私事，唐太宗发怒，要处死他。殿中侍御史长安人李乾祐进谏说："法律，是陛下和天下人共同的标准，不是陛下独有的。现在裴仁轨犯了轻罪却用极刑，臣担心百姓不知如何行事。"唐太宗十分高兴，免去裴仁轨死罪，任用李乾祐做侍御史。

唐太宗曾谈到关中以及山东人，心里偏爱山东人而轻视关中人。殿中侍御史义丰人张行成下跪上奏说："天子以四海为家，不应当有东西方的差别，担心这样会给人心胸狭隘的印象。"唐太宗赞赏他的话称善，重赏他。从此每有重大的政事，常命他参与商议。

初，突厥既强，敕勒诸部分散，有薛延陀、回纥、都播、骨利干、多滥葛、同罗、仆固、拔野古、思结、浑、斛薛、结、阿跌、契苾、白霫等十五部，皆居碛北，风俗大抵与突厥同；薛延陀于诸部为最强。

西突厥曷萨那可汗方强，敕勒诸部皆臣之。曷萨那征税无度，诸部皆怨。曷萨那诛其渠帅百馀人，敕勒相帅叛之，共推契苾哥楞为易勿真莫贺可汗，居贪于山北。又以薛延陀乙失钵为也咥小可汗，居燕末山北。及射匮可汗兵复振，薛延陀、契苾二部并去可汗之号以臣之。

回纥等六部在郁督军山者，东属始毕可汗。统叶护可汗势衰，乙失钵之孙夷男帅其部落七万馀家，附于颉利可汗。颉利政乱，薛延陀与回纥、拔野古等相帅叛之。颉利遣其兄子欲谷设将十万骑讨之，回纥酋长菩萨将五千骑，与战于马鬣山，大破之。欲谷设走，菩萨追至天山，部众多为所虏，回纥由是大振。薛延陀又破其四设，颉利不能制。

【译文】 起初，突厥势力强盛，敕勒各个部落分散，有薛延陀、回纥、都播、骨利干、多滥葛、同罗、仆固、拔野古、思结、浑、斛薛、结、阿跌、契苾、白霫十五部，都居住在沙漠的北面，风俗习惯大抵和突厥相同。薛延陀在各个部落之中最为强盛。

西突厥曷萨那可汗正强盛，敕勒各个部落都向他称臣。曷萨那可汗征敛没有节制，各个部落全都抱怨。曷萨那可汗诛杀各部的酋帅一百余人，敕勒各部相继反叛，一同推举契苾哥楞做易勿真莫贺可汗，居住在贪于山的北面。又推举薛延陀乙失钵做也咥小可汗，居住在燕末山的北面。等到射匮可汗的军力重新兴盛起来，薛延陀、契苾二部都除掉可汗的尊号向他称臣。

回纥等六部聚居在郁督军山的，向东隶属于突厥始毕可汗。西突厥统叶护可汗势力衰微，乙失钵的孙子夷男率部落七万余家，依附颉利可汗。颉利可汗政治混乱，薛延陀和回纥、拔野古等相继反叛他。颉利可汗派遣侄儿欲谷设率领十万骑兵讨伐他们，回纥酋长菩萨率领五千骑，在马鬣山和突厥交战，大败欲谷设。欲谷设仓皇逃走，菩萨追逐到天山，欲谷设的部众大多被俘虏，回纥因此大为振兴。薛延陀又攻破突厥四部帅的典兵，颉利可汗无法阻止。

颉利益衰，国人离散。会大雪，平地数尺，羊马多死，民大饥，颉利恐唐乘其弊，引兵入朔州境上，扬言会猎，实设备焉。鸿胪卿郑元璹使突厥还，言于上曰："戎狄兴衰，专以羊马为候。今突厥民饥畜瘦，此将亡之兆也，不过三年。"上然之。群臣多劝上乘间击突厥，上曰："新与人盟而背之，不信；利人之灾，不仁；乘人之危以取胜，不武。纵使其种落尽叛，六畜无馀，朕终不击，必待有罪，然后讨之。"

西突厥统叶护可汗遣真珠统俟斤与高平王道立来，献万钉宝钿金带，马五千匹，以迎公主。颉利不欲中国与之和亲，数遣兵入寇，又遣人谓统叶护曰："汝迎唐公主，要须经我国中过。"统叶护患之，未成昏。

资治通鉴

【译文】颉利可汗日益衰微，国人纷纷离散。恰逢天下大雪，平地积雪有数尺之厚，羊马大多冻死，百姓饥饿，颉利可汗害怕唐朝乘其困弊进兵，率领兵马进入朔州境内，表面说是要大家会猎，事实上是在预先防备唐朝。鸿胪卿郑元璹出使突厥返回京师，对唐太宗说："戎狄的兴衰，专以他们的牛马之多少作为征候。现在突厥百姓饥饿、牲畜瘦弱，这是将要灭亡的征兆，为时不会超过三年了。"唐太宗认为他的话很对，群臣大多劝唐太宗乘机偷击突厥，唐太宗说："刚与人结盟却违反盟约，这是不守信义；乘人灾祸而取利，这是不仁道；乘人危机而战胜他，不算英武。纵使其他部落全都叛变，六畜没有余留，朕最后还是不准备攻打，必须等到他们有罪，再去讨伐。"

西突厥统叶护可汗派遣真珠统俟斤和高平王李道立来朝，进贡万钉宝钿金带，五千匹马，来迎娶唐公主。颉利可汗不希望唐朝和西突厥和亲，多次派兵入侵，又派人对统叶护可汗说："你迎娶唐公主，必须经过我的领土。"统叶护可汗为此忧虑，最终没有联姻。

贞观二年（戊子，公元六二八年）春，正月，辛亥，右仆射长孙无忌罢。时有密表称无忌权宠过盛者，上以表示之，曰："朕于卿洞然无疑，若各怀所闻而不言，则君臣之意有不通。"又召百官谓之曰："朕诸子皆幼，视无忌如子，非他人所能间也。"无忌自惧满盈，固求逊位，皇后又力为之请，上乃许之，以为开府仪同三司。

置六司侍郎，副六尚书；并置左右司郎中各一人。

癸丑，吐谷浑寇岷州，都督李道彦击走之。

丁巳，徙汉王恪为蜀王，卫王泰为越王，楚王祐为燕王。

【译文】 贞观二年（戊子，公元628年）春季，正月，辛亥日（初三），右仆射长孙无忌被罢除官职。当时有人秘密上表声称长孙无忌权位宠幸太过，唐太宗拿这话告诉长孙无忌说："朕对于卿很了解并无疑心，若各人怀藏听到的话而不加以说明，那么君臣的心意就不能相通了。"又召来百官对他们说，"朕的儿子全都幼小，我将长孙无忌视如儿子，我们的关系不是别人能够离间的。"长孙无忌自己害怕位高权重，坚持要求让贤，皇后又极力替他请求，唐太宗才准许他的请求，任命他为开府仪同三司。

唐朝设置六司侍郎，副六尚书，并设置左、右司郎中各一人。

癸丑日（初五），吐谷浑进犯岷州，都督李道彦赶跑他们。

丁巳日（初九），唐太宗改封汉王李恪为蜀王，卫王李泰为越王，楚王李祐为燕王。

上问魏徵曰："人主何为而明，何为而暗？"对曰："兼听则明，偏信则暗。昔尧清问下民，故有苗之恶得以上闻；舜明四目，达四聪，故共、鲧、驩兜不能蔽也。秦二世偏信赵高，以成望夷之祸；梁武帝偏信朱异，以取台城之辱；隋炀帝偏信虞世基，以致彭城阁之变。是故人君兼听广纳，则贵臣不得拥蔽，而下情得以上通也。"上曰："善！"

上谓黄门侍郎王珪曰:"开皇十四年大旱,隋文帝不许赈给,而令百姓就食山东,比至末年,天下储积可供五十年。炀帝恃其富饶,侈心无厌,卒亡天下。但使仓廪之积足以备凶年,其馀何用哉!"

【译文】唐太宗问魏徵说:"人主怎样做才能明察,怎样做才是昏暗?"魏徵回答说:"兼听多人的言论则能明察,偏听一人的言论则昏暗。从前尧虚心询问百姓,所以能够知晓有苗的恶行;舜目明能远视四方,耳聪能远听四方,所以共工、鲧、兜不能隐匿罪恶。秦二世偏信赵高,因而有望夷宫的灾祸;梁武帝偏信朱异,因而有台城的羞辱;隋炀帝偏信虞世基,因而形成彭城阁的变故。所以人君能兼听广纳众人的言论,那么贵臣不能阻塞言路,而下情才能上达。"唐太宗说:"很好!"

唐太宗对黄门侍郎王珪说:"隋朝开皇十四年发生大旱灾,隋文帝不允许赈济百姓,反而要百姓自己到山东地区谋食,等到隋文帝末年,天下储存积蓄的粮食可供给五十年食用。隋炀帝倚仗粮食丰富,奢侈无度,终于灭亡天下。只要仓廪的积粮足够预备凶年食用,其余再多有何用呢!"

二月,上谓侍臣曰:"人言天子至尊,无所畏惮。朕则不然,上畏皇天之监临,下惮群臣之瞻仰,兢兢业业,犹恐不合天意,未副人望。"魏徵曰:"此诚致治之要,愿陛下慎终如始,则善矣。"

上谓房玄龄等曰:"为政莫若至公。昔诸葛亮窜廖立、李严于南夷,亮卒而立、严皆悲泣,有死者,非至公能如是乎!又,高颍为隋相,公平识治体,隋之兴亡,系颍之存没。朕既慕前世之明君,卿等不可不法前世之贤相也!"

【译文】二月,唐太宗对侍臣说:"人们都说天子最为尊贵，无所畏惧，朕就不如此想，我对上害怕皇天的莅临监视，对下害怕群臣的注视，谨慎小心，尚且担心不合天意，不符合人们的希望。"魏徵说："这真是达到治世的要领，但愿陛下谨慎为怀，善始善终，那就很好了。"

唐太宗对房玄龄等人说："处理朝政没有比公正更重要。从前诸葛亮将廖立、李严流放到南夷，诸葛亮死了，但廖立、李严都悲伤流泪，也有人因悲伤致死（事见七十二卷魏明帝青龙二年），要不是公正无私能有这样的结果吗？还有高颎做隋朝宰相，公正无私，深得治国的要领，隋朝的兴亡，与高颎的存亡休戚相关。朕既然仰慕前世的明君，卿等不可不效法前代的贤相！"

三月，戊寅朔，日有食之。

壬子，大理少卿胡演进每月囚帐；上命自今大辟皆令中书、门下四品已上及尚书议之，庶无冤滥。既而引囚，至岐州刺史郑善果，上谓胡演曰："善果虽复有罪，官品不卑，岂可使与诸囚为伍。自今三品以上犯罪，不须引过，听于朝堂俟进止。"

关内旱饥，民多卖子以接衣食；己巳，诏出御府金帛为赎之，归其父母。庚午，诏以去岁霖雨，今兹旱、蝗，赦天下。诏书略曰："若使年谷丰稔，天下又安，移灾朕身，以存万国，是所愿也，甘心无吝。"会所在有雨，民大悦。

【译文】三月，戊寅朔日（初一），出现日食。

壬子日（初五），大理少卿胡演上奏每月登载囚徒姓名的账簿。唐太宗命令从今以后死刑犯都令中书、门下省四品以上官员及尚书省审议，力求最大限度免除冤狱。不久牵引囚徒走过，中有岐州刺史郑善果，唐太宗对胡演说："郑善果虽然有罪，毕竟官的品秩不低，岂可让他与一般囚犯在一起。从今以后三品以上官员犯罪，不需牵引过来，可让他们在朝堂听候处分的命令。"

关内发生旱灾饥荒，许多百姓卖子女来接济衣食。己巳日（二十二日），唐太宗诏命拨出御府的金帛替这些子女赎身，归还给他们的父母。庚午日（二十三日），诏令说因为上一年有连绵大雨，今年有旱灾、蝗害，所以大赦天下。诏书大意是说："如果能够年谷丰收，天下治平无事，即使将灾祸移到朕的身上来保全百姓，也心甘情愿，没有遗憾。"恰好干旱的地方下了雨，百姓大为欢心。

夏，四月，己卯，诏以"隋末乱离，因之饥馑，暴骸满野，伤人心目，宜令所在官司收瘗。"

初，突厥突利可汗建牙直幽州之北，主东偏，奚、霫等数十部多叛突厥来降，颉利可汗以其失众责之。及薛延陀、回纥等败欲谷设，颉利遣突利讨之，突利兵又败，轻骑奔还。颉利怒，拘之十馀日而挞之，突利由是怨，阴欲叛颉利。颉利数征兵于突利，突利不与，表请入朝。上谓侍臣曰："向者突厥之强，控弦百万，凭陵中夏，用是骄恣，以失其民。今自请入朝，非困穷，肯如是乎！朕闻之，且喜且惧。何则？突厥衰则边境安矣，故喜。然朕或失道，它日亦将如突厥，能无惧乎！卿曹宜不惜苦谏，以辅朕之不逮也。"

【译文】夏季，四月，己卯日（初三），唐太宗下诏说："隋朝末年天下大乱，又因有大饥荒，造成尸骨遍野，使人触目伤心，应令当地主管官员收尸掩埋。"

起初，突厥突利可汗将牙旗（突厥的王庭所在，立幕上建牙旗）建立在幽州的北面，主要管理东部边疆的部落，奚、霫等数十部大多背叛突厥前来投降唐朝，颉利可汗因他失掉人众而指责他。等到薛延陀、回纥等击败欲谷设，颉利可汗派突利可汗征讨他们，突利可汗的军队又战败，单骑逃回。颉利可汗发怒，拘禁他十余日并且鞭打他，突利可汗因此怀恨，暗中要背叛颉利可汗。颉利可汗多次向突利可汗征兵，突利可汗不给，上表请求归附唐朝。唐太宗对侍臣说："从前突厥正强盛时，拥有百万射手，凭借威势侵凌华夏，因此骄纵放恣才失去民众。现在自己请求归附，不是困窘急迫，肯这样做吗？朕听闻他请求归附的消息，又高兴又害怕。为什么？突厥势力衰微那么边境就平安，所以高兴。然而或许我有失君道，他日也将像突厥的下场，能够不害怕吗？你们应当直言苦谏，来辅助朕弥补过失。"

颉利发兵攻突利，丁亥，突利遣使来求救。上谋于大臣曰："朕与突利为兄弟，有急不可不救。然颉利亦与之有盟，奈何？"兵部尚书杜如晦曰："戎狄无信，终当负约，今不因其乱而取之，后悔无及。夫取乱侮亡，古之道也。"

丙申，契丹酋长帅其部落来降。颉利遣使请以梁师都易契丹，上谓使者曰："契丹与突厥异类，今来归附，何故索之！师都中国之人，盗我土地，暴我百姓，突厥受而庇之，我兴兵致讨，辄来救之，彼如鱼游釜中，何患不为我有！借使不得，亦终不以降附之民易之也。"

【译文】颉利可汗调动军队攻打突利可汗，丁亥日（十一日），突利可汗派遣使者前来请求救兵，唐太宗向大臣问计说："朕和突利结为兄弟，他有急事不能不救援。但和颉利也有同盟，怎么办才好？"兵部尚书杜如晦说："戎狄不讲信义，终究会违反盟约，今日不乘其变乱攻取他，将来追悔莫及。谋取混乱者，攻取将亡者，这是自古就有的道理。"

丙申日（二十日），契丹酋长率领部落前来投降。颉利可汗派遣使者请求用梁师都交换契丹酋长以及部落，唐太宗对来使说："契丹和突厥是不同种族，现在契丹归附大唐，为什么来索求！梁师都是中原人，他盗取我国土地，暴虐我国百姓，突厥接纳他并加以庇护，我发兵讨伐梁师都，你们总是救援他，他像鱼游在釜中，早晚会被我擒拿！纵使不能捉到他，也终究不会用归附的契丹百姓去交换的。"

先是，上知突厥政乱，不能庇梁师都，以书谕之，师都不从。上遣夏州都督长史刘旻、司马刘兰成图之，旻等数遣轻骑践其禾稼，多纵反间，离其君臣，其国渐虚，降者相属。其名将李正宝等谋执师都，事泄，来奔，由是上下益相疑。旻等知可取，上表请兵。上遣右卫大将军柴绍、殿中少监薛万均击之，又遣旻等据朔方东城以逼之。师都引突厥兵至城下，刘兰成偃旗卧鼓不出。师都宵遁，兰成追击，破之。突厥大发兵救师都，柴绍等未至朔方数十里，与突厥遇，奋击，大破之，遂围朔方。突厥不敢救，城中食尽。壬寅，师都从父弟洛仁杀师都，以城降，以其地为夏州。

【译文】先前，唐太宗知道突厥内部争斗，政治混乱，不能庇护梁师都，用书信晓谕招降他，梁师都不听从。唐太宗派遣夏州都督长史刘旻、司马刘兰成图取他，刘旻等多次派遣轻骑践踏梁师都管辖地区的农作物，多次使用反间计，离散他们君臣的关系，他的国力逐渐虚弱，投降的人接连不断。梁师都手下的名将李正宝等人商议拘捕梁师都，事情败露，奔来投降大唐，因此上下更加猜忌。刘旻等认为时机成熟，上表请求出兵。唐太宗派遣右卫大将军柴绍、殿中少监薛万均攻打梁师都，又派遣刘旻等人占据朔方东城来逼迫他。梁师都率领突厥兵来到城下，刘兰成偃旗息鼓按兵不动。梁师都趁夜遁去，刘兰成追击，击败他。突厥调动大军援救梁师都，柴绍等人未到朔方数十里处，遇上突厥，奋力进攻，大败突厥，于是围攻朔方。突厥不敢救援，城中粮食用尽。壬寅日（二十六日），梁师都的堂叔梁洛仁杀了梁师都，献城投降，唐朝在该地设置夏州。

太常少卿祖孝孙以为梁、陈之音多吴、楚，周、齐之音多胡、夷，于是斟酌南北，考以古声，作《唐雅乐》，凡八十四调、三十一曲、十二和。诏协律郎张文收与孝孙同修定。六月，乙酉，孝孙等奏新乐。上曰："礼乐者，盖圣人缘情以设教耳，治之隆替，岂由于此？"御史大夫杜淹曰："齐之将亡，作《伴侣曲》，陈之将亡，作《玉树后庭花》，其声哀思，行路闻之皆悲泣，何得言治之隆替不在乐也！"上曰："不然。夫乐能感人，故乐者闻之则喜，忧者闻之则悲，悲喜在人心，非由乐也。将亡之政，民必愁苦，故闻乐而悲耳。今二曲具存，朕为公奏之，公岂悲乎？"右丞魏徵曰："古人称'礼云礼云，玉帛云乎哉！乐云乐云，钟鼓云乎哉！'乐诚在人和，不在声音也。"

【译文】太常少卿祖孝孙，认为梁、陈的音乐多带有吴、楚方音，周、齐的音乐多带有胡、夷方音，于是斟酌南北方的音乐，考核古代声乐，制作《唐雅乐》，一共八十四调、三十一曲、十二和。唐太宗诏命协律郎张文收和祖孝孙共同修定。六月，乙酉日（十一日），祖孝孙等演奏新乐。唐太宗说："礼乐，是圣人根据人的情感来施行教化的，政治的隆盛衰替，哪是因为礼乐？"御史大夫杜淹说："齐将要灭亡时，出现《伴侣曲》，陈将要灭亡时，出现《玉树后庭花》，其声悲切，行路之人听到歌声都感伤而流泪，怎么能说政治的隆盛衰替不在音乐呢！"唐太宗说："不是这样。音乐能够感动人，所以快乐的人听了就高兴；忧思的人听了就哀伤；悲喜在于人心，不在音乐。行将灭亡的王朝，百姓生活必然愁苦，因此听到音乐感到悲伤。现今二首曲子都存在，朕为你演奏这两首曲子，你听了难道会悲伤吗？"右丞魏徵说："古人说：'礼啊礼啊，难道是指玉帛这些礼品吗？乐啊乐啊，难道是指钟鼓这些乐器吗？'音乐的意义在于使人心和睦，不在于声音本身。"

资治通鉴

【乾隆御批】 作乐象功，闻乐知德，盖必先有其治而后用乐以宣之，因不得谓之治由乎乐。太宗所论见理已浅，至魏徵直曰不在声音，失愈远矣。彼《伴侣》《玉树》之谱果与雅乐无异伦乎？

【译文】 作乐象功，闻乐知德，都是先有治世而后用音乐宣扬，因此不能说天下大治是由音乐引起的。唐太宗的说法较浅显，至于魏徵说的音乐不在于声音，就差得更远了。《伴侣曲》《玉树后庭花》之谱真的与帝王朝贺、祭祀天地等大典所用的音乐没有不同吗？

◆臣光曰："臣闻垂能目制方圆，心度曲直，然不能以教人，其所以教人者，必规矩而已矣。圣人不勉而中，不思而得，然不能以授人，其所以授人者，必礼乐而已矣。礼者，圣人之所履也；乐者，圣人之所乐也。圣人履中正而乐和平，又思与四海共之，百世传之，于是乎作礼乐焉。故工人执垂之规矩而施之器，是亦垂之功已；王者执五帝、三王之礼乐而施之世，是亦五帝、三王之治已。五帝、三王，其违世已久，后之人见其礼知其所履，闻其乐知其所乐，炳然若犹存于世焉。此非礼乐之功邪？◆

【译文】 ◆臣司马光说：我听说古代巧匠垂能够用眼睛测方圆，用内心量曲直，但不能将自己的技术教给别人，他能够传授给别人的，必定是圆规曲尺罢了。圣人不费力就合乎正道，不思索便获得治国之道，但不能传授给别人，他所能传授的，一定是礼乐。礼，是圣人表现的行为；乐，是圣人喜爱的声音。圣人遵从正道喜爱和谐，又想和天下共同实行，百代相传，于是便制作礼乐。所以工匠手拿垂所传授的圆规曲尺去制作器物，这是垂的功劳；君主用五帝、三王的礼乐来治理国家，这是五帝、三王的政治。五帝、三王，他们离世已经很久，后代的人看见他们的礼便知道他们的行为，听到他们的音乐便知晓他们的喜好，昭然有如尚且生存在世上一般，这不是礼乐的功劳吗？◆

◆夫礼乐有本、有文：中和者，本也；容声者，末也；二者不可偏废。先王守礼乐之本，未尝须臾去于心，行礼乐之文，未尝须臾远于身。兴于闺门，著于朝廷，被于乡遂比邻，达于诸侯，流于四海，自祭祀军旅至于饮食起居，未尝不在礼乐之中；如此数十百年，然后治化周浃，凤凰来仪也。苟无其本而徒有其末，一日行之而百日舍之，求以移风易俗，诚亦难矣。是以汉武帝置协律，歌天瑞，非不美也，不能免哀痛之诏。王莽建羲和，考律吕，非不精也，不能救渐台之祸。晋武制笛尺，调金石，非不详也，不能弭平阳之灾。梁武帝立四器、调八音，非不察也，不能免台城之辱。然则韶、夏、濩、武之音，具存于世，苟其馀不足以称之，曾不能化一夫，况四海乎！是犹执垂之规矩而无工与材，坐而待器之成，终不可得也。况齐、陈淫昏之主，亡国之音，蹙奏于庭，乌能变一世之哀乐乎！而太宗遽云治之隆替不由于乐，何发言之易而果于非圣人也如此？◆

【译文】◆礼乐有内在的本质，有外表的形式：中正平和，是礼乐之本；仪容、声音，是礼乐之末，二者不可偏废。先代贤明的君主守住礼乐的根本，不曾片刻离心；笃行礼乐的外在形式，不曾片刻离身。兴起于居室之内，彰显于朝廷，分散在乡野近邻，通达于诸侯之间，流传在四海之内，从祭祀战争一直到饮食起居，没有不在礼乐的范围之中的。长此以往数十年以至一百年，然后政治教化普遍深入，天下太平。如果没有礼乐之本而只有礼乐之末，一日施行礼乐而百日舍弃礼乐，想要用礼乐移风易俗，实在太难了。所以汉武帝设置协律都尉，歌唱天降的祥瑞，不能说不美，可是仍不能免除颁下哀痛之诏（哀悼戾太子）；王莽设立天官，考定律吕之音，并不是不精确，但仍不能拯救渐台之祸（事见《汉淮阳王纪》）；晋武帝制定笛尺，调和金石之声，并不是不详尽，但仍不能消弭怀、愍二帝蒙尘的平阳之灾；梁武帝设立四器（事见一百四十五卷天监元年）、调理八音，并不是不分明，但仍不能免除台城之辱（见一百六十二卷太清三年）。这样看来，《韶》（舜乐）、《夏》（禹乐）、《濩》（汤乐）、《武》（周武王乐）之音，即使都留存于当世，假如他们的德行不能相称，并不能感化一个匹夫，何况感化天下人呢！这如同持着垂的圆规曲尺而没有其他工具，却要坐待器具的制成，最终一无所得一样。何况齐、陈淫乱昏庸的君主，亡国之音，暂奏于朝廷，又怎么能改变一世的哀乐呢！然而太宗急着说政治的兴隆衰替不在于乐，为何这样讲话轻率，非议圣人又如此果断呢！◆

◆夫礼非威仪之谓也，然无威仪则礼不可得而行矣。乐非声音之谓也，然无声音则乐不可得而见矣。譬诸山，取其一土一石而谓之山则不可，然土石皆去，山于何在哉！故曰："无本不立，无文不行。"奈何以齐、陈之音不验于今世，而谓乐无益于治乱，何异睹拳石而轻泰山乎！必若所言，则是五帝、三五之作乐皆妄也。"君子于其所不知，盖阙如也。"惜哉！◆

戊子，上谓侍臣曰："朕观《隋炀帝集》，文辞奥博，亦知是尧、舜而非桀、纣，然行事何其反也！"魏徵对曰："人君虽圣哲，犹当虚己以受人，故智者献其谋，勇者竭其力。炀帝恃其俊才，骄矜自用，故口诵尧、舜之言而身为桀、纣之行，曾不自知，以至覆亡也。"上曰："前事不远，吾属之师也！"

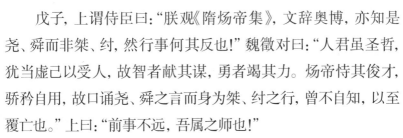

【译文】 礼的真义并不在威容仪式，但没有威容仪式那么礼不可能施行，乐的真义并不在声音，但没有声音那么乐就难以表现。譬如一座山，取它一块土一个石头却不能说这就是山，但如果没有土石，山又在哪里呢？所以说："礼没有根本不能成立，乐没有文采不能施行。"怎么能因为齐、陈的音乐不合于今世，就说乐对于治乱没有助益，这和看到小石就轻视泰山有什么分别呢！一定要如太宗的说法，那么称赞五帝、三王的作乐均是妄言。"君子对于他不知道的事，就阙而不言。"可惜啊！这点唐太宗没有做到。

戊子日（十三日），唐太宗对侍臣说："朕观看《隋炀帝集》，文辞深奥广博，也知道称赞尧、舜而非议桀、纣，然而他的行事为何与他的文章相反？"魏徵回答说："人君虽然圣明，也应该谦虚自己来采纳别人的意见，所以智者贡献他的谋划，勇者竭尽他的力量。隋炀帝依恃本身的俊才，骄傲自负，所以口中说的是尧、舜的言语，而身体做的却是桀、纣的行为，是没有自知之明以至于灭亡。"唐太宗说："以前发生的事情不远，当成为我们的老师！"

畿内有蝗。辛卯，上入苑中，见蝗，掇数枚，祝之曰："民以谷为命，而汝食之，宁食吾之肺肠。"举手欲吞之，左右谏曰："恶物或成疾。"上曰："朕为民受灾，何疾之避！"遂吞之。是岁，蝗不为灾。

上曰："朕每临朝，欲发一言，未尝不三思，恐为民害，是以不多言。"给事中知起居事杜正伦曰："臣职在记言，陛下之言失，臣必书之，岂徒有害于今，亦恐贻讥于后。"上悦，赐绢二百段。

上曰："梁武帝君臣惟谈苦空，侯景之乱，百官不能乘马。元帝为周师所围，犹讲《老子》，百官戎服以听。此深足为戒。朕所好者，唯尧、舜、周、孔之道，以为如鸟有翼，如鱼有水，失之则死，不可暂无耳。"

【译文】京畿地区出现了蝗虫。辛卯日（十六日），唐太宗进入禁苑，看到蝗虫，拾取数只，祝祷说："百姓用粮谷维持生命，你却吃了谷物，不如吃我的肺肠。"举手要将它吞下，身边的人进谏说："吃了恶物容易生疾病。"唐太宗说："朕要替百姓受灾，还躲避什么疾病！"于是将蝗虫吞下。这一年，蝗虫没有成为灾害。

唐太宗说："朕每次临朝，想要说一句话，未尝不三思而后言，担心说了有害于百姓，所以不多说。"给事中兼起居事杜正伦说："臣的职责是记录天子之言，陛下的过失，臣一定书写下来，陛下有过错岂独有害今日，也恐怕会让后人讥笑。"唐太宗十分高兴，赏赐帛二百段给他。

唐太宗说："梁武帝君臣只谈论佛教的苦行空寂，侯景之乱，百官不能骑马。梁元帝被北周军队包围，还讲论《老子》，百官穿着军服听讲。这种事很能成为我们的警戒。朕喜欢的，只有尧、舜、周公、孔子之道，我认为君王能守住他们的道，就像鸟有翼，就像鱼有水，失去此道就会死亡，不可一时没有它们。"

【乾隆御批】 太宗与民间疾苦，呼吸相通；善政施行，殆无虚日。由其诚心，爱民故也。若飞蝗伤稼，亦惟尽力急为扑捕，如诗所云，秉畀炎火而已。吞以弭灾，近于饰伪，太宗岂为之哉？史臣意在铺扬盛德，后世且艳称之，皆不计事理之有无，盖泥于前人蝗不入境之说而不知核实耳。

【译文】 唐太宗对于民间疾苦，能与百姓息息相通，几乎每天都在施行善政。这都是因为他以真诚之心来爱护百姓。像飞蝗伤害庄稼的事情，也只能尽力赶快扑捕，就像诗中所说，将田中的害虫捉去烧掉。这里说用吞吃蝗虫的办法来消灾，有些近于虚假，唐太宗哪能做这样的事呢？写史书的官吏们为了宣扬皇帝的盛德，后世又加以过分的称赞，都不去想想是否合乎情理，只是拘泥于前人所说蝗虫不入境的说法，而不知加以核实。

以辰州刺史裴虔通，隋炀帝故人，特蒙宠任，而身为弑逆，虽时移事变，屡更赦令，幸免族夷，不可犹使牧民，乃下诏除名，流驩州。虔通常言"身除隋室以启大唐"，自以为功，颇有觖望之色。及得罪，怨愤而死。

秋，七月，诏宇文化及之党莱州刺史牛方裕、绛州刺史薛世良、广州都督长史唐奉义、隋武牙郎将元礼并除名徙边。

上谓侍臣曰："古语有之：'赦者小人之幸，君子之不幸。''一岁再赦，善人暗哑。'夫养稂莠者害嘉谷，赦有罪者贼良民，故朕即位以来，不欲数赦，恐小人恃之轻犯宪章故也！"

【译文】唐太宗因辰州史裴虔通是隋炀帝的故人，特别蒙受信任宠爱，最终却杀了隋炀帝，虽然斗转星移，世事变迁，多次经历颁布赦免命令，裴虔通也侥幸免去灭族的罪刑，但不可以让他再治理百姓，于是下诏将他除名，流放驩州。裴虔通常说"我亲自除掉隋室来开启大唐的国运"，自以为有功劳，颇有怨恨失望的神色。等到开罪了朝廷，怨愤而死。

秋季，七月，唐太宗诏命将宇文化及的党羽莱州刺史牛方裕、绛州刺史薛世良、广州都督长史唐奉义、隋武牙郎将元礼一并除名，流徙边地。

唐太宗对侍臣说："古语曾说：'赦免天下是小人的幸事，君子的不幸。''一年两次大赦，使善良的人喑哑不能言。'养稂莠（恶草）就害了嘉谷，赦免罪人，就害了良民，所以朕即位以来，不想多次发布赦令，是担心小人有恃无恐动辄触犯法令！"

【康熙御批】赦者，小人之幸，君子之不幸，昔人论之甚详矣。诸葛亮治蜀，亦深以赦为非。朕幼时观之，似乎太刻。及临御以来，稔悉人情，赦诚不可数也。惟当薄税敛、敦教化，使百姓足衣食以兴礼义、惜廉耻，而重犯法，庶几刑措之风，为致治之本原耳。

【译文】赦免，小人认为是幸运，君子则认为是不幸，古人对此说得很清楚。诸葛亮治理蜀国，也深以赦为非。我小时候看这段历史，觉得似乎太苛刻。等我登基之后，熟悉人情，才知道赦免是不可多次实施的。只有减轻赋税、推行教化，使百姓丰衣足食以提倡礼义、让百姓有了廉耻之心，而从重处罚犯法之人，差不多就可以实现置刑法于无用，这才是治理国家的根本啊。

【申涵煜评】汉高举义兵，首为怀王发丧，曰击楚之弑义帝者，故天下服其至公。虔通躬负大逆，唐不能诛，犹宠以方面之重，至贞观二年，始以流死。噫！亦晚矣哉。无怪乎封德彝裴矩辈皆以功名终也。

【译文】 汉高祖举义兵，首先提出的口号是为楚怀王发丧，说是要杀掉杀害义帝的人，所以天下的人都佩服他的公正。裴虔通亲自背负叛逆之罪，唐不能对他进行诛杀，尤其还宠信他，让他掌握一方的重权，一直到了贞观二年，被发配岭南而死。唉！不也太晚了吗？难怪封德彝、裴矩等人能以功名而终。

资治通鉴卷第一百九十三 唐纪九

起著雍困敦九月，尽重光单阏，凡三年有奇。

【译文】起戊子（公元628年）九月，止辛卯（公元631年），共三年四个月。

【题解】本卷记录了公元628年九月至631年的史事，共三年又四个月，正当贞观二年至五年，是唐太宗李世民贞观之治的开创时期。政治欣欣向荣，君臣励精图治，经常和谐议政，魏徵等众多大臣都能直言进谏，房玄龄、杜如晦两位贤相尽心辅政。此时期，唐朝军队大败东突厥，杀死隋朝和亲的义成公主，漠北各部落、西域各国、东西突厥、岭南蛮夷都归附唐朝，边患消除，边境安定，内政稳定。几年间，贞观之治，已见成效。

太宗文武大圣大广孝皇帝上之中

贞观二年（戊子，公元六二八年）九月，丙午，初令致仕官位在本品之上。

上曰："比见群臣屡上表贺祥瑞，夫家给人足而无瑞，不害为尧、舜；百姓愁怨而多瑞，不害为桀、纣。后魏之世，吏焚连理木，煮白雉而食之，岂足为至治乎！"丁未，诏："自今大瑞听表闻，自外诸瑞，申所司而已。"尝有白鹊构巢于寝殿槐上，合欢如腰鼓，左右称贺。上曰："我常笑隋炀帝好祥瑞。瑞在得贤，此何足贺!"命毁其巢，纵鹊于野外。

【译文】 贞观二年（戊子，公元628年）九月，丙午日（初三），初次下令年老退休的文武官员，参朝的班秩，应在本品现任官之上。

唐太宗说："最近看到群臣多次上表祝贺祥瑞，百姓富足即使没有祥瑞，不妨害其为尧、舜；百姓愁怨，祥瑞再多，不妨害其为桀、纣。后魏的时代，官吏焚烧连理木，烹煮白雉鸡来吃，难道连理木、白雉鸡是太平盛世的代表吗？"丁未日（初四），唐太宗下诏书说："从今以后，有大的祥瑞准许以表奏闻，其他各种祥瑞的征兆，申报给有关部门即可。"曾有白鹊在内殿的槐树上筑巢，两个巢相连好像腰鼓，左右齐声称贺。唐太宗说："我常笑隋炀帝喜好祥瑞。祥瑞应在于得到贤才，像这种事有什么可贺！"下令毁掉鸟巢，将鹊放生野外。

【康熙御批】 汉俗甚好祥瑞，多傅会其事，自欺以欺人。如区区鹊巢之异，亦欲表贺。唐太宗拒廷臣之请，识见迥出寻常。至谓瑞在得贤，则卓然名论矣。

【译文】 汉代的风俗非常喜欢祥瑞，很多都是附会其事，自我欺骗，也用来欺骗人。如区区鹊巢的异常，也要上表祝贺。唐太宗拒绝朝廷大臣的请求，见识超出寻常。至于说祥瑞在于得到贤才，则是卓越之论了。

天少雨，中书舍人李百药上言："往年虽出宫人，窃闻太上皇宫及掖庭宫人，无用者尚多，岂惟虚费衣食，且阴气郁积，亦足致旱。"上曰："妇人幽闭深宫，诚为可愍。洒扫之馀，亦何所用，宜皆出之，任求伉俪。"于是，遣尚书左丞戴胄、给事中洹水杜正伦于掖庭西门简出之，前后所出三千馀人。

【译文】天干旱少雨，中书舍人李百药上奏说："往年虽然遣归宫人，我私下听说太上皇宫以及后妃宫中，尚有很多无用的宫人，岂止是白白浪费衣食，而且阴气郁积，也足以造成旱灾。"唐太宗说："妇人幽禁深宫，实在值得同情。除了做洒扫工作，没其他作用，应当全部遣出，听凭她们寻求配偶。"于是派遣尚书左丞戴胄、给事中洹水人杜正伦在后妃宫的西门选择遣出宫女，前后出宫的妇人有三千余人。

【乾隆御批】 太宗即位，已放宫女三千矣。今又放三千，果尔？其淹留永巷者又复何限？白居易诗"怨女三千放出宫"，乃词臣揄扬溢美之言。唐史不知其失实而书之，此不足以美太宗而适足以诬太宗耳，何可为训。

【译文】 唐太宗即位时，就已经放出三千名宫女了。如今又放出三千，真是这样吗？那关在皇宫里的宫女又得有多少呢？白居易的诗句"怨女三千放出宫"，那是诗人过分夸张赞美之词。唐史不知它与事实不符而写入书中。这种记载并不能美化唐太宗，而恰恰是给唐太宗抹黑了，不足为训。

己未，突厥寇边。朝臣或请修古长城，发民乘堡障，上曰："突厥灾异相仍，颉利不惧而修德，暴虐滋甚，骨肉相攻，亡在朝夕。朕方为公扫清沙漠，安用劳民远修障塞乎！"

壬申，以前司农卿窦静为夏州都督。静在司农，少卿赵元楷善聚敛，静鄙之，对官属大言曰："隋炀帝奢侈重敛，司农非公不可；今天子节俭爱民，公何所用哉！"元楷大惭。

上问王珪曰："近世为国者益不及前古，何也？"对曰："汉世尚儒术，宰相多用经术士，故风俗淳厚；近世重文轻儒，参以法律，此治化之所以益衰也。"上然之。

【译文】 己未日（十六日），突厥进犯边地。朝臣中有人请求修复古长城，调动百姓登堡障据守，唐太宗说："突厥接连发生灾害，颉利并不因此恐惧而积善修德，更加暴虐臣民，骨肉互相攻伐，灭亡就在旦夕之间。朕当为你扫清大漠，何用劳动百姓远道整修长城呢？"

壬申日（二十九日），唐太宗任用前司农卿窦静做夏州都督。窦静在司农任内，少卿赵元楷热衷搜刮民财，窦静鄙视他，对下属们大声说："隋炀帝奢侈重敛，司农之职，非有你这样的人不可，现在天子节俭爱民，你聚敛又有什么用呢！"赵元楷大感惭愧。

唐太宗问王珪说："近世的治民者远远赶不上往古的人，这是为什么？" 王珪回答说："汉代崇尚儒术，宰相多是经术之士，因此风俗淳厚；近代重文轻儒，参用法律，这是政治教化更加衰微的原因。"唐太宗认为他说得很对。

冬，十月，御史大夫参预朝政安吉襄公杜淹薨。

交州都督遂安公寿以贪得罪，上以瀛州刺史卢祖尚才兼文武，廉平公直，征入朝，谕以"交趾久不得人，须卿镇抚。"祖尚拜谢而出，既而悔之，辞以旧疾。上遣杜如晦等谕旨曰："匹夫犹敦然诺，奈何既许朕而复悔之！"祖尚固辞。戊子，上复引见，谕之，祖尚固执不可。上大怒曰："我使人不行，何以为政！"命斩于朝堂，寻悔之。它日，与侍臣论"齐文宣帝何如人？"魏徵对曰："文宣狂暴，然人与之争，事理屈则从之。有前青州长史魏恺使于梁还，除光州长史，不肯行，杨遵彦奏之。文宣怒，召而责之。

恺曰：'臣先任大州长史，便还有劳无过，更得小州，此臣所以不行也。'文宣顾谓遵彦曰：'其言有理，卿赦之。'此其所长也。"上曰："然。向者卢祖尚虽失人臣之义，朕杀之亦为太暴，由此言之，不如文宣矣！"命复其官荫。

资治通鉴

【译文】冬季，十月，庚辰日（初七），御史大夫参领朝政安吉襄公杜淹去世。

交州都督遂安公李寿因为贪污犯罪，唐太宗因为瀛州刺史卢祖尚义武兼备，廉洁平易而且公正，征召他入朝，命令道"交趾很久不得贤人去治理，必须卿前去镇守安抚"。卢祖尚拜谢出来，不久又后悔，以旧疾复发推辞。唐太宗派遣杜如晦等人将君上的意旨晓谕他说："匹夫尚能践行诺言，如何已经答应朕而又后悔！"卢祖尚坚决辞谢。戊子日（十五日），唐太宗再次引见，当面晓告他，卢祖尚固执不答应。唐太宗大怒说："我不能对人发号施令，又如何治理国家！"命令在朝堂之上将他斩杀，不久感到后悔。过了几日，和侍臣讨论："齐文宣帝为人如何？"魏徵回答说："文宣帝为人狂暴，但别人和他争论，自己理屈就听从别人。有前青州长史魏恺出使梁后返回，任命为光州长史，他不肯赴任，杨遵彦上奏。文宣帝生气，召他来指责。魏恺说：'臣先前任职大州的长史，出使归来，有功劳没有过失，竟然改任职小州的长史，所以臣不肯赴任。'文宣帝眼看着杨遵彦说：'他说得有道理，你赦免他吧。'这就是他的长处。"唐太宗说："对，先前卢祖尚虽然有失人臣之义，朕杀他也做得太过分，从这一点说，我不如文宣帝！"于是下令恢复卢祖尚的官位来庇荫他的子孙。

征状貌不逾中人，而有胆略，善回人主意，每犯颜苦谏；或逢上怒甚，征神色不移，上亦为之霁威。尝谒告上冢，还，言于上曰："人言陛下欲幸南山，外皆严装已毕，而竟不行，何也？"上笑曰："初实有此心，畏卿嗔，故中辍耳。"上尝得佳鹞，自臂之，望见征来，匿怀中；征奏事固久不已，鹞竟死怀中。

【译文】 魏徵的形状面貌平平，但很有胆量谋略，善于回转人主的心意，常常冒犯皇帝苦苦谏诤。有时遇到唐太宗很生气，魏徵却神色不变，唐太宗威怒也为之消退。魏徵曾经去祭扫先人的坟墓，回来，对唐太宗说："有人说陛下要到南山，跟从的人都准备完毕，而最终没有成行，为什么？"唐太宗笑着说："起初确实有此心意，害怕卿的盛气，所以中途取消。"唐太宗曾得到佳鹞，用手臂架鹞，远远看到魏徵走来，立即将它藏在怀中。魏徵奏事故意拖长时间，结果鹞死在唐太宗怀中。

【乾隆御批】 太宗怀鹞事，《帝纪》及《魏徵传》皆无之。司马光辑《通鉴》盖杂采李延寿、刘炜、张文业诸家之说，适足启后世之疑。夫征固敢言者，果有其事，何不犯颜直谏，而故为此谲术？且征奏事故久，谁则见之？诡谏于君，前后言于退食。征亦必不出此。至太宗虽喜延接群臣，亦自有堂廉之分，征岂能突如其来？即自臂佳鹞，何难预付侍臣，而必仓卒纳之怀中？类三家村塾弟子惮师伎俩，皆理之所必无。尝作文辨正之，尽信书不如无书，读史者不可不具卓识。

【译文】 唐太宗往怀中藏鹞鹰的事，在《太宗纪》和《魏徵传》里都没记载过。司马光编辑《资治通鉴》，是杂采了李延寿、刘炜、张文业等诸家之说，所以足以引起后世的怀疑。魏徵本来就是个敢说话的人，要真有这样的事情，为什么不当面冒犯君颜直接谏诤，却要故意玩弄这种诡谲之术呢？况且魏徵故意拖长奏事时间，有谁亲眼见到了? 在皇帝面前要诡计提意见,然后又在茶余饭后言说这样的事,魏徵一定不会这么做的。至于唐太宗虽然喜欢接见群臣,但登堂入室总要有些规矩,魏徵哪能突然就出现在皇帝面前?即使皇帝在自己胳臂上架着鹞鹰玩,事先把它交给身边的侍者也不是什么难事,何必仓促之中把它揣到怀中?这颇有点像偏僻小乡村里的村塾学生害怕老师而用的那套手段,都是不合情理的。我曾写文章加以辨明修正。读书不可拘泥于书上所载,一味盲从,读史书的人不能不具备高超的见解。

十一月,辛酉,上祀圜丘。

十二月,壬午,以黄门侍郎王珪为守侍中。上尝闲居,与珪语,有美人侍侧,上指示珪曰:“此庐江王瑗之姬也,瑗杀其夫而纳之。”珪避席曰:“陛下以庐江纳之为是邪,非邪?”上曰:“杀人而取其妻,卿何问是非!”对曰:“昔齐桓公知郭公之所以亡,由善善而不能用,然弃其所言之人,管仲以为无异于郭公。今此美人尚在左右,臣以为圣心是之也。”上悦,即出之,还其亲族。

【译文】 十一月,辛酉日(十九日),唐太宗在天坛祭祀昊天。

十二月,壬午日(二十日),唐太宗任用黄门侍郎王珪做守侍中。唐太宗曾闲居,和王珪谈话,有美人在旁侍候,唐太宗指着美人对王珪说:“这是庐江王李瑗的小妾,李瑗杀了她的丈夫而收纳她。”王珪起身离座说:“陛下认为庐江王收纳她是对还是不对?”唐太宗说:“杀人而夺取人妻,是非十分分明,何必再问对错!”王珪回答说:“从前齐桓公知道郭公灭亡的原因,是因为喜欢善人却不能任用,然而齐桓公本人舍弃进良言的人,管仲认为这和郭公并没有什么两样。现在这个美人还在陛下身边,臣以为陛下心中认为李瑗做得对。”唐太宗大为高兴,立即

资治通鉴

遣出美人，让她回到亲族家中。

　　上使太常少卿祖孝孙教宫人音乐，不称旨，上责之。温彦博、王珪谏曰："孝孙雅士，今乃使之教宫人，又从而谴之，臣窃以为不可。"上怒曰："朕置卿等于腹心，当竭忠直以事我，乃附下罔上，为孝孙游说邪？"彦博拜谢。珪不拜，曰："陛下责臣以忠直，今臣所言岂私曲邪？此乃陛下负臣，非臣负陛下！"上默然而罢。明日，上谓房玄龄曰："自古帝王纳谏诚难，朕昨责温彦博、王珪，至今悔之。公等勿为此不尽言也。"

　　上曰："为朕养民者，唯在都督、刺史，朕常疏其名于屏风，坐卧观之，得其在官善恶之迹，皆注于名下，以备黜陟。县令尤为亲民，不可不择。"乃命内外五品已上，各举堪为县令者，以名闻。

　　上曰："比有奴告其主反者，此弊事。夫谋反不能独为，必与人共之，何患不发，何必使奴告邪！自今有奴告主者，皆勿受，仍斩之。"

　　【译文】唐太宗派遣太常少卿祖孝孙教导宫人音乐，不称旨意，唐太宗谴责他。温彦博、王珪进谏说："祖孝孙是个典雅之士，现在竟然让他教导宫人，又谴责他，臣私下认为不可如此。"唐太宗发怒说："朕将你们视为心腹，应该竭尽忠直来侍奉我，竟然附和下面，欺罔君上，难道是替祖孝孙说情吗？"温彦博拜伏谢罪。王珪不下拜，说："陛下责备臣要竭尽忠直，今日臣所说的难道有私情吗？这是陛下辜负臣意，不是臣辜负陛下的厚爱！"唐太宗沉默良久才作罢。第二天，唐太宗对房玄龄说："自古以来帝王接纳谏言的确很困难，朕昨天指责温彦博、王珪，到现在还感到后悔。你们不要因此不畅所欲言。"

　　唐太宗说："替朕管理百姓的，只有都督、刺史，朕常常将他们的名字书写在屏风上，坐卧都留心观看，得到他们为官好坏的事迹，都注明在他们的姓名之下，以准备黜贬陟升。县令尤其亲近百姓，不可不慎重选择。"于是命令朝廷内外五品以上官员，各自推举能胜任县令的人，将姓名向上呈报。

唐太宗说："最近有奴仆告发主人谋反的，这是弊端。谋反不能独自行动，必定和人共谋，哪用担心不被举发，何必让奴仆控告主人呢！从今以后有奴仆告发主人的事，都不受理，而且还要斩杀他。"

西突厥统叶护可汗为其伯父所杀；伯父自立，是为莫贺咄侯屈利俟毗可汗。国人不服，弩矢毕部推泥孰莫贺设为可汗，泥孰不可。统叶护之子咥力特勒避莫贺咄之祸，亡在康居，泥孰迎而立之，是为乙毗钵罗肆叶护可汗，与莫贺咄相攻，连兵不息，俱遣使来请婚。上不许，曰："汝国方乱，君臣未定，何得言婚！"且谕以各守部分，勿复相攻。于是，西域诸国及敕勒先役属西突厥者皆叛之。

突厥北边诸姓多叛颉利可汗归薛延陀，共推其俟斤夷男为可汗，夷男不敢当。上方图颉利，遣游击将军乔师望间道赍册书拜夷男为真珠毗伽可汗，赐以鼓纛。夷男大喜，遣使入贡，建牙于大漠之郁督军山下，东至靺鞨，西至西突厥，南接沙碛，北至俱伦水；回纥、拔野古、阿跌、同罗、仆骨、霫诸部落皆属焉。

【译文】西突厥统叶护可汗被他的伯父杀死，他的伯父自立为首领，是为莫贺咄侯屈利俟毗可汗。国人不服他，弩矢毕部推举泥孰莫贺设做可汗，泥孰不答应。统叶护的儿子咥力特勒逃避莫贺咄的祸乱，逃到了康居，泥孰迎立他，这就是乙毗钵罗肆叶护可汗，和莫贺咄相互攻击，接连争斗不息，他们都派遣使者来唐朝请求通婚。唐太宗没有答应，说："你们国家内部混乱，君臣尚未确定，怎么能谈通婚的事！"而且晓谕他们各守自己的部落以及自己的疆域，不要再相互攻伐。于是西域诸国以及敕勒等先前依附西突厥的都背叛它。

　　突厥北边的各部族大多背叛颉利可汗归附薛延陀，一同推举俟斤夷男做可汗，夷男不敢担任。唐太宗正要图取颉利可汗，派遣游击将军乔师望抄僻径持册书封夷男做真珠毗伽可汗，赏赐他鼓纛。夷男大为高兴，派遣使者入贡，在大漠的郁督军山下建立牙旗，东到靺鞨，西至西突厥，南到沙漠，北至俱伦水；回纥、拔野古、阿跌、同罗、仆骨、霫等各个部落全都归附他。

　　贞观三年（己丑、公元六二九年）春，正月，戊午，上祀太庙；癸亥，耕藉于东郊。

　　沙门法雅坐妖言诛。司空裴寂尝闻其言，辛未，寂坐免官，遣还乡里。寂请留京师，上数之曰："计公勋庸，安得至此！直以恩泽为群臣第一。武德之际，货赂公行，纪纲紊乱，皆公之由也，但以故旧不忍尽法。得归守坟墓，幸已多矣！"寂遂归蒲州。未几，又坐狂人信行言寂有天命，寂不以闻，当死；流静州。会山羌作乱，或言劫寂为主。上曰："寂当死，我生之，必不然也。"俄闻寂帅家僮破贼。上思其佐命之功，征入朝，会卒。

　　【译文】　贞观三年（己丑，公元629年）春季，正月，戊午日（十六日），唐太宗祭祀太庙。癸亥日（二十一日），唐太宗在东郊举行耕田礼。

　　和尚法雅因为妖言获罪被处死。司空裴寂听过他的言论，辛未日（二十九日），裴寂因此获罪被免官，遣返乡里。裴寂请求留在京师，唐太宗指责他说："核计你的功勋，怎么能达到此地位! 还不是因为高祖皇帝的恩泽才使你位居群臣第一。武德年间, 贿赂公然施行, 法纪紊乱, 都与你有关, 只因为你是个旧人, 不忍依法处理。能够回归乡里看守祖先坟墓, 已经很幸运了!" 裴寂于是返回蒲州。不久, 有一个狂人信行说裴寂有天命, 裴寂没有报告朝廷, 依法应当处死; 唐太宗将他流放静州。碰上山羌作乱, 有人说山羌劫持裴寂做他们的首领。唐太宗说: "裴寂依罪当死, 我保住他的性命, 他一定不会这样做。" 不久听说裴寂率领家丁僮仆打败贼人。唐太宗想到他有辅佐王命的功勋, 征召他入朝, 适逢裴寂去世。

二月, 戊寅, 以房玄龄为左仆射, 杜如晦为右仆射, 以尚书右丞魏徵守秘书监, 参预朝政。

三月, 己酉, 上录系囚。有刘恭者, 颈有"胜"文, 自云"当胜天下", 坐是系狱。上曰: "若天将兴之, 非朕所能除; 若无天命, '胜'文何为!" 乃释之。

丁巳, 上谓房玄龄、杜如晦曰: "公为仆射, 当广求贤人, 随才授任, 此宰相之职也。比闻听受辞讼, 日不暇给, 安能助朕求贤乎!" 因敕"尚书细务属左右丞, 唯大事应奏者, 乃关仆射"。

【译文】二月, 戊寅日(初六), 唐太宗任用房玄龄做左仆射, 杜如晦做右仆射, 任用尚书右丞魏徵守秘书监, 参与朝政。

三月, 己酉日(初八), 唐太宗考察、记录囚犯的罪过。有个囚犯刘恭, 颈上有文理酷似"胜"字, 自称"当取胜于天下", 因此获罪入狱。唐太宗说: "如果上天将要振兴他, 朕无法除灭他; 如果没有天命, 有'胜'字又有什么用!" 于是释放了他。

丁巳日(十六日), 唐太宗对房玄龄、杜如晦说: "你们担任仆射, 应该广求贤人, 随才授任, 这是宰相的职责。最近听闻你们听受狱讼，时间不足用，这怎能帮助朕求贤才呢！"因而下令"尚书省琐碎事务交给尚书左、右丞管理，只有大事应当上奏的，才报告仆射"。

玄龄明达吏事，辅以文学，夙夜尽心，惟恐一物失所；用法宽平，闻人有善，若己有之，不以求备取人，不以己长格物。与杜如晦引拔士类，常如不及。至于台阁规模，皆二人所定。上每与玄龄谋事，必曰："非如晦不能决。"及如晦至，卒用玄龄之策。盖玄龄善谋，如晦能断故也。二人深相得，同心徇国，故唐世称贤相者，推房、杜焉。玄龄虽蒙宠待，或以事被谴，辄累日诣朝堂，稽颡请罪，恐惧若无所容。

玄龄监修国史，上语之曰："比见《汉书》载《子虚》《上林赋》，浮华无用。其上书论事，词理切直者，朕从与不从，皆当载之。"

【译文】房玄龄通晓明白政事，又有文学修养，昼夜操劳，唯恐人才不被任用；他用法宽和公平，听说某人有善，像自己有善一般，不对人求全责备，不以自己的长处要求别人。他和杜如晦选拔士人，不遗余力。至于尚书省的一切规制模划，都由二人制定。唐太宗和房玄龄商议事情，房玄龄一定说："非杜如晦不能决定。"等到杜如晦来到，最终还是采用房玄龄的计策。这是因为房玄龄善于谋划，杜如晦能做决断。二人相互欣赏而合作，同心为国，所以唐朝时称贤相的，要首推房、杜二人。房玄龄虽蒙受唐太宗宠爱，有时因某事被谴责，就一连几日到朝堂，叩头请罪，恐惧得好像无地容身。

房玄龄监修本朝国史，唐太宗告诉他说："最近看见《汉书》载有《子虚赋》《上林赋》，均华而不实。凡有臣上书论事，词理恳切忠直的，朕听与不听，都应登载。"

夏，四月，乙亥，上皇徙居弘义宫，更名大安宫。甲午，上始御太极殿，谓侍臣曰："中书、门下，机要之司，诏敕有不便者，皆应论执。比来唯睹顺从，不闻违异。若但行文书，则谁不可为，何必择才也！"房玄龄等皆顿首谢。

故事：凡军国大事，则中书舍人各执所见，杂署其名，谓之五花判事。中书侍郎、中书令省审之，给事中、黄门侍郎驳正之。上始申明旧制，由是鲜有败事。

茌平人马周，客游长安，舍于中郎将常何之家。六月，壬午，以旱，诏文武官极言得失。何武人不学，不知所言，周代之陈便宜二十馀条。上怪其能，以问何，对曰："此非臣所能，家客马周为臣具草耳。"上即召之；未至，遣使督促者数辈。及谒见，与语，甚悦，令直门下省，寻除监察御史，奉使称旨。上以常何为知人，赐绢三百匹。

秋，八月，己巳朔，日有食之。

【译文】夏季，四月，乙亥日(初四)，唐高祖迁居弘义宫，改名为大安宫。唐太宗才开始使用太极殿，对群臣说："中书省、门下省，是机要的单位，诏敕有不便的，都应当驳论坚持己见，近日只看到顺从，听不到违拒以及异议。如果只是奉行文书，那么谁不能做，何必选择贤才！"房玄龄等人都顿首谢罪。

旧制：凡军国大事，那么中书舍人各持己见，一同签署姓名，称作五花判事。中书侍郎、中书令省视审核，给事中、黄门侍郎驳议纠正。唐太宗开始申明旧制，因此很少有错误。

茌平人马周，游历来到长安，住宿在中郎将常何家里。六月，壬午日(十三日)，因为发生旱灾，唐太宗诏命文武官员畅言政治得失。常何是个武夫，没有学识，不知道说什么好，马周代他陈说容易实行的建议二十余条。唐太宗对他的能力感到奇怪，就问常何，常何回答说："这不是我的能力，是我的客人马周替臣起草的。"唐太宗立即召见马周，没有来，派遣使者再三催促。等到马周前来谒见，唐太宗和他谈话，十分高兴，令他在门下省当差，不久，又任命他为监察御史，奉命出使，很合旨意。唐太宗认为常何能知人，赏赐他绢三百匹。

秋季，八月，己巳朔日（初一），出现日食。

【乾隆御批】 常何固非能知周之贤而客之，陈书具草适逢其会耳。太宗一问，而何即具以实对，其不欺尤为可取。

【译文】 常何原本并不知道马周贤能而以客相待，并让他起草意见书，只因正好赶上这个机会罢了。唐太宗一问此事，常何马上据实以对，他这种不欺瞒的态度，尤为可取。

【申涵煜评】 周以郎将家客，代草封事，立蒙召对。擢置台班。盛世破格用一人。便能不错。不然便有党援欺冒之弊。

【译文】 马周以中郎将常何家客的身份，代替常何上奏议事，事事符合皇帝的心意，唐太宗知道后立刻召见他，提升到门下省值班侍奉。盛世时能够破格任用一个人，就很不错，否则就有党羽欺诈假冒的弊端。

丙子，薛延陀毗伽可汗遣其弟统特勒入贡，上赐以宝刀及宝鞭，谓曰："卿所部有大罪者斩之，小罪者鞭之。"夷男甚喜。突厥颉利可汗大惧，始遣使称臣，请尚公主，修婿礼。

代州都督张公谨上言突厥可取之状，以为："颉利纵欲逞暴，诛忠良，昵奸佞，一也。薛延陀等诸部皆叛，二也。突利、拓设、欲谷设皆得罪，无所自容，三也。塞北霜早，糇粮乏绝，四也。颉利疏其族类，亲委诸胡，胡人反覆，大军一临，必生内变，五也。华人入北，其众甚多，比闻所在啸聚，保据山险，大军出塞，自然响应，六也。"上以颉利可汗既请和亲，复援梁师都，丁亥，命兵部尚书李靖为行军总管讨之，以张公谨为副。

九月，丙午，突厥俟斤九人帅三千骑来降。戊午，拔野古、仆骨、同罗、奚酋长并帅众来降。

【译文】丙子日（初八），薛延陀毗伽可汗派遣他的弟弟统特勒入贡，唐太宗赐他宝刀以及宝鞭，对他说："你统治下有大罪的人用这把宝刀斩杀他，小罪的人用这根宝鞭鞭打他。"夷男十分高兴。突厥颉利可汗大为惊惧，开始派遣使者来称臣，请求迎娶大唐公主，克尽婿礼。

代州都督张公谨上奏说突厥可以攻取的情状，他认为："第一，颉利可汗纵欲暴虐，诛杀忠良，亲近奸邪谄佞。第二，薛延陀等各个部落全都反叛。第三，突利、拓设、欲谷设都得罪颉利可汗，无地容身。第四，塞北地区经历霜冻干旱，粮食缺乏断绝。第五，颉利可汗和他的同族疏远，亲近诸胡，胡人反复无常，大军一到，必生内变。第六，汉人进入北方，人口众多，最近听说他们在所在之地呼啸聚合，占据山谷险阻之地，有一天大军出塞，他们自然响应。"唐太宗因为颉利可汗请求和亲后，又救援梁师都，丁亥日（十九日），命令兵部尚书李靖担任行军总管讨伐他，任用张公谨为副将。

九月，丙午日（初九），突厥俟斤九人率领三千骑前来投降唐朝。戊午日（二十一日），拔野古、仆骨、同罗、奚等酋长都率领部属来投降唐朝。

资治通鉴

冬，十一月，辛丑，突厥寇河西，肃州刺史公孙武达、甘州刺史成仁重与战，破之，捕虏千馀口。

上遣使至凉州，都督李大亮有佳鹰，使者讽大亮使献之，大亮密表曰："陛下久绝畋游而使者求鹰。若陛下之意，深乖昔旨；如其自擅，乃是使非其人。"癸卯，上谓侍臣曰："李大亮可谓忠直。"手诏褒美，赐以胡缾及荀悦《汉纪》。

庚申，以并州都督李世勣为通汉道行军总管，兵部尚书李靖为定襄道行军总管，华州刺史柴绍为金河道行军总管，灵州大都督薛万彻为畅武道行军总管，众合十馀万，皆受李靖节度，分道出击突厥。

【译文】冬季，十一月，辛丑日（初四），突厥进犯河西，肃州刺史公孙武达、甘州刺史成仁重和突厥交战，击败突厥，俘虏一千余人。

唐太宗派遣使者到凉州，都督李大亮有一只很好的鹰，使者暗示李大亮让他献给唐太宗，李大亮秘密上表说："陛下很久没有进行田猎，而使者却为您求鹰。假如是陛下的意思，那么深深违背过去的主张；如果是使者自作主张，这位使者就不是合适的人选。"癸卯日（初六），唐太宗对侍臣说："李大亮可说是个忠直的人。"手诏褒奖赞美他，赏赐他胡瓶以及荀悦的《汉纪》。

庚申日（二十三日），唐太宗任用兼任并州都督的李世勣为通汉道行军总管，兵部尚书李靖为定襄道行军总管，华州刺史柴绍为金河道行军总管，灵州大都督薛万彻为畅武道行军总管，总共十余万人，都接受李靖调度指挥，分路出兵攻打突厥。

乙丑，任城王道宗击突厥于灵州，破之。

十二月，戊辰，突利可汗入朝，上谓侍臣曰："往者太上皇以百姓之故，称臣于突厥，朕常痛心。今单于稽颡，庶几可雪前耻。"

壬午，靺鞨遣使入贡，上曰："靺鞨远来，盖突厥已服之故也。昔人谓御戎无上策，朕今治安中国，而四夷自服，岂非上策乎！"

癸未，右仆射杜如晦以疾逊位，上许之。

乙酉，上问给事中孔颖达曰："《论语》：'以能问于不能，以多问于寡，有若无，实若虚。'何谓也？"颖达具释其义以对，且曰："非独匹夫如是，帝王亦然。帝王内蕴神明，外当玄默，故《易》称'以蒙养正，以明夷莅众。'若位居尊极，炫耀聪明，以才陵人，饰非拒谏，则下情不通，取亡之道也。"上深善其言。

【译文】乙丑日（二十八日），唐任城王李道宗在灵州攻打突厥，击败突厥。

十二日，戊辰日（初二），突利可汗归顺大唐，唐太宗对侍臣说："从前太上皇因为百姓，向突厥称臣，朕常常为此痛心。现在单于来叩头，差不多可以洗刷从前的耻辱。"

壬午日（十六日），靺鞨派遣使者入贡，唐太宗说："靺鞨远地而来，是因为突厥已经归服。前人说抵御戎狄没有上策，朕今日使中原安定，而四夷自然臣服，难道不是上策吗？"

癸未日（十七日），右仆射杜如晦因疾病让位，唐太宗答应了他。

乙酉日（十九日），唐太宗询问给事中孔颖达说："《论语》说：'以能问于不能，以多问于寡，有若无，实若虚。'说的是什么意思？"孔颖达将详细的释义回复唐太宗，并且说："不仅匹夫应当如此，帝王也一样。帝王内藏神明，外示沉默，因此《易经》说'以蒙昧隐默自养正道，能成大功；君子临众须用韬晦，政治才能大明'。如果处在最高位的人君，夸耀聪明，以才气凌人，文过饰非，拒绝别人的谏言，下情就不能上达，那是自取灭亡的做法。"唐太宗十分称赞他的看法。

庚寅，突厥郁射设帅所部来降。

闰月，丁未，东谢酋长谢元深、南谢酋长谢强来朝。诸谢皆南蛮别种，在黔州之西。诏以东谢为应州、南谢为庄州，隶黔州都督。

是时远方诸国来朝贡者甚众，服装诡异，中书侍郎颜师古请图写以示后，作《王会图》，从之。

乙丑，牂柯酋长谢能羽及充州蛮入贡，诏以牂柯为牂州；党项酋长细封步赖来降，以其地为轨州；各以其酋长为刺史。党项地亘三千里，姓别为部，不相统壹，细封氏、费听氏、往利氏、颇超氏、野辞氏、旁当氏、米擒氏、拓跋氏，皆大姓也。步赖既为唐所礼，馀部相继来降，以其地为崌、奉、岩、远四州。

是岁，户部奏：中国人自塞外归，及四夷前后降附者，男子一百二十馀万口。

【译文】庚寅日（二十四日），突厥郁射设率领部下前来投降大唐。

闰月，丁未日（十一日），东谢酋长谢元深、南谢酋长谢强前来归顺大唐。诸谢部族均是南蛮的一支，分布在黔州的西部。唐朝诏命将东谢所在地改作应州，南谢所在地改作庄州，隶属于黔州都督。

此时远方诸国前来朝贡的人很多，服装奇异，中书侍郎颜师吉请求命专人画人物衣饰来留传后世，可称作《王会图》，唐太宗听从了。

乙丑日（二十九日），牂柯酋长谢能羽以及充州蛮归顺，唐朝廷诏命将牂牁改作牂州。党项酋长细封步赖来投降大唐，唐将他的属地改作轨州；各自委派他们的酋长做刺史。党项的属地有三千里，依姓氏做部落，互不统属，细封氏、费听氏、往利氏、颇超氏、野辞氏、旁当氏、米擒氏、拓跋氏，均是大姓。步赖既已受到唐朝礼遇，其余各部相继前来投降，唐在党项的属地设立崌、奉、岩、远等四州。

这一年，户部上奏说：中原人从塞外回来以及四夷前后投降归附的，男女共有百二十多万人。

资治通鉴

房玄龄、王珪掌内外官考，治书侍御史万年权万纪奏其不平，上命侯君集推之。魏徵谏曰："玄龄、珪皆朝廷旧臣，素以忠直为陛下所委，所考既多，其间能无一二人不当！察其情，终非阿私。若推得其事，则皆不可信，岂得复当重任！且万纪比来恒在考堂，曾无驳正；及身不得考，乃始陈论。此正欲激陛下之怒，非竭诚徇国也。使推之得实，未足裨益朝廷；若其本虚，徒失陛下委任大臣之意。臣所爱者治体，非敢苟私二臣。"上乃释不问。

濮州刺史庞相寿坐贪污解任，自陈尝在秦王幕府；上怜之，欲听还旧任。魏徵谏曰："秦府左右，中外甚多，恐人人皆恃恩私，是使为善者惧。"上欣然纳之，谓相寿曰："我昔为秦王，乃一府之主；今居大位，乃四海之主，不得独私故人。大臣所执如是，朕何敢违！"赐帛遣之。相寿流涕而去。

【译文】房玄龄、王珪负责内外官的考选，治书侍御史万年人权万纪上奏说他们不公平，唐太宗命侯君集调查。魏徵进谏说："房玄龄、王珪都是朝廷的旧臣，一向因为忠直被陛下委任，他们考选的人很多，其间怎能没有一二人不合适！体察其实情，绝不是徇私。假如推得真有这样的事，那就都不可相信，怎么

312

能够再当重任！而且权万纪近来常在考堂，并没有任何驳议纠正，等到自己没有好的考核结果，才来陈述意见，这正表示他想激怒陛下，并不是竭诚为国。假如查出实情，对朝廷没有助益；假如本来就是虚词，空失陛下委任大臣的一片心意，我关心的是政治大体，不敢苟且偏袒房、王两位大臣。"唐太宗这才不追问。

濮州刺史庞相寿因为贪污罪被撤职，自己陈情曾在秦王幕府做事。唐太宗怜悯他，想让他恢复旧职。魏徵进谏说："秦王的亲信，在朝廷内外任职的有很多，担心人人都依恃恩亲，那就会让行为端正的人畏惧。"唐太宗高兴地采纳了这个意见，对庞相寿说："我从前做秦王，是一府的主人；现在身居皇位，是天下的主人，不能单独偏袒秦王府的旧人。大臣们坚持公正，朕怎敢违背！"赏赐他绢帛而后遣回。庞相寿流着泪离去。

贞观四年（庚寅，公元六三〇年）春，正月，李靖帅骁骑三千自马邑进屯恶阳岭，夜袭定襄，破之。突厥颉利可汗不意靖猝至，大惊曰："唐不倾国而来，靖何敢孤军至此！"其从一日数惊，乃徙牙于碛口。靖复遣谍离其心腹，颉利所亲康苏密以隋萧后及炀帝之孙政道来降。乙亥，至京师。先是，有降胡言"中国人或潜通书启于萧后者"。至是，中书舍人杨文瓘请鞫之，上曰："天下未定，突厥方强，愚民无知，或有斯事。今天下已安，既往之罪，何须问也！"

李世勣出云中，与突厥战于白道，大破之。

二月，己亥，上幸骊山温汤。

【译文】贞观四年（庚寅，公元630年）春季，正月，李靖率领骁骑三千从马邑进驻恶阳岭，夜间，偷袭攻破定襄。突厥颉利可汗没料到李靖突然攻到，大惊说："唐如果没有倾全国兵力北来，李靖怎敢孤军来到这里！"他的部属一日数次受惊，于是将王廷迁到大碛口。李靖又派遣间谍挑拨他的心腹，颉利可汗亲近的康苏密带领隋朝萧后以及隋炀帝的孙子杨政道来投降。乙亥日（初九），萧后等人来到京师。先前，有归降的胡人说"中原有人暗中写信向萧后传递消息"。到这时，中书舍人杨文瓘请求鞠讯，唐太宗说："天下没有安定，突厥正强盛，愚民无知，也许有这种事。现在天下已经安定，从前的罪过，何须再追问呢！"

资治通鉴

李世勣出兵云中，和突厥在白道交战，大败突厥。

二月，己亥日（初三），唐太宗临幸骊山温泉。

甲辰，李靖破突厥颉利可汗于阴山。

先是，颉利既败，窜于铁山，馀众尚数万；遣执失思力入见，谢罪，请举国内附，身自入朝。上遣鸿胪卿唐俭等慰抚之，又诏李靖将兵迎颉利。颉利外为卑辞，内实犹豫，欲俟草青马肥，亡入漠北。靖引兵与李世勣会白道，相与谋曰："颉利虽败，其众犹盛，若走度碛北，保依九姓，道阻且远，追之难及。今诏使至彼，虏必自宽，若选精骑一万，赍二十日粮往袭之，不战可擒矣。"以其谋告张公谨，公谨曰："诏书已许其降，使者在彼，奈何击之！"靖曰："此韩信所以破齐也。唐俭辈何足惜！"遂勒兵夜发，世勣继之，军至阴山，遇突厥千馀帐，俘以随军。颉利见使者，大喜，意自安。靖使武邑苏定方帅二百骑为前锋，乘雾而行，去牙帐七里，虏乃觉之。颉利乘千里马先走，靖军至，虏众遂溃。唐俭脱身得归。靖斩首万馀级，俘男女十馀万，获杂畜数十万，杀隋义成公主，擒其子叠罗施。颉利帅万馀人欲度碛，李世勣军于碛口，颉利至，不得度，其大酋长皆帅众降，世勣虏五万馀口而还。斥地自阴山北至大漠，露布以闻。

【译文】甲辰日（初八），李靖在阴山击败突厥颉利可汗。

在此之前，颉利可汗失败，逃往铁山，剩余的部属尚有数万人。派遣执失思力入朝谒见唐太宗谢罪，请求率领全国归附，亲自入朝。唐太宗派遣鸿胪卿唐俭等安抚他，又诏命李靖率领军队迎接颉利可汗。颉利可汗表面言语谦卑，内心却在犹豫，想要等候草青马肥，逃往漠北。李靖领兵和李世勣在白道会合，相互商量说："颉利可汗虽然失败，其部属仍然众多，如果跑到漠北，保守依靠九姓部落，道路险阻遥远，追击他很难。现在诏命派遣使者到他那儿，他们的警觉自然松懈，如果挑选精骑一万，准备二十日的粮草前往袭击他，不必作战就可以擒住他。"两人将他们的计划告诉张公谨，张公谨说："诏书已经答应他投降，使者在他那儿，如何发动攻击！"李靖说："这是韩信击败齐国的做法（汉派郦食其说齐，韩信乘其无备偷袭攻破齐国）。唐俭这些人不值得爱惜！"于是李靖率领军队趁夜出发，李世勣殿后，军队到达阴山，遇到突厥的一千多个营帐，俘虏他们，让他们追随在军队后面。颉利可汗看见使者大为高兴，内心安定。李靖派遣武邑人苏定方率领二百骑做先锋，趁着浓雾的天气行军，距离牙帐七里，敌人才发觉。颉利可汗乘千里马先逃跑；李靖军队一到，敌众立即溃散。唐俭脱身逃回京师。李靖斩杀一万余人，俘虏男女十余万人，获得各种牲畜几十万头，杀死隋朝义成公主，拘捕她的儿子叠罗施。颉利可汗率领一万多人要渡越沙漠，李世勣驻军在大碛口，颉利可汗到了，不能横渡，其中的大酋长都率领部属投降，李世勣俘虏五万多人而后返回，开拓领地南自阴山北到大漠，用没有泥封的文书向朝廷报告消息。

【乾隆御批】 颉利既窜铁山，势已不振，即中怀犹豫，其败亡止在旦夕间，何妨俟诏使既还而袭击之？初非有迫不及待之机也。幸而唐俭辈乘间得脱，否则几不免为郦生之烹。靖急于图功而置诸人为不足惜，岂为将仁勇兼至之道哉？

【译文】 颉利已经逃窜到铁山，出现了颓废不振之势，加之心怀犹豫，他的败亡也就在旦夕之间了，等使者回来再袭击他又有何妨？当时并非有迫不及待的时机。幸亏唐俭等人乘机脱险，否则就不免成为郦生的烹煮之物了。李靖急于求功而把大家置于死不足惜之地，这岂是为将之人应具备的仁勇兼备之道呢？

丙午，上还宫。

甲寅，以克突厥赦天下。

以御史大夫温彦博为中书令，守侍中王珪为侍中；守户部尚书戴胄为户部尚书，参预朝政；太常少卿萧瑀为御史大夫，与宰臣参议朝政。

三月，戊辰，以突厥夹毕特勒阿史那思摩为右武侯大将军。

四夷君长诣阙请上为天可汗，上曰："我为大唐天子，又下行可汗事乎？"群臣及四夷皆称万岁。是后以玺书赐西北君长，皆称天可汗。

【译文】 丙午日（初十），唐太宗返回皇宫。

甲寅日（十八日），唐太宗因战胜突厥大赦天下。

唐太宗任用御史大夫温彦博做中书令，守侍中王珪做侍中；守户部尚书戴胄做户部尚书，参与朝政；任用太常少卿萧瑀做御史大夫，和宰相一起参议朝政。

三月，戊辰日（初三），唐太宗任用突厥夹毕特勒阿史那思摩做右武侯大将军。

四夷君长来到朝堂恭请唐太宗做天可汗,唐太宗说:"我是大唐天子,又要做天可汗吗?"群臣以及四夷首领都称万岁。此后给西北各族首领的玺书中,都称天可汗。

庚午,突厥思结俟斤帅众四万来降。

丙子,以突利可汗为右卫大将军、北平郡王。

初,始毕可汗以启民母弟苏尼失为沙钵罗设,督部落五万家,牙直灵州西北。及颉利政乱,苏尼失所部独不携贰。突利之来奔也,颉利立之为小可汗。及颉利败走,往依之,将奔吐谷浑。大同道行军总管任城王道宗引兵逼之,使苏尼失执送颉利。颉利以数骑夜走,匿于荒谷。苏尼失惧,驰追获之。庚辰,行军副总管张宝相帅众奄至沙钵罗营,俘颉利送京师,苏尼失举众来降,漠南之地遂空。

蔡成公杜如晦疾笃,上遣太子问疾,又自临视之。甲申,薨。上每得佳物,辄思如晦,遣使赐其家。久之,语及如晦,必流涕,谓房玄龄曰:"公与如晦同佐朕,今独见公,不见如晦矣!"

【译文】 庚午日(初五),突厥思结俟斤率领部属四万来投降唐朝。

丙子日(十一日),唐太宗任用突利可汗做右卫大将军、北平郡王。

起初,始毕可汗任用舅父苏尼失做沙钵罗设,统辖部落五万户,营幕设在灵州西北。等到颉利可汗政局混乱,只有苏尼失统率的部落没有背离。突利可汗来归附后,颉利可汗立苏尼失做小可汗。等到颉利可汗失败逃走,前去依靠他,打算逃往吐谷浑。大同道行军总管任城王李道宗率领军队逼迫苏尼失,让他拘捕颉利可汗。颉利可汗率领数骑趁夜逃走,躲藏在荒幽的

资治通鉴卷第一百九十三 唐纪九

山谷。苏尼失害怕，追捕到颉利可汗。庚辰日（十五日），行军副总管张宝相率领部属立即赶到沙钵罗营，俘虏颉利可汗送往京师，苏尼失率领部属投降唐朝，于是漠南地方再没有突厥人。

蔡成公杜如晦病重，唐太宗派遣太子去看望，又亲自去探视他。甲申日（十九日），杜如晦去世。唐太宗每次获得佳物，就想到杜如晦，派遣使者赏赐他的家人。过了很久，谈到杜如晦，还一定会流泪，对房玄龄说："你和杜如晦同时辅助朕，现在只看到你，看不见杜如晦了！"

突厥颉利可汗至长安。夏，四月，戊戌，上御顺天楼，盛陈文物，引见颉利，数之曰："汝藉父兄之业，纵淫虐以取亡，罪一也。数与我盟而背之，二也。恃强好战，暴骨如莽，三也。蹂我稼穑，掠我子女，四也。我宥汝罪，存汝社稷，而迁延不来，五也。然自便桥以来，不复大入为寇，以是得不死耳。"颉利哭谢而退。诏馆于太仆，厚廪食之。

上皇闻擒颉利，叹曰："汉高祖困白登，不能报；今我子能灭突厥，吾托付得人，复何忧哉！"上皇召上与贵臣十馀人及诸王、妃、主置酒凌烟阁，酒酣，上皇自弹琵琶，上起舞，公卿迭起为寿，逮夜而罢。

【译文】突厥颉利可汗来到长安。夏季，四月，戊戌日（初三），唐太宗驾幸顺天楼，在那里摆设很多文物，召见颉利可汗，责备他说："你凭借父兄的基业，放纵荒淫暴虐，自取灭亡，是第一项罪。多次和我结盟却又违背盟约，是第二项罪。凭恃强大喜好战争，造成白骨遍野，是第三项罪。践踏我国的农作物，掠夺我国的子民，是第四项罪。我宽宥你的罪行，保存你的社稷，却拖延时日不来归附，是第五项罪。但从渭水便桥我们盟誓以后，不再大举入侵，因这一点才让你不死。"颉利可汗哭着谢罪而退。诏命让他居住在太仆寺，赐给丰厚的食物。

　　唐高祖听说拘捕到颉利可汗，感叹地说："汉高祖被困白登，不能报仇。现在我的儿子能消灭突厥，我将皇位托付给适当的人，又有何忧虑呢！"唐高祖召见唐太宗和十余位大臣以及诸王、妃嫔、公主，在凌烟阁设酒，酒半醉时，唐高祖亲自弹奏琵琶，唐太宗起身跳舞，公卿们连续起身敬酒祝贺，到夜晚才罢宴。

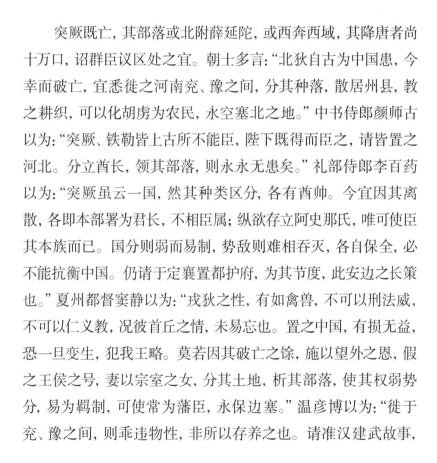

　　突厥既亡，其部落或北附薛延陀，或西奔西域，其降唐者尚十万口，诏群臣议区处之宜。朝士多言："北狄自古为中国患，今幸而破亡，宜悉徙之河南兖、豫之间，分其种落，散居州县，教之耕织，可以化胡虏为农民，永空塞北之地。"中书侍郎颜师古以为："突厥、铁勒皆上古所不能臣，陛下既得而臣之，请皆置之河北。分立酋长，领其部落，则永永无患矣。"礼部侍郎李百药以为："突厥虽云一国，然其种类区分，各有酋帅。今宜因其离散，各即本部署为君长，不相臣属；纵欲存立阿史那氏，唯可使臣其本族而已。国分则弱而易制，势敌则难相吞灭，各自保全，必不能抗衡中国。仍请于定襄置都护府，为其节度，此安边之长策也。"夏州都督窦静以为："戎狄之性，有如禽兽，不可以刑法威，不可以仁义教，况彼首丘之情，未易忘也。置之中国，有损无益，恐一旦变生，犯我王略。莫若因其破亡之馀，施以望外之恩，假之王侯之号，妻以宗室之女，分其土地，析其部落，使其权弱势分，易为羁制，可使常为藩臣，永保边塞。"温彦博以为："徙于兖、豫之间，则乖违物性，非所以存养之也。请准汉建武故事，置降匈奴于塞下，全其部落，顺其土俗，以实空虚之地，使为中国扞蔽，策之善者也。"魏徵以为："突厥世为寇盗，百姓之仇也；今幸而破亡，陛下以其降附，不忍尽杀，宜纵之使还故土，不可留之中国。夫戎狄人面兽心，弱则请服，强则叛乱，固其常性。今降者众近十万，数年之后，蕃息倍多，必为腹心之疾，不可悔也。晋初诸胡与民杂居中国，郭钦、江统，皆劝武帝驱出塞外以绝乱阶，武帝不从。后二十馀年，伊、洛之间，遂为毡裘之域，此前事之明鉴也！"彦博曰："王者之于万物，天覆地载，靡有所遗。今突厥穷来归我，奈何弃之而不受乎！孔子曰：'有教无类。'若救其死亡，授以生业，教之礼义，数年之后，悉为吾民。选其酋长，使入宿卫，畏威怀德，何后患之有！"上卒用彦博策，处突厥降众，东自幽州，西至灵州；分突利故所统之地，置顺、祐、化、长四州都督府；又分颉利之地为六州，左置定襄都督府，右置云中都督府，以统其众。

【译文】突厥已经灭亡，他的部落有的向北归顺薛延陀，有的向西逃往西域，投降唐朝的还有十万人，唐太宗诏命群臣商议处置的适宜方法。朝臣大多说："北狄自古是中原的外患，现在有幸将他们打败消灭，应当全部迁往河南兖、豫之间，分开各个种族部落，让他们散居在州县，教导他们耕织，将他们转化为农民，让塞北之地永远没有突厥人。"中书侍郎颜师古认为："突厥、铁勒都是自古以来很难臣服的，陛下既能臣服他们，请将他们都安置在河北。分别选立酋长，统率其部落，就永远没有后患了。"礼部侍郎李百药认为："突厥虽说是一国，但他们的部落，各自有自己的首领。现在应当趁其离散，在各个部落选立首领，让他们不互相臣属；纵使要立阿史那氏为首领，也只可领导他本族。国分了势力就弱，而且容易控制，势均力敌就很难相互并吞消灭，各自力图自我保全，必然不能和中原抗衡。请求仍然在定襄设置都护府，统管节制他们，这是安定边疆的长久计策。"夏州都督窦静认为："戎狄的性格，好比禽兽，不能用刑法震慑，不能用仁义教导，何况他们思乡之情，不易忘记。将他们安置在中原，有害无益，恐怕一旦发生事变，威胁大唐的安定。不如趁他们败亡的时候，施给他们冀望之外的恩德，封给王侯的尊号，将宗室之女下嫁他们，划分他们的土地，析分他们的部落，使他们权力微弱，势力分开，容易羁勒管理，可使他们永做藩臣，永远保守边疆的要塞。"温彦博认为："迁到兖、豫之间，就违背人性，不是存养他们的做法。请依照汉建武时的旧例，在塞下安置投降的突厥人，保全他们的部落，顺从他们本土风俗，来填实空虚的土地，使之作为中原的屏障，这才是好的政策。"魏徵认为："突厥代代入侵劫夺，是百姓的敌人；今日有幸击败灭亡他们，陛下因他们投降归顺，不忍心杀尽他们，应当放了他们，让他们返回故土，不可留他们在中原。那些戎狄人面兽心，国力衰弱就请求归附，国力强盛就反叛作乱，这本是他们的常性。今日投降的部众接近十万，几年之后翻生一倍多，必定成为心腹之患，后悔不及。晋初诸胡和百姓混杂居住在中原，郭钦、江统都劝晋武帝将他们驱逐到塞外来断绝乱源，晋武帝没有听从。此后二十余年，伊、洛之间遂成为戎狄的领地，这是前事的明鉴！"温彦博说："王者对于万物，天覆地载，没有遗落。今天突厥穷困来归附我国，怎么能舍弃他们不予接受呢！孔子曰：'有教无类。'如果从死亡中拯救他们，传授他们谋生的本领，教导他们礼义，几年之后，全部成为我国百姓。选拔他们的酋长，让他们入朝宿卫，畏惧威势，怀念德泽，还有什么后患呢！"唐太宗最后采用温彦博的计策，处置突厥投降的民众，东自幽州，西到灵州；划分突利可汗原来统辖的土地，设立顺、祐、化、长四州都督府；又划分颉利可汗的土地做六州，左边设立定襄都督府，右边设立云中都督府，来统治突厥的百姓。

【申涵煜评】颉利既擒，恩威已著。宜如魏徵策，纵还故土，以绝乱阶。乃妄听温彦博言，以为都督郎将，布列朝廷，杂处辇下。使非因结社率之，反小惩大创，有不为西晋之祸者几何哉？

【译文】颉利可汗已经被抓，唐朝的恩威已经显明。应该依照魏徵之策，把他放回故乡，以杜绝祸乱的根源。唐太宗妄听温彦博的话，任命他为都督郎将，布列朝廷，杂处在皇帝车驾之列。如果不是因为结社统率，反而会导致小惩而大创，不发生西晋之祸的可能性有多小呢？

五月，辛未，以突利为顺州都督，使帅其部落之官。上戒之曰："尔祖启民挺身奔隋，隋立以为大可汗，奄有北荒，尔父始毕反为隋患。天道不容，故使尔今日乱亡如此。我所以不立尔为可汗者，惩启民前事故也。今命尔为都督，尔宜善守国法，勿相侵掠，非徒欲中国久安，亦使尔宗族永全也！"

壬申，以阿史那苏尼失为怀德郡王，阿史那思摩为怀化郡王。颉利之亡也，诸部落酋长皆弃颉利来降，独思摩随之，竟与颉利俱擒，上嘉其忠，拜右武侯大将军，寻以为北开州都督，使统颉利旧众。

丁丑，以右武卫大将军史大奈为丰州都督，其馀酋长至者，皆拜将军、中郎将，布列朝廷，五品已上百馀人，殆与朝士相半，因而入居长安者近万家。

【译文】五月，辛未日（初七），唐太宗任用突利可汗做顺州都督,让他统率各部落。唐太宗告诫说:"你的祖父启民毅然投奔大隋,隋朝立他做大可汗,统有北荒之地,你的父亲始毕反而成为隋氏外患。天道不容,所以使你今日如此乱亡。我之所以不立你做可汗,是以从前启民的事作为教训。今天任命你做都督,你应当好好遵守中原的法律,不要相互侵略掠夺,这不但是要大唐长久安定,也是为了使你的宗族永远保全。"

壬申日(初八),唐太宗任用阿史那苏尼失做怀德郡王,阿史那思摩做怀化郡王。颉利可汗灭亡的时候,各个部落的酋长都背弃颉利可汗前来投降,只有阿史那思摩跟随他,最后和颉利可汗同时被捕,唐太宗嘉许阿史那思摩的忠心,任命他做右武侯大将军,不久又任命他做北开州都督,让他统领颉利可汗的旧有民众。

丁丑日(十三日),唐太宗任用右武卫大将军史大奈做丰州都督,其余来到长安的酋长,都任命做将军中郎将,跻身朝官行列,他们之中五品以上的有一百多人,大抵和唐朝原先的官员各占半数,因此新迁入长安的有接近一万家。

辛巳,诏:"自今讼者,有经尚书省判不服,听于东宫上启,委太子裁决。若仍不服,然后闻奏。"

丁亥,御史大夫萧瑀劾奏李靖破颉利牙帐,御军无法,突厥珍物,虏掠俱尽,请付法司推科。上特敕勿劾。及靖入见,上大加责让,靖顿首谢。久之,上乃曰:"隋史万岁破达头可汗,有功不赏,以罪致戮。朕则不然,录公之功,赦公之罪。"加靖左光禄大夫,赐绢千匹,加真食邑通前五百户。未几,上谓靖曰:"前有人谗公,今朕意已寤,公勿以为怀。"复赐绢二千匹。

火珠,有司以其表辞不顺,请讨之,上曰:"好战者亡,如隋炀帝、颉利可汗，皆耳目所亲见也。小国胜之不武，况未可必乎！语言之间，何足介意！"

【译文】辛巳日（十七日），唐太宗下诏书："从今以后，诉讼案件经过尚书省判决仍有不服的，听任其向东宫上笺启，交由太子裁决。如果仍有不服的，可以奏给朕听闻。"

丁亥日（二十三日），御史大夫萧瑀弹劾李靖击破颉利可汗的牙帐（王廷），统御军队没有法度，突厥的珍宝重物，都被掳掠，请交付法官勘问审理。唐太宗特别下诏不要弹劾李靖。等到李靖入见，唐太宗大大加以指责，李靖叩头谢罪。经过很长的一段时间，唐太宗才说："隋朝史万岁击败达头可汗，有功没有赏赐，因有罪遭致杀戮。朕不这样做，要记录你的军功，赦免你的罪刑。"于是加封李靖为左光禄大夫，赏赐绢布一千匹，增加真实户口的封邑，连从前的总共五百户。不久，唐太宗对李靖说："从前有人说你的坏话，现在朕已了解原委，你不要介意。"再赏赐李靖绢布两千匹。

林邑贡献火珠，主管官吏因为他们的奏表词句不恭敬，请求出兵讨伐他们，唐太宗说："好战的自取灭亡，隋炀帝、颉利可汗都是大家亲耳听到、亲眼看到的。战胜小国并不威武，何况未必能战胜呢！奏表言语的差错，何必介意！"

六月，丁酉，以阿史那苏尼失为北宁州都督，以中郎将史善应为北抚州都督。壬寅，以右骁卫将军康苏〔密〕为北安州都督。

乙卯，发卒修洛阳宫以备巡幸，给事中张玄素上书谏，以为："洛阳未有巡幸之期而预修宫室，非今日之急务。昔汉高祖纳娄敬之说，自洛阳迁长安，岂非洛阳之地不及关中之形胜邪！景帝用晁错之言而七国构祸，陛下今处突厥于中国，突厥之亲，何如七国；岂得不先为忧，而宫室可遽兴，乘舆可轻动哉！臣见隋氏初营宫室，近山无大木，皆致之远方，二千人曳一柱，以木为轮，则戛摩火出，乃铸铁为毂，行一二里，铁毂辄破，别使数百人赍铁毂随而易之，尽日不过行二三十里，计一柱之费，已用数十万功，则其馀可知矣。陛下初平洛阳，凡隋氏宫室之宏侈者皆令毁之，曾未十年，复加营缮，何前日恶之而今日效之也！且以今日财力，何如隋世？陛下役疮痍之人，袭亡隋之弊，恐又甚于炀帝矣！"上谓玄素曰："卿谓我不如炀帝，何如桀、纣？"对曰："若此役不息，亦同归于乱耳！"上叹曰："吾思之不熟，乃至于是！"顾谓房玄龄曰："朕以洛阳土中，朝贡道均，意欲便民，故使营之。今玄素所言诚有理，宜即为之罢役。后日或以事至洛阳，虽露居亦无伤也。"仍赐玄素彩二百匹。

【译文】　六月，丁酉日（初四），唐太宗任命阿史那苏尼失做北宁州都督，任用中郎将史善应做北抚州都督。壬寅日（初九），唐太宗任用右骁卫将军康苏密做北安州都督。

乙卯日（二十二日），唐太宗调动兵卒修建洛阳宫来准备巡幸之用，给事中张玄素上书谏言，认为："还没有定下巡幸洛阳的日期却预先修建宫室，这不是今日的急事。从前汉高祖采纳娄敬的建议，从洛阳迁都长安，难道不是因为洛阳不及关中的形势佳胜吗？汉景帝采用晁错的话，因而造成七国作乱，陛下现在将突厥安置在中原，突厥和朝廷的亲密，如何比得上七国？怎能不先忧虑此事，反而急着兴建宫室，轻移大驾呢！我知道隋氏初建宫室时，附近山中没有大木，都从远地运来，两千人拉一根柱子，用横木做车轮，就摩擦发火，于是铸铁做车毂，行一两里路，铁毂就破裂，另派数百人持着铁毂随后更新，一日不过行二三十里，计算运一根柱子的费用，已经耗费几十万劳力，其余的也就可想而知了。陛下当初平定洛阳，凡是宏壮侈靡的隋朝宫室都下令拆毁，现在不到十年的时间，又加以修建完善，为什么以前憎恶现在又效法呢？况且以今日的财力，又怎么比得上隋朝呢？陛下役使疲惫的百姓，因袭亡隋的弊病，祸乱恐怕比隋炀帝更严重！"唐太宗对张玄素说："你说我不如隋炀帝，比桀、纣怎么样呢？"张玄素回答说："倘若这件工役不停止，恐怕一样导致变乱！"唐太宗感叹地说："我考虑不够周详，才会如此！"看着房玄龄说，"朕认为洛阳位居大唐的中间，各地来朝贡的距离平均，想要便利百姓，所以令人营建。如今张玄素说得真有道理，应当立即停止工役。以后有事到洛阳，即使露天而居也无害处。"因此赏赐二百匹彩帛给张玄素。

秋，七月，甲子朔，日有食之。

乙丑，上问房玄龄、萧瑀曰："隋文帝何如主也？"对曰："文帝勤于为治，每临朝，或至日昃，五品已上，引坐论事，卫士传餐而食；虽性非仁厚，亦励精之主也。"上曰："公得其一，未知其二。文帝不明而喜察，不明则照有不通，喜察则多疑于物，事皆自决，不任群臣。天下至广，一日万机，虽复劳神苦形，岂能一一中理！群臣既知主意，唯取决受成，虽有愆违，莫敢谏争，此所以二世而亡也。朕则不然。择天下贤才，寘之百官，使思天下之事，关由宰相，审熟便安，然后奏闻。有功则赏，有罪则刑，谁敢不竭心力以修职业，何忧天下之不治乎！"因敕百司："自今诏敕行下有未便者，皆应执奏，毋得阿从，不尽己意。"

【译文】秋，七月，甲子朔日（初一），出现日食。

乙丑日（初二），唐太宗询问房玄龄、萧瑀说："隋文帝是怎样的君主？"回答说："隋文帝勤敏为政，每次临朝办公，有时要到日落西山，五品以上的官员，接引他们入座论事，卫士不能下班，传送食物就地食用。虽然本性不仁厚，也是个励精图治的君主。"唐太宗说："你们只知其一，不知其二。隋文帝不精明又喜欢苛察；不精明就了解不通达，喜欢苛察就对人多疑，凡事都亲自决断，不信任群臣。天下事情烦多，一日要处理万种机务，虽然再用心竭力，哪能一一合理！群臣既然了解君主的心意，只有采用君主的决定无条件服从，虽有愆失，不敢诤谏，这就是两代隋朝就灭亡的原因。朕就不是这样。我选拔天下的贤能才士，授予百官之位，让他们思考天下事，呈报给宰相，深思熟虑，认为方便安稳，然后上奏到朕这里。有功就赏，有罪就罚，谁敢不竭尽心力而恪尽职守，何必忧虑天下不能平治呢！"因而下令百官，"从今以后，下发的诏敕有不方便的地方，都应当拿来上奏，不可一味顺从，不充分发表自己意见。"

癸酉，以前太子少保李纲为太子少师，以兼御史大夫萧瑀为太子少傅。

李纲有足疾，上赐以步舆，使之乘至阁下，数引入禁中，问以政事。每至东宫，太子亲拜之。太子每视事，上令纲与房玄龄侍坐。

先是，萧瑀与宰相参议朝政，瑀气刚而辞辩，房玄龄等皆不能抗，上多不用其言，玄龄、魏徵、温彦博尝有微过，瑀劾奏之，上竟不问。瑀由此怏怏自失，遂罢御史大夫，为太子少傅，不复预闻朝政。

西突厥种落散在伊吾，诏以凉州都督李大亮为西北道安抚大使，于碛口贮粮，来者赈给，使者招慰，相望于道。大亮上言：

"欲怀远者必先安近，中国如本根，四夷如枝叶，疲中国以奉四夷，犹拔本根以益枝叶也。臣远考秦、汉，近观隋室，外事戎狄，皆致疲弊。今招致西突厥，但见劳费，未见其益。况河西州县萧条，突厥微弱以来，始得耕获；今又供亿此役，民将不堪，不若且罢招慰为便。伊吾之地，率皆沙碛，其人或自立君长，求称臣内属者，羁縻受之，使居塞外，为中国藩蔽，此乃施虚惠而收实利也。"上从之。

资治通鉴

【译文】癸酉日（初十），唐太宗任用前太子少保李纲做太子少师，任用兼御史大夫萧瑀做太子少傅。

李纲有脚病，唐太宗赐他步挽舆，使他乘坐前往东宫，又多次将他请入禁中，询问政事。他每次来到东宫，太子亲自叩拜他。太子每次处置事情，唐太宗命令李纲、房玄龄侍坐在旁边。

在这之前，唐太宗命萧瑀和宰相一起参议朝政，萧瑀气盛而善辩，房玄龄等人都无法和他抗辩，唐太宗大多不采用他的话。房玄龄、魏徵、温彦博曾经有小过，萧瑀弹劾他们，唐太宗竟然不问。萧瑀因而内心失意不满，于是唐太宗免去他的御史大夫之职，改任太子少傅，不再参与朝政。

西突厥的部族散居在大漠外的伊吾县，唐太宗下诏任命凉州都督李大亮做西北道安抚大使，在伊吾东碛口贮储粮食，来归附的人就赈给他食粮，派使者前来的，就招抚并慰劳他，于是前来的使者络绎不绝。李大亮上奏说："想要怀柔远方之人必先安抚附近的人，大唐像树木的根本，四夷像枝叶，疲惫大唐来供奉四夷，犹如拔取根本来养活枝叶一般。我远考秦、汉，近观隋室，向外侍奉戎狄，均招致自身疲弊。现在招来西突厥，只见到劳心费财，没看到利益。何况河西一带州县萧条，突厥衰弱以后，才开始耕种收获，今日又供此使役，百姓将不胜其任，不

328

如暂且罢止招抚慰问。伊吾之地，大都是沙漠，他们有的自立为首领，要求称臣归附的，不妨和他联系，加以接受，使他们居住在塞外，作为大唐的藩篱屏蔽，这是施给虚惠而坐收实利的办法。"唐太宗听从了他的意见。

八月，丙午，诏以"常服未有差等，自今三品以上服紫，四品、五品服绯，六品、七品服绿，八品服青；妇人从其夫色"。

甲寅，诏以兵部尚书李靖为右仆射。靖性沈厚，每与时宰参议，恂恂似不能言。

突厥既亡，营州都督薛万淑遣契丹酋长贪没折说谕东北诸夷，奚、霫、室韦等十馀部皆内附。万淑，万均之兄也。

戊午，突厥欲谷设来降。欲谷设，突利之弟也。颉利败，欲谷设奔高昌，闻突利为唐所礼，遂来降。

九月，戊辰，伊吾城主入朝。隋末，伊吾内属，置伊吾郡；隋乱，臣于突厥。颉利既灭，举其属七城来降，因以其地置伊西州。

【译文】八月，丙午日（十四日），唐太宗下诏说："官员日常服饰没有等级差别，自今以后三品以上官员穿紫色衣服，四品、五品官员穿赤色衣服，六品、七品官员穿绿色的衣服，八品官员穿青色衣服；官员的夫人跟丈夫穿相同颜色的衣服。"

甲寅日（二十二日），唐太宗下诏任命兵部尚书李靖做右仆射。李靖性情深沉稳重，每次和当时宰相参议论事，谦恭拘谨得说不出话来。

突厥已经灭亡，营州都督薛万淑派遣契丹酋长贪没折劝说晓谕东北诸夷，奚、霫、室韦等十余部落都来归附唐朝。薛万淑，是薛万均的哥哥。

戊午日（二十六日），突厥欲谷设来投降唐朝。欲谷设，是突利可汗的弟弟。颉利可汗失败，欲谷设逃往高昌，听说大唐礼遇突利可汗，于是前来归降。

九月，戊辰日（初六），伊吾城城主来到唐朝。隋朝末年，伊吾归附，隋设置伊吾郡；隋乱时，伊吾郡郡主向突厥称臣。颉利可汗的政权已经灭亡，伊吾郡郡主率领其辖下七城前来投降唐朝，于是唐在伊吾城的属地设置西伊州。

思结部落饥贫，朔州刺史新丰张俭招集之，其不来者，仍居碛北，亲属私相往还，俭亦不禁。及俭徙胜州都督，州司奏思结将叛，诏俭往察之。俭单骑入其部落说谕，徙之代州，即以俭检校代州都督，思结卒无叛者。俭因劝之营田，岁大稔。俭恐虏蓄积多，有异志，奏请和籴以充边储。部落喜，营田转力，而边备实焉。

丙子，开南蛮地置费州、夷州。

己卯，上幸陇州。

冬，十一月，壬辰，以右卫大将军侯君集为兵部尚书，参议朝政。

甲子，车驾还京师。

上读《明堂针灸书》，云："人五藏之系，咸附于背。"戊寅，诏自今毋得笞囚背。

【译文】思结部落饥贫，朔州刺史新丰人张俭招募他们，其中有不来的人，仍然居住在漠北，亲属之间私下相互往来，张俭也不加禁止。等到张俭升迁为胜州都督，州官上奏说思结将会造反，唐太宗诏命张俭前往调查。张俭单骑进入思结部落劝说晓谕，让他们迁往代州，朝廷即任命张俭为检校代州都督，

330

思结最终没有人反叛。张俭借机鼓励他们种田，年底丰收。张俭担心他们积粮多了，有异心，上奏请求由官府出钱购买他们的米粮，用来充实边防储备。思结部落大为高兴，耕种更加用心，因此边境的储备更加充实。

丙子日（十四日），唐朝开拓南蛮土地设置费州、夷州。

己卯日（十七日），唐太宗临幸陇州。

冬季，十一月，壬辰日（十一月无此日），唐太宗任用右卫大将军侯君集做兵部尚书，参与议论朝政。

甲子日（初三），唐太宗返回京师。

唐太宗读《明堂针灸书》，书中说："人五脏的系统，都附着在背部。"戊寅日（十七日），唐太宗诏命自今以后不可笞打囚犯的背部。

十二月，甲辰，上猎于鹿苑；乙巳，还宫。

甲寅，高昌王麹文泰入朝。西域诸国咸欲因文泰使入贡，上遣文泰之臣厌怛纥干往迎之。魏徵谏曰："昔光武不听西域送侍子，置都护，以为不以蛮夷劳中国。今天下初定，前者文泰之来，所过劳费已甚，今借使十国入贡，其徒旅不减千人。边民荒耗，将不胜其弊。若听其商贾往来，与边民交市，则可矣，悦以宾客遇之，非中国之利也。"时厌怛纥干已行，上遽令止之。

诸宰相侍宴，上谓王珪曰："卿识鉴精通，复善谈论，玄龄以下，卿宜悉加品藻，且自谓与数子何如？"对曰："孜孜奉国，知无不为，臣不如玄龄。才兼文武，出将入相，臣不如李靖。敷奏详明，出纳惟允，臣不如温彦博。处繁治剧，众务毕举，臣不如戴胄。耻君不及尧、舜，以谏争为己任，臣不如魏徵。至于激浊扬清，嫉恶好善，臣于数子，亦有微长。"上深以为然，众亦服其确论。

【译文】十二月，甲辰日（十四日），唐太宗在鹿苑打猎。乙巳日（十五日）唐太宗返回皇宫。

甲寅日（二十四日），高昌王麹文泰来到朝中。西域各国都要因循麹文泰之例派遣使者入贡，唐太宗派遣麹文泰的臣子厌怛纥干前往迎接。魏徵进谏说："从前汉光武帝不允许西域遣送儿子入朝侍奉天子和设置都护府，认为不可因为蛮夷来劳动中原。现在天下刚平定，前些日子，麹文泰的来朝，经过之处，耗费很多；今日假使有十国入贡，其随从部属不下一千人，边疆百姓花费太大，将难以承担。如果允许商人来往，和边境百姓互市，这还可以，如果用宾客的礼节招待他们，对我大唐没有好处。"当时厌怛纥干已经出发，唐太宗急忙命人阻止。

各位宰相和唐太宗一同宴饮，唐太宗对王珪说："你精通鉴别人才，又善于谈论，房玄龄以下的朝臣，你应当全部加以品评藻鉴，而且你自己认为和他们相比如何？"王珪回答说："勤勤恳恳地侍奉天子，知道的无不努力去做，我比不上房玄龄；兼有文武才能，出则为将，统兵讨伐，入则为相，处理国事，我不如李靖；议事详尽周到，传达诏令，反映群臣意见，都公允恰当，我不如温彦博；处理繁难之事，治理紧急要务，能同时办理众多事务，我不如戴胄；唯恐君王不及尧、舜，把谏诤作为自己分内之事，我不如魏徵；说到汰去污浊的人，扬举清高之辈，嫉恨坏人，喜欢好人，我比起他们，也有些长处。"唐太宗很同意他的说法，众人也钦佩他的高论。

上之初即位也，尝与群臣语及教化，上曰："今承大乱之后，恐斯民未易化也。"魏徵对曰："不然。久安之民骄佚，骄佚则难教；经乱之民愁苦，愁苦则易化。譬犹饥者易为食，渴者易为饮也。"上深然之。封德彝非之曰："三代以还，人渐浇讹，故秦任法律，汉杂霸道，盖欲化而不能，岂能之而不欲邪！魏徵书生，未识时务，若信其虚论，必败国家。"徵曰："五帝、三王不易民而化，昔黄帝征蚩尤，颛顼诛九黎，汤放桀，武王伐纣，皆能身致太平，岂非承大乱之后邪！若谓古人淳朴，渐至浇讹，则至于今日，当悉化为鬼魅矣，人主安得而治之！"上卒从徵言。

【译文】唐太宗初登帝位，曾和群臣谈及教化，唐太宗说："如今刚经过一场大劫难，我担心百姓不容易接受感化。"魏徵回答说："不像陛下说的那样。长久安定下的百姓骄奢淫逸，骄奢淫逸就难以教化；经历变乱的百姓忧愁困苦，忧愁困苦就容易教化。譬如饥饿的人什么东西都觉得好吃，口渴的人什么水都觉得好喝。"唐太宗深深地赞同。封德彝批评魏徵说："三代以来，人的性情逐渐轻薄诡诈，所以秦专用法律，汉采用王道同时掺杂霸道的内容，这是因为想要教化而不能实现，哪有能够教化而不想推行的呢！魏徵是一个不通世务的书生，不知时务，如果相信他空洞的理论，必定会败坏国家。"魏徵说："五帝、三王不改易百姓却能施教化，从前黄帝讨伐蚩尤，颛顼诛灭九黎，商汤放逐夏桀，周武王讨伐纣王，均能在自己生前达到太平盛世，难道不是承继大动乱之后的缘故吗？如果说古人淳厚朴实，后世逐渐变坏以致轻薄诡诈，那么到了今天，应该全部变成鬼怪了，君主怎能治理他们呢！"唐太宗最终采用了魏徵的意见。

元年，关中饥，米斗直绢一匹；二年，天下蝗；三年，大水。上勤而抚之，民虽东西就食，未尝嗟怨。是岁，天下大稔，流散者咸归乡里，米斗不过三、四钱，终岁断死刑才二十九人。东至

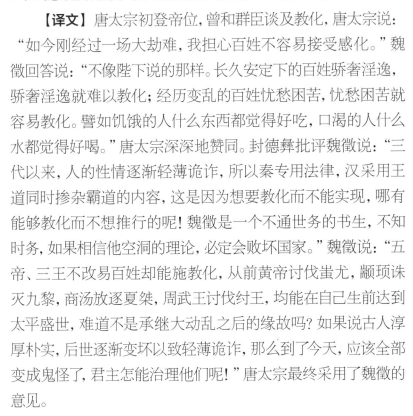

于海，南及五岭，皆外户不闭，行旅不赍粮，取给于道路焉。上谓长孙无忌曰："贞观之初，上书者皆云：'人主当独运威权，不可委之臣下。'又云：'宜震耀威武，征讨四夷。'唯魏徵劝朕'偃武修文，中国既安，四夷自服。'朕用其言。今颉利成擒，其酋长并带刀宿卫，部落皆袭衣冠，征之力也，但恨不使封德彝见之耳！"征再拜谢曰："突厥破灭，海内康宁，皆陛下威德，臣何力焉！"上曰："朕能任公，公能称所任，则其功岂独在朕乎！"

【译文】贞观元年，关中地区发生饥荒，米一斗值绢布一匹；贞观二年，天下发生蝗灾；贞观三年，发生大水灾。唐太宗勤勉听政，安抚百姓，百姓虽然东西奔波讨食，不曾有怨言。这一年，全国大丰收，流散的人都返回乡里，一斗米不过三四钱，全年被判死刑的才二十九人。东到大海，南到五岭，都是夜不闭户，行人旅客不需携带粮食，在道路沿途都有旅舍可以取食。唐太宗对长孙无忌说："贞观初年，大臣们上书的都说：'君王应当独自行使威权，不可委任臣下。'又说，'应当夸耀武威，征讨四夷。'只有魏徵劝朕'偃息武力勤修文教，中原安定之后，四夷自然臣服'。朕采用他的话。现在颉利被擒，其他部族首领轮值宿卫，各部落都受到中原礼教的熏染，这是魏徵的功劳，只可惜不能让封德彝亲眼看到！"魏徵再次叩拜辞谢说："击败灭亡突厥，海内安定，都是陛下的威望恩德，臣有什么功劳呢！"唐太宗说："朕能够重用你，你能够十分称职，那么功劳岂止是朕一个人的呢？"

【康熙御批】唐太宗用魏徵之言偃武修文，化洽海宇，诚得古帝王善治之道。至其二喜一惧，兢兢以骄奢自诫，尤复盛而谦、安不忘危之至计也。

【译文】 唐太宗采纳魏徵的建议偃武修文，教化天下，实在是得到了古代帝王治理之道。至于说他后面谈到二喜一惧，兢兢业业以骄奢自诫，尤其是处盛而谦虚、安不忘危的好计策啊。

房玄龄奏："阅府库甲兵，远胜隋世。"上曰："甲兵武备，诚不可阙；然炀帝甲兵岂不足邪？卒亡天下。若公等尽力，使百姓乂安，此乃朕之甲兵也。"

【译文】 房玄龄上奏说："检阅库中的铠甲兵器，远远超过隋朝。"唐太宗说："铠甲兵器等武器装备，确实不可缺少，但隋炀帝的甲兵难道不够吗？最终还是亡了天下，如果你们尽力为国，让百姓安定，这才是朕真正的甲兵。"

【乾隆御批】 是时，海寓乂安，中外恬谧。太宗方兢兢业业不敢侈，以为丰亨豫大。二喜一惧之说犹在十思十渐之前，堂陛交孚，吁俞相儆。宜贞观郅治与中天媲美哉。

【译文】 这个时期，国内太平无事，中外关系融洽。唐太宗仍然兢兢业业，不敢奢侈浪费，一片富足兴盛的太平安乐景象。还在十思十渐之前，就提出了二喜一惧的说法，那时朝廷上下互相信任，谈论中常互相提醒劝诫。贞观之治简直可以和如日中天的景象相媲美了！

上谓秘书监萧瑀曰："卿在隋世数见皇后乎？"对曰："彼儿女且不得见，臣何人，得见之？"魏徵曰："臣闻炀帝不信齐王，恒有中使察之，闻其宴饮，则曰'彼营何事得遂而喜！'闻其忧悴，则曰'彼有他念故尔。'父子之间且犹如是，况他人乎！"上笑曰："朕今视杨政道，胜炀帝之于齐王远矣。"瑀，瑀之兄也。

西突厥肆叶护可汗既先可汗之子，为众所附，莫贺咄可汗所

資治通鑑卷第一百九十三 唐紀九

335

部酋长多归之。肆叶护引兵击莫贺咄,莫贺咄兵败,逃于金山,为泥孰设所杀,诸部共推肆叶护为大可汗。

【译文】唐太宗对秘书监萧璟说:"你在隋朝时经常看见萧皇后吗?"萧璟回答说:"她的儿女尚且不能经常看见,臣是何许人,怎能看见她呢!"魏徵说:"臣听闻隋炀帝不相信齐王,经常暗中派人考察他,听说他摆宴饮酒,就说:'他做成了什么事情那么高兴!'听说他忧愁憔悴,就说'他有异心所以如此'。他们父子之间尚且如此,何况其他人呢!"唐太宗笑着说:"朕现在对待杨政道,远超过当年隋炀帝对待齐王。"萧璟,是萧瑀的哥哥。

西突厥肆叶护可汗是先可汗的儿子,被众人所拥戴,莫贺咄可汗属下部落的酋长大多归附他。肆叶护率兵攻打莫贺咄,莫贺咄的军队战败,逃到金山,被泥孰设杀死,各部落一同推举肆叶护做大可汗。

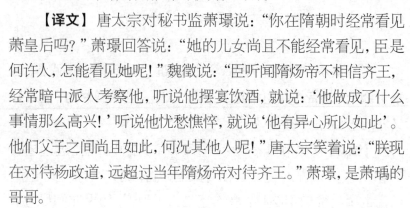

贞观五年(辛卯,公元六三一年)春,正月,诏僧、尼、道士致拜父母。

癸酉,上大猎于昆明池,四夷君长咸从。甲戌,宴高昌王文泰及群臣。丙子,还宫,亲献禽于大安宫。

癸未,朝集使赵郡王孝恭等上表,以四夷咸服,请封禅;上手诏不许。

有司上言皇太子当冠,用二月吉,请追兵备仪仗。上曰:"东作方兴,宜改用十月。"少傅萧瑀奏:"据阴阳书不若二月。"上曰:"吉凶在人。若动依阴阳,不顾礼义,吉可得乎!循正而行,自与吉会。农时最急,不可失也。"

【译文】贞观五年(辛卯,公元631年)春季,正月,唐太宗诏命和尚、尼姑、道士都要叩拜父母。

癸酉日（十三日），唐太宗在昆明池大举畋猎，四夷的君长都随从前往。甲戌日（十四日），唐太宗设宴款待高昌王麴文泰以及群臣。丙子日（十六日），唐太宗返回皇宫，亲自向大安宫（太上皇所居）进献猎物。

癸未日（二十三日），朝集使赵郡王李孝恭等人上表，认为四夷都已经归顺，请求唐太宗举行封禅大礼；唐太宗亲下诏命不许举办。

有官吏向唐太宗上奏说应当为皇太子举行加冠礼，采用二月吉日，请求追赐兵备仪仗。唐太宗说："二月春耕正开始，应当改用十月。"太子少傅萧瑀上奏说："根据阴阳历书，十月不如二月吉利。"唐太宗说："吉凶祸福在于人为。倘若所有行动依照阴阳，不顾礼义，可得到吉祥吗？遵循正道而行，自然会得到吉祥，农耕时最忙，不可失去时机。"

二月，甲辰，诏："诸州有京观处，无问新旧，宜悉划削，加土为坟，掩蔽枯朽，勿令暴露。"

己酉，封皇弟元裕为邻王，元名为谯王，灵夔为魏王，元祥为许王，元晓为密王。庚戌，封皇子愔为梁王，恽为郯王，贞为汉王，治为晋王，慎为申王，嚣为江王，简为代王。

夏，四月，壬辰，代王简薨。

壬寅，灵州斛薛叛，任城王道宗等追击，破之。

隋末，中国人多没于突厥，及突厥降，上遣使以金帛赎之。五月，乙丑，有司奏，凡得男女八万口。

六月，甲寅，太子少师新昌贞公李纲薨。初，周齐王宪女，孀居无子，纲赡恤甚厚。纲薨，其女以父礼丧之。

【译文】二月,甲辰日(十四日),唐太宗诏命:"各州有京观处(封战死者骸骨,以为大坟,名曰京观),不论新旧,应当全部削去地上部分,添加泥土做成坟墓,来掩蔽枯朽尸骨,不可使尸骨暴露在外。"

己酉日(十九日),唐太宗封自己的弟弟李元裕做邓王,李元名做谯王,李灵夔做魏王,李元祥做许王,李元晓做密王。庚戌日(二十日),唐太宗封自己的儿子李愔做梁王,李恽做郯王,李贞做汉王,李治做晋王,李慎做申王,李嚣做江王,李简做代王。

夏季,四月,壬辰日(初三),代王李简去世。

壬寅日(十三日),灵州斛薛造反,任城王李道宗率军追击,击败斛薛。

隋朝末年,中原汉人很多被突厥掳去,等到突厥投降,唐太宗派遣使者用金帛赎回他们。五月,乙丑日(初七),主管官员上奏,一共赎得男女八万人。

六月,甲寅日(二十六日),太子少师新昌贞公李纲去世。起初,北周齐王宇文宪的女儿,寡居没有子女,李纲对她赡养抚恤很多。李纲去世,齐王的女儿用父礼居丧。

秋,八月,甲辰,遣使诣高丽,收隋氏战亡骸骨,葬而祭之。

河内人李好德得心疾,妄为妖言,诏按其事。大理丞张蕴古奏:"好德被疾有征,法不当坐。"治书侍御史权万纪劾奏:"蕴古贯在相州,好德之兄厚德为其刺史,情在阿纵,按事不实。"上怒,命斩之于市,既而悔之,因诏:"自今有死罪,虽令即决,仍三覆奏乃行刑。"

权万纪与侍御史李仁发,俱以告讦有宠于上,由是诸大臣数被谴怒。魏徵谏曰："万纪等小人，不识大体，以讦为直，以谗为忠。陛下非不知其无堪，盖取其无所避忌，欲以警策群臣耳。而万纪等挟恩依势，逞其奸谋，凡所弹射，皆非有罪。陛下纵未能举善以厉俗，奈何昵奸以自损乎！"上默然，赐绢五百匹。久之，万纪等奸状自露，皆得罪。

【译文】秋季，八月，甲辰日（十七日），唐太宗派遣使者前往高丽，收拾隋朝战亡将士的骸骨，加以埋葬祭祀。

河内人李好德得了病，胡言乱语，唐太宗诏命侦办此事。大理丞张蕴古上奏说："李好德生病有证据，依法不应当治罪。"治书侍御史权万纪劾奏说："张蕴古籍贯在相州，李好德的哥哥李厚德是相州刺史，有徇私纵容的情形，侦查不符合实情。"唐太宗发怒，下令将张蕴古斩杀在市中，不久后悔，因而下诏说："自今以后有死罪，虽下令立即处斩，仍须三复奏才能行刑。"

权万纪和御史李仁发，都因密告攻讦别人隐私受到唐太宗宠爱，因此各位大臣多次被谴责怒骂。魏徵进谏说："权万纪等小人，不知大体，将攻讦当作真言，把谗毁当作忠心。陛下并非不知道他们让人无法忍受，只是由于他们讲话没有避讳禁忌，要用来鞭策警醒罢了。但权万纪等人挟持君恩，倚仗权势，让其阴谋得逞，凡所弹劾，均非真有罪。陛下即使不能举用善良来砥砺世俗，怎么能亲昵奸邪的人来自毁形象呢！"唐太宗沉默不语，赏赐魏徵五百匹绢。过了很长一段时间，权万纪等人奸诈的情状自我败露，都遭到惩罚。

九月，上修仁寿宫，更命曰九成宫。又将修洛阳宫，民部尚书戴胄表谏，以"乱离甫尔，百姓凋弊，帑藏空虚，若营造不已，公私劳费，殆不能堪！"上嘉之曰："戴胄于我非亲，但以忠直体国,知无不言,故以官爵酬之耳。"久之,竟命将作大匠窦琎修洛阳宫,琎凿池筑山,雕饰华靡。上遽命毁之,免琎官。

冬,十月,丙午,上逐兔于后苑,左领军将军执失思力谏曰:"天命陛下为华、夷父母,奈何自轻!"上又将逐鹿,思力脱巾解带,跪而固谏,上为之止。

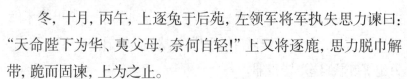

【译文】九月,唐太宗修整仁寿宫,改名为九成宫,又计划整修洛阳宫。民部尚书戴胄上表劝谏说:"动乱刚结束不久,百姓凋敝穷困,财库空虚,如过于无休止地营造,官民辛劳耗费,恐怕难以承受!"唐太宗嘉勉他说:"戴胄和我不是亲戚,只是以忠诚正直治理国家,知无不言,所以用官爵酬报他。"过了很久,唐太宗还是命令将作大匠窦琎整修洛阳宫。窦琎开凿池塘,修建假山,雕刻装饰华靡,唐太宗发怒,急命毁弃华靡的雕饰,免除了窦琎的官位。

冬季,十月,丙午日(二十日),唐太宗在皇宫后苑追逐兔子,左领军将军执失思力进谏说:"上天让陛下做华、夷的父母,怎能自轻性命呢!"唐太宗又想要追猎鹿,思力脱巾解带,用谢罪方式,下跪坚持谏诤,唐太宗因他而停止。

初,上令群臣议封建,魏徵议以为:"若封建诸侯,则卿大夫咸资俸禄,必致厚敛。又,京畿赋税不多,所资畿外,若尽以封国邑,经费顿阙。又,燕、秦、赵、代俱带外夷,若有警急,追兵内地,难以奔赴。"礼部侍郎李百药以为:"运祚修短,定命自天,尧、舜大圣,守之而不能固;汉、魏微贱,拒之而不能却。今使勋戚子孙皆有民有社,易世之后,将骄淫自恣,攻战相残,害民尤深,不若守令之迭居也。"中书侍郎颜师古以为:"不若分王诸子,勿令过大,间以州县,杂错而居,互相维持,使各守其境,协力同心，足扶京室；为置官寮，皆省司选用，法令之外，不得擅作威刑，朝贡礼仪，具为条式。一定此制，万代无虞。"十一月，丙辰，诏："皇家宗室及勋贤之臣，宜令作镇藩部，贻厥子孙，非有大故，无或黜免，所司明为条列，定等级以闻。"

【译文】 起初，唐太宗命令群臣议论分封诸王的事情，魏徵认为："如果分封诸王建立诸侯国，那么卿大夫都要给予俸禄，必须加重赋敛用来供养他们。另外京畿一带征收的赋税不多，要依赖京畿以外的州县，如果把国邑尽封给王公，国家经费立即短缺。再说，燕、秦、赵、代诸国都管辖有夷族，如果出现紧急情况，到内地征调军队，路途遥远，很难及时赶赴。"礼部侍郎李百药认为："朝廷运祚的长短，决定于天命，尧、舜是大圣人，守定国祚却不能长久；汉、魏虽出身低贱，上天让他国运长久也推却不掉。现在使皇亲国戚的子子孙孙都拥有百姓土地，几代以后，将会骄奢荒淫，任意恣肆，相互攻战残杀，对百姓危害更深，不如保持现状，不断地更换郡守县令。"中书侍郎颜师古以为："不如分封亲王宗子，不使他们过于强大，以州、县相间隔，交错为界，互相维系牵制，使他们各守境内，同心戮力，足够扶助皇室。并且为他们设置官僚，都由尚书省的官吏负责选拔任用，除皇朝法令以外，不得擅自施行刑罚，朝贡礼仪，都定有条例格式。这一制度一旦确定，万世无忧。"十一月，丙辰日（初一），唐太宗诏命："皇家宗属以及有功勋贤能的大臣，应当让他们担任地方长官，遗传子孙，没有大的变故，不能随意罢黜免官，主管官吏明定条例，定出不同等级向上奏闻。"

【乾隆御批】 封建不能行于三代以后，时势使，然宗元论之详矣。百药建议深有鉴于汉七国淮南之事。魏徵斤斤计及经费，未免不揣本而齐末矣。若颜师古月攘之见与萧瑀之泥古相去无几焉，足与议大政哉？

【译文】封建制度不能在三代以后继续推行，这是时势使然，柳宗元在《封建论》中已经论述得很详细了。李百药的建议是在对汉代七国和淮南王事件的教训深以为鉴的基础上提出的。魏徵斤斤计较经费的问题，不免有些舍本逐末。像颜师古那样不能马上彻底变革的见解与萧瑀泥古不变的主张相差无几，怎么足以与他们商议大政呢？

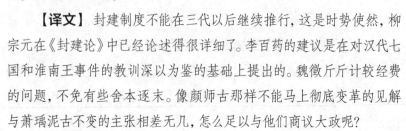

丁巳，林邑献五色鹦鹉，丁卯，新罗献美女二人；魏徵以为不宜受。上喜曰："林邑鹦鹉犹能自言苦寒，思归其国，况二女远别亲戚乎！"并鹦鹉，各付使者而归之。

倭国遣使入贡，上遣新州刺史高表仁持节往抚之；表仁与其王争礼，不宣命而还。

丙子，上礼圜丘。

【译文】丁巳日（初二），林邑进献五色鹦鹉；丁卯日（十二日），新罗进献美女二人；魏徵都认为不应该接受。唐太宗高兴地说："林邑的鹦鹉尚能诉说天气寒冷，想返回故地，何况两个女子远远离别亲人呢！"将二人及鹦鹉，分别交付使者带回本国。

倭国派遣使者入贡，唐太宗派遣新州刺史高表仁持节旆前往安抚；高表仁和他们的国王争执礼节，没有宣读诏命而返回朝中。

丙子日（二十一日），唐太宗在天坛祭祀。

十二月，太仆寺丞李世南开党项之地十六州、四十七县。

上谓侍臣曰："朕以死刑至重，故令三覆奏，盖欲思之详熟故也。而有司须臾之间，三覆已讫。又，古刑人，君为之彻乐减膳。朕庭无常设之乐，然常为之不啖酒肉，但未有著令。又，百司断狱，唯据律文，虽情在可矜，而不敢违法，其间岂能尽无冤乎！"丁亥，制："决死囚者，二日中五覆奏，下诸州者三覆奏；行刑之日，尚食勿进酒肉，内教坊及太常不举乐。皆令门下覆视。有据法当死而情可矜者，录状以闻。"由是全活甚众。其五覆奏者，以决前一二日，至决日又三覆奏；唯犯恶逆者一覆奏而已。

己亥，朝集使利州都督武士彟等复上表请封禅，不许。

壬寅，上幸骊山温汤；戊申，还宫。

【译文】 十二月，太仆寺丞李世南开拓党项的土地，共计十六州、四十七县。

唐太宗对侍臣说："朕认为死刑至关重大，所以下令三次反复奏闻，就是要负责的官吏深思熟虑以减少差误的缘故。而有关部门却在片刻之间完成三次复议。另外古时处人死刑，君王常为此去除奏乐，减少膳食。朕廷中没有常设的音乐，但常常为此不吃酒肉，只是没有注明在法令之中。还有，百官判案，只是依据法律条文，即使有可哀怜的情形，也不敢违反法令，其间难道能够完全没有冤枉吗？"丁亥日（初二），唐太宗立下制度："处决死囚，两天之内中央部门五次复议，行文到各州的也要三次复议；行刑当日，殿中监属下的尚食局不进奉酒食，内教坊以及太常寺不奏乐。上述规定都由门下省监督。有依法应当处死刑但情状可怜悯的，记下情状向上奏闻。"于是因此保全生命的很多。五次复议的，在处决前一两日进行，到当天又要三次复议。只有犯了忤逆的罪一次复议即可处决。

己亥日（十四日），朝集使、利州都督武士彟等人又上表请求举行封禅大典，没有获得允许。

壬寅日(十七日)，唐太宗临幸骊山温泉；戊申日(二十三日)唐太宗返回皇宫。

上谓执政曰："朕常恐因喜怒妄行赏罚，故欲公等极谏。公等亦宜受人谏，不可以己之所欲，恶人违之。苟自不能受谏，安能谏人？"

康国求内附。上曰："前代帝王，好招来绝域，以求服远之名，无益于用而糜弊百姓。今康国内附，傥有急难，于义不得不救。师行万里，岂不疲劳！劳百姓以取虚名，朕不为也。"遂不受。

谓侍臣曰："治国如治病，病虽愈，尤宜将护，傥遽自放纵，病复作，则不可救矣。今中国幸安，四夷俱服，诚自古所希，然朕日慎一日，唯惧不终，故欲数闻卿辈谏争也。"魏徵曰："内外治安，臣不以为喜，唯喜陛下居安思危耳。"

【译文】唐太宗对执政说："朕时常担心因喜怒乱行赏罚，所以命你们极力谏言。你们也应当接受别人的谏言，不可因为别人违背你的意旨而不接受别人的谏言，假如自己不能接受谏言，怎么能诤谏别人呢？"

康国请求归附朝廷。唐太宗说："前代的帝王，喜好招抚地处遥远的国家，以求怀柔远国的美名，毫无益处反而糜费困弊百姓。今日康国请求归附，如果他们有危急困难，道义上不能不救。军兵行军万里，岂有不疲劳的道理！劳动百姓来获取虚名，朕是不做的。"于是不接受康国的请求。

唐太宗对侍臣说："治理国家如同治病，病虽然痊愈，仍要调养一段，倘若随便自我放任，等病复发，就无法救治了。如今中原有幸能安治，四夷都归服，实在是自古以来少有的，然而朕日益谨慎，唯恐不能持久，所以想多次听到你们的谏诤。"魏徵说："国家内外政治安定，臣并不觉得高兴，只高兴陛下处于安定之境能想到可能发生的危机。"

【乾隆御批】 大夫有诤臣，士有诤友。太宗劝臣下受谏，亦原本《孝经》意。盖一人之才识，岂必尽当。苟能集思广益，自不致轻涉怨，尤况谳狱，民命所存，而治盗奸良攸判，尤不可不虚公访纳邪。倘逞其私智，不恤人言，甚且怙过饰非，颠倒黑白，其冤滥复何，所底司宪者可不鉴诸。

【译文】 大夫有敢于提意见的诤臣，士有敢于提意见的诤友。唐太宗劝大臣们接受劝谏，也是源于《孝经》之意。因为一个人的才识，哪能覆盖所有领域而又恰当无误呢？如果能集思广益，自然不会轻易犯过，何况公正地审理案件，尤其事关人命，而治理盗贼又需要区分奸良，不能不认真调查研究。倘若认为自己具备很高的才智，不能听取别人意见，甚至文过饰非，颠倒黑白，那冤枉和滥判又有多少啊，执法的人不能不引以为鉴啊！

上尝与侍臣论狱，魏徵曰："炀帝时尝有盗发，帝令于士澄捕之，少涉疑似，皆拷讯取服，凡二千余人，帝悉令斩之。大理丞张元济怪其多，试寻其状，内五人尝为盗，馀皆平民；竟不敢执奏，尽杀之。"上曰："此岂唯炀帝无道，其臣亦不尽忠。君臣如此，何得不亡？公等宜戒之！"

是岁，高州总管冯盎入朝。未几，罗窦诸洞獠反，敕盎帅部落二万，为诸军前锋。獠数万人，屯据险要，诸军不得进。盎持弩谓左右曰："尽吾此矢，足知胜负矣。"连发七矢，中七人。獠皆走，因纵兵乘之，斩首千余级。上美其功，前后赏赐，不可胜数。盎所居地方二千里，奴婢万馀人，珍货充积；然为治勤明，所部爱之。

新罗王真平卒，无嗣，国人立其女善德为王。

【译文】唐太宗曾和侍臣讨论狱政，魏徵说："隋炀帝时曾发生盗窃案，隋炀帝命令于士澄缉捕，稍有疑点，都用拷打逼讯取供，总共两千多人，隋炀帝下令全部处死。大理丞张元济奇怪罪犯这么多试着查考其情状，其中有五人做过盗匪，其余都是平民；张元济最终也不敢将实情上奏，于是这些人全部被斩杀。"唐太宗说："这岂止是隋炀帝无道，大臣也没有尽忠。君臣如此，哪能不亡国！你们应当以此为戒！"

这一年，高州总管冯盎来到朝中。不久，罗窦各洞的獠人造反，唐太宗命冯盎率领本部落两万人马，做大军的前锋。獠人数万人，据守险阻要塞，各路军队不能前进。冯盎持弓弩对身边人说："射完我这些箭，就可知晓胜负了。"连发七箭，射中了七人。獠人全都逃跑，因而乘势进兵追赶，斩首一千余人。唐太宗称赞他的功劳，前后赏赐，不可胜数。冯盎管辖的地方纵横两千里，奴婢一万多人，珍珠宝物很多，然而治事勤劳明睿，部下都十分爱戴他。

新罗王真平去世，没有儿子继嗣，国人拥立他的女儿善德做王。

资治通鉴卷第一百九十四　唐纪十

起玄黓执徐，尽强圉作噩四月，凡五年有奇。

【译文】起壬辰（公元632年），止丁酉（公元637年）四月，共五年四个月。

【题解】本卷记录了公元632年至637年四月的史事，共五年又四个月，正当贞观六年至十一年。此时期贞观之治大见成效，唐太宗李世民君臣和谐，亲如一体。唐太宗以隋炀帝杨广亡国为借鉴，鼓励大臣广泛进言，他自己虚心纳谏，魏徵等大臣直言进谏。此时期，天下太平，吐谷浑被征服，外无强敌，内无寇警，政治欣欣向荣，唐太宗完成了一系列制度的建设，完善了官僚建制系统，建立了府兵制，制定了刑律和礼仪。

太宗文武大圣大广孝皇帝上之下

贞观六年（壬辰，公元六三二年）春，正月，乙卯朔，日有食之。

癸酉，静州獠反，将军李子和讨平之。

文武官复请封禅，上曰："卿辈皆以封禅为帝王盛事，朕意不然。若天下乂安，家给人足，虽不封禅，庸何伤乎！昔秦始皇封禅，而汉文帝不封禅，后世岂以文帝之贤不及始皇邪！且事天扫地而祭，何必登泰山之巅，封数尺之土，然后可以展其诚敬乎！”群臣犹请之不已，上亦欲从之，魏徵独以为不可。上曰：“公不欲朕封禅者，以功未高邪？”曰：“高矣！”“德未厚邪？”曰：“厚矣！”“中国未安邪？”曰：“安矣！”“四夷未服邪？”曰：“服矣！”“年谷未丰邪？”曰：“丰矣！”“符瑞未至邪？”曰：“至矣！”然则何为不可封禅？”对曰：“陛下虽有此六者，然承隋末大乱之后，户口未复，仓廪尚虚，而车驾东巡，千乘万骑，其供顿劳费，未易任也。且陛下封禅，则万国咸集，远夷君长，皆当扈从；今自伊、洛以东至于海、岱，烟火尚希，灌莽极目，此乃引戎狄入腹中，示之以虚弱也。况赏赉不赀，未厌远人之望；给复连年，不偿百姓之劳；崇虚名而受实害，陛下将焉用之！”会河南、北数州大水，事遂寝。

【译文】贞观六年（壬辰，公元632年）春季，正月，乙卯朔日（初一），出现日食。

癸酉日（十九日），静州的獠人反叛，将军李子和征讨平定他们。

文武百官再次请求封禅，唐太宗说：“你们都以为封禅是帝王的盛事，朕不认为如此。如果天下太平，家家能自给，人人富足，虽然不封禅，又有何伤呢！以前秦始皇封禅，而汉文帝不封禅，后人难道认为汉文帝的贤能不及秦始皇吗？再说侍奉上天扫地而祭祀，何必登上泰山之顶，堆积几尺高的泥土，然后可以陈示内心的诚敬呢！”群臣仍旧不停地提出请求，唐太宗也有意听从，魏徵独自认为不可以。唐太宗说：“你不让朕封禅，因为朕的功劳不够高吗？”魏徵答说：“很高了。”唐太宗问：“道德不深厚吗？”魏徵答说：“很深厚了。”唐太宗问：“中原还没有安定吗？”魏徵答：“安定了。”唐太宗问：“四夷还没有归服吗？”魏徵答：“归服了。”唐太宗问：“年谷还没有丰收吗？”魏徵答：“丰收了。”唐太宗问：“符命祥瑞还不到吗？”魏徵答：

"到了。"唐太宗问："既然如此为何不可以封禅？"魏徵回答说："陛下虽然拥有这六项条件，但承继隋末大乱之后，户口没有恢复，仓廪的粮储尚且空虚，而车驾向东巡行，有千乘万骑随从，供给顿止的劳力费用，不容易负担。况且陛下封禅，那么万国都来聚集，远夷的君长，都应当随从天子的车驾；现在从伊、洛以东到海、岱人烟尚且稀少，灌木丛生，莽草深茂，一片荒野，这是引导戎狄进入腹心之中，显示虚弱的地方。何况赏赐无限，未必能够满足远人的希望；连年蠲免赋役，不能报偿百姓的辛劳。崇尚空名而受到实害，陛下打算拿什么去补救呢！"恰好遇上黄河南北数州发生大水灾，封禅的事情就此停止。

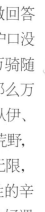

【乾隆御批】魏徵谏止封禅，仅以为时尚未可，而不能斥言云亭梁父之失。故范祖禹辑《唐鉴》，得从而议之。若梁许懋谓圣主不须封禅一语最为切中事理，足以广君德而杜群言，惜徵未能引及也。

【译文】魏徵提意见反对封禅，只是认为时机尚未成熟，而不能指出封禅泰山的弊端。所以范祖禹编辑《唐鉴》时指出了他的问题。而像梁朝许懋所说"圣明的君主无须进行封禅"这句话，一语中的，足以扩大君主的圣德又能杜绝众人的议论，可惜魏徵未能引用它来作为充分的论据。

上将幸九成宫，通直散骑常侍姚思廉谏。上曰："朕有气疾，暑辄顿剧，往避之耳。"赐思廉绢五十四。

监察御史马周上疏，以为："东宫在宫城之中，而大安宫乃在宫城之西，制度比于宸居，尚为卑小，于四方观听，有所不足。宜增修高大，以称中外之望。又，太上皇春秋已高，陛下宜朝夕视膳。今九成宫去京师三百馀里，太上皇或时思念陛下，陛下何以赴之？又，车驾此行，欲以避暑；太上皇尚留暑中，而陛下独居京处，温清之礼，窃所未安。今行计已成，不可复止，愿速示返期，以解众惑。又，王长通、白明达皆乐工，韦槃提、斛斯正止能调马，纵使技能出众，正可赍之金帛，岂得超授官爵，鸣玉曳履，与士君子比肩而立，同坐而食？臣窃耻之！”上深纳之。

上以新令无三师官，二月，丙戌，诏特置之。

【译文】唐太宗打算临幸九成宫，通直散骑常侍姚思廉谏止。唐太宗说：“朕有气喘病，天气一热就突然加剧，只是去避暑罢了。”赏赐姚思廉五十匹绢。

监察御史马周上疏，认为：“东宫在宫城之中，而大安宫在宫城西边（因大安宫在西，才说皇上所居为东宫），制度比起天子的住所，还是低小，对于四方的观听，不够完美。应当大大加以增建，来让中外观瞻。另外，太上皇年事已高，陛下应当早晚侍候膳食。九成宫离京师三百余里，太上皇有时想念陛下，陛下如何赶来？还有，陛下此行，要前往避暑；太上皇尚在暑热之中，而陛下独住凉爽之地，为人子的礼节，冬日温之御其寒，夏日清之至其凉，臣私下感到不安。现在出行的计划已成，不可再停止，希望快速指示返宫日期，来开解众人的疑惑。还有王长通、白明达都是乐师，韦槃提、斛斯正只能调习马匹，即使技能超众，只可赐予金帛，怎么能够超授官爵，鸣玉佩，曳文履，一副达官装扮，和士人君子并肩而立，同坐而食，臣私下引以为耻！”唐太宗深深采纳他的谏言。

唐太宗因为新法令没有太师、太傅、太保三师官，二月，丙戌日（初二），诏命特别设置三师官。

三月，戊辰，上幸九成宫。

庚午，吐谷浑寇兰州，州兵击走之。

长乐公主将出降，上以公主皇后所生，特爱之，敕有司资送倍于永嘉长公主。魏徵谏曰："昔汉明帝欲封皇子，曰：'我子岂得与先帝子比！'皆令半楚、淮阳。今资送公主，倍于长主，得无异于明帝之意乎！"上然其言，入告皇后。后叹曰："妾亟闻陛下称重魏徵，不知其故，今观其引礼义以抑人主之情，乃知真社稷之臣！妾与陛下结发为夫妇，曲承恩礼，每言必先候颜色，不敢轻犯威严；况以人臣之疏远，乃能抗言如是，陛下不可不从也。"因请遣中使赍钱四百缗、绢四百匹以赐征，且语之曰："闻公正直，乃今见之，故以相赏。公宜常秉此心，勿转移也。"上尝罢朝，怒曰："会须杀此田舍翁。"后问为谁，上曰："魏徵每廷辱我。"后退，具朝服立于庭，上惊问其故。后曰："妾闻主明臣直；今魏徵直，由陛下之明故也，妾敢不贺？"上乃悦。

【译文】三月，戊辰日（十五日），唐太宗临幸九成宫。

庚午日（十七日），吐谷浑进犯兰州，州兵赶跑他们。

长乐公主将要出嫁，唐太宗因公主是皇后生的，特别宠爱，下令官吏资给馈送数倍于永嘉长公主（唐高祖的女儿。唐制：皇姑为大长公主，姐为长公主，女为公主）。魏徵进谏说："以前汉明帝欲封皇子，说：'我的儿子哪能和先帝的儿子相比！'下令依楚王、淮阳王封地的一半分封自己的皇子。现在资给馈送给公主，比长公主多一倍，难道不是与汉明帝的意思相差太远吗？"唐太宗赞同他的话，进入内宫告诉皇后。皇后感叹地说："妾多次听到陛下称赞器重魏徵，不知晓什么缘故，今日看他引用礼义来抑制人主的私情，才知他真是社稷之臣！妾和陛下结发做夫妻，曲承恩惠礼遇，每次说话必先候望陛下的脸色，不敢轻犯您的威严。他以人臣疏远的关系，竟能这样直言，陛下不可不听从。"因而请派遣中使持钱四百缗、绢四百匹去赏赐魏徵，并且告诉他说："听说你为人正直，竟在今天看到，所以赏赐你。你应当时常秉持此一忠心，不要改变。"唐太宗曾罢朝下来，发怒地说："我会杀掉这个田舍汉！"皇后问是谁，唐太宗说："魏徵每次在朝廷折辱我。"皇后退去，穿好朝服站在宫廷，唐太宗吃惊地问她什么缘故。皇后说："妾听闻主明然后臣直，现在魏徵正直，是因为陛下贤明。妾岂敢不向陛下恭贺呢！"唐太宗这才高兴起来。

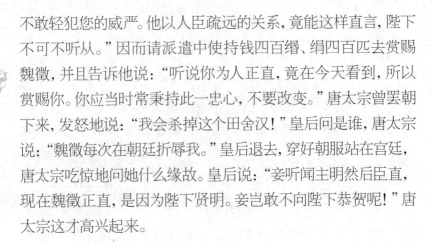

【乾隆御批】 汉明封诸皇子皆令半楚淮阳，向曾著论。若太宗资送公主乃欲倍长公主，较汉明之矫枉过正，实为不及远矣。

【译文】 汉明帝分封各位皇子都让他们分得楚王、淮阳王一半规模的地区，在前面我已经对这些作了论述。像唐太宗让有关部门出资陪送长乐公主，还想比永嘉长公主加倍，这和汉明帝矫枉过正的做法比起来，确实差得太远了。

夏，四月，辛卯，襄州都督邹襄公张公谨卒。明日，上出次发哀。有司奏，辰日忌哭。上曰："君之于臣，犹父子也，情发于衷，安避辰日！"遂哭之。

六月，己亥，金州刺史酆悼王元亨薨。辛亥，江王嚣薨。

秋，七月，丙辰，焉耆王突骑支遣使入贡。初，焉耆入中国由碛路，隋末闭塞，道由高昌；突骑支请复开碛路以便往来，上许之。由是高昌恨之，遣兵袭焉耆，大掠而去。

辛未，宴三品已上于丹霄殿。上从容言曰："中外乂安，皆公卿之力。然隋炀帝威加夷、夏，颉利跨有北荒，统叶护雄据西域，今皆覆亡，此乃朕与公等所亲见，勿矜强盛以自满也！"

【译文】 夏季，四月，辛卯日（初八），襄州都督邹襄公张公谨去世。第二天，唐太宗到丧所哀悼。官员上奏说，辰日忌哭泣。唐太宗说："君对于臣，有如父对于子，感情出自内心，怎能避讳辰日！"于是哭悼张公谨。

六月，己亥日（十七日），金州刺史酆悼王李元亨去世。辛亥日（二十九日），江王李嚣去世。

秋季，七月，丙辰日（初四），焉耆王突骑支派遣使者入贡。起初，焉耆由沙漠道路进入中原，隋朝末年此路闭塞，改从高昌进入。突骑支请求再次打开沙漠道路以便往来，唐太宗答应。因此高昌王怀恨在心，派军偷袭焉耆，大加掠夺而后离去。

辛未日（十九日），在丹霄殿宴请三品以上的文武官员。唐太宗从容地说："中外太平，都是公卿们的力量。然而隋炀帝的威势加在夷、夏之上，颉利可汗雄跨北方荒漠之地，统叶护可汗雄踞西域，现在都已覆灭，这是朕和公等亲眼看到的，不可矜夸强盛自以为满足！"

西突厥肆叶护可汗发兵击薛延陀，为薛延陀所败。

肆叶护性猜狠，信谗；有乙利可汗，功最多，肆叶护以非其族类，诛灭之，由是诸部皆不自保。肆叶护又忌莫贺设之子泥孰，阴欲图之，泥孰奔焉耆。设卑达官与弩失毕二部攻之，肆叶护轻骑奔康居，寻卒。国人迎泥孰于焉耆而立之，是为咄陆可汗，遣使内附。丁酉，遣鸿胪少卿刘善因立咄陆为奚利邲咄陆可汗。

【译文】 西突厥肆叶护可汗调动军队攻打薛延陀，被薛延陀击败。

肆叶护可汗性情猜忌狠戾，听信谗言：有个乙利可汗，功勋最多，肆叶护可汗认为他不是同族的人，将他诛杀灭亡，因此各个部落全都感到不能自保。肆叶护可汗又猜忌莫贺设的儿子泥孰，暗中要除掉他，泥孰逃往焉耆。设卑达官和弩失毕两个部落攻打肆叶护，肆叶护可汗轻骑逃往康居，不久死了。国人从焉耆迎回泥孰并且拥立他，这就是咄陆可汗，他派遣使者来归附大唐。丁酉日（七月无此日），唐太宗派遣鸿胪少卿刘善因封咄陆为奚利邲咄陆可汗。

闰月，乙卯，上宴近臣于丹霄殿，长孙无忌曰："王珪、魏徵，昔为仇雠，不谓今日得同此宴。"上曰："征、珪尽心所事，故我用之。然征每谏，我不从，我与之言辄不应，何也？"魏徵对曰："臣以事为不可，故谏；若陛下不从而臣应之，则事遂施行，故不敢应。"上曰："且应而复谏，庸何伤！"对曰："昔舜戒群臣：'尔无面从，退有后言。'臣心知其非而口应陛下，乃面从也，岂稷、契事舜之意邪！"上大笑曰："人言魏徵举止疏慢，我视之更觉妩媚，正为此耳！"征起，拜谢曰："陛下开臣使言，故臣得尽其愚；若陛下拒而不受，臣何敢数犯颜色乎！"

戊辰，秘书少监虞世南上《圣德论》，上赐手诏，称："卿论太高。朕何敢拟上古，但比近世差胜耳。然卿适睹其始，未知其终。若朕能慎终如始，则此论可传；如或不然，恐徒使后世笑卿也！"

【译文】闰月，乙卯日（初四），唐太宗在丹霄殿宴请近臣，长孙无忌说："王珪、魏徵，以前是仇敌，没想到今日能在此一同宴饮。"唐太宗说："魏徵、王珪尽心职事，所以我任用他们。然而魏徵每次谏言，我不听从，我和他谈话，他常常不应答，为什么？"魏徵回答说："臣认为事情不可以，因而诤谏；如果陛下不听从而臣答话，那么事情于是付诸施行，因此不敢应答。"唐太宗说："姑且答应而后再谏，又有什么伤害呢？"魏徵回答说："以前舜告诫群臣：'你们不可以当面顺从，退下去背后有非议之言。'臣心知其非而口答应陛下，就是口是心非，难道是稷、契侍奉舜的心意吗？"唐太宗大笑说："人家说魏徵行为疏简怠慢，我看他更觉得妩媚，正是这种情形！"魏徵起立，拜谢说："陛下开导让臣讲话，因此臣能够尽言；如果陛下拒绝而不接受，臣怎敢多次冒犯颜色呢！"

戊辰日（十七日），秘书少监虞世南进献《圣德论》，唐太宗赐他手诏，说："你的论调太高。朕怎么敢比拟上古君王，只是比近代的君王好一些罢了。但卿刚看到开始，不知终了如何。如果朕能慎终如同开始一般，那么此论可以传世；如果不能做到，恐怕空使后代讥笑你了！"

九月，己酉，幸庆善宫，上生时故宅也，因与贵臣宴，赋诗。起居郎清平吕才被之管弦，命曰《功成庆善乐》，使童子八佾为《九功之舞》，大宴会，与《破陈舞》偕奏于庭。同州刺史尉迟敬德预宴，有班在其上者，敬德怒曰："汝何功，坐我上！"任城王道宗次其下，谕解之。敬德拳殴道宗，目几眇。上不怿而罢，谓敬德曰："朕见汉高祖诛灭功臣，意常尤之，故欲与卿等共保富贵，令子孙不绝。然卿居官数犯法，乃知韩、彭菹醢，非高祖之罪也。国家纲纪，唯赏与罚，非分之恩，不可数得，勉自修饬，无贻后悔！"敬德由是始惧而自戢。

冬，十月，乙卯，车驾还京师。帝侍上皇宴于大安宫，帝与皇后更献饮膳及服御之物，夜久乃罢。帝亲为上皇捧舆至殿门，上皇不许，命太子代之。

【译文】九月，己酉日（二十九日），唐太宗临幸庆善宫，这是他出生的旧屋，因而和显贵宴饮，赋诗。起居郎清平人吕才，依诗谱成乐章，并且用管弦演奏，命名为《功成庆善乐》，用童子六十四人排成《九功之舞》，大宴会时，和《破陈舞》在朝堂合奏。同州刺史尉迟敬德参加宴会，有人班列在其上，尉迟敬德发怒说："你有什么功劳，坐在我上面！"任城王李道宗位置在他之下，晓谕劝解他，尉迟敬德出拳殴打李道宗，几乎将他眼睛给打瞎了。唐太宗不高兴而罢宴，对尉迟敬德说："朕看汉高祖诛杀族灭功臣，心中常常斥责他，所以要和卿等共保富贵，让子孙不断绝。但你为官多次犯法，我才知道韩信、彭越被剁成肉酱，是咎由自取，不是汉高祖的罪过。国家的纲纪，只有靠赏罚来维持，非分的恩宠，不可能常有，希望你好自修治整饬，不要留下后悔！"尉迟敬德因此开始惧怕而自我收敛。

冬季，十月，乙卯日（初五），唐太宗车驾返回京师。唐太宗在大安宫侍候唐高祖宴饮，唐太宗和皇后更献出饮料膳食以及服饰御用的物品，到夜深才罢席。唐太宗要亲为唐高祖扶舆到殿门，唐高祖没有答应，教太子代劳。

突厥颉利可汗郁郁不得意，数与家人相对悲泣，容貌羸惫。上见而怜之，以虢州地多麋鹿，可以游猎，乃以颉利为虢州刺史；颉利辞，不愿往。癸未，复以为右卫大将军。

十一月，辛巳，契苾酋长何力帅部落六千馀家诣沙州降，诏处之于甘、凉之间，以何力为左领军将军。

庚寅，以左光禄大夫陈叔达为礼部尚书。帝谓叔达曰："卿武德中有谠言，故以此官相报。"对曰："臣见隋室父子相残，以取乱亡，当日之言，非为陛下，乃社稷之计耳！"

十二月，癸丑，帝与侍臣论安危之本。中书令温彦博曰："伏愿陛下常如贞观初，则善矣。"帝曰："朕比来怠于为政乎?"魏徵曰："贞观之初，陛下志在节俭，求谏不倦。比来营缮微多，谏者颇有忤旨，此其所以异耳!"帝拊掌大笑曰："诚有是事。"

【译文】 突厥颉利可汗郁郁不得志，多次和家人相对悲泣，容貌羸弱疲倦。唐太宗看在眼里而怜悯他，因为虢州地方有很多麋鹿，可以游览狩猎，于是任用颉利可汗做虢州刺史。颉利可汗辞谢，不愿前往。癸未日(十一月初四)，唐太宗再次任命他做右卫大将军。

十一月，辛巳日(初二)，契苾酋长何力率领部落六千余家到沙州投降大唐，唐太宗诏命在甘、凉之间安置他们，任用何力做左领将军。

庚寅日(十一日)，唐太宗任用左光禄大夫陈叔达做礼部尚书。唐太宗对陈叔达说："你在武德年间有直言，所以用这官爵来酬报你。"陈叔达回答说："我看到隋室父子相互残害，自取灭亡，当时我讲话不是为了陛下，而是为社稷打算。"

十二月，癸丑日(初四)，唐太宗和侍臣讨论政治安危的根本。中书令温彦博说："希望陛下经常维持像贞观初年的作风，那就很好了。"唐太宗说："朕近来对为政懈怠吗？"魏徵说："贞观初年，陛下用心在节俭，不停地在要求谏言。近来营造修缮很多，把谏者的言语当作忤旨，这就是不同的地方!"唐太宗击掌大笑说："的确有这样的事。"

辛未，帝亲录系囚，见应死者，闵之，纵使归家，期以来秋来就死。仍敕天下死囚，皆纵遣，使至期来诣京师。

是岁，党项等羌前后内属者三十万口。

公卿以下请封禅者首尾相属，上谕以"旧有气疾，恐登高增剧，公等勿复言。"

上谓侍臣曰："朕比来决事或不能皆如律令，公辈以为事小，不复执奏。夫事无不由小以致大，此乃危亡之端也。昔关龙逢忠谏而死，朕每痛之。炀帝骄暴而亡，公辈所亲见也。公辈常宜为朕思炀帝之亡，朕常为公辈念关龙逢之死，何患君臣不相保乎！"

上谓魏徵曰："为官择人，不可造次。用一君子，则君子皆至；用一小人，则小人竞进矣。"对曰："然。天下未定，则专取其才，不考其行；丧乱既平，则非才行兼备不可用也。"

【译文】辛未日（二十二日），唐太宗亲自录问囚犯，看到应当处死刑的人，怜悯他们，释放他们回家，限来年的秋天前来接受死刑。于是下令天下死囚，都释放他们回家，让他们到约定时间前来受刑。

这一年，党项羌前后归附大唐的有三十万人。

请求封禅的公卿以下官员，前后不绝，唐太宗谕告以"旧有气喘病，担心登高更加厉害，公等不要再说此事"。

唐太宗对侍臣说："朕近来断事有时不能都依照律令，公辈认为事小，不再谏言。要知道事情无不是由小而变大，这是危险灭亡的开端。以前关龙逢忠谏而死，朕每每为他哀痛。隋炀帝骄纵暴虐而灭亡，是大家亲眼见到的。公等应常常为朕想到隋炀帝的灭亡，朕常常为公等想到关龙逢的死，这样还会担忧君臣不能相保吗？"

唐太宗对魏徵说："选择为官的人员，不可急遽苟且，任用一个君子，那么君子都会到来；任用一个小人，那么小人们就会竞相进来了。"魏徵回答说："对。天下没有平定，那么选拔官员专采用其才干，不考虑他的品行；丧乱已经平定，那么不是才能品德兼备不可任用。"

贞观七年(癸巳，公元六三三年)春，正月，更名《破陈乐》曰《七德舞》。癸巳，宴三品已上及州牧、蛮夷酋长于玄武门，奏《七德》《九功》之舞。太常卿萧瑀上言："《七德舞》形容圣功，有所未尽，请写刘武周、薛仁果、窦建德、王世充等擒获之状。"上曰："彼皆一时英雄，今朝廷之臣往往尝北面事之，若睹其故主屈辱之状，能不伤其心乎！"瑀谢曰："此非臣愚虑所及。"魏徵欲上偃武修文，每侍宴，见《七德舞》辄俯首不视，见《九功舞》则谛观之。

三月，戊子，侍中王珪坐漏泄禁中语，左迁同州刺史。庚寅，以秘书监魏徵为侍中。

直太史雍人李淳风奏灵台候仪制度疏略，但有赤道，请更造浑天黄道仪，许之。癸巳，成而奏之。

【译文】 贞观七年(癸巳，公元633年)春季，正月，《破陈乐》更名为《七德舞》。癸巳日(十五日)，唐太宗在玄武门宴请三品以上官员以及州牧、蛮夷酋长，演奏《七德》《九功》之舞助兴。太常卿萧瑀上奏进言说："《七德舞》形容圣功，有不尽的地方，请画刘武周、薛仁果、窦建德、王世充等人被擒获的情形。"唐太宗说："他们都是一时的英雄，现在朝廷之臣有些是他们的臣下，如果目睹旧主人屈辱的情形，能不伤他们的心吗？"萧瑀谢罪说："这一点我倒没有想到。"魏徵要唐太宗息武修文，每次侍宴，看见《七德舞》就低头不看，看到《九功舞》就注意欣赏。

三月，戊子日(十一日)，侍中王珪泄露禁中谈话内容被治罪，贬为同州刺史。庚寅日(十三日)，唐太宗任用秘书监魏徵做侍中。

直太史雍人李淳风上奏说灵台候望的仪器制度过于粗略，

只能够测出赤道，没有黄道，请重新制造浑天黄道仪，唐太宗允许。癸巳日（十六日），李淳风做成浑天黄道仪，向唐太宗奏闻。

夏，五月，癸未，上幸九成宫。

雅州道行军总管张士贵击反獠，破之。

秋，八月，乙丑，左屯卫大将军谯敬公周范卒。上行幸，常令范与房玄龄居守。范为人忠笃严正，疾甚，不肯出外，竟终于内省，与玄龄相抱而诀曰："所恨不获再奉圣颜！"

辛未，以张士贵为龚州道行军总管，使击反獠。

九月，山东、河南四十馀州水，遣使赈之。

去岁所纵天下死囚凡三百九十人，无人督帅，皆如期自诣朝堂，无一人亡匿者；上皆赦之。

【译文】夏季，五月，癸未日（初七），唐太宗临幸九成宫。

雅州道行军总管张士贵攻打反叛的獠人，将他们打败。

秋季，八月，乙丑日（二十日），左屯卫大将军谯敬公周范去世。唐太宗出行，常令周范和房玄龄居中留守。周范为人忠厚严谨而且正直，病重时，不肯离开宫省回家，最终死在台省，死前和房玄龄相抱诀别说："遗憾不能再侍奉陛下！"

辛未日（二十六日），唐太宗任用张士贵做龚州道行军总管，让他攻打造反的獠人。

九月，山东、河南四十余州发生水灾，唐太宗派遣使者前往赈灾。

去年天下一共放回死囚三百九十人，没人督促率领，全都遵照约定时间自动来朝堂报到，没有一个人逃亡。唐太宗全部赦免他们的死罪。

冬，十月，庚申，上还京师。

十一月，壬辰，以开府仪同三司长孙无忌为司空，无忌固辞曰："臣忝预外戚，恐天下谓陛下为私。"上不许，曰："吾为官择人，惟才是与。苟或不才，虽亲不用，襄邑王神符是也；如其有才，虽雠不弃，魏徵等是也。今日之举，非私亲也。"

十二月，甲寅，上幸芙蓉园；丙辰，校猎少陵原。戊午，还宫，从上皇置酒故汉未央宫。上皇命突厥颉利可汗起舞，又命南蛮酋长冯智戴咏诗，既而笑曰："胡、越一家，自古未有也！"帝奉觞上寿曰："今四夷入臣，皆陛下教诲，非臣智力所及。昔汉高祖亦从太上皇置酒此宫，妄自矜大，臣所不取也。"上皇大悦。殿上皆呼万岁。

【译文】冬季，十月，庚申日（十六日），唐太宗返回京师。

十一月，壬辰日（十八日），唐太宗任用开府仪同三司长孙无忌做司空，长孙无忌坚决辞谢，说："臣忝预外戚之列，担心天下人说陛下徇私。"唐太宗没有答应他的辞谢，说："我为官择人，只用人才。假如不是人才，虽是亲人也不任用，像襄邑王李神符便是这样；假如真是人才，虽是仇敌也要任用，像魏徵便是这样。今天我举用你，不是你是私亲的缘故。"

十二月，甲寅日（十一日），唐太宗临幸芙蓉园。丙辰日（十三日），唐太宗在少陵原阅兵打猎。戊午日（十五日），唐太宗返回皇宫，随从唐高祖在故汉未央宫摆设酒宴。唐高祖命突厥颉利可汗起舞，又命南蛮酋长冯智戴诵诗，不久笑着说："胡、越成为一家人，是自古以来未有的！"唐太宗捧酒杯起来敬酒说："现在四夷入朝为臣，都是由陛下的教诲所致，不是臣的智力能够办到的。以前汉高祖也随从太上皇在此宫摆设酒宴，妄自夸大，（汉高祖十年，在未央宫置酒，奉玉卮为太上皇寿,曰:"始大人常认为臣是无赖,不能治产业,不如弟弟刘仲力。今某之业所就,和弟弟相比,谁多?")他的行为,臣不愿效仿。"唐高祖大为高兴。殿上群臣都高呼万岁。

帝谓左庶子于志宁、右庶子杜正伦曰:"朕年十八,犹在民间,民之疾苦情伪,无不知之。及居大位,区处世务,犹有差失。况太子生长深宫,百姓艰难,耳目所未涉,能无骄逸乎?卿等不可不极谏!"太子好嬉戏,颇亏礼法,志宁与右庶子孔颖达数直谏,上闻而嘉之,各赐金一斤,帛五百匹。

工部尚书段纶奏徵巧工杨思齐,上令试之。纶使先造傀儡。上曰:"得巧工庶供国事,卿令先造戏具,岂百工相戒无作淫巧之意邪!"乃削纶阶。

【译文】 唐太宗对左庶子于志宁、右庶子杜正伦说:"朕十八岁时,尚在民间,百姓的疾苦真假,没有不知道的。等到登上大位,区分处理世务,尚有差失。何况太子生长在深宫之中,百姓的艰难,没有看到,没能听到,怎能不骄傲纵肆呢!卿等不可不尽力谏诤!"太子喜欢嬉戏,不遵守礼法,于志宁和右庶子孔颖达多次直谏,唐太宗听到消息称赞他们,各赏赐黄金一斤,帛五百匹。

工部尚书段纶上奏请求征召巧工杨思齐,唐太宗令试验他的才能。段纶让他先做傀儡。唐太宗说:"得到巧工是希望供国家兴建之用的,你让他先做戏具,难道是百工相戒不作淫巧,以荡上心的用意吗?"于是削减段纶的官阶。

嘉、陵州獠反,命邛江府统军牛进达击破之。

上问魏徵曰:"群臣上书可采,及召对多失次,何也?"对曰:

"臣观百司奏事，常数日思之，及至上前，三分不能道一。况谏者拂意触忌，非陛下借之辞色，岂敢尽其情哉！"上由是接群臣辞色愈温，尝曰："炀帝多猜忌，临朝对群臣多不语。朕则不然，与群臣相亲如一体耳。"

【译文】 嘉州、陵州的獠人反叛，唐太宗命邛江府统军牛进达出兵讨伐，将他们打败。

唐太宗问魏徵说："群臣上书多有可取之处，等到召来廷对时大多语无伦次，那是为什么？"魏徵回答说："臣观看百官奏事，常常思虑好几天，等到了陛下的面前，三分的话说不到一分。何况谏诤是违逆上意，动触忌讳，陛下不假以辞令颜色，怎敢尽其心意呢！"唐太宗因此接见群臣时辞令颜色更加温和，曾说："隋炀帝多猜疑忌妒，临朝对待群臣大多不讲话。朕就不如此，和群臣相互亲近有如父子兄弟一般。"

贞观八年(甲午，公元六三四年)春，正月，癸未，突厥颉利可汗卒。命国人从其俗，焚尸葬之。

辛丑，行军总管张士贵讨东、西王洞反獠，平之。

上欲分遣大臣为诸道黜陟大使，未得其人；李靖荐魏徵。上曰："征箴规朕失，不可一日离左右。"乃命靖与太常卿萧瑀等凡十三人分行天下，"察长吏贤不肖，问民间疾苦，礼高年，赈穷乏，起滞淹，俾使者所至，如朕亲睹"。

三月，庚辰，上幸九成宫。

夏，五月，辛未朔，日有食之。

【译文】 贞观八年(甲午，公元634年)春季，正月，癸未日(初十)，突厥颉利可汗去世，唐太宗命国人顺从其风俗，焚化尸体而后埋葬。

辛丑日（二十八日），行军总管张士贵讨伐东、西王洞反叛的獠人，将他们平定。

唐太宗要分派大臣做诸道黜陟陟升的大使，没有合适人选。李靖举荐魏徵。唐太宗说："魏徵规谏针砭朕的过失，不可一日离开朕的身边。"于是命令李靖和太常卿萧瑀等一共十三人分道巡行天下，"考察州县官吏的贤能和不贤，访察民间的疾苦，礼遇老年，救济穷困，褒扬善良，拔举在仕途淹留停滞的人，务使使者所到，有如朕亲眼看到"。

三月，庚辰日（初八），唐太宗临幸九成宫。

夏季，五月，辛未朔日（初一），出现日食。

初，吐谷浑可汗伏允遣使入贡，未返，大掠鄯州而去。上遣使让之，征伏允入朝，称疾不至，仍为其子尊王求婚；上许之，令其亲迎，尊王又不至，乃绝婚，伏允复遣兵寇兰、廓二州。伏允年老，信其臣天柱王之谋，数犯边；又执唐使者赵德楷，上遣使谕之，十返；又引其使者，临轩亲谕以祸福，伏允终无悛心。六月，遣左骁卫大将军段志玄为西海道行军总管，左骁卫将军樊兴为赤水道行军总管，将边兵及契苾、党项之众以击之。

秋，七月，山东、河南、淮、海之间大水。

上屡请上皇避暑九成宫，上皇以隋文帝终于彼，恶之。冬，十月，营大明宫，以为上皇清暑之所。未成而上皇寝疾，不果居。

辛丑，段志玄击吐谷浑，破之，追奔八百馀里，去青海三十馀里，吐谷浑驱牧马而遁。

【译文】起初，吐谷浑可汗伏允派遣使者入贡，没有返回他的国土，大举掠夺鄯州而后离去。唐太宗派遣使者去责怪他们，征召伏允可汗入朝，他称病不来，为他的儿子尊王请求婚姻。唐太宗答应他，令尊王亲自迎亲，尊王又没有来到，于是断绝婚姻，伏允可汗又派军队进犯兰、廓二州。伏允可汗年老，听信他的臣子天柱王的谋略，多次侵犯边境，又拘禁唐的使者赵德楷。唐太宗派遣使者劝告晓谕他，前后十次，又引导他的使者，来到朝廷轩槛之处，唐太宗亲自谕告以祸福利害，伏允可汗始终没有悛改之心。六月，唐太宗派遣左骁卫大将军段志玄做西海道行军总管，左骁卫将军樊兴做赤水道行军总管，率领边境军队以及契苾、党项的民众讨伐伏允。

秋季，七月，山东、河南、淮、海地区发生大水灾。

唐太宗多次请求唐高祖到九成宫避暑，唐高祖因为隋文帝死在那里，讨厌那个地方。冬季，十月，修建大明宫，作为唐高祖避暑的场所，还没有落成，唐高祖就卧病在床，不能去居住。

辛丑日（初二），段志玄征讨吐谷浑，击败吐谷浑，追逐逃亡八百多里，距离青海三十多里，吐谷浑驱赶牧马逃跑。

甲子，上还京师。

右仆射李靖以疾逊位，许之。十一月，辛未，以靖为特进，封爵如故，禄赐、吏卒并依旧给，俟疾小瘳，每三两日至门下、中书平章政事。

甲申，吐蕃赞普弃宗弄赞遣使入贡，仍请婚。吐蕃在吐谷浑西南，近世浸强，蚕食它国，土宇广大，胜兵数十万，然未尝通中国。其王称赞普，俗不言姓，王族皆曰论，宦族皆曰尚。弃宗弄赞有勇略，四邻畏之。上遣使者冯德遐往慰抚之。

【译文】甲子日（二十五日），唐太宗返回京师。

右仆射李靖因病让位，唐太宗允许。十一月，辛未日（初三），唐太宗任用李靖做特进，封爵依照旧有的等级，禄赐、吏卒全都依旧供给，等其病稍愈，每两三日到门下省、中书省平决政事。

甲申日（十六日），吐蕃赞普弃宗弄赞派遣使者入贡，因而请求婚姻。吐蕃在吐谷浑的西南方，近世逐渐强盛，蚕食其他国家的领土，疆域广大，有数十万精兵，然而不曾和大唐往来。他们的国王称赞普，风俗不言姓，王族都称论，官族都称尚。弃宗弄赞有勇略，四方邻国害怕他。唐太宗派遣使者冯德遐前往安抚他。

丁亥，吐谷浑寇凉州。己丑，下诏大举讨吐谷浑。上欲得李靖为将，为其老，重劳之。靖闻之，请行；上大悦。十二月，辛丑，以靖为西海道行军大总管，节度诸军。兵部尚书侯君集为积石道、刑部尚书任城王道宗为鄯善道、凉州都督李大亮为且末道、岷州都督李道彦为赤水道、利州刺史高甑生为盐泽道行军总管，并突厥、契苾之众击吐谷浑。

帝聘隋通事舍人郑仁基女为充华，诏已行，册使将发，魏徵闻其尝许嫁士人陆爽，遽上表谏。帝闻之，大惊，手诏深自克责，命停册使。房玄龄等奏称："许嫁陆氏，无显状，大礼既行，不可中止。"爽亦表言初无婚姻之议。帝谓徵曰："群臣或容希合；爽亦自陈，何也？"对曰："彼以陛下为外虽舍之，或阴加罪谴，故不得不然。"帝笑曰："外人意或当如是。朕之言未能使人必信如此邪！"

【译文】 丁亥日（十九日），吐谷浑进犯凉州。己丑日（二十一日），唐太宗下诏书大举出兵讨伐吐谷浑。唐太宗想要用李靖做将领，因为他年老，难以劳动他率军征讨。李靖听到消息，请求领军出征，唐太宗大为高兴。十二月，辛丑日（初三），唐太宗任用李靖做西海道行军大总管，调度指挥各路军队。任用兵部尚书侯君集做积石道行军总管、刑部尚书任城王李道宗做鄯善道行军总管、凉州都督李大亮做且末道行军总管、岷州都督李道彦做赤水道行军总管、利州刺史高甑生做盐泽道行军总管，合并突厥、契苾的兵众讨伐吐谷浑。

　　唐太宗礼聘隋朝通事舍人郑仁基的女儿做充华（唐六宫之职无此官，旧有之），诏书已经发布，册封使者将要出发，魏徵听说她曾经答应嫁给士人陆爽，急速上表谏诤。唐太宗闻表，大感惊讶，手诏深深地自我克制责备，命令停止册封。房玄龄等人上奏说："说她允嫁陆氏，并无显著的证据，册命已经进行，不可中止。"陆爽也上表说明没有婚姻的约定。唐太宗对魏徵说："群臣也许是迎合旨意，陆爽也自动陈述，这是什么原因呢？"魏徵回答说："他认为陛下表面上虽然已经放弃了，或许暗中会加以怪罪，所以不得不如此。"唐太宗笑着说："别人的心意或许应该如此，我的话竟然如此地不能让人相信呀！"

　　【乾隆御批】　册使之命已停，而从意者犹为曲说。故太宗改过不吝，鲁论所云"日月之食"是也。魏徵善体物情，《大易》所云"纳约自牖"是也。

　　【译文】　册使的命令已经停止了，可是那些随顺皇上之意的人还在制造歪理邪说。所以太宗改正错误态度坚决，毫不犹豫。鲁论所说"日月之食"就是这个意思。魏徵善于体察众情民心，《大易》所说"纳约自牖"就是这个意思。

　　中牟丞皇甫德参上言："修洛阳宫，劳人；收地租，厚敛；俗好高髻，盖宫中所化。"上怒，谓房玄龄等曰："德参欲国家不役一人，不收斗租，宫人皆无发，乃可其意邪！”欲治其谤讪之罪。魏徵谏曰：“贾谊当汉文帝时上书，云‘可为痛哭者一，可为流涕者二。’自古上书不激切，不能动人主之心，所谓狂夫之言，圣人择焉，唯陛下裁察！”上曰：“朕罪斯人，则谁复敢言！”乃赐绢二十匹。他日，徵奏言：“陛下近日不好直言，虽勉强含容，非曩时之豁如。”上乃更加优赐，拜监察御史。

中书舍人高季辅上言：“外官卑品，犹未得禄，饥寒切身，难保清白，今仓廪浸实，宜量加优给，然后可责以不贪，严设科禁。又，密王元晓等皆陛下之弟，比见帝子拜诸叔，叔皆答拜，紊乱昭穆，宜训之以礼。”书奏，上善之。

西突厥咄陆可汗卒，其弟同娥设立，是为沙钵罗咥利失可汗。

【译文】中牟丞皇甫德参上奏说：“营建洛阳宫，要劳动百姓；征收地租，加重数额；民间风俗喜好高髻，是由宫中装束所渐染的。”唐太宗发怒，对房玄龄等人说：“皇甫德参要国家不徭役一个人，不收斗租，宫人都不留发，他才满意吗？”想要以毁谤罪处治他。魏徵进谏说：“贾谊在汉文帝时上奏疏，说：‘可为痛哭者一，可为流涕者二。’（见十四卷汉文帝六年）自古上书不激烈切直，不能打动君主的心意，古人说狂夫之言，圣人也会选择听用，希望陛下裁断详察！”唐太宗说：“朕加罪这个人，哪里还有谁敢再进言！”于是赏赐魏徵二十匹绢。他日，魏徵上奏说：“陛下近来不喜欢直言，虽然勉强包容隐忍，却不像从前开阔宽宏。”唐太宗于是更加重赏，任用魏徵做监察御史。

中书舍人高季辅上奏说：“品秩低卑的京外官员，还没有领得俸禄，本人饥寒交迫，很难保持清白。现在仓廪日渐充实，应当斟酌从优给予，然后可以要求他们不贪污，并严设法令，加重刑罚。还有密王李元晓等人都是陛下的弟弟,最近看到皇帝的儿子拜各位叔叔,各位叔叔都回拜,这是颠倒行辈,应当以礼节加以教导。"唐太宗看了奏疏很赞赏。

西突厥咄陆可汗去世,他的弟弟同娥设继立,这就是沙钵罗咥利失可汗。

贞观九年(乙未,公元六三五年)春,正月,党项先内属者皆叛归吐谷浑。三月,庚辰,洮州羌叛入吐谷浑,杀刺史孔长秀。

壬辰,赦天下。

乙酉,盐泽道行军总管高甑生击叛羌,破之。

庚寅,诏:民赀分三等未尽其详,宜分九等。

上谓魏徵曰:"齐后主、周天元皆重敛百姓,厚自奉养,力竭而亡。譬如馋人自啖其肉,肉尽而毙,何其愚也!然二主孰为优劣?"对曰:"齐后主懦弱,政出多门;周天元骄暴,威福在己;虽同为亡国,齐主尤劣也。"

【译文】 贞观九年(乙未,公元635年)春季,正月,先前向朝廷归附的党项都反叛归附吐谷浑。三月,庚辰日(十四日),洮州羌反叛归附吐谷浑,杀死刺史孔长秀。

壬辰日(二十六日),唐太宗大赦天下。

乙酉日(十九日),盐泽道行军总管高甑生进攻叛羌,将他们打败。

庚寅日(二十四日),唐太宗下诏书认为百姓依资产分为三等,不够详细,应当分作九等。

唐太宗对魏徵说:"北齐后主、北周天元帝都对百姓征敛很重,自己生活十分优裕奢侈,最终国力衰竭而灭亡。譬如贪馋的人自己吃自己的肉,肉吃完了也就毙命,是多么愚蠢!但这两个君主哪个好一些？哪个差一些？"魏徵回答说："北齐后主懦弱，政权不统一，由很多人掌管；北周天元帝骄傲暴虐，自己作威作福。虽是同样亡国，北齐后主较低劣。"

夏，闰四月，癸酉，任城王道宗败吐谷浑于库山。吐谷浑可汗伏允悉烧野草，轻兵走入碛。诸将以为"马无草，疲瘦，未可深入"。侯君集曰："不然。向者段志玄军还，才及鄯州，虏已至其城下。盖虏犹完实，众为之用故也。今一败之后，鼠逃鸟散，斥候亦绝，君臣携离，父子相失，取之易于拾芥，此而不乘，后必悔之！"李靖从之。中分其军为两道：靖与薛万均、李大亮由北道，君集与任城王道宗由南道。戊子，靖部将薛孤儿败吐谷浑于曼头山，斩其名王，大获杂畜，以充军食。癸巳，靖等败吐谷浑于牛心堆，又败诸赤水原。侯君集、任城王道宗引兵行无人之境二千馀里，盛夏降霜，经破逻真谷，其地无水，人齕冰，马啖雪。五月，追及伏允于乌海，与战，大破之，获其名王。薛万均、薛万彻又败天柱王于寺海。

上皇自去秋得风疾，庚子，崩于垂拱殿。甲辰，群臣请上准遗诰视军国大事，上不许。乙巳，诏太子承乾于东宫平决庶政。

【译文】夏季，闰四月，癸酉日（初八），任城王李道宗在库山击败吐谷浑。吐谷浑可汗伏允放火烧尽山中野草，轻骑逃入大漠。诸将认为"马没草吃，将士疲倦瘦弱，不可以深入"。侯君集说："不然。以前段志玄军队返回，才到鄯州，敌人已经到他的城下。那是敌军仍较强大，部属听他使用的缘故。现在吐谷浑失败，就像老鼠逃窜，鸟众飞散，打听情报的也断绝了，君臣离心，父子失散，现在取之好像拾起草芥一般容易，这时候不把握时机，就会后悔莫及。"李靖听从他的建议，把军队平分作两道：李靖和薛万均、李大亮由北道，侯君集和任城王李道宗由南道。戊子日（二十三日），李靖部将薛孤儿在曼头山击败吐谷浑，斩杀他著名的首领，俘获很多杂畜，用来充实军食。癸巳日（二十八日），李靖等人在牛心堆击败吐谷浑，又在赤水原击败他们。侯君集、任城王李道宗率领军队在无人之境行军两千多里，盛夏降霜，途经破逻真谷，该地没有水，人吃冰，马吃雪。五月，在乌海追到伏允可汗，大败敌军，俘虏了吐谷浑的著名首领。薛万均、薛万彻又在赤海击败天柱王。

唐高祖自从去年秋天得了中风病，庚子日（初六），病逝在垂拱殿。甲辰日（初十），群臣请唐太宗依照遗诰省视军国大事，唐太宗没有答应。乙巳日（十一日），唐太宗诏命太子李承乾在东宫平决各种政事。

赤水之战，薛万均、薛万彻轻骑先进，为吐谷浑所围，兄弟皆中枪，失马步斗，从骑死者什六七，左领军将军契苾何力将数百骑救之，竭力奋击，所向披靡，万均、万彻由是得免。李大亮败吐谷浑于蜀浑山，获其名王二十人。将军执失思力败吐谷浑于居茹川。李靖督诸军经积石山河源，至且末，穷其西境。闻伏允在突伦川，将奔于阗，契苾何力欲追袭之。薛万均惩其前败，固言不可。何力曰："虏非有城郭，随水草迁徙，若不因其聚居袭取之，一朝云散，岂得复倾其巢穴邪！"自选骁骑千馀，直趣突伦川，万均乃引兵从之。碛中乏水，将士刺马血饮之。袭破伏允牙帐，斩首数千级，获杂畜二十馀万，伏允脱身走，俘其妻子。侯君集等进逾星宿川，至柏海，还与李靖军合。

【译文】赤水之战，薛万均、薛万彻轻骑先行进攻，被吐谷浑包围，兄弟都中了枪，丢失马匹，徒步战斗，跟随的骑兵死亡的有十分之六七，左领军将军契苾何力率领数百骑救援他们，尽力奋战，所向披靡，薛万均、薛万彻因此幸免于难。李大亮在蜀浑山击败吐谷浑，俘获他的著名首领二十人。将军执失思力在居茹川击败吐谷浑。李靖督导各军渡过积石山河源，到达且末，一直到最西边。听说伏允可汗在突伦川，将逃奔于阗，契苾何力要追击他，薛万均以前次的失利为戒，坚持不赞同。契苾何力说：“敌人没有城郭，随着水草迁徙，如果不趁其聚居时攻破他们，一旦如云般分散，怎么能够再倾覆他的巢穴呢！”契苾何力自己挑选骁勇的骑兵一千多人，直往突伦川，薛万均于是领兵跟从。沙漠中缺水，将士们刺取马血饮用。攻破伏允可汗的牙帐，斩杀几千人，俘获杂畜二十多万头，伏允可汗脱身逃跑，俘虏了他的妻子儿女。侯君集等人领兵渡过星宿川，抵达柏海，之后返回和李靖的军队会合。

大宁王顺，隋氏之甥、伏允之嫡子也，为侍子于隋，久不得归，伏允立它子为太子，及归，意常怏怏。会李靖破其国，国人穷蹙，怨天柱王；顺因众心，斩天柱王，举国请降。伏允帅千馀骑逃碛中，十馀日，众散稍尽，为左右所杀。国人立顺为可汗。壬子，李靖奏平吐谷浑。乙卯，诏复其国，以慕容顺为西平郡王、趆故吕乌甘豆可汗。上虑顺未能服其众，仍命李大亮将精兵数千为其声援。

六月，己丑，群臣复请听政，上许之，其细务仍委太子，太子颇能听断。是后上每出行幸，常令居守监国。

【译文】大宁王慕容顺，是隋氏的外甥、伏允可汗的嫡子，在隋朝担任侍中，长久不能归返故国，伏允可汗立他的儿子做太子，等到慕容顺归来，心里常怏怏不满。遇上李靖击败他的国家，国人穷迫，怨恨天柱王。慕容顺因循众人的心意，斩杀天柱王，献国请求投降。伏允可汗率领千余骑逃到沙漠中，十多天，部属逃散将尽，被身边的人杀死。国人拥立慕容顺做可汗。壬子日（十八日），李靖奏明已经平定吐谷浑。乙卯日（二十一日），唐太宗诏命恢复其国，任用慕容顺做西平郡王、趑故吕乌甘豆可汗。唐太宗考虑慕容顺不能压服他的民众，因而命令李大亮率领精兵数千人作为他的声援。

六月，己丑日（二十五日），群臣再次请求听断政务，唐太宗答应，其细务仍委托给太子，太子颇能听事决断。自此以后，唐太宗每次出行，常命令太子留守京师，处理国政。

秋，七月，庚子，盐泽道行军副总管刘德敏击叛羌，破之。

丁巳，诏："山陵依汉长陵故事，务存隆厚。"期限既促，功不能及。秘书监虞世南上疏，以为："圣人薄葬其亲，非不孝也，深思远虑，以厚葬适足为亲之累，故不为耳。昔张释之言：'使其中有可欲，虽锢南山犹有隙。'刘向言：'死者无终极而国家有废兴，释之之言，为无穷计也。'其言深切，诚合至理。伏惟陛下圣德度越唐、虞，而厚葬其亲乃以秦、汉为法，臣窃为陛下不取。虽复不藏金玉，后世但见丘垄如此其大，安知其中无金玉邪！且今释服已依霸陵，而丘垄之制独依长陵，恐非所宜。伏愿依《白虎通》为三仞之坟，器物制度，率皆节损，仍刻石立之陵旁，别书一通，藏之宗庙，用为子孙永久之法。"疏奏，不报。世南复上疏，以为："汉天子即位即营山陵，远者五十馀年；今以数月之间为数十年之功，恐于人力有所不逮。"上乃以世南疏授有司，令详处其宜。房玄龄等议，以为："汉长陵高九丈，原陵高六丈，今九丈则太崇，三仞则太卑，请依原陵之制。"从之。

【译文】秋季,七月,庚子日(初七),盐泽道行军副总管刘德敏进攻反叛的羌人,将他们打败。

丁巳日(二十四日),唐太宗诏命:"太上皇的山陵要依照汉长陵的旧制,务必从其高隆。"期限非常紧迫,无法按期完成。秘书监虞世南上疏,认为:"圣人薄葬其亲,并不是不孝,深思远虑,认为厚葬正足以成为亲人的拖累,因此不这样做。以前张释之说过:'倘若其中有可欲之物,虽锢藏在南山之中,犹有可以取物的空隙。'刘向说:'死者死后的日子,没有穷尽,而国家将会不免灭亡,张释之的话,是为无尽的时间谋划的。'其深远切实,的确合乎至理。我想陛下的圣德超过唐、虞,而厚葬父亲竟然将秦、汉当作榜样,臣私下认为陛下不该这样。虽不曾埋藏金玉,后代看见坟墓这样高大,怎么知晓其中没埋藏金玉呢!而且现在陛下服丧依照汉文帝的旧例,但坟墓之制,独依照长陵,恐怕不合适。希望依照《白虎通》做三仞的坟墓,器物制度,一概从俭,仍刻石牌竖立陵旁,别书一卷,藏在宗庙,作为后代子孙永久的法则。"奏疏呈上以后,唐太宗没有答应。虞世南再次上疏,认为:"汉天子即位就开始修建山陵,时间长到五十多年。现在用数月的时间,要完成几十年的成果,担心人力有不及的地方。"唐太宗才将虞世南的奏疏交给主管官员,命令详加研究,妥善处置。房玄龄等人商议,认为:"汉长陵高九丈,原陵(汉光武陵)高六丈,今日九丈就太高,三仞就太低,请求依照原陵的制度。"唐太宗听从了他们的建议。

辛亥,诏:"国初草创,宗庙之制未备,今将迁祔,宜令礼官详议。"谏议大夫朱子奢请立三昭三穆而虚太祖之位。于是,增修太庙,祔弘农府君及高祖并旧神主四为六室。房玄龄等议以

资治通鉴

凉武昭王为始祖。左庶子于志宁议以为武昭王非王业所因，不可为始祖；上从之。

党项寇叠州。

李靖之击吐谷浑也，厚赂党项，使为乡导。党项酋长拓跋赤辞来，谓诸将曰："隋人无信，喜暴掠我。今诸军苟无异心，我请供其资粮；如或不然，我将据险以塞诸军之道。"诸将与之盟而遣之。赤水道行军总管李道彦行至阔水，见赤辞无备，袭之，获牛羊数千头。于是，群羌怨怒，屯野狐峡，道彦不得进；赤辞击之，道彦大败，死者数万，退保松州。左骁卫将军樊兴逗遛失军期，士卒失亡多。乙卯，道彦、兴皆坐减死徙边。

【译文】辛亥日（十八日），唐太宗颁布诏书："国家刚刚创立，宗庙的制度还不完备，现在打算迁祔，应当令礼官详加研议。"谏议大夫朱子奢请求立三昭三穆并且预留太祖的神位。于是增修太庙，祔弘农府君以及唐高祖和日神主四室为六室。房玄龄等人商议将凉武昭王作为始祖。左庶子于志宁提议认为王业不是从武昭王开始承继，不可作为始祖。唐太宗听从了他的意见。

党项进犯叠州。

李靖讨伐吐谷浑时，厚贿党项人，使他们作为向导。党项酋长拓跋赤辞来到军中，对各位将领说："隋人不守信约，劫掠我们。今日诸军如果没有异心，我请求供给你们物资粮食；如果不是这样，我将依据险要来堵塞诸军的道路。"诸将和他订下盟约而后送他回去。赤水道行军总管李道彦行军到达阔水，看到拓跋赤辞没有防备，出兵偷袭，俘获牛羊几千头。于是各部羌人怨怒，屯兵野狐峡，李道彦不能进兵；拓跋赤辞攻击他，李道彦大败，战死的士兵有数万人，只好退守松州。左骁卫将军樊兴迟留不进，耽误了军期，士卒死亡逃跑的很多。乙卯日（二十二日），李道彦、樊兴都因此被判罪，免除死刑，流放边地。

上遣使劳诸将于大斗拔谷，薛万均排毁契苾何力，自称己功。何力不胜忿，拔刀起，欲杀万均，诸将救止之。上闻之，以让何力，何力具言其状，上怒，欲解万均官以授何力，何力固辞，曰："陛下以臣之故解万均官，群胡无知，以陛下为重胡轻汉，转相诬告，驰竞必多。且使胡人谓诸将皆如万均，将有轻汉之心。"上善之而止。寻令宿卫北门，检校屯营事，尚宗女临洮县主。

岷州都督、盐泽道行军总管高甑生后军期，李靖按之。甑生恨靖，诬告靖谋反，按验无状。八月，庚辰，甑生坐减死徙边。或言："甑生，秦府功臣，宽其罪。"上曰："甑生违李靖节度，又诬其反，此而可宽，法将安施！且国家自起晋阳，功臣多矣，若甑生获免，则人人犯法，安可复禁乎！我于旧勋，未尝忘也，为此不敢赦耳。"李靖自是阖门杜绝宾客，虽亲戚不得妄见也。

上欲自诣园陵，群臣以上哀毁羸瘠，固谏而止。

【译文】唐太宗派遣使者在大斗拔谷慰劳各位将领，薛万均排斥诋毁契苾何力，夸耀自己的功劳。契苾何力忍不住愤怒，拔刀起立，要斩杀薛万均，诸将劝止他。唐太宗听到消息，责备契苾何力，契苾何力详细说明赤水之战时，帮助薛万均兄弟解围，以及被排斥诋毁的情状，唐太宗发怒，要免除薛万均的官职转授给契苾何力，契苾何力坚决辞谢，说："陛下因为臣解除薛万均的官位，群胡不知实情，认为陛下重胡轻汉，转相虚诈传告，钻营奔走的人必然很多。而且使胡人说诸将都如薛万均，将有轻视汉人之心。"唐太宗认为他说得有道理，停止罢免薛万钧的官职。不久命契苾何力宿卫北门，检校屯营之事，将宗女临洮县主下嫁给契苾何力。

岷州都督、盐泽道行军总管高甑生延误军期，李靖审查他。高甑生怀恨李靖，诬告李靖谋反，侦查结果没有谋反情状。八月，庚辰日（十七日），高甑生坐罪减死一等流放边地。有人说："高甑生是秦府的功臣，应当宽恕他的罪过。"唐太宗说："高甑生违抗李靖的指挥，又诬告他造反，这个罪过如果可以宽恕，法律怎样施行！而且国家自从晋阳起义，功臣很多，像高甑生这样得以免罪，那么人人犯法，怎么可以禁止呢！我对于旧勋，不曾忘记，但不敢赦免高甑生，以免他们干犯科禁。"李靖从此闭门谢绝宾客，虽亲戚也不能轻易见到。

唐太宗要独自到献陵，群臣因唐太宗悲哀损身，羸瘠异常，坚决谏止他。

冬，十月，乙亥，处月初遣使入贡。处月、处密，皆西突厥之别部也。

庚寅，葬太武皇帝于献陵，庙号高祖；以穆皇后祔葬，加号太穆皇后。

十一月，庚戌，诏议于太原立高祖庙。秘书监颜师古议，以为："寝庙庆在京师，汉世郡国立庙，非礼。"乃止。

戊午，以光禄大夫萧瑀为特进，复令参预政事。上曰："武德六年以后，高祖有废立之心而未定，我不为兄弟所容，实有功高不赏之惧，斯人也，不可以利诱，不可以死胁，真社稷臣也！"因赐瑀诗曰："疾风知劲草，板荡识诚臣。"又谓瑀曰："卿之忠直，古人不过；然善恶太明，亦有时而失。"瑀再拜谢。魏徵曰："瑀违众孤立, 唯陛下知其忠劲, 向不遇圣明, 求免难矣!"

【译文】冬季, 十月, 乙亥日 (十二日), 处月初次派遣使者入贡。处月、处密, 都是西突厥的分支。

庚寅日 (二十七日), 唐太宗将太武皇帝埋葬在献陵, 庙号高祖; 以穆皇后祔葬, 加号太穆皇后。

十一月, 庚戌日 (十八日), 唐太宗拟在太原设立高祖庙。秘书监颜师古提议, 认为: "寝庙应当设在京师, 汉世在郡国立庙, 是不符合礼制的。"唐太宗才停止在太原立庙。

戊午日 (二十六日), 唐太宗任用光禄大夫萧瑀做特进, 又命令他参与政事。唐太宗说: "武德六年以后, 高祖有废立太子之心但没有决定, 我不被兄弟所容纳, 实在有功高不赏的忧虑。萧瑀这人不能以利诱惑, 不能用死要挟, 真是社稷之臣!"因而赐萧瑀诗说, "疾风知劲草, 板荡识诚臣。"又对萧瑀说, "卿的忠心耿直, 古人无法超过, 但善恶太过分明, 有时不免过分。"萧瑀再拜谢罪。魏徵说: "萧瑀违众孤立, 只有陛下知晓他的忠心尽力, 从前若是没遇到圣明之主, 欲求免祸那太难了!"

特进李靖上书, 请依遗诰, 御常服, 临正殿; 弗许。

吐谷浑甘豆可汗久质中国, 国人不附, 竟为其下所杀。子燕王诺曷钵立。诺曷钵幼, 大臣争权, 国中大乱。十二月, 诏兵部尚书侯君集等将兵援之; 先遣使者谕解, 有不奉诏者, 随宜讨之。

【译文】特进李靖上书, 请唐太宗依照遗诰, 穿着通常的吉服, 临正殿听政。唐太宗没有答应。

吐谷浑甘豆可汗长久在大唐做人质, 国人不归附他, 终于被部下杀死。他的儿子燕王诺曷钵继位。诺曷钵年幼, 大臣争权, 国内大乱。十二月, 唐太宗诏命兵部尚书侯君集等人率兵救助。先派遣使者晓谕劝解，有不奉诏命的，视情形方便加以讨伐。

贞观十年（丙申，公元六三六年）春，正月，甲午，上始亲听政。

辛丑，以突厥拓设阿史那社尔为左骁卫大将军。社尔，处罗可汗之子也，年十一，以智略闻。可汗以为拓设，建牙于碛北，与欲谷设分统敕勒诸部，居官十年，未尝有所赋敛。诸设或鄙其不能为富贵，社尔曰："部落苟丰，于我足矣。"诸设惭服。及薛延陀叛，攻破欲谷设，社尔兵亦败，将其馀众走保西陲。颉利可汗既亡，西突厥亦乱，咄陆可汗兄弟争国。社尔诈往降之，引兵袭破西突厥，取其地几半，有众十馀万，自称答布可汗。社尔乃谓诸部曰："首为乱破我国者，薛延陀也，我当为先可汗报仇击灭之。"诸部皆谏曰："新得西方，宜且留镇抚。今遽舍之远去，西突厥必来取其故地。"社尔不从，击薛延陀于碛北，连兵百馀日。会咥利失可汗立，社尔之众苦于久役，多弃社尔逃归。薛延陀纵兵击之，社尔大败，走保高昌，其旧兵在者才万馀家，又畏西突厥之逼，遂帅众来降。敕处其部落于灵州之北，留社尔于长安，尚皇妹南阳长公主，典屯兵于苑内。

【译文】贞观十年（丙申，公元636年）春季，正月，甲午日（初三），唐太宗开始亲自听政。

辛丑日（初十），唐太宗任用突厥拓设阿史那社尔做左骁卫大将军。阿史那社尔，是处罗可汗的儿子，十一岁时，凭智谋勇略闻名。可汗任用他做拓设，在漠北建立牙帐，和欲谷设分别统治敕勒各个部落。他居官十年，不曾向百姓收赋税。各位拓设有人轻视他，认为他不知寻求富贵，社尔说："部落如果富裕，我就满足了。"各位拓设惭愧而佩服。等到薛延陀反叛，击败欲谷设，社尔军队也失利，率领剩余的部属保守西边疆土。颉利可汗已经去世，西突厥也发生内乱，咄陆可汗兄弟争国。社尔假装前往投降，领兵偷袭击败西突厥，夺取他们的大半土地，拥有兵众十多万人，自称答布可汗。社尔于是对各个部落说："首先趁乱打败我国的，是薛延陀，我应该为先可汗报仇消灭他。"各个部落都谏阻说："刚得到西方疆土，就应暂且留下镇压安抚。今日急着舍弃此地远去，西突厥必定来夺回他们原来的土地。"社尔没有听从，在漠北攻打薛延陀，连续作战一百余日。遇上咥利失可汗登位，社尔的军众苦于长久作战，很多背叛社尔逃归。薛延陀出兵进攻，社尔大败，逃往高昌自保，其旧兵跟随的才一万多家，又害怕西突厥的逼迫，于是率领军众来投降大唐。唐太宗敕命在灵州之北安置他的部落，留社尔居住在长安，将皇妹南阳长公主下嫁给他，在皇苑内典领屯兵。

癸丑，徙赵王元景为荆王，鲁王元昌为汉王，郑王元礼为徐王，徐王元嘉为韩王，荆王元则为彭王，滕王元懿为郑王，吴王元轨为霍王，幽王元凤为虢王，陈王元庆为道王，魏王灵夔为燕王，蜀王恪为吴王，越王泰为魏王，燕王祐为齐王，梁王愔为蜀王，郯王恽为蒋王，汉王贞为越王，申王慎为纪王。

二月，乙丑，以元景为荆州都督，元昌为梁州都督，元礼为徐州都督，元嘉为潞州都督，元则为遂州都督，灵夔为幽州都督，恪为潭州都督，泰为相州都督，祐为齐州都督，愔为益州都督，恽为安州都督，贞为扬州都督。泰不之官，以金紫光禄大夫张亮，行都督事。上以泰好文学，礼接士大夫，特命于其府别置文学馆，听自引召学士。

三月，丁酉，吐谷浑王诺曷钵遣使请颁历，行年号，遣子弟入侍；并从之。丁未，以诺曷钵为河源郡王、乌地也拔勤豆可汗。

癸丑，诸王之藩，上与之别曰："兄弟之情，岂不欲常共处邪！但以天下之重，不得不尔。诸子尚可复有，兄弟不可复得。"因流涕呜咽不能止。

【译文】 癸丑日（二十二日），唐太宗改封赵王李元景为荆王，鲁王李元昌为汉王，郑王李元礼为徐王，徐王李元嘉为韩王，荆王李元则为彭王，滕王李元懿为郑王，吴王李元轨为霍王，幽王李元凤为虢王，陈王李元庆为道王，魏王李灵夔为燕王，蜀王李恪为吴王，越王李泰为魏王，燕王李祐为齐王，梁王李愔为蜀王，郯王李恽为蒋王，汉王李贞为越王，申王李慎为纪王。

二月，乙丑日（初四），唐太宗任用李元景做荆州都督，李元昌做梁州都督，李元礼做徐州都督，李元嘉做潞州都督，李元则做遂州都督，李灵夔做幽州都督，李恪做潭州都督，李泰做相州都督，李祐做齐州都督，李愔做益州都督，李恽做安州都督，李贞做扬州都督。李泰没有到官上任，任用金紫光禄大夫张亮做长史，兼办都督的职事。唐太宗因为李泰喜好文学，礼遇士大夫，特命在府中另外设置文学馆，听任他自己招引学士。

三月，丁酉日（初七），吐谷浑王诺曷钵派遣使者来请求颁赐唐所行的历法以及年号，派遣子弟入朝侍候，唐太宗一并听从照办。丁未日（十七日），唐太宗任用诺曷钵做河源郡王、乌地也拔勤豆可汗。

癸丑日（二十三日），诸王前往藩地，唐太宗和他们辞别说："兄弟的情谊，难道不想要时常共居一起吗？只是因为天下托付的重任，不能不这样。没了儿子尚可再有，兄弟不可复得。"因而流泪呜咽无法停止。

夏，六月，壬申，以温彦博为右仆射，太常卿杨师道为侍中。

侍中魏徵屡以目疾求为散官，上不得已，以徵为特进，仍知门下事，朝章国典，参议得失，徒流以上罪，详事闻奏；其禄赐、吏卒并同职事。

长孙皇后性仁孝俭素，好读书，常与上从容商略古事，因而献替，裨益弘多。上或以非罪谴怒宫人，后亦阳怒，请自推鞫，因命囚系，俟上怒息，徐为申理，由是宫壶之中，刑无枉滥。豫章公主早丧其母，后收养之，慈爱逾于所生。妃嫔以下有疾，后亲抚视，辍己之药膳以资之，宫中无不爱戴。训诸子，常以谦俭为先，太子乳母遂安夫人尝白后，以东宫器用少，请奏益之。后不许，曰："为太子，患在德不立，名不扬，何患无器用邪！"

【译文】夏季，六月，壬申日（十四日），唐太宗任用温彦博做右仆射，太常卿杨师道做侍中。

侍中魏徵多次因眼病请求做散官，唐太宗不得已，任用魏徵做特进，仍旧主持门下事，举凡朝章国典，均命他参与议论得失，迁徙流放以上的罪刑，由他审察上报。他的俸禄、赏赐、吏卒与职事官相同。

长孙皇后性情仁孝节俭朴素，喜好读书，时常和唐太宗从容商讨古代事情，因而颇有贡献，有废弃的，有兴替的，裨补增益很多。唐太宗有时怒责本来没有过错的宫人，皇后也假装生气，请求亲自侦查，因而命令下狱，等唐太宗怒气消解，再徐徐申述审理，因而宫闱之中，没有枉法滥刑。豫章公主早年失去母亲，皇后收养她，对她的慈爱胜过亲生女儿。妃嫔以下的宫女生病，皇后亲自抚慰探视，停止自己的药物膳食来资助她们，宫女没有不爱戴皇后的。教训诸子,常拿谦虚节俭当作第一要务。太子的乳母遂安夫人曾经告诉皇后,认为东宫使用的器物缺乏,请求奏闻唐太宗增加器物。皇后没有答应,说:"做太子,担忧的是品德不建立,声名不显扬,何必担忧没有使用的器物呢?"

　　上得疾,累年不愈,后侍奉,昼夜不离侧。常系毒药于衣带,曰:"若有不讳,义不独生!"后素有气疾,前年从上幸九成宫,柴绍等中夕告变,上擐甲出阁问状,后扶疾以从,左右止之,后曰:"上既震惊,吾何心自安!"由是疾遂甚。太子言于后曰:"医药备尽而疾不瘳,请奏赦罪人及度人入道,庶获冥福。"后曰:"死生有命,非智力所移。若为善有福,则吾不为恶;如其不然,妄求何益!赦者国之大事,不可数下。道、释异端之教,蠹国病民,皆上素所不为,奈何以吾一妇人使上为所不为乎?必行汝言,吾不如速死!"太子不敢奏,私以语房玄龄,玄龄白上,上哀之,欲为之赦,后固止之。

　　【译文】唐太宗得了疾病,经年没有痊愈,皇后在旁侍奉,日夜不离开身旁。时常在衣带上系着毒药,说:"陛下如有不测,我将守义(与皇上同死),不独自存活。"皇后素来患有气喘病,前年跟随唐太宗临幸九成宫,柴绍等人半夜报告有叛变,唐太宗身穿甲胄出阁询问叛变的情形,皇后扶病跟随,身边的人阻拦她,皇后说:"陛下既受震惊,我如何能够独自安心!"因此病更加深重。太子对皇后说:"医药已尽而疾病无法痊愈,请求奏闻陛下,赦免罪人,并且度人皈依道释,也许可以获得阴福。"皇后说:"生死有命,不是人的力量智慧可以改变的。如果做善事可以得福,那么我没有为恶;如果不是这样,妄求有何裨益?大赦是国家的大事,不可多次施行。道、释是异端的教义,害国害民，都是陛下素来不为的，如何因我一个妇人而使陛下做他不愿做的事？一定要依照你的话去做，我不如快死！"太子不敢上奏，暗中告诉房玄龄，房玄龄报告唐太宗，唐太宗哀怜她，要为她举行大赦，皇后坚决制止。

及疾笃，与上诀。时房玄龄以谴归第，后言于上曰："玄龄事陛下久，小心慎密，奇谋秘计，未尝宣泄，苟无大故，愿勿弃之。妾之本宗，因缘葭莩以致禄位，既非德举，易致颠危，欲使其子孙保全，慎勿处之权要，但以外戚奉朝请足矣。妾生无益于人，不可以死害人，愿勿以丘垄劳费天下，但因山为坟，器用瓦木而已。仍愿陛下亲君子，远小人，纳忠谏，屏谗慝，省作役，止游畋，妾虽没于九泉，诚无所恨。儿女辈不必令来，见其悲哀，徒乱人意。"因取衣中毒药以示上曰："妾于陛下不豫之日，誓以死从乘舆，不能当吕后之地耳。"己卯，崩于立政殿。

后尝采自古妇人得失事，为《女则》三十卷，又尝著论驳汉明德马后以不能抑退外亲，使当朝贵盛，徒戒其车如流水马如龙，是开其祸败之源而防其末流也。及崩，宫司并《女则》奏之，上览之悲恸，以示近臣曰："皇后此书，足以垂范百世。朕非不知天命而为无益之悲，但入宫不复闻规谏之言，失一良佐，故不能忘怀耳！"乃召房玄龄，使复其位。

【译文】等到皇后病重，和唐太宗诀别。当时房玄龄因受谴责归返宅第。皇后对唐太宗说："房玄龄侍奉陛下很久，谨慎周密，奇谋密计，不曾泄露，假如没有大罪戾，希望不要遗弃他。妾的本宗，因为沾亲带故而取得俸禄爵位，既然不是因为有德行而被任用，容易走上颠覆倾危的境地，为了保全后代的子孙，请不要将他们安置在权势机要的地位，只要凭外戚身份，随百官在朔望进入朝廷参谒就够了。妾在生时，对别人没有益处，不可因为死亡有害别人，希望不要拿坟墓劳动浪费天下，只要借山做坟，陪葬的器具，用瓦木做的就可以。还希望陛下亲近君子，远离小人，接纳忠心谏诤，摒除奸邪之言，少做工程，废止游猎，妾虽深埋九泉，也没有遗憾。儿女辈不必让他们来，看到他们悲伤，空乱人心。"因而取出衣中所藏毒药给唐太宗看，并说，"妾在陛下有病之时，立誓以死随从乘舆到地下，不能使自己处于吕后那样的地位。"己卯日（二十一日），皇后在立政殿去世。

皇后曾经收集自古以来妇人得失的事迹，撰成《女则》三十卷；又曾经撰文驳斥汉明德马后，因为她不能抑退外亲，使其当政贵盛，而只就他们车马的奢华提出警告，是开启其祸败的根源，而防堵其末流枝叶。等到皇后去世，宫中官吏将此著论及《女则》上奏呈给唐太宗，唐太宗看了之后很悲痛，拿来展示近臣说："皇后这本书，足以垂示典范百世，朕并不是不知天命有定，而做无益的悲伤，只是入宫不再听到规谏的话，失去一个贤良的辅助，因此不能忘怀罢了！"于是征召房玄龄，让他恢复旧职。

秋，八月，丙子，上谓群臣曰："朕开直言之路，以利国也，而比来上封事者多讦人细事，自今复有为是者，朕当以谗人罪之。"

冬，十一月，庚午，葬文德皇后于昭陵。将军段志玄、宇文士及分统士众出肃章门。帝夜使宫官至二人所，士及开营内之；志玄闭门不纳，曰："军门不可夜开。"使者曰："此有手敕。"志玄曰："夜中不辨真伪。"竟留使者至明。帝闻而叹曰："真将军也！"

帝复为文刻之石，称"皇后节俭，遗言薄葬，以为'盗贼之心，止求珍货，既无珍货，复何所求。'朕之本志，亦复如此。王者以天下为家，何必物在陵中，乃为己有。今因九嵕山为陵，凿石之工才百馀人，数十而毕。不藏金玉，人马、器皿，皆用土木，形具而已，庶几奸盗息心，存没无累。当使百世子孙奉以为法。"

上念后不已，于苑中作层观以望昭陵，尝引魏徵同登，使视之。徵熟视之曰："臣昏眊，不能见。"上指示之，徵曰："臣以为陛下望献陵若昭陵，则臣固见之矣。"上泣，为之毁观。

【译文】秋季，八月，丙子日（十九日），唐太宗对群臣说："朕开直言之路，正是为了有利国家，然而近来上密封奏章的人大多攻讦别人琐细的事情，自今以后再做这种事的，朕将以毁谤的罪刑处罚。"

冬季，十一月，庚午日（十一月无此日），将文德皇后埋葬在昭陵。将军段志玄、宇文士及分别率领部属出肃章门护送灵车。唐太宗夜间派遣使者二人前往他们的处所，宇文士及打开营门接纳使者；段志玄闭门不接纳，说："军门不可在夜间打开。"使者说："这里有陛下的手敕。"段志玄说："晚上无法分辨真伪。"留置使者一直到天明。唐太宗听到消息而感叹说："真是个将军！"

唐太宗为皇后书写碑文，碑文说："皇后节俭，遗言要用薄葬，认为'盗贼之心，只求珍宝财货，既然没有珍宝财货，还有什么要求'。朕的本意，也是这样。王者以天下为家，何必将物品放在陵中，才是自己所有。今日借九嵕山做陵墓，凿石工人才一百多人，数十天就完工。不埋藏金玉，人马、器皿，都用土木做成，具备形式罢了，这将使奸盗死心，生死无累，应当让百世子孙奉做榜样。"

唐太宗怀念皇后不能休止，在禁苑中建造多层高观，用来眺望昭陵，曾引导魏徵同登高观，让他眺视昭陵。魏徵仔细看了之后说："臣眼睛昏暗，看不到。"唐太宗为他指示方向，魏徵说："臣认为陛下眺望献陵（高祖陵），能像眺望昭陵，那么臣就能看到了。"唐太宗听了为之感泣，因此毁弃高观。

【乾隆御批】苑中作观，登而望之，必非一日之事，徵早宜进谏。即秘不使徵知，其引徵使视之时亦当正谏，乃谬为不见，而有献陵、昭陵之讥，使太宗何以为人？岂纯臣而宜出此哉！

【译文】在御花园中修建高楼用来远望，一定不是一天可以办到的事，魏徵早就应该进谏了。即使秘密修建不让魏徵知道，那么在唐太宗领他上楼让他看的时候，也该正面提出意见，他却假装看不见，从而引出献陵和昭陵的讥讽，让唐太宗如何做人？这哪是忠纯笃实之臣应该做出来的事呢！

十二月，戊寅，朱俱波、甘棠遣使入贡。朱俱波在葱岭之北，去瓜州三千八百里。甘棠在大海南。上曰："中国既安，四夷自服。然朕不能无惧，昔秦始皇威振胡、越，二世而亡，唯诸公匡其不逮耳。"

魏王泰有宠于上，或言三品以上多轻魏王。上怒，引三品以上，作色让之曰："隋文帝时，一品以下皆为诸王所顿踬，彼岂非天子儿邪！朕但不听诸子纵横耳，闻三品以上皆轻之，我若纵之，岂不能折辱公辈乎！"房玄龄等皆惶惧流汗拜谢。魏徵独正色曰："臣窃计当今群臣，心无敢轻魏王者。在礼，臣、子一也。《春秋》：王人虽微，序于诸侯之上。三品以上皆公卿，陛下所尊礼，若纪纲大坏，固所不论；圣明在上，魏王必无顿辱群臣之理。隋文帝骄其诸子，使多行无礼，卒皆夷灭，又足法乎！"上悦，曰："理到之语，不得不服。朕以私爱忘公义，向者之忿，自谓不疑，及闻征言，方知理屈。人主发言何得容易乎！"

【译文】 十二月，戊寅日（二十二日），朱俱波、甘棠派遣使者入贡。朱俱波在葱岭的北方，距离瓜州两千八百里。甘棠在大海的南方。唐太宗说："中原已经安定，四夷自然归服。但朕不能不畏惧，以前秦始皇威震胡、越，传二代而后灭亡，希望诸公匡正我不及的地方。"

魏王李泰深受唐太宗的宠爱。有人说三品以上官员十分轻视魏王，唐太宗发怒，召来三品以上的官员，满脸怒气谴责他们说："隋文帝时，一品以下的官员都被诸王困顿折磨，难道魏王不是天子的儿子吗？朕独不听任各位皇子妄为，听说三品以上官员都轻视魏王李泰，我若是放纵他，难道他不能折磨侮辱公辈吗？"房玄龄等人都惶恐流汗下拜谢罪。只有魏征脸色严肃地说："臣私下推测当今群臣，必无人敢轻视魏王。依礼而言，大臣和皇子是一样的。《春秋》说，周王的人即使卑微，秩序仍在诸侯之上。三品以上官员都是公卿之位，是陛下尊重礼遇的人。假如纲纪败坏，固然不必再说；今日陛下圣明，魏王必无困顿折辱群臣的道理。隋文帝放纵他的各位皇子，使他们多做无礼之事，最终都被诛杀灭亡，这值得效法吗？"唐太宗高兴地说："有理的话，不能不听从。朕因为私爱忘了公义，刚才的生气，自以为有理，等听了魏征的话，才知晓理屈。人主说话怎能随便呢？"

上曰："法令不可数变，数变则烦，官长不能尽记；又前后差违，吏得以为奸。自今变法，皆宜详慎而行之。"

治书侍御史权万纪上言："宣、饶二州银大发采之，岁可得数百万缗。"上曰："朕贵为天子，所乏者非财也，但恨无嘉言可以利民耳。与其多得数百万缗，何如得一贤才！卿未尝进一贤，退一不肖，而专言税银之利。昔尧、舜抵璧于山，投珠于谷，汉之桓、灵乃聚钱为私藏，卿欲以桓、灵俟我邪！"是日，黜万纪，使还家。

是岁，更命统军为折冲都尉，别将为果毅都尉。凡十道，置府六百三十四，而关内二百六十一，皆隶诸卫及东宫六率。凡上府兵千二百人，中府千人，下府八百人。三百人为团，团有校尉；五十人为队，队有正；十人为火，火有长。每人兵甲粮装各有数，皆自备，输之库，有征行则给之。年二十为兵，六十而免。其能骑射者为越骑，其馀为步兵。每岁季冬，折冲都尉帅其属教战，当给马者官予其直市之。凡当宿卫者番上，兵部以远近给番，远疏、近数，皆一月而更。

【译文】唐太宗说："法令不可多次变更，多次变更就烦苛，官吏无法完全记住；又因为前后违逆不同，官吏就能作奸犯科。自今以后改变法令，都应当详细审核，谨慎从事。"

治书侍御史权万纪上奏说："宣、饶二州有大量银矿可以开采，加以开采，每年可以得到数百万缗。"唐太宗说："朕贵为天子，缺少的不是财产，只遗憾没有嘉言可以让百姓获得好处罢了。与其多得数百万缗，哪如得到一位贤能才士！你不曾举荐过一位贤人，斥退一个不肖之人，反而专说敛收采银税之利。从前尧、舜在山中碎玉，在川谷投珠，汉代的桓、灵二帝竟聚集金钱作为私藏，你要拿桓、灵二帝比我吗？"当天罢黜权万纪，命他返回家乡。

这一年，唐太宗改统军为折冲都尉，副将改作果毅都尉。全国设立十道，六百三十四府，其中关内有二百六十一府，都隶属诸卫以及东宫六率之下。凡上府有兵一千二百人，中府有兵一千人，下府有兵八百人。三百人为团，团有校尉；五十人为队，队有正；十人为火，火有长。每人兵甲粮装各有定数，均自己筹备，平常放在库中，有征战时就发给他们。百姓年满二十岁当兵，六十岁免役。善于骑射的人做越骑，其余当步兵。每年十二月，折冲都尉率领其部属教导作战技术，应当供给马匹的，由官方出钱自己购买。凡是应当宿卫的轮次上班，兵部根据距离远近排班，远的轮值次数少，近的轮值次数多，均一个月一轮换。

贞观十一年（丁酉，公元六三七年）春，正月，徙郐王元裕为邓王，谯王元名为舒王。

辛卯，以吴王恪为安州都督，晋王治为并州都督，纪王慎为秦州都督。将之官，上赐书戒敕曰："吾欲遗汝珍玩，恐益骄奢，不如得此一言耳。"

上作飞山宫。庚子，特进魏徵上疏，以为："炀帝恃其富强，不虞后患，穷奢极欲，使百姓困穷，以至身死人手，社稷为墟。陛下拨乱返正，宜思隋之所以失，我之所以得，撤其峻宇，安于卑宫；若因基而增广，袭旧而加饰，此则以乱易乱，殃咎必至，难得易失，可不念哉！"

【译文】 贞观十一年（丁酉，公元637年）春季，正月，唐太宗改封郐王李元裕做邓王，谯王李元名做舒王。

辛卯日（初五），唐太宗任用吴王李恪为安州都督，晋王李治为并州都督，纪王李慎为秦州都督。他们将前往赴任，唐太宗赐书告诫说："我想要送给你们珍宝玩物，却担心让你们更加骄傲奢侈，不如送你们这一番赠言。"

唐太宗营建飞山宫。庚子日（十四日），特进魏徵上奏疏，认为：“隋炀帝依恃富强，不考虑日后的祸患，极尽奢侈放纵欲望，让百姓困穷，以致身死人手，社稷变成废墟。陛下除去祸乱，使天下归于正道，应当思考隋室失去政权，大唐获得政权的原因，拆除高大的殿宇，安居低矮的宫室；假如在旧址上加以扩建，因袭旧殿而加以华丽的装饰，这种做法就是以乱易乱，灾祸必然到来，江山难得而易失，能够不好好深思吗？”

【乾隆御批】 诸王即通经术，而专典诸州都督，亦非善。政晋宋前签具在，遂良“未知从政”云云，犹非探本之论。

【译文】 各位封王，即使通晓了经书和治理天下之术，而让他们专门负责各州的督察事务也不是一种好办法。晋朝和宋代的教训全部存在，褚遂良所提到的不知道如何管理政务的方法等说法，这不是探求根本的论断。

房玄龄等先受诏定律令，以为：“旧法，兄弟异居，荫不相及，而谋反连坐皆死；祖孙有荫，而止应配流。据礼论情，深为未惬。今定律，祖孙与兄弟缘坐者俱配役。”从之。自是比古死刑，除其太半，天下称赖焉。玄龄等定律五百条，立刑名二十等，比隋律减大辟九十二条，减流入徒者七十一条，凡削烦去蠹，变重为轻者，不可胜纪。又定令一千五百九十馀条。武德旧制，释奠于太学，以周公为先圣，孔子配飨；玄龄等建议停祭周公，以孔子为先圣，颜回配飨。又删武德以来敕格，定留七百条，至是颁行之。又定枷、杻、钳、锁、杖、笞，皆有长短广狭之制。

自张蕴古之死，法官以出罪为戒；时有失入者，又不加罪。上尝问大理卿刘德威曰：“近日刑网稍密，何也？”对曰：“此在主上，不在群臣，人主好宽则宽，好急则急。律文：失入减三等，失出减五等。今失入无辜，失出更获大罪，是以吏各自免，竞就深文，非有教使之然，畏罪故耳。陛下傥一断以律，则此风立变矣。"上悦，从之。由是断狱平允。

【译文】房玄龄等人先前接受诏命制定律令，认为："旧法，'兄弟分居，不相庇护，但是谋反却牵连坐罪，都判处死刑；祖孙有庇荫，却只流放到远方。'依礼论情，深以为不合适。现在制定法律，'祖孙和兄弟因牵连坐罪的，一样判处流放远地戍边'。"唐太宗听从了。从此比古时规定的死刑，减去大半，天下百姓称赞叫好。房玄龄等人制定法律五百条，设立刑名二十等，比隋朝的法令减大辟（死刑）九十二条，减除流放迁徙者七十一条，其中除烦去害，变重刑为轻刑的，不可胜数。又制定律令一千五百九十多条。武德时的旧制，在太学释奠，用周公做先圣，孔子配享；房玄龄等人建议停止祭祀周公，用孔子做先圣，颜回配飨。又删除武德年间以来诏敕的格式，保留和重新制定的共七百条，到此时公布施行。又制定枷、杻、钳、锁、杖、笞等刑具，都有长短宽狭的格式。

自从张蕴古被处死刑（见一百九十三卷，五年），法官拿重罪轻判作为警戒；常常有无罪而获刑或者罪轻而重判的，又不加以论罪。唐太宗曾问大理卿刘德威说："近来刑法稍严，为什么会这样？"刘德威回答说："这全在君王，不在大臣，人主喜欢刑宽则宽，喜欢刑严则严。法律规定：误抓误判的减官三等，错放的就减官五等。现在错判了人无事，错放了人却要获大罪，因而官吏为了各自免责，争相判重刑，不是有人教导的，而是害怕获罪的缘故。假如陛下完全依据法律判刑，那么严刑的风气会立即改变。"唐太宗高兴地听从了。从此法官判案公平允当。

资治通鉴

上以汉世豫作山陵，免子孙苍猝劳费，又志在俭葬，恐子孙从欲奢靡；二月，丁巳，自为终制，因山为陵，容棺而已。

甲子，上行幸洛阳宫。

上至显仁宫，官吏以缺储偫，有被谴者。魏徵谏曰："陛下以储偫谴官吏，臣恐承风相扇，异日民不聊生，殆非行幸之本意也。昔炀帝讽郡县献食，视其丰俭以为赏罚，故海内叛之。此陛下所亲见，奈何欲效之乎！"上惊曰："非公不闻此言。"因谓长孙无忌等曰："朕昔过此，买饭而食，僦舍而宿；今供顿如此，岂得犹嫌不足乎！"

【译文】唐太宗因为汉代预先营作山陵，为避免子孙仓促间劳动百姓浪费国库，又有意节葬，担心子孙随从风俗追求奢靡。二月，丁巳日（初二），唐太宗自做临终的仪制，借山做陵，地宫里能容纳棺木就可以了。

甲子日（初九），唐太宗行幸洛阳宫。

唐太宗来到显仁宫，官吏因为缺少储存物品，有的被谴责。魏徵进谏说："陛下因储存缺乏谴责官吏，臣恐怕承袭风气相互影响，他日百姓不能安然生活，这大概不是陛下出巡的本意。从前隋炀帝讽劝郡县进献食物，依其丰富节俭作为赏罚的标准，因此海内反叛。这是陛下亲眼见到的，为什么要去效法他呢？"唐太宗惊讶地说："没有您，我听不到这种话。"因而对长孙无忌等人说："朕以前经过此地，买饭来吃，租房来住；现在供给吃住如此，怎么就能嫌弃做得不够呢？"

三月，丙戌朔，日有食之。

庚子，上宴洛阳宫西苑，泛积翠池，顾谓侍臣曰："炀帝作此宫苑，结怨于民，今悉为我有，正由宇文述、虞世基、裴蕴之徒内为谄谀、外蔽聪明故也，可不戒哉！"

房玄龄、魏徵上所定《新礼》一百三十八篇；丙午，诏行之。

以礼部尚书王珪为魏王泰师，上谓泰曰："汝事珪当如事我。"泰见珪，辄先拜，珪亦以师道自居。子敬直尚南平公主。先是，公主下嫁，皆不以妇礼事舅姑，珪曰："今主上钦明，动循礼法，吾受公主谒见，岂为身荣，所以成国家之美耳。"乃与其妻就席坐，令公主执笲，行盥馈之礼。是后公主始行妇礼，自珪始。

群臣复请封禅，上使秘书监颜师古等议其礼，房玄龄裁定之。

【译文】三月，丙戌朔日（初一），出现日食。

庚子日（十五日），唐太宗在洛阳宫西苑摆设酒宴，泛舟积翠池，面对侍臣说："隋炀帝营造这一宫苑，和百姓结怨，今日全部归属我所有，这正是因为宇文述、虞世基、裴蕴之辈，在宫内谄谀，在宫外堵塞圣听，可以不警戒吗？"

房玄龄、魏徵上奏他们制定的《新礼》一百三十八篇。丙午日（二十一日），唐太宗诏命施行。

唐太宗派礼部尚书王珪做魏王李泰的老师，唐太宗对李泰说："你侍奉王珪应该像侍奉我一样。"李泰见了王珪，总是先下拜；王珪也以师礼自处。王珪的儿子王敬直娶了南平公主。在这以前，公主下嫁，都不以媳妇的礼节侍奉舅姑，王珪说："今日君主圣明，行动依据礼法，我接受公主的谒见，不是为了我个人的荣耀，而是为了成就国家美好的礼俗罢了。"于是和他的妻子就席坐定，命公主持笲（竹器）盛枣栗拜公婆，再用盘水洗手行馈送特豚之礼。此后公主行侍奉公婆的礼节，这是从王珪开始的。

群臣再次请求封禅，唐太宗命秘书监颜师古等人研究封禅的礼仪,房玄龄加以剪裁修定。

夏,四月,己卯,魏徵上疏,以为:"人主善始者多,克终者寡,岂取之易而守之难乎?盖以殷忧则竭诚以尽下,安逸则骄恣而轻物;尽下则胡、越同心,轻物则六亲离德,虽震之以威怒,亦皆貌从而心不服故也。人主诚能见可欲则思知足,将兴缮则思知止,处高危则思谦降,临满盈则思挹损,遇逸乐则思撙节,在宴安则思后患,防壅蔽则思延纳,疾谗邪则思正己,行爵赏则思因喜而僭,施刑罚则思因怒而滥,兼是十思,而选贤任能,固可以无为而治,又何必劳神苦体以代百司之任哉!"

【译文】夏季,四月,己卯日(二十五日),魏徵上疏,认为:"君主有好的开始的很多,能好到最终的却很少,这难道是夺取天下容易而守住天下困难吗?大概因为忧患深重的时候,一定尽诚心来对待部下,安逸的时候,就骄傲任性而轻慢待人。诚意对待部下,那么北胡南越同一条心;轻慢待人,那么六亲骨肉没有恩德,虽然可以用威势发怒来胁迫他们,也都是表面顺从而内心不服的。人主要做到看见自己想要的东西时,就想到知足;打算兴建工程时,就想到适可而止;顾念自己居高位有危险时,就想到谦卑对人;遇到骄傲自满时,就要想到自我收敛克制;喜欢游乐时,就要想到有所节制;在安逸享乐的时候,就要想到日后的灾患;防止耳目被蒙蔽,就要想到采纳臣民的意见;讨厌身边有说坏话、做邪事的人,就要想到端正自己的品德;封爵赏赐时,就要想到不因一时高兴而过分;实施刑罚时,就要想到不因一时发怒而滥刑。综合以上这十个方面,而选拔任用有才能的人,一定可以无为而治,又何必劳苦自己的精神、体力,去替代百官的职责呢?"

【康熙御批】 人莫不慎于创业，怠于守成，故善始者未必善终。惟朝乾夕惕，不敢稍自暇逸，乃可臻于上理。魏徵所陈，可谓深识治要。

【译文】 人总是在创业时很小心，而懈怠于守住成业，所以善于开始的不一定有好的结局。唯独只有一天到晚小心谨慎，不敢有一点闲暇安逸，才可以达到至上之理。魏徵所说，可以说是深刻懂得治国之要。

资治通鉴卷第一百九十五　唐纪十一

起强圉作噩五月，尽上章困敦，凡三年有奇。

【译文】起丁酉（公元637年）五月，止庚子（公元640年），共三年八个月。

【题解】本卷记录了公元637年五月至640年的史事，共三年又八个月，正当唐太宗贞观十一年到十四年，是贞观之治的中后期，唐朝太平景象达到极盛。唐灭高昌，设置西州，西域纳入唐朝版图，唐代疆域东极于海，西至焉耆，南尽林邑，北抵大漠，东西九千五百一十里，南北一万九百一十里。这一时期，政治稳定，君臣和谐。同时，唐太宗李世民令高士廉等人修订《氏族志》，压制旧士族势力，抬高皇室地位。还倡导儒学，主持编修《五经正义》，广泛征集天下名儒担任学官，高丽、百济、新罗、高昌、吐蕃等国士子到长安求学，唐朝太学成为世界著名大学。但唐太宗开始有些骄傲自负，纳谏不如贞观初年，魏徵等大臣时时敲警钟。

太宗文武大圣大广孝皇帝中之上

贞观十一年(丁酉，公元六三七年)五月，壬申，魏徵上疏，以为："陛下欲善之志不及于昔时，闻过必改少亏于曩日，谴罚积多，威怒微厉。乃知贵不期骄，富不期侈，非虚言也。且以隋之府库、仓廪、户口、甲兵之盛，考之今日，安得拟伦! 然隋以富强动之而危，我以寡弱静之而安；安危之理，皎然在目。昔隋之未乱也，自谓必无乱；其未亡也，自谓必无亡。故赋役无穷，征伐不息，以至祸将及身而尚未之寤也。夫鉴形莫如止水，鉴败莫如亡国。伏愿取鉴于隋，去奢从约，亲忠远佞，以当今之无事，行畴昔之恭俭，则尽善尽美，固无得而称焉。夫取之实难，守之甚易，陛下能得其所难，岂不能保其所易乎！"

【译文】 贞观十一年（丁酉，公元637年）五月，壬申日（五月无此日），魏徵上奏疏，他认为："陛下想要行善的心，已经不如从前；而且闻过必改的事，也比往昔稍微减少。谴责惩罚，已经逐渐增多；发威愤怒，也逐渐厉害。由此可知古人所说：'尊贵的人，自然就会渐渐显出骄傲；富有的人，自然就会渐渐形成奢靡。'这的确不是虚妄的话。况且隋朝的府库、仓廪、户口、兵器那么众多，看看我们今日的一切，哪里比得上隋朝呢？然而隋朝虽然富强，时常动乱就会危险，而我们虽然寡弱，安然不动就可以平安。安危的道理，明显地可以看出来。以前隋朝还没有动乱的时候，自己认为必定不会有动乱；还没有灭亡的时候，自己认为必定不会有灭亡，因而赋税徭役繁多，征伐不停，甚至祸乱降临身上，还不知觉悟。要鉴别形貌的美恶，不如用平静的止水去鉴照；要审察失败的道理，不如从灭亡的朝代去察看。我虔诚盼望陛下将隋朝作为殷鉴，摈弃奢侈，崇尚俭朴，亲近忠臣，远离小人。倘若在现在安定无事的时候，还能做到从前的恭敬俭约，那么一切的事情都能够做到至善至美，既然做到了这种境地，也就做到无以复加了。一般说来，攻取天下实在困难，固守天下十分容易，陛下现在既然能够得到天下，难道就不能保有天下吗？"

六月，右仆射虞恭公温彦博薨。彦博久掌机务，知无不为。上谓侍臣曰："彦博以忧国之故，精神耗竭，我见其不逮，已二年矣，恨不纵其安逸，竟夭天年！"

丁巳，上幸明德宫。

己未，诏荆州都督荆王元景等二十一王所任刺史，咸令子孙世袭。戊辰，又以功臣长孙无忌等十四人为刺史，亦令世袭，非有大故，无得黜免。

己巳，徙许王元祥为江王。

【译文】 六月，右仆射虞恭公温彦博去世。温彦博长久掌管机要的事务，凡是熟知的事，无不尽力去做。唐太宗对侍臣说："温彦博因为操劳国事，精神耗损殆尽，我见到他的精神不如以前已经两年了。我不能让他过安逸的日子，竟然使他就这样病死，实在感到后悔。"

丁巳日（初四），唐太宗到了明德宫。

己未日（初六），唐太宗颁布诏书：荆州都督荆王李元景等二十一王所担任的刺史，都让他们的子孙世代承袭。戊辰日（十五日），唐太宗又任用功臣长孙无忌等十四人担任刺史，也命令他们的子孙世代承袭；没有重大的事故，不得罢官免职。

己巳日（十六日），许王李元祥被改封为江王。

【乾隆御批】 唐室之衰由方镇跋扈不驯，得自专世袭故耳。太宗令元景等世袭刺史，虽行之逾年，旋即停罢，然已有以开其端矣。

【译文】 唐王朝的衰落，就是由于地方势力过大，专横暴戾不服管教而且又可以世代承袭造成的。唐太宗让李元景等人可以世代承袭刺史的职位，虽然过了一年就立即停止了，可是已经开了头了。

秋，七月，癸未，大雨，榖、洛溢入洛阳宫，坏官寺、民居，溺死者六千馀人。

魏徵上疏，以为："《文子》曰：'同言而信，信在言前；同令而行，诚在令外。'自王道休明，十有馀年，然而德化未洽者，由待下之情未尽诚信故也。今立政致治，必委之君子；事有得失，或访之小人。其待君子也敬而疏，遇小人也轻而狎；狎则言无不尽，疏则情不上通。夫中智之人，岂无小慧！然才非经国，虑不及远，虽竭力尽诚，犹未免有败；况内怀奸宄，其祸岂不深乎！夫虽君子不能无小过，苟不害于正道，斯可略矣。既谓之君子而复疑其不信，何异立直木而疑其影之曲乎！陛下诚能慎选君子，以礼信用之，何忧不治！不然，危亡之期，未可保也。"上赐手诏褒美曰："昔晋武帝平吴之后，志意骄怠，何曾位极台司，不能直谏，乃私语子孙，自矜明智，此不忠之大者也。得公之谏，朕知过矣。当置之几案以比弦、韦。"

【译文】秋季，七月，癸未日（初一），天下大雨，谷水和洛水涨满流入洛阳宫，冲毁了宫殿、寺观和百姓的房屋，淹死了六千多人。

魏徵上了奏疏，他认为："《文子》说：'相同的言语，假如是可信的，在没有说以前，已经具有真实；相同的法令，假如是可行的，在法令以外，一定含有诚意。'自从陛下即位以来，政治清明，虽然已经有十多年了，但是道德教化之所以不能达到融洽，那是由于陛下对待臣民的心不能尽到诚信罢了。现在要想建立一个太平盛世，一定要将政事委托君子，倘若国事有了差错，或许再来探问小人。陛下现在对待君子，虽然恭敬但太疏远；对待小人，虽然轻慢却很亲近。亲近就可以无话不谈，疏远就会让内情无法上达。一般中等智慧的人，哪里会没有小聪明？

资治通鉴

只是他的才华无法治国，他的思虑不能致远，虽然他们竭尽心力和诚信，可是仍然难以避免失败；何况那些心怀奸诈的小人，他们所造成的祸乱，难道不是更多吗？大抵一位君子，虽然不能没有小的过错，假如对于正道不会有什么损害，那也不必去苛责他了。既然说他是一位君子，倘若再去怀疑而不信任他，这样和树立一根直的木头而又怀疑它的影子会变成弯曲的又有什么不同呢？陛下只要真能慎择君子，用礼数诚信来任用他们，天下哪里还用担心治理不好呢？否则，就不能保证永远不会遭到危险和败亡。"唐太宗看到魏徵的这份奏疏，就赐给他一份亲手所写的诏书，并且褒奖夸赞他说："以前晋武帝平定吴国以后，心意骄慢怠惰，何曾的官位高到宰相，可是他不肯直接进谏忠言，而只是告诉他的子孙，来夸耀自己的聪明才智，这是最大的不忠。我看到你的谏言，已经知晓自己的过失。我会把你的谏言放在我的桌子上，用它来针砭我的过失。"

乙未，车驾还洛阳，诏："洛阳宫为水所毁者，少加修缮，才令可居。自外众材，给城中坏庐舍者。令百官各上封事，极言朕过。"壬寅，废明德宫及飞山之玄圃院，给遭水者。

八月，甲子，上谓侍臣曰："上封事者皆言朕游猎太频；今天下无事，武备不可忘，朕时与左右猎于后苑，无一事烦民，夫亦何伤！"魏徵曰："先王惟恐不闻其过。陛下既使之上封事，止得恣其陈述。苟其言可取，固有益于国；若其无取，亦无所损。"上曰："公言是也。"皆劳而遣之。

【译文】乙未日（十三日），唐太宗自明德宫回到洛阳宫。在诏书上说："洛阳宫被水所冲毁的，稍加修整以后，即令迁入居住。其他的许多材料，分给城里被水冲毁房屋的人。同时命令官

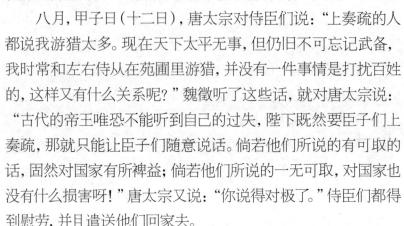

吏们各自上奏疏,尽量说出我的过失。"壬寅日(二十日),唐太宗废弃了明德宫和飞山宫的玄圃院,让给遭受水灾的百姓居住。

八月,甲子日(十二日),唐太宗对侍臣们说:"上奏疏的人都说我游猎太多。现在天下太平无事,但仍旧不可忘记武备,我时常和左右侍从在苑圃里游猎,并没有一件事情是打扰百姓的,这样又有什么关系呢?"魏徵听了这些话,就对唐太宗说:"古代的帝王唯恐不能听到自己的过失,陛下既然要臣子们上奏疏,那就只能让臣子们随意说话。倘若他们所说的有可取的话,固然对国家有所裨益;倘若他们所说的一无可取,对国家也没有什么损害呀!"唐太宗又说:"你说得对极了。"侍臣们都得到慰劳,并且遣送他们回家去。

侍御史马周上疏,以为:"三代及汉,历年多者八百,少者不减四百,良以恩结人心,人不能忘故也。自是以降,多者六十年,少者才二十馀年,皆无恩于人,本根不固故也。陛下当隆禹、汤、文、武之业,为子孙立万代之基,岂得但持当年而已!今之户口不及隋之什一,而给役者兄去弟还,道路相继。陛下虽加恩诏,使之裁损,然营缮不休,民安得息!故有司徒行文书,曾无事实。昔汉之文、景,恭俭养民,武帝承其丰富之资,故能穷奢极欲而不至于乱。向使高祖之后即传武帝,汉室安得久存乎!又,京师及四方所造乘舆器用及诸王、妃、主服饰,议者皆不以为俭。夫昧旦丕显,后世犹怠,陛下少居民间,知民疾苦,尚复如此,况皇太子生长深宫,不更外事,万岁之后,固圣虑所当忧也。臣观自古以来,百姓愁怨,聚为盗贼,其国未有不亡者,人主虽欲追改,不能复全。故当修于可修之时,不可悔之于既失之后也。盖幽、厉尝笑桀、纣矣,炀帝亦笑周、齐矣,不可使后之笑今如今之笑

资治通鉴

炀帝也! 贞观之初, 天下饥歉, 斗米直匹绢, 而百姓不怨者, 知陛下忧念不忘故也。今比年丰穰, 匹绢得粟十馀斛, 而百姓怨咨者, 知陛下不复念之, 多营不急之务故也。自古以来, 国之兴亡, 不以畜积多少, 在于百姓苦乐。且以近事验之, 隋贮洛口仓而李密因之, 东都积布帛而世充资之, 西京府库亦为国家之用, 至今未尽。夫畜积固不可无, 要当人有馀力, 然后收之, 不可强敛以资寇敌也。夫俭以息人, 陛下已于贞观之初亲所履行, 在于今日为之, 固不难也。陛下必欲为久长之谋, 不必远求上古, 但如贞观之初, 则天下幸甚。陛下宠遇诸王, 颇有过厚者, 万代之后, 不可不深思也。且魏武帝爱陈思王, 及文帝即位, 囚禁诸王, 但无缧绁耳。然则武帝爱之, 适所以苦之也。又, 百姓所以治安, 唯在刺史、县令, 苟选用得人, 则陛下可以端拱无为。今朝廷唯重内官而轻州县之选, 刺史多用武人, 或京官不称职始补外任, 边远之处, 用人更轻。所以百姓未安, 殆由于此。"疏奏, 上称善久之。谓侍臣曰: "刺史, 朕当自选; 县令, 宜诏京官五品已上各举一人。"

【译文】 侍御史马周呈上奏疏, 他认为: "夏朝、商朝、周朝和汉朝, 所经历的年代多的到了八百年, 少的也不少于四百年。这些朝代的年代之所以这么久长, 都是由于君王的恩泽固结人心, 百姓不能忘怀天子恩泽。不过自汉朝以后, 历朝的年代, 多的不过六十年, 少的只有二十多年。这都是由于君主对百姓没有恩泽, 国家的根本不能坚固罢了。陛下应当兴盛夏禹、商汤、文王、武王的功业, 为子孙开创万代的基业, 哪里可以只想到自己活着的这个年代呢? 现在的户口比不上隋朝的十分之一, 可是供给徭役的人, 哥哥离家以后, 弟弟才能返回, 所以, 道路上服役的人，接连不断。陛下虽然颁布施加恩泽的诏书，让官吏们减少徭役，但是营建修缮的事仍旧不停，百姓哪里还可以休息呢？所以空有官府文书的来往，但没有实际的功效。从前汉朝的文帝和景帝，教养百姓恭敬节俭，汉武帝承继他们丰富的资产，所以能够过着极端奢靡的生活，放纵他无穷的欲望，但还不至于掀起动乱。倘若汉高祖以后就传给汉武帝，汉朝哪里还能够长久存在呢？还有京师和四方制造的天子所用的用品器具，以及许多王侯、妃嫔、公主的服装饰物，评议的人都认为不合乎俭朴。古人所说的：早起勤奋便可获得伟大的荣耀，但后世的人却还是懈怠。陛下年轻时住在民间，最能了解百姓的痛苦，生活尚且还是这样的奢靡，何况皇太子成长在皇宫中，没有在宫外做事的经验，陛下一旦去世以后的事情，是陛下最应该忧虑的！我看自古以来，百姓怨恨愁苦，聚集成为盗匪，这样国家没有不灭亡的，国君虽然想要追悔改过，那时已经不能恢复安全。因此在国家可以治理的时候，就应当去治理，不可在已经失败之后再来悔恨。大抵周幽王和周厉王笑过夏桀和商纣的灭亡，隋炀帝也笑过周朝和齐国的败亡，但千万不可让后代的人来笑我们现在的唐朝，正如我们现在笑隋炀帝啊！贞观的初年，天下发生饥荒，一斗米就值一匹绢，但是百姓毫无怨言，是因为知道陛下从来就没有忘怀他们。现在连年丰收，一匹绢就可以换得十多斛的粟，百姓之所以散发怨言，那是知道陛下不再思念他们，只是做许多不急之事的缘故。自古以来，国家的兴亡，不是取决于贮藏粮食的多少，而是取决于百姓生活的苦乐。而且就拿近代的事情来做证明，隋朝所贮藏粮食的洛口仓，反而被李密所利用；东都所储存的布帛，反而被王世充所利用。西京的府库虽然作为国家之用，可是直到现在还没有用尽。这样看来，国家固然不可不贮存粮食布帛，但最重要的是百姓有了余力，然后才来征收，但千万不能强迫征收，这样反而资助了敌寇。大概节俭可以安定人心，陛下已经在贞观的初年，亲自去做过了。倘若要在今天也来这样做，应该不是一件困难的事情。陛下想要做长久的打算，不必采用古代的做法，只要做到像贞观初年，那天下的百姓就有福了。陛下宠爱许多王侯，有的过于优厚，但不能不想想陛下百年以后会发生什么事情！从前魏武帝曹操宠爱陈思王曹植，但等到魏文帝曹丕即位，拘禁了许多王侯，只是不用绳索捆绑罢了。那么魏武帝对曹植的宠爱，正好使他受苦。还有百姓之所以能够这样安分平静，都是因为刺史县令任用得人，假如选用刺史县令得人，那么陛下可以端坐拱手而不必做事。如今朝廷只是重视京畿官吏的选拔，但对于州县官吏的选拔却非常轻率。刺史大多任用武人，有时京畿的官吏不能称职，才派遣到京外去，边远的地方，任用官吏更是轻率，所以百姓不能安定，大概都是这个缘故。"唐太宗见到了奏疏称赞不已，同时对侍臣说："刺史我应该亲自来选派，县令就应当命令五品以上的官吏每人举荐一人。"

冬，十月，癸丑，诏勋戚亡者皆陪葬山陵。

上猎于洛阳苑，有群豕突出林中，上引弓四发，殪四豕。有豕突前，及马镫；民部尚书唐俭投马搏之，上拔剑斩豕，顾笑曰："天策长史不见上将击贼邪，何惧之甚！"对曰："汉高祖以马上得之，不以马上治；陛下以神武定四方，岂复逞雄心于一兽！"上悦，为之罢猎，寻加光禄大夫。

【译文】冬季，十月，癸丑日（初二），唐太宗命令功臣亲戚死亡后，都陪葬在皇帝的坟墓旁。

唐太宗在洛阳的苑囿里游猎，有许多猪突然从树林中冲出来，唐太宗拉弓射了四支箭，射死了四只猪。有一只猪突然冲向唐太宗骑马的马镫，民部尚书唐俭从马上跳下来用手搏打它，唐太宗也拔出剑来斩杀这只猪，看着唐俭露出微笑说："天策长史，没看到上将正要进攻敌人吗？为什么要这样恐惧？"唐俭回答唐太宗说："我只听说汉高祖从马上得到天下，但不从马上治理天下。陛下凭聪明威武来平定天下，哪里还用对一只禽兽来表现您的雄心呢？"唐太宗非常高兴，因此停止了游猎，不久，加封唐俭为光禄大夫。

安州都督吴王恪数出畋猎，颇损居人；侍御史柳范奏弹之。丁丑，恪坐免官，削户三百。上曰："长史权万纪事吾儿，不能匡正，罪当死。"柳范曰："房玄龄事陛下，犹不能止畋猎，岂得独罪万纪！"上大怒，拂衣而入。久之，独引范谓曰："何面折我？"对曰："陛下仁明，臣不敢不尽愚直。"上悦。

十一月，辛卯，上幸怀州；丙午，还洛阳宫。

故荆州都督武士彟女，年十四，上闻其美，召入后宫，为才人。

【译文】安州都督吴王李恪经常出去畋猎，对于百姓有极大的损害，侍御史柳范上奏疏弹劾他。丁丑日（二十六日），吴王李恪被定罪免除官职，削夺食邑三百户。唐太宗又说："长史权万纪侍奉我的儿子，不能匡正过失，我应该判他死罪。"柳范对唐太宗说："房玄龄侍奉陛下，还是无法阻止您的畋猎，哪里可以单独惩罚权万纪呢？"唐太宗大怒，衣袖一甩进去。很久以后，单独召见柳范并且对他说："你为什么当面折辱我呢？"柳范对唐太宗说："陛下仁慈贤明，我不敢不表示我的愚诚忠直。"唐太宗听了非常高兴。

十一月，辛卯日（十一日），唐太宗到了怀州。丙午日（二十六日），唐太宗又回到洛阳宫。

前荆州都督武士彟，他的女儿才十四岁，唐太宗听说她非常美丽，就召入后宫为才人。

贞观十二年（戊戌，公元六三八年）春，正月，乙未，礼部尚书王珪奏："三品已上遇亲王于路皆降乘，非礼。"上曰："卿辈苟自崇贵，轻我诸子。"特进魏徵曰："诸王位次三公，今三品皆九卿、八座，为王降乘，诚非所宜当。"上曰："人生寿夭难期，万一太子不幸，安知诸王他日不为公辈之主！何得轻之！"对曰："自周以来，皆子孙相继，不立兄弟，所以绝庶孽之窥窬，塞祸乱之源本，此为国者所深戒也。"上乃从珪奏。

【译文】贞观十二年（戊戌，公元638年）春季，正月，乙未日（十五日），礼部尚书王珪上奏疏说："三品以上的官员在路上遇到亲王，都要从车上下来，来表示尊敬，这是不合乎礼节的。"唐太宗说："你们只是自求尊贵，但是却轻视了我的几个儿子。"特进魏徵说："亲王的品位都列在三公后面，现在九卿、八座都位列三品，看见亲王就要下车致敬，实在不适宜。"唐太宗说："人的寿命长短难以预料，万一太子死了，哪里知道这许多亲王日后就不能成为你们的君主呢？哪里能够轻视他们？"魏徵对唐太宗说："自从周朝以来，王位都是由子孙来承继的，不是兄弟相传，这样就是要断绝庶子的非分之想，堵塞祸乱的根源，这是治理国家的人应当深自警戒的。"唐太宗听了魏徵的话，就采纳了王珪奏疏的请求。

吏部尚书高士廉、黄门侍郎韦挺、礼部侍郎令狐德棻、中书侍郎岑文本撰《氏族志》成，上之。先是，山东人士崔、卢、李、郑诸族，好自矜地望，虽累叶陵夷，苟他族欲与为昏姻，必多责财币，或舍其乡里而妄称名族，或兄弟齐列而更以妻族相陵。上恶之，命士廉等遍责天下谱谍，质诸史籍，考其真伪，辨其昭穆，第其甲乙，褒进忠贤，贬退奸逆，分为九等。士廉等以黄门侍郎崔民干为第一。上曰："汉高祖与萧、曹、樊、灌皆起闾阎布衣，卿辈至今推仰，以为英贤，岂在世禄乎！高氏偏据山东，梁、陈僻在江南，虽有人物，盖何足言；况其子孙才行衰薄，官爵陵替，而犹印然以门地自负，贩鬻松槚，依托富贵，弃廉忘耻，不知世人何为贵之！今三品以上，或以德行，或以勋劳，或以文学，致位贵显。彼衰世旧门，诚何足慕！而求与为昏，虽多输金帛，犹为彼所偃蹇，我不知其解何也！今欲厘正讹谬，舍名取实，而卿曹犹以崔民干为第一，是轻我官爵而徇流俗之情也。"乃更命刊定，专以今朝品秩为高下。于是，以皇族为首，外戚次之。降崔民干为第三。凡二百九十三姓，千六百五十一家，颁于天下。

【译文】吏部尚书高士廉、黄门侍郎韦挺、礼部侍郎令狐德棻、中书侍郎岑文本一起撰写的《氏族志》已经完成，于是将书呈献唐太宗。这以前，山东崔、卢、李、郑四个家族的人士，总是喜欢标榜自己的门第，虽然几代后已经衰微，假如其他的家族想和他们结为姻亲，他们必定要求很多的财物货币。导致当时有人丢弃原来的籍贯而冒称名门士族，有的兄弟二人族望相等便以妻族背景相互比斗。唐太宗厌恶他们，所以命令高士廉等人遍求天下的谱牒，并用一些史籍来匡正，以稽考它的真伪，并且辨别他们的行辈，区别甲乙的品第。褒扬进用忠贤的人，贬

资治通鉴

谪退免奸佞的人，书中一共分成九等。高士廉等人将黄门侍郎崔民干列为第一。唐太宗说："汉高祖和萧何、曹参、樊哙、灌婴都是从乡里的平民崛起，公卿到如今还是推重敬慕他们，认为他们是英雄贤士，他们哪里是世世代代做官的呢？北齐僻处山东，梁、陈偏安江南，虽然有不少的英雄，但是哪里有值得谈说的呢？何况他们的子孙才能德行又极其衰微薄弱，官爵也逐渐衰落，但他们还是昂然自得以门第为傲，虽然职位低贱，但依托富贵，丢弃廉耻，真不知晓世上的人为什么还要这样尊崇他们？如今三品以上的公卿，有的是有完美的操守，有的是有显赫的功勋，有的是有文学才华，因而才获得了显贵的爵位。那些衰落的古老门第，还有什么值得钦羡？而且要求和他们结为姻亲，虽然多送一些金帛，但婚期还是被他们拖延，我想知道你们对此有什么看法？现在想要纠正这种错误，必须舍去虚名撷取真实，但你们所编撰的《氏族志》还将崔民干列为第一，这是轻视我们的官爵，而遵从一般的风俗！"于是唐太宗再次颁布命令审定《氏族志》，专以如今朝廷的品秩为准区分高低。首先将皇族列为第一，其次是外戚，崔民干降到第三。一共收有二百九十三姓，一千六百五十一家。唐太宗下令公布天下。

【乾隆御批】 当涂以九品衡人，致士大夫矜其地望，遂有上品无寒门，下品无势族之饥，自晋及隋相沿不变。太宗举汉初英贤，立论足以针砭膏肓且姓谱既颁，使天下知，衰世旧门不敢与兴朝勋阀相抗，而天下潢为氏族弃冕亦犹周家之薛不先滕书法。不以为然，失之吹求矣！

【译文】 当涂用九个等级衡量人，导致士大夫们以其所在郡县为骄傲，最终产生了"上品无寒门，下品无士族"的讽刺，这种注重门第的风气自晋朝一直到隋朝，一直沿袭没有改变。唐太宗列举西汉初年功臣为例所发的议论，完全指出了问题的要害之处。更何况《氏族志》已经颁布，让天下的人知道衰败没落的世家大族与在国家建立过程中立过功勋的家族是不能相抗衡的，并且天下的人争先装点氏族衣冠，也像周朝的薛公与滕公一样争夺尊位。史家不认为是对的，在刻意寻找毛病方面有失误了。

二月，乙卯，车驾西还；癸亥，幸河北，观砥柱。

甲子，巫州獠反，夔州都督齐善行败之，俘男女三千馀口。

乙丑，上祀禹庙。丁卯，至柳谷，观盐池。庚午，至蒲州，刺史赵元楷课父老服黄纱单衣迎车驾，盛饰廨舍楼观，又饲羊百馀口、鱼数百头以馈贵戚。上数之曰："朕巡省河、洛，凡有所须，皆资库物。卿所为乃亡隋之弊俗也。"甲戌，幸长春宫。

戊寅，诏曰："隋故鹰击郎将尧君素，虽桀犬吠尧，有乖倒戈之志，而疾风劲草，实表岁寒之心；可赠蒲州刺史，仍访其子孙以闻。"

闰月，庚辰朔，日有食之。

丁未，车驾至京师。

【译文】二月，乙卯日（初五），唐太宗从洛阳回到长安。癸亥日（十三日），唐太宗又到了河北，观览砥柱山。

甲子日（十四日），巫州獠造反，夔州都督齐善行击败了他们，俘获男人妇女三千多人。

乙丑日（十五日），唐太宗祭祀禹庙。丁卯日（十七日），唐太宗又到了柳谷，参观了盐池。庚午日（二十日），唐太宗又到了蒲州。刺史赵元楷命父老穿着黄纱的单衣欢迎唐太宗，同时又大大装饰廨署的楼台亭观，又饲养一百多头羊、几百条鱼，用来馈赠权贵和唐太宗的亲戚。唐太宗责备他说："我巡视洛河一带时，凡是我需要用的财物，都是从官库里取用的，你所做的，是隋朝腐败的作风。"甲戌日（二十四日），唐太宗到了长春宫。

戊寅日（二十八日），唐太宗颁布诏书说："隋朝去世的鹰击郎将尧君素，虽然他为主尽忠，不分仁暴，违背倒戈投降的心意，可是他那种崇高的节操，确实显示出他坚贞的心怀，可以追赠他为蒲州刺史，并且探访他的子孙来让我听闻。"

闰二月，庚辰朔日（初一），出现日食。

丁未日（二十八日），唐太宗回到京师。

三月，辛亥，著作佐郎邓世隆表请集上文章。上曰："朕之辞令，有益于民者，史皆书之，足为不朽。若其无益，集之何用！梁武帝父子、陈后主、隋炀帝皆有文集行于世，何救于亡！为人主患无德政，文章何为！"遂不许。

【译文】三月，辛亥日（初二），著作佐郎邓世隆上表请求结集唐太宗的文章，唐太宗说："我的文辞对于百姓有裨益的，史书上均有记载，已经可以不朽；假如是无所裨益的，结集起来又有什么用呢？梁武帝父子、陈后主、隋炀帝都有文集刊行于世，但对于败亡又有什么补救？做国君的最害怕没有德政，刊行文集又有什么用呢？"最终没有答应他的请求。

丙子，以皇孙生，宴五品以上于东宫。上曰："贞观之前，从朕经营天下，玄龄之功也。贞观以来，绳愆纠缪，魏徵之功也。"皆赐之佩刀。上谓徵曰："朕政事何如往年？"对曰："威德所加，比贞观之初则远矣；人悦服则不逮也。"上曰："远方畏威慕德，故来服；若其不逮，何以致之？"对曰："陛下往以未治为忧，故德义日新；今以既治为安，故不逮。"上曰："今所为，犹往年也，何以异？"对曰："陛下贞观之初，恐人不谏，常导之使言，中间悦而从之。今则不然，虽勉从之，犹有难色。所以异也。"上曰："其事可闻欤？"对曰："陛下昔欲杀元律师，孙伏伽以为法不当死，陛下赐以兰陵公主园，直百万。或云：'赏太厚。'陛下云：'朕即位以来，未有谏者，故赏之。'此导之使言也。司户柳雄妄诉隋资，陛下欲诛之，纳戴胄之谏而止。是悦而从之也。近皇甫德参上书谏修洛阳宫，陛下恚之，虽以臣言而罢，勉从之也。"上曰："非公不能及此。人苦不自知耳！"

【译文】 丙子日（二十七日），因为皇孙诞辰，在东宫宴请了五品以上的官吏，唐太宗对他们说："贞观以前，跟随我经营天下的，房玄龄的功劳最多；贞观以来，纠正过失，魏徵的功劳最大。"唐太宗将佩刀送给他们。唐太宗问魏徵说："我的政事和过去相比怎么样？"魏徵回答他说："威德加于四方则远超过贞观初年；人心悦服则不如从前。"唐太宗说："远方所以前来归顺，是畏威慕德的缘故，假如我的威德不如从前，怎样能使我这样呢？"魏徵又对唐太宗说："陛下过去总是担忧天下不能治好，因而不断修治仁义道德；现在总是安于天下已经治好，所以不如从前积极修治仁义道德。"唐太宗说："现在我所做的，和往年一样，有什么不同的呢？"魏徵对唐太宗说："陛下在贞观初年，唯恐人不提出谏言，经常引导人来说话，假如谏言中肯正确，陛下就喜欢听从他的谏言。可现在就不是这样，陛下对于谏言，虽然勉强同意，但脸上还是有为难的表情，这就是和以前的不同。"唐太宗又说："哪件事是这样的，你可以说给我听听吗？"魏徵对唐太宗说："陛下从前想要杀死元律师，但孙伏伽却谏言在法律上不应该判他为死罪，陛下就赐给孙伏伽兰陵公

资治通鉴

主的园地，这个园地价值百万，有的人说这个赏赐过于优厚，陛下却说：'我即位以来，还没有人向我提出谏言，因此我要重赏他。'这就是引导人说话呀！司户柳雄假冒隋朝所授的官资，陛下想要惩罚他，后来采用戴胄的谏言因而停止，这就是陛下喜欢而听从的事。最近皇甫德参上奏疏谏止修理洛阳宫的事，陛下特别生气，后来虽然经过我的解说而停止，这就是勉强听从的事。"唐太宗说："不是你不能剖析得如此精当，人最怕的是不知晓自己的过错。"

夏，五月，壬申，弘文馆学士永兴文懿公虞世南卒，上哭之恸。世南外和柔而内忠直，上尝称世南有五绝：一德行，二忠直，三博学，四文辞，五书翰。

秋，七月，癸酉，以吏部尚书高士廉为右仆射。

乙亥，吐蕃寇弘州。

八月，霸州山獠反，烧杀刺史向邵陵及吏民百馀家。

初，上遣使者冯德遐抚慰吐蕃，吐蕃闻突厥、吐谷浑皆尚公主，遣使随德遐入朝，多赍金宝，奉表求婚；上未之许。使者还，言于赞普弃宗弄赞曰："臣初至唐，唐待我甚厚，许尚公主。会吐谷浑王入朝，相离间，唐礼遂衰，亦不许婚。"弄赞遂发兵击吐谷浑。吐谷浑不能支，遁于青海之北，民畜多为吐蕃所掠。

【译文】夏季，五月，壬申日（二十五日），弘文馆学士永兴人文懿公虞世南去世，唐太宗悲伤地痛哭。虞世南的外表温柔和蔼，但他的内心却忠诚正直，唐太宗曾经称赞虞世南有五件事是别人所不能做到的：一是德行，二是忠直，三是博学，四是文章，五是书法。

秋季，七月，癸酉日（二十七日），唐太宗任用吏部尚书高士廉为右仆射。

乙亥日（二十九日），吐蕃入侵弘（胡三省曰："弘恐当作松。"）州。

八月，霸州山獠造反，烧毁以及屠杀刺史向邵陵和官吏百姓一百多家。

最初，唐太宗派遣使者冯德遐安抚慰问吐蕃，吐蕃听闻突厥和吐谷浑都想娶公主，于是派遣使者跟随冯德遐到朝廷去，赠送许多金宝，上奏求婚，唐太宗没有允许。使者回到吐蕃，对他的君长弃宗弄赞说："我最初到了大唐，唐人对待我十分优厚，应允公主的婚事，碰巧吐谷浑王也到了朝廷，因为他的从中挑拨，唐朝对我的礼遇也就逐渐衰薄，而且也不再答应公主的婚事。"弃宗弄赞听了使者的话，因此就派军进攻吐谷浑，吐谷浑无法支持，逃到青海的北面，部属家畜大多被吐蕃所掠夺。

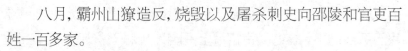

吐蕃进破党项、白兰诸羌，帅众二十馀万屯松州西境，遣使贡金帛，云来迎公主。寻进攻松州，败都督韩威；羌酋阁州刺史别丛卧施、诺州刺史把利步利并以州叛归之。连兵不息，其大臣谏不听而自缢者凡八辈。壬寅，以吏部尚书侯君集为当弥道行军大总管，甲辰，以右领军大将军执失思力为白兰道、左武卫将军牛进达为阔水道、左领军将军刘简为洮河道行军总管，督步骑五万击之。

吐蕃攻城十馀日，进达为先锋，九月，辛亥，掩其不备，败吐蕃于松州城下，斩首千馀级。弄赞惧，引兵退，遣使谢罪，因复请婚；上许之。

【译文】吐蕃攻破党项和白兰一带的羌族，然后又带领二十多万的军队驻守在松州的西面，派遣使者进贡金宝绢帛，

414

并且说他们是来迎娶公主的。不久又攻打松州，击败了都督韩威。羌族的酋长阎州（按《旧唐书·地理志》："剑南道、松州，贞观二年督阔诺等二十五羁縻州。"阎疑阔之讹）刺史别丛卧施和诺州刺史把利步利率领全州叛变归服吐蕃。连年兵乱不停，他的大臣进谏不听而上吊自杀的，一共有八人。壬寅日（二十七日），唐太宗任用吏部尚书侯君集为当弥道行军大总管。甲辰日（二十九日），又任用右领军大将军执失思力为白兰道行军总管、左武卫将军牛进达为阔水道行军总管、左领军将军刘简（按《新旧唐书·吐蕃传》，刘简皆作刘兰，当从改之）为洮河道行军总管，督率步骑兵五万人攻打吐蕃。

吐蕃进攻松州城十多日，牛进达担任唐军的先锋，九月，辛亥日（初六），趁吐蕃没有防备的时候，突然进行攻击，在松州城下击败了吐蕃，斩杀了一千多人的首级。弃宗弄赞恐惧，带领军队退回，派遣使者前来道歉，并且又请求迎娶公主，唐太宗就答应了他。

甲寅，上问侍臣："帝王创业与守成孰难？"房玄龄曰："草昧之初，与群雄并起角力而后臣之，创业难矣！"魏徵曰："自古帝王，莫不得之于艰难，失之于安逸，守成难矣！"上曰："玄龄与吾共取天下，出百死，得一生，故知创业之难。徵与吾共安天下，常恐骄奢生于富贵，祸乱生于所忽，故知守成之难。然创业之难，既已往矣；守成之难，方当与诸公慎之。"玄龄等拜曰："陛下及此言，四海之福也。"

初，突厥颉利既亡，北方空虚，薛延陀真珠可汗帅其部落建庭于都尉犍山北、独逻水南，胜兵二十万，立其二子拔酌、颉利苾主南、北部。上以其强盛，恐后难制，癸亥，拜其二子皆为小可汗，各赐鼓纛，外示优崇，实分其势。

【译文】甲寅日（初九），唐太宗问侍臣说："创业和守成哪一件事比较困难？"房玄龄说："在还没有建国的时候，和许多英雄一同角逐争斗，然后让他们俯首称臣，因此创业困难。"魏徵却说："自古以来的帝王，没有不是从艰难困苦中得到天下，从安逸享乐中失去天下的，因此守成困难。"唐太宗说："房玄龄和我共同夺取天下，经历百死一生，因而了解创业的困难；魏徵和我一同安定天下，常常担心因为富贵而生出骄傲奢靡，因为轻忽而引起灾祸动乱，所以深知守成的困难。不过，创业的困难已经过去了；守成的困难，正是我要和你们一同慎重去做的。"房玄龄等人拱手向唐太宗说："陛下能说出这些话，真是天下百姓的福气。"

起先，突厥的颉利可汗已经去世，北方防守空虚，薛延陀真珠可汗率领他的部落在都尉犍山的北面、独逻水的南面建立牙帐，有二十万的军队，让他的两个儿子拔酌和颉利苾，分别统领南部和北部。唐太宗认为他们强盛，担心后来难以控制，癸亥日（十八日），唐太宗就封他的两个儿子为小可汗，每人都赠送鼓和旗，表面上是表示特别的尊崇，其实是分化他们的势力。

【乾隆御批】岑文本论创业守成难易，当时率无轩轾，回尝著论正之，兹不复缀。

【译文】岑文本谈论创立功业和保持前人成就的艰难和容易，当时还分不出高低轻重，我在前面曾进行议论辩正，这里不再重复。

冬，十月，乙亥，巴州獠反。
己卯，畋于始平；乙未，还京师。

钧州獠反；遣桂州都督张宝德讨平之。

十一月，丁未，初置左、右屯营飞骑于玄武门，以诸将军领之。又简飞骑才力骁健、善骑射者，号百骑，衣五色袍，乘骏马，以虎皮为鞯，凡游幸则从焉。

己巳，明州獠反；遣交州都督李道彦讨平之。

【译文】冬季，十月，乙亥日（初一），巴州獠造反。

己卯日（初五），唐太宗在始平畋猎。乙未日（二十一日），唐太宗返回京师。

这时钧州獠造反。唐太宗派遣桂州都督张宝德前去征讨，并且平定了他们的叛乱。

十一月，丁未日（初三），最先在玄武门设置左、右屯营飞骑，任命一些将军来统领。又精心挑选飞骑中才力骁勇矫健、善于骑术射箭的人，号称百骑，穿着五色的袍衣，骑着颜色斑驳的马（按《新唐书·兵志》："乘六闲驳马。"驳谓颜色斑驳，正和衣五色袍相映配，故骏当作驳），用虎皮做马鞍的垫褥，凡是唐太宗游猎临幸的时候，就跟随保护。

己巳日（二十五日），明州獠造反，唐太宗派遣交州都督李道彦前去讨伐，并且讨平了他们的叛乱。

十二月，辛巳，左武侯将军上官怀仁击反獠于壁州，大破之，虏男女万馀口。

是岁，以给事中马周为中书舍人。周有机辩，中书侍郎岑文本常称："马君论事，援引事类，扬榷古今，举要删烦，会文切理，一字不可增，亦不可减，听之靡靡，令人忘倦。"

霍王元轨好读书，恭谨自守，举措不妄。为徐州刺史，与处士刘玄平为布衣交。人问玄平王所长，玄平曰："无长。"问者怪之。玄平曰:"夫人有所短乃见所长,至于霍王,无所短,吾何以称其长哉!"

【译文】十二月,辛巳日(初七),左武侯将军上官怀仁在壁州攻打叛乱的獠族,冲破他们的防守,俘获他们的男女一万多人。

这一年,唐太宗任命给事中马周为中书舍人。马周有机变辩论的才华,中书侍郎岑文本经常称赞他说:"马周评论事情,经常引用同类的事,举用古今的话来作为证明,而且能够把握要点,删除烦琐,一切的评论全都恰到好处,不可以增一字,也不可以减一字,听的人都感觉顺耳,让人忘掉疲倦。"

霍王李元轨爱好读书,为人恭谨,洁身自好,举动措施,丝毫不乱,担任徐州刺史,和处士刘玄平结为布衣之交。有人询问刘玄平霍王的长处,刘玄平说:"霍王没有什么长处。"问话的人觉得奇怪。刘玄平说:"一个人有了短处,才能看到他的长处,至于霍王,他没有短处,因而我怎么能够说出他的长处呢?"

初,西突厥咥利失可汗分其国为十部,每部有酋长一人,仍各赐一箭,谓之十箭。又分左、右厢,左厢号五咄陆,置五大啜,居碎叶以东;右厢号五弩失毕,置五大俟斤,居碎叶以西;通谓之十姓。咥利失失众心,为其臣统吐屯所袭。咥利失兵败,与其弟步利设走保焉耆。统吐屯等将立欲谷设为大可汗,会统吐屯为人所杀,欲谷设兵亦败,咥利失复得故地。至是,西部竟立欲谷设为乙毗咄陆可汗。乙毗咄陆既立,与咥利失大战,杀伤甚众。因中分其地,自伊列水以西属乙咄陆,以东属咥利失。

处月、处密与高昌共攻拔焉耆五城,掠男女一千五百人,焚其庐舍而去。

【译文】起先，西突厥咥利失可汗将他的国土分为十部，每一部设有酋长一人，而且各自赐给一支箭，称之为十箭。又分左、右两边，左边称为五咄陆，设置五大啜，居住在碎叶以东；右边称为五弩失毕，设置五大俟斤，居住在碎叶以西，总称为十姓。咥利失可汗丧失群众的拥护，遭受他的臣子统吐屯攻打。咥利失可汗打了败仗，和他的弟弟步利设逃奔焉耆。统吐屯等将要拥立欲谷设为大可汗，恰好统吐屯被人所杀，欲谷设的军队失败，咥利失可汗收复了旧地。到了这个时候，西部于是拥立欲谷设为乙毗咄陆可汗。乙毗咄陆即位以后，和咥利失可汗大战，杀死和打伤的人很多，因此就平分他的土地，自伊列水以西的土地属于乙毗咄陆，以东的土地就属于咥利失。

处月、处密和高昌联合进攻焉耆，拔取五个城，掠夺男女一千五百人，焚毁他们的房舍然后离开。

贞观十三年（己亥，公元六三九年）春，正月，乙巳，车驾谒献陵；丁未，还宫。

戊午，加左仆射房玄龄太子少师。玄龄自以居端揆十五年，男遗爱尚上女高阳公主，女为韩王妃，深畏满盈，上表请解机务；上不许。玄龄固请不已，诏断表，乃就职。太子欲拜玄龄，设仪卫待之，玄龄不敢谒见而归，时人美其有让。玄龄以度支系天下利害，尝有阙，求其人未得，乃自领之。

礼部尚书永宁懿公王珪薨。珪性宽裕，自奉养甚薄。于今，三品已上皆立家庙，珪通贵已久，独祭于寝。为法司所劾，上不问，命有司为之立庙以愧之。

【译文】贞观十三年（己亥，公元639年）春季，正月，乙巳日

（初一），唐太宗谒拜献陵。丁未日（初三），唐太宗返回宫中。

戊午日（十四日），唐太宗加封左仆射房玄龄为太子少师。房玄龄自认为担任尚书省的长官十五年，儿子房遗爱娶了唐太宗的女儿高阳公主，女儿又成为韩王李元嘉的妃子，深怕蒙受太多恩惠会招来祸患，所以上表请求解除自己重要的职务，可是唐太宗没有允许。房玄龄不停请辞，唐太宗诏告不再接受他的奏表，于是房玄龄才就职。太子想拜见房玄龄，设立仪队侍卫来等候他，房玄龄不敢去谒见太子转身回家，当时的人都称赞他有谦让的美德。房玄龄认为度支郎中关系天下的利害，曾经这个官位出现空缺，但不能找到适当的人选，因此房玄龄就自己来兼任。

礼部尚书、永宁懿公王珪去世。王珪性情宽厚，自己的奉养却十分微薄。在唐代的制度上，三品以上的官员都可以立家庙。王珪显贵日久，却在自己寝屋祭祀，被官吏弹劾，唐太宗不加查问，就命令官吏为他立庙让他感到羞愧。

二月，庚辰，以光禄大夫尉迟敬德为鄜州都督。

上尝谓敬德曰："人或言卿反，何也？"对曰："臣反是实！臣从陛下征伐四方，身经百战，今之存者，皆锋镝之馀也。天下已定，乃更疑臣反乎！"因解衣投地，出其瘢痍。上为之流涕，曰："卿复服，朕不疑卿，故语卿，何更恨邪！"

上又尝谓敬德曰："朕欲以女妻卿，何如？"敬德叩头谢曰："臣妻虽鄙陋，相与共贫贱久矣。臣虽不学，闻古人富不易妻，此非臣所愿也。"上乃止。

戊戌，尚书奏："近世掖庭之选，或微贱之族，礼训蔑闻；或刑戮之家，忧怨所积。请自今后宫及东宫内职有阙，皆选良家有才行者充，以礼聘纳；其没官口及素微贱之人，皆不得补用。”上从之。

【译文】二月，庚辰日（初七），唐太宗任命光禄大夫尉迟敬德为鄜州都督。

唐太宗曾经对尉迟敬德说："有人说你谋反，那是为什么呢？"尉迟敬德回答唐太宗说："我的造反是事实吗？我跟从陛下到处征伐，亲身经历几百次的战斗，现在我所存在的身体，都是锋刃箭镞所剩余的。天下已经安定了，您竟然又怀疑我谋反了吗？"尉迟敬德因此脱下衣服丢在地上，露出刀刃的创伤，唐太宗见了感动地流泪说："你快穿起衣服来，我不疑心你，所以才告诉你，何必恼怒呢？"

唐太宗又曾经对尉迟敬德说："我想将女儿嫁给你，怎么样呢？"尉迟敬德叩头谢罪说："我的妻子虽然卑贱，一同过着贫贱的日子，已经很久了。我虽然没有学问，但我曾经听说古人富贵的时候绝不更换妻子；娶您的女儿，不是我的愿望。"唐太宗于是打消了这种想法。

戊戌日（二十五日），尚书上奏疏说："近代掖庭女官的人选，有的出身微贱，没有学习过礼仪家训；有的出身犯罪家庭，她们累积了怨恨。请求从现在以后，后宫和东宫内的职位出现空缺，都选择良家有才能品德的女子来充任，用礼节币帛聘用。凡是撤销官职和平常微贱的人，都不得补充任用。"唐太宗采纳了他的话。

【乾隆御批】敬德初降时，唐室创业未就，朝秦暮楚或未可知，而敬德不动屈突通等进言，而太宗不疑。岂有海宇混一，大业已定，以身经百战之人而忽萌发侧之念者？使太宗果怀疑忌，虽抚视瘢痍又安能遽尔冰释是？盖传闻异辞，至谓辞谢尚主，则是借宋弘以傅会其事，不待辩而知其妄矣。

【译文】尉迟敬德刚投降的时候，唐王朝的创业还没有完成，那时候有人朝秦暮楚、反复无常可能没法确定，可是尉迟敬德没有因屈突通的进言而动摇，那时唐太宗没有对他怀疑。哪有在统一全国，大业已定的时候，作为一个身经百战的人忽然会产生反叛的念头呢？如果唐太宗真的对他有了怀疑猜忌，即使看见抚摩他的伤疤，又怎么会马上消除对他的怀疑猜忌呢？这都是传说不一致。至于推辞嫁娶公主的事，则是借宋弘的故事来进行附会，这不用争论真假就可以知道它是没有事实根据的话了。

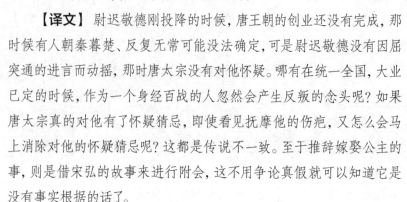

上既诏宗室群臣袭封刺史，左庶子于志宁以为古今事殊，恐非久安之道，上疏争之。侍御史马周亦上疏，以为："尧、舜之父，犹有朱、均之子。傥有孩童嗣职，万一骄愚，兆庶被其殃而国家受其败。正欲绝之也，则子文之治犹在；正欲留之也，而栾黡之恶已彰。与其毒害于见存之百姓，则宁使割恩于已亡之一臣，明矣。然则向所谓爱之者，乃适所以伤之也。臣谓宜赋以茅土，畴其户邑，必有材行，随器授官，使其人得奉大恩而子孙终其福禄。"

【译文】唐太宗已经下了诏书，颁布宗室和群臣袭封刺史的制度。左庶子于志宁认为这种决定与古代不同，担心不是长治久安的道理，上奏疏争论。侍御史马周也上了奏疏，他认为："尧、舜那样圣明的父亲，还是有丹朱、商均那样愚劣的儿子。如果有孩童承继官职，万一骄纵愚昧，百姓就要遭殃，国家就要败亡。如果想取消他的袭职，则其先人功劳尚在；如欲保留袭封之事，则他的罪恶已昭彰于世。由此看来，与其让活着的百姓遭受毒害，不如让死去的臣子失去恩宠，这个道理是十分明显的。这样看来一向称之为爱护他们的做法，其实正是害他们。我认为封给他官职，送给他食邑，一定要有才能品德，随着他的才识授给他官职，这样才能让他真正得到大的恩惠，他的子孙也才能长久地享受富贵。"

　　会司空、赵州刺史长孙无忌等皆不愿之国，上表固让，称："承恩以来，形影相吊，若履春冰；宗戚忧虞，如置汤火。缅惟三代封建，盖由力不能制，因而利之，礼乐节文，多非己出。两汉罢侯置守，蠲除曩弊，深协事宜，今因臣等，复有变更，恐紊圣朝纲纪；且后世愚幼不肖之嗣，或抵冒邦宪，自取诛夷，更因延世之赏，致成剿绝之祸，良可哀愍。愿停涣汗之旨，赐其性命之恩。"无忌又因子妇长乐公主固请于上，且言："臣披荆棘事陛下，今海内宁一，奈何弃之外州，与迁徙何异！"上曰："割地以封功臣，古今通义，意欲公之后嗣，辅朕子孙，共传永久；而公等乃复发言怨望，朕岂强公等以茅土邪！"庚子，诏停世封刺史。

　　【译文】恰巧司空、赵州刺史长孙无忌等人都不愿意赴任，上奏表坚决辞让，并且说："自从蒙受皇恩以来，孤独无依，如踩踏春冰，十分害怕；家人忧虑，如置身汤火，万分悲伤。遥想夏、商、周分封诸侯国的时代，大致由于力量无法限制，因此，就顺其势力采用袭封，其实，那些礼乐制度，大多不是他们自己所订立的。两汉废弃诸侯国而设置郡守，摒除从前的弊病，非常合乎理想。现在因为我们，又恢复群臣袭封的制度，这样恐怕乱了朝廷的纲纪，而且后世愚昧不明的子孙，或许触犯朝廷的法律，自取灭亡，更因为延及后代子孙的奖赏，而造成家族灭绝的惨祸，这更是令人哀痛！希望陛下收回诏令，赐给他们保全子孙性命的恩惠。"长孙无忌又借助他的媳妇长乐公主坚决请求陛下，因此又说："在开创事业的时候，我艰苦侍奉陛下，现在天下安定统一，为什么将我弃置在外州，这样和贬谪又有什么不同呢？"唐太宗说："割让土地来分封功臣，这是古今相同的，我希望你的后代，辅助我的子孙，永久地相传下去，可是你们却说出埋怨的话，我难道要勉强你而给你封爵吗？"庚子日（二十七日），唐太宗下诏书停止世封刺史。

资治通鉴

【申涵煜评】 唐以诸王勋贵世袭刺史，此法最不善。幸赖马周、于志宁之谏，得以中止。不然藩镇之祸，不必待中叶而始见也。太宗犹以无忌力辞为怨望，何其不明乃尔。

【译文】 唐朝用诸王勋贵世袭刺史这一官职，这个方法最不好。幸亏有马周、于志宁的谏言，能得以中止。不然藩镇之祸，不一定要等到唐朝中期才出现。太宗仍以长孙无忌极力推辞而心生怨恨，这是多么不明事理啊。

高昌王麴文泰多遏绝西域朝贡，伊吾先臣西突厥，既而内属，文泰与西突厥共击之。上下书切责，征其大臣阿史那矩，欲与议事，文泰不遣，遣其长史麴雍来谢罪。颉利之亡也，中国人在突厥者或奔高昌，诏文泰归之，文泰蔽匿不遣。又与西突厥共击破焉耆，焉耆诉之。上遣虞部郎中李道裕往问状，且谓其使者曰："高昌数年以来，朝贡脱略，无藩臣礼，所置官号，皆准天朝，筑城掘沟，预备攻讨。我使者至彼，文泰语之云：'鹰飞于天，雉伏于蒿，猫游于堂，鼠唯于穴，各得其所，岂不能自生邪！'又遣使谓薛延陀云：'既为可汗，则与天子匹敌，何为拜其使者！'事人无礼，又间邻国，为恶不诛，善何以劝！明年当发兵击汝。"三月，薛延陀可汗遣使上言："奴受恩思报，请发所部为军导以击高昌。"上遣民部尚书唐俭、右领军大将军执失思力赍缯帛赐薛延陀，与谋进取。

【译文】高昌王麴文泰屡次阻止西域朝拜进贡，伊吾最初向西突厥称臣，不久又背叛归附大唐，麴文泰和西突厥一同攻打他。唐太宗下诏书严厉斥责，并且征召他的大臣阿史那矩，要和他商议，麴文泰没有答应，只是派遣他的长史麴雍前来道歉。颉利可汗死了以后，在突厥的中原人，有的逃奔到高昌，唐太宗诏告麴文泰归还，麴文泰隐藏而不予遣还。又和西突厥一同攻破焉耆，焉耆上诉唐太宗。唐太宗于是派遣虞部郎中李道裕前去探问情况，并且对他的使者说："高昌几年以来，朝拜进贡已经疏略了，没有遵守藩臣的礼节，所设立的官吏名号，都和大唐一样，建筑城墙挖掘壕沟，正在准备征战攻伐。我派了使者到了他那里，麴文泰却告诉我的使者说：'鹰鸟飞翔在天空，雉鸡隐伏在蓬蒿，小猫嬉游在厅堂，老鼠啮物在洞穴，各自得到它们的处所，难道不能各自生存吗？'又派遣使者对薛延陀说，'既然是可汗，那么和天子地位平等，为什么又要谒拜他的使者呢？'对待别人无礼，又挑拨邻近的国家去干坏事，假如不加以惩罚，怎么还能够劝人为善呢？明年我应当调动军队来讨伐你们。"三月，薛延陀可汗派遣使者向唐太宗说："我们蒙受恩惠想来报答，请您调派您的部属来作为我们军队的向导，以便讨伐高昌。"唐太宗派遣民部尚书唐俭和右领军大将军执失思力赠送缯帛给薛延陀，同时和他商量进攻夺取的谋略。

夏，四月，戊寅，上幸九成宫。

初，突厥突利可汗之弟结社率从突利入朝，历位中郎将。居家无赖，怨突利斥之，乃诬告其谋反，上由是薄之，久不进秩。结社率阴结故部落，得四十馀人，谋因晋王治四鼓出宫，开门辟仗，驰入宫门，直指御帐，可有大功。甲申，拥突利之子贺逻鹘夜伏于宫外，会大风，晋王未出，结社率恐晓，遂犯行宫，逾四重幕，弓矢乱发，卫士死者数十人。折冲孙武开等帅众奋击，久之，乃退，驰入御厩，盗马二十馀匹，北走，度渭，欲奔其部落，追获，斩之。原贺逻鹘投于岭表。

庚寅，遣武侯将军上官怀仁击巴、壁、洋、集四州反獠，平之，虏男女六千馀口。

【译文】夏季，四月，戊寅日（初五），唐太宗到了九成宫。

起初，突厥突利可汗的弟弟结社率跟随突利来到大唐，历任中郎将，但他在家中品行恶劣，怨恨突利可汗斥责他，于是诬告他的哥哥谋反，唐太宗因此轻视他，长久不给他加官晋爵。结社率就暗中勾结旧的部落，一共有四十多人，计划在晋王李治四更出宫的时候，避开卫戍的仪队，冲入宫门，直接到天子的御帐，这样就可以建立大功。甲申日（十一日），众人推举突利的儿子贺逻鹘为首领，夜晚一起在宫外埋伏。这一个晚上恰好刮大风，晋王没有出宫，结社率担心这一件事被人知晓，于是就攻打行宫，越过四层的帐幕，乱射弓箭，射死卫士数十人。折冲都尉孙武开等人率领许多士兵奋力抵抗，过了很久以后，结社率退走，逃到天子的马厩，盗取二十多匹马，向北逃走，渡过渭水，想要逃回本部落，结果被追兵俘获，并且杀了他。唐太宗宽恕了贺逻鹘，将他放逐到岭表。

庚寅日（十七日），唐太宗派遣武侯将军上官怀仁讨伐巴、壁、洋、集四州造反的獠族，平定了这一次的叛乱，俘获男人妇女六千多人。

五月，旱。甲寅，诏五品以上上封事。魏徵上疏，以为："陛下志业，比贞观之初，渐不克终者凡十条。"其间一条以为："顷年以来，轻用民力。乃云：'百姓无事则骄逸，劳役则易使。'自古未有因百姓逸而败、劳而安者也。此恐非兴邦之至言。"上深加奖叹，云："已列诸屏障，朝夕瞻仰，并录付史官。"仍赐征黄金十斤，厩马二匹。

六月，渝州人侯弘仁自牂柯开道，经西赵，出邕州，以通交、桂，蛮、俚降者二万八千馀户。

丙申，立皇弟元婴为滕王。

【译文】五月，发生旱灾。甲寅日（十二日），唐太宗诏告五品以上的官吏都要上奏疏。魏徵上的奏疏认为："陛下的志趣功业，比起贞观初年，渐渐不如从前的，一共有十条。"其中有一条认为："近年以来，随意使用民力，却居然说百姓没有事就要骄纵怠惰，有了劳役才易于驱使。自古没有因为百姓怠惰而失败，劳苦而安定的。这恐怕不是复兴国家最好的话。"唐太宗对于魏徵所说的话大加赞美，并且说："他所说的话已经写到屏风上，让我可以早晚观览，并且抄录下来交给史官了。"于是赏赐给魏徵黄金十斤，天子马棚里的马两匹。

六月，渝州人侯弘仁自牂柯开辟道路，途经西赵，出邕州，并且到了交州和桂州，俚蛮投降的一共有两万八千多户。

丙申日（二十五日），唐太宗册封弟弟李元婴为滕王。

自结社率之反，言事者多云突厥留河南不便，秋，七月，庚戌，诏右武侯大将军、化州都督、怀化郡王李思摩为乙弥泥孰俟利苾可汗，赐之鼓纛；突厥及胡在诸州安置者，并令渡河，还其旧部，俾世作籓屏，长保边塞。突厥咸惮薛延陀，不肯出塞。上遣司农卿郭嗣本赐薛延陀玺书，言"颉利既败，其部落咸来归化，我略其旧过，嘉其后善，待其达官皆如吾百寮、部落皆如吾百姓。中国贵尚礼义，不灭人国，前破突厥，止为颉利一人为百姓害，实不贪其土地，利其人畜，恒欲更立可汗，故置所降部落于河南，任其畜牧。今户口蕃滋，吾心甚喜。既许立之，不可失信。秋中将遣突厥渡河，复其故国。尔薛延陀受册在前，突厥受册在后，后者为小，前者为大。尔在碛北，突厥在碛南，各守土疆，镇抚部落。其逾分故相抄掠，我则发兵，各问其罪。"薛延陀奉诏。于是，遣思摩帅所部建牙于河北，上御齐政殿饯之，思摩涕泣，奉觞上寿曰："奴等破亡之馀，分为灰壤，陛下存其骸骨，复立为可汗，愿万世子孙恒事陛下。"又遣礼部尚书赵郡王孝恭等赍册书，就其种落，筑坛于河上而立之。上谓侍臣曰："中国，根干也；四夷，枝叶也；割根干以奉枝叶，木安得滋荣！朕不用魏徵言，几致狼狈。"又以左屯卫将军阿史那忠为左贤王，左武卫将军阿史那泥孰为右贤王。忠，苏尼失之子也，上遇之甚厚，妻以宗女；及出塞，怀慕中国，见使者必泣涕请入侍；诏许之。

【译文】自从结社率造反以后，谈论国事的人大多认为突厥留在河南有许多不便。秋季，七月，庚戌日（初九），唐太宗任命右武侯大将军、化州都督、怀化郡王李思摩为乙弥泥孰俟利苾可汗，并赏赐给他鼓和旗。并命令安置在各州的突厥和胡人渡河，回到他们以前的部落，让他们世世代代作为藩篱屏障，长久护卫边塞。突厥都害怕薛延陀，不肯走出边塞。唐太宗派遣司农卿郭嗣本递送玺书给薛延陀，玺书上说："颉利可汗已经失败，他的部落都已经前来归从王化，我宽恕他以前的过失，嘉

奖他后来的善行；对待他的达官都像我的百官，对待他部落里
的人也都像我的百姓一样。大唐向来崇尚礼义，不会灭亡他人的
国家。从前攻取突厥，只是因为颉利可汗一人而使百姓遭受祸
害。我不但不贪图他的土地，也不掠夺他的百姓畜牧。我经常想
再新立可汗，所以将他部落投降的百姓，安置在河南，听凭他们
畜牧。现在居户人口繁殖增多，我的内心感到万分欢喜。既然应
允他们新立可汗，就不应当有所失信。秋季之间，将遣派突厥渡
河，恢复他们的故国。但是薛延陀受命册封在前，突厥受命册
封在后；册封在前的是大国，册封在后的是小国。你的土地在碛
北，突厥的土地在碛南。各自驻守你们的疆土，保护你们部落的
百姓。倘若超越本分抢劫掠夺，我就要调动军兵，追究你们各自
的罪过。"薛延陀接到诏书后，就遣李思摩带领他的部属驻扎
在河北。唐太宗亲自到齐政殿设宴饯行。李思摩流着眼泪，举杯
向唐太宗祝贺说："我们在破败之余，本应化为灰土，幸蒙陛下
保存我们的躯体，再册封为可汗，我愿意万世的子孙，都能时常
来侍奉陛下。"唐太宗又遣派礼部尚书、赵郡王李孝恭等致送
册书，根据他们的种族部落，在黄河的岸边筑坛，立下疆界。唐
太宗对侍臣说："大唐，好像树木的根干；四边的夷狄，好像树
木的枝叶。倘若分割根干来奉养枝叶，树木又哪里能够滋长繁
茂？我不采用魏徵的话，几次要遭受败亡。"唐太宗又任命左屯
卫将军阿史那忠为左贤王，左武卫将军阿史那泥孰为右贤王。
阿史那忠，是苏尼失的儿子。唐太宗对待他极为优厚，将宗室的
女子嫁给他，等到他出塞以后，他怀念仰慕大唐，见到使者就一
定流着眼泪请求入朝侍奉唐太宗。唐太宗下诏书允许了他。

八月，辛未朔，日有食之。

诏以"身体发肤，不敢毁伤。比来诉讼者或自毁耳目，自今有犯，先笞四十，然后依法。"

冬，十月，甲申，车驾还京师。

十一月，辛亥，以侍中杨师道为中书令。

戊辰，尚书左丞刘洎为黄门侍郎、参知政事。

上犹冀高昌王文泰悔过，复下玺书，示以祸福，徵之入朝；文泰竟称疾不至。十二月，壬申，遣交河行军大总管、吏部尚书侯君集，副总管兼左屯卫大将军薛万均等将兵击之。

【译文】八月，辛未朔日（初一），出现日食。

唐太宗颁布诏书说："身体、头发和肌肤，不可以随意毁伤。近年来互相诉讼的人，有的自己毁伤耳朵、眼睛；现在倘若还有人做出这种毁伤的事，先要鞭打四十下，然后再根据法律来处断他诉讼的事。"

冬季，十月，甲申日（十五日），唐太宗自九成宫回到京师。

十一月，辛亥日（十三日），唐太宗任命侍中杨师道为中书令。

戊辰日（三十日），唐太宗又任命尚书左丞刘洎为黄门侍郎，参知政事。

唐太宗还希望高昌王麹文泰能够悔过，因此又下了玺书，申明祸福利害，征召他到朝廷来，但是麹文泰竟然假称有病不来。十二月，壬申日（初四），唐太宗又遣派交河行军大总管、吏部尚书侯君集和副总管兼左屯卫大将军薛万均等统率军队讨伐他。

乙亥，立皇子福为赵王。

己丑，吐谷浑王诺曷钵来朝，以宗女为弘化公主，妻之。

壬辰，上畋于咸阳；癸巳，还宫。

太子承乾颇以游畋废学，右庶子张玄素谏，不听。

是岁，天下州府凡三百五十八，县一千五百一十一。

【译文】乙亥日（初七），唐太宗封皇子李福为赵王。

己丑日（二十一日），吐谷浑王诺曷钵来大唐朝拜，唐太宗册封宗室的女子为弘化公主，嫁给了他。

壬辰日（二十四日），唐太宗在咸阳畋猎；癸巳日（二十五日），唐太宗返回宫中。

太子李承乾经常因为畋猎而荒废学业，右庶子张玄素多次劝谏，可是太子却不愿听从。

这一年，天下共分为三百五十八州府，一千五百一十一县。

太史令傅奕精究术数之书，而终不之信，遇病，不呼医饵药。有僧自西域来，善咒术，能令人立死，复咒之使苏。上择飞骑中壮者试之，皆如其言；以告奕，奕曰："此邪术也。臣闻邪不干正，请使咒臣，必不能行。"上命僧咒奕，奕初无所觉，须臾，僧忽僵仆，若为物所击，遂不复苏。又有婆罗门僧，言得佛齿，所击前无坚物。长安士女辐凑如市。奕时卧疾，谓其子曰："吾闻有金刚石者，性至坚，物莫能伤，唯羚羊角能破之，汝往试焉。"其子往见佛齿，出角叩之，应手而碎，观者乃止。奕临终，戒其子无得学佛书，时年八十五。又集魏、晋以来驳佛教者为《高识传》十卷，行于世。

【译文】太史令傅奕精心研究阴阳五行的书籍，最终还是不相信这些，生病的时候，不喜欢看病吃药。有一个从西域来的和尚，有咒人的法术，能够咒人立即死亡，又能够念咒让人复活。唐太宗挑选骑兵中身体强壮者来试验，结果都应验他的话。后来唐太宗就把这一件事告诉傅奕，傅奕说："这只是一种邪术。我听说邪不压正，请他来咒我，必定就不灵验了。"唐太宗命令和尚咒傅奕。傅奕最初没有什么感觉，不久，和尚突然僵卧地上，好像被物体击打，再也没有苏醒。又有一个婆罗门的和尚，说他得到一个佛齿，能够击碎任何坚硬的物体。长安的男男女女像赶集一样围绕着观看。傅奕此时正卧病在家，他对他的儿子说："我听说有一种金刚石，它的性质十分坚硬，任何的物体都不能伤损它，只有羚羊的角可以击破它，你去试试看。"他的儿子就去找那个和尚，见到佛齿就用羚羊的角去击打它，果然应手而碎，围观的人于是就散开了。傅奕临死时，告诫他儿子不要学习佛书，那时他已经八十五岁。他又将魏、晋以来反驳佛教的人，编成了十卷的《高识传》，刊行于世。

西突厥咥利失可汗之臣俟利发与乙毗咄陆可汗通谋作乱，咥利失穷蹙，逃奔铍汗而死。弩失毕部落迎其弟子薄布特勒立之，是为乙毗沙钵罗叶护可汗。沙钵罗叶护既立，建庭于虽合水北，谓之南庭，自龟兹、鄯善、且末、吐火罗、焉耆、石、史、何、穆、康等国皆附之。咄陆建牙于镞曷山西，谓之北庭，自厥越失、拔悉弥、驳马、结骨、火㷟、触水昆等国皆附之，以伊列水为境。

【译文】西突厥喹利失可汗的臣子俟利发和乙毗咄陆可汗一同谋划叛乱，咥利失可汗的境况困难，逃到铍汗就死了。弩失毕的部落迎回他弟弟的儿子薄布特勒，并且拥立为可汗，这就是乙毗沙钵罗叶护可汗。沙钵罗叶护被立为可汗以后，就在虽合水的北面建立王庭，叫作南庭。龟兹、鄯善、且末、吐火罗、焉耆、石、史、何、穆、康等，都是他的附属国家。咄陆可汗驻扎在镞曷山的西部，叫作北庭。厥越失、拔悉弥、驳马、结骨、火、触水昆等,都是他的附属的国家。他们均以伊列水作为边界。

贞观十四年(庚子,公元六四〇年)春,正月,甲寅,上幸魏王泰第,赦雍州长安系囚大辟以下,免延康里今年租赋,赐泰府僚属及同里老人有差。

二月,丁丑,上幸国子监,观释奠,命祭酒孔颖达讲《孝经》,赐祭酒以下至诸生高第帛有差。是时上大征天下名儒为学官,数幸国子监,使之讲论,学生能明一大经已上皆得补官。增筑学舍千二百间,增学生满三千二百六十员,自屯营飞骑,亦给博士,使授以经,有能通经者,听得贡举。于是,四方学者云集京师,乃至高丽、百济、新罗、高昌、吐蕃诸酋长亦遣子弟请入国学,升讲筵者至八千馀人。上以师说多门,章句繁杂,命孔颖达与诸儒撰定《五经》疏,谓之《正义》,令学者习之。

【译文】贞观十四年(庚子,公元640年)春季,正月,甲寅日(十六日),唐太宗来到魏王李泰的府第,赦免雍州长安死刑以下的罪犯,同时,免除延康里今年的田租赋税;对于李泰府的部属和他同里的老人,都有不同的赏赐。

二月,丁丑日(初十),唐太宗来到国子监,观看祭拜的仪式。命令祭酒孔颖达讲说《孝经》,对祭酒以下到诸生中等第高者,都有不同的奖赏。这时候,唐太宗大量征召天下名儒来担任学官,常常到国子监,命他们讲论经学,学生中能够明晓一种大经以上的,便可以补署官职。增修校舍一千二百间,增加学生两千二百六十人。屯营飞骑,也都授给博士。凡是能够通晓一种经书的,便可被推荐官职。因此四方的学者都集中到京师,于是高丽、百济、新罗、高昌、吐蕃酋长也派遣子弟请求进入国学,前来听讲的多达八千多人。唐太宗认为讲师所讲授的经书多种,章句又繁多芜杂，因此命令孔颖达和许多名儒一同编撰《五经》的疏解，叫作《正义》，命令学者学习他们所编撰的书籍。

【乾隆御批】　《易》以道阴阳，《书》以道政事，皆经孔子手定，义蕴深长。若《礼经》多后儒补苴，《左氏传》亦浮夸尖实，岂可与图书典诰倒置抗衡？唐时取士以篇帙繁简、第经之大小是专务，口耳记诵为功，无当于穷经实学也。

【译文】　《易》是用来研究阴阳之道的，《尚书》是研究政治事务之道的，都是经过孔子亲手定出。它们含蓄的意义深刻而耐人寻味。像《礼经》就经过后世儒者的多次补充修订，《左传》也是浮夸且不合实际，怎么能和图书典章诏令互相颠倒位置、互相对抗呢？唐代选取士人，是按照篇幅多少为标准来划分经书大小的，只注意口耳记诵的功力，不注重是否对经书能极力钻研和真才实学。

壬午，上幸骊山温汤；辛卯，还宫。

乙未，诏求近世名儒梁皇甫侃、褚仲都，周熊安生、沈重，陈沈文阿、周弘正、张讥，隋何妥、刘炫等子孙以闻，当加引擢。

三月，窦州道行军总管党仁弘击罗窦反獠，破之，俘七千馀口。

辛丑，流鬼国遣使入贡。去京师万五千里，滨于北海，南邻靺鞨，未尝通中国，重三译而来。上以其使者佘志为骑都尉。

丙辰，置宁朔大使以护突厥。

【译文】　壬午日（十五日），唐太宗到了骊山温泉；辛卯日（二十四日），唐太宗返回宫中。

乙未日（二十八日），唐太宗下诏书寻求近世名儒梁朝的皇甫侃、褚仲都，北周的熊安生、沈重，陈朝的沈文阿、周弘正、张讥，隋朝的何妥、刘炫的后代子孙，要求上报朝廷，加以重用。

三月，窦州道行军总管党仁弘攻打罗、窦二州叛乱的獠族，击败了他们，俘虏七千多人。

辛丑日（初四），流鬼国派遣使者入朝进贡。流鬼国距离京师一万五千里，靠近北海，南邻靺鞨，过去不曾和大唐来往，经过三次的翻译才来到这里。唐太宗就封流鬼国的使者余志为骑都尉。

丙辰日（十九日），唐太宗又设置安定朔方的大使，来监督突厥。

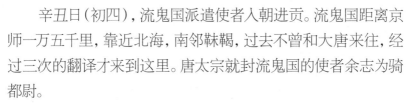

夏，五月，壬寅，徙燕王灵夔为鲁王。

上将幸洛阳，命将作大匠阎立德行清暑之地。秋，八月，庚午，作襄城宫于汝州西山。立德，立本之兄也。

高昌王文泰闻唐兵起，谓其国人曰："唐去我七千里，沙碛居其二千里，地无水草，寒风如刀，热风如烧，安能致大军乎！往吾入朝，见秦、陇之北，城邑萧条，非复有隋之比。今来伐我，发兵多则粮运不给；三万已下，吾力能制之。当以逸待劳，坐收其弊。若顿兵城下，不过二十日，食尽必走，然后从而虏之。何足忧也！"及闻唐兵临碛口，忧惧不知所为，发疾卒，子智盛立。

【译文】夏季，五月，壬寅日（初六），唐太宗又改封燕王李灵夔为鲁王。

唐太宗将要到洛阳，就命令将作大匠阎立德先来寻找清凉消暑的地方。秋季，八月，庚午日（初五），在汝州的西山修筑襄城宫。阎立德，是阎立本的哥哥。

高昌王麹文泰听说唐朝派军来攻打，就对他的国人说："唐朝距离我们的边境七千里，这其中沙漠竟然占了两千里，地上水草不生，冬天寒风刺骨如刀，夏天热风炎热如烧，在这样的土地上，哪里可以派遣大部队呢？从前我到了唐朝，秦州、陇州的北面，城市都邑都非常冷清荒凉，不能和隋朝相比。现在他们来进攻我们，假如调派的军队多，那么粮运困难，粮食不足；假如只有三万以下的军队，我们的兵力足以制伏他们。现在我们应该以逸待劳，便可以看到他们的败亡。倘若他们屯兵城下，不超过二十天，粮食耗尽了就要走，然后我们接着就能够俘虏了他们。他们的攻打，又哪里值得我们担忧呢？"但是等到唐朝的大军已经抵达沙漠的边境，麴文泰却害怕得不知如何来对付，于是病发而亡。他的儿子智盛就继位为高昌王。

军至柳谷，调者言文泰刻日将葬，国人咸集于彼，诸将请袭之，侯君集曰："不可，天子以高昌无礼，故使吾讨之，今袭人于墟墓之间，非问罪之师也。"于是，鼓行而进，至田城，谕之，不下，诘朝攻之，及午而克，虏男女七千馀口。以中郎将辛獠儿为前锋，夜，趋其都城，高昌逆战而败，大军继至，抵其城下。

智盛致书于君集曰："得罪于天子者，先王也，天罚所加，身已物故。智盛袭位未几，惟尚书怜察！"君集报曰："苟能悔过，当束手军门。"智盛犹不出。君集命填堑攻之，飞石雨下，城中人皆室处。又为巢车，高十丈，俯瞰城中。有行人及飞石所中，皆唱言之。先是，文泰与西突厥可汗相结，约有急相助；可汗遣其叶护屯可汗浮图城，为文泰声援。及君集至，可汗惧而西走千馀里，叶护以城降。智盛穷蹙，癸酉，开门出降。君集分兵略地，下其二十二城，户八千四十六，口一万七千七百，地东西八百里，南北五百里。

【译文】唐朝的军队到达柳谷，侦察的士兵回来说已经选定日子要安葬麴文泰，他们全国的人都会集合在那里，因此许多的将军都请求趁机来攻打他们，可是侯君集却说："不可以这样做，陛下就是因为高昌王无礼，所以才派遣我来征讨他们，现在我们却在麴文泰安葬的墓地上来袭击他们，这不是兴师问罪的正义之师。"于是就敲着鼓前进，抵达田城，派人晓谕他们，高昌人没有听从，翌日的早晨侯君集领兵攻打，到了中午才攻破田城，俘获男女七千多人。侯君集又任命中郎将辛獠儿担任前锋，夜晚就赶到了都城，高昌的守军迎战失利。唐朝的大军，接着就来到了都城的城下。

智盛于是就写信给侯君集说："得罪您的天子的，是我的先王。上天加以惩罚，他早已死了。我承袭王位不久，希望您能怜悯体谅我们！"侯君集接到他的来信，就回答他说："假如你能悔改过失，就应该在营门前束手就擒。"可是智盛始终不肯出来，侯君集因此就命令填满护城河而后进攻，飞石如雨点落下，城中的人都躲避在室中不敢出来。后来又搬来了巢车，高十丈，俯视城中。有许多行人都被飞石击中，同时，又大声恫吓他们，使他们不敢再到室外来。原先麴文泰和西突厥可汗曾经互相结盟，盟约上说有急难要互相帮助。西突厥可汗就派遣他的叶护驻守可汗浮图城，来救助麴文泰。但是等到侯君集来到了都城，西突厥可汗却害怕得向西逃走一千多里，而叶护可汗竟然开城投降。智盛的处境困难，癸酉日（初八），也打开城门出来投降。侯君集于是派兵攻城略地，占领了二十二个城池，八千四十六户，俘获一万七千七百人。所攻占的土地，东西八百里，南北五百里。

上欲以高昌为州县，魏徵谏曰："陛下初即位，文泰夫妇首来朝，其后稍骄倨，故王诛加之。罪止文泰可矣，宜抚其百姓，存其社稷，复立其子，则威德被于遐荒，四夷皆悦服矣。今若利其土地以为州县，则常须千馀人镇守，数年一易，往来死者什有三四，供办衣资，违离亲戚，十年之后，陇右虚耗矣。陛下终不得高昌撮粟尺帛以佐中国，所谓散有用以事无用。臣未见其可。"上不从，九月，以其地为西州，以可汗浮图城为庭州，各置属县。乙卯，置安西都护府于交河城，留兵镇之。

资治通鉴

【译文】唐太宗想要在高昌设置州县，可是魏徵却进谏阻止说："陛下即位之初，麹文泰夫妇就首先来朝道贺，后来他稍为骄纵倨傲，因此陛下就派兵加以惩罚。其实惩罚麹文泰一人就可以了；应当安抚他的百姓，保存他的社稷，再拥立他的儿子，那么陛下的威德就可以远播到蛮荒之地，四境的夷狄也都会心悦诚服了。现在假如掠夺他的土地设置州县，那么经常需要一千多人在那里镇守，几年一轮换，来往死亡的人占了十分之三四。既要供给衣食，又要远离亲属，十年以后，陇右就要空虚了。陛下始终得不到高昌一点的好处来帮助大唐，这就是一般人所说，耗散有用之物来做无用之事，我实在看不出能够这样做的道理。"但是唐太宗没有听从魏徵的劝告，九月，就在高昌设置西州，在可汗浮图城设置庭州，同时各自设置一些属县。乙卯日（二十一日），唐太宗又在交河城设置安西都护府，留下军队来镇守。

君集虏高昌王智盛及其群臣豪杰而还。于是，唐地东极于海，西至焉耆，南尽林邑，北抵大漠，皆为州县，凡东西九千五百一十里，南北一万九百一十八里。

侯君集之讨高昌也，遣使约焉耆与之合势，焉耆喜，听命。

及高昌破，焉耆王诣军门谒见君集，且言焉耆三城先为高昌所夺，君集奏并高昌所掠焉耆民悉归之。

【译文】 侯君集俘虏高昌王智盛以及他的群臣返回京师，因此唐朝的疆土，东边到了大海，西边到达焉耆，南边抵达林邑，北边直到大沙漠，全都设置州县；东西的宽度一共九千五百一十里，南北的长度一共一万九百一十八里。

侯君集征讨高昌的时候，曾经派遣使者邀约焉耆和他合兵围攻高昌。焉耆特别高兴，就听从他的命令。等到高昌城破兵败，焉耆王到了营门来谒见侯君集，并且说明焉耆有三个城市被高昌掠夺，因此，侯君集就奏请唐太宗允许将高昌掠夺焉耆的城市和百姓，全都归还焉耆。

【乾隆御批】 高昌恃其阻远，犹袭匈奴"失一羊走千狼"之说。唐兵奋勇深入，即见犁庭。可知事在人为，故非地险之所能限也。且彼所谓热风、寒风之沙碛，不过戈壁耳。今则邮传遍行，且有灵泉之应，可知如刀如烧之言，仍出于畏怯者流纪载失实之口耳。

【译文】 高昌国倚仗它的道路险阻而遥远，承袭了匈奴人"失一羊走千狼"的说法。唐朝官兵奋勇前进，以迅雷不及掩耳之势就扫平了它的王庭。由此可知，事在人为，原不是地形险要就可以阻挡得住的。况且他所说的什么热风寒风的瀚海，也不过就是戈壁滩罢了。如今已是驿传来往频繁，还有灵泉的响应。由此可知那些像刀子像火烧的话，只是出于害怕胆怯的人记载失实的口中罢了。

冬，十月，甲戌，荆王元景等复表请封禅，上不许。

初，陈仓折冲都尉鲁宁坐事系狱，自恃高班，慢骂陈仓尉尉氏刘仁轨，仁轨杖杀之。州司以闻。上怒，命斩之，怒犹不解，曰："何物县尉，敢杀吾折冲！"命追至长安面诘之。仁轨曰："鲁宁对臣百姓辱臣如此，臣实忿而杀之。"辞色自若。魏徵侍侧，曰："陛下知隋之所以亡乎？"上曰："何也？"征曰："隋末，百姓强而陵官吏，如鲁宁之比是也。"上悦，擢仁轨为栎阳丞。

【译文】 冬季，十月，甲戌日（初十），荆王李元景等又上表请求唐太宗封禅，祭祀天地，唐太宗没有答应。

起初，陈仓的折冲都尉鲁宁犯罪坐牢，但他自恃官位高，谩骂陈仓的县尉尉氏人刘仁轨，刘仁轨就用木棒打死了他。州郡的官吏知道了，就将这一件事呈报朝廷。唐太宗十分生气，就下令处刘仁轨以死刑。但唐太宗的愤怒却依然没有减少，于是说："是哪一个县尉，竟敢杀死我的折冲？"命令即刻赶到长安，当面去责问他。刘仁轨说："鲁宁对着我的百姓如此凌辱我，我实在太过愤怒，因而杀了他。"当他说这些话的时候，语气脸色都非常自然。魏徵侍候在唐太宗的身边，对唐太宗说："陛下知道隋朝是怎么样败亡的吗？"唐太宗说："是怎么样的呢？"魏徵对唐太宗说："隋朝的末年，百姓的势力强大而凌辱官吏，就像鲁宁这一类的人。"唐太宗听了这些话，心里十分高兴，就擢升刘仁轨为栎阳县的县丞。

上将幸同州校猎，仁轨上言："今秋大稔，民收获者才一二，使之供承猎事，治道葺桥，动费一二万功，实妨农事。愿少停銮舆旬日，俟其毕务，则公私俱济。"上赐玺书嘉纳之，寻迁新安令。闰月，乙未，行幸同州；庚戌，还宫。

丙辰，吐蕃赞普遣其相禄东赞献金五千两及珍玩数百，以请婚。上许以文成公主妻之。

440

十一月，甲子朔，冬至，上祀南郊。时《戊寅历》以癸亥为朔，宣义郎李淳风表称："古历分日起于子半，今岁甲子朔冬至，而故太史令傅仁均减馀稍多，子初为朔，遂差三刻，用乖天正，请更加考定。"众议以仁均定朔微差，淳风推校精密，请如淳风议，从之。

【译文】 唐太宗将到同州去打猎，刘仁轨上书说："今年的秋天一定会大丰收，不过农民的收成现在只有十分之一二，假如驱使他们来为陛下打猎做准备，修整道路和修葺桥梁，往往要耗费一两万工，实在妨害农民收获庄稼。希望陛下的车驾再停留十天，等到他们的农事做完，之后再去打猎，那么公私的事都可以做到两全其美。"唐太宗赐给刘仁轨玺书，并且采纳他的谏言。不久擢升刘仁轨为新安县的县令。闰十月，乙未日（初二），唐太宗就到了同州；庚戌日（十七日），唐太宗回到宫中。

丙辰日（二十三日），吐蕃的赞普派遣他的丞相禄东赞献给唐太宗黄金五千两和珍奇古玩几百件，请求结为婚姻。唐太宗答应将文成公主嫁给他。

十一月，甲子朔日（初一），又是冬至，唐太宗在南方郊外祭祀。可是《戊寅历》却以癸亥为初一。宣义郎李淳风上奏表说："古代的历法，白日从子时的一半算起，今年甲子初一是冬至；可是已故的太史令傅仁均却减得稍多，将子时之初当作初一，所以相差三刻的时间，违背真实的历法，请求另外加以考定。"大家都认为傅仁均所定朔日有些差错，李淳风所推定的比较精密，都请求遵照李淳风的建议，唐太宗也听从众人的意见。

丁卯，礼官奏请加高祖父母服齐衰五月，嫡子妇服期，嫂、叔、弟妻、夫兄、舅皆服小功；从之。

丙子，百官复表请封禅，诏许之。更命诸儒详定仪注；以太常卿韦挺等为封禅使。

司门员外郎韦元方给给使过所稽缓，给使奏之；上怒，出元方为华阴令。魏徵谏曰："帝王震怒，不可妄发。前为给使，遂夜出敕书，事如军机，谁不惊骇！况宦者之徒，古来难养，轻为言语，易生患害，独行远使，深非事宜，渐不可长，所宜深慎。"上纳其言。

尚书左丞韦悰句司农木橦价贵于民间，奏其隐没。上召大理卿孙伏伽书司农罪。伏伽曰："司农无罪。"上怪，问其故，对曰："只为官橦贵，所以私橦贱。向使官橦贱，私橦无由贱矣。但见司农识大体，不知其过也。"上悟，屡称其善；顾谓韦悰曰："卿识用不逮伏伽远矣。"

【译文】丁卯日（初四），礼官上奏请求将为高祖父母服齐衰的仪制增为五个月，为嫡子媳妇服丧一年，为嫂、叔、弟妻、夫兄、舅服丧五个月。唐太宗采纳了礼官的意见。

丙子日（十三日），百官又上表请求唐太宗封禅，唐太宗下诏书答应了他们的请求。同时，又命令一些儒者详细议定仪式，并且委派太常卿韦挺等为封禅使。

司门员外郎韦元方发给宦官通过关津的证明稽延迟缓，于是宦官上书唐太宗，唐太宗发怒，贬谪韦元方为华阴县的县令。魏徵上书唐太宗说："帝王是不可以随意发怒的，前次陛下为了宦官，竟然在夜里发出敕书，事情好像军机要务那样紧急，谁不惊惶恐惧？何况宦官自古以来难以教养，假如随意发言吩咐，容易发生祸害；假如让他独行远方，那更不合适；不可任其渐渐滋长，这是应当非常慎重的。"唐太宗采纳了他的谏言。

尚书左丞韦悰考核司农的木橦，价格比民间贵，因此上书说他贪污公款。唐太宗便召请大理卿孙伏伽草拟司农的罪过。但是孙伏伽却说："司农没有罪过。"唐太宗觉得非常奇怪，便询问他是什么缘故，孙伏伽对唐太宗说："因为官檀贵，所以私檀才会廉贱。假如官檀廉价，那私檀便无法廉贱了。由此可见司农能够认识事物的大体，我不知晓他有什么罪过！"唐太宗领悟了这个道理，不断称赞他，并且回头对韦惊说："你的见识不及孙伏伽太多了。"

　　十二月，丁酉，侯君集献俘于观德殿。行饮至礼，大酺三日。寻以智盛为左武卫将军、金城郡公。上得高昌乐工，以付太常，增九部乐为十部。

　　君集之破高昌也，私取其珍宝；将士知之，竞为盗窃，君集不能禁，为有司所劾，诏下君集等狱。中书侍郎岑文本上疏，以为："高昌昏迷，陛下命君集等讨而克之，不逾旬日，并付大理。虽君集等自挂网罗，恐海内之人疑陛下唯录其过而遗其功也。臣闻命将出师，主于克敌，苟能克敌，虽贪可赏；若其败绩，虽廉可诛。是以汉之李广利、陈汤，晋之王濬，隋之韩擒虎，皆负罪谴，人主以其有功，咸受封赏。由是观之，将帅之臣，廉慎者寡，贪求者众。是以黄石公《军势》曰：'使智，使勇，使贪，使愚，故智者乐立其功，勇者好行其志，贪者急趋其利，愚者不计其死。'伏愿录其微劳，忘其大过，使君集重升朝列，复备驱驰，虽非清贞之臣，犹得贪愚之将，斯则陛下虽屈法而德弥显，君集等虽蒙宥而过更彰矣。"上乃释之。

　　【译文】十二月，丁酉日(初五)，侯君集在观德殿献上俘虏。唐太宗举行大宴会，饮酒三天。不久，唐太宗任命智盛为左

443

武卫将军、金城郡公。唐太宗将所得到的高昌乐工，全都交给太常寺，从而使本来九部的乐伎，增加了高昌伎，最终成为十部。

侯君集当日打败高昌的时候，私自夺取他们的珍宝，一些将士知道后，都争着来抢夺窃取，可是侯君集却无法禁止，因而被官吏弹劾，唐太宗才将侯君集等下狱。中书侍郎岑文本上奏疏，他认为："高昌王昏聩无礼，所以陛下任命侯君集等去征讨而获得了胜利；不超过十天，就将其交给大理寺。虽然侯君集等自己触犯刑法，可是天下的人恐怕会怀疑陛下只是惦记他们的罪过，而忘记他们的功劳！我听说任命将帅出征打仗，最重要的是战胜敌人。假如能够战胜敌人，虽然贪求还是可以奖赏；假如打了败仗，虽然廉洁也一定要诛杀。因此汉朝的李广利、陈汤，晋朝的王浚，隋朝的韩擒虎，虽然他们都犯了罪过，遭受谴责，可是国君却认为他们有功于国家，都得到封爵赏赐。从这样来看，将帅等武臣，能够做到廉洁谨慎的很少，而贪得妄求的却很多，所以黄石公在《军势》上说：'将帅的用人，必须选用聪明的，也要选用勇敢的；必须选用贪求的，也要选用愚昧的；因为聪明的会乐于立功，勇敢的会爱好逞勇，贪求的会急于求利，愚昧的会不计较生死。'我希望陛下能记录他微小的功劳，遗忘他重大的过失，使侯君集能够重新到朝廷里来，再为陛下奔驰。虽然他不是一个清廉贞洁的臣子，但还算是一个贪求愚昧的将帅。陛下这样做虽然违背法律，可是恩德更加显著；侯君集等虽然蒙受宽恕，但他们的过失也更加明显了。"唐太宗采纳了岑文本的谏言，于是下令释放了他们。

又有告薛万均私通高昌妇女者，万均不服，内出高昌妇女付大理，与万均对辩，魏徵谏曰："臣闻'君使臣以礼，臣事君以忠。'今遣大将军与亡国妇女对辩帷箔之私，实则所得者轻，虚则所失者重。昔秦穆饮盗马之士，楚庄赦绝缨之罪，况陛下道高尧、舜，而曾二君之不逮乎！"上遽释之。

侯君集马病蚰颡，行军总管赵元楷亲以指沾其脓而齅之，御史劾奏其谄，左迁括州刺史。

高昌之平也，诸将皆即受赏，行军总管阿史那社尔以无敕旨，独不受，及别敕既下，乃受之，所取唯老弱故弊而已。上嘉其廉慎，以高昌所得宝刀及杂彩千段赐之。

癸卯，上猎于樊川；乙巳，还宫。

【译文】同时，又有人检举薛万均和高昌的妇女通奸，薛万均不服，后来唐太宗就将高昌的妇女交给大理寺，和薛万均对质辩论。魏徵上奏疏说："我听说'国君要用礼来对待臣子，臣子要用忠来侍奉国君'。现在竟然命大将军和亡国的妇女对质辩论，其实，帷帐内的男女私事，假如真实的话，那检举人的功劳也很小；假如是虚假的话，那受害人的损失却很大。以前秦穆公赐给盗马的人美酒，楚庄王宽恕调戏宫女的臣子的罪过，况且陛下的恩德高于尧舜，难道会不如这两位圣君吗？"唐太宗立即下令释放了薛万均。

侯君集的马生病，前额长了虫，行军总管赵元楷亲自用手指沾了马的脓，用鼻子来嗅，御史上奏疏弹劾他谄媚，将他贬谪为括州刺史。

高昌平定以后，一些将军都就地取物，来充当赏赐，行军总管阿史那社尔认为没有唐太宗的圣旨，独自不肯这样做；等到另外的圣旨下达，他才同其他的将军一样做，不过，他所取的只是老弱的人和破旧之物罢了。唐太宗赞美他的廉洁，并且将高昌所得到的宝刀和杂彩一千匹奖赏给他。

癸卯日(十一日),唐太宗在樊川打猎;乙巳日(十三日),唐太宗返回宫中。

魏徵上疏,以为:"在朝群臣,当枢机之寄者,任之虽重,信之未笃,是以人或自疑,心怀苟且。陛下宽于大事,急于小罪,临时责怒,未免爱憎。夫委大臣以大体,责小臣以小事,为治之道也。今委之以职,则重大臣而轻小臣;至于有事,则信小臣而疑大臣。信其所轻,疑其所重,将求致治,其可得乎!若任以大官,求其细过,刀笔之吏,顺旨承风,舞文弄法,曲成其罪。自陈也,则以为心不伏辜;不言也,则以为所犯皆实;进退惟谷,莫能自明,则苟求免祸,矫伪成俗矣!"上纳之。

上谓侍臣曰:"朕虽平定天下,其守之甚难。"魏徵对曰:"臣闻战胜易,守胜难,陛下之及此言,宗庙社稷之福也!"

【译文】魏徵上奏疏认为:"在朝廷中的群臣,都担当中枢机密的重任,虽然职务重要,但没能受到十分信任,因而臣子多所怀疑,心存苟且敷衍。陛下对于大事都很宽厚处理,而对于小罪却十分严厉惩罚;临时愤怒谴责,难免表现爱憎。一般来说,将大事委托大臣,将小事托付小臣,这是治国的要道。现在既然委任他职务,却只是重视大臣却轻视小臣;至于有事的时候,却只是信任小臣却怀疑大臣。所应轻视的反而对他信任,所应重视的反而对他怀疑,这样想要治理国家,哪里能够做得到呢?假如任命他做大官,而只是责求他细小的过错,那么记事的史官,顺从圣意已经成了风气,只要舞弄法律,就可以歪曲地构成他的罪过。假如自己出来陈说,那陛下又会认为他不服所处的罪;假如自己缄默不说,那陛下又会认为他真的犯了罪过,这样真是进退两难，无法自己来申明；因此一些臣子只求苟且避祸，矫托虚伪成了习俗。"唐太宗采纳了魏徵的谏言。

唐太宗对侍臣们说："我虽然平定了天下，但是要想固守天下还是非常困难的。"魏徵对唐太宗说："我听说战胜敌人容易，但是能够坚守战胜的成果却很难。陛下能够说出这些话，实在是祖宗国家的大幸。"

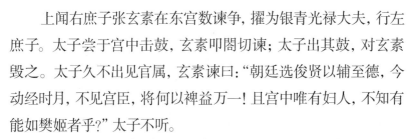

上闻右庶子张玄素在东宫数谏争，擢为银青光禄大夫，行左庶子。太子尝于宫中击鼓，玄素叩閤切谏；太子出其鼓，对玄素毁之。太子久不出见官属，玄素谏曰："朝廷选俊贤以辅至德，今动经时月，不见宫臣，将何以裨益万一！且宫中唯有妇人，不知有能如樊姬者乎？"太子不听。

玄素少为刑部令史，上尝对朝臣问之曰："卿在隋何官？"对曰："县尉。"又问："未为尉时何官？"对曰："流外。"又问："何曹？"玄素耻之，出閤殆不能步，色如死灰。谏议大夫褚遂良上疏，以为："君能礼其臣，乃能尽其力。玄素虽出寒微，陛下重其才，擢至三品，翼赞皇储，岂可复对群臣穷其门户！弃宿昔之恩，成一朝之耻，使之郁结于怀，何以责其伏节死义乎！"上曰："朕亦悔此问，卿疏深会我心。"遂良，亮之子也。孙伏伽与玄素在隋皆为令史，伏伽或于广坐自陈往事，一无所隐。

【译文】唐太宗听说右庶子张玄素在东宫经常争辩进谏，所以擢升他担任银青光禄大夫，仍旧做左庶子的事。太子曾经在宫中击鼓，张玄素就叩开閤门进谏；太子拿出他的鼓，对着张玄素将它击坏。太子很长时间不出来见东宫的官吏，张玄素又向太子进谏说："朝廷选拔俊秀贤能的人来辅助您，现在您却很长时间不肯接见宫中的臣子，又怎么能够对您有一点辅助的裨益呢？并且宫中只有妇人，不知道是否有人能像樊姬那样？"太子不肯听从张玄素的谏言。

张玄素以前做刑部令史时，唐太宗曾经对着朝廷中的臣子询问他说："你在隋朝的时候担任过什么官呢？"张玄素对唐太宗说："县尉。"唐太宗又问："在没有担任县尉以前做过什么官呢？"张玄素又对唐太宗说："九品之外未入流。"唐太宗又问："是哪一曹的小吏？"张玄素自己认为官职卑贱，感到羞耻，离开宫阁时几乎无法走路，脸带死灰的颜色。谏议大夫褚遂良上奏疏，他认为："国君能够礼遇他的臣子，臣子才能竭尽他的忠心。张玄素虽然出身微贱贫寒，但是陛下器重他的才华，擢升他担任三品官，辅佐太子，哪里还可以对着群臣来穷究他的出身呢？抛弃以前的恩德，造成今日的耻辱，让他忧闷在心，又哪里可以责求他做到为节义而死呢？"唐太宗说："我也懊悔这个问话，你的奏疏深合我的心意。"褚遂良，是褚亮的儿子。孙伏伽和张玄素在隋朝都是令史，孙伏伽有时候在众人面前述说往事，一点没有隐瞒。

戴州刺史贾崇以所部有犯十恶者，御史劾之。上曰："昔唐、虞大圣，贵为天子，不能化其子；况崇为刺史，独能使其民比屋为善乎！若坐是贬黜，则州县互相掩蔽，纵舍罪人。自今诸州有犯十恶者，勿劾刺史，但令明加纠察，如法施罪，庶以肃清奸恶耳。"

上自临治兵，以部陈不整，命大将军张士贵杖中郎将等；怒其杖轻，下士贵吏。魏徵谏曰："将军之职，为国爪牙；使之执杖，已非后法，况以杖轻下吏乎！"上亟释之。

言事者多请上亲览表奏，以防壅蔽。上以问魏徵，对曰："斯人不知大体,必使陛下一一亲之,岂惟朝堂,州县之事亦当亲之矣。”

【译文】 戴州刺史贾崇的部属有触犯十恶的人,所以御史弹劾贾崇。唐太宗说:“以前唐尧、虞舜时代的大圣人,虽然贵为天子,但还是无法感化他的儿子;何况贾崇只是担任刺史,又哪里能够让每家的百姓都行善呢?倘若犯了这种罪过就贬谪他,那么州县的官吏就会相互掩护蒙蔽,放舍罪人。从现在开始,各州如果有犯十恶的人,不能弹劾刺史;只要命令加以纠察,依法惩处,这样就可期望肃清奸恶!”

唐太宗亲自校阅军队,因为部队行阵排列不整齐,于是命大将军张士贵杖打中郎将等人;唐太宗憎怨他杖责太轻,所以将张士贵交给法吏去审问。魏徵向唐太宗进谏说:“将军的职责,只是为国奔驰效劳,假如命他鞭打罪人,实在不足垂法后世,何况因杖轻而又交付法官审问,那更是不应当呀!”唐太宗采纳了魏徵的谏言,即刻释放了张士贵。

一些上书言事的人,大多希望唐太宗能够亲自阅览奏疏,来防止壅遏蒙蔽。唐太宗拿这件事询问魏徵,魏徵对唐太宗说:“这些人不识大体,假如一定要陛下一一亲自处理,岂是朝中的事,州县的事也当亲自处理了。”

资治通鉴卷第一百九十六 唐纪十二

起重光赤奋若,尽昭阳单阏三月,凡二年有奇。

【译文】起辛丑(公元641年),止癸卯(公元643年)三月,共两年三个月。

【题解】本卷记录了公元641年至643年三月的史事,共两年又三个月,正当唐太宗贞观十五年至十七年。此时期,唐太宗对外奉行怀柔政策,尽力避免战争,但不回避战争。薛延陀侵犯边境,唐太宗先打击,而后和亲。唐太宗命太常博士吕才刊正阴阳书,批驳禄命禁忌,表现唐初文化建设欣欣向荣。谏臣魏徵死时,唐太宗已步入晚年,不再喜欢听谏言。由于太子李承乾不成才,唐太宗偏爱魏王李泰,宠冠诸王,开启了李泰的夺嫡野心。太子李承乾忌惮同样深得父亲宠爱且怀有谋嫡之心的胞弟李泰,策谋政变,打算起兵逼宫。

太宗文武大圣大广孝皇帝中之中

贞观十五年(辛丑,公元六四一年)春,正月,甲戌,以吐蕃禄东赞为右卫大将军。上嘉禄东赞善应对,以琅邪公主外孙段氏妻之。辞曰:"臣国中自有妇,父母所聘,不可弃也。且赞普未得谒公主,陪臣何敢先娶!"上益贤之,然欲抚以厚恩,竟不从其志。

丁丑,命礼部尚书江夏王道宗持节送文成公主于吐蕃。赞普大喜,见道宗,尽子婿礼,慕中国衣服、仪卫之美,为公主别筑城郭宫室而处之，自服纨绮以见公主。其国人皆以赭涂面，公主恶之，赞普下令禁之；亦渐革其猜暴之性，遣子弟入国学，受《诗》《书》。

【译文】贞观十五年（辛丑，公元641年）春季，正月，甲戌日（十二日），唐太宗任命吐蕃禄东赞为右卫大将军。唐太宗赞美禄东赞善于对答，要将琅玡公主的外孙女段氏嫁给他，但禄东赞却推辞说："我在吐蕃已经有了妻子，那是父母为我所娶的，不可以随便抛弃。况且赞普还没有能够娶得公主，我哪里敢先娶公主呢？"唐太宗听了他的话，更加喜爱他了。虽然想用赏赐来厚待他，但他却不肯顺从唐太宗的心意。

丁丑日（十五日），唐太宗命礼部尚书江夏王李道宗持符节送文成公主出嫁到吐蕃。吐蕃的赞普十分高兴，用女婿的礼节来拜见李道宗。他爱慕大唐的衣服、仪仗的华美，因此他又为公主另外再修筑宫室来让公主居住，自己穿着绫绢的衣服来见公主。吐蕃的百姓都用红色涂在脸上，公主非常厌恶，赞普就下令禁止；同时也逐渐改变他猜忌暴戾的个性，遣送他的子弟到国子监来读书，接受大唐《诗》《书》的教育。

乙亥，突厥俟利苾可汗始帅部落济河，建牙于故定襄城，有户三万，胜兵四万，马九万匹，仍奏言："臣非分蒙恩，为部落之长，愿子子孙孙为国家一犬，守吠北门。若薛延陀侵逼，请从家属入长城。"诏许之。

上将幸洛阳，命皇太子监国，留右仆射高士廉辅之。辛巳，行及温汤，卫士崔卿、刁文懿惮于行役，冀上惊而止，乃夜射行宫，矢及寝庭者五；皆以大逆论。

三月，戊辰，幸襄城宫，地既烦热，复多毒蛇；庚午，罢襄城宫，分赐百姓，免阎立德官。

夏，四月，辛卯朔，诏以来年二月有事于泰山。

【译文】乙亥日（十三日），突厥俟利苾可汗开始带领部落渡过黄河，就在原来的定襄城建立牙帐，人口有三万户，可以执干戈的士兵有四万人，马有九万匹，因此就上奏疏说："我蒙受分外的恩惠，做了部落的酋长，我愿意我的子子孙孙像大唐的一只狗，在北面的关隘，竭尽守吠的职责。假如薛延陀来侵扰，请求准许我随家属一起到长城里来！"唐太宗下诏书答应了他的请求。

唐太宗要到洛阳去的时候，就命令太子处理国事，并且还留下右仆射高士廉来辅助他。辛巳日（十九日），唐太宗到了骊山温泉，卫士崔卿、刁文懿害怕这一次出行的辛苦，希望太宗因惊吓而停止巡行，因此他们在夜晚射箭到唐太宗的行宫，箭有五支落到寝室的庭院，最终他们都以大逆论罪。

三月，戊辰日（初七），唐太宗到了襄城宫，此地天气燥热，又有很多毒蛇。庚午日（初九），唐太宗将襄城宫的土地分别赐给百姓，同时，罢免阎立德的官职。

夏季，四月，辛卯朔日（初一），唐太宗诏告次年二月在泰山举行封禅礼。

上以近世阴阳杂书，讹伪尤多，命太常博士吕才与诸术士刊定可行者，凡四十七卷。己酉，书成，上之；才皆为之叙，质以经史。其序《宅经》，以为："近世巫觋妄分五姓，如张、王为商，武、庾为羽，似取谐韵；至于以柳为宫，以赵为角，又复不类。或同出一姓，分属宫商；或复姓数字，莫辨徵羽。此则事不稽古，义理乖僻者也。"叙《禄命》，以为："禄命之书，多言或中，人乃信之。然长平坑卒，未闻共犯三刑；南阳贵士，何必俱当六合！今亦有同年同禄而贵贱悬殊，共命共胎而寿夭更异。按鲁庄公法应贫贱，又尫弱短陋，惟得长寿；秦始皇法无官爵，纵得禄，少奴婢，为人无始有终；汉武帝、后魏孝文帝皆法无官爵；宋武帝禄与命并当空亡，唯宜长子，虽有次子，法当早夭；此皆禄命不验之著明者也。"其叙《葬》，以为："《孝经》云：'卜其宅兆而安厝之。'盖以窀穸既终，永安体魄，而朝市迁变，泉石交侵，不可前知，故谋之龟筮。近代或选年月，或相墓田，以为一事失所，祸及死生。按《礼》，天子、诸侯、大夫葬皆有月数。是古人不择年月也。《春秋》：'九月丁巳，葬定公，雨，不克葬，戊午，日下昃，乃克葬。'是不择日也。郑葬简公，司墓之室当路，毁之则朝而窆，不毁则日中而窆，子产不毁，是不择时也。古之葬者皆于国都之北，兆域有常处，是不择地也。今葬书以为子孙富贵、贫贱、寿夭，皆因卜葬所致。夫子文为令尹而三已，柳下惠为士师而三黜，计其丘陇，未尝改移。而野俗无识，妖巫妄言，遂于擗踊之际，择葬地而希官爵；荼毒之秋，选葬时而规财利。或云辰日不可哭泣，遂莞尔而对吊客；或云同属忌于临圹，遂吉服不送其亲。伤教败礼，莫斯为甚！"术士皆恶其言，而识者皆以为确论。

【译文】唐太宗认为近年来阴阳的杂书，错误很多，因此命令太常博士吕才和一些术士共同来校勘修订值得流传的书籍，共有四十七卷。己酉日（十九日），校勘订正的杂书已经完成，因此上奏疏报告唐太宗。吕才为这些书籍都作了序言，并且用经史之书来刊正。他作《宅经》的序言认为："近世的男觋女巫，胡乱用五音来分开姓氏；如张姓和王姓属于商，武姓和庾姓属于羽，这似乎是用谐音来区分，至于柳姓属于宫，赵姓属于角，那区分的办法又不再是谐韵。有的同出一姓，却分属于宫或分属于商；有的复姓有几个字，又无法分辨是属于徵或属于羽。这种事由于没有稽考古籍，因而所说的事理就是乖谬的呀！”他作《禄命》的序言认为：“在禄命的书籍中，所说的也有一些言中的，有一些人因而就非常相信。但是长平之战，死者四十五万人，从来没有听说他们全是犯了三刑；汉代光武中兴，南阳的人士都尊贵，他们哪里全是同于六合？现在也有年岁相同禄命相同却贵贱不同，共命运同胞兄弟却寿命长短有异；鲁庄公按照禄命书的算法，应当贫穷卑贱，羸弱短小，但反而身长并且高寿；秦始皇按照禄命书的算法，没有为官的命运，纵然得到爵禄，但奴婢很少，做人无始有终；汉武帝、后魏孝文帝按照禄命书的算法，都是没有当官的命运；宋武帝爵禄和寿命都是空乏全无，不过应当有长子，虽然有次子，应当会早死。这些都是禄命书不灵验的明证呀！”他作《葬》书的序言认为：“《孝经》上说：‘要选择阴宅和茔域来安置。’因为人死了葬入墓穴，希望能够永远保存骸骨，但是市井的变迁、泉水的侵蚀，不能预先知晓，因而用龟甲蓍草来占卜。近年以来，有的挑选埋葬的年月，有的勘察埋葬的处所。一般人都认为一件事情的处理不当，死亡的灾祸就会降临。依据《礼》书上的记载：‘天子、诸侯和大夫的安葬，都有一定的月数。’由此看来，古人的埋葬是不挑选年月的。《春秋》上的记载：‘九月丁巳日，埋葬定公的时候，因为天下雨，所以就无法埋葬；到了戊午的下午，才埋葬。’由此来看，古人的埋葬是不挑选日期的。郑国埋葬郑简公的时候，司墓的庐舍阻挡了埋葬的道路，假如拆毁那么早晨便可下棺埋葬，假如不拆毁那么要到中午才能下棺埋葬。子产没有拆毁司墓的庐舍，这是不挑选时间的证明。古代死者都是在国都的北面埋葬，墓地有固定的地方，这是不挑选地方的证明。现在葬书上认为子孙的富贵、贫贱、寿夭,都是受了选择埋葬的时、地的影响。以前子文做令尹三次遭到停职,柳下惠做士师三次遭到贬斥,但是察看他们祖先的坟墓,未曾有所改变移动。可是山野世俗的人没有见识,听了巫觋胡乱的谎言,因此在捶胸顿足之际,挑选埋葬的墓地,希望能获得官爵;在悲伤痛苦之时,挑选埋葬的时辰,希望能取得财利。有的说辰日不能悲哭流泪,所以微笑着对待祭吊的宾客;有的说与死者生肖相同的不可到墓穴,所以穿着吉服不送葬他的亲人。如此毁伤教化,败坏礼俗,没有比这样更严重的了!”方术之士,虽然都厌恶他的言论,但有见识的人士,都认为他的这些话是确切的理论。

丁巳,果毅都尉席君买帅精骑百二十袭击吐谷浑丞相宣王,破之,斩其兄弟三人。初,丞相宣王专国政,阴谋袭弘化公主,劫其王诺曷钵奔吐蕃。诺曷钵闻之,轻骑奔鄯善城,其臣威信王以兵迎之,故君买为之讨诛宣王。国人犹惊扰,遣户部尚书唐俭等慰抚之。

五月,壬申,并州父老诣阙请上封泰山毕,还幸晋阳,上许之。

丙子,百济来告其王扶馀璋之丧,遣使册命其嗣子义慈。

己酉,有星孛于太微,太史令薛颐上言‘未可东封’。辛亥,起居郎褚遂良亦言之。丙辰,诏罢封禅。

【译文】 丁巳日(二十七日),果毅都尉席君买带领一百二十个精锐的骑兵袭击吐谷浑的丞相宣王,攻陷他的城郭,斩杀他的三个兄弟。起初,丞相宣王独揽政权,暗中想袭击弘化公主,抢劫国王诺曷钵逃奔吐蕃。诺曷钵听闻这个消息,带领轻骑奔走到鄯善城,他的臣子威信王领兵迎接他,因此,席君买为他征讨诛杀宣王。可是全国的百姓还是大受惊恐，所以唐太宗派遣户部尚书唐俭等去慰问安抚他们。

五月，壬申日（十二日），并州的父老到宫殿来请求唐太宗封祭泰山以后，再到晋阳临幸，唐太宗答应了他们的请求。

丙子日（十六日），百济派人来说他们的国王扶馀璋去世，因此，唐太宗派遣使者册封他的儿子义慈为国王。

己酉日（五月无此日），有彗星出现在太微，太史令薛颐上奏疏说，不可以东封泰山。辛亥日（五月无此日），起居郎褚遂良也上书这样说。丙辰日（五月无此日），唐太宗诏告停止封禅的事。

太子詹事于志宁遭母丧，寻起复就职。太子治宫室，妨农功；又好郑、卫之乐；志宁谏，不听。又宠昵宦官，常在左右，志宁上书，以为："自易牙以来，宦官覆亡国家者非一。今殿下亲宠此属，使陵易衣冠，不可长也。"太子役使司驭等，半岁不许分番，又私引突厥达哥友入宫，志宁上书切谏，太子大怒，遣刺客张师政、纥干承基杀之。二人入其第，见志宁寝处苫块，竟不忍杀而止。

西突厥沙钵罗叶护可汗数遣使入贡。秋，七月，甲戌，命左领军将军张大师持节即其所号立为可汗，赐以鼓纛。上又命使者多赉金帛，历诸国市良马，魏徵谏曰："可汗位未定而先市马，彼必以为陛下志在市马，以立可汗为名耳。使可汗得立，荷德必浅；若不得立，为怨实深。诸国闻之，亦轻中国。市或不得，得亦非美。苟能使彼安宁，则诸国之马，不求自至矣。"上欣然止之。

【译文】太子詹事于志宁的母亲去世，丁忧去职，不久又恢复官职。太子修建宫室，妨害农事，又喜好郑、卫淫靡的音乐。

于志宁向太子进谏，太子却不采纳他的谏言。而且又宠幸亲近宦官，他们时常陪伴在太子的身边。于志宁上书认为："自从易牙以来，宦官灭亡国家的不止一人。现在殿下宠幸亲近这些人，让他们欺凌轻视士大夫这一类的人，这种风气实在不可任它增长。"　太子又私自役使皇厩驾驭手，半年不许他们轮流值班，又私自带引突厥达哥友进入宫中。于志宁上书急迫进谏，太子大怒，派遣刺客张思政、纥干承基去刺杀他。这两个人进入于志宁的住宅，看到他寝苫枕块，终于不忍心杀害他而离开了。

　　西突厥沙钵罗叶护可汗经常派遣使者入朝进贡。秋季，七月，甲戌日（十五日），唐太宗命左领军将军张大师执着符节就他的称号立他为可汗，并且赏赐给他鼓和旗。唐太宗又命使者多携带金帛，在途经各国时购买良马。魏徵上奏疏进谏说："可汗的名位还没有确定就先购买良马，他一定会认为陛下志在买马，立可汗只是一个借口罢了。立了可汗，威德很少；如果没有立可汗，怨恨更深。各国知道了，也会轻视大唐。买马也许买不成，就是买成也不是最好的。倘若能够使他们安定，那么各国的良马，不必去寻求自然会送来的。"唐太宗听了魏徵的谏言，很高兴地就停止了这一件事。

　　乙毗咄陆可汗与沙钵罗叶护互相攻，乙毗咄陆浸强大，西域诸国多附之。未几，乙毗咄陆使石国吐屯击沙钵罗叶护，擒之以归，杀之。

　　丙子，上指殿屋谓侍臣曰："治天下如建此屋，营构既成，勿数改移；苟易一椽，正一瓦，践履动摇，必有所损。若慕奇功，变法度，不恒其德，劳扰实多。"

　　【译文】乙毗咄陆可汗和沙钵罗叶护相互攻打，乙毗咄陆逐渐强大，西域各国大多服从他。不久，乙毗咄陆派遣石国吐屯攻打沙钵罗叶护，将他抓回来，杀了他。

丙子日（十七日），唐太宗指着宫殿的屋子对侍臣说："治理天下就像建造这一栋房屋，经营建筑好了，不可经常更改移动；倘若更换一根屋椽，更正一块瓦，甚至加以踩踏动摇，必定会有所损害。假如只是爱慕特别的功勋，随意变更法令制度，不能经常坚守美德，那么劳神骚扰的事一定很多。"

上遣职方郎中陈大德使高丽；八月，己亥，自高丽还。大德初入其境，欲知山川风俗，所至城邑，以绫绮遗其守者，曰："吾雅好山水，此有胜处，吾欲观之。"守者喜，导之游历，无所不至，往往见中国人，自云"家在某郡，隋末从军，没于高丽，高丽妻以游女，与高丽错居，殆将半矣。"因问亲戚存没，大德绐之曰："皆无恙。"咸涕泣相告。数日后，隋人望之而哭者，遍于郊野。大德言于上曰："其国闻高昌亡，大惧，馆候之勤，加于常数。"上曰："高丽本四郡地耳，吾发卒数万攻辽东，彼必倾国救之。别遣舟师出东莱，自海道趋平壤，水陆合势，取之不难。但山东州县凋瘵未复，吾不欲劳之耳！"

乙巳，上谓侍臣曰："朕有二喜一惧。比年丰稔，长安斗粟直三、四钱，一喜也；北虏久服，边鄙无虞，二喜也。治安则骄侈易生，骄侈则危亡立至，此一惧也。"

【译文】 唐太宗派遣职方郎中陈大德出使高丽。八月，己亥日（初十），陈大德从高丽回来。陈大德初到高丽时，想了解当地的山川风俗，所到的城邑，都将绫罗送给当地的守城者，并且说："我很喜好山水，此处有佳胜之地，我想来游览。"守城者十分高兴，就引导他前去游览，无论什么地方都游览过，经常遇见中原人，他们都这么说："我的家原本在某郡，隋朝末年因为从军，所以沦落在高丽，而且高丽的女子又嫁我为妻，我们同高丽的人错杂而居，人数将近一半。"因此他们向陈大德探问亲戚的生死，陈大德蒙骗他们说："都很好！"他们都流着眼泪相互转告，几天以后，隋朝人见到他而啼哭的，几乎遍布整个郊野。陈大德回来对唐太宗说："高丽的百姓听说高昌被灭亡，心里十分恐惧，所以在客馆侍候的殷勤，多于平常的礼数。"唐太宗说："高丽原本是汉朝四个州郡的土地，假如我调动几万军队来攻打辽东，他一定倾尽全国的兵力来救援，我们另外派遣海军离开东莱，从海路直到平壤，水、陆两路联合进攻，攻取并不困难。不过，山东州县的凋敝疲病还没有能够恢复，我不想骚扰百姓罢了！"

乙巳日（十六日），唐太宗对侍臣们说："我有两件高兴的事，一件恐惧的事：连年稻米丰收，长安一斗粟只值三四钱，是我第一件高兴的事；北方的胡人归顺很久，边境安定无忧，是我第二件高兴的事。长治久安就容易养成骄奢淫逸，骄奢淫逸就会立即促使危亡到来，这是我一件恐惧的事。"

冬，十月，辛卯，上校猎伊阙；壬辰，幸嵩阳；辛丑，还宫。

并州大都督长史李世勣在州十六年，令行禁止，民夷怀服。上曰："隋炀帝劳百姓，筑长城以备突厥，卒无所益。朕唯置李世勣于晋阳而边尘不惊，其为长城，岂不壮哉！"十一月，庚申，以世勣为兵部尚书。

壬申，车驾西归长安。

薛延陀真珠可汗闻上将东封，谓其下曰："天子封泰山，士马皆从，边境必虚，我以此时取思摩，如拉朽耳。"乃命其子大度设发同罗、仆骨、回纥、鞑靼、霫等兵合二十万，度漠南，屯白道川，据善阳岭以击突厥。俟利苾可汗不能御，帅部落入长城，保朔州，遣使告急。

【译文】冬季，十月，辛卯日（初三），唐太宗在伊阙打猎；壬辰日（初四），唐太宗又到嵩阳；辛丑日（初十），唐太宗回到宫中。

并州大都督长史李世勣在州中十六年，所发布的命令，都能推行；所禁止的事情，都能停止，百姓都能怀恩归服。唐太宗说："隋炀帝劳苦百姓，修筑长城来防备突厥的侵扰，结果并没有收获好处。我只留置李世勣在晋阳，而边境竟能相安无事，他就好像一座长城，如何不伟大！"十一月，庚申日（初三），唐太宗任命李世勣为兵部尚书。

壬申日（十五日），唐太宗向西回到长安。

薛延陀真珠可汗听说唐太宗将东封泰山，对他的部下说："天子东封泰山，兵马都会跟随东去，边境必定空虚，我在此时攻打占取思摩，好像摧枯拉朽一样地容易。"因此命他的儿子大度设调动同罗、仆骨、回纥、鞑靼、霫等的军队，一共二十万人，渡过漠南，驻兵在白道川，占据善阳岭并且进攻突厥。俟利苾可汗无法抵御，带领部落进入长城，保卫朔州，派遣使者向唐太宗请求援助。

癸酉，上命营州都督张俭帅所部骑兵及奚、霫、契丹压其东境；以兵部尚书李世勣为朔州道行军总管，将兵六万，骑千二百，屯羽方；右卫大将军李大亮为灵州道行军总管，将兵四万，骑五千，屯灵武；右屯卫大将军张士贵将兵一万七千，为庆州道行军总管，出云中；凉州都督李袭誉为凉州道行军总管，出其西。

诸将辞行，上戒之曰："薛延陀负其强盛，逾漠而南，行数千里，马已疲瘦。凡用兵之道，见利速进，不利速退。薛延陀不能掩思摩不备，急击之，思摩入长城，又不速退。吾已敕思摩烧剃秋草，彼粮糒日尽，野无所获。顷侦者来，云其马啮林木枝皮略尽。卿等当与思摩共为掎角，不须速战，俟其将退，一时奋击，破之必矣。"

【译文】 癸酉日（十六日），唐太宗任命营州都督张俭统领所属骑兵以及奚、霫、契丹的军队进逼薛延陀的东部边境，又任用兵部尚书李世勣为朔州道行军总管，率领军队六万人，骑兵一千二百人，屯驻在羽方；任用右卫大将军李大亮为灵州道行军总管，率领军队四万人，骑兵五千人，屯驻灵武；派遣右屯卫大将军张士贵率领军队一万七千人，担任庆州道行军总管，从云中出兵；任用凉州都督李袭誉为凉州道行军总管，从凉州西边出兵。

各位将军向唐太宗辞行的时候，唐太宗警告他们说："薛延陀自恃他的强盛，来到沙漠的南边，要走几千里的路，马已经疲惫瘦弱。一般来说，用兵的方法，是见到有利就立即前进，见到不利就立即后退。薛延陀不能乘思摩不备而偷袭，只是急遽地进攻，思摩带领部落进入长城，薛延陀也不立即退回。我已经命令思摩烧毁铲除秋草，他们粮草日渐吃尽，野外又不能取得。不久，侦察的人回来，说他们的马匹吃树皮都快要吃完了。你们应该和思摩一同牵制他们，不需要立刻和他们交战，等到他们将要撤退的时候，突然奋力攻击，一定可以击败他们。"

十二月，戊子，车驾至京师。

己亥，薛延陀遣使入见，请与突厥和亲。甲辰，李世勣败薛延陀于诸真水。初，薛延陀击西突厥沙钵罗及阿史那社尔，皆以步战取胜；及将入寇，乃大教步战，使五人为伍，一人执马，四人前战，战胜则授以马追奔。于是，大度设将三万骑逼长城，欲击突厥，而思摩已走，知不可得，遣人登城骂之。会李世勣引唐兵至，尘埃涨天，大度设惧，将其众自赤柯泺北走。世勣选麾下及突厥精骑六千自直道邀之，逾白道川，追及于青山。大度设走累日，至诸真水，勒兵还战，陈亘十里。突厥先与之战，不胜，还走，大度设乘胜追之，遇唐兵，薛延陀万矢俱发，唐马多死。世勣命士卒皆下马，执长矟直前冲之。薛延陀众溃，副总管薛万彻以数千骑收其执马者。薛延陀失马，不知所为，唐兵纵击，斩首三千馀级，捕虏五万馀人。大度设脱身走，万彻追之不及。其众至漠北，值大雪，人畜冻死者什八九。

【译文】十二月，戊子日(初一)，唐太宗回到京师。

己亥日(十二日)，薛延陀派遣使者入见唐太宗，请求与突厥和亲。甲辰日(十七日)，李世勣在诸真水击败薛延陀。起初，薛延陀攻打西突厥沙钵罗以及阿史那社尔，都用步战取得胜利；等到要进犯突厥，就大大教导步战的方法，将五人编成一伍，一人牵着马，四人在前面作战，打胜仗就让他骑上马去追击。因此，大度设带领三万骑兵到了长城，想攻打突厥，但是思摩已经逃走，知道不能抓获思摩，就派人到城上去辱骂他。恰好李世勣率领唐朝军队来到这里，灰尘满天，大度设害怕，率领他的部属从赤柯泺的北面逃走。李世勣挑选他的部下和突厥的精锐骑兵六千人，从直路去截击他们。大军越过白道川，追到了青山。大度设奔逃数日，抵达诸真水，率领军队回头迎战，阵地绵亘十里路。突厥的军队先和他们作战，没有战胜，回头逃走，大度设乘着胜势追击他们，却遇到大唐的军队，薛延陀的军队纷纷发箭射杀，唐朝的马匹大多被射死。李世勣命令士兵们都下马，拿着长矛，一直向前冲杀。薛延陀的军队溃败，副总管薛万彻率领几千个骑兵抓获他们牵马的人，薛延陀的军队失去了马，不知道应当如何作战，唐朝的军队猛烈进攻，杀了三千多人，俘虏了五万多人。大度设脱身逃走，薛万彻追赶不及。薛延陀的部众逃到了沙漠的北边，又遇到下大雪，人马冻死十分之八九。

李世勣还军定襄，突厥思结部居五台者叛走，州兵追之；会世勣军还，夹击，悉诛之。

丙子，薛延陀使者辞还，上谓之曰：“吾约汝与突厥以大漠为界，有相侵者，我则讨之。汝自恃其强，逾漠攻突厥。李世勣所将才数千骑耳，汝已狼狈如此！归语可汗：凡举措利害，可善择其宜。”

上问魏徵：“比来朝臣何殊不论事！”对曰：“陛下虚心采纳，必有言者。凡臣徇国者寡，爱身者多，彼畏罪，故不言耳。”上曰：“然。人臣关说忤旨，动及刑诛，与夫蹈汤火冒白刃者亦何异哉！是以禹拜昌言，良为此也。”

【译文】李世勣回到定襄的时候，住在五台的突厥思结部叛变逃走，州中的军队追击他们，恰好李世勣的军队回来，两面夹攻，将他们全部杀了。

丙子日（十二月无此日），薛延陀的使者辞别归国的时候，唐太宗对他说：“我约好你和突厥，将大沙漠作为边界，假如有人侵略，我就讨伐他。可是你自恃国家强盛，越过沙漠来攻打突厥。李世勣所统率的军队只不过几千骑兵罢了，你们已经困窘到这种地步！回去告诉你的国君，一切的举止利害，应当好好地选择。"

唐太宗问魏徵："近来朝臣为什么不肯上书谈论国事？"魏徵回答唐太宗说："陛下假如能够虚心采纳朝臣的谏言，一定会有进献谏言的法子。朝臣能够殉国的少，爱惜身家的多。他们都害怕触犯罪刑，所以不肯向陛下说罢了。"唐太宗说："是的！臣子所说的话假如违忤皇上的旨意，往往就会遭到杀戮，这样和上刀山，下火海又有什么不同呢？所以夏禹尊敬直谏的人，就是这个缘故吧！"

房玄龄、高士廉遇少府少监窦德素于路，问："北门近何营缮？"德素奏之。上怒，让玄龄等曰："君但知南牙政事，北门小营缮，何预君事！"玄龄等拜谢。魏徵进曰："臣不知陛下何以责玄龄等，而玄龄等亦何所谢！玄龄等为陛下股肱耳目，于中外事岂有不应知者！使所营为是，当助陛下成之；为非，当请陛下罢之。问于有司，理则宜然。不知何罪而责，亦何罪而谢也！"上甚愧之。

上尝临朝谓侍臣曰："朕为人主，常兼将相之事。"给事中张行成退而上书，以为："禹不矜伐而天下莫与之争。陛下拨乱反正，群臣诚不足望清光；然不必临朝言之。以万乘之尊，乃与群臣校功争能，臣窃为陛下不取。"上甚善之。

【译文】房玄龄和高士廉有一次在路上遇到少府少监窦德素，问道："北门近来在营造缮补什么？"窦德素向唐太宗报告了这件事，唐太宗听了特别生气，并且责备房玄龄等说："你只管掌理南衙的政事，北门的小小营造缮补，与你有什么相干？"房玄龄等拜而谢罪。魏徵进谏说："我不知道陛下为什么要责备房玄龄等人，而且房玄龄等人又有什么事情要谢罪！房玄龄等人是陛下身边辅助的人，对于宫内宫外的事情，哪里有不应当知道的！倘若所营造缮补的是对的，他们应该帮助陛下来完成；倘若是错的，那他们也应该请求陛下停止去做。他们询问负责的官员，在道理上是应当的。不知道他们有什么罪过而要来谴责他们，也不知道他们有什么罪过而要来向陛下谢罪！"唐太宗听了，感到十分惭愧。

唐太宗曾经在朝廷对侍臣们说："我虽然做国君，但经常兼做将军宰相的事。"给事中张行成退朝后上奏疏，他认为："夏禹不夸耀自己的功劳，因此天下的人不和他竞争功劳。陛下治理乱世，安定社会，群臣实在是比不上陛下的伟大，但陛下也不必在朝堂上夸耀自己的功劳。凭国君的尊荣，来和群臣争功比能，我认为陛下不应当这样。"唐太宗非常赞赏他的话。

贞观十六年(壬寅，公元六四二年)春，正月，乙丑，魏王泰上《括地志》。泰好学，司马苏勖说泰，以古之贤王皆招士著书，故泰奏请修之。于是，大开馆舍，广延时俊，人物辐凑，门庭如市。泰月给逾于太子，谏议大夫褚遂良上疏，以为："圣人制礼，尊嫡卑庶，世子用物不会，与王者共之。庶子虽爱，不得逾嫡，所以塞嫌疑之渐，除祸乱之源也。若当亲者疏，当尊者卑，则佞巧之奸，乘机而动矣。昔汉窦太后宠梁孝王，卒以忧死；宣帝宠淮阳宪王，亦几至于败。今魏王新出阁，宜示以礼则，训以谦俭，乃为良器，此所谓'圣人之教不肃而成'者也。"上从之。

【译文】贞观十六年（壬寅，公元642年）春季，正月，乙丑日（初九），魏王李泰献上新编撰的《括地志》。李泰喜好读书，司马苏勖勉励他编著书籍，因为古代的贤王都招揽学者著书立说，所以李泰上书请求准予自己编撰《括地志》。因此就开设馆舍，广聘当时的俊彦，人才济济，门庭若市。李泰每月所领的俸禄超过太子，谏议大夫褚遂良因此上奏疏，他认为："圣人制定的礼节，尊贵嫡子卑贱庶子，世子所用的服物，不应当和王者相同。虽然疼爱庶子，但也不可超越嫡子，这样就是要阻止嫌隙的形成，摒除祸乱的根源。倘若应当亲近的人反而疏远，应当尊贵的人反而卑贱，那么谄佞取巧的奸人，就会乘机兴起。以前汉朝窦太后宠爱梁孝王，最终使他忧郁而死；汉宣帝宠爱淮阳宪王，也几乎让他遭到失败。现在魏王刚出阁任职，应当要用礼节法则来指导他，用谦虚节俭来训勉他，这才是最好的办法，这正是古人所说的'圣人的教导，不用严肃就可达成教育的功效'！"唐太宗采纳了他的谏言。

上又令泰徙居武德殿。魏徵上疏，以为："陛下爱魏王，常欲使之安全，宜每抑其骄奢，不处嫌疑之地。今移居此殿，乃在东宫之西，海陵昔尝居之，时人不以为可；虽时异事异，然亦恐魏王之心不敢安息也。"上曰："几致此误。"遽遣泰归第。

辛未，徙死罪者实西州，其犯流徙则充戍，各以罪轻重为年限。

敕天下括浮游无籍者，限来年末附华。

以兼中书侍郎岑文本为中书侍郎，专知机密。

【译文】唐太宗又命令李泰住在武德殿里。魏徵上奏疏，他认为："陛下疼爱魏王，要常常使他安全。应当时常抑制他的骄纵奢侈，不要使他处于嫌疑的境地。现在搬来住在这个宫殿，就在东宫的西面，海陵剌王以前曾经住在这个殿里，当时的人就认为不可以；虽然时间人事不同，但也担心魏王的心里不会安宁。"唐太宗说："我几乎又做了这种错误的事。"立即命李泰返回原来的府第。

辛未日（十五日），唐太宗命令将犯死罪的人迁移到西州，来充实西州的户口；又将犯流徙的罪人充当屯戍，各以犯罪的轻重来决定充当屯戍年限的长短。

唐太宗又诏命搜求飘浮游荡没有籍贯的人，并且限定来年岁末要将附籍手续办理完毕。

唐太宗又任用兼中书侍郎（按《新唐书》作中书舍人）岑文本为中书侍郎，专门掌管机密的事务。

【乾隆御批】 勖劝泰招士著书，盖欲效天策开馆之举，而昧于汉淮南之炯鉴。遂良之谏亦仅仅节其月给，而于门庭如市曾无所规正，岂习见瀛洲旧事忽而不察欤？作法于凉不能为太宗讳矣。

【译文】 苏勖劝说李泰招贤纳士著书立说，大概是想仿效唐太宗做太子时开馆招士的做法，但却忘记了汉代淮南王著书立说的明显鉴戒。褚遂良的谏言也只是减少了每月给他的俸禄，对于那里门庭若市的现象并没有进行规劝改正，难道说像看惯了的神仙故事一样粗心大意地好像没有察觉吗？这是在凉创制了法令不能为太宗隐瞒失误的。

夏，四月，壬子，上谓谏议大夫褚遂良曰："卿犹知起居注，所书可得观乎？"对曰："史官书人君言动，备记善恶，庶几人君不敢为非，未闻自取而观之也！"上曰："朕有不善，卿亦记之邪？"对曰："臣职当载笔，不敢不记。"黄门侍郎刘洎曰："借使遂良不记，天下亦皆记之。"上曰："诚然。"

六月，庚寅，诏息隐王可追复皇太子，海陵剌王元吉追封巢王，谥并依旧。

【译文】夏季，四月，壬子日（二十七日），唐太宗对谏议大夫褚遂良说："你还兼掌记录君王行止的事，你所记录的可以让我看一看吗？"褚遂良对唐太宗说："史官记载人君的言语行止，善恶全都记载，这样就是希望君王不敢去做坏事，从来没有听说君王自己要取来观看的呀！"唐太宗说："我倘若做了不好的事，你也记载下来吗？"褚遂良对唐太宗说："我的职责就是记载陛下的言行，不敢不根据实情来记载。"黄门侍郎刘洎说："假如褚遂良隐瞒不记载，天下的人也会依照实情记载的。"唐太宗说："真的是如此。"

六月，庚寅日（初六），唐太宗诏命息隐王李建成可以追封恢复皇太子称号，海陵剌王李元吉追封为巢王，谥号都照旧。

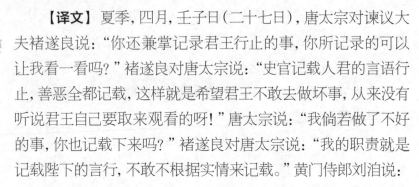

甲辰，诏自今皇太子出用库物，所司勿为限制。于是，太子发取无度，左庶子张玄素上书，以为："周武帝平定山东，隋文帝混一江南，勤俭爱民，皆为令主；有子不肖，卒亡宗祀。圣上以殿下亲则父子，事兼家国，所应用物不为节限，恩旨未逾六旬，用物已过七万，骄奢之极，孰云过此！况宫臣正士，未尝在侧；群邪淫巧，昵近深宫。在外瞻仰，已有此失；居中隐密，宁可胜计！苦药利病，苦言利行，伏惟居安思危，日慎一日。"太子恶其书，令户奴伺玄素早朝，密以大马箠击之，几毙。

秋，七月，戊午，以长孙无忌为司徒，房玄龄为司空。

【译文】甲辰日（二十日），唐太宗诏命自今以后，皇太子支领库中物品，管理的官吏不要加以限制。因此太子支用库中的物品奢侈无度，左庶子张玄素上奏疏，他认为："周武帝讨平山东，隋文帝一统江南，他们都能做到勤俭爱民，都是好的君王；

可是他们的儿子不贤，最终灭亡祖宗的奉祀。陛下和太子在亲属上说是具有父子之亲，在做事上说是处理国家之事，因此陛下认为太子所用的物品不必节制，可是陛下诏告的恩旨还没有超过六十天，而所用的物品已经超过七万，骄奢已经达到了极点，谁能超过这种骄奢呢？况且宫中的官吏和正直的人士，又没能在太子身旁；许多奸邪巧诈的人，却能亲近太子。在宫外的人看来，已经有这种过失，但其中的隐秘，又哪里能够计算呢？不过苦口的药，有利于治病；逆耳的话，有利于行事，希望陛下能够居安思危，一天比一天谨慎。"太子厌恶他所上的奏疏，因此命令守门的奴仆趁张玄素上朝时，秘密地用大的马鞭来抽打他，几乎要将张玄素打死。

秋季，七月，戊子日（七月无此日），唐太宗任用长孙无忌为司徒，房玄龄为司空。

【乾隆御批】 君人者，制范谨度，虽自用亦必有程，无容过滥，何况太子？《周官》世子不会之说，盖即诸侯不计多寡之义。而后世乃曲解附会，以逞其欲。《传》曰：教以义方，勿纳于邪。厥后承乾不终，岂非太宗贻谋不能慎始之咎邪？

【译文】 作为百姓的君主制定了严密的法律制度，虽然是自己办事也要有一定的限度，不允许漫无准则，更何况是太子呢？《周官》有世子不会的说法，也就是诸侯不用计较多少的意思。可是后世却歪曲原意牵强附会来实现自己的私欲。《传》说：要对他进行正面教育，不要讲些邪门歪道。后来李承乾没有好的结果，难道不是唐太宗在开始的时候就没有慎重地作好打算的过失吗？

庚申，制："自今有自伤残者，据法加罪，仍从赋役。"隋末赋役重数，人往往自折支体，谓之"福手"、"福足"；至是遗风犹存，故禁之。

特进魏徵有疾，上手诏问之，且言："不见数日，朕过多矣。今欲自往，恐益为劳。若有闻见，可封状进来。"徵上言："比者弟子陵师，奴婢忽主，下多轻上，皆有为而然，渐不可长。"又言："陛下临朝，常以至公为言，退而行之，未免私僻。或畏人知，横加威怒，欲盖弥彰，竟有何益！"徵宅无堂，上命辍小殿之材以构之，五日而成，仍赐以素屏风、素褥、几、杖等以遂其所尚。徵上表谢，上手诏称："处卿至此，盖为黎元与国家，岂为一人，何事过谢！"

【译文】庚申日（初七），唐太宗下命令："从今以后，假如有自己弄成伤残的人，依据法律要加重处罚，仍旧要负担赋税徭役。"隋朝末年因为赋税徭役繁重，百姓往往自折伤肢体，当时的人称之为"福手""福足"；到了现在这种风气依然存在，所以唐太宗下令禁止。

特进魏徵生病，唐太宗亲自写了诏告询问他说："没有看到你已经好几天，我的过失很多。今天我本想去探视你，担心更加劳苦你。假如有什么意见，可以用密封送进来。"魏徵上书说："近来弟子冒犯师长，奴婢轻慢主人，部下轻视长官，都是有原因的，这种风气实在不可让它滋长。"又说，"陛下上朝时，经常用大公无私勉励臣子，但是退朝以后所做的，却未免过于偏私。也许是害怕别人知道，因而妄加威吓愤怒，其实想掩盖却更明显，究竟有什么益处呢？"魏徵的住宅没有厅堂，唐太宗命令停止建筑小宫殿，将材料搬来建造厅堂，五天就完工，而且还送给他素色的屏风、素色的被褥、茶几以及手杖等物，来表示他的崇敬。魏徵上奏表致谢，唐太宗亲手下诏书说："我如此对待你，那是为了百姓和国家，不只是为了你一个人，这又有什么好致谢的呢？"

八月，丁酉，上曰："当今国家何事最急？"谏议大夫褚遂良曰："今四方无虞，唯太子、诸王宜有定分最急。"上曰："此言是也。"时太子承乾失德，魏王泰有宠，群臣日有疑议，上闻而恶之，谓侍臣曰："方今群臣，忠直无逾魏徵，我遣傅太子，用绝天下之疑。"九月，丁巳，以魏徵为太子太师。徵疾小愈，诣朝堂表辞，上手诏谕以"周幽、晋献，废嫡立庶，危国亡家。汉高祖几废太子，赖四皓然后安。我今赖公，即其义也。知公疾病，可卧护之。"徵乃受诏。

癸亥，薛延陀真珠可汗遣其叔父沙钵罗泥孰俟斤来请昏，献马三千，貂皮三万八千，马脑镜一。

【译文】八月，丁酉日（十四日），唐太宗说："现在国家最急的是什么事？"谏议大夫褚遂良说："现在天下安定，最急的事，只有太子以及各王的名分应当确定。"唐太宗说："你这话很对。"那时太子李承乾品德恶劣，魏王李泰最受宠爱，群臣每天都在猜疑议论，唐太宗听了这些话十分厌恶，对侍臣们说："现在朝廷中的群臣，没有比魏徵更忠直的，我派遣他去辅佐太子，来断绝天下人的猜疑。"九月，丁巳日（初四），唐太宗任命魏徵担任太子太师。魏徵的病稍微好些，就来到朝廷上表辞谢。唐太宗亲手写了告谕的话："周幽王和晋献公废弃嫡子而立了庶子，最终毁了国亡了家。汉高祖几乎废弃太子，幸好有了商山四皓的辅翼，才没有废弃。我现在派遣你去辅翼太子，就是这个道理。我知晓你正在生病，可以卧在病床上养护你的身体。"魏徵于是接受了唐太宗的诏命。

癸亥日（初十），薛延陀真珠可汗派遣他的叔父沙钵罗泥孰侯斤来朝廷请求联姻，进贡三千匹马，三万八千件貂皮，一个玛瑙镜。

　　癸酉，以凉州都督郭孝恪行安西都护、西州刺史，高昌旧民与镇兵及谪徙者杂居西州，孝恪推诚抚御，咸得其欢心。

　　西突厥乙毗咄陆可汗既杀沙钵罗叶护，并其众，又击吐火罗，灭之。自恃强大，遂骄倨，拘留唐使者，侵暴西域，遣兵寇伊州；郭孝恪将轻骑二千自乌骨邀击，败之。乙毗咄陆又遣处月、处密二部围天山；孝恪击走之，乘胜进拔处月侯斤所居城，追奔至遏索山，降处密之众而归。

　　【译文】癸酉日（二十日），唐太宗又命令凉州都督郭孝恪代行安西都护和西州刺史的事。高昌旧有的百姓、镇守的兵卒和死罪囚徒一同住在西州，郭孝恪诚心来安抚他们，得到他们欢欣的拥护。

　　西突厥乙毗咄陆可汗杀死沙钵罗叶护，接收他的部众，又攻打吐火罗，并且将它灭亡。因此自恃国力强大，逐渐骄矜倨傲，拘留大唐的使者，侵略西域，派遣军队攻打伊州；郭孝恪带领两千轻骑自乌骨追击，并且将他们击败。乙毗咄陆又派遣处月和处密两个部落的军队围困天山，郭孝恪又将他们赶走，乘胜占领处月侯斤所居住的城市，追击他们到遏索山，又迫使处密的部属投降，然后才领兵返回。

　　初，高昌既平，岁发兵千馀人戍守其地。褚遂良上疏，以为："圣王为治，先华夏而后夷狄。陛下兴兵取高昌，数郡萧然，累年不复；岁调千馀人屯戍，远去乡里，破产办装。又谪徙罪人，皆无赖子弟，适足骚扰边鄙，岂能有益行陈！所遣多复逃亡，徒烦追捕。加以道涂所经，沙碛千里，冬风如割，夏风如焚，行人往来，遇之多死。设使张掖、酒泉有烽燧之警，陛下岂得高昌一夫斗粟之用？终当发陇右诸州兵食以赴之耳。然则河西者，中国之心腹；高昌者，它人之手足；奈何糜弊本根以事无用之土乎！且陛下得突厥、吐谷浑，皆不有其地，为之立君长以抚之，高昌独不得与为比乎！叛而执之，服而封之，刑莫威焉，德莫厚焉。愿更择高昌子弟可立者，使君其国，子子孙孙，负荷大恩，永为唐室籓辅，内安外宁，不亦善乎！"上弗听。及西突厥入寇，上悔之，曰："魏徵、褚遂良劝我复立高昌，吾不用其言，今方自咎耳。"

【译文】起初，平定高昌以后，每一年要派遣一千多人戍守在那里。褚遂良曾经上奏疏，他认为："陛下治理天下，应当先治理华夏而后治理夷狄。陛下派兵攻取高昌，数个郡县都萧条冷落，几年不能恢复；每年调派一千多人在高昌戍守，他们远离家乡，穷人为了行装常常破产；还有流放的罪人，都是无赖的子弟，这样徒然骚扰边境，对于排兵布阵有什么益处？同时派遣戍守的士兵大多逃亡，徒增缉捕的烦劳。加上途经的道路，又是千里的沙漠，冬天的寒风如刀刺骨，夏天的热风如火焚烧，行人在这里来往，碰到这种天气大多死亡。倘若在张掖和酒泉一旦有战事发生，陛下又哪里能够得到高昌一个士兵和一斗粮食的救助？还是要运送陇州以东各州的士兵和粮食去接济的。由此来看，那么河西是大唐的心腹之地，而高昌只是他人的手足罢了。为什么要糜烂困弊根本来从事经营无用的土地呢？而且陛下得到突厥和吐谷浑，都不占有他们的领土，只是替他们确立君长而来安抚他们，难道高昌不能和他们相比吗？叛乱就逮捕，归顺就封赏，这样刑罚不是更威严，恩德不是更深厚吗？希望再选择可以定为君长的高昌子弟，让他来领导自己的邦国，那么他们的子子孙孙，都蒙受陛下的大恩，永远做大唐的藩屏辅佐，国内安定边境也安宁，这样不是最稳妥的办法吗？"唐太宗不肯听从遂良的谏言。等到西突厥来进犯时，唐太宗才懊悔地说："魏徵和褚遂良规劝我再立高昌的国君，可是我不肯采纳他们的谏言，现在我才自吃苦果！"

乙毗咄陆西击康居，道过米国，破之。虏获甚多，不分与其下，其将泥孰啜辄夺取之，乙毗咄陆怒，斩泥孰啜以徇，众皆愤怨。泥孰啜部将胡禄屋袭击之，乙毗咄陆众散，走保白水胡城。于是，弩失毕诸部及乙毗咄陆所部屋利啜等遣使诣阙，请废乙毗咄陆，更立可汗。上遣使赍玺书，立莫贺咄之子为乙毗射匮可汗。乙毗射匮既立，悉礼遣乙毗咄陆所留唐使者，帅诸部击乙毗咄陆于白水胡城。乙毗咄陆出兵击之，乙毗射匮大败。乙毗咄陆遣使招其故部落，故部落皆曰："使我千人战死，一人独存，亦不汝从！"乙毗咄陆自知不为众所附，乃西奔吐火罗。

冬，十月，丙申，殿中监郢纵公宇文士及卒。上尝止树下，爱之，士及从而誉之不已，上正色曰："魏徵常劝我远佞人，我不知佞人为谁，意疑是汝，今果不谬！"士及叩头谢。

【译文】乙毗咄陆向西进攻康居，借道经过米国，攻破城池以后，掳掠很多，但没有分给他的部下。他的部将泥孰啜经常出来抢夺，乙毗咄陆十分生气，就将泥孰啜斩杀在他的家里，泥孰啜的部属都十分愤怒。泥孰啜的部将胡禄屋就起来攻打乙毗咄陆，乙毗咄陆的部属分散逃走，只保住白水胡城。因此弩失毕的各部落和乙毗咄陆所统属的部落屋利啜等都派遣使者到大唐宫廷，请求废弃乙毗咄陆，另外再立可汗。唐太宗派遣使者送给他们玺书，立莫贺咄的儿子为可汗，称为乙毗射匮可汗。乙毗射匮立为可汗后，就将乙毗咄陆扣留的唐朝使者，全部加以遣回，并且带领他所统属的部落，在白水胡城攻打乙毗咄陆。乙毗咄陆率军反击，乙毗射匮被击败。乙毗咄陆派遣他的使者召回他的旧部落的人，旧部落的人都说："纵使我们一千人战死，只有一个人可以生存，我们也不再归顺跟随你！"乙毗咄陆知道自己不被部众所拥护依附，因此就向西逃往吐火罗。

冬季，十月，丙申日（十四日），殿中监郢纵公宇文士及去世。唐太宗曾经在一棵树下休息，十分喜欢这棵树，宇文士及跟着就赞誉不止，唐太宗露出严肃的脸色说："魏徵经常劝告我要远离佞人，我不知道佞人是谁，但我猜想是你，从今天来看，果然不错！"宇文士及听了叩头谢罪。

上谓侍臣曰："薛延陀屈强漠北，今御之止有二策，苟非发兵殄灭之，则与之婚姻以抚之耳。二者何从？"房玄龄对曰："中国新定，兵凶战危，臣以为和亲便。"上曰："然。朕为民父母，苟可利之，何爱一女！"

先是，左领军将军契苾何力母姑臧夫人及弟贺兰州都督沙门皆在凉州，上遣何力归觐，且抚其部落。时薛延陀方强，契苾部落皆欲归之，何力大惊曰："主上厚恩如是，奈何遽为叛逆！"其徒曰："夫人、都督先已诣彼，若之何不往！"何力曰："沙门孝于亲，我忠于君，必不汝从。"其徒执之诣薛延陀，置真珠牙帐前。何力箕踞，拔佩刀东向大呼曰："岂有唐烈士而受屈虏庭，天地日月，愿知我心！"因割左耳以誓。真珠欲杀之，其妻谏而止。

【译文】唐太宗对侍臣们说："薛延陀在漠北最为强盛，现在控御他只有两个策略，倘若不调动军队去消灭他们，那么只好和他们联姻来安抚他们。这两个策略，我究竟该选择哪一个呢?"房玄龄对唐太宗说:"大唐新近才安定,战争太凶恶危险,我认为和亲是最好的策略。"唐太宗说:"你说得很对。我是百姓的父母,倘若这样做对百姓有利的话,我哪里会吝惜一个女儿呢?"

左领军将军契苾何力的母亲姑臧夫人和他的弟弟贺兰州都督沙门都在凉州,因此,唐太宗派遣契苾何力回去省视,并且安抚他部落的百姓。这个时候,薛延陀的势力最强,契苾部落的百姓都要依附他,契苾何力十分惊恐地说:"陛下对我们这样深厚的恩惠,为什么突然间就背叛?"他部落中的群众说:"你的母亲和弟弟,都已经去了那里,为什么你不去呢?"契苾何力说:"沙门孝顺母亲,我忠于国君,必定不会听从你们。"他的部众拘捕他去见薛延陀,将他安置在真珠营帐的前面。契苾何力伸足而坐,拔出佩刀向东方大声呼叫:"哪里有大唐烈士在虏庭蒙受羞辱!但愿天地日月,知晓我的这片忠心。"因而割下左耳来发誓。真珠可汗想要杀死他,因为他妻子的进谏而停止。

上闻契苾叛,曰:"必非何力之意。"左右曰:"戎狄气类相亲,何力入薛延陀,如鱼趋水耳。"上曰:"不然。何力心如铁石,必不叛我。"会有使者自薛延陀来,具言其状,上为之下泣,谓左右曰:"何力果如何!"即命兵部侍郎崔敦礼持节谕薛延陀,以新兴公主妻之,以求何力。何力由是得还,拜右骁卫大将军。

【译文】唐太宗听说契苾何力叛变,说:"一定不是契苾何力的意思。"身边的人说:"戎狄的气质和种类相近,契苾何力进入薛延陀,就如同鱼趋赴水一样。"唐太宗说:"不是如此。契苾何力的忠心如铁石,必定不会背叛我。"恰巧有使者从薛延陀回来,报告契苾何力遭遇的情状,唐太宗为他落泪哭泣,同时对身边的人说，"契苾何力果然忠诚，怎么样？"立刻命令兵部侍郎崔敦礼执着符节去晓谕薛延陀，唐太宗愿意将新兴公主嫁给他，来赎回契苾何力。契苾何力因为这个才能够回来，唐太宗封他为右骁卫大将军。

【申涵煜评】何力不肯代薛万均，恐人轻汉。不肯降薛延陀，自割左耳。其赤心报国竟是一金日磾。可见忠义不择地而钟，虽中国何多让焉！

【译文】契苾何力不肯替代薛万均，担心人轻视汉朝，不肯投降薛延陀，自己割下左耳。他的忠心报国，竟然又是一个金日磾。可见忠义之人不择地而钟，虽中国何多让焉！

十一月，丙辰，上校猎于武功。

丁巳，营州都督张俭奏高丽东部大人泉盖苏文弑其王武。盖苏文凶暴，多不法，其王及大臣议诛之。盖苏文密知之，悉集部兵若校阅者，并盛陈酒馔于城南，召诸大臣共临视，勒兵尽杀之，死者百馀人。因驰入宫，手弑其王，断为数段，弃沟中，立王弟子藏为王；自为莫离支，其官如中国吏部兼兵部尚书也。于是，号令远近，专制国事。盖苏文状貌雄伟，意气豪逸，身佩五刀，左右莫敢仰视。每上下马，常令贵人、武将伏地而履之。出行必整队伍，前导者长呼，则人皆奔进，不避坑谷，路绝行者，国人甚苦之。

【译文】十一月，丙辰日（初四），唐太宗在武功打猎。

丁巳日（初五），营州都督张俭奏报唐太宗，高丽东部大人泉盖苏文弑杀他们的高丽国王武。盖苏文凶狠暴虐，又不守法纪，他的国王和大臣商议要杀死他。盖苏文暗中知晓，因此集合所有的部属，好像在校阅军队，并且在城南十分丰盛地陈设酒菜，召请大臣一起来观看，盖苏文率领军队将他们全都杀害，死的有一百多人。盖苏文又奔驰到宫中，亲自杀了高丽国王，尸体分为几段，丢弃在河沟之中，盖苏文立国王弟弟的儿子藏为国王；封自己为莫离支，这个官职就好像唐朝吏部兼兵部的尚书。因此又通告远近的百姓，独自掌理国事。盖苏文的身材高大魁梧，个性豪放狂逸，身上佩着五把刀，身边的人都不敢抬头看他。他每次上下马时经常教贵人和武将爬伏在地上，然后踩踏在他们的身上来上下；出外行走时，一定整齐队伍，前面开道引导的人马在高呼，所有的人都要奔跑散开，不避坑谷地逃避，路上行人断绝，国人都为了他而感到万分的痛苦。

壬戌，上校猎于岐阳，因幸庆善宫，召武功故老宴赐，极欢而罢。庚午，还京师。

壬申，上曰："朕为兆民之主，皆欲使之富贵。若教以礼义，使之少敬长、妇敬夫，则皆贵矣。轻徭薄敛，使之各治生业。则皆富矣。若家给人足，朕虽不听管弦，乐在其中矣。"

亳州刺史裴庄奏请伐高丽，上曰："高丽王武职贡不绝，为贼臣所弑，朕哀之甚深，固不忘也。但因丧乘乱而取之，虽得之不贵。且山东凋弊，吾未忍言用兵也。"

【译文】 壬戌日（初十），唐太宗在岐阳打猎，因此到了庆善宫，宴请赏赐武功的故旧耆老，使他们都十分欢喜而后离开。庚午日（十八日），唐太宗才回到京师。

壬申日（三十日），唐太宗说："我是万民的主人，要让他们都能够富贵。假如用礼义教导他们，必能让他们年少的尊敬年老的，妻子尊敬丈夫，那么他们人人都能够变得尊贵；假如能轻徭役薄赋税，让他们各自能够治理自己的生产事业，那么他们人人都能够富有。假如每一家的人都能够满足需要，我虽然不听管弦之乐，但心中也会感觉快乐。"

亳州刺史裴行庄奏请唐太宗征伐高丽，唐太宗说："高丽的国王武进贡不停，当他被贼臣所杀时，我十分哀痛，当然是不会忘记的。但我们假如乘着他的丧亡就攻打他，虽然占领了他们的国土，也是不光彩的。同时，山东地方民生凋敝，我实在不忍心再谈论用兵的事！"

高祖之入关也，隋武勇郎将冯翊党仁弘将兵二千馀人归高祖于蒲坂，从平京城，寻除陕州总管，大军东讨，仁弘转饷不绝，历南宁、戎、广州都督。仁弘有才略，所至著声迹，上甚器之。然性贪，罢广州，为人所讼，赃百馀万，罪当死。上谓侍臣曰："吾昨见大理五奏诛仁弘，哀其白首就戮，方晡食，遂命撤案；然为之求生理，终不可得。今欲曲法就公等乞之。"十二月，壬午朔，上复召五品已上集太极殿前，谓曰："法者，人君所受于天，不可以私而失信。今朕私党仁弘而欲赦之，是乱其法，上负于天。欲席藁于南郊，日一进蔬食，以谢罪于天三日。"房玄龄等皆曰："生杀之柄，人主所得专也，何至自贬责如此！"上不许，群臣顿首固请于庭，自旦至日昃，上乃降手诏，自称："朕有三罪：知人不明，一也；以私乱法，二也；善善未赏，恶恶未诛，三也。以公等固谏，且依来请。"于是，黜仁弘为庶人，徙钦州。

【译文】唐高祖入关的时候，隋朝武勇郎将冯翊人党仁弘率领兵队两千多人在蒲坂投降唐高祖，又随从唐高祖平定京城，不久拜为陕州总管，当大军东征王世充时，党仁弘转运粮饷从不乏绝，历任南宁、戎州和广州的都督。党仁弘具有才能智谋,他所到的地方都有很好的政绩和声望,唐太宗十分器重他。然而他禀性贪婪,使广州的百姓贫困,因而被人告讼,赃款有一百多万,党仁弘犯的罪应该处死。唐太宗对侍臣们说:"我昨天看到大理寺五次奏请诛杀党仁弘,可怜他年老被杀,所以当吃午饭时,就下令撤销这件案子,但为他寻找活命的理由,始终不能获得,现在我想歪曲法律而来救他的性命。"十二月,壬午朔日(初一),唐太宗又将五品以上的官吏召集到太极殿前,并且对他们说,"法律,是国君受命于天而制定的,不可以因为偏私而失信。现在我想偏袒党仁弘而宽恕他的罪,这样既乱了法,又辜负了上天。我想前往南郊,睡在草席上,一天只吃一顿的粗饭,用三天的时间,来向上天表示谢罪。"房玄龄等大臣都向唐太宗说:"生死的大权,是人主掌握的特权,陛下为什么要这样谴责自己!"唐太宗没有答应,群臣在朝堂上坚决地请求,自早上直到午后,唐太宗因此亲自写了诏书,说:"我有三条罪过:第一是认识人不清楚,第二是因偏私而乱法,第三是最好的没有奖赏,最坏的不加诛杀。因为各位大臣坚决进谏,姑且听从各位的请求。"因此贬黜党仁弘为平民,流放到钦州。

【乾隆御批】 坐赃,法所不宥。原功而减死为流,准以《周官》八议未为大失,何至席藁南郊?其事实非称情,太宗好名之念于此益彰。

【译文】 犯贪污罪,是法律不能饶恕的,根据他的功劳而减免死罪为流放,以《周官》所定的八议来衡量还不算是大的过失,怎么能够到南郊去睡草席呢?这件事确实不符合实情,唐太宗喜欢好名声的想法在这件事上也更加暴露无遗了。

癸卯，上幸骊山温汤；甲辰，猎于骊山。上登山，见围有断处，顾谓左右曰："吾见其不整而不刑，则堕军法；刑之，则是吾登高临下以求人之过也。"乃托以道险，引辔入谷以避之。乙巳，还宫。

刑部以反逆缘坐律兄弟没官为轻，请改从死。敕八座议之，议者皆以为"秦、汉、魏、晋之法，反者皆夷三族，今宜如刑部请为是。"给事中崔仁师驳曰："古者父子兄弟罪不相及，奈何以亡秦酷法变隆周中典！且诛其父子，足累其心，此而不顾，何爱兄弟！"上从之。

上问侍臣曰："自古或君乱而臣治，或君治而臣乱，二者孰愈？"魏徵对曰："君治则善恶赏罚当，臣安得而乱之！苟为不治，纵暴慢谏，虽有良臣，将安所施！"上曰："齐文宣得杨遵彦，非君乱而臣治乎？"对曰："彼才能救亡耳，乌足为治哉！"

【译文】癸卯日（二十二日），唐太宗来到骊山温泉；甲辰日（二十三日），唐太宗在骊山打猎。唐太宗上山时，看到围场有间断的地方，因此回头对身边的侍从说："我看到围场不整而不加惩罚，那将要毁坏军法；假如加以惩罚，那又是我居高临下来寻求他人的过失。"于是唐太宗托辞道路险峻，引马入谷，避开而行。乙巳日（二十四日），唐太宗返回宫中。

刑部认为："反叛连坐的法律，兄弟只是罢免官职实在太轻，因此请求改为判处死刑。"唐太宗命令交给仆射、尚书等去研讨商议，参加研讨会商的人都认为："秦朝、汉朝、魏朝和晋朝的法律，反叛者都是诛灭三族，现在应当批准刑部的请求才对。"可是给事中崔仁师却反驳说："古时父子和兄弟，犯罪并不牵连，为什么用秦代的严刑峻法，来变更周朝的法典，并且诛杀他的父子，已经足以系累他的心，让他不敢叛逆，假如这样他还不有所顾虑，那么他又怎么会爱惜他的兄弟呢？"唐太宗听从了崔仁师的谏言。

唐太宗问侍臣们说："自古以来，有时国君迷乱而臣子贤明，有时国君贤明而臣子愚昧，这两种情况哪一种好呢？"魏徵对唐太宗说："国君贤明，那么赏善罚恶才能恰当，臣子又哪里能够起来造反呢？假如国君迷乱不能处理国事，那么纵欲迷乱任性而行，同时又不采纳谏言，虽然有良臣，又怎能施展他的才能呢？"唐太宗说："齐文宣得到杨遵彦治理国家，这不是国君迷乱而臣子贤明治国的事例吗？"魏徵对唐太宗说："他只能挽救国家的危亡罢了，哪里称得上是贤臣治理国家呢？"

贞观十七年(癸卯，公元六四三年)春，正月，丙寅，上谓群臣曰："闻外间士民以太子有足疾，魏王颖悟，多从游幸，遂生异议，徼幸之徒，已有附会者。太子虽病足，不废步履。且《礼》，嫡子死，立嫡孙。太子男已五岁，朕终不以孽代宗，启窥窬之源也！"

郑文贞公魏徵寝疾，上遣使者问讯，赐以药饵，相望于道。又遣中郎将李安俨宿其第，动静以闻。上复与太子同至其第，指衡山公主欲以妻其子叔玉。戊辰，征薨，命百官九品以上皆赴丧，给羽葆鼓吹，陪葬昭陵。其妻裴氏曰："征平生俭素，今葬以一品羽仪，非亡者之志。"悉辞不受，以布车载枢而葬。上登苑西楼，望哭尽哀。上自制碑文，并为书石。上思征不已，谓侍臣曰："人以铜为镜，可以正衣冠，以古为镜，可以见兴替，以人为镜，可以知得失；魏徵没，朕亡一镜矣！"

【译文】贞观十七年(癸卯，公元643年)春季，正月，丙寅日(十五日)，唐太宗对群臣说："我听说外面的人士，因为太子李承乾患有脚病，魏王李泰又聪明，同时又常跟随我出游，因此突然间生出猜测，一些侥幸之徒，已经开始盲目附会。太子虽然患有脚病，但还能够走路，并且在《礼》上说，嫡子死了，就立嫡孙，太子的长子已经五岁，我永远不会用庶子来代替嫡子，遗留非分而窃取帝位的祸端。"

　　郑文贞公魏徵卧病在床，唐太宗派遣使者探问他的病情，并且赠送他药材，探问的人接连不断。唐太宗又派遣中郎将李安俨住在他的家里，他的一举一动都向自己奏报。唐太宗又和太子一起到魏徵的家里，并且表明要将衡山公主嫁给他的儿子魏叔玉。戊辰日（十七日），魏徵病死，唐太宗命令九品以上的官吏都要参加葬礼，并且赠送葆幢鼓吹，陪葬在昭陵。魏徵的妻子裴氏说："魏徵一生的生活都十分节俭朴素，现在用一品官的羽葆仪仗来埋葬，这不是死者的心愿。"全都辞谢不肯接受，用布车载着棺柩前去埋葬。唐太宗登上禁苑的西楼，悲哭远望着，心里感到十分的哀痛。唐太宗又亲自撰写了碑文，并且为他写在碑石上。唐太宗思念魏徵不已，对侍臣们说："人用铜做镜子，可以让衣冠端正；用古代的朝代做镜子，可以看出自己国家的兴盛或衰败；用别人做镜子，可以知晓自己的成败得失。魏徵死了，我失去一面镜子。"

　　鄠尉游文芝告代州都督刘兰成谋反，戊申，兰成坐腰斩。右武侯将军丘行恭探兰成心肝食之；上闻而让之曰："兰成谋反，国有常刑，何至如是！若以为忠孝，则太子诸王先食之矣，岂至卿邪！"行恭惭而拜谢。

　　二月，壬午，上问谏议大夫褚遂良曰："舜造漆器，谏者十馀人。此何足谏？"对曰："奢侈者，危亡之本；漆器不已，将以金玉为之。忠臣爱君，必防其渐，若祸乱已成，无所复谏矣。"上曰："然。朕有过，卿亦当谏其渐。朕见前世帝王拒谏者，多云'业已为之'，或云'业已许之'，终不为改。如此，欲无危亡，得乎！"

【译文】鄂尉游文芝奏告代州都督刘兰成策划谋反，戊申日（正月无此日），刘兰成被腰斩，右武侯将军丘行恭就挖出刘兰成的心肝来吃，唐太宗听到以后就责备他说："刘兰成策划反叛，国家自然有一定的刑法，为什么要这样？假如这样做是表示你的忠孝的话，那么太子和诸王要先吃他的心肝，哪里会轮到你呢！"丘行恭听了唐太宗的话，十分惭愧地谢罪。

二月，壬午日（初二），唐太宗问谏议大夫褚遂良说："虞舜制造漆器，进谏的人有十多人，这是件小事，又为什么要进谏禁止呢？"褚遂良对唐太宗说："奢华是危亡的根源，假如不停地制造漆器，那么就要将所有的金玉拿去制造漆器了。忠臣爱护国君，一定要防止祸源逐渐地滋长；假如祸乱已成，就无法再进谏了。"唐太宗说："对，我假如有过失，你也应该在祸乱还未滋长时就来进谏。我看前代的帝王拒绝进谏的人，大多都说：'我已经在做了。'或者说：'我已经允许了。'始终都不肯改过。这样，想要不遇到危亡，哪里能够做得到呢？"

时皇子为都督、刺史者多幼稚，遂良上疏，以为："汉宣帝云：'与我共治天下者，其惟良二千石乎！'今皇子幼稚，未知从政，不若且留京师，教以经术，俟其长而遣之。"上以为然。

壬辰，以太子詹事张亮为洛州都督。侯君集自以有功而下吏，怨望有异志。亮出为洛州，君集激之曰："何人相排？"亮曰："非公而谁！"君集曰："我平一国来，逢嗔如屋大，安能仰排！"因攘袂曰："郁郁殊不聊生！公能反乎？与公反！"亮密以闻。上曰："卿与君集皆功臣，语时旁无它人，若下吏，君集必不服。如此，事未可知，卿且勿言。"待君集如故。

鄜州都督尉迟敬德表乞骸骨；乙巳，以敬德为开府仪同三司，五日一参。

【译文】 这时候，唐太宗的儿子担任都督和刺史的，年纪大都很小，褚遂良因此上奏疏，他认为："汉宣帝曾说：'同我一同治理天下的人，是这些称职的郡守呀！'现在皇子幼小，不知晓从政的道理，不如暂且留在京师，用经术来教导他们，等到长大后再派遣他们。"唐太宗认为褚遂良的话很对。

壬辰日（十二日），唐太宗任用太子詹事张亮为洛州都督，侯君集却认为自己有功却被拿到职司衙门，因此怨恨而怀有异心。当张亮出任洛州都督时，侯君集激他说："什么人排斥你呢？"张亮说："不是你还有谁？"侯君集说："我刚平定一国归来，却遭到很多的愤怨，哪里会来排斥你呢？"侯君集因此拂袖愤怒地说："我苦闷得无法生活，假如你能造反，我就同你一起造反。"张亮将侯君集的这些话秘密地奏告唐太宗。唐太宗说："你和侯君集都是功臣，在谈话的时候，旁边没有其他的人，假如将侯君集交给法吏，侯君集心里一定不服，这样，将来的事就很难猜测，你姑且不要再说。"唐太宗对待侯君集像从前一样。

鄜州都督尉迟敬德上表乞求退休回乡，乙巳日（二十五日），唐太宗任用尉迟敬德为开府仪同三司，准许五天来朝见一次。

丁未，上曰："人主惟有一心，而攻之者甚众。或以勇力，或以辩口，或以谄谀，或以奸诈，或以嗜欲，辐凑攻之，各求自售，以取宠禄。人主少懈，而受其一，则危亡随之，此其所以难也。"

戊申，上命图画功臣赵公长孙无忌、赵郡元王孝恭、莱成公杜如晦、郑文贞公魏徵、梁公房玄龄、申公高士廉、鄂公尉迟敬德、卫公李靖、宋公萧瑀、褒忠壮公段志玄、夔公刘弘基、蒋忠公屈突通、郧节公殷开山、谯襄公柴绍、邳襄公长孙顺德、郧公张亮、陈公侯君集、郯襄公张公谨、卢公程知节、永兴文懿公虞世南、渝襄公刘政会、莒公唐俭、英公李世勣、胡壮公秦叔宝等于凌烟阁。

【译文】 丁未日（二十七日），唐太宗说："君主只有一颗心，可是攻心的人很多，有的凭勇力，有的用口才，有的凭谄媚，有的用奸诈，有的凭嗜欲，围绕着攻击它，各自施展他们的法术，来获取恩宠爵禄，假如君主稍有松懈，而接受其中的一种攻击，那么危亡就会跟随而来，这就是君主所以难做的道理。"

戊申日（二十八日），唐太宗命令画功臣赵公长孙无忌、赵郡元王李孝恭、莱成公杜如晦、郑文贞公魏徵、梁公房玄龄、申公高士廉、鄂公尉迟敬德、卫公李靖、宋公萧瑀、褒忠壮公段志玄、夔公刘弘基、蒋忠公屈突通、郧节公殷开山、谯襄公柴绍（胡三省"柴绍当作许银"）、邳襄公长孙顺德、郧公张亮、陈公侯君集、郯襄公张公谨、卢公程知节、永兴文懿公虞世南、渝襄公刘政会、莒公唐俭、英公李世勣、胡壮公秦叔宝等人的图像悬挂在凌烟阁。

齐州都督齐王祐，性轻躁，其舅尚乘直长阴弘智说之曰："王兄弟既多，陛下千秋万岁后，宜得壮士以自卫。"祐以为然。弘智因荐妻兄燕弘信，祐悦之，厚赐金玉，使阴募死士。

上选刚直之士以辅诸王，为长史、司马，诸王有过以闻。祐昵近群小，好畋猎，长史权万纪骤谏，不听。壮士昝君谟、梁猛彪得幸于祐，万纪皆劾逐之，祐潜召还，宠之逾厚。上数以书切责祐，万纪恐并获罪，谓祐曰："王审能自新，万纪请入朝言之。"乃条祐过失，迫令表首，祐惧而从之。万纪至京师，言祐必能悛改。上甚喜，勉万纪，而数祐前过，以敕书戒之。祐闻之，大怒曰："长史卖我！劝我而自以为功，必杀之。"上以校尉京兆韦文振谨直，用为祐府典军，文振数谏，祐亦恶之。

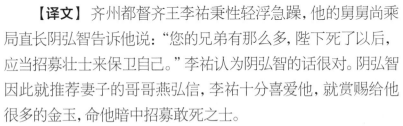

【译文】 齐州都督齐王李祐秉性轻浮急躁，他的舅舅尚乘局直长阴弘智告诉他说："您的兄弟有那么多，陛下死了以后，应当招募壮士来保卫自己。"李祐认为阴弘智的话很对。阴弘智因此就推荐妻子的哥哥燕弘信，李祐十分喜爱他，就赏赐给他很多的金玉，命他暗中招募敢死之士。

唐太宗挑选刚直的人士担任长史、司马，来辅佐各位亲王，假如各位亲王有过失就奏告唐太宗。李祐亲近许多小人，喜好畋猎，因此长史权万纪多次进谏，李祐都不听。壮士昝君谟、梁猛彪是李祐最宠爱的人，权万纪都弹劾驱逐他们。可是李祐却暗地召请他们回来，更加宠爱他们。唐太宗常常用诏书责备李祐，权万纪害怕一同获罪，因此对李祐说："假如您的确能改过自新，权万纪请求进朝廷奏报陛下。"因此权万纪分条列举李祐的过失，迫使他表陈自首，李祐害怕而听从。权万纪到了京师，说李祐必定能够悔改。唐太宗十分高兴，一面勉励权万纪，一面细数李祐从前的过失，同时用诏书告诫他。李祐听到了以后，愤怒地说："长史出卖了我，他劝我自首，自认为有匡辅之功，我一定要杀死他。"唐太宗认为校尉京兆人韦文振这个人谨慎耿直，因此任用他为李祐王府的典军。韦文振经常向李祐进谏，所以李祐也讨厌他。

万纪性褊，专以刻急拘持祐，城门外不听出，悉解纵鹰犬，斥君谟、猛彪不得见祐。会万纪宅中有块夜落，万纪以为君谟、猛彪谋杀己，悉收系，发驿以闻，并劾与祐同为非者数十人。上遣刑部尚书刘德威往按之，事颇有验，诏祐与万纪俱入朝。祐既积忿，遂与燕弘信兄弘亮等谋杀万纪。万纪奉诏先行，祐遣弘亮等二十馀骑追射杀之。祐党共逼韦文振欲与同谋，文振不从，驰走数里，追及，杀之。寮属股栗，稽首伏地，莫敢仰视。祐因私署上柱国、开府等官，开库物行赏，驱民入城，缮甲兵、楼堞，置拓东王、拓西王等官。吏民弃妻子夜缒出亡者相继，祐不能禁。三月，丙辰，诏兵部尚书李世勣等发怀、洛、汴、宋、潞、滑、济、郓、海九州兵讨之。上赐祐手敕曰："吾常戒汝勿近小人，正为此耳。"

【译文】权万纪的性情褊隘，专以刻薄对待李祐，在城门外经常释放李祐所豢养的鹰犬，让李祐不敢任意外出，并且使昝君谟、梁猛彪无法见到李祐。碰巧权万纪的住宅中夜晚落下一块土块，权万纪认为这是昝君蕃、梁猛彪谋杀自己的东西，因此将他们关押在狱中，传递奏疏报告唐太宗，并且弹劾和李祐同党者几十人。唐太宗派遣刑部尚书刘德威前去查验，事情又十分可信。因此诏令李祐和权万纪都来朝廷。李祐已经积恨在心，因此和燕弘信的哥哥燕弘亮等谋杀权万纪。权万纪得到诏书就先走，李祐派遣燕弘亮等二十多人骑马追随，在路上射杀了权万纪。李祐的同党又一同逼迫韦文振和他们同谋，韦文振不听从，走了几里路，也被他们追上而杀害。他的部属恐惧得腿股战栗，叩头伏地，不敢仰视。李祐因而私自设立上柱国、开府等官，开启府库之物来奖赏将士，驱赶百姓进城，修理战甲兵器，修缮楼观城墙，设立拓东王、拓西王等官。官吏和百姓抛弃妻子儿女夜里从城上吊下绳索而出逃的，络绎不绝，李祐都无法禁止。三月，丙辰日（初六），唐太宗诏令兵部尚书李世勣等调动怀州、洛州、汴州、宋州、潞州、滑州、济州、郓州、海州等九州的军队讨伐他。唐太宗赐给李祐手书说："我经常告诫你不要亲近小人，正是为了今日的这种事故。"

祐召燕弘亮等五人宿于卧内，馀党分统士众，巡城自守。祐每夜与弘亮等对妃宴饮，以为得志；戏笑之际，语及官军，弘亮等曰："王不须忧！弘亮等右手持酒卮，左手为王挥刀拂之！"祐喜，以为信然。传檄诸县，皆莫肯从。时李世勣兵未至，而青、淄等数州兵已集其境。齐府兵曹杜行敏等阴谋执祐，祐左右及吏民非同谋者无不响应。庚申，夜，四面鼓噪，声闻数十里。祐党有居外者，众皆攒刃杀之。祐问何声，左右绐云："英公统飞骑已登城矣。"行敏分兵凿垣而入，祐与弘亮等被甲执兵之室，闭扉拒战，行敏等千馀人围之，自旦至日中，不克。行敏谓祐曰："王昔为帝子，今乃国贼，不速降，立为煨烬矣。"因命积薪，欲焚之。祐自牖间谓行敏曰："即启扉，独虑燕弘亮兄弟死耳。"行敏曰："必相全。"祐等乃出。或抉弘亮目，投睛于地，馀皆挝折其股而杀之。执祐出牙前示吏民，还，锁之于东厢，齐州悉平。乙丑，敕李世勣等罢兵。祐至京师，赐死于内侍省，同党诛者四十四人，馀皆不问。

【译文】李祐召集燕弘亮等五个人住在卧室里，其他的余党分别带领士兵，各自巡逻守城。但李祐却每夜和燕弘亮等人与妃妾宴会饮酒，自认为称心得意。在嬉笑之间，谈到朝廷的军队，燕弘亮等人说："大王不必担忧！弘亮等人右手拿着酒杯，左手就可为您挥动刀剑攻打他们。"李祐十分高兴,认为真的是如此。因此就檄告各县,各县都不肯服从。此时李世勣的军队还没有到达,可是青州、淄州等数州的军队已经集结在李祐属地的边境。齐府兵曹杜行敏等人,暗中谋划要抓捕李祐,李祐的亲随和官吏百姓不是与李祐同谋的,没有不响应的。庚申日(初十)的夜晚,四面击鼓叫喊,响声几十里之外都可以听到。李祐的同党有住在外面的,众人一齐挥动刀剑来斩杀他们。李祐问这是什么声音,身边的人骗他说:"李世勣所带领的飞骑已经登城了。"杜行敏命令士兵凿墙而入,李祐和燕弘亮等披着战甲、拿着兵器进入室内,关着门户抵抗,杜行敏等一千多人围困着他们,从早晨直到中午,都攻打不下。杜行敏对李祐说:"您从前是皇帝之子,现在已经成为国贼,假如不快投降,立即就要成为灰烬了。"因此命令堆积柴木要焚烧他们。李祐从窗口对杜行敏说:"我立刻开门,只担心燕弘亮兄弟会被你们杀死罢了。"杜行敏对他说:"必定会保全你们。"李祐等于是开门出来。有人挖出燕弘亮的眼睛,将他的眼睛丢在地上。其余的人就打断他的腿并且杀了他。抓捕李祐押到营门前,展示在官吏百姓的面前,后来又将他押回锁在东厢里。齐州的叛乱都平定了。乙丑日(十五日),唐太宗命令李世勣等停止用兵。李祐来到了京师,唐太宗赐他在内侍省自杀。同党被杀的有四十四人,其余的人都不加追问。

祐之初反也,齐州人罗石头面数其罪,援枪前,欲刺之,为燕弘亮所杀。祐引骑击高村,村人高君状遥责祐曰:"主上提三尺剑取天下,亿兆蒙德,仰之如天。王忽驱城中数百人欲为逆乱以犯君父,无异一手摇泰山,何不自量之甚也!"祐纵击,虏之,惭不能杀。敕赠石头亳州刺史。以君状为榆社令，以杜行敏为巴州刺史，封南阳郡公；其同谋执祐者官赏有差。

上检祐家文疏，得记室郏城孙处约谏书，嗟赏之，累迁中书舍人。庚午，赠权万纪齐州都督，赐爵武都郡公，谥曰敬；韦文振左武卫将军，赐爵襄阳县公。

【译文】 李祐当初叛乱的时候，齐州人罗石头当面数说他的罪过，拿着枪向前冲，要刺杀李祐，最终被燕弘亮所杀。李祐率领骑兵攻打高村，村里的人高君状远远地斥责李祐说："君主提着三尺长的刀剑夺取天下，亿万的百姓都蒙受他的恩德，像天一样地敬仰他。你忽然驱逐城中几百人想要造反而违逆自己的君父，这样就好比要用一只手来摇撼泰山，为什么这样自不量力呀？"李祐纵马追击，俘虏了他，心里十分惭愧不愿杀他。唐太宗因此命令追赠罗石头为亳州刺史，并且任命高君状为榆社县的县令，任用杜行敏为巴州刺史，封为南阳郡公；和他一同捕获李祐的也有不同的奖赏。

唐太宗检查李祐家中的文书笺疏，得到记室郏城人孙处约的谏书，唐太宗非常叹赏，多次升迁孙处约直到中书舍人。庚午日（二十日），唐太宗追赠权万纪为齐州都督，赐给他武都郡公的爵位，谥号叫作敬；又追赠韦文振为左武卫将军，赐给他襄阳县公的爵位。

初，太子承乾喜声色及畋猎，所为奢靡，畏上知之，对宫臣常论忠孝，或至于涕泣，退归宫中，则与群小相亵狎。宫臣有欲谏者，太子先揣知其意，辄迎拜，敛容危坐，引咎自责，言辞辩给，宫臣拜答不暇。宫省秘密，外人莫知，故时论初皆称贤。

太子作八尺铜炉、六隔大鼎，募亡奴盗民间马牛，亲临烹者，与所幸厮役共食之。又好效突厥语及其服饰，选左右貌类突厥者五人为一落，辫发羊裘而牧羊，作五狼头纛及幡旗，设穹庐，太子自处其中，敛羊而烹之，抽佩刀割肉相啖。又尝谓左右曰："我试作可汗死，汝曹效其丧仪。"因僵卧于地，众悉号哭，跨马环走，临其身，劈面。良久，太子欻起，曰："一朝有天下，当帅数万骑猎于金城西，然后解发为突厥，委身思摩，若当一设，不居人后矣。"

【译文】 当初太子李承乾喜好声色和畋猎，所做的十分奢侈，害怕唐太宗知道，因此他对着宫臣经常谈论忠孝之事，甚至感动流泪，但是他回到宫中，却又和一些小人亵玩。宫臣中有想进谏的，太子早就猜出他的意思，经常迎迓拜谢，敛容正坐，自认有罪谴责自己，说话机变狡诈，宫臣拜谢对答不暇。宫中的秘密，外人无法得知，所以当时的舆论最初都称赞太子贤能。

太子铸造八尺的铜炉，六隔的大鼎，募集逃亡的官奴盗取民间的牛马，亲自参与烹煮，和这些人一同分食。同时又喜欢突厥的语言和他们的服饰，选择随从面貌像突厥的五个人为一部落，头上扎着辫子，身上穿着羊裘牧羊，旗上画着五个狼头，架设毡帐，太子自己住在里面，烹煮羊肉，抽出佩刀割羊肉来吃。太子又曾经对身边人说："我假装做可汗死了，你们效法他们的礼仪办理丧事。"太子因而僵卧在地上，众人都号啕痛哭，跨上马环绕着奔跑，临近死者的身旁，用刀割面而哭。很久以后，太子突然起来，说："一旦有了天下，我一定带领数万的骑兵在金城（胡三省曰："金城恐当作金河"）西边打猎，然后散开头发，归附思摩做一个突厥的百姓，假如能够担任一个典掌兵马的官，不会甘居人后。"

资治通鉴

　　左庶子于志宁、右庶子孔颖达数谏太子，上嘉之，赐二人金帛以风励太子，仍迁志宁为詹事。志宁与左庶子张玄素数上书切谏，太子阴使人杀之，不果。

　　汉王元昌所为多不法，上数谴责之，由是怨望。太子与之亲善，朝夕同游戏，分左右为二队，太子与元昌各统其一，被毡甲，操竹稍，布陈大呼交战，击刺流血，以为娱乐。有不用命者，披树挝之，至有死者。且曰："使我今日作天子，明日于苑中置万人营，与汉王分将，观其战斗，岂不乐哉！"又曰："我为天子，极情纵欲，有谏者辄杀之，不过杀数百人，众自定矣。"

　　【译文】 左庶子于志宁和右庶子孔颖达经常进谏太子，唐太宗奖励他们，赐给他们两个人金帛，希望他们讽示劝勉太子，仍旧任命于志宁为詹事。于志宁和左庶子张玄素经常上书严厉进谏，太子暗中派人刺杀他们，但没有成功。

　　汉王李元昌所做的事大多不合法，唐太宗时常谴责他，因此心怀怨恨。太子和他亲近和善，早晚一起游戏。他们分左右为两队，太子和李元昌各自率领一队，披着毡毛的战甲，拿着竹子的兵器，布设战阵大声呼叫交战，击打刺杀流血，以此当作娱乐。假如有不听从命令的，便被张开四肢吊在树上抽打，甚至有搏打死亡的。太子还说："倘若我今天做了天子，明天在苑中设置万人的军营，和汉王分别率领，观看他们战斗，这不是一件快乐的事情吗？"又说，"我做了天子，就要尽情享乐，假如有人敢来劝谏，我就杀掉他，只要杀掉几百人，大家自然就会停止劝谏。"

　　魏王泰多艺能，有宠于上，见太子有足疾，潜有夺嫡之志，折节下士以求声誉。上命黄门侍郎韦挺摄泰府事，后命工部尚书杜楚客代之，二人俱为泰要结朝士。楚客或怀金以赂权贵，因说以魏王聪明，宜为上嗣；文武之臣，各有附托，潜为朋党。太子畏其逼，遣人诈为泰府典签上封事，其中皆言泰罪恶，敕捕之，不获。

太子私幸太常乐童称心，与同卧起。道士秦英、韦灵符挟左道，得幸太子。上闻之，大怒，悉收称心等杀之，连坐死者数人，诮让太子甚至。太子意泰告之，怨怒逾甚，思念称心不已，于宫中构室，立其像，朝夕奠祭，徘徊流涕。又于苑中作冢，私赠官树碑。

上意浸不怿，太子亦知之，称疾不朝谒者动涉数月；阴养刺客纥干承基等及壮士百馀人，谋杀魏王泰。

资治通鉴

【译文】魏王李泰有很多的才艺能力，被唐太宗所宠爱，看到太子患了脚病，暗中怀有篡夺嫡长子的心意，礼遇士人来求取声望名誉。唐太宗任命黄门侍郎韦挺掌管李泰府的事情，后来又任命工部尚书杜楚客代理韦挺的职务，这两个人都为李泰联络结交朝中人士。杜楚客有时用黄金去贿赂朝中的权贵，因而这些权贵向唐太宗游说魏王聪明，应当做皇上的嫡嗣；文武百官，有的归附太子，有的拥护魏王，暗中结为党派。太子担心魏王的声势逼人，派遣人诈称是李泰府典签所上的奏疏，其中都说李泰作恶的事，唐太宗命令逮捕典签，可是捕获不到。

太子私下喜欢太常乐童称心，同他一起生活。道士秦英和韦灵符利用他们的邪道，得到太子的宠爱。唐太宗知道了这件事，大怒，因此收押童称心杀掉，连坐而死的有几个人，同时十分严厉地斥责太子。太子猜想是李泰所告发，因此更加怨恨；可是对于童称心却思念不已，因此在宫中造一个宫室，立起他的像，早晚祭拜，徘徊流泪，同时在苑中又做一个坟墓，私自赠给童称心官爵，为他树立墓碑。

唐太宗内心渐渐不喜欢太子，太子也知道，称病不朝见唐太宗，往往好几个月，暗中收养刺客纥干承基等人和壮士一百多人，计划谋害魏王李泰。

吏部尚书侯君集之婿贺兰楚石为东宫千牛，太子知君集怨望，数令楚石引君集入东宫，问以自安之术。君集以太子暗劣，欲乘衅图之，因劝之反，举手谓太子曰："此好手，当为殿下用之。"又曰："魏王为上所爱，恐殿下有庶人勇之祸，若有敕召，宜密为之备。"太子大然之。太子厚赂君集及左屯卫中郎将顿丘李安俨，使伺上意，动静相语。安俨先事隐太子，隐太子败，安俨为之力战，上以为忠，故亲任之，使典宿卫。安俨深自托于太子。

汉王元昌亦劝太子反，且曰："比见上侧有美人，善弹琵琶，事成，愿以垂赐。"太子许之。洋州刺史开化公赵节，慈景之子也，母曰长广公主；驸马都尉杜荷，如晦之子也，尚城阳公主；皆为太子所亲昵，预其反谋。凡同谋者皆割臂，以帛拭血，烧灰和酒饮之，誓同生死，潜谋引兵入西宫。杜荷谓太子曰："天文有变，当速发以应之，殿下但称暴疾危笃，主上必亲临视，因兹可以得志。"太子闻齐王祐反于齐州，谓纥干承基等曰："我宫西墙，去大内正可二十步耳，与卿为大事，岂比齐王乎！"会治祐反事，连承基，承基坐系大理狱，当死。

【译文】吏部尚书侯君集的女婿贺兰楚石担任东宫千牛，太子了解侯君集的怨恨，常常命令贺兰楚石引召侯君集来东宫，询问他自保的方法。侯君集认为太子昏暗庸劣，想乘着他们父子彼此有衅隙利用他，因此就劝说太子起来叛乱，举起手来对太子说："这是一双好手，当为殿下使用它们。"又说，"魏王被陛下所宠爱，担心殿下有隋文帝之子的灾祸，假如有陛下敕令宣召进宫，应当暗中多做准备。"太子认为说得很对。太子重重贿赂侯君集和左屯卫中郎将顿丘人李安俨，让他们侦察唐太宗的心意，一有动静就来告诉他。李安俨最先侍奉隐太子，隐太子失利时，李安俨为他尽力而战，唐太宗认为他是一个忠臣，所以亲自任命他的职务，让他掌管宿卫之事。李安俨却投靠了太子。

汉王李元昌也劝说太子谋反，并且对太子说："近来见到陛下身旁有一位美人，善弹琵琶，事成以后，请将她赐给我。"太子答应了他。洋州刺史、开化公赵节，是赵慈景的儿子，母亲是长广公主；驸马都尉杜荷，是杜如晦的儿子，娶了城阳公主，他们都是太子亲近的人，参与他的谋反。凡是一同谋反的人，全都割破手臂用绢帛擦血，然后烧成灰同酒一同喝下，发誓同生共死，又暗中谋划搬运兵器到西宫。杜荷对太子说："天象有了变化，应该迅速发动谋反来响应，殿下只要假装突然患了重病，陛下一定会亲自前来探视，就这样便可以得手。"太子听说齐王李祐在齐州谋反时，便对纥干承基等人说："我的东宫西边的宫墙距离大内只有二十步罢了，同你们来做谋反的事，哪里会像齐王那样距离远而难以成功呢？"恰好朝廷惩办李祐谋反的事，连累了纥干承基；纥干承基犯罪被关在大理寺狱中，应该判处死罪。

资治通鉴卷第一百九十七　唐纪十三

起昭阳单阏四月，尽旃蒙大荒落五月，凡二年有奇。

【译文】起癸卯（公元643年）四月，止乙巳（公元645年）五月，共两年两个月。

【题解】本卷记录了公元643年四月至645年五月的史事，共两年又两个月，正当贞观十七年至十九年。此时期最大的事件有两个：一是废立太子。继唐太宗李世民第五子李祐谋反之后，太子李承乾图谋造反而被废，争太子位的魏王李泰被贬黜。唐太宗晚年易怒，虽仍有纳谏意识，但行动上却已讨厌听谏言了，以致听信谗言猜疑已故的魏徵。二是唐太宗不听众人劝说兵伐高丽。唐太宗忧心太子李治懦弱，想在有生之年平定四夷，这也是兵伐高丽的一个原因。

太宗文武大圣大广孝皇帝中之下

贞观十七年（癸卯，公元六四三年）夏，四月，庚辰朔，承基上变，告太子谋反。敕长孙无忌、房玄龄、萧瑀、李世勣与大理、中书、门下参鞫之，反形已具。上谓侍臣："将何以处承乾？"群臣莫敢对，通事舍人来济进曰："陛下不失为慈父，太子得尽天年，则善矣！"上从之。济，护儿之子也。

乙酉，诏废太子承乾为庶人，幽于右领军府。上欲免汉王元昌死，群臣固争，乃赐自尽于家，而宥其母、妻、子。侯君集、李安俨、赵节、杜荷等皆伏诛。左庶子张玄素、右庶子赵弘智、令狐德棻等以不能谏争，皆坐免为庶人。馀当连坐者，悉赦之。詹事于志宁以数谏，独蒙劳勉。以纥干承基为祐川府折冲都尉，爵平棘县公。

【译文】 贞观十七年（癸卯，公元643年）夏季，四月，庚辰朔日（初一），纥干承基上书告发太子谋划造反。唐太宗命令长孙无忌、房玄龄、萧瑀、李世勣和大理寺、中书省、门下省一同参加审问，发现太子造反的情形已经非常明显。唐太宗对侍臣们说："要如何来惩处李承乾呢？"群臣全都不敢回答，通事舍人来济进谏说："陛下不能不说是一位慈父，假如能不杀戮太子，那是最好！"唐太宗听从他的谏言。来济，是来护儿的儿子。

乙酉日（初六），唐太宗命令将太子李承乾废为平民，幽禁在右领军府。唐太宗想要赦免汉王李元昌的死罪，群臣坚决反对，因此赐他在家中自尽，但赦免他的母亲、妻子、子女的罪。侯君集、李安俨、赵节和杜荷等人都被处死。左庶子张玄素、右庶子赵弘智和令狐德棻等人都因为不能进谏规劝，被连坐贬为平民。其他应当连坐的人，都赦免了他们的罪。詹事于志宁因为经常进谏劝告，独蒙唐太宗慰劳勉励。唐太宗任用纥干承基为祐川府折冲都尉，爵位封为平棘县公。

侯君集被收，贺兰楚石复诣阙告其事，上引君集谓曰："朕不欲令刀笔吏辱公，故自鞫公耳。"君集初不承。引楚石具陈始末，又以所与承乾往来启示之，君集辞穷，乃服。上谓侍臣曰："君集有功，欲乞其生，可乎？"群臣以为不可。上乃谓君集曰："与公长诀矣！"因泣下，君集亦自投于地；遂斩之于市。君集临刑，谓监刑将军曰："君集蹉跌至此！然事陛下于藩邸，击取二国，乞全一子以奉祭祀。"上乃原其妻及子，徙岭南。籍没其家，得二美人，自幼饮人乳而不食。

初，上使李靖教君集兵法，君集言于上曰："李靖将反矣。"上问其故，对曰："靖独教臣以其粗而匿其精，以是知之。"上以问靖，靖对曰："此乃君集欲反耳。今诸夏已定，臣之所教，足以制四夷，而君集固求尽臣之术，非反而何！"江夏王道宗尝从容言于上曰："君集志大而智小，自负微功，耻在房玄龄、李靖之下，虽为吏部尚书，未满其志。以臣观之，必将为乱。"上曰："君集材器，亦何施不可！朕岂惜重位，但次第未至耳，岂可亿度，妄生猜贰邪！"及君集反诛，上乃谢道宗曰："果如卿言。"

【译文】当侯君集被收押的时候，贺兰楚石又到宫中来检举他谋反的事，唐太宗引出侯君集对他说："我不想让狱官凌辱你，所以我自己来审问你。"侯君集最初不承认，后来引出贺兰楚石说出他参与谋反的经过，又将他给李承乾的笺启给他看，侯君集没有话好说，因此只好承认。唐太宗对侍臣们说："侯君集对朝廷有功劳，我想赦免他的死罪，可以吗？"群臣都认为不可以赦免侯君集的死罪。唐太宗因此对侯君集说："我和你永别了。"并且因此流下眼泪；侯君集也扑倒在地。后来就将侯君集斩杀在东市。侯君集临死的时候，对监刑将军说："我竟然失误到这种地步，不过，当年在秦王府时即侍奉陛下，又有攻取吐谷浑、高昌二国的功绩，我请求保全一个儿子来奉祭祀。"唐太宗因而赦免他的妻子和子女，命令将他们迁到岭南。没收他的家产，得到两个美人，她们从小就吃人的奶水而不吃其他的食物。

当初唐太宗命李靖教导侯君集兵法的时候，侯君集对唐太宗说："李靖将要造反了。"唐太宗问李靖造反的缘故，侯君集对唐太宗说："李靖只教导我粗浅的兵法，而他却隐藏精良的兵法,由此可以知晓他将来会造反。"唐太宗就拿这件事问李靖,李靖对唐太宗说:"这就是侯君集要造反的证明。现在华夏已经平定,我所教的兵法,足以抵御四方的夷狄,可是侯君集却坚决请求我将所有的兵术教给他,不是用来造反,那又是用来做什么呢?"江夏王李道宗曾经从容地对唐太宗说:"侯君集的志向大而智慧小,自以为自己有一点小功,在房玄龄和李靖之下是一件耻辱的事,虽然他做了吏部尚书,但他的心中却不满足。在我看来,他一定会起来造反。"唐太宗说:"侯君集的才能,哪一个职位都可胜任!我又哪里珍惜那个重位,只是还没有轮到他罢了,他哪里可以随便猜测,乱生猜忌疑惑呢?"等到侯君集造反被杀,唐太宗因此对李道宗致谢说:"侯君集真的像你所说的一样。"

【乾隆御批】承乾之废虽不尽由泰之构谗,然其觊觎盖非一日。至云杀爱子以传晋王,冀以要宠则肺肝如揭矣。太宗以两弃处之,可谓得当。然承乾辈之阋墙与建成、元吉如出一辙,幸未至元武门之甚耳。天道好还,吁可畏哉。

【译文】李承乾被废,虽然不完全是由李泰的构陷谗害造成的,但是李泰非分地企图登上太子之位却不是一天两天的事了。至于说杀死爱子把皇位传给晋王,希望以此来得到皇帝宠爱,则他的内心已经暴露无遗了。唐太宗用两者全抛开的办法来处理,可以说是很适当的。可是李承乾等人的窝里争斗与李建成、李元吉非常相似,幸好没有到了玄武门之变那么严重的地步罢了。天可主持公道,善恶终有报应,唉,太可怕了。

李安俨父,年九十馀,上愍之,赐奴婢以养之。

太子承乾既获罪，魏王泰日入侍奉，上面许立为太子，岑文本、刘洎亦劝之；长孙无忌固请立晋王治。上谓侍臣曰："昨青雀投我怀云：'臣今日始得为陛下子，乃更生之日也。臣有一子，臣死之日，当为陛下杀之，传位晋王。'人谁不爱其子，朕见其如此，甚怜之。"谏议大夫褚遂良曰："陛下言大失。愿审思，勿误也！安有陛下万岁后，魏王据天下，肯杀其爱子，传位晋王者乎！陛下日者既立承乾为太子，复宠魏王，礼秩过于承乾，以成今日之祸。前事不远，足以为鉴。陛下今立魏王，愿先措置晋王，始得安全耳。"上流涕曰："我不能尔。"因起，入宫。魏王泰恐上立晋王治，谓之曰："汝与元昌善，元昌今败，得无忧乎？"治由是忧形于色，上怪，屡问其故，治乃以状告；上怃然，始悔立泰之言矣。上面责承乾，承乾曰："臣为太子，复何所求！但为泰所图，时与朝臣谋自安之术，不逞之人遂教臣为不轨耳。今若泰为太子，所谓落其度内。"

【译文】李安俨的父亲，已经九十多岁，唐太宗怜悯他，赐给他奴婢来奉养他。

太子李承乾已经获罪，魏王李泰每天到宫中侍奉唐太宗，唐太宗当面允许封他为太子，岑文本和刘洎也都劝说唐太宗立魏王李泰为太子，只有长孙无忌坚持请求立晋王李治为太子。唐太宗对侍臣们说："昨天李泰靠在我的怀里对我说：'我今天才真正成为陛下的儿子，今天是我再生的日子。我有一个儿子，我死的那一天，我一定为陛下杀掉他，传位给晋王。'哪一个人不爱他的儿子，我看到他这个样子，十分怜悯他。"谏议大夫褚遂良说："陛下的话大错，希望审慎想想不要再做错！哪里会有陛下万岁以后，魏王据有天下，肯杀死他的爱子，传位给晋王的事呢？陛下从前已经立李承乾为太子，可是又宠爱魏王，礼数又超过李承乾，因此造成今日的祸乱。过去的事不太遥远，可以作为借鉴。陛下现在立魏王，希望先安置晋王，才能安全无事。"唐太宗流着泪说："我不能这样做。"唐太宗因此起身到宫中去。魏王李泰担心唐太宗立晋王李治为太子，因此对李治说："你和李元昌友善，李元昌现在已经失败，你难道不会感到忧伤吗？"李治因此露出忧愁的面色，唐太宗觉得十分奇怪，几次探问他缘故，李治才将情形告诉唐太宗，唐太宗感到怅然，才懊悔立李泰为太子的话。唐太宗曾亲自责备李承乾，李承乾说："我是太子，还有什么希求！只因为李泰有所图谋，所以经常和朝臣谋求自保的方术，不法的人因而教导我做一些不轨的事罢了。现在假如立李泰为太子，那正好落入他的谋算。"

资治通鉴

承乾既废，上御两仪殿，群臣俱出，独留长孙无忌、房玄龄、李世勣、褚遂良，谓曰："我三子一弟，所为如是，我心诚无聊赖！"因自投于床，无忌等争前扶抱；上又抽佩刀欲自刺，遂良夺刀以授晋王治。无忌等请上所欲，上曰："我欲立晋王。"无忌曰："谨奉诏；有异议者，臣请斩之！"上谓治曰："汝舅许汝矣，宜拜谢。"治因拜之。上谓无忌等曰："公等已同我意，未知外议何如？"对曰："晋王仁孝，天下属心久矣，乞陛下试召问百官，有不同者，臣负陛下万死。"上乃御太极殿，召文武六品以上，谓曰："承乾悖逆，泰亦凶险，皆不可立。朕欲选诸子为嗣，谁可者？卿辈明言之。"众皆欢呼曰："晋王仁孝，当为嗣。"上悦，是日，泰从百馀骑至永安门；敕门司尽辟其骑，引泰入肃章门，幽于北苑。

【译文】李承乾已经被废为平民，唐太宗到了两仪殿，群臣都走了，只留下长孙无忌、房玄龄、李世勣和褚遂良，唐太宗对他们说："我的三个儿子和一个弟弟如此作为，我的心里真是苦闷,百无聊赖。"唐太宗因此投身撞倒在床上,长孙无忌等大臣争着向前去扶抱唐太宗,唐太宗又抽出身上的佩刀想要自杀,褚遂良夺取佩刀送给晋王李治。长孙无忌等臣子请求唐太宗说出他的意愿,唐太宗说:"我想立晋王为太子。"长孙无忌说:"我恭敬奉守陛下的诏命,假如有异议的人,我请求陛下杀掉他。"唐太宗对李治说:"你的舅舅赞成立你为太子,你应当拜谢他。"李治因此拜谢长孙无忌。唐太宗对长孙无忌等臣子说:"你们已经赞同我的心意,不知道外边人的意见如何?"群臣对唐太宗说:"晋王为人仁爱孝顺,天下的人归心已久,请陛下召问百官,假如有不同意见的人,臣等辜负陛下,罪当万死。"唐太宗因此驾临太极殿,召集六品以上的文武百官,对他们说:"李承乾叛逆,李泰也为人险恶,都不可以立为太子,我想选择其他的儿子来继承,哪一个可以呢?你们明白地说出来。"群臣都大呼说:"晋王最为仁爱孝顺,应该由他来继承。"唐太宗十分喜悦。这一天,李泰率领一百多个骑兵来到永安门,唐太宗命令门司教他的骑兵都躲避到远处,引导李泰进入肃章门,将他幽禁在北苑。

【申涵煜评】　太宗当废立东宫之际,心无聊赖,投床且欲自刺。不知高祖泛舟入卫,膝前吮乳时,何以为心。此亦唐家骨肉间一小果报也。

【译文】　唐太宗在废立太子的时候,内心十分无聊而痛苦,甚至于想投床自杀,不知道唐高祖泛舟入宫护卫,唐太宗在他面前吮吸乳时,心里是怎么想的?这也是唐家骨肉之间的一个小果报吧。

丙戌,诏立晋王治为皇太子,御承天门楼,赦天下,酺三日。

上谓侍臣曰："我若立泰，则是太子之位可经营而得。自今太子失道、藩王窥伺者，皆两弃之，传诸子孙，永为后法。且泰立，则承乾与治皆不全；治立，则承乾与泰皆无恙矣。"

◆臣光曰：唐太宗不以天下大器私其所爱，以杜祸乱之原，可谓能远谋矣！◆

丁亥，以中书令杨师道为吏部尚书。初，长广公主适赵慈景，生节；慈景死，更适师道。师道与长孙无忌等共鞫承乾狱，阴为赵节道地，由是获谴。上至公主所，公主以首击地，泣谢子罪，上亦拜泣曰："赏不避仇雠，罚不阿亲戚，此天下至公之道，不敢违也，以是负姊。"

【译文】丙戌日（初七），唐太宗下诏书立晋王李治为皇太子，来到承天门楼，大赦天下，痛饮三天。唐太宗对侍臣们说："假如我立李泰为太子，那么太子这一个位子就是可以通过营求得到。自现在开始，太子失德和藩王窥视这两件事，已经全部过去了。这些事留传给后世的子孙，永远可以作为处事的法则。而且立李泰为太子，李承乾和李治都不能保全；立李治为太子，那么李承乾和李泰都能够安然无忧。"

◆臣司马光说：唐太宗不将天子的王位传给他所喜爱的魏王李泰，这样堵塞了祸乱的根源，可以说他是一位有远大谋略的天子。◆

丁亥日（初八），唐太宗任命中书令杨师道为吏部尚书。长广公主原来嫁给赵慈景，生了赵节，赵慈景死了以后，长广公主再嫁给杨师道，杨师道和长孙无忌等人一同来审问李承乾的罪，暗中为赵节铺路，因此遭到谴责。唐太宗到了公主的住所，公主用头撞地，流着眼泪替儿子求情，唐太宗也流着眼泪回拜说："奖赏不避开仇人，惩罚不偏袒亲戚，这是上天公正的道理，我不敢违逆，因此我只好辜负姐姐。"

己丑，诏以长孙无忌为太子太师，房玄龄为太傅，萧瑀为太保，李世勣为詹事，瑀、世勣并同中书门下三品。同中书门下三品自此始。又以左卫大将军李大亮领右卫率，前詹事于志宁、中书侍郎马周为左庶子，吏部侍郎苏勖、中书舍人高季辅为右庶子，刑部侍郎张行成为少詹事，谏议大夫褚遂良为宾客。

李世勣尝得暴疾，方云"须灰可疗"；上自剪须，为之和药。世勣顿首出血泣谢。上曰："为社稷，非为卿也，何谢之有！"世勣尝侍宴，上从容谓曰："朕求群臣可托幼孤者，无以逾公，公往不负李密，岂负朕哉！"世勣流涕辞谢，啮指出血，因饮沉醉；上解御服以覆之。

【译文】己丑日（初十），唐太宗任命长孙无忌为太子太师，房玄龄为太傅，萧瑀为太保，李世勣为詹事，萧瑀和李世勣都是同中书门下三品，同中书门下为三品官是从这个时候开始的。唐太宗又任命左卫大将军李大亮领右卫率，前詹事于志宁和中书侍郎马周为左庶子，吏部侍郎苏勖和中书舍人高季辅为右庶子，刑部侍郎张行成为少詹事，谏议大夫褚遂良为宾客。

李世勣曾经患了急病，药方说："须灰可以治疗。"唐太宗自己剪了胡须为他调和药饵，李世勣流着眼泪向唐太宗叩头出血拜谢。唐太宗说："这是为了国家，不单只为了你，有什么好拜谢的呢？"李世勣曾经陪侍唐太宗宴会，唐太宗从容地说："我寻求可以托付幼孤的大臣，没有人能胜过你，你过去既能不辜负李密，那又怎会辜负我呢？"李世勣流着眼泪拜谢唐太宗，同时咬破指头流着血来发誓。后来因为饮酒沉醉，唐太宗解下衣服覆盖在他的身上。

癸巳，诏解魏王泰雍州牧、相州都督、左武侯大将军，降爵为东莱郡王。泰府僚属为泰所亲狎者，皆迁岭表；以杜楚客兄如晦有功，免死，废为庶子。给事中崔仁师尝密请立魏王泰为太子，左迁鸿胪少卿。

庚子，定太子见三师仪：迎于殿门外，先拜，三师答拜；每门让于三师。三师坐，太子乃坐。其与三师书，前后称名、"惶恐"。

五月，癸酉，太子上表，以"承乾、泰衣服不过随身，饮食不能适口，幽忧可愍，乞敕有司，优加供给"。上从之。

黄门侍郎刘洎上言，以"太子宜勤学问，亲师友。今入侍宫闱，动逾旬朔，师保以下，接对甚希，伏愿少抑下流之爱，弘远大之规，则海内幸甚！"上乃命洎与岑文本、褚遂良、马周更日诣东宫，与太子游处谈论。

【译文】癸巳日（十四日），唐太宗下诏书解除魏王李泰雍州牧、相州都督、左武侯大将军的职务，并且将他的爵位降为东莱郡王。李泰府中的部属，凡是李泰所亲近的，都贬谪到岭表。因为杜楚客的哥哥杜如晦有功劳，赦免死罪，废为平民。给事中崔仁师曾经暗中奏请唐太宗立魏王李泰为太子，所以将他贬谪为鸿胪少卿。

庚子日（二十一日），朝廷制定太子拜见三师的礼节：在东宫的殿门外迎接三师，太子先揖拜，三师也回礼揖拜；经过殿门的时候，太子让三师先走。三师坐下，太子才能坐下。太子写给三师的书信，前后都自称名字并加"惶恐"二字。

五月，癸酉日（二十五日），太子上奏表，因为"李承乾和李泰只不过一套随身的衣物，饭菜也不合胃口，他们的愁苦，实在值得同情，请求陛下命令掌管的官吏，要优厚地供给他们衣物和饮食"。唐太宗答应了太子的请求。

黄门侍郎刘洎向唐太宗进谏言，他认为："太子应当勤治学问，亲近师友。可是现在太子在宫廷里陪侍陛下，经常不是超过十天就是一个月，从师保以下的人，都很少接近太子，希望陛下抑止普通的恩爱，弘扬远大的法则，那全天下的人都能够得到幸福。"唐太宗因此任命刘洎、岑文本、褚遂良和马周轮流前往东宫，和太子一起出游宴饮，以及讲论学问。

六月，己卯朔，日有食之。

丁亥，太常丞邓素使高丽还，请于怀远镇增戍兵以逼高丽。上曰："'远人不服，则修文德以来之'。未闻一二百戍兵能威绝域者也！"

丁酉，右仆射高士廉逊位，许之，其开府仪同三司、勋封如故，仍同门下中书三品，知政事。

闰月，辛亥，上谓侍臣曰："朕自立太子，遇物则诲之，见其饭，则曰：'汝知稼穑之艰难，则常有斯饭矣。'见其乘马，则曰：'汝知其劳逸，不竭其力，则常得乘之矣。'见其乘舟，则曰：'水所以载舟，亦所以覆舟，民犹水也，君犹舟也。'见其息于木下，则曰：'木从绳则正，后从谏则圣。'"

【译文】六月，己卯朔日（初一），出现日食。

丁亥日（初九），太常丞邓素出使高丽回来，请求在怀远镇增加戍守的军队来威逼高丽。唐太宗说："孔子曾经说：'远方的人不归顺，那应当修治文教美德使他们来归附。'我从来没有听说只有一二百个戍守的军兵就能够威吓远方的呀！"

丁酉日（十九日），右仆射高士廉要让位，唐太宗答应了，他的开府仪同三司、勋爵封邑都和从前相同，又保留同门下中书三品，掌理政事。

闰月，辛亥日（初四），唐太宗对侍臣说："朕自从立太子以后，遇到事情就教导他，看到他在吃饭，就对他说：'你知晓耕稼的艰苦，就能常有饭吃。'看到他乘坐马车，就说：'你知晓马的劳逸情形，不过分用尽马力，就能常有马车可以乘坐。'看到他乘坐舟船，就说，'水可以载运舟船，也可以让舟船倾覆，百姓就像水，国君就像舟船。'看见他在树下休息，就说，'木材接受绳墨的规正就能正直，国君采纳谏言才能圣明。'"

丁巳，诏太子知左、右屯营兵马事，其大将军以下并受处分。

薛延陀真珠可汗使其侄突利设来纳币，献马五万匹，牛、橐驼万头，羊十万口。庚申，突利设献馔，上御相思殿，大飨群臣，设十部乐，突利设再拜上寿，赐赍甚厚。

【译文】丁巳日（初十），唐太宗下诏令由太子掌理左、右屯营兵马的事情，大将军以下都接受太子节制。

薛延陀真珠可汗派遣他的侄子突利设前来贡献钱币以及五万匹马、牛、橐驼一万头和十万只羊。庚申日（十三日），突利设献上食物，唐太宗前往相思殿接受献食，大宴群臣，增设十部音乐。突利设再三下拜祝唐太宗万寿无疆，唐太宗给他的赏赐十分优厚。

契苾何力上言："薛延陀不可与昏。"上曰："吾已许之矣，岂可为天子而食言乎！"何力对曰："臣非欲陛下遽绝之也，愿且迁延其事。臣闻古有亲迎之礼，若敕夷男使亲迎，虽不至京师，亦应至灵州；彼必不敢来，则绝之有名矣。夷男性刚戾，既不成昏，其下复携贰，不过一二年必病死，二争立，则可以坐制之矣！"上从之，乃征真珠可汗使亲迎，仍发诏将幸灵州与之会。真珠大喜，欲诣灵州，其臣谏曰："脱为所留，悔之无及！"真珠曰："吾闻唐天子有圣德，我得身往见之，死无所恨，且漠北必当有主。我行决矣，勿复多言！"上发使三道，受其所献杂畜。薛延陀先天库厩，真珠调敛诸部，往返万里，道涉沙碛，无水草，耗死将半，失期不至。议者或以为聘财未备而与为昏，将使戎狄轻中国，上乃下诏绝其昏，停幸灵州，追还三使。

【译文】契苾何力向唐太宗说："不可以和薛延陀通婚。"唐太宗说："我已经答应了，身为天子怎么可以背信食言呢？"契苾何力回答说："臣不是要陛下立即回绝他，而是希望暂时拖延一下这件事。臣听闻古代有亲自迎娶的礼节，假如下令给夷男，要他亲自迎娶，那么即使他不到京师，也应当到灵州，但看样子他一定不敢前来，我们回绝他就有借口了。夷男个性刚强乖戾，婚事既不成，下属又离心背叛，不到一两年必定会病死，两个儿子就抢着要继立为可汗，那时候就可以不动干戈而控制他们了！"唐太宗接受契苾何力建议，就征召薛延陀真珠可汗要他亲自前来迎娶，又下诏令准备前往灵州和薛延陀真珠可汗会面。薛延陀真珠十分高兴，要前往灵州，大臣规劝他说："假如被对方拘留，那就懊悔也来不及了！"薛延陀真珠可汗说："我听闻唐天子有圣明的美德，我能够前去和他见面，死了也不遗憾。而且漠北必定会有主人。不必为我操心，我已经决定行程，不必再多说！"唐太宗派出三路使者，接受真珠可汗所进献的各种牲畜。薛延陀原先就没有蓄积财物的仓库、马厩，真珠可汗向各部落调集征敛，来回的路程有一万里，路上还要路过沙漠，没有水草，使得消耗、死亡的牲畜将近一半，因而误了和唐太宗会面的日期。有人认为聘礼不完备就和对方结婚，会让戎狄轻视大唐；唐太宗就下诏令和真珠可汗断绝婚约，停止前去灵州，又命三路使者返回。

褚遂良上疏，以为："薛延陀本一俟斤，陛下荡平沙塞，万里萧条，馀寇奔波，须有酋长，玺书鼓纛，立为可汗。比者复降鸿私，许其姻媾，西告吐蕃，北谕思摩，中国童幼，靡不知之。御幸北门，受其献食，群臣四夷，宴乐终日。咸言陛下欲安百姓，不爱一女，凡在含生，孰不怀德。今一朝生进退之意，有改悔之心，臣为国家惜兹声听；所顾甚少，所失殊多，嫌隙既生，必构边患。彼国蓄见欺之怒，此民怀负约之惭，恐非所以服远人、训戎士也。陛下君临天下十有七载，以仁恩结庶类，以信义抚戎夷，莫不欣然，负之无力，何惜不使有始有卒乎！夫龙沙以北，部落无算，中国诛之，终不能尽，当怀之以德，使为恶者在夷不在华，失信者在彼不在此，则尧、舜、禹、汤不及陛下远矣！"上不听。

【译文】 褚遂良上疏给唐太宗，认为："薛延陀本来是一个俟斤，陛下扫平沙漠地带，万里呈现一片萧条，剩下的敌寇四处奔走逃窜，必须要有酋长接受玺书鼓纛（都是立可汗必备之物），来立为可汗，才能控制局面。最近陛下又大赐恩私，允许与薛延陀通婚，并且已经告诉了西方的吐蕃和北方的思摩，大唐境内的孩童，也没有不知道的。陛下又亲到北门，接受他们派人进献的宴食，群臣和四方夷狄，整天都在宴饮游乐。大家都认为陛下为了安抚百姓，不爱惜一个女儿，所以百姓们谁不怀念陛下恩德呢？现在一下子就产生后退的念头，有懊悔的心意，改变诺言，臣替国家惋惜声誉从此受损；所保全的利益不多，而所丢失的却太多了。两方的嫌隙一旦发生，一定会造成边境的忧患。对方蓄积了被欺瞒的怒气，而我方百姓又抱着悔约的惭愧心理，这种情形恐怕不是让远人顺服、教训战士的方法。陛下统治天下有十七年，以仁义来交结庶民百姓，用信义安抚四方夷狄，使得百姓夷狄没有不欣然愉悦的，亏负对方没有好处，为什么要爱惜一个女儿，而不让恩德有始有终呢？况且龙沙以北，有无数的部落，大唐想加以消灭，还是消灭不完，应该用恩德怀柔他们，让作恶的是戎夷不是大唐，失信的是对方不是本朝，那么尧、舜、禹、汤和陛下相比就差得远了！"唐太宗没有听从。

是时，群臣多言："国家既许其昏，受其聘币，不可失信戎狄，更生边患。"上曰："卿曹皆知古而不知今。昔汉初匈奴强，中国弱，故饰子女、捐金絮以饵之，得事之宜。今中国强，戎狄弱，以我徒兵一千，可击胡骑数万。薛延陀所以匍匐稽颡，惟我所欲，不敢骄慢者，以新为君长，杂姓非其种族，欲假中国之势以威服之耳。彼同罗、仆骨、回纥等十馀部，兵各数万，并力攻之，立可破灭，所以不敢发者，畏中国所立故也。今以女妻之，彼自恃大国之婿，杂姓谁敢不服！戎狄人面兽心，一旦微不得意，必反噬为害。今吾绝其昏，杀其礼，杂姓知我弃之，不日将瓜剖之矣，卿曹第志之！"

【译文】那时候，群臣们都这样说："国家既然应允通婚，接受聘礼财物，就不可对戎狄失信，而再产生边境的忧患。"唐太宗说："你们各位只知道古代情况而不晓得现在的情势。从前汉朝初年匈奴强大，中原弱小，所以拿盛妆的女子，赐金帛来诱引匈奴，这样做很对。现在中原强大，戎狄弱小，我只要出动步兵一千人，就可攻打胡人好几万骑兵。薛延陀所以跪伏叩头，随我所愿，不敢骄纵怠慢的原因，是刚刚做了君长，其他各姓和他种族不同，想要借大唐的声势让各部落畏服罢了。同罗、仆骨、回纥等十几个部落，兵力各自有几万人，合力进攻的话，马上就可将薛延陀消灭，他们之所以不敢发动进攻，是害怕薛延陀是大唐所立的君长。现在将女儿嫁他，他自恃是大国天子的女婿，其他各姓部落谁敢不服！戎狄是人面兽心的，一旦有点不得意时，必定会反咬一口而造成战患。现在我断绝和他通婚，拒绝接受他的聘礼，各姓部落知晓我背弃他，不用多久，就要瓜分薛延陀了，你们只要记着就是！”

◆臣光曰：孔子称去食、去兵，不可去信。唐太宗审知薛延陀不可妻，则初勿许其昏可也；既许之矣，乃复恃强弃信而绝之，虽灭薛延陀，犹可羞也。王者发言出令，可不慎哉！◆

上曰：“盖苏文弑其君而专国政，诚不可忍。以今日兵力，取之不难，但不欲劳百姓，吾欲且使契丹、靺鞨扰之，何如？”长孙无忌曰：“盖苏文自知罪大，畏大国之讨，必严设守备，陛下姑为之隐忍，彼得以自安，必更骄惰，愈肆其恶，然后讨之，未晚也。”上曰：“善！”戊辰，诏以高丽王藏为上柱国、辽东郡王、高丽王，遣使持节册命。

丙子，徙东莱王泰为顺阳王。

【译文】◆臣司马光说：孔子说可以丢弃食物、丢弃军备，但不可丢弃信义。唐太宗确实知道不可以将女儿嫁给薛延陀，那么当初不要答应他通婚就可以；既然应允了他，又自恃强大而背信抛弃了他，就是将薛延陀消灭了，也是可耻的事。身为一国之君，发号施令能不慎重小心吗？◆

唐太宗说：“盖苏文杀死国君而独揽朝政，实在令人无法接受，以我们现在的兵力，攻取他并不困难，但是我不愿劳苦百姓，我想暂时派遣契丹、靺鞨出兵骚扰盖苏文，怎么样？"长孙无忌说："盖苏文自己知道罪过重大，担心大国的讨伐，必定会严厉地防备着，陛下稍稍忍耐一下，让对方能够心安，一定会更加骄纵怠惰，更加扩大他的罪恶，那时候再征讨，也还不晚啊！"唐太宗说："好！"戊辰日（二十一日），唐太宗下诏令任命高丽王藏为上柱国、辽东郡王、高丽王，派遣使者拿着符节前去册封任命。

丙子日（二十九日），唐太宗将东莱王李泰改封为顺阳王。

初，太子承乾失德，上密谓中书侍郎兼左庶子杜正伦曰："吾儿足疾乃可耳，但疏远贤良，狎昵群小，卿可察之。果不可教示，当来告我。"正伦屡谏，不听，乃以上语告之。太子抗表以闻，上责正伦漏泄，对曰："臣以此恐之，冀其迁善耳。"上怒，出正伦为谷州刺史。及承乾败，秋，七月，辛卯，复左迁正伦为交州都督。初，魏徵尝荐正伦及侯君集有宰相材，请以君集为仆射，且曰："国家安不忘危，不可无大将，诸卫兵马宜委君集专知。"上以君集好夸诞，不用。及正伦以罪黜，君集谋反诛，上始疑徵阿党。又有言徵自录前后谏辞以示起居郎褚遂良者，上愈不悦，乃罢叔玉尚主，而踣所撰碑。

【译文】起初，太子李承乾德行不好，唐太宗暗中对中书侍郎兼左庶子杜正伦说："我儿子的脚病并不重，但他疏远贤正善良的人，却亲近小人，是需要你好好观察的。假如确实不能教导，你应该来告诉我。"杜正伦多次劝谏太子，太子不听，就将唐太宗的话告诉了太子。太子就上表向唐太宗报告，唐太宗责备杜正伦泄露他的话，杜正伦回答说："臣是要借陛下的话恐吓太子，希望他能够迁善改过罢了。"唐太宗十分生气，就将杜正伦外放为谷州刺史。后来李承乾反叛失败，秋天，七月，辛卯日（十四日），唐太宗又将杜正伦贬为交州都督。起初，魏徵曾经推荐杜正伦和侯君集，说他们具有宰相的才能，请求任命侯君集担任仆射，并且说："国家在安定时不要忘记危机，也不可以没有大将，各卫兵马应当托给侯君集掌管。"唐太宗因为侯君集喜欢夸大，就没有任用他。后来杜正伦因罪贬官，侯君集谋反被杀，唐太宗才怀疑魏徵结党营私。又有人说魏徵自己记录下前后对国君的谏辞，来交给起居郎褚遂良，唐太宗更加不高兴，就打消魏徵儿子魏叔玉娶衡山公主的计划，又推倒亲自撰写碑文的魏徵墓碑。

【乾隆御批】　太宗英明，能知人，岂反不能知己子？既不审定于前，乃欲屡易于后，且此何事而与其臣谋之？所谓一无足取。辛致高宗立而有武则天之祸，唐室几至于亡。无知者或以无忌为能安嫡，而不知其实为唐室之罪魁。甥舅之庇犹其过之小者耳。

【译文】　唐太宗卓越而有见识，能知人善任，难道反过来却不了解自己的儿子吗？既然事前不能仔细思考，却想在事后一再更换。何况这是什么事情，能和他的大臣们商量的。都是没有一点值得别人学习的。最后导致唐高宗即位而有了武则天的灾难祸殃，唐朝也差一点灭亡。什么都不知道的人可能以为长孙无忌是能够保全嫡传的人，却不知他其实是唐王朝的罪魁祸首。舅甥关系造成的包庇，还只是他错误中的一件小事而已。

初，上谓监修国史房玄龄曰："前世史官所记，皆不令人主见之，何也？"对曰："史官不虚美，不隐恶，若人主见之必怒，故不敢献也。"上曰："朕之为心，异于前世帝王。欲自观国史，知前日之恶，为后来之戒，公可撰次以闻。"谏议大夫朱子奢上言："陛下圣德在躬，举无过事，史官所述，义归尽善。陛下独览《起居》，于事无失，若以此法传示子孙，窃恐曾、玄之后或非上智，饰非护短，史官必不免刑诛。如此，则莫不希风顺旨，全身远害，悠悠千载，何所信乎！所以前代不观，盖为此也。"上不从。玄龄乃与给事中许敬宗等删为高祖、今上《实录》；癸巳，书成，上之。上见书六月四日事，语多微隐，谓玄龄曰："昔周公诛管、蔡以安周，季友鸩叔牙以存鲁。朕之所以，亦类是耳，史官何讳焉！"即命削去浮词，直书其事。

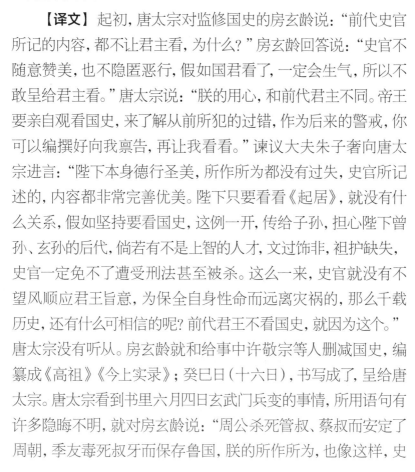

【译文】 起初，唐太宗对监修国史的房玄龄说："前代史官所记的内容，都不让君主看，为什么？"房玄龄回答说："史官不随意赞美，也不隐匿恶行，假如国君看了，一定会生气，所以不敢呈给君主看。"唐太宗说："朕的用心，和前代君主不同。帝王要亲自观看国史，来了解从前所犯的过错，作为后来的警戒，你可以编撰好向我禀告，再让我看看。"谏议大夫朱子奢向唐太宗进言："陛下本身德行圣美，所作所为都没有过失，史官所记述的，内容都非常完善优美。陛下只要看看《起居》，就没有什么关系，假如坚持要看国史，这例一开，传给子孙，担心陛下曾孙、玄孙的后代，倘若有不是上智的人才，文过饰非，祖护缺失，史官一定免不了遭受刑法甚至被杀。这么一来，史官就没有不望风顺应君王旨意，为保全自身性命而远离灾祸的，那么千载历史，还有什么可相信的呢？前代君王不看国史，就因为这个。"唐太宗没有听从。房玄龄就和给事中许敬宗等人删减国史，编纂成《高祖》《今上实录》；癸巳日（十六日），书写成了，呈给唐太宗。唐太宗看到书里六月四日玄武门兵变的事情，所用语句有许多隐晦不明，就对房玄龄说："周公杀死管叔、蔡叔而安定了周朝，季友毒死叔牙而保存鲁国，朕的所作所为，也像这样，史官何必忌讳呢？"就命令删除虚浮的言辞，直接记录这件事。

【乾隆御批】居室出言，应达决于千里之外，鸣鹤声闻，理固不爽。太宗亟亟欲观《起居注》，其于易义固未津逮，即遂良秘不与观又，何如刘洎一言之中切綮要乎？世愈降而风愈薄，不虞之誉者有之，求全之毁者有之，人君亦惟以实心行实政可耳，安能哓哓日与天下之人辩论是非哉？

【译文】坐在家里说话，是对是错决定于千里之外，鹤的叫声传扬于外，道理本来就不应该违背。唐太宗急忙要看《起居注》，这在改变义理上，本来就不是很难达到的事。即使褚遂良秘密隐藏不给他看，哪比得上刘洎的一句话说得那么切中要害呢？社会越发展，风气越加浅薄轻浮，有出乎意料称赞的人，有一心想保全声誉反而受到毁谤的人。做君主的只有用真心去行实政就行了，怎么能乱嚷乱叫地成天和天下的人去辩论对与错呢？

八月，庚戌，以洛州都督张亮为刑部尚书，参预朝政；以左卫大将军、太子右卫率李大亮为工部尚书。大亮身居三职，宿卫两宫，恭俭忠谨，每宿直，必坐寐达旦。房玄龄甚重之，每称大亮有王陵、周勃之节，可当大位。

初，大亮为庞玉兵曹，为李密所获，同辈皆死，贼帅张弼见而释之，遂与定交。及大亮贵，求弼，欲报其德，弼时为将作丞，自匿不言。大亮遇诸途而识之，持弼而泣，多推家赀以遗弼，弼拒不受。大亮言于上，乞悉以其官爵授弼，上为之擢弼为中郎将。时人皆贤大亮不负恩，而多弼之不伐也。

【译文】八月，庚戌日（初三），唐太宗任命洛州都督张亮为刑部尚书,参与处理朝廷政事;任命左卫大将军、太子右卫率李大亮为工部尚书。李大亮本人担任三个职务,守卫两宫。他为人恭敬、节俭、忠诚、谨慎,每次当值宿卫,一定不解衣睡觉,一直守卫到天亮。房玄龄十分器重他,经常称赞李大亮具有王陵、周勃的节操,可以担任大的职位。

起初,李大亮是庞玉的兵曹(掌兵事的官吏,公府的属官)时,被李密抓获,同辈的都死了,贼帅张弼看见李大亮就释放了他,两人就结为朋友。后来李大亮显贵之后,就寻找张弼,要报答他救命的恩德,张弼那时是将作丞,隐藏自己不说出。李大亮在路上遇到张弼,并认出来,李大亮抱着张弼哭泣,拿出很多家财给张弼,但张弼拒绝不肯接受。李大亮向唐太宗禀告,请求将自己所有的官爵赐给张弼,唐太宗因此擢升张弼为中郎将,当时人都赞美李大亮不辜负别人的恩德,也称赞张弼不夸耀自己的功劳。

九月,庚辰,新罗遣使言百济攻取其国四十馀城,复与高丽连兵,谋绝新罗入朝之路,乞兵救援。上命司农丞相里玄奖赍玺书赐高丽曰:"新罗委质国家,朝贡不乏,尔与百济各宜戢兵;若更攻之,明年发兵击尔国矣!"

癸未,徙承乾于黔州。甲午,徙顺阳王泰于均州。上曰:"父子之情,出于自然。朕今与泰生离,亦何心自处!然朕为天下主,但使百姓安宁,私情亦可割耳。"又以泰所上表示近臣曰:"泰诚为俊才,朕心念之,卿曹所知;但以社稷之故,不得不断之以义,使之居外者,亦所以两全之耳。"

先是,诸州长官或上佐岁首亲奉贡物入京师,谓之朝集使,亦谓之考使;京师无邸,率僦屋与商贾杂居。上始命有司为之作邸。

**【译文】九月，庚辰日（初四），新罗派遣使者说百济攻取他们国家四十几个城市，又和高丽联结部队，准备断绝新罗入京进贡的路线，要求派兵加以救援。唐太宗命令司农丞相里玄奖带着印玺书信前往高丽，信中对高丽王说："新罗在大唐朝廷派有人质，对朝廷的进贡也不缺乏，你和百济都应当停止出兵攻打新罗，再进攻的话，明年就调动士兵攻打你们两个国家！"

癸未日（初七），唐太宗将李承乾迁到黔州。甲午日（十八日），唐太宗将顺阳王李泰迁徙到均州。唐太宗说："父子之间的亲情，是出自天性自然的。朕现在和李泰离别，心里也非常难受！可朕是天下的主人，只要能够让百姓过上安定宁静的生活，私情也可以割舍。"又将李泰所上奏的章表拿给近臣看，说，"李泰确实是个俊才，朕心里非常想念他，这是你们诸位所知晓的，但为了社稷江山，不能不以义割舍私情，派他到朝廷外做官，也是为了两方都安好罢了。"

早先，各州长官或高级幕僚，每年岁首亲自携带进贡财物来到京师，称之为朝集使，又称为考使（考铨本州官吏政绩好坏）；京师没有馆舍，大都和商贾一同租房子住在一起。唐太宗这时才下令有司建造馆舍。

冬，十一月，己卯，上礼圜丘。

初，上与隐太子、巢剌王有隙，密明公赠司空封德彝阴持两端。杨文干之乱，上皇欲废隐太子而立上，德彝固谏而止。其事甚秘，上不之知，薨后乃知之。壬辰，治书侍御史唐临始追劾其事，请黜官夺爵。上命百官议之，尚书唐俭等议："德彝罪暴身后，恩结生前，所历众官，不可追夺，请降赠改谥。"诏黜其赠官，改谥曰缪，削所食实封。

【译文】 冬季，十一月，己卯日（初三），唐太宗在圜丘祭祀昊天上帝。

起初，唐太宗和隐太子、巢刺王有仇隙时，密明公赠司空（密明公为谥号，司空为赠官）封德彝暗中怀着两方讨好的心理。杨文干叛乱时，唐高祖要废掉隐太子而立秦王，封德彝再三劝告才停止。这件事十分隐秘，唐太宗也不知道，直到唐高祖去世后才知晓。壬辰日（十六日），治书侍御史唐临才追究调查这件事，请求贬黜封德彝官位，除去爵级。唐太宗下令百官讨论，尚书唐俭等人建议说："封德彝的罪在死后被发现，但他的恩德在世时就已经结下，所以他做过的官衔不能够追夺。请求贬降他的赠官，更改他的谥号。"唐太宗诏令贬黜封德彝的赠官，改他的谥号为缪，削夺他所封的食邑。

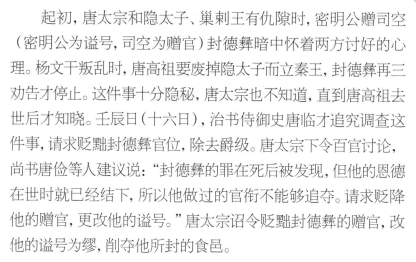

敕选良家女以实东宫；癸巳，太子遣左庶子于志宁辞之。上曰："吾不欲使子孙生于微贱耳。今既致辞，当从其意。"上疑太子仁弱，密谓长孙无忌曰："公劝我立雉权，雉奴懦，恐不能守社稷，奈何！吴王恪英果类我，我欲立之，何如？"无忌固争，以为不可。上曰："公以恪非己之甥邪？"无忌曰："太子仁厚，真守文良主；储副至重，岂可数易？愿陛下熟思之。"上乃止。十二月，壬子，上谓吴王恪曰："父子虽至亲，及其有罪，则天下之法不可私也。汉已立昭帝，燕王旦不服，阴图不轨，霍光折简诛之。为人臣子，不可不戒！"

庚申，车驾幸骊山温汤；庚午，还宫。

【译文】 唐太宗下令挑选良家女子入东宫服侍；癸巳日（十七日），太子李治派遣左庶子于志宁加以辞谢。唐太宗说：

"我不过是不想让子孙们有家门微贱的母亲罢了。现在既然上言辞谢，应该顺从他的心意。"唐太宗怀疑太子仁慈懦弱，暗中对长孙无忌说："你劝我立雉奴（太子小字），但雉奴懦弱，担心无法守住社稷，怎么办？吴王李恪英明果决，非常像我，我要立他为太子，怎么样？"长孙无忌再三进谏，认为不可以这样做。唐太宗说："你认为李恪不是你自己的外甥才反对吗？"长孙无忌说："太子仁爱厚道，是真正守规矩守法度的好国君；太子的地位是最重要的，怎么可以数次改变呢？希望陛下认真加以考虑。"唐太宗才打消了这个念头。十二月，壬子日（初六），唐太宗对吴王李恪说："父子虽然是最亲近的亲人，但有罪时，也当依照天下人所应遵守的法令行事，不可以有私心。汉朝立了昭帝之后，燕王刘旦不服从，暗中有图谋不法的行为，最终霍光用文书通告天下加以杀戮。为人大臣和儿女的人，不可以不引以为戒啊！"

庚申日（十四日），唐太宗车驾到达骊山温泉；庚午日（二十四日），唐太宗返回宫廷。

【乾隆御批】 剪须和药事属不经，即云优恤功臣亦自有道，何至毁须肤以佐刀圭？设他日复有类是者，安得如许须髯疗疾乎？事出李勣本传，或由太宗欲倚勣为顾托，因设词以结其心，而其家遂纪之志状。史官不察，撷拾成编。白居易《七德舞辞》复从而艳称之。后世因据为盛事，其说无足深信，即有之，亦非情理之正，吾所不取。

【译文】 剪胡须配药的事完全是不合常理，就算是对功臣表示特别厚待体贴，还有的是别的办法，岂有毁伤头发肌肤来作药剂呢？如果以后还有这种情况，又哪来这么多胡须供治疗疾病之用呢？这事

资治通鉴

520

出自李世勣的本传，可能因为唐太宗想把太子托付给他，所以说这样的话来笼络他的心。他们家里人就把这件事写到传记当中，史官没有觉察，就把它收进了史书中。白居易在《七德舞辞》里又加以赞美，后来的人就把它当成一件了不起的大事。这件事是不值得特别相信的，即使真的有这种事情，也不符合实情，这是我认为不值得提倡的。

贞观十八年（甲辰，公元六四四年）春，正月，乙未，车驾幸钟官城；庚子，幸鄠县；壬寅，幸骊山温汤。

相里玄奖至平壤，莫离支已将兵击新罗，破其两城，高丽王使召之，乃还。玄奖谕使勿攻新罗，莫离支曰："昔隋人入寇，新罗乘衅侵我地五百里，自非归我侵地，恐兵未能已。"玄奖曰："既往之事，焉可追论！至于辽东诸城，本皆中国郡县，中国尚且不言，高丽岂得必求故地！"莫离支竟不从。

【译文】贞观十八年（甲辰，公元644年）春季，正月，乙未日（二十日），唐太宗车驾到了钟官城；庚子日（二十五日），唐太宗到达鄠县；壬寅日（二十七日），唐太宗到达骊山温泉。

相里玄奖到达平壤，莫离支已经率领军队攻打新罗，攻克新罗两个城市，高丽王派遣使者宣召莫离支，莫离支才撤兵回去。相里玄奖晓示使者不要攻打新罗，莫离支说："从前隋朝入侵我国，新罗趁机占领我国五百里土地，假如不送还我国土地，恐怕战事不会停止。" 相里玄奖说："从前的事，怎么可以再追论呢？至于辽东各城，本来就是大唐的郡县，大唐尚且不说话，高丽何必一定要收复旧地呢？"莫离支最后还是不肯接受。

二月，乙巳朔，玄奖还，且言其状。上曰："盖苏文弑其君，贼其大臣，残虐其民，今又违我诏命，侵暴邻国，不可以不讨。"

谏议大夫褚遂良曰:"陛下指麾则中原清晏,顾眄则四夷詟服,威望大矣。今乃渡海远征小夷,若指期克捷,犹可也。万一蹉跌,伤威损望,更兴忿兵,则安危难测矣。"李世勣曰:"间者薛延陀入寇,陛下欲发兵穷讨,魏徵谏而止,使至今为患。向用陛下之策,北鄙安矣。"上曰:"然。此诚征之失,朕寻悔之而不欲言,恐塞良谋故也。"

上欲自征高丽,褚遂良上疏,以为:"天下譬犹一身:两京,心腹也;州县,四支也;四夷,身外之物也。高丽罪人,诚当致讨,但命二、三猛将将四五万众,仗陛下威灵,取之如反掌耳。今太子新立,年尚幼稚,自馀藩屏,陛下所知,一旦弃金汤之全,逾辽海之险,以天下之君,轻行远举,皆愚臣之所甚忧也。"上不听。时群臣多谏征高丽者,上曰:"八尧、九舜,不能冬种,野夫、童子,春种而生,得时故也。夫天有其时,人有其功。盖苏文陵上虐下,民延颈待救,此正高丽可亡之时也。议者纷纭,但不见此耳。"

【译文】二月,乙巳朔日(初一),相里玄奖回朝,详细禀告事情经过。唐太宗说:"盖苏文杀死国君,残害大臣,残杀虐待百姓,现在又违抗我的命令,侵凌邻近国家,不能不讨伐。"谏议大夫褚遂良说:"陛下手指一动,中原就清静安定,顾盼之间四方夷狄就折服,声威德望可说相当大了。如今要渡过海洋,远征小小夷狄,假如在一定时间内可以获胜,这还可以;万一不幸失利,伤损到陛下的声威德望,而且还引来了敌人愤怒的军队,那么结局是安全还是危险,就很难说了。"李世勣说:"前几年薛延陀进入我国骚扰,陛下要调动部队讨伐到底,因为魏徵劝告而停止,才使得到现在成为灾患。假如从前能用陛下的策略,那么北方的边境早就安宁了。"唐太宗说:"是啊! 这确实是魏徵的错误;朕不久就后悔了,但没有说出来,因为朕怕一说出,以后就没有人敢再献好计策了。"

唐太宗要亲自出征高丽，褚遂良上奏疏说："天下就好像一个身体，两京就像腹心；州县就像人的四肢手足，而四方夷狄，是陛下本身分外的事物。高丽罪过非常大，若是真需要加以征讨，只要命令两三位猛将统领四五万的部队，依靠陛下的声威神灵，攻取他们是很容易的。现在太子刚刚册立，年龄还很幼小，其余屏卫国家的藩属，他们的情形陛下知晓得很清楚，因而一旦陛下带兵亲征，离开了固若金汤的京城，越过险困的辽海，凭天下君主的身份，轻易行动到远方去，这些都是我们这些臣子所特别感到担忧的事。"唐太宗没有听从。当时群臣中有很多人劝止征讨高丽，唐太宗说："八个尧、九个舜，冬天也无法耕种，乡下人、小孩子春天播种却能长出谷类，这是因为得到天时。天有一定的时令，人依照时令去做，就会有事功。盖苏文欺夺长上虐待属下，百姓们都拉长颈子企盼等待援救，这正是高丽会灭亡的良机，议论的人很多，但都没有看到这一点。"

己酉，上幸灵口；乙卯，还宫。

三月，辛卯，以左卫将军薛万彻守石卫大将军。上尝谓侍臣曰："于今名将，惟世勣、道宗、万彻三人而已，世勣、道宗不能大胜，亦不大败，万彻非大胜则大败。"

夏，四月，上御两仪殿，皇太子侍。上谓群臣曰："太子性行，外人亦闻之乎？"司徒无忌曰："太子虽不出宫门，天下无不钦仰圣德。"上曰："吾如治年时，颇不能御常度。治自幼宽厚，谚曰：'生子如狼，犹恐如羊。'冀其稍壮，自不同耳。"无忌对曰："陛下神武，乃拨乱之才，太子仁恕，实守文之德；趣尚虽异，各当其分，此乃皇天所以祚大唐而福苍生者也。

辛亥，上幸九成宫。壬子，至太平宫，谓侍臣曰："人臣顺旨者多，犯颜则少，今朕欲自闻其失，诸公其直言无隐。"长孙无忌等皆曰："陛下无失。"刘洎曰："顷有上书不称旨者，陛下皆面加穷诘，无不惭惧而退，恐非所以广言路。马周曰："陛下比来赏罚，微以喜怒有所高下，此外不见其失。"上皆纳之。

【译文】 己酉日（初五），唐太宗到达灵口。乙卯日（十一日），唐太宗返回皇宫。

三月，辛卯日（十七日），唐太宗任命左卫将军薛万彻为守石卫大将军。唐太宗曾经对侍臣说："现在朝廷中的名将，只剩下李世勣、李道宗、薛万彻三人罢了。李世勣、李道宗打仗不会获得大胜利，但也不会大败，而薛万彻却是不大胜就大败。"

夏季，四月，唐太宗到了两仪殿，皇太子侍候着。唐太宗对群臣说："太子的品行性格，外人也知道吗？"司徒长孙无忌说："太子虽然没有离开过宫廷大门，但天下人没有不敬仰钦佩他的仁圣美德的。"唐太宗说："我像太子李治一样的年纪时，特别不能够按照法度行事。但李治从小就宽和敦厚，俗语说：'虽生下像狼一般勇猛的儿子，仍旧要担心以后变成像羊一样温顺。'希望太子成年后，个性能够和现在有所不同。"长孙无忌回答说："陛下神勇威武，是扭转乱世的天才，而太子仁孝宽恕，的确具有守住先王之道的美德；您父子二人的个性趋向虽然不同，但各自适合自己的本分，这是上天为了维护大唐国运和为苍生造福所安排的。"

辛亥日（初八），唐太宗到了九成宫。壬子日（初九），唐太宗到了太平宫，对侍臣说："为人臣子的大多顺应君主的心意，敢冒犯君主威颜而进谏的人很少，现在朕要听听自己的过错，请各位正直坦白地说出，不要有所隐瞒。"长孙无忌等人都说：

"陛下没有过错。"刘洎说:"最近有人上书陛下,不合陛下心意的,陛下都当面追问到底,使那些上书的人没有不惭愧恐惧而后退的,这样做恐怕不是扩大进言途径的做法。"马周说:"陛下最近的奖赏刑罚,稍微有凭个人喜怒作为高低上下的嫌疑,除了这点外,看不出有什么其他过失。"唐太宗对这些建议都采纳了。

上好文学而辩敏,群臣言事者,上引古今以折之,多不能对。刘洎上书谏曰:"帝王之与凡庶,圣哲之与庸愚,上下相悬,拟伦斯绝。是知以至愚而对至圣,以极卑而对至尊,徒思自强,不可得也。陛下降恩旨,假慈颜,凝旒以听其言,虚襟以纳其说,犹恐群下未敢对扬;况动神机,纵天辩,饰辞以折其理,引古以排其议,欲令凡庶何阶应答!且多记则损心,多语则损气,心气内损,形神外劳,初虽不觉,后必为累。须为社稷自爱,岂为性好自伤乎!至如秦政强辩,失人心于自矜;魏文宏才,亏从望于虚说。此才辩之累,较然可知矣。"上飞白答之曰:"非虑无以临下,非言无以述虑,比有谈论,遂致烦多,轻物骄人,恐由兹道,形神心气,非此为劳。今闻谠言,虚怀以改。"己未,至显仁宫。

【译文】唐太宗喜好文学而且辩才敏捷,面对谈论政事的群臣,唐太宗引用古今事例折服他们,使他们大多回答不出。刘洎上书劝谏说:"帝王和凡人平民,圣哲和庸人愚夫,彼此相差很远,是无法放在一起比较形容的,可见拿至愚和至圣,至卑和至尊相比,前者就是想自我勉励,也不无法达到后者的境界。陛下对臣下降赐恩泽圣旨,以仁慈的圣颜,倾听臣下的进谏,虚心地接纳臣下的建议,臣下恐怕还不敢应答;何况陛下动用您神妙的机智,展现您天生的辩才,用优美文辞使臣下理屈词穷,

资治通鉴卷第一百九十七 唐纪十三

引用古道来排斥臣下的建议，要让凡人平民凭借什么回答陛下呢？况且记忆太多会损害心思，说话太多会损伤到声气，心思和声气遭到内在的损害，使得形体和精神都受到外在的劳累，开始虽然没有感觉，到后来必定会有病累发生，陛下必须替社稷着想而爱惜自己，怎么可以为了表现个性而伤害自身呢？至于像秦始皇喜欢强词夺理和人辩论，最终因为自夸而失去民心；魏文帝有宏大的才华，最终因为虚浮的言论而降低了在众人中的声望。这些都是有才、能辩所带来的后果，是很清楚地可以知晓的。"唐太宗用飞白字体写信回答刘洎，说："不详细思索就不能治理天下，不用言语就无法表达思虑，常常谈论的话，会使得问题烦琐增多，高傲轻视别人的心理，可能就是这样产生的，但一个人的形、神、心、气，并不是因为这样而疲惫的。现在听了你坦白正直的话，我愿意虚心地加以改正。"己未日（十六日），唐太宗到了显仁宫。

上将征高丽，秋，七月，辛卯，敕将作大监阎立德等诣洪、饶、江三州，造船四百艘以载军粮。甲午，下诏遣营州都督张俭等帅幽、营二都督兵及契丹、奚、靺鞨先击辽东以观其势。以太常卿韦挺为馈运使，以民部侍郎崔仁师副之，自河北诸州皆受挺节度，听以便宜从事。又命太仆卿萧锐运河南诸州粮入海。锐，瑀之子也。

【译文】唐太宗要前往讨伐高丽，秋季，七月，辛卯日（二十日），下敕令将作大监（官名，掌宗庙、宫室等修建的土木之事）阎立德等人前往洪、饶、江三州，建造四百艘船只，用来运载军粮。甲午日（二十三日），唐太宗下诏令派遣营州都督张俭等人率领幽、营二都督的部队和契丹、奚、靺鞨一起先攻打辽东，用以观察形势。同时任命太常卿韦挺为馈运使,任用民部侍郎崔仁师为副使,河北各州都接受韦挺调度,让他可以便宜行事。唐太宗又命令太仆少卿萧锐运载河南各州的粮食进入大海。萧锐是萧瑀的儿子。

　　八月,壬子,上谓司徒无忌等曰:"人若不自知其过,卿可为朕明言之。"对曰:"陛下武功文德,臣等将顺之不暇,又何过之可言!"上曰:"朕问公以己过,公等乃曲相谀悦,朕欲面举公等得失以相戒而改之,何如?"皆拜谢。上曰:"长孙无忌善避嫌疑,应物敏速,决断事理,古人不过;而总兵攻战,非其所长。高士廉涉猎古今,必术明达,临难不改节,当官无朋党;所乏者骨鲠规谏耳。唐俭言辞辩捷,善和解人;事朕三十年,遂无言及于献替。杨师道性行纯和,自无愆违;而情实怯懦,缓急不可得力。岑文本性质敦厚,文章华赡;而持论恒据经远,自当不负于物。刘洎性最坚贞,有利益;然其意尚然诺,私于朋友。马周见事敏速,性甚贞正,论量人物,直道而言,朕比任使,多能称意。褚遂良学问稍长,性亦坚正,每写忠诚,亲附于朕,譬如飞鸟依人,人自怜之。"

　　【译文】八月,壬子日(十一日),唐太宗对司徒长孙无忌等人说:"人都以不知晓自己的过错为苦,你可以坦白地说出我的过错。"长孙无忌回答说:"陛下的武功、文德,臣等顺应都来不及,又有什么过错呢?"唐太宗说:"朕问你们有关朕的过错,而你们却尽力地在阿谀奉承我,朕要当面指出你们各位的得失,作为劝诫而加以改正,怎么样?"群臣都拜谢了唐太宗。唐太宗说:"长孙无忌善于避开嫌疑,应付事物迅速敏捷,判断事情的是非曲直,古人都比不过,但统领大兵作战,就不是他的专长。高士廉涉猎古今典籍,心术光明通达,遇到灾祸不会改变节操,做官不结党营私;他所缺乏的是耿直进谏的勇气罢了。唐俭说话富有辩才并且才思敏捷，善于调解人的纠纷；他侍奉朕三十年，却没有一点献进废替的建议。杨师道个性品行纯良温和，自然没有过失差错，但他内心实在胆小懦弱，在急切需要时是得不到他的帮助的。岑文本个性、本质都非常敦厚，所作的文章文辞华美，内容充实，而他的立论也常能固守长远之道，自然不会违背事理。刘洎个性最坚定、忠贞，讲究利人；可是他内心注重承诺，容易对朋友有所偏爱。马周对事情的了解迅速敏捷，个性十分忠贞端正，评论衡量人物，都很正直并合于道理，朕每次任用使唤他，大多能够称心如意。褚遂良的学问比别人稍微好一些，个性也端正坚强，经常向朕表达忠诚，亲近归附朕，就如同飞鸟依靠人一样，人自然就会疼爱他。"

【康熙御批】 传有之云，公而忘私。私于朋友者，必有忝于朝廷。在昔已然，今人愈甚矣。

【译文】 经典上说，公而忘私。以私心对朋友的，一定会有辱于朝廷。过去人就已经是这样，现在的人就更加厉害了。

甲子，上还京师。

丁卯，以散骑常侍刘洎为侍中，行中书侍郎岑文本为中书令，太子左庶子中书侍郎马周守中书令。

文本既拜，还家，有忧色。母问其故，文本曰："非勋非旧，滥荷宠荣，位高责重，所以忧惧。"亲宾有来贺者，文本曰："今受吊，不受贺也。"

文本弟文昭为校书郎，喜宾客，上闻之不悦；尝从容谓文本曰："卿弟过尔交结，恐为卿累；朕欲出为外官，何如？"文本泣曰："臣弟少孤，老母特所钟爱，未尝信宿离左右。今若出外，母必

资治通鉴

愁悴，傥无此弟，亦无老母矣。"因歔欷呜咽。上愍其意而止，惟召文昭严戒之，亦卒无过。

【译文】甲子日（二十三日），唐太宗返回京师。

丁卯日（二十六日），唐太宗任命散骑常侍刘洎为侍中，行中书侍郎岑文本为中书令，太子左庶子中书侍郎马周为守中书令。

岑文本拜为中书令后，回到家，表情很忧虑。母亲询问他原因，岑文本说："不是凭借功勋，也不是陛下故交旧友，却蒙受宠爱，获得荣耀，地位升高，责任加重，所以内心感到担忧恐惧。"亲戚宾友中有前来恭贺的，岑文本说："现在接受哀吊，不接受恭贺。"

岑文本弟弟岑文昭是校书郎，喜好结交宾客。唐太宗听了非常不高兴，曾经从容对岑文本说："你的弟弟结交宾客超过你，担心会给你带来连累；朕想将他调出担任外官，怎么样？"岑文本哭泣说："臣的弟弟岑文昭从小就失去父亲，老母亲对他特别疼爱，从没有一两天离开过老母亲身边，现在假如出任外官，母亲必定会忧伤憔悴，没有这个弟弟，也就没有老母亲了。"说着，就悲伤地痛哭起来，唐太宗哀怜岑文本的心意而停止调岑文昭为外官。只召见岑文昭加以严厉训诫，最后岑文昭也没犯什么过错。

九月，以谏议大夫褚遂良为黄门侍郎，参预朝政。

焉耆贰于西突厥，西突厥大臣屈利啜为其弟娶焉耆王女，由是朝贡多阙；安西都护郭孝恪请讨之。诏以孝恪为西州道行军总管，帅步骑三千出银山道以击之。全焉耆王弟颉鼻兄弟三人至西州，孝恪以颉鼻弟栗婆准为乡导。焉耆城四面皆水，恃险而不

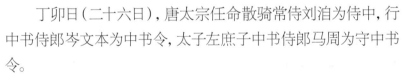

设备，孝恪倍道兼行，夜，至城下，命将士浮水而度，比晓，登城，执其王突骑支，获首虏七千级，留栗婆准摄国事而还。孝恪去三日，屈利啜引兵救焉耆，不及，执栗婆准，以劲骑一千，追孝恪至银山，孝恪还击，破之，追奔数十里。

【译文】 九月，唐太宗任命谏议大夫褚遂良为黄门侍郎，参与决定朝廷大事。

焉耆国同时臣服于西突厥，西突厥大臣屈利啜为自己的弟弟娶焉耆王的女儿为妻，从此常常不再向大唐进贡。安西都护郭孝恪请求加以讨伐。唐太宗下诏令任命郭孝恪为西州道行军总管，统领步兵骑兵三千人，从银山道出发加以征讨。正好焉耆王的弟弟颉鼻兄弟三个人到了西州，郭孝恪让颉鼻弟弟栗婆准做向导。焉耆城四面都是河水，依恃险要没有加以防备，郭孝恪昼夜兼程，到夜晚时，抵达焉耆城下，命令将士游水渡过，近破晓时分，爬上城墙，抓住焉耆王突骑支，斩杀敌人七千多，留下栗婆准代理国政，而带兵返回。郭孝恪离开焉耆城三天，屈利啜领兵援救焉耆，但已经来不及，就捉住栗婆准，率领强劲的五千骑兵，追赶郭孝恪一直到银山，郭孝恪回兵攻击，将屈利啜打败，追逐了几十里远。

辛卯，上谓侍臣曰："孝恪近奏称八月十一日往击焉耆，二十日应至，必以二十二日破之。朕计其道里，使者今日至矣！"言未毕，驿骑至。

西突厥处那啜使其吐屯摄焉耆，遣使入贡。上数之曰："我发兵击得焉耆，汝何人而据之！"吐屯惧，返其国。焉耆立栗婆准从父兄薛婆阿那支为王，仍附于处那啜。

乙未，鸿胪奏"高丽莫离支贡白金。"褚遂良曰："莫离支弑其君，九夷所不容，今将讨之而纳其金，此郜鼎之类也，臣谓不可受。"上从之。上谓高丽使者曰："汝曹皆事高武，有官爵。莫离支弑逆，汝曹不能复仇，今更为之游说以欺大国，罪孰大焉！"悉以属大理。

【译文】辛卯日（二十一日），唐太宗对侍臣说："郭孝恪最近奏报说在八月十一日前往攻打焉耆，二十日应当会到焉耆城，一定会在二十二日那天将焉耆打败，朕计算他的道路里程，报告消息的使者今天会到！"话还没有说完，传达消息的驿骑就到了。

西突厥处那啜让他的吐屯代理焉耆政事，派遣使者入朝进贡。唐太宗责备他说："我调动部队攻击，得到焉耆，你是什么人，胆敢占据焉耆？"吐屯心中害怕，返回自己国家。焉耆立栗婆准的堂兄薛婆阿那支为王，仍然依附于西突厥处那啜。

乙未日（二十五日），鸿胪寺的官吏奏报说："高丽莫离支进贡白金。"褚遂良说："莫离支杀死国君，这是九夷都不能容忍的，现在要讨伐他却接受他进贡的白金，这就像春秋鲁桓公在宋取郜大鼎一样，是非礼的行为，臣以为不可以接受。"唐太宗采纳了褚遂良的建议。唐太宗对高丽使者说："你们各位都侍奉高武，有官位爵禄。莫离支造反杀死你们国君，你们不能替他报仇，现在又替莫离支游说来欺骗我们大国，你们的罪是多么大啊！"将他们全部交给大理寺处理。

冬，十月，辛丑朔，日有食之。

甲寅，车驾行幸洛阳，以房玄龄留守京师，右卫大将军、工部尚书李大亮副之。

郭孝恪锁焉耆王突骑支及其妻子诣行在，敕宥之。丁巳，上谓太子曰:"焉耆王不求贤辅,不用忠谋,自取灭亡,系颈束手,漂摇万里;人以此思惧,则惧可知矣。"

己巳,畋于渑池之天池;十一月,壬申,至洛阳。

前宜州刺史郑元璹,已致仕,上以其尝从隋炀帝伐高丽,召诣行在;问之,对曰:"辽东道远,粮运艰阻;东夷善守城,攻之不可猝下。"上曰:"今日非隋之比,公但听之。"

张俭等值辽水涨,久不得济,上以为畏懦,召俭诣洛阳。至,具陈山川险易,水草美恶;上悦。

【译文】冬季,十月,辛丑朔日(初一),出现日食。

甲寅日(十四日),唐太宗车驾巡行洛阳,命令房玄龄留守京师,右卫大将军、工部尚书李大亮担任副留守。

郭孝恪将焉耆王突骑支和他的妻子子女锁住,送到唐太宗巡幸的所在,唐太宗下令宽免突骑支的罪过。丁巳日(十七日),唐太宗对太子说:"焉耆王不寻求贤明的大臣,不采用忠臣的计谋,自己招致灭亡,以至于手颈被绑,离开国家,漂泊万里;人们因这件事而想到畏惧,也就懂得什么是畏惧了。"

己巳日(二十九日),唐太宗在渑池的天池打猎。十一月,壬申日(初二),唐太宗到达洛阳。

前任宜州刺史郑元璹已经告老退休,唐太宗因为他曾经追随隋炀帝征讨高丽,宣召他来到巡幸的所在,询问他高丽的情形,郑元璹回答说:"辽东路途遥远,粮食的转运艰难困阻;东夷善于防守城市,很难很快攻下。"唐太宗说:"今天的情势已经和隋朝不同,你就等着听好消息吧!"

张俭等人遇到辽水高涨,等了很久都无法渡过,唐太宗认为他害怕胆怯,将张俭召回到洛阳。张俭来到洛阳,将山川的险易、水草的好坏都详细地向唐太宗报告,唐太宗十分高兴。

　　上闻洺州刺史程名振善用兵，召问方略，嘉其才敏，劳勉之，曰："卿有将相之器，朕方将任使。"名振失不拜谢，上试责怒，以观其所为，曰："山东鄙夫，得一刺史，以为富贵极邪！敢于天子之侧，言语粗疏；又复不拜！"名振谢曰："疏野之臣，未尝亲奉圣问，适方心思所对，故忘拜耳。"举止自若，应对愈明辩。上乃叹曰："房玄龄处朕左右二十馀年，每见朕谴责馀人，颜色无主。名振平生未尝见朕，朕一旦责之，曾无震慑，辞理不失，真奇士也！"即日拜右骁卫将军。

　　【译文】 唐太宗听说洺州刺史程名振善于用兵，召他见面询问他用兵的方法谋略，很欣赏他才华敏捷，慰劳劝勉他，说："你有大将、宰相的才智，朕正准备任用你。"程名振一时失礼忘记下拜道谢，唐太宗假装生气责备他，要看他的所作所为，说："你不过是山东一个粗鄙的人，得到刺史的职位，就以为是达到富贵的顶点了吗？你居然敢在天子身边，说些粗鄙无礼的话，又不下拜答谢！"程名振谢罪说："臣鄙陋粗野，从来没有接受过陛下的问话，刚刚正在思考如何应答，因而忘记拜谢的礼节。"举止容貌自然，对答也更加清楚明白，唐太宗就感叹说："房玄龄在朕身边二十几年，每次看到朕斥责其他的人，就惊慌失色。程名振平生从没有见过朕的面，朕突然责备他，居然不害怕恐惧，言辞有条有理，真是天下奇才啊！"当天就任命他为右骁卫将军。

　　甲午，以刑部尚书张亮为平壤道行军大总管，帅江、淮、岭、硖兵四万，长安、洛阳募士三千，战舰五百艘，自莱州泛海趋平壤；又以太子詹事、左卫率李世勣为辽东道行军大总管，帅步骑六万及兰、河二州降胡趣辽东，两军合势并进。庚子，诸军大集于幽州，遣行军总管姜行本、少府少监丘行淹先督众工造梯冲于安萝山。时远近勇士应募及献攻城器械者不可胜数，上皆亲加损益，取其便易。又手诏谕天下，以"高丽盖苏文弑主虐民，情何可忍！今欲巡幸幽、蓟，问罪辽、碣，所过营顿，无为劳费。"且言："昔隋炀帝残暴其下，高丽王仁爱其民，以思乱之军击安和之众，故不能成功。今略言必胜之道有五：一曰以大击小，二曰以顺讨逆，三曰以治乘乱，四曰以逸敌劳，五曰以悦当怨，何忧不克！布告元元，勿为疑惧！"于是，凡顿舍供费之县，减者太半。

【译文】甲午日（二十四日），唐太宗任命刑部尚书张亮为平壤道行军大总管，带领江、淮、岭、硖四州的四万部队，另在长安、洛阳招募三千士兵，五百艘战舰，从莱州渡过大海前往平壤；又任命太子詹事、左卫率李世勣为辽东道行军大总管，统率步兵骑兵六万人，和兰、河两州投降的胡人前往辽东，两方的部队会合后一同前进。庚子日（三十日），各路军队在幽州大量集合，唐太宗派遣行军总管姜行本、少府少监丘行淹先行督导所有工匠在安萝山制造云梯和冲车。当时远近的勇士响应招募和进献攻城器械的人，多到数也数不清，唐太宗都亲自挑选，选取那便利简易的留下。唐太宗又亲自下诏令布告天下人说："高丽盖苏文杀死君主虐待百姓，这情形让人忍无可忍！现在朕要前往幽、蓟巡视，到辽、碣问罪，所经过的地方提供安顿，不可烦劳耗费。"又说："从前隋炀帝残杀暴虐部下，而高丽王仁慈爱民，凭那些想叛乱的部队去攻打安静和洽的部众，因而才不能打胜仗，现在大略谈谈这一次出征，必定会胜利的原因有五点：一是以大国攻打小国，二是以和顺征讨叛逆，三是以整治讨伐混乱，四是以轻松对抗疲劳，五是以部属心悦诚服攻击部属仇怨的部队，有了这五种有利情势，何必担心敌不过敌人呢?现在向众人布告，不要怀疑畏惧!"于是凡是安顿宿营所需要花费的费用，大多都减少了。

十二月，辛丑，武阳懿公李大亮卒于长安，遗表请罢高丽之师。家馀米五斛，布三十匹。亲戚早孤为大亮所养，丧之如父者十有五人。

壬寅，故太子承乾卒于黔州，上为之废朝，葬以国公礼。

甲寅，诏诸军及新罗、百济、奚、契丹分道击高丽。

初，上遣突厥俟利苾可汗北渡河，薛延陀直珠可汗恐其部落翻动，意甚恶之，豫蓄轻骑于漠北，欲击之。上遣使戒敕无得相攻。真珠可汗对曰:"至尊有命，安敢不从! 然突厥翻覆难期，当其未破之时，岁犯中国，杀人以千万计。臣以为至尊克之，当剪为奴婢，以赐中国之人; 乃反养之如子，其恩德至矣，而结社率竟反。此属兽心，安可以人理待也! 臣荷恩深厚，请为至尊诛之。"自是数相攻。

【译文】十二月，辛丑日(初一)，武阳懿公李大亮在长安去世，遗留的奏表请求停止讨伐高丽。李大亮死的时候，家里仅剩下六十斗米，三十匹布。亲戚当中，有些幼小时就死了父亲而由李大亮收养，这时以父亲的礼节为李大亮守丧的，一共有十五人。

壬寅日(初二)，前任太子李承乾在黔州去世，唐太宗为此停止早朝，用国公的礼节安葬他。

甲寅日(十四日)，唐太宗下诏令各路军队和新罗、百济、奚、契丹的士兵，分为几路攻打高丽。

起初，唐太宗派遣突厥俟利苾可汗向北渡过黄河，薛延陀真珠可汗担心部落反复无常而归顺俟利苾可汗，所以心里十分不喜欢，就预备好轻快的骑兵在沙漠北方，要攻打俟利苾可汗。唐太宗派遣使者下敕令告诫他们不可互相攻击。薛延陀真珠可汗回答说："天子有命，怎么敢不听从！可是突厥反复不定，难以期待他们一定不会反抗，当他们还没被打败时，每年都进犯中原，杀害的人多到以千万计算。臣认为天子既然击败他们，就应当加以剪除，作为奴婢，赐给中原人，但天子没有这样做，反而像儿女一样养育他们，对待他们的恩德可说已经是最深的了，可是结社率毕竟还是背叛了。这些人都具有禽兽的心，怎么能用正常人的道理来对待？臣蒙受天子深厚的恩德，请求替天子杀了他们。"从此多次相互攻伐。

俟利苾之北渡也，有众十万，胜兵四万人，俟利苾不能抚御，众不惬服。戊午，悉弃俟利苾南渡河，请处于胜、夏之间；上许之。群臣皆以为："陛下方远征辽左，而置突厥于河南，距京师不远，岂得不为后虑！愿留镇洛阳，遣诸将东征。"上曰："夷狄亦人耳，其情与中夏不殊。人主患德泽不加，不必猜忌异类。盖德泽洽，则四夷可使如一家；猜忌多，则骨肉不免为仇乱。炀帝无道，失人已久，辽东之役，人皆断手足以避征役，玄感以运卒反于黎阳，非戎狄为患也。朕今征高丽，皆取愿行者，募十得百，募百得千，其不得从军者，皆愤叹郁邑，岂比隋之行怨民哉！突厥贫弱，吾收而养之，计其感恩，入于骨髓，岂肯为患！且彼与薛延陀嗜欲略同，彼不北走薛延陀而南归我，其情可见矣。"顾谓褚遂良曰："尔知起居，为我志之，自今十五年，保无突厥之患。"俟利苾既失众，轻骑入朝，上以为右武卫将军。

【译文】俟利苾向北渡过黄河时，有部众十万人，精锐士兵四万人，俟利苾不知如何安抚控御，使得部众并不心悦臣服。戊午日（十八日），部众全部背弃俟利苾向南渡过黄河，请求住在胜州、夏州之间，唐太宗答应了。群臣都认为："陛下正要远征辽东，却将突厥安置在黄河南方，距离京师很近，怎么不会带来后顾之忧呢？希望陛下留守在洛阳，调遣部将东征就可以了。"唐太宗说："夷狄也是人，他们的内心和中原人没有什么不同，为人君主忧虑的是恩泽没加到百姓身上，不必因对方是不同种族就猜疑不信任。因为恩泽充足于人心，那么四方夷狄也能够变成像一家人；假如太多猜忌不信任，就是骨肉之情也免不了成为仇敌。隋炀帝无道，失去人心已经很久了，辽东的战役，百姓们都自己折断手足来躲避隋炀帝的征召，后来杨玄感才率领运送粮饷的士卒在黎阳反叛，这并不是戎狄带来的祸患。朕现在讨伐高丽，都收取那些自愿从军的人，招募十个人却得一百个人，招募一百人却得到一千个人，那些不能从军的人，全都愤怒叹息，郁郁难受，又怎是隋炀帝专做怨民的事能够相比的呢？突厥贫穷孤弱，我收养他们，料想他们感激我的恩惠，一定是相当深刻的，怎么会再成为祸患呢？并且他们和薛延陀风俗大略一样，他们不向北投奔薛延陀，却向南归附了我，他们的真心实意是可以看清楚的了。"唐太宗回头对褚遂良说，"你掌管起居注，替我记下，从现在起十五年，保证不会有突厥的祸患。"俟利苾失去部属之后，率领轻便的骑兵入朝见唐太宗，唐太宗任命他为右武卫将军。

贞观十九年（乙巳，公元六四五年）春，正月，韦挺坐不先行视漕渠，运米六百馀艘至卢思台侧，浅塞不能进，械送洛阳；丁酉，除名，以将作少监李道裕代之。崔仁师亦坐免官。

沧州刺史席辩坐赃污，二月，庚子，诏朝集使临观而戮之。

庚戌，上自将诸军发洛阳，以特进萧瑀为洛阳宫留守。乙卯，诏："朕发定州后，宜令皇太子监国。"开府仪同三司致仕尉迟敬德上言："陛下亲征辽东，太子在定州，长安、洛阳心腹空虚，恐有玄感之变。且边隅小夷，不足以勤万乘，愿遣偏师征之，指期可殄。"上不从。以敬德为左一马军总管，使从行。

【译文】贞观十九年（乙巳，公元645年）春季，正月，韦挺因为不事先视察运粮的通道，就运送六百多艘船米粮到了卢思台边，结果渠道太浅，船被阻塞无法前进，被加上刑械押送到洛阳；丁酉日（二十八日），被除掉官名，由将作少监李道裕接替。崔仁师也因此被免掉官职。

沧州刺史席辩因为贪污，二月，庚子日（初二），唐太宗下诏令所有朝集使（上计吏，郡每年派往朝廷报告郡政和岁计的官吏）前往观看然后才杀掉席辩。

庚戌日（十二日），唐太宗自己统率各路军队前往洛阳，任命特进萧瑀担任洛阳宫留守。乙卯日（十七日），唐太宗下诏令："朕从定州出发后，应当让太子监国。"开府仪同三司致仕尉迟敬德向唐太宗说："陛下亲自讨伐辽东，太子在定州，长安、洛阳等心腹地带防守空虚，担心会有类似隋炀帝时杨玄感反叛的事件发生。况且高丽不过是边境的一个小夷狄，不必劳累万乘天子，希望陛下派遣偏将前往讨伐，指日就可消灭对方。"唐太宗没有接受。反而任命尉迟敬德为左一马军总管，命令他一起随行。

丁巳，诏谥殷太师比干曰忠烈，所司封其墓，春秋祠以少牢，给随近五户供洒扫。

上之发京师也，命房玄龄得以便宜从事，不复奏请。或诣留台称有密，玄龄问密谋所在，对曰："公则是也。"玄龄驿送行在。上闻留守有表送告密人，上怒，使人持长刀于前而后见之，问告者为谁，曰："房玄龄。"上曰："果然。"叱令腰斩。玺书让玄龄以不能自信，"更有如是者，可专决之。"

癸亥，上至邺，自为文祭魏太祖，曰："临危制变，料敌设奇，一将之智有馀，万乘之才不足。"

是月，李世勣军至幽州。

【译文】丁巳日（十九日），唐太宗下诏追赠殷太师比干谥号为忠烈，由官司封修比干的坟墓，春秋时以少牢（羊、豕二牲）祭祀，而且拨附近五户人家，来供洒扫坟墓之用。

唐太宗从京师出发时，命令房玄龄可以便宜行事，不必再奏报请求。有人前往留守尚书台说有密谋，房玄龄问告密人密谋的所在，回答说："就是你啊！"房玄龄就用驿马将告密人送往唐太宗临时所在。唐太宗听说留守的房玄龄有表送来告密的人，十分生气，派人拿着长刀在前面，然后才和告密人见面，询问告密人有密谋的是谁，告密人回答说："房玄龄。"唐太宗说："果然不出所料。"就喝令将告密人腰斩。并且写信责备房玄龄不信任自己的委付，说："假如再有那样的事发生，可以独自裁决。"

癸亥日（二十五日），唐太宗到了邺城，自己写祭文祭祀魏太祖，说："临到危险而制定应变策略，揣度敌人而设计制胜奇谋，担任一位将领智谋有余，作为万乘天子的能力却不够。"

这一月，李世勣军队抵达幽州。

三月，丁丑，车驾至定州。丁亥，上谓侍臣曰："辽东本中国之地，隋氏四出师而不能得；朕今东征，欲为中国报子弟之仇，高丽雪君父之耻耳。且方隅大定，惟此未平，故及朕之未老，用士大夫馀力以取之。朕自发洛阳，唯啖肉饭，虽春蔬亦不之进，惧其烦扰故也。"上见病卒，召至御榻前存慰，付州县疗之，士卒莫不感悦。有不预征名，自愿以私装从军，动以千计，皆曰："不求县官勋赏，惟愿效死辽东。"上不许。

【译文】三月，丁丑日（初九），唐太宗车驾到了定州。丁亥日（十九日），唐太宗对侍臣说："辽东本来是中原王朝土地，隋氏四次出动军队讨伐却没有攻克；朕现在征讨东方，是为中原被杀的子弟报仇，也替高丽洗刷君主被杀、臣子无力报仇的耻辱。而且四方大抵安定，只有这地方没有平定，所以趁朕还没有衰老的时候，利用士大夫的力量加以攻取。朕从洛阳出发后，只吃肉和饭，就是春天出产的菜蔬也不进食，是担心太烦扰百姓的缘故。"唐太宗看到生病的士兵，就召他们来到床榻前存问抚慰，交给州县治疗，士兵没有不感动愉悦的。有不列入东征名册的人，也自愿携带私人的装备从军，数目以千计算，他们都说："不希望天子封爵加赏，只希望为朝廷战死在辽东。"但唐太宗没有允许。

上将发，太子悲泣数日，上曰："今留汝镇守，辅以俊贤，欲使天下识汝风采。夫为国之要，在于进贤退不肖，赏善罚恶，至公无私，汝当努力行此，悲泣何为！"命开府仪同三司高士廉摄太子太傅，与刘洎、马周、少詹事张行成、右庶子高季辅同掌机务，辅太子。长孙无忌、岑文本与吏部尚书杨师道从行。壬辰，车驾发定州，亲佩弓矢，手结雨衣于鞍后。命长孙无忌摄侍中，杨师道摄中书令。

李世𪟝军发柳城，多张形势，若出怀远镇者，而潜师北趣甬道，出高丽不意。夏，四月，戊戌朔，世勣自通定济辽水，至玄菟。高丽大骇，城邑皆闭门自守。壬寅，辽东道副大总管江夏王道宗将兵数千至新城，折冲都尉曹三良引十馀骑直压城门，城中惊扰，无敢出者。营州都督张俭将胡兵为前锋，进渡辽水，趋建安城，破高丽兵，斩首数千级。

【译文】唐太宗要出发时，太子悲伤哭泣了好几天，唐太宗说："现在留下你镇守朝廷，有才俊贤人辅助你，是要让天下人认识你的风采。治理天下最重要的，就在于进用贤人，斥退小人，奖赏善人惩处恶人，处事公正没有私心，你应该努力做这些事，为什么要悲泣呢？"唐太宗命令开府仪同三司高士廉代理太子太傅，和刘洎、马周、少詹事张行成、右庶子高季辅一同执掌枢机事务，来辅佐太子。长孙无忌、岑文本和吏部尚书杨师道随从唐太宗出征。壬辰日（二十四日），唐太宗车驾从定州出发，并且亲自佩带弓矢，亲手将雨衣捆缚在马鞍后面。命令长孙无忌代理侍中，杨师道代理中书令。

李世勣军队从柳城出发，大张声势，让敌人感觉好像是从怀远镇出师的，而暗中带领军队向北甬道前进，让高丽料想不到。夏季，四月，戊戌朔日（初一），李世勣从通定渡过辽水，抵达玄菟。高丽十分惊骇，城邑都关紧城门防守。壬寅日（初五），辽东道副大总管江夏王李道宗带领军队几千人到达新城，折冲都尉曹三良率领十几个骑兵一直迫攻到城门，城里受到惊扰，没有人敢出城应战。营州都督张俭统率胡人部队做前锋，前进渡过辽水，一直攻向建安城，打败了高丽军队，斩杀了好几千人。

太子引高士廉同榻视事，又令更为士廉设案，士廉固辞。

丁未，车驾发幽州。上悉以军中资粮、器械、簿书委岑文本，文本夙夜勤力，躬自料配，筹、笔不去手，精神耗竭，言辞举措，颇异平日。上见而忧之，谓左右曰："文本与我同行，恐不与我同返。"是日，遇暴疾而薨。其夕，上闻严鼓声，曰："文本殒没，所不忍闻，命撤之。"时右庶子许敬宗在定州，与高士廉等共知机要，文本薨，上召敬宗，以本官检校中书侍郎。

【译文】 太子要接引高士廉同榻一同处理政事，又命令另外替高士廉设下几案，高士廉再三辞谢不受。

丁未日（初十），唐太宗车驾从幽州出发。唐太宗将军中的物资粮食、器用械具、簿册文书等全都交给岑文本处理，岑文本早晚勤勉奋力，亲自料理调配，手边不离筹（算盘）、笔，精神耗尽，使得讲话和一举一动，和平日十分不同。唐太宗看了十分替他担忧，对身边的侍臣说："岑文本和我一同出征，恐怕不能和我一同返回朝廷。"就在当天，岑文本遭遇到突发的疾病而病死了。晚上，唐太宗听到疾打的鼓声，说："岑文本死了，这鼓声我不忍心听，下令将鼓声撤除掉。"当时右庶子许敬宗在定州，和高士廉一同掌管枢机要务，岑文本死后，唐太宗召见许敬宗，让他以原有官职担任检校中书侍郎。

壬子，李世勣、江夏王道宗攻高丽盖牟城。丁巳，车驾至北平。癸亥，李世勣等拔盖牟城，获二万馀口，粮十馀万石。

张亮帅舟师自东莱渡海，袭卑沙城，其城四面悬绝，惟西门可上。程名振引兵夜至，副总管王大度先登，五月，己巳，拔之，获男女八千口。分遣总管丘孝忠等曜兵于鸭绿水。

【译文】 壬子日（十五日），李世勣、江夏王李道宗攻打高丽盖牟城。丁巳日（二十日），唐太宗车驾到达北平。癸亥日（二十六日），李世勣等人攻下盖牟城，俘虏两万多人，粮食十几万石。

张亮率领水上部队从东莱渡过大海，袭击卑沙城，卑沙城四面陡峭，只有西面城门可以上去。程名振带兵在夜晚抵达，副总管王文度首先登城，五月，己巳日（初二）唐军攻下卑沙城，俘虏男女共八千人。然后分道派遣总管丘孝忠等人在鸭绿江夸耀军容（阅兵）。

李世勣进至辽东城下。庚午，车驾至辽泽，泥淖二百馀里，人马不可通，将作大匠阎立德布土作桥，军不留行。壬申，度泽东。乙亥，高丽步骑四万救辽东，江夏王道宗将四千骑逆击之，军中皆以为众寡悬绝，不若深沟高垒以俟车驾之至。道宗曰："贼恃众，有轻我心，远来疲顿，击之必败。且吾属为前军，当清道以待乘舆，乃更以贼遗君父乎！"李世勣以为然。果毅都尉马文举曰："不遇劲敌，何以显壮士！"策马趋敌，所向皆靡，众心稍安。既合战，行军总管张君乂退走，唐兵不利，道宗收散卒，登高而望，见高丽陈乱，与骁骑数十冲之，左右出入；李世勣引兵助之，高丽大败，斩首千馀级。

丁丑，车驾度辽水，撤桥，以坚士卒之心，军于马首山，劳赐江夏王道宗，超拜马文举中郎将，斩张君乂。上自将数百骑至辽东城下，见士卒负土填堑，上分其尤重者，于马上持之，从官争负土致城下。李世勣攻辽东城，昼夜不息，旬有二日，上引精兵会之，围其城数百重，鼓噪声震天地。甲申，南风急，上遣锐卒登冲竿之末，爇其西南楼，火延烧城中，因麾将士登城，高丽力战不能敌，遂克之，所杀万馀人，得胜兵万馀人，男女四万口，以其城为辽州。

【译文】李世勣进兵到了辽东城下，庚午日（初三），唐太宗车驾到了辽泽，路面泥泞，连绵两百多里，人和马都无法通行，将作大匠（官名，掌修建土木之政令）阎立德铺布泥土架起桥梁，军队不停留地走过去。壬申日（初五），大军渡过辽泽东面。乙亥日（初八），高丽派遣四万步兵、骑兵救援辽东，江夏王李道宗率领四千骑兵迎击，军队里都认为双方军队数目相差太远，不如挖深沟渠架设高营垒防御，来等待唐太宗车驾来到。李道宗说："敌人仰仗军队人数众多，有轻视我们的心理，况且他们军队长途行军，疲惫困顿，一定会战败。何况我们是前锋部队，应该将道上敌人清除，来等待陛下车驾前来，怎么可以将敌人留给君主呢？"李世勣认为很对。果毅都尉马文举说："不碰到强劲的敌人，怎么能够显现出壮士本色呢？"鞭策着马攻向敌人，所攻向的敌人都望风披靡，部众心理才稍微安定下来。双方交战后，行军总管张君乂败退，唐兵战况不好，李道宗收聚溃散的士卒，爬到高处瞭望，看到高丽的战阵已经混乱，就和几十个骁勇的骑兵冲向敌人，在敌人左方、右方来回冲杀；李世勣领兵加以援助，高丽就大败了，斩杀敌人一千多人。

丁丑日（初十），唐太宗车驾渡过辽水，撤除桥梁，使士兵更能决心向前而不回顾。扎营在马首山，慰劳赏赐江夏王李道宗，越级提升马文举为中郎将，斩杀张君乂。唐太宗亲自带领几百个骑兵到达辽东城门下，看到士兵背负着泥土填沟堑（护城河），唐太宗就将背负最重的泥土割一些下来，放在马上带着，追随在身边的官吏一看到这种情形，也抢着背负泥土到城下。李世勣攻打辽东城，白天夜晚都不停止，过了十二天，唐太宗带领精锐部队会合，将辽东城围了好几百层，击鼓喊叫的声音震动天地。甲申日（十七日），南风吹得很急，唐太宗派遣精锐的

544

士兵爬上冲竿的末端，烧毁辽东城西南边的城楼，火势蔓延烧到城里，唐太宗就指挥将士爬上城墙，高丽竭力作战还是无法抵抗，唐军攻下辽东城，所杀的敌人有一万多，得到投降的士卒一万多人，男女四万多人，将辽东城设为辽州。

乙未，进军白岩城。丙申，右卫大将军李思摩中弩矢，上亲为之吮血；将士闻之，莫不感动。乌骨城遣兵万馀为白岩声援，将军契苾何力以劲骑八百击之，何力挺身陷陈，槊中其腰；尚辇奉御薛万备单骑往救之，拔何力于万众之中而还。何力气益愤，束疮而战，从骑奋击，遂破高丽兵，追奔数十里，斩首千馀级，会暝而罢。万备，万彻之弟也。

【译文】乙未日（二十八日），军队前进到白岩城。丙申日（二十九日），右卫大将军李思摩被弓弩箭矢射中，唐太宗亲自替他吸吮脓血；将士听闻后，没有不感动的。乌骨城派兵一万多人救援白岩城，将军契苾何力率领强劲的骑兵八百人进击，契苾何力挺身冲锋，被槊击中腰部，尚辇奉御薛万备单人只马前往救助，在万人之中将契苾何力救出返回。契苾何力精神更加激愤，包裹创伤再战，跟随的骑兵奋发起来向前攻击，于是击败高丽军队，追逐了好几十里，斩杀一千多人，遇到夜色昏暗，只好收兵。薛万备是薛万彻的弟弟。

资治通鉴卷第一百九十八　唐纪十四

起旃蒙大荒落六月，尽著雍涒滩三月，凡二年有奇。

【译文】起乙巳（公元645年）六月，止戊申（公元648年）三月，共两年十个月。

【题解】本卷记录了公元645年六月至648年三月的史事，共两年又十个月，正当唐太宗贞观十九年至二十二年。此时期唐太宗李世民步入晚年，四夷归服，贞观之治达到鼎盛。贞观二十年（公元六四六年），唐军大败薛延陀，唐太宗亲临灵州接受突厥一部的投降。但让唐太宗心有不甘的是亲征高丽，无功而返，一直到驾崩，也未能实现第二次亲征，高丽始终未能臣服。唐太宗晚年猜忌心重，因小过而贬黜萧瑀、房玄龄，因刘洎失言而被赐死，因有人告密刑部尚书张亮谋反而诛杀张亮。

太宗文武大圣大广孝皇帝下之上

贞观十九年（乙巳，公元六四五年）六月，丁酉，李世勣攻白岩城西南，上临其西北。城主孙代音潜遣腹心请降，临城，投刀钺为信，且曰："奴愿降，城中有不从者。"上以唐帜与其使，曰："必降者，宜建之城上。"代音建帜，城中人以为唐兵已登城，皆从之。

上之克辽东也，白岩城请降，既而中悔。上怒其反覆，令军中曰："得城当悉以人、物赏战士。"李世勣见上将受其降，帅甲士数十人请曰：“士卒所以争冒矢石、不顾其死者，贪虏获耳；今城垂拔，奈何更受其降，孤战士之心！”上下马谢曰：“将军言是也。然纵兵杀人而虏其妻孥，朕所不忍。将军麾下有功者，朕以库物赏之，庶因将军赎此一城。”世勣乃退。得城中男女万馀口，上临水设幄受其降，仍赐之食，八十以上赐帛有差。它城之兵在白岩者悉慰谕，给粮仗，任其所之。

【译文】 贞观十九年（乙巳，公元645年）六月，丁酉日（初一），李世勣进攻白岩城西南，唐太宗到达白岩城西北方。城主孙代音暗中派遣心腹前来请求归降，抵达城前，把投置刀斧作为信号，而且说：“奴愿意归降，但城里有人不愿投降。”唐太宗将唐朝旗帜给了孙代音的使者，说：“假如一定要投降，就将旗帜插在城上。”孙代音插好旗帜，城里的人以为唐军已经登城了，就都跟着投降了。

唐太宗攻下辽东时，白岩城城主请求归降，没多久又懊悔。唐太宗对城主的反复无常十分生气，命令军中士卒说：“攻下城时就将男女和财物全部赏赐给战士。”李世勣看到唐太宗要接受孙代音的投降，就带领几十个甲士请求说：“士卒之所以冒矢石的危险抢着进攻，而不顾生死的原因，就为了贪求俘虏和财物罢了；现在城池已经快攻下，为什么再接受敌人投降，而辜负战士们的心愿呢？”唐太宗下马谢罪说：“将军说得对。可是放纵军兵杀人而俘虏他们的妻子子女，朕内心不忍，将军部下有功劳的，朕拿府库里的财物奖赏他们，希望能够因为将军而赎回这一个城的生命。” 李世勣只好退下。最终得到城中男男女女共有一万多人，唐太宗临近河边设帷幄接受投降，仍旧赐食物给百姓，八十岁以上的老人所赐的布帛有所差别。留在白岩的其他城的士兵，全部得到安慰劝导，而且供给粮食器仗，听任他们去留。

先是，辽东城长史为部下所杀，其省侍奉其妻子奔白岩。上怜其有义，赐帛五匹，为长史造灵舆，归之平壤。以白岩城为岩州，以孙代音为刺史。

契苾何力疮重，上自为傅药，推求得刺何力者高突勃，付何力使自杀之。何力奏称："彼为其主冒白刃刺臣，乃忠勇之士也，与之初不相识，非有怨仇。"遂舍之。

初，莫离支遣加尸城七百人戍盖牟城，李世勣尽虏之，其人请从军自效；上曰："汝家皆在加尸，汝为我战，莫离支必杀汝妻子。得一人之力而灭一家，吾不忍也。"戊戌，皆禀赐遣之。

己亥，以盖牟城为盖州。

【译文】起初，辽东城长史被部下杀死，省事（吏职名称）带着妻子儿女逃往白岩。唐太宗怜悯他有道义，赐他布帛五匹；并且替长史建造灵车，归葬平壤。将白岩城改为岩州，任命孙代音担任刺史。

契苾何力疮肿十分严重，唐太宗亲自替他涂药，审讯结果找到刺杀契苾何力的凶手高突勃，将凶手交给契苾何力，让契苾何力自己将凶手杀了。契苾何力奏报唐太宗说："他替主人冒着白刃的危险而刺杀臣，是个忠勇的壮士，臣和他当初并不相识，没有怨仇。"就将对方放了。

当初，莫离支派遣加尸城的七百军兵驻守在盖牟城，李世勣全部加以俘虏，这些人就请求从军报效唐朝，唐太宗说："你们的家都在加尸城，假如你们为我作战，莫离支一定会杀了你们的妻子儿女，得到一人的帮助，却毁掉他的一家人，这种事我不忍心做。"戊戌日（初二），唐太宗将库粮赐给他们，遣送他们回去。

己亥日(初三),唐太宗将盖牟城改为盖州。

丁未,车驾发辽东,丙辰,至安市城,进兵攻之。丁巳,高丽北部耨萨延寿、惠真帅高丽、靺鞨兵十五万救安市。上谓侍臣曰:"今为延寿策有三:引兵直前,连安市城为垒,据高山之险,食城中之粟,纵靺鞨掠吾牛马,攻之不可猝下,欲归则泥潦为阻,坐困吾军,上策也。拔城中之众,与之宵遁,中策也。不度智能,来与吾战,下策也。卿曹观之,彼必出下策,成擒在吾目中矣!"

高丽有对卢,年老习事,谓延寿曰:"秦王内芟群雄,外服戎狄,独立为帝,此命世之材,今举海内之众而来,不可敌也。为吾计者,莫若顿兵不战,旷日持久,分遣奇兵断其运道;粮食既尽,求战不得,欲归无路,乃可胜也。"延寿不从,引军直进,去安市城四十里。上犹恐其逗佪不至,命左卫大将军阿史那社尔将突厥千骑以诱之,兵始交而伪走。高丽相谓曰:"易与耳!"竞进乘之,至安市城东南八里,依山而陈。

【译文】 丁未日(十一日),唐太宗车驾前往辽东。丙辰日(二十日),唐太宗到达安市城,进兵攻击。丁巳日(二十一日),高丽北部耨萨(高丽官名)延寿、惠真带领高丽、靺鞨士兵十五万人救援安市。唐太宗对侍臣说:"现在延寿有三条策略:领兵一直前进,和安市城联结为营垒,据守高山险要,以城中的粮食为食,放纵靺鞨劫夺我方的牛马,我们进攻时,无法很快攻下,想要撤军却被泥泞水潦所阻挠,就这样困扰我方军队,这是最上等的计策;将城中的部众,在夜晚一起带离逃走,这是中等的计策;不考虑自己的智慧能力,前来和我交战,这是最下等的计策。你们各位看着,他一定会采用最下等的计策,很快地就会在我眼皮底下被捉!"

高丽有个对卢(高丽官名),年纪老了,熟悉各种事物,对延寿说:"秦王将国内群雄消灭,在国外又让戎狄畏服,自己立为皇帝,是个闻名于世的人才,现在率领四海之内的部众前来,我们是不可能正面抗拒的。依我的计谋,不如屯驻部队不作战,时日一久,再分派奇兵将对方运粮的道路切断,对方粮食一用尽,想作战不可能,想退走的话又没有退路,这样做才可能取得胜利。"延寿没有采纳,率领军队一直前进,距离安市城有四十里安营。唐太宗还担心他犹豫不决,不来进攻,命令左卫大将军阿史那社尔带领突厥一千骑兵诱使他前进,两方一交战,阿史那社尔就退走。高丽人互相说:"很容易将对方打败!"利用机会抢着前进,到安市城东南方八里,靠着山摆开军阵。

上悉召诸将问计,长孙无忌对曰:"臣闻临敌将战,必先观士卒之情。臣适行经诸营,见士卒闻高丽至,皆拔刀结旆,喜形于色,此必胜之兵也。陛下未冠,身亲行陈,凡出奇制胜,皆上禀圣谋,诸将奉成算而已。今日之事,乞陛下指踪。"上笑曰:"诸公以此见让,朕当为诸公商度。"乃与无忌等从数百骑乘高望之,观山川形势,可以伏兵及出入之所。高丽、靺鞨合兵为陈,长四十里。江夏王道宗曰:"高丽倾国以拒王师,平壤之守必弱,愿假臣精卒五千,覆其本根,则数十万之众可不战而降。"上不应,遣使给延寿曰:"我以尔国强臣弑其主,故来问罪;至于交战,非吾本心。入尔境,刍粟不给,故取尔数城,俟尔国修臣礼,则所失必复矣。"延寿信之,不复设备。

【译文】唐太宗将所有将领都召来询问计策,长孙无忌回答说:"臣听说临近和敌人作战时,一定要先看看士卒的心情。

臣刚刚经过各营地，看见士卒听闻高丽兵到，都拿着刀，结着旗尾，喜悦显现在脸上，这是一定打胜仗的部队啊！陛下还没到弱冠之年，自己亲自督导战阵，凡是一切获胜的奇谋，都秉承陛下的计策，各位将领不过是奉行已经制定的计策罢了。今天的战事，乞求陛下指示！"唐太宗笑说："各位这样子谦让，朕只好为各位谋划。"就与长孙无忌等人，带着几百个骑兵，到高处瞭望，观察山川地理形势中可以埋伏军队和出入的处所。高丽、靺鞨会合部队，形成战阵，前后有四十里长。江夏王李道宗说："高丽倾动全国兵力，来抵抗王者之师，平壤的防守一定较为虚弱，希望能借给臣精锐士卒五千人，可以攻克高丽的根本要地平壤，那么几十万的部众可以不必作战就投降了。"唐太宗没有答应。派遣使者欺骗延寿说："我为了你们国家的强臣杀死国君，所以才来询问情况；至于双方兵戎相见，不是我原有的本意。进入你们国境之后，粮草已经不够用，所以才攻取你们几个城市，等到你们国家修好臣礼，那么你们所失去的一定可以收回。"延寿相信了，就不再加以防备。

上夜召文武计事，命李世勣将步骑万五千陈于西岭；长孙无忌将精兵万一千为奇兵，自山北出于狭谷以冲其后。上自将步骑四千，挟鼓角，偃旗帜，登北山上，敕诸军闻鼓角齐出奋击。因命有司张受降幕于朝堂之侧。戊午，延寿等独见李世勣布陈，勒兵欲战。上望见无忌军尘起，命作鼓角，举旗帜，诸军鼓噪并进，延寿等大惧，欲分兵御之，而其陈已乱。会有雷电，龙门人薛仁贵著奇服，大呼陷陈，所向无敌；高丽兵披靡，大军乘之，高丽兵大溃，斩首二万馀级。上望见仁贵，召见，拜游击将军。仁贵，安都之六世孙，名礼，以字行。

【译文】唐太宗夜里召见文武各官商量战事，命令李世勣带领步骑兵共一万五千人，在西岭布阵；长孙无忌带领精锐士兵一万一千人作为奇兵，从山的北面，穿过狭谷，冲向敌军之后；唐太宗自己带领四千步兵骑兵，挟带着鼓角（《新唐书·高丽传》中"挟"作"潜"），收起旗帜，爬到北山上；下敕令各军听到鼓声、号角声就一齐奋勇出战。下令有司在朝堂（行营里也设有朝堂）旁边设置受降的帐幕。戊午日（二十二日），延寿等人只看到李世勣在布设战阵，就率军要和李世勣作战。唐太宗看到长孙无忌的军队尘埃飞起，命令击鼓吹响号角，举起旗帜，各路军马击鼓叫喊着一起进攻，延寿等人十分害怕，要分派军兵进攻，但队伍已经溃乱。恰好有雷电出现，龙门人薛仁贵穿着奇特的服饰，大喊着攻陷敌阵，所攻向的地方敌人都无法抵御。高丽兵溃散，唐的大军乘胜进攻，高丽兵因而大败，被斩杀两万多人。唐太宗看见薛仁贵，召见他拜他为游击将军。薛仁贵是薛安都的六代孙，名叫礼，以字行于世。

延寿等将馀众依山自固，上命诸军围之，长孙无忌悉撤桥梁，断其归路。己未，延寿、惠真帅其众三万六千八百人请降，入军门，膝行而前，拜伏请命。上语之曰："东夷少年，跳梁海曲，至于摧坚决胜，故当不及老人，自今复敢与天子战乎？"皆伏地不能对。上简耨萨已下酋长三千五百人，授以戎秩，迁之内地，馀皆纵之，使还平壤；皆双举手以额顿地，欢呼闻数十里外。收靺鞨三千三百人，悉坑之。获马五万匹，牛五万头，铁甲万领，它器械称是。高丽举国大骇，后黄城、银城皆自拔遁去，数百里无复人烟。

上驿书报太子，仍与高士廉等书曰："朕为将如此，何如？"

资治通鉴

更名所幸山曰驻跸山。

【译文】延寿等人带领剩余的部众，靠山安营以求稳固阵脚，唐太宗命令各路军马加以包围，长孙无忌将桥梁全部撤走，切断了延寿部队的退路。己未日（二十四日），延寿、惠真带领部众三万六千八百人请求归降，进入军门，爬着向前，下拜请求饶他性命。唐太宗告诉他说："你们不过是东夷的少年，在海边嚣张罢了，至于要摧坚垒、决胜负，当然赶不上老年人了。从现在起还敢和天子打仗吗？"大家全都跪伏在地，不敢起身。唐太宗挑出耨萨以下酋长一共三千五百人，授给他们武官，迁往内地居住，剩下的全都放走，让他们返回平壤。他们全都高举双手，将额头碰触地面，欢叫的声音十里外都可以听到。将靺鞨的士兵三千三百人全部活埋，缴获五万匹马，五万头牛，一万件铁甲，其他的器械数目也一样。高丽全国大为惊惧，后黄城、银城都自己拔营离开，数百里之内再也没有人居住。

唐太宗用驿马传书，向太子报告，仍旧向高士廉等人写信说："朕做大将的表现是这样子，你们认为怎么样？"唐太宗将他所驻扎的山改名为驻跸山。

秋，七月，辛未，上徙营安市城东岭。己卯，诏标识战死者尸，俟军还与之俱归。戊子，以高延寿为鸿胪卿，高惠真为司农卿。

张亮军过建安城下，壁垒未固，士卒多出樵牧，高丽兵奄至，军中骇扰。亮素怯，踞胡床，直视不言，将士见之，更以为勇。总管张金树等鸣鼓勒兵击高丽，破之。

八月，甲辰，候骑获莫离支谍者高竹离，反接诣军门。上召见，解缚问曰："何瘦之甚？"对曰："窃道间行，不食数日矣。"命赐之食，谓曰："尔为谍，宜速反命。为我寄语莫离支：欲知军中消息，可遣人径诣吾所，何必间行辛苦也！"竹离徒跣，上赐屩而遣之。

【译文】 秋季，七月，辛未日（初五），唐太宗改在安市城东面山岭驻扎。己卯日（十三日），唐太宗下诏令在战死的人尸体上做标记，等到军队返回时，将尸体一起带回。戊子日（二十二日），唐太宗任命高延寿为鸿胪卿，高惠真为司农卿。

张亮的军队经过建安城下，营垒沟渠还没修筑好，就有许多士卒出去砍柴放牧，高丽的士兵突然攻到，军队都受到惊骇扰乱。张亮一向胆小，坐在胡床上，眼睛直视着说不出话，将士看到了，反而以为他勇敢。总管张金树等人击打着鼓，带领士兵进攻高丽，将高丽击败。

八月，甲辰日（初八），侦察的骑士俘虏了莫离支的间谍高竹离，将他两手绑着带到军门。唐太宗召见他，解开他的捆绑问他说："为什么这样瘦呢？"高竹离回答说："偷偷地从小路走，已经有几天没有吃饭了。"唐太宗命令赐给他食物，对他说："你身为间谍，应当赶快回去复命。替我告诉莫离支：要了解我方军队里的消息，可以派人直接来到我的所在，何必从小路走那么辛苦呢！"高竹离赤着脚，唐太宗赐给他草鞋，遣送他回去。

丙午，徙营于安市城南。上在辽外，凡置营，但明斥候，不为堑垒，虽逼其城，高丽终不敢出为寇抄，军士单行野宿如中国焉。

上之将伐高丽也，薛延陀遣使入贡，上谓之曰："语尔可汗：今我父子东征高丽，汝能为寇，宜亟来！"真珠可汗惶恐，遣使致谢，且请发兵助军；上不许。及高丽败于驻跸山，莫离支使靺鞨说真珠，啖以厚利，真珠慑服不敢动。九月，壬申，真珠卒，上为之发哀。

初，真珠请以其庶长子曳莽为突利失可汗，居东方，统杂种；嫡子拔灼为肆叶护可汗，居西方，统薛延陀；诏许之，皆以礼册命。曳莽性躁扰，轻用兵，与拔灼不协。真珠卒，来会丧。既葬，曳莽恐拔灼图己，先还所部，拔灼追袭杀之，自立为颉利俱利薛沙多弥可汗。

【译文】 丙午日（初十），唐太宗将军营迁到安市城南面。唐太宗在辽东之外，凡是设置军营，只明令派出岗哨，不设沟渠堡垒，虽然逼近高丽的城市，高丽始终不敢出城骚扰，军中士兵单人行走、野外住宿，好像在中原一样。

唐太宗要讨伐高丽时，薛延陀派遣使者入贡，唐太宗对使者说："告诉你们可汗，现在我们父子向东讨伐高丽，你们假如自认有能力进犯大唐，就快点派兵来。"真珠可汗十分害怕，派遣使者表达谢罪之意，并且请求调动士兵帮助唐军，唐太宗没有答应。后来高丽在驻跸山失利，莫离支派靺鞨游说真珠可汗，用厚利引诱真珠可汗，但真珠可汗畏惧大唐的声威，不敢出兵援助。九月，壬申日（初七），真珠可汗去世，唐太宗为他举行哀悼。

起初，真珠可汗请求任命他的庶长子曳莽为突利失可汗，住在东方，统辖各部族；嫡子拔灼为肆叶护可汗，住在西方，统领薛延陀。唐太宗下诏令答应真珠可汗的请求，都依照礼节加以册封。曳莽个性暴躁不稳重，用兵打仗轻率，和拔灼不友好。真珠可汗死时，两兄弟一起前来办理丧葬之事。葬礼过后，曳莽担心拔灼图谋害己，就先返回所属部落，拔灼在后面追击并杀害了曳莽，自己立为颉利俱利薛沙多弥可汗。

上之克白岩也，谓李世勣曰：“吾闻安市城险而兵精，其城主材勇，莫离支之乱，城守不服，莫离支击之不能下，因而与之。建安兵弱而粮少，若出其不意，攻之必克。公可先攻建安，建安下，则安市在吾腹中，此兵法所谓‘城有所不攻’者也。”对曰：“建安在南，安市在北，吾军粮皆在辽东；今逾安市而攻建安，若贼断吾运道，将若之何？不如先攻安市，安市下，则鼓行而取建安耳。”上曰：“以公为将，安得不用公策。勿误吾事！”世勣遂攻安市。

【译文】唐太宗攻下白岩时，对李世勣说：“我听闻安市城形势险要并且士卒精锐，城主有才能又勇敢，莫离支叛乱时，城主守住城池，没有屈服，莫离支攻打安市城但没有攻克，只好将城送给城主。建安城的兵力虚弱并且粮食少，假如在对方不注意时出兵攻打，一定可以攻克。你可以先攻建安城，建安城攻克后，那么安市城就成我们囊中之物了，这就是兵法所说‘城有所不攻’的道理。”李世勣回答说：“建安城在南面，安市城在北面，我们军中的粮食全在辽东；现在越过安市城而进攻建安城，假如贼人切断了我们运粮的道路，要怎么办？不如先进攻安市城，安市城攻克之后，就可以击鼓前进，攻向建安城了。”唐太宗说：“任命你为大将，怎么可以不采用你的计谋？不要再耽搁我的大事！”李世勣就进攻安市城。

安市人望见上旗盖，辄乘城鼓噪，上怒，世勣请克城之日，男子皆坑之。安市人闻之，益坚守，攻久不下。高延寿、高惠真请于上曰：“奴既委身大国，不敢不献其诚，欲天子早成大功，奴得与妻子相见。安市人顾惜其家，人自为战，未易猝拔。今奴以高丽十馀万众，望旗沮溃，国人胆破，乌骨城耨萨老耄，不能坚守，移兵临之，朝至夕克。其馀当道小城，必望风奔溃。然后收其资粮，鼓行而前，平壤必不守矣。"群臣亦言："张亮兵在沙城，召之信宿可至，乘高丽凶惧，并力拔乌骨城，度鸭绿水，直取平壤，在此举矣。"上将从之，独长孙无忌以为："天子亲征，异于诸将，不可乘危徼幸。今建安、新城之虏，众犹十万，若向乌骨，皆蹑吾后，不如先破安市，取建安，然后长驱而进，此万全之策也。"上乃止。

【译文】安市人看到唐太宗旗帜车盖，就爬上城墙击鼓呼叫，唐太宗十分生气，李世勣请求在攻克城后，将城中男女全都活埋，安市的百姓听了之后，更加坚固防守，李世勣进攻了很久却无法攻克。高延寿、高惠真向唐太宗请求说："奴既然托身大国，不敢不献出诚心，让大唐天子早日成就大功，奴也可以与妻子儿女相见。安市人顾念爱惜他们的家，每个人独自作战，不容易很快攻克。现在奴拥有十万多的高丽部队，却对着天子旗帜败退溃逃，全国人都吓破胆子，因此乌骨城耨萨老人一定也不能够坚守，假如移动部队加以攻打，早上到晚上就可攻克。其他挡住道路的小城，必定会面对大军而奔逃溃败。然后再收聚物资粮谷，击鼓进兵，平壤一定是守卫不住的。"群臣也都说："张亮的部队在沙城，召他来两三天就可以来到，乘高丽人大为恐惧的时候，合力攻下乌骨城，渡过鸭绿江，一直攻向平壤，攻取平壤，就在这次的行动了。"唐太宗准备接受，只有长孙无忌认为："天子亲自出征，和各位将领出征不一样，不可以用兵涉险，以求侥幸。现在建安、新城的敌人部众还有十万人，假如攻向乌骨，这些人都会跟踪在后面偷袭，不如先攻下安市，夺取建安，然后长驱直入，向前推进，这才是最安全的良策。"唐太宗就停止了攻击乌骨城的计划。

诸军急攻安市，上闻城中鸡彘声，谓李世勣曰："围城积久，城中烟火日微，今鸡彘甚喧，此必飨士，欲夜出袭我，宜严兵备之。"是夜，高丽数百人缒城而下。上闻之，自至城下，召兵急击，斩首数十级，高丽退走。

江夏王道宗督众筑土山于城东南隅，浸逼其城，城中亦增高其城以拒之。士卒分番交战，日六、七合，冲车砲石，坏其楼堞，城中随立木栅以塞其缺。道宗伤足，上亲为之针。筑山昼夜不息，凡六旬，用功五十万，山顶去城数丈，下临城中，道宗使果毅傅伏爱将兵屯山顶以备敌。山颓，压城，城崩，会伏爱私离所部，高丽数百人从城缺出战，遂夺据土山，堑而守之。上怒，斩伏爱以徇，命诸将攻之，三日不能克。道宗徒跣诣旗下请罪，上曰："汝罪当死，但朕以汉武杀王恢，不如秦穆用孟明，且有破盖牟、辽东之功，故特赦汝耳。"

【译文】 各路军马急攻安市城，唐太宗听到城里鸡、猪的叫声，对李世勣说："围攻的时间已经很久，城里的烟火渐渐少了，现在鸡、猪的叫声十分喧吵，这一定是他们正在宴飨士卒，要趁夜晚偷袭我们，我们应当严加戒备。"当日夜晚，高丽好几百人用绳索悬束，从城上下来。唐太宗听到后，自己亲临城下，召来士兵急急地攻击，斩杀敌人好几十人，高丽兵只好退走。

江夏王李道宗督导部众，在城的东南角落堆积土山，慢慢逼近安市城，但城里也增高城墙加以防御。士卒轮番交替作战，每天六七回合，冲锋车、炮石等将城楼、短墙等破坏了，城里随即又竖起木栅，添补缺口。李道宗脚受了伤，唐太宗亲自为他针灸。昼夜不停地修筑土山，一共用了六十天，用掉五十万工数，山顶距离城有几丈远，向下可以俯视城里，李道宗派果毅傅伏爱率领士兵屯驻在山顶，来防备敌人。土山颓倒，压到城墙，城墙崩坏，恰好傅伏爱私自离开所属部队，高丽好几百人就从城墙缺口出战，抢夺攻占了土山，挖沟渠加以防守。唐太宗十分生气，将傅伏爱斩杀示众，命令各位将领进攻，攻了三天仍旧攻不下。李道宗赤脚前往天子旗下请罪，唐太宗说："你的罪应该处死，但是朕与其采用汉武帝杀王恢的方式，不如采取秦穆公再用孟明的做法，而且你有攻克盖牟、辽东的功劳，所以特别宽宥你罢了。"

上以辽左早寒，草枯水冻，士马难久留，且粮食将尽，癸未，敕班师。先拔辽、盖二州户口渡辽，乃耀兵于安市城下而旋，城中皆屏迹不出。城主登城拜辞，上嘉其固守，赐缣百匹，以励事君。命李世勣、江夏王道宗将步骑四万为殿。

乙酉，至辽东。丙戌，渡辽水。辽泽泥潦，车马不通，命长孙无忌将万人，剪草填道，水深处以车为梁，上自系薪于马鞯以助役。冬，十月，丙申朔，上至蒲沟驻马，督填道诸军渡渤错水，暴风雪，士卒沾湿多死者，敕然火于道以待之。

凡征高丽，拔玄菟、横山、盖牟、磨米、辽东、白岩、卑沙、麦谷、银山、后黄十城，徙辽、盖、岩三州户口入中国者七万人。新城、建安、驻跸三大战，斩首四万馀级，战士死者几二千人，战马死者什七、八。上以不能成功，深悔之，叹曰："魏徵若在，不使我有是行也！"命驰驿祀征以少牢，复立所制碑，召其妻子诣行在，劳赐之。

【译文】唐太宗因为辽东寒冬较早来临，草木枯死河水冰冻，士卒马匹难以长久停留，而且粮食也要用尽了，就在癸未日（十八日），下令班师回朝。先将辽、盖两州的百姓渡过辽水，在安市城下夸耀兵威，然后返回，城中人都敛迹不敢出城。城主登城向唐太宗拜辞，唐太宗赞美他的坚固防守，赐给他丝缯一百匹，来奖励他事君的节操。唐太宗命令李世勣、江夏王李道宗带领步兵骑兵四万人殿后。

乙酉日（二十日），唐太宗回到辽东。丙戌日（二十一日），唐太宗渡过辽水。辽泽泥泞难走，车马都走不动，命令长孙无忌带领一万人剪除草木，来填塞道路，水深的地方用车子做桥梁，唐太宗亲自将木柴系在马鞍头，来帮助工作。冬季，十月，丙申朔日（初一），唐太宗到了蒲沟停下马，督导填塞道路的各军渡过渤错水，又遇上暴风大雪，衣物沾湿的士兵有很多人死亡，唐太宗下令在路上燃火来等待他们。

这次讨伐高丽，总共攻下了玄菟、横山、盖牟、磨米、辽东、白岩、卑沙、麦谷、银山、后黄十个城市，迁徙辽、盖、岩三州的人口入住中原，总共有七万人。新城、建安、驻跸三次大的战斗，斩杀敌人首级四万多，战士战死的差不多有两千人，战马死亡的有十分之七八。唐太宗因为不能成功，十分懊悔，叹息说："魏徵假如还在，是不会让我有这次行动的！"命令用驿马飞驰前往，用少牢祭祀魏徵，又再度树立所制作的碑石，宣召魏徵的妻子子女前往天子临时住处，唐太宗亲自加以慰劳赏赐。

【申涵煜评】高丽之役，褚遂良、郑元璹尝谏之矣，帝皆拒而不纳，乃无端忽忆魏徵，盖欲卸过于臣下也，又如张蕴古、刘洎俱以无罪被诛，乃曰：正直比肩，吾未尝黜责一人。此皆是太宗假处。

【译文】高丽之战，褚遂良、郑元璹都曾劝谏唐太宗，唐太宗都拒不接受，后来无端忽然想起魏徵，大概是想把过失推卸给臣下吧。又如张蕴古、刘洎都因为无罪被杀。唐太宗还说自己正直并肩，我从来没有黜责一人。这些都是唐太宗为君的假处。

丙午，至营州。诏辽东战亡士卒骸骨并集柳城东南，命有司设太牢，上自作文以祭之，临哭尽哀。其父母闻之，曰："吾儿死而天子哭之，死何所恨！"上谓薛仁贵曰："朕诸将皆老，思得新进骁勇者将之，无如卿者；朕不喜得辽东，喜得卿也。"

丙辰，上闻太子奉迎将至，从飞骑三千人驰入临渝关，道逢太子。上之发定州也，指所御褐袍谓太子曰："俟见汝，乃易此袍耳。"在辽左，虽盛暑流汗，弗之易。及秋，穿败，左右请易之，上曰："军士衣多弊，吾独御新衣，可乎？"至是，太子进新衣，乃易之。

诸军所虏高丽民万四千口，先集幽州，将以赏军士，上愍其父子夫妇离散，命有司平其直，悉以钱布赎为民，欢呼之声，三日不息。十一月，辛未，车驾至幽州，高丽民迎于城东，拜舞号呼，宛转于地，尘埃弥望。

庚辰，过易州境，司马陈元璹使民于地室蓄火种蔬而进之；上恶其诌，免元璹官。

【译文】丙午日（十一日），唐太宗到了营州。下诏令将辽东阵亡的士卒骸骨，一起集中在柳城东南面，下令有司设置太牢，唐太宗自己写祭文祭祀，哭得非常哀伤。阵亡士卒的父母听到后，说："我儿子死了而天子痛哭，死了又有什么遗憾？"唐太宗对薛仁贵说："朕的将领都老了，想得到新进勇敢善战的人任命为大将，但没有人比得上你；朕得到辽东并不高兴，却高兴得到你。"

丙辰日（二十一日），唐太宗听到太子就要前来迎接，就率领三千飞骑，飞驰进入临渝关，路上遇到太子。唐太宗在定州出发时，指着所穿粗布做的袍衣对太子说："等到见了你，再换掉这件袍衣。"到辽东时,虽然是盛暑流着汗,也不换掉。到了秋天,袍衣穿坏了,身边的大臣请唐太宗换掉,唐太宗说:"军兵衣服大多破烂了,只有我穿着新衣,怎么可以呢?"直到见了太子,太子进献新衣,唐太宗才改穿新衣。

　　各军所俘虏的高丽民众有一万四千多人,先集中在幽州,准备犒赏军士,唐太宗怜悯他们父子夫妇分离拆散,下令有司公平地估计价值,全部用金钱、布帛赎卖而免罪,成为百姓,使得欢呼的声音三天不绝。十一月,辛未日(初七),唐太宗车驾抵达幽州,高丽民众在城东迎接,在地上下拜舞蹈,呼喊万岁,使得尘埃扬起,到处都可以看到。

　　庚辰日(十六日),唐太宗经过易州边境,司马陈元璹命令百姓在地下室准备火种,种植蔬菜进献唐太宗。唐太宗讨厌他的谄媚行为,免掉陈元璹的官职。

　　丙戌,车驾至定州。

　　丁亥,吏部尚书杨师道坐所署用多非其才,左迁工部尚书。

　　壬辰,车驾发定州。十二月,辛丑,上病痈,御步辇而行。戊申,至并州,太子为上吮痈,扶辇步从者数日。辛亥,上疾瘳,百官皆贺。

　　上之征高丽也,使右领军大将军执失思力将突厥屯夏州之北,以备薛延陀。薛延陀多弥可汗既立,以上出征未还,引兵寇河南,上遣左武侯中郎将长安田仁会与思力合兵击之。思力羸形伪退,诱之深入,及夏州之境,整陈以待之。薛延陀大败,追奔六百馀里,耀威碛北而还。多弥复发兵寇夏州,己未,敕礼部尚书江夏王道宗,发朔、并、汾、箕、岚、代、忻、蔚、云九州兵镇朔州;右卫大将军代州都督薛万彻,左骁卫大将军阿史那社尔,发胜、夏、银、绥、丹、延、鄜、坊、石、隰十州兵镇胜州；胜州都督宋君明，左武侯将军薛孤吴，发灵、原、宁、盐、庆五州兵镇灵州；又令执失思力发灵、胜二州突厥兵，与道宗等相应。薛延陀至塞下，知有备，不敢进。

【译文】丙戌日（二十二日），唐太宗车驾到达定州。

丁亥日（二十三日），吏部尚书杨师道因为所任用的官吏大多不是真正有才能的人，所以被贬降为工部尚书。

壬辰日（二十八日），唐太宗车驾从定州出发。十二月，辛丑日（初七），唐太宗因为有痈疽的疾病，乘坐用人力抬的辇轿行走。戊申日（十四日），唐太宗到了并州，太子为唐太宗吸吮痈疽，扶着辇轿，步行跟随了好几天。辛亥日（十七日），唐太宗疾病好了，百官都来道贺。

唐太宗讨伐高丽时，命令右领军大将军执失思力带领突厥兵屯驻在夏州北方，来防备薛延陀。薛延陀多弥可汗即位之后，因为唐太宗出征高丽还没有返回，就带兵侵犯黄河以南，唐太宗派遣左武侯中郎将长安人田仁会和执失思力部队会合一起攻击。执失思力向敌方显示羸弱不堪一击，假装败退，引诱敌人深入，到达夏州边境，整顿战阵等待。薛延陀大败，执失思力等追逐逃跑的敌人六百多里，在沙漠北方耀武扬威一番才返回。多弥可汗又调动士兵侵扰夏州，己未日（二十五日），唐太宗下敕令礼部尚书江夏王李道宗，调动朔、并、汾、箕、岚、代、忻、蔚、云九州的士兵镇守朔州；右卫大将军代州都督薛万彻，左骁卫大将军阿史那社尔调动胜、夏、银、绥、丹、延、鄜、坊、石、隰十州的士兵镇守胜州；胜州都督宋君明，左武侯将军薛孤吴，调动灵、原、宁、盐、庆五州的士兵镇守灵州；又命令执失思力调动灵、胜二州的突厥兵，和李道宗等人相呼应。薛延陀到达长城边上，知道有防备，不敢前进。

初，上留侍中刘洎辅皇太子于定州，仍兼左庶子、检校民部尚书，总吏、礼、户部三尚书事。上将行，谓洎曰："我今远征，尔辅太子，安危所寄，宜深识我意。"对曰："愿陛下无忧，大臣有罪者，臣谨即行诛。"上以其言妄发，颇怪之，戒曰："卿性疏而太健，必以此败，深宜慎之！"及上不豫，洎从内出，色甚悲惧，谓同列曰："疾势如此，圣躬可忧！"或谮于上曰："洎言国家事不足忧，但当辅幼主行伊、霍故事，大臣有异志者诛之，自定矣。"上以为然，庚申，下诏称："洎与人窃议，窥窬万一，谋执朝衡，自处伊、霍，猜忌大臣，皆欲夷戮。宜赐自尽，免其妻孥。"

中书令马周摄吏部尚书，以四时选为劳，请复以十一月选，至三月毕；从之。

是岁，右亲卫中郎将裴行方讨茂州叛羌黄郎弄，大破之，穷其馀党，西至乞习山，临弱水而归。

【译文】起初，唐太宗留下侍中刘洎在定州辅佐皇太子，仍然兼任左庶子、检校民部尚书，总管吏、礼、户三部的事务。唐太宗将要出发时，对刘洎说："我现在到远方征讨，你辅佐太子，是国家安危所寄托，应当深深了解我的心意。"刘洎回答说："希望陛下不要担心，大臣如果有罪过，臣会小心地执行诛戮。"唐太宗认为他随便乱说话，十分奇怪，就警诫他说："你的性格粗疏而太过刚强，必定会因此而失败，应当小心才是！"后来唐太宗有病，刘洎从内宫出来，颜色十分悲伤恐惧，对同列的官吏说："陛下的病况这么严重，身体很值得忧虑！"有人向唐太宗毁谤他说："刘洎说国家大事不值得忧虑，只要辅佐幼主，采用伊尹、霍光废立的故事，将其他有心意的大臣杀掉，一切自然可以安定。"唐太宗相信进谗的人所说的话，庚申日（二十六日），下诏令说："刘泊和人私下讨论，窥伺等待万一发生不幸的事情时，计划执掌朝政，自己可以以伊尹、霍光自居，猜忌大臣，对大臣都要加以诛戮。应当赐他自杀，免除他妻子儿女的罪过。"

中书令马周代理吏部尚书，认为四季都选拔人才太过于烦劳，请求恢复在十一月选拔人才，到三月时结束；唐太宗接受了。

这一年，右亲卫中郎将裴行方征讨茂州背叛的羌人黄郎弄，大败了对方，追击黄郎弄的剩余党徒，向西攻到乞习山，临近弱水才返回。

贞观二十年（丙午，公元六四六年）春，正月，辛未，夏州都督乔师望、右领军大将军执失思力等击薛延陀，大破之，虏获二千馀人。多弥可汗轻骑遁走，部内骚然矣。

丁丑，遣大理卿孙伏伽等二十二人以六条巡察四方，刺史、县令以下多所贬黜，其人诣阙称冤者，前后相属。上令褚遂良类状以闻，上亲临决，以能进擢者二十人，以罪死者七人，流以下除免者数百千人。

二月，乙未，上发并州。三月，己巳，车驾还京师。上谓李靖曰："吾以天下之众困于小夷，何也？"靖曰："此道宗所解。"上顾问江夏王道宗，具陈在驻跸时乘虚取平壤之言。上怅然曰："当时匆匆，吾不忆也。"

【译文】贞观二十年（丙午，公元646年）春季，正月，辛未日（初八），夏州都督乔师望、右领军大将军执失思力等人攻打薛延陀，大败对方，俘获了两千多人。多弥可汗轻骑逃走，部落里因此骚乱不停。

丁丑日（十四日），唐太宗派遣大理寺卿孙伏伽等二十二人，依照汉时六条（汉武帝用六条考察两千石官吏：一、强豪田宅逾制，凌弱暴寡。二、侵凌百姓，聚敛为奸。三、不恤疑狱，刑赏任性。四、苟阿所爱，蔽贤宠顽。五、子弟恃势，请托所监。六、通行货赂、割损政令）巡察四方，对刺史、县令以下官吏，多所贬斥黜退，这些官吏到宫里喊冤的，前后络绎不绝。唐太宗命令褚遂良分类集合，再做报告，他亲自前往判决，因为才能高而擢升的有二十人，因为有罪而被判死刑的有七人，流放以下而免官的有几百上千人。

二月，乙未日（初二），唐太宗出发前往并州。三月，己巳日（初七），唐太宗车驾回返京师。唐太宗对李靖说："我凭天子身份拥有天下的部众，却被小夷高丽所困，为什么？"李靖说："这点李道宗了解。"唐太宗回头问江夏王李道宗，李道宗详细地陈述在驻跸时，要求趁敌人势力虚弱，来攻取平壤的建议。唐太宗惆怅地说："当时情势十分匆忙，我已经记不起来了。"

【申涵煜评】 及太宗英武，定中原而有余，征高丽而不足，何哉？盖少年气猛，猛则有必死之心，晚年气骄，骄则有轻敌之志，此成败所以异也。道宗乘虚取平壤，与魏延出子午谷同，即用之亦，岂王者万全之策哉？李靖归咎于此，特将家奇正之说耳，非本论也。

【译文】 以唐太宗的英武，平定中原尚且有余，征伐高丽反而不足。为什么呢？大概因为年轻气猛，猛则有必死之心，晚年气骄，骄傲就会有轻敌之心，这就是成功和失败的不同啊。李道宗乘虚攻取平壤，与魏延出子午谷，用的是一样的谋略，难道王者就一定有万全之策啊？李靖归咎于此，不过是为将领之人的奇正之说罢了，不是根本之论。

上疾未全平，欲专保养，庚午，诏军国机务并委皇太子处决。于是，太子间日听政于东宫，既罢，则入侍药膳，不离左右。上命太子暂出游观，太子辞不愿出；上乃置别院于寝殿侧，使太子居之。褚遂良请遣太子旬日一还东宫，与师傅讲道义；从之。

上尝幸未央宫，辟仗已过，忽于草中见一人带横刀，诘之，曰："闻辟仗至，惧不敢出，辟仗者不见，遂伏不敢动。"上遽引还，顾谓太子："兹事行之，则数人当死，汝于后速纵遣之。"又尝乘腰舆，有三卫误拂御衣，其人惧，色变。上曰："此间无御史，吾不汝罪也。"

【译文】唐太宗的疾病没有全好，想要专心保养，庚午日（初八），下诏令军政机密事务都委托皇太子处理。于是太子隔日在东宫听政，听完政事之后再入殿侍候唐太宗饮药吃饭，不离开唐太宗左右。唐太宗命令太子暂时出去游玩，太子推辞不愿出去；唐太宗就在寝殿旁设置别院，让太子居住。褚遂良请求让太子十天回东宫一次，和太师、太傅们讲论道义，唐太宗接受了。

唐太宗有一次到未央宫，警卫已经过去了，突然间在草中看到一个人带着横刀，唐太宗询问他是谁，那人说："听说陛下警卫到了，害怕得不敢出现。警卫过去后，就一直躲藏在草里不敢动弹。"唐太宗很快引车回返，对太子说："这件事查办起来，有几个人会判死刑，你在后面快快地将那人放走。"又有一次乘坐腰舆（舆床，役夫放在腰部抬举），有三个卫士不小心触摸了唐太宗的衣服，这些人十分害怕，脸色都变了。唐太宗说："这里没有御史，我不办你们的罪。"

陕人常德玄告刑部尚书张亮养假子五百人，与术士公孙常语，云"名应图谶"，又问术士程公颖云："吾臂有龙鳞起，欲举大事，可乎？"上命马周等按其事，亮辞不服。上曰："亮有假子五百人，养此辈何为？正欲反耳！"命百官议其狱，皆言亮反，当诛。独将作少匠李道裕言："亮反形未具，罪不当死。"上遣长孙无忌、房玄龄就狱与亮诀曰："法者天下之平，与公共之。公自不谨，与凶人往还，陷入于法，今将奈何！公好去。"己丑，亮与公颖俱斩西市，籍没其家。

岁馀，刑部侍郎缺，上命执政妙择其人，拟数人，皆不称旨，既而曰："朕得其人矣。往者李道裕议张亮狱云'反形未具'，此言当矣，朕虽不从，至今悔之。"遂以道裕为刑部侍郎。

【译文】 陕人常德玄控告刑部尚书张亮蓄养五百个假子（干儿子），和术士公孙常谈话，说："我的名字是符合图录谶纬的征兆的。"又询问术士程公颖说，"我的手臂生了龙鳞，想要兴起大事（喻反叛），可以吗？"唐太宗命令马周等人查办这件事，张亮拒绝、不承认。唐太宗说："张亮有假子五百人，养这些人干什么？不过是想谋反罢了！"命令百官讨论他的案情，百官都说张亮想要谋反，应该诛杀。只有将作少匠李道裕说："张亮的反叛情形没有具备，他的罪不应该被处死。"唐太宗派遣长孙无忌、房玄龄到监狱和张亮诀别说："法令是天下最公正的，是我们和你所应该共同遵守的。你自己不小心，和坏人往来，以至于犯了法，现在要怎么办？你好好地离去吧。"己丑日（二十七日），张亮和程公颖一同在西市被斩，并抄没他的全家。

有一年多刑部侍郎的职位一直空缺，唐太宗命令执政宰相仔细选拔适当人选,拟订几个人都不合唐太宗心意,不久唐太宗说:"朕找到适当人选了。从前李道裕提到张亮的案情说'反叛的情形没有具备',这话说得合理,朕虽然没有接受,但现在十分懊悔。"就任命李道裕担任刑部侍郎。

闰月,癸巳朔,日有食之。

戊戌,罢辽州都督府及岩州。

夏,四月,甲子,太子太保萧瑀解太保,乃同中书门下三品。

五月,甲寅,高丽王藏及莫离支盖金遣使谢罪,并献二美女,上还之。金,即苏文也。

六月,丁卯,西突厥乙毗射匮可汗遣使入贡,且请昏;上许之,且使割龟兹、于阗、疏勒、朱俱波、葱岭五国以为聘礼。

薛延陀多弥可汗,性褊急,猜忌无恩,废弃父时贵臣,专用己所亲昵,国人不附;多弥多所诛杀,人不自安。回纥酋长吐迷度与仆骨、同罗共击之,多弥大败。乙亥,诏以江夏王道宗、左卫大将军阿史那社尔为瀚海安抚大使;又遣右领卫大将军执失思力将突厥兵,右骁卫大将军契苾何力将凉州及胡兵,代州都督薛万彻、营州都督张俭各将所部兵,分道并进,以击薛延陀。

【译文】闰月,癸巳朔日(初一),出现日食。

戊戌日(初六),唐太宗罢废辽州都督府和岩州。

夏季,四月,甲子日(初三),太子太保萧瑀被解除太保职位,仍为同中书门下三品。

五月,甲寅日(二十三日),高丽王藏和莫离支盖金派遣使者向唐太宗谢罪,并且献上两个美女,唐太宗退还了。盖金就是盖苏文。

六月,丁卯日(初七),西突厥乙毗射匮可汗派遣使者入朝进贡，并且请求通婚。唐太宗答应了，并且要求割让龟兹、于阗、疏勒、朱俱波、葱岭五国给唐朝，作为聘礼。

薛延陀多弥可汗个性急躁，为人猜忌寡恩，罢免了父亲时候宠贵的大臣，专门任用自己所亲近溺爱的人，国人不归附他。多弥可汗对不服的人大多加以诛杀，国人内心都不安稳。回纥酋长吐迷度和仆骨、同罗联合攻打他，多弥可汗被打败。乙亥日（十五日），唐太宗下诏令任命江夏王李道宗、左卫大将军阿史那社尔担任瀚海安抚大使；又派遣右领卫大将军执失思力带领突厥兵、右骁卫大将军契苾何力带领凉州和胡人的士兵，代州都督薛万彻、营州都督张俭各自带领所属部众，分路一起进攻薛延陀。

上遣校尉宇文法诣乌罗护、靺鞨，遇薛延陀阿波设之兵于东境，法帅靺鞨击破之。薛延陀国中惊扰，曰："唐兵至矣！"诸部大乱。多弥引数千骑奔阿史德时健部落，回纥攻而杀之，并其宗族殆尽，遂据其地。诸俟斤互相攻击，争遣使来归命。

薛延陀馀众西走，犹七万馀口，共立真珠可汗兄子咄摩支为伊特勿失可汗，归其故地。寻去可汗之号，遣使奉表，请居郁督军山之北；使兵部尚书崔敦礼就安集之。

敕勒九姓酋长，以其部落素服薛延陀种，闻咄摩支来，皆恐惧，朝议恐其为碛北之患，乃更遣李世勣与九姓敕勒共图之。上戒世勣曰："降则抚之，叛则讨之。"己丑，上手诏，以"薛延陀破灭，其敕勒诸部，或来降附，或未归服，今不乘机，恐贻后悔，朕当自诣灵州招抚。其去岁征辽东兵，皆不调发"。

【译文】唐太宗派遣校尉宇文法前往乌罗护、靺鞨，在东方边境碰到薛延陀阿波设的军队，宇文法率领靺鞨击败了对方。薛延陀国内惊惧不安，说："唐兵到了！"各部落大为混乱。多弥可汗率领几千骑兵逃奔到阿史德时健部落，回纥进攻，将多弥可汗杀死，把多弥宗族几乎都吞并光了，就占领了薛延陀土地。俟斤们互相攻打，抢着派遣使者来唐朝归附。

薛延陀剩余的部众向西逃走，还剩七万多人，大家一同立真珠可汗侄子咄摩支为伊特勿失可汗，返回他们原有的土地。不久又除掉可汗的称号，派遣使者拿着降表，请求住到郁督军山的北面。朝廷派兵部尚书崔敦礼就地安置他们住下来。敕勒九姓酋长，因为他们的部落一向臣服于薛延陀种族，听说咄摩支前来，都十分害怕，朝廷讨论结果担心咄摩支变成沙漠北方的祸患，就又派遣李世勣和九姓敕勒一同谋划。唐太宗告诫李世勣说："投降就安抚，反叛的话就加以征讨。"己丑日（二十九日），唐太宗亲自下诏令，认为"薛延陀破败灭亡，敕勒各个部落，有的前来投降归附，有的还没归顺降服，现在不乘机加以征讨，恐怕会带来以后的懊悔，因此朕要亲自前往灵州招抚他们。去年征讨辽东的士兵，现在都不调动征发"。

时太子当从行，少詹事张行成上疏，以为："皇太子从幸灵州，不若使之监国，接对百寮，明习庶政，既为京师重镇，且示四方盛德。宜割私爱，俯从公道。"上以为忠，进位银青光禄大夫。

李世勣至郁督军山，其酋长梯真达官帅众来降。薛延陀咄摩支南奔荒谷，世勣遣通事舍人萧嗣业往招慰，咄摩支诣嗣业降。其部落犹持两端，世勣纵兵追击，前后斩五千馀级，虏男女三万馀人。秋，七月，咄摩支至京师，拜右武卫大将军。

八月，甲子，立皇孙忠为陈王。

己巳，上行幸灵州。

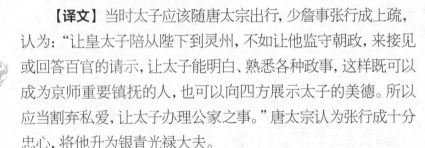

【译文】当时太子应该随唐太宗出行，少詹事张行成上疏，认为："让皇太子陪从陛下到灵州，不如让他监守朝政，来接见或回答百官的请示，让太子能明白、熟悉各种政事，这样既可以成为京师重要镇抚的人，也可以向四方展示太子的美德。所以应当割弃私爱，让太子办理公家之事。"唐太宗认为张行成十分忠心，将他升为银青光禄大夫。

李世勣抵达郁督军山，酋长梯真达官率领部众前来投降。薛延陀咄摩支向南逃跑到荒谷里，李世勣派遣通事舍人萧嗣业前往招抚慰问，咄摩支向萧嗣业投降。他的部落仍旧犹豫不决，李世勣放纵士兵加以追击，前后斩杀五千多人，俘虏男女三万多人。秋季，七月，咄摩支抵达京师，被任命为右武卫大将军。

八月，甲子日（初五），唐太宗立皇孙李忠为陈王。

己巳日（初十），唐太宗前往灵州。

江夏王道宗兵既渡碛，遇薛延陀阿波达官众数万拒战，道宗击破之，斩首千馀级，追奔二百里。道宗与薛万彻各遣使招谕敕勒诸部，其酋长皆喜，顿首请入朝。庚午，车驾至浮阳。回纥、拔野古、同罗、仆骨、多滥葛、思结、阿跌、契苾、跌结、浑、斛薛等十一姓各遣使入贡，称："薛延陀不事大国，暴虐无道，不能与奴等为主，自取败死，部落鸟散，不知所之。奴等各有分地，不从薛延陀去，归命天子。愿赐哀怜，乞置官司，养育奴等。"上大喜。辛未，诏回纥等使者宴乐，颁赉拜官，赐其酋长玺书；遣右领军中郎将安永寿报使。

壬申，上幸汉故甘泉宫，诏以"戎、狄与天地俱生，上皇并列，流殃构祸，乃自运初。朕聊命偏师，遂擒颉利；始弘庙略，已灭延陀。铁勒百馀万户，散处北溟，远遣使人，委身内属，请同编列，并为州郡；混元以降，殊未前闻，宜备礼告庙，仍颁示普天。"

【译文】 江夏王李道宗的士兵渡过沙漠后，遇到薛延陀阿波达官的几万部众抵抗，李道宗将对方打败，斩杀敌人一千多人，追逐逃奔的敌人二百里。李道宗和薛万彻各自派遣使者招抚晓谕敕勒各个部落，酋长们都十分高兴，叩首请求入朝臣服。庚午日（十一日），唐太宗车驾到达浮阳。回纥、拔野古、同罗、仆骨、多滥葛、思结、阿跌、契苾、跌结、浑、斛薛等十一姓部落各自派遣使者入朝进贡，说："薛延陀不侍奉大国，暴虐无道，没有资格做我们的主人，自己招致失败灭亡，部落也像飞鸟一样分散，不知道何去何从。我们每个部落都有自己管辖的土地，不愿追随薛延陀逃亡，愿意归附顺从天子。希望天子赐给我们哀怜之心，为我们设立官府，养育我们。"唐太宗十分高兴。辛未日（十二日），唐太宗下诏令宴请回纥等的使者，颁赐币帛封拜官爵，赐给他们酋长玉玺册书，派遣右领军中郎将安永寿为使者，传达圣意。

壬申日（十三日），唐太宗到了汉时旧甘泉宫，下诏令说："戎、狄从有天地以来就存在，和上古帝王并列称雄，所流布的灾殃和所构结的灾祸，从本朝开国初期就开始了。朕不过是命令偏将出击，就擒获了颉利；才开始执行弘大宗庙的计略，就消灭了薛延陀。铁勒一百多万户散居在沙漠北方，遥远地派遣使者前来，请求托身归附，一起成为大唐编户的百姓，并且请求设置州郡。这种情况是天地开辟以来，从没有听说过的事情，所以应当备好礼仪，以告于神庙，并且颁示给普天之下的百姓知晓。"

庚辰，至泾州；丙戌，逾陇山，至西瓦亭，观马牧。九月，上至灵州，敕勒诸部俟斤遣使相继诣灵州者数千人，咸云："愿得天至尊为奴等天可汗，子子孙孙常为天至尊奴，死无所恨。"甲辰，上为诗序其事曰："雪耻酬百王，除凶报千古。"公卿请勒石于灵州；从之。

特进同中书门下三品宋公萧瑀，性狷介，与同寮多不合，尝言于上曰："房玄龄与中书门下众臣，朋党不忠，执权胶固，陛下不详知，但未反耳。"上曰："卿言得无太甚！人君选贤才以为股肱心膂，当推诚任之。人不可以求备，必舍其所短，取其所长。朕虽不能聪明，何至顿迷臧否，乃至于是！"瑀内不自得，既数忤旨，上亦衔之，但以其忠直居多，未忍废也。

【译文】庚辰日（二十一日），唐太宗到达泾州。丙戌日（二十七日），唐太宗越过陇山，到达西瓦亭，观赏官府所牧养的马匹。九月，唐太宗到达灵州，敕勒各部落的俟斤派遣使者，相继前去拜谒天子的有好几千人，大家都说："希望能够得到天至尊做我们的天可汗，子子孙孙常做天至尊的奴仆，死了也没有遗憾。"甲辰日（十五日），唐太宗写诗叙述这件事说："雪耻酬百王，除凶报千古。"公卿请求刻在灵州的石头上，唐太宗接受了。

特进同中书门下三品宋公萧瑀，个性耿介，和同僚大多心意不合，曾经对唐太宗说："房玄龄和中书门下的大臣们，结党营私，不忠于国君，把持权柄，固执己见，陛下不能清楚知道详情，只不过还没有反叛罢了。"唐太宗说："你说得未免太过分了！国君选拔贤人作为股肱、心腹、膂臂，就应该用诚心信任对方。对人不可以求全责备，一定要舍弃他的缺点，采用他的长处。朕虽然不能算是聪明，但怎么可能对好坏糊涂到这种地步？"萧瑀内心很不得意，好几次忤逆圣旨，唐太宗也恼恨他，但因为他大多很忠心正直，所以一直不忍心罢黜他的官职。

上尝谓张亮曰："卿既事佛，何不出家？"瑀因自请出家。上曰："亦知公雅好桑门，今不违公意。"瑀须臾复进曰："臣适思之，不能出家。"上以瑀对群臣发言反覆，尤不能平；会称足疾不朝，或至朝堂而不入见。上知瑀意终怏怏，冬，十月，手诏数其罪曰："朕于佛教，非意所遵。求其道者未验福于将来，修其教者翻受辜于既往。至若梁武穷心于释氏，简文锐意于法门，倾帑藏以给僧祇，殚人力以供塔庙。及乎三淮沸浪，五岭腾烟，假馀息于熊蹯，引残魂于雀鷇，子孙覆亡而不暇，社稷俄顷而为墟，报施之征，何其谬也！瑀践覆车之馀轨，袭亡国之遗风；弃公就私，未明隐显之际；身俗口道，莫辨邪正之心。修累叶之殃源，祈一躬之福本，上以违忤君主，下则扇习浮华。自请出家，寻复违异。一回一惑，在乎瞬息之间；自可自否，变于帷扆之所。乖栋梁之体，岂具瞻之量乎！朕隐忍至今，瑀全无悛改。可商州刺史，仍除其封。"

【译文】 唐太宗曾经对张亮说："你既然侍奉佛，为什么不出家呢？"萧瑀因此请求做和尚。唐太宗说："朕也知道你一向喜欢佛法，现在不好违逆你的心意。"萧瑀没多久又晋见唐太宗说："臣刚刚想过，不可以出家做和尚。"唐太宗认为萧瑀对群臣讲的话翻来覆去，心里十分不满意；恰好萧瑀又借口脚病不朝见唐太宗，有时到了朝见的厅堂又不入见唐太宗。唐太宗因此知道萧瑀心里始终不愉快。冬季，十月，唐太宗亲手下诏令数说他的罪行说："朕对于佛教，心里并不太信服。寻求佛理的人并没有在未来得到福祉，修养佛道的人反而在生前受苦受难。至于梁武帝将心力穷尽在释迦牟尼上，简文帝专心研究佛法，倾尽了公家的财物来供应、祭祀和尚神祇，竭尽人力来修筑佛塔庙宇。等到三淮五岭变动，四处烽烟沸腾，只好像战国时楚成王和赵武灵王一样活活饿死，子孙也很快覆亡，社稷不久就变成丘墟，信佛所获报应的征兆，是多么谬误啊！萧瑀重蹈覆辙（信佛），承继亡国的作为。抛弃公事来迁就私情，不明白为官和为民的分野；身事俗务而口说佛法，不辨清楚邪正不同的心理，做了太多导致灾祸的事，却祈求一身的福运，对上违背、忤逆了国君，对下煽动、宣扬了浮华的习气。自己请求出家，不久却又反悔。一回转一昏惑，都在转瞬之间；自我肯定或否定，都在朝堂议政的所在。像这种作为，丢弃了身为国家栋梁的体面，怎么能够再具有担任宰相的才量呢？朕忍耐到现在，萧瑀一直没有悔悟。可贬为商州刺史，免除他的封爵。”

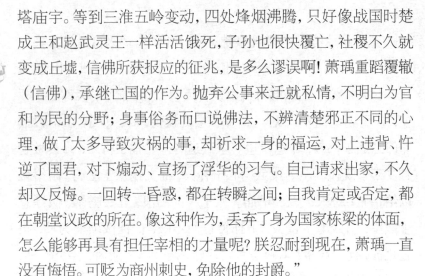

【康熙御批】 汉唐以来士人信从佛教者往往有之，皆其识见愚昧，中无所主，故为所惑耳。若萧瑀自请出家，则又愚之至矣！

【译文】 汉、唐以来读书人相信佛教的有不少，都是他们见识愚昧，内心没有主宰，所以也就被迷惑了。比如萧瑀自己请求出家，则是愚笨到头了！（编者注：唐太宗不解佛法，由此批语可见康熙对佛教误解也甚多。清代帝王中，唯雍正对佛法最为熟悉，故于儒、释、道三教都有高见）

上自高丽还，盖苏文益骄恣，虽遣使奉表，其言率皆诡诞；又待唐使者倨慢，常窥伺边隙。屡敕令勿攻新罗，而侵陵不止。壬申，诏勿受其朝贡，更议讨之。

丙戌，车驾还京师。

冬，十月，己丑，上以幸灵州往还，冒寒疲顿，欲于岁前专事保摄。十一月，己丑，诏祭祀、表疏、胡客、兵马、宿卫，行鱼契给驿、授五品以上官及除解、决死罪皆以闻，馀并取皇太子处分。

十二月，己丑，群臣累请封禅；从之。诏造羽卫送洛阳宫。

戊寅，回纥俟利发吐迷度、仆骨俟利发歌滥拔延、多滥葛俟斤末、拔野古俟利发屈利失、同罗俟利发时健啜、思结酋长乌碎及浑、斛薛、奚结、阿跌、契苾、白霫酋长皆来朝。庚辰，上赐宴于芳兰殿，命有司厚加给待，每五日一会。

【译文】 唐太宗从高丽回来之后，盖苏文更加骄傲恣纵，虽然派遣使者呈上奏表，但表内所说的大都诡异荒诞；又对待唐的使者十分傲慢，经常在边境窥伺。唐太宗多次下敕令不要攻击新罗，但是他仍旧不停地侵凌。壬申日（十四日），唐太宗下诏令不接受他的朝拜进贡，再度讨论加以讨伐。

丙戌日（二十八日），唐太宗车驾返回京师。

冬季，十月，己丑日（十月无此日），唐太宗因为往还灵州，冒着寒冷，身体疲劳困顿，想在年底前专心保养身体。十一月，乙丑日（初一），唐太宗下诏令凡一切祭祀、章表奏疏、胡客（四夷朝贡的客人）、兵马、宿卫、符信、木契、驿传补给、任命五品以上官员、罢免官吏、处决死囚等都要报告外，其他的事情都由皇太子裁决。

十二月，己丑日（十二月无此日），群臣好几次请求封禅，唐太宗接受了。下诏令建造羽葆（仪仗之一，以鸟羽注于柄头）卫仗，送往洛阳宫。

戊寅日（十一日），回纥俟利发（俟利发，回纥各种族君主的称呼）吐迷度、仆骨俟利发歌滥拔延、多滥葛俟斤末、拔野古俟利发屈利失、同罗俟利发时健啜、思结酋长乌碎和浑、斛薛、奚结、阿跌、契苾、白霫酋长，都来朝见唐太宗。庚辰日（十三日），唐太宗在芳兰殿赐宴款待，命令有司优厚地供给接待，每五天举行一次宴会。

癸未，上谓长孙无忌等曰："今日吾生日，世俗皆为乐，在朕翻成伤感。今君临天下，富有四海，而承欢膝下，永不可得，此子路所以有负米之恨也。《诗》云：'哀哀父母，生我劬劳。'奈何以劬劳之日更为宴乐乎！"因泣数行下，左右皆悲。

房玄龄尝以微谴归第，褚遂良上疏，以为："玄龄自义旗之始翼赞圣功，武德之季冒死决策，贞观之初选贤立政，人臣之勤，玄龄为最。自非有罪在不赦，搢绅同尤，不可遐弃。陛下若以其衰老，亦当讽谕使之致仕，退之以礼；不可以浅鲜之过，弃数十年之勋旧。"上遽召出之。顷之，玄龄复避位还家。久之，上幸芙蓉园，玄龄敕子弟汛扫门庭，曰："乘舆且至！"有顷，上果幸其第，因载玄龄还宫。

【译文】癸未日（十六日），唐太宗对长孙无忌等人说："今天是我的生日，世俗人在这一天都来欢乐庆贺，对朕来说，反而是伤感的一天。现在我统治天下，拥有四海的财富，但承欢父母膝下，却永远做不到了。这就是子路在显达时，有不能再为父母背米的遗憾。《诗经》说：'可怜的父母啊，生我时是那么辛苦。'为什么要将父母生我的劳苦日子变成欢宴享乐的日子呢？"因此流下好几行眼泪，身边的大臣听了都感到悲伤。

房玄龄因为细微的罪过被贬回自家宅第反省，褚遂良上疏给唐太宗，认为："房玄龄从举义旗起事开始，一直辅佐圣上功业，武德末年冒着生命危险参与决策，贞观初年选拔任用贤人，立下不凡的政绩。人臣的勤苦，以房玄龄为最大。像这样的人，不是犯了不可赦免的罪过，而使得缙绅们都埋怨的话，就不可以将他抛弃在远处。陛下假如因为他衰老，也应该暗示他让他纳还官职，依照礼节让他退休；不可以因为些微的罪过，就抛弃有数十年功勋的老臣。"唐太宗听了，很快召房玄龄出仕。没过多久，房玄龄又避让官位返回家门。过一段时间，唐太宗前往芙蓉园，房玄龄命令子弟洒扫门户庭园，说："天子马上就到！"没过多久，唐太宗果然到了他家，顺便将房玄龄载回宫廷。

贞观二十一年(丁未，公元六四七年)春，正月，开府仪同三司申文献公高士廉疾笃；辛卯，上幸其第，流涕与诀；壬辰，薨。上将往哭之，房玄龄以上疾新愈，固谏，上曰："高公非徒君臣，兼以故旧姻戚，岂得闻其丧不往哭乎？公勿复言！"帅左右自兴安门出。长孙无忌在士廉丧所，闻上将至，辍哭，迎谏于马首曰："陛下饵金石，于方不得临丧，奈何不为宗庙苍生自重！且臣舅临终遗言，深不欲以北首、夷衾，辄屈銮驾。"上不听。无忌中道伏卧，流涕固谏，上乃还入东苑，南望而哭，涕下如雨。及柩出横桥，上登长安故城西北楼，望之恸哭。

【译文】 贞观二十一年(丁未，公元647年)春季，正月，开府仪同三司申文献公高士廉病得十分严重。辛卯日(初四)，唐太宗前往他的宅第，流泪和他诀别。壬辰日(初五)，高士廉去世。唐太宗要前往哭丧，房玄龄认为唐太宗病刚好，再三劝谏不要去，唐太宗说："高公和我不仅是君臣关系，还加上是故交旧人和姻戚亲属，怎么可以听到他死亡的消息而不去哭丧呢？你不要再说了！"唐太宗率领随从从兴安门出去，长孙无忌在高士廉丧礼所在，听说唐太宗马上就到，就停止哀哭，在唐太宗马头前迎接并且劝告说："陛下生病吃药，就药方说是不可以参加丧礼的，陛下为什么不为祖先宗庙和黎民百姓着想，自我保重呢？况且臣的舅舅临死时有遗言，非常不愿意因为自己的死亡，而委屈天子銮驾前来。"唐太宗不听。长孙无忌在路上跪伏躺卧，流泪再三劝告，唐太宗只好返回东苑，面向南痛哭，泪如雨下。后来灵柩抬出横桥时，唐太宗登上长安故城的西北楼，面对着横桥大声痛哭。

丙申，诏以回纥部为瀚海府，仆骨为金微府，多滥葛为燕然府，拔野古为幽陵府，同罗为龟林府，思结为卢山府，浑为皋兰州，斛薛为高阙州，奚结为鸡鹿州，阿跌为鸡田州，契苾为榆溪州，思结别部为蹛林州，白霫为寘颜州；各以其酋长为都督、刺史，各赐金银缯帛及锦袍。敕勒大喜，捧戴欢呼拜舞，宛转尘中。及还，上御天成殿宴，设十部乐而遣之。诸酋长奏称："臣等既为唐民，往来天至尊所，如诣父母，请于回纥以南、突厥以北开一道，谓之参天可汗道，置六十八驿，各有马及酒肉以供过使，岁贡貂皮以充租赋，仍请能属文人，使为表疏。"上皆许之。于是北荒悉平，然回纥吐迷度已私自称可汗，官号皆如突厥故事。

丁酉，诏以明年仲春有事泰山，禅社首；馀并依十五年议。

【译文】 丙申日（初九），唐太宗下诏令将回纥部设为瀚海府，仆骨为金微府，多滥葛为燕然府，拔野古为幽陵府，同罗为龟林府，思结为卢山府，浑为皋兰州，斛薛为高阙州，奚结为鸡鹿州，阿跌为鸡田州，契苾为榆溪州，思结别部为蹛林州，白霫为寘颜州。分别将他们的酋长任命为都督、刺史，每个酋长都获赐金银、缯帛和锦袍。敕勒十分高兴，拿着礼物穿戴锦袍，大声欢呼，就在地上旋转拜舞起来。后来在他们返回时，唐太宗在天成殿设宴款待，准备十部的音乐为他们饯行。酋长们上奏唐太宗说："臣等人既然已经成为大唐百姓，来往天至尊的处所，就如同拜见父母一样，请求在回纥南面、突厥北部开辟一条道路,就叫作参天可汗道,设立六十八个驿站,每站都有马和酒肉来供给往来使者,每年臣等进贡貂皮,作为租赋,再聘请能写文章的文人,命令他们写章表奏疏,向陛下报安。"唐太宗都允许了。于是北方荒凉之地全都平定,可是回纥吐迷度已经私下自封为可汗,官位名号和突厥从前一样。

丁酉日(初十),唐太宗下诏令明年仲春时在泰山将有祭事,在社首举行禅祭。其他的都按照贞观十五年时的建议行事。

二月,丁丑,太子释奠于国学。

上将复伐高丽,朝议以为:"高丽依山为城,攻之不可猝拔。前大驾亲征,国人不得耕种,所克之城,悉收其谷,继以旱灾,民太半乏食。今若数遣偏师,更迭扰其疆场,使彼疲于奔命,释耒入堡,数年之间,千里萧条,则人心自离,鸭绿之北,可不战而取矣。"上从之。三月,以左武卫大将军牛进达为青丘道行军大总管,右武侯将军李海岸副之,发兵万馀人,乘楼船自莱州泛海而入。又以太子詹事李世勣为辽东道行军大总管,右武卫将军孙贰朗等副之,将兵三千人,因营州都督府兵自新城道入。两军皆选习水善战者配之。

【译文】二月,丁丑日(二十日),皇太子前往国学(国子监,古之太学)举行释奠典礼。

唐太宗准备要讨伐高丽,朝臣建议认为:"高丽依山建造城市,正面进攻不容易迅速攻克。上次天子大驾亲自出征,使得高丽国人无法耕种,所攻下的城市,将粮谷全部没收了,接着高丽又发生旱灾,因此高丽百姓大多缺乏粮食。现在假如多次派遣偏将前去,更换轮流地侵犯骚扰他们的边境,让他们疲于奔命，放下耒耜进入城堡守卫，那么几年之间，自然弄得四处萧条，人心就会叛离，那么鸭绿江北面的土地，可以不必作战就得到了。"唐太宗接受了。三月，唐太宗任命左武卫大将军牛进达担任青丘道行军大总管，右武侯将军李海岸担任副大总管，调动士兵一万多人，乘坐楼船自莱州渡海而进入高丽境内。又任命太子詹事李世勣担任辽东道行军大总管，右武卫将军孙贰朗等人担任副大总管，率领三千士兵，在营州都督府兵帮助下从新城道进兵。两路军队都挑选一些熟悉水势、善于作战的人搭配。

辛卯，上曰："朕于戎、狄所以能取古人所不能取，臣古人所不能臣者，皆顺众人之所欲故也。昔禹帅九州之民，凿山槎木，疏百川注之海，其劳甚矣，而民不怨者，因人之心，顺地之势，与民同利故也。"

是月，上得风疾，苦京师盛暑，夏，四月，乙丑，命修终南山太和废宫为翠微宫。

丙寅，置燕然都护府，统瀚海等六都督、皋兰等七州，以扬州都督府司马李素立为之。素立抚以恩信，夷落怀之，共率马牛为献；素立唯受其酒一杯，馀悉还之。

【译文】辛卯日（初五），唐太宗说："朕对于戎、狄，所以能够得到古人得不到的利益，臣服古人无法臣服的部族，原因都是朕能够顺应众人的需求去做。古时候禹带领九州的百姓，凿山砍木，疏通百川，让百川流注到大海，可说相当劳苦，但百姓没有怨言，原因就是顺从百姓的心愿，随从地理形势和百姓共享利益。"

这月，唐太宗患了头风的疾病，苦于京师酷暑炎热，夏季，四月，乙丑日（初九），唐太宗命令将终南山废弃的太和宫重新修造，改为翠微宫。

丙寅日（初十），唐太宗设置燕然都护府，统辖瀚海等六个都督和皋兰等七个州，任命扬州都督府司马李素立担任都护。李素立用恩信安抚众人，夷狄各部落都十分想念他，一起带来马、牛献给李素立。李素立只接受他们一杯酒，剩下的全部退回。

五月，戊子，上幸翠微宫。冀州进士张昌龄献《翠微宫颂》，上爱其文，命于通事舍人里供奉。

初，昌龄与进士王公治皆善属文，名振京师，考功员外郎王师旦知贡举，黜之，举朝莫晓其故。及奏第，上怪无二人名，诘之。师旦对曰："二人虽有辞华，然其体轻薄，终不成令器。若置之高第，恐后进效之，伤陛下雅道。"上善其言。

壬辰，诏百司依旧启事皇太子。

【译文】五月，戊子日（初三），唐太宗前往翠微宫。冀州进士张昌龄呈献《翠微宫颂》，唐太宗十分喜欢他的文章，命令他在通事舍人里面供奉（资格浅不能任正官，所以以供奉为名）。

起初，张昌龄和进士王公治都善于写文章，声名震动京师，考功员外郎王师旦掌管贡举的事，将他们两人黜退不用，举朝的官吏没有人知晓原因。到了奏报唐太宗科第时，唐太宗奇怪没有这两人的名字，就质问王师旦，王师旦回答说："他们二人虽然有文辞才华，可是内容轻浮，最后还是不能成为好人才。假如将他们放在高的等第里，担心年轻人效法，而损害了陛下的雅正之道。"唐太宗十分赞同他的话。

壬辰日（初七），唐太宗下诏令百官仍旧将政事启奏皇太子，由皇太子最后裁决。

庚辰，上御翠微殿，问侍臣曰："自古帝王虽平定中夏，不能服戎、狄。朕才不逮古人而成功过之，自不谕其故，诸公各率意以实言之。"群臣皆称："陛下功德如天地，万物不得而名言。"上曰："不然。朕所以能及此者，止由五事耳。自古帝王多疾胜己者，朕见人之善，若己有之。人之行能，不能兼备，朕常弃其所短，取其所长。人主往往进贤则欲置诸怀，退不肖则欲推诸壑，朕见贤者则敬之，不肖者则怜之，贤不肖各得其所。人主多恶正直，阴诛显戮，无代无之，朕践祚以来，正直之士，比肩于朝，未尝黜责一人。自古皆贵中华，贱夷、狄，朕独爱之如一，故其种落皆依朕如父母。此五者，朕所以成今日之功也。"顾谓褚遂良曰："公尝为史官，如朕言，得其实乎？"对曰："陛下盛德不可胜载，独以此五者自与，盖谦谦之志耳。"

李世勣军既渡辽，历南苏等数城，高丽多背城拒战，世勣击破其兵，焚其罗郭而还。

【译文】庚辰日（五月无此日），唐太宗前往翠微殿，问侍候的大臣说："从古以来帝王虽然平定中原，却无法臣服戎、狄。朕的才能比不上古人，但成就的功业却超越古人，自己也不晓得其中缘故，各位都随意真心地说说吧！"群臣都说："陛下的功业德行仿佛天地一样浩大，万物都无法加以形容。"唐太宗说："不是这样。朕之所以能够达到这种地步，只靠五件事罢了。自古以来的帝王大多不喜欢胜过自己的人，而朕看到别人的优点，就如同自己拥有一样；一个人不可能全知全能，朕常常舍弃人家的缺点，而采用人家的长处；一般国君经常看到贤人时就想放在怀抱里（喻甚亲近），黜退不肖的小人时，又要将对方推到沟壑里（喻欲其死），而朕看到贤人就非常敬重，看到不肖的小人就施以怜悯，让贤、不肖都能各得其所；一般国君都不喜欢耿直的人，对于耿直的人加以暗杀或者明杀，这是没有一个朝代不发生的，但朕自从登基以来，耿直的士人，并列在朝廷，从来就没有黜退或责罚一个人；从古以来一般国君都重视中华，看不起夷、狄，但朕却爱护夷、狄和爱护中华一样，因此夷、狄的种族、部落都归附朕，如同儿女归依父母一样。这五件，就是朕所以能够成就今天的功业的原因。"回头对褚遂良说："你担任过史官，朕所说的这些话，你认为是不是实情？"褚遂良回答说："陛下的美德记载不完，只将这五件作为自己的长处，是陛下谦虚罢了。"

李世勣的军队渡过辽水之后，路过南苏等好几个城市，高丽都据守城池抵抗，李世勣击败了他们的部队，将他们的外城焚毁了才回来。

六月，癸亥，以司徒长孙无忌领扬州都督，实不之任。

丁丑，诏以"隋末丧乱，边民多为戎、狄所掠，今铁勒归化，宜遣使诣燕然等州，与都督相知，访求没落之人，赎以货财，给粮递还本贯；其室韦、乌罗护、靺鞨三部人为薛延陀所掠者，亦令赎还。"

癸未，以司农卿李纬为户部尚书。时房玄龄留守京师，有自京师来者，上问："玄龄何言？"对曰："玄龄闻李纬拜尚书，但云李纬美髭鬖。"帝遽改除纬洛州刺史。

【译文】 六月，癸亥日（初八），唐太宗任命司徒长孙无忌统领扬州都督，实际上长孙无忌并没有上任。

丁丑日（二十二日），唐太宗下诏令说："隋朝末年的战乱败亡，有许多边境百姓被戎、狄所掠夺，现在铁勒归附了，应当派遣使者前往燕然等州，和都督相知会，来探访寻求沦亡的百姓，用财物赎回，给予粮食，让他们返回本籍。其他室韦、乌罗护、靺鞨三个部落的百姓被薛延陀所掠夺的，也命令用财物赎回，再送返本籍。"

癸未日（二十八日），唐太宗任命司农卿李纬担任户部尚书。当时房玄龄在京师留守，有人从京师来，唐太宗问说："房玄龄说什么话？"回答说："房玄龄听说李纬拜为尚书，只说李纬的胡须非常美。"唐太宗马上就改任李纬为洛州刺史。

秋，七月，牛进达、李海岸入高丽境，凡百馀战，无不捷。攻石城，拔之。进至积利城下，高丽兵万馀人出战，海岸击破之，斩首二千级。

上以翠微宫险隘，不能容百官，庚子，诏更营玉华宫于宜春之凤皇谷。庚戌，车驾还宫。

八月，壬戌，诏以薛延陀新降，土功屡兴，加以河北水灾，停明年封禅。

辛未，骨利干遣使入贡；丙戌，以骨利干为玄阙州，拜其俟斤为刺史。骨利干于铁勒诸部为最远，昼长夜短，日没后，天色正曛，煮羊胛适熟，日已复出矣。

【译文】秋季，七月，牛进达、李海岸进入高丽境内，一共打了一百多次仗，没有不打胜的。进攻石城，将城攻下来。进兵到达积利城下，高丽军队一万多人出城应战，李海岸击败了他们，斩杀两千人。

唐太宗因为翠微宫险阻狭隘，无法容纳百官，庚子日（十六日），下诏令在宜春的凤凰谷再修建玉华宫。庚戌日（二十六日），唐太宗的车驾回宫。

八月，壬戌日（初八），唐太宗下诏令："因为薛延陀刚刚

586

降服，又多次兴建宫室，再加上河北地区发生水灾，停止明年泰山的封禅祭祀。"

辛未日（十七日），骨利干派遣使者入朝进贡；丙戌日（八月无此日），唐太宗将骨利干改为玄阙州，任命他们的俟斤担任刺史。骨利在铁勒各部落中距离大唐最远，白天长夜晚短，太阳落山后，天色暗下来，煮羊胛刚熟时太阳又出现了。

【乾隆御批】 今西域安集延拔达克山诸部，去中国皆万有余里，尝遣人测量晷度，虽北至极长，时亦止出寅入戌，较内地所差不过分刻间。至其西皆回部，连延以讫于海，不通中国，亦不知其几万里，然日自没于海中，亦非日入处也。盖日本无出入，周天而行。譬之居数仞墙下者，朝向东望谓：日出于墙其东。设有百丈之山，将谓日出于山，是岂有一定哉？寰海载地，故人视之以为日出日入皆由于海，海尚非实而况于地乎？骨利干为铁勒别部，铁勒距长安不及万里，骨利干纵远当不至倍蓰，安有自昏及旦才熟一羊胛之理？且瀚海在北，而其使谓近日出处，揆之旸谷经途，亦风马牛不相及。盖是时未有亲履其地者，惟据伻来夸诞之词笔之史册耳。事不征实，无足传信。

【译文】 如今西域安集延拔达克山的各个部族，离中国都有一万里以上。曾派人去测量经纬度，虽然到了最北边，那里白昼最长的时间也只是到寅时和戌时之交，相比内地相差也不过是分刻之间（约半小时）。至于它的西部都是回纥部落，一直连绵至西海，到不了中国，也不知道距离几万里了。虽然太阳落到海里去了，但那绝不是太阳进入的地方。因为太阳本来就没有出来进去，它是整个天地间运行的。就好像住在几丈高的大墙下边的人，早上向东边看，就说太阳从墙后边出来，要是有座一百丈高的大山呢，就该说是太阳从山上出来了，这哪里有一定的标准呢？四周的大海把陆地承载着，所以在人们看来以为日出日落都是在海上，大海还不是真实情况更何况陆地呢？骨利干是铁勒的分支，铁勒距离长安不到一万里，骨利干就是再远，也不至于比铁勒多好几倍，怎么有从黄昏到黎明才煮熟一个羊的肩胛的道理呢？何况戈壁滩在北方，而使者说它靠近太阳出来的地方。拿太阳出来的地方来进行大致估量所历路程也是风马牛不相及的。大概当时没有人亲自去过那些地方，只根据使者们夸大虚妄、不合实际的话，就写进史书里来了。事情不经过实践检验，是不应该传告于人的。

己丑，齐州人段志冲上封事，请上致政于皇太子；太子闻之，忧形于色，发言流涕。长孙无忌等请诛志冲。上手诏曰："五岳陵霄，四海亘地，纳污藏疾，无损高深。志冲欲以匹夫解位天子，朕若有罪，是其直也；若其无罪，是其狂也。譬如尺雾障天，不亏于大；寸云点日，何损于明！"

丁酉，立皇子明为曹王。明母杨氏，巢刺王之妃也，有宠于上；文德皇后之崩也，欲立为皇后。魏徵谏曰："陛下方比德唐、虞，奈何以辰嬴自累！"乃止。寻以明继元吉后。

戊戌，敕宋州刺史王波利等发江南十二州工人造大船数百艘，欲以征高丽。

【译文】己丑日（十一日），齐州人段志冲上密封奏章，请求唐太宗将政事交给皇太子。太子听到后，颜色忧虑，讲话时流下眼泪。长孙无忌等人请求将段志冲杀了。唐太宗亲手写诏令说："五岳超越霄汉，四海连亘地面，山海藏污纳垢，并没有损害到天地的高深。段志冲要以匹夫的身份让天子除去帝位，朕假如有罪，这样做正表示他的正直；假如没有罪，正表明他的狂傲。就像一尺大的雾就想遮蔽上天，对天不会有什么亏减；一寸大的云就想遮住太阳,对于太阳的光明又有什么影响呢?"

丁酉日(八月无此日),唐太宗封皇子李明为曹王。李明的母亲杨氏是巢剌王李元吉的妃子,被唐太宗所尊宠。文德皇后死后,唐太宗要立杨氏为皇后,魏徵劝谏唐太宗说:"陛下正和尧、舜的德行相比,为什么要被像春秋时候秦嬴(秦嬴,秦穆公纳重耳的宗室女,曾侍奉二君)一样的女人拖累呢?"唐太宗就停止立杨氏为后,不久就让李明继承李元吉后嗣。

戊戌日(八月无此日),唐太宗下敕令命宋州刺史王波利等人调动江南十二州的工人,修造几百艘大船,准备讨伐高丽。

冬,十月,庚辰,奴剌啜匐俟友帅其所部万馀人内附。

十一月,突厥车鼻可汗遣使入贡。车鼻名斛勃,本突厥同族,世为小可汗。颉利之败,突厥馀众欲奉以为大可汗,时薛延陀方强,车鼻不敢当,帅其众归之。或说薛延陀:"车鼻贵种,有勇略,为众所附,恐为后患,不如杀之。"车鼻知之,逃去。薛延陀遣数千骑追之,车鼻勒兵与战,大破之,乃建牙于金山之北,自称乙注车鼻可汗,突厥馀众稍稍归之,数年间胜兵三万人,时出抄掠薛延陀。及薛延陀败,车鼻势益张,遣其子沙钵罗特勒入见,又请身自入朝。诏遣将军郭广敬徵之。车鼻特为好言,初无来意,竟不至。

癸卯,徙顺阳王泰为濮王。

壬子,上疾愈,三日一视朝。

【译文】冬季,十月,庚辰日(二十七日),奴剌啜匐俟友带领部众一万多人归附大唐。

十一月,突厥车鼻可汗派遣使者入朝进贡。车鼻名叫斛勃,本来和突厥是同一种族,世世为小可汗。颉利可汗失败时,突厥剩余部众要敬奉他为大可汗，当时薛延陀正强大，车鼻不敢承担可汗大位，带领部众归顺薛延陀。有人游说薛延陀说："车鼻是贵族血统，勇武有谋略，为众人所归附，恐怕会留下后患，不如将他杀掉。"车鼻可汗知道后，就逃走。薛延陀派遣几千骑兵追赶，车鼻领导士兵和薛延陀作战，大败薛延陀，就在金山北方建立牙帐，自称为乙注车鼻可汗，突厥剩余的部众渐渐归附他，几年之间士兵增加到三万人，经常出兵抄掠薛延陀。后来薛延陀战败，车鼻可汗势力更加扩张，派遣他的儿子沙钵罗特勒入朝见唐太宗，又请求自己入朝晋见。唐太宗下诏令派遣将军郭广敬迎接。车鼻可汗不过是讲好听的话，当初就没有要来的意思，最后还是没来。

癸卯日（二十一日），唐太宗将顺阳王李泰改封为濮王。

壬子日（三十日），唐太宗病好了，三日到朝听政一次。

十二月，壬申，西赵酋长赵磨帅万馀户内附，以其地为明州。

龟兹王伐叠卒，弟诃黎布失毕立，浸失臣礼，侵渔邻国。上怒，戊寅，诏使持节、昆丘道行军大总管、左骁卫大将军阿史那社尔、副大总管、右骁卫大将军契苾何力、安西都护郭孝恪等将兵击之，仍命铁勒十三州、突厥、吐蕃、吐谷浑连兵进讨。

高丽王使其子莫离支任武入谢罪，上许之。

【译文】十二月，壬申日（二十日），西赵酋长赵磨带领一万多户归附大唐，唐在当地设置明州。

龟兹王伐叠去世，弟弟诃黎布失毕被立为王，对大唐慢慢失去了臣礼，还侵扰邻近国家。唐太宗十分生气，戊寅日（二十六日），下诏令派遣持节昆丘道行军大总管左骁卫大将军阿史那社尔、副大总管右骁卫大将军契苾何力、安西都护郭孝恪等人率兵攻打，仍然命令铁勒十三州、突厥、吐蕃、吐谷浑联结军队一同进攻讨伐。

高丽王派他的儿子莫离支任武入朝向唐太宗谢罪，唐太宗允许了。

贞观二十二年（戊申，公元六四八年）春，正月，己丑，上作《帝范》十二篇以赐太子，曰《君体》《建亲》《求贤》《审官》《纳谏》《去谗》《戒盈》《崇俭》《赏罚》《务农》《阅武》《崇文》；且曰："修身治国，备在其中。一旦不讳，更无所言矣。"又曰："汝当更求古之哲王以为师，如吾，不足法也。夫取法于上，仅得其中；取法于中，不免为下。吾居位已来，不善多矣，锦绣珠玉不绝于前，宫室台榭屡有兴作，犬马鹰隼无远不致，行游四方，供顿烦劳，此皆吾之深过，勿以为是而法之。顾我弘济苍生，其益多；肇造区夏，其功大。益多损少，故人不怨；功大过微，故业不堕；然比之尽美尽善，固多愧矣。汝无我之功或而承我之富贵，竭力为善，则国家仅安；骄惰奢纵，则一身不保。且成迟败速者，国也；失易得难者，位也；可不惜哉！可不惜哉！"

中书令兼右庶子马周病，上亲为调药，使太子临问；庚寅，薨。

【译文】贞观二十二年（戊申，公元648年）春季，正月，己丑日（初八），唐太宗撰写《帝范》十二篇来赐给太子，篇名是：《君体》《建亲》《求贤》《审官》《纳谏》《去谗》《戒盈》《崇俭》《赏罚》《务农》《阅武》《崇文》；唐太宗还说："修身和治国的道理，都在这十二篇里面。一旦我死去，再没有别的什么要说了。"又说，"你更要寻求古代的圣贤明王作为老师，像我，则不值得你效法。跟上等的人学习，只能学到中等；跟中等的人学习，免不了要学到下等了。我自从即位以来，有很多的过错，锦绣珠玉等珍贵器物在眼前没有断绝，宫室台榭经常兴建，犬马鹰隼等玩物不管产地如何远一定要得到，到四方巡行，使供给食物的百姓烦苦劳累，这些都是我的大过，你不要认为是正确的而加以效仿。但我救济百姓，给百姓带来许多利益；创造华夏，功业也大。好处多坏处少，所以别人对我的行为并没有怨言；我的功业大过错小，因此王业稳固。可是和尽善尽美相比，就有很多惭愧的地方了。你没有我的功劳却继承我的富贵，竭尽全力做善事的话，国家还只能获得安定罢了；假如骄傲、怠惰、奢侈、放纵，那么就会连自己都保不住了。而且成功缓慢失败却迅速，指的就是有关国家的政事；失去容易得到却困难的东西，就是皇位。怎能不加以珍惜呢！怎能不小心谨慎呢！"

中书令兼右庶子马周生病，唐太宗亲自为他调配药物，又命令太子前去慰问。庚寅日（初九），马周去世。

戊戌，上幸骊山温汤。

己亥，以中书舍人崔仁师为中书侍郎，参知机务。

新罗王金善德卒，以善德妹真德为柱国，封乐浪郡王，遣使册命。

丙午，诏以右武卫大将军薛万彻为青丘道行军大总管，右卫将军裴行方副之，将兵三万馀人及楼船战舰自莱州泛海以击高丽。

长孙无忌检校中书令、知尚书门下省事。

戊申，上还宫。

【译文】戊戌（十七日）日，唐太宗前往骊山温泉。

己亥日（十八日），唐太宗任命中书舍人崔仁师担任中书侍郎，参与掌理机密事务。

新罗王金善德去世，唐太宗任命金善德妹妹金真德担任柱国，封为乐浪郡王，派遣使者前去册封任命。

丙午日（二十五日），唐太宗下诏令任命右武卫大将军薛万彻担任青丘道行军大总管，右卫将军裴行方担任副大总管，率领士兵三万多人和楼船战舰，从莱州出发，渡过大海去攻打高丽。

长孙无忌代理中书令，掌理尚书、门下省的事务。

戊申日（二十七日），唐太宗回宫。

结骨自古未通中国，闻铁勒诸部皆服，二月，其俟利发失钵屈阿栈入朝。其国人皆长大，赤发绿睛，有黑发者以为不祥。上宴之于天成殿，谓侍臣曰："昔渭桥斩三突厥首，自谓功多，今斯人在席，更不以为怪邪！"失钵屈阿栈请除一官，"执笏而归，诚百世之幸。"戊午，以结骨为坚昆都督府，以失钵屈阿栈为右屯卫大将军、坚昆都督，隶燕然都护。又以阿史德时健俟斤部落置祁连州，隶灵州都督。

是时四夷大小君长争遣使入献见，道路不绝，每元正朝贺，常数百千人。辛酉，上引见诸胡使者，谓侍臣曰："汉武帝穷兵三十馀年，疲弊中国，所获无几；岂如今日绥之以德，使穷发之地尽为编户乎！"

【译文】结骨从古以来就没有和中原交往，听说铁勒各部落都归附大唐了，二月，结骨的俟利发失钵屈阿栈入朝晋见唐太宗。他们的百姓身材都十分高大，红头发绿眼睛，有长黑发的人，他们就认为不吉祥。唐太宗在天成殿宴请他们，对侍臣说："从前武德九年我在渭桥斩杀三个突厥首领，就自认为功劳很多，现在在宴席上有这些归顺的人，岂不是更了不起吗？"失钵屈阿栈请求任命他一个官职，说："拿着做官用的笏回国，实在是百代以来最幸福的事。"戊午日（初七），在结骨所在地设置坚昆都督府，任命失钵屈阿栈担任右屯卫大将军、坚昆都督，隶属于燕然都护。又在阿史德时健俟斤部落所在地设置祁连州，隶属于营州都督。

那时候四夷大大小小的君长抢着派遣使者入朝进贡朝见，走在路上的络绎不绝，每年元旦上朝恭贺的，经常有几百上千人。辛酉日（初十），唐太宗接见各胡族的使者，对侍臣说："汉武帝穷兵黩武三十多年，弄得中原疲敝不堪，但所收获的却没有多少。怎么比得上现在用仁德安抚四夷，却使得穷发北方（喻不毛之地）的土地全部编入大唐的户口呢？"

　　上营玉华宫，务令俭约，惟所居殿覆以瓦，馀皆茅茨；然备设太子宫、百司，苞山络野，所费已巨亿计。乙亥，上行幸玉华宫；己卯，畋于华原。

　　中书侍郎崔仁师坐有伏阁自诉者，仁师不奏，除名，流连州。

　　三月，己丑，分瀚海都督俱罗勃部置烛龙州。

　　甲午，上谓侍臣曰："朕少长兵间，颇能料敌；今昆丘行师，处月、处密二部及龟兹用事者羯猎颠、那利每怀首鼠，必先授首，弩失毕其次也。"

　　庚子，隋萧后卒。诏复其位号，谥曰愍；使三品护葬，备卤簿仪卫，送至江都，与炀帝合葬。

　　【译文】唐太宗营造玉华宫，命令一定要节俭，只有所住的宫室屋顶用瓦覆盖，其余的房间都用茅草作为屋顶；然而太子宫、百官衙署要设置齐全，漫山遍野的建筑，花费已经要用亿来计算。乙亥日（二十四日），唐太宗前往玉华宫；己卯日（二十八日），唐太宗到华原打猎。

中书侍郎崔仁师因为有人跪伏在阁署前上诉，他却没有上奏，因此被罢免官职，流放到连州。

三月，己丑日（初九），唐太宗将瀚海都督俱罗勃部落分割出来，设置为烛龙州。

甲午日（十四日），唐太宗对侍臣说："朕年少时在战火中成长，特别能够料度敌人；这一次的昆丘的军事行动，因为处月、处密两个部落和龟兹的执政者羯猎颠、那利常有首鼠两端的毛病，必定会被先被杀，其次是弩失毕。"

庚子日（二十日），隋朝萧后死了，唐太宗下诏令恢复她的地位封号，谥号是愍；命令三品官护送安葬，准备好卤簿（仪仗、旌旗之类）、护卫，送到江都，和隋炀帝合葬在一起。

充容长城徐惠以上东征高丽，西讨龟兹，翠微、玉华，营缮相继，又服玩颇华靡，上疏谏，其略曰："以有尽之农功，填无穷之巨浪；图未获之他众，丧已成之我军。昔秦皇并吞六国，反速危亡之基，晋武奄有三方，翻成覆败之业；岂非矜功恃大，弃德轻邦，图利忘危，肆情纵欲之所致乎！是知地广非常安之术，人劳乃易乱之源也。"又曰："虽复茅茨示约，犹兴木石之疲，和雇取人，不无烦扰之弊。"又曰："珍玩伎巧，乃丧国之斧斤；珠玉锦绣，实迷心之鸩毒。"又曰："作法于俭，犹恐其奢；作法于奢，何以制后！"上善其言，甚礼重之。

【译文】充容（官名，九嫔之一）长城徐惠因为唐太宗征讨东方高丽，讨伐西方龟兹，翠微、玉华两宫相继建造修缮，加上衣服、玩器都十分华丽奢靡，就上疏劝谏唐太宗，内容大略是：

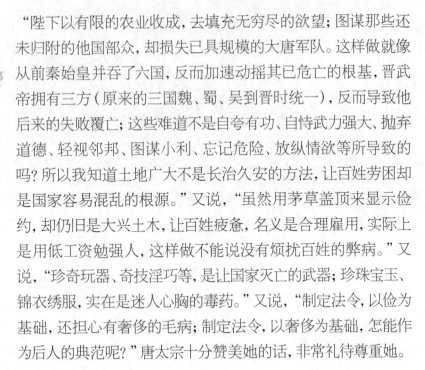

"陛下以有限的农业收成，去填充无穷尽的欲望；图谋那些还未归附的他国部众，却损失已具规模的大唐军队。这样做就像从前秦始皇并吞了六国，反而加速动摇其已危亡的根基，晋武帝拥有三方（原来的三国魏、蜀、吴到晋时统一），反而导致他后来的失败覆亡；这些难道不是自夸有功、自恃武力强大、抛弃道德、轻视邻邦、图谋小利、忘记危险、放纵情欲等所导致的吗？所以我知道土地广大不是长治久安的方法，让百姓劳困却是国家容易混乱的根源。"又说，"虽然用茅草盖顶来显示俭约，却仍旧是大兴土木，让百姓疲惫，名义是合理雇用，实际上是用低工资勉强人，这样做不能说没有烦扰百姓的弊病。"又说，"珍奇玩器、奇技淫巧等，是让国家灭亡的武器；珍珠宝玉、锦衣绣服，实在是迷人心胸的毒药。"又说，"制定法令，以俭为基础，还担心有奢侈的毛病；制定法令，以奢侈为基础，怎能作为后人的典范呢？"唐太宗十分赞美她的话，非常礼待尊重她。

【乾隆御批】 寝殿覆瓦余皆茅茨而所费已巨亿计，则所费更于何处邪？不论理之有无，但务辞之奇警，比比是矣。

【译文】 寝殿上盖瓦，其余的都只盖茅草，经费开支已经要以亿计算，那么钱都花到哪里去了呢？不管这话说得是否有道理，只说它产生令人惊奇的效果，这种情况太常见了。